COMENTÁRIOS À
CONVENÇÃO AMERICANA
SOBRE **DIREITOS HUMANOS**

O GEN | Grupo Editorial Nacional – maior plataforma editorial brasileira no segmento científico, técnico e profissional – publica conteúdos nas áreas de concursos, ciências jurídicas, humanas, exatas, da saúde e sociais aplicadas, além de prover serviços direcionados à educação continuada.

As editoras que integram o GEN, das mais respeitadas no mercado editorial, construíram catálogos inigualáveis, com obras decisivas para a formação acadêmica e o aperfeiçoamento de várias gerações de profissionais e estudantes, tendo se tornado sinônimo de qualidade e seriedade.

A missão do GEN e dos núcleos de conteúdo que o compõem é prover a melhor informação científica e distribuí-la de maneira flexível e conveniente, a preços justos, gerando benefícios e servindo a autores, docentes, livreiros, funcionários, colaboradores e acionistas.

Nosso comportamento ético incondicional e nossa responsabilidade social e ambiental são reforçados pela natureza educacional de nossa atividade e dão sustentabilidade ao crescimento contínuo e à rentabilidade do grupo.

FLÁVIA PIOVESAN
MELINA GIRARDI FACHIN
VALERIO DE OLIVEIRA MAZZUOLI

COMENTÁRIOS À
CONVENÇÃO AMERICANA
SOBRE DIREITOS HUMANOS

Sala de Aula Virtual
VALERIO MAZZUOLI

gen | Editora FORENSE

Impresso no Brasil – *Printed in Brazil*

■ Direitos exclusivos para o Brasil na língua portuguesa
Copyright © 2019 by
EDITORA FORENSE LTDA.
Uma editora integrante do GEN | Grupo Editorial Nacional
Travessa do Ouvidor, 11 – Térreo e 6º andar – 20040-040 – Rio de Janeiro – RJ
Tel.: (21) 3543-0770 – Fax: (21) 3543-0896
faleconosco@grupogen.com.br | www.grupogen.com.br

■ Capa: Aurélio Corrêa

■ Data de fechamento: 25.05.2019

■ **CIP – BRASIL. CATALOGAÇÃO NA FONTE.**
SINDICATO NACIONAL DOS EDITORES DE LIVROS, RJ.

P734c
Piovesan, Flávia

Comentários à Convenção Americana sobre Direitos Humanos / Flávia Piovesan, Melina Girardi Fachin, Valerio de Oliveira Mazzuoli. – Rio de Janeiro: Forense, 2019.

Inclui bibliografia
ISBN 978-85-309-8695-7

1. Convenção Americana dos Direitos Humanos (1969). 2. Direitos humanos – América. I. Fachin, Melina Girardi. II. Mazzuoli, Valerio de Oliveira. III. Título.

19-56925   CDU: 341.231.14

Vanessa Mafra Xavier Salgado – Bibliotecária – CRB-7/6644

Queremos dizer, sobretudo aos moços, que nós aqui estamos e aqui permanecemos, decididos, como sempre, a lutar pelos Direitos Humanos, contra a opressão de todas as ditaduras.

GOFFREDO TELLES JÚNIOR, *Carta aos brasileiros*, Largo de São Francisco, agosto de 1977.

AGRADECIMENTOS

Direitos humanos se fazem no plural. Por isso, os autores deste livro – notadamente as professoras Flávia Piovesan e Melina Girardi Fachin – agradecem à equipe de estudantes e pesquisadores que auxiliaram na construção da obra, com especial registro a Bruna Nowak, Fernanda Sotisso Rubert e Victor Tozetto da Veiga.

NOTA INTRODUTÓRIA

A Convenção Americana sobre Direitos Humanos (popularmente conhecida como *Pacto de San José da Costa Rica*) é o *tratado-regente* do sistema interamericano de proteção dos direitos humanos. É ela o grande *Codex* dos direitos civis e políticos no Continente americano e o instrumento de proteção mais utilizado – academicamente e no foro – nos países interamericanos, principalmente os latinos. O Brasil, por sua vez, é parte da Convenção Americana desde 1992, tendo a mesma sido promulgada entre nós pelo Decreto nº 678, de 6 de novembro daquele ano. O nosso país também reconheceu a competência contenciosa da Corte Interamericana de Direitos Humanos em 1998, por meio do Decreto Legislativo nº 89, que aprovou "a solicitação de reconhecimento da competência obrigatória da Corte Interamericana de Direitos Humanos em todos os casos relativos à interpretação ou aplicação da Convenção Americana de Direitos Humanos para fatos ocorridos a partir do reconhecimento, de acordo com o previsto no parágrafo primeiro do art. 62 daquele instrumento internacional" (art. 1º). Portanto, o Estado brasileiro já se encontra plenamente integrado (desde 1998) ao sistema interamericano de proteção dos direitos humanos, podendo ser acionado (e condenado) por ele em caso de descumprimento dos deveres previstos na Convenção Americana.

Contudo, a falta de um estudo completo desse instrumento internacional acabava por contribuir para que Convenção Americana não fosse conhecida (e aplicada) no Brasil como deveria. Sabedores, porém, de que "o passo inicial para a vindicação dos direitos consiste em bem conhecê-los",[1] os autores destes *Comentários* não mediram esforços para que viessem à luz com a completude e abrangência necessárias à sua efetiva aplicação no Brasil. Por isso, os comentários aqui estampados, além de refletirem a tônica da proteção interamericana dos direitos humanos à luz dos precedentes da Corte Interamericana, pretenderam indicar como a normativa interamericana de proteção há de ser implementada em nosso país.

A ideia básica deste livro é demonstrar ao leitor brasileiro que há direitos consagrados no *Pacto de San José* que ampliam os direitos garantidos pela Constituição Federal de 1988 (e demais leis nacionais) e que podem ser reclamados, por qualquer cidadão, perante o Poder Judiciário pátrio (controle interno de convencionalidade) e ante o sistema interamericano de direitos humanos (controle externo de convenciona-

---

[1] CANÇADO TRINDADE, Antônio Augusto. Direito internacional e direito interno: sua interação na proteção dos direitos humanos. *Instrumentos internacionais de proteção dos direitos humanos*. São Paulo: Centro de Estudos da Procuradoria Geral do Estado, 1996, p. 15.

lidade). No entanto, para que se possam exigir os direitos e garantias consagrados no *Pacto*, faz-se necessário compreender o mecanismo de funcionamento desse sistema jurídico, bem como os seus órgãos – a *Comissão Interamericana de Direitos Humanos*, sediada em Washington, D.C., nos Estados Unidos, e a *Corte Interamericana de Direitos Humanos*, sediada em San José, na Costa Rica – atuam para salvaguardar todos esses direitos, a fim de impor ao Estado faltoso uma reparação às vítimas ou seus familiares pelos prejuízos que lhes foram causados.

Infelizmente, a despeito de sua enorme importância prática e do crescimento vertiginoso de sua aplicação por vários Estados, a Convenção Americana é ainda pouco aplicada no Brasil. E não há falar que as demandas judiciais sobre infidelidade depositária nela baseadas já bastaram para demonstrar um conhecimento mínimo de seu texto entre nós. É certo que a tese da impossibilidade de prisão civil por dívida, fundada no *Pacto de San José*, deflagrou, no Brasil, o estudo da Convenção Americana.[2] Ocorre que, não obstante deflagrado, o estudo da Convenção não tem avançado como deveria em nosso país, diferentemente do que tem ocorrido em outros países do nosso Continente. De fato, não se têm visto no dia a dia forense pleitos judiciais fundados em seus múltiplos dispositivos, salvo raras exceções. Nas sentenças judiciais, por seu turno, muito raramente se vê uma referência ao *Pacto*, e, quando tal ocorre, trata-se de citações textuais de artigos do tratado sem um mínimo de desdobramento intelectual sobre o conteúdo e verdadeiro significado da norma em questão. Nas Universidades, da mesma forma, não se tem investigado a contento a sistemática de processamento do Estado perante o sistema interamericano de direitos humanos, ficando os estudantes restritos à letra fria do Código de Processo Civil, como se os conflitos de interesses em que uma pessoa possa envolver-se não pudessem jamais ultrapassar as fronteiras do Estado em que se localizam. Ademais, não é concebível que justamente o maior país latino em extensão territorial e detentor das maiores diversidades desconheça (e, portanto, não utilize) o principal instrumento regional de proteção dos direitos civis e políticos já concluído no Continente americano.

Frise-se que esta obra é também a primeira a comentar um tratado internacional de direitos humanos de que a República Federativa do Brasil é parte, não se conhecendo qualquer outro livro de comentários a texto internacional com esse caráter publicado anteriormente no Brasil. Por isso, em decorrência da escassez de fontes bibliográficas específicas sobre o *Pacto* em nosso país, os autores valeram-se quase que exclusivamente das fontes primárias de pesquisa (quais sejam, as sentenças e opiniões consultivas da Corte Interamericana de Direitos Humanos já proferidas) sobre a interpretação de seus dispositivos. Assim, as notas de pé de página relativas aos casos julgados ou às consultas atendidas pela Corte Interamericana representam a afirmação (em exato

---

[2] Sobre o assunto, *v.* MAZZUOLI, Valerio de Oliveira. *Prisão civil por dívida e o Pacto de San José da Costa Rica*: especial enfoque para os contratos de alienação fiduciária em garantia. Rio de Janeiro: Forense, 2002, especialmente p. 109-176. Frise-se que somente 16 anos após a ratificação da Convenção Americana o Supremo Tribunal Federal (no *RE* 466.343-SP, rel. Min. Cezar Peluso, j. 03.12.2008) julgou inconstitucional o instituto da prisão civil por dívida de depositário infiel no Brasil. Em definitivo, a abolição desse meio de coerção pessoal só veio com a edição da Súmula Vinculante 25, de 16.12.2009, que estabeleceu ser "ilícita a prisão civil de depositário infiel, qualquer que seja a modalidade do depósito". *V.* os comentários ao art. 7º, 7, da Convenção Americana.

sentido) do posicionamento encontrado no texto. Essas manifestações da Corte sobre a interpretação dos artigos da Convenção são importantes por demonstrarem a verdadeira *prática* da proteção dos direitos humanos no sistema interamericano, certo de que essa mesma prática deverá também ser adotada no Brasil,[3] uma vez que o Estado brasileiro é parte na Convenção Americana e se obriga a acatar as decisões emanadas da Corte Interamericana, sob pena de responsabilização internacional.

Ademais, os comentários aqui estampados hão de servir (essa é intenção dos autores) como interpretação segura para profissionais (advogados, juízes, promotores, procuradores, defensores públicos etc.) e acadêmicos que investigam o funcionamento do sistema interamericano de direitos humanos em suas mais variadas vertentes. Por isso, sua estrutura segue um padrão que alia didática na exposição teórica à profundidade interpretativa do texto, tudo com a finalidade de demonstrar ao leitor o estado da arte da proteção regional interamericana dos direitos humanos. Em suma, a ideia básica destes *Comentários* é fazer que se domine o essencial dos direitos e garantias constantes da Convenção Americana, bem assim a processualística de acionamento do Estado perante o sistema interamericano de direitos humanos.

Destaque-se, por oportuno, que a análise do texto da Convenção Americana aqui levada a cabo é tanto de direito material quanto de direito processual do sistema interamericano. Assim, foram comentados todos os direitos e garantias previstos na Convenção Americana, bem como se esclareceu a mecânica processual necessária para se lograr êxito em uma demanda internacional perante o sistema interamericano de direitos humanos. Contudo, relativamente a esse último aspecto, os comentários cingiram-se ao *texto* da Convenção Americana, não tendo sido a intenção dos autores comentar dispositivos dos Regulamentos da Comissão e da Corte Interamericanas, nos quais se explicitam os procedimentos para o processamento do Estado no sistema interamericano. Tais Regulamentos (assim como os Estatutos da Comissão e da Corte) encontram-se integralmente transcritos nos comentários aos arts. 39 e 60 da Convenção, respectivamente. Poderá, ali, o leitor interessado compreender os trâmites e o funcionamento interno tanto da Comissão quanto da Corte Interamericana de Direitos Humanos.

Na divisão dos dispositivos a serem comentados, ficaram as professoras Flávia Piovesan (membro da Comissão Interamericana de Direitos Humanos e professora da PUC-SP) e Melina Girardi Fachin (professora da Universidade Federal do Paraná) responsáveis pelos arts. 4º, 5º, 7º, 8º, 9º, 10º e 25º da Convenção, tendo ficado todo o restante do texto (arts. 1º a 3º, art. 6º, arts. 11 a 24 e arts. 26 a 82) sob a nossa responsabilidade.

Também, durante toda a Parte I da Convenção (*Deveres dos Estados e Direitos Protegidos*) foram relacionadas as normas internacionais e internas pertinentes a cada dispositivo comentado, bem assim colacionaram-se os principais casos internacionais – especialmente da Corte Interamericana de Direitos Humanos (Corte IDH), da Corte Europeia de Direitos Humanos (Corte EDH) e da Corte Africana dos Direitos

---

[3]   Sobre as discussões relativas à obrigação do Judiciário em acatar as decisões e manifestações da Corte Interamericana como paradigma à jurisprudência interna, *v.* os comentários ao art. 33, item nº 3 e art. 64, item nº 1.

Humanos e dos Povos (Corte ADH) – atinentes a tais dispositivos, com a finalidade de fazer dialogar as decisões desses tribunais com o que se espera seja a interpretação fiel dos artigos da Convenção Americana.

Em suma, o que se almeja com os presentes *Comentários* é demostrar, sobretudo ao leitor brasileiro, que há direitos e garantias que podem (e devem) ser vindicados no sistema interamericano de direitos humanos, por qualquer cidadão ou organização não governamental, em caso de desrespeito do Estado ao disposto na Convenção Americana. Para nós, não há dúvidas de que o jurista brasileiro necessita conhecer a sistemática internacional de proteção dos direitos humanos, começando por desvendar o próprio sistema regional em que está inserido. Ademais, conhecer e estudar os direitos humanos no plano internacional é, sobretudo nos dias atuais, um exercício de cidadania que há de ser praticado diuturnamente. Que esta obra possa auxiliar todos os interessados na compreensão desse sistema internacional de proteção, que também é nosso e por nós deve ser corretamente utilizado.

Agradeço especialmente à Editora Forense, nas pessoas de Oriene Pavan e Danielle Candido Oliveira, o cuidado para com a publicação desta obra, que representa o culminar de vários anos de trabalho dos seus autores na seara do Direito Internacional dos Direitos Humanos.

Cuiabá, junho de 2019.

VALERIO DE OLIVEIRA MAZZUOLI

OBRAS DOS AUTORES

FLÁVIA PIOVESAN

Livros publicados

Direitos humanos e o direito constitucional internacional. 18. ed. rev., atual. e ampl. São Paulo: Saraiva, 2018.

Temas de direitos humanos. 11. ed. rev., atual. e ampl. São Paulo: Saraiva, 2018.

Direitos humanos e justiça internacional. 9. ed. rev., atual. e ampl. São Paulo: Saraiva, 2019.

Proteção judicial contra omissões legislativas. 2. ed. São Paulo: Ed. RT, 2003.

A figura/personagem mulher em processos de família. Porto Alegre: Sergio Antonio Fabris, 1993.

Coautoria

Comentários à Convenção Americana sobre Direitos Humanos. Com Melina Girardi Fachin e Valerio de Oliveira Mazzuoli. Rio de Janeiro: Forense, 2019.

Coautoria e coordenação

Constitucionalismo transformador, inclusão e direitos sociais. Salvador: JusPodivm, 2019.

Direitos humanos e empresas. Salvador: JusPodivm, 2018.

Transformative constitutionalism in Latin America. Oxford: Oxford University Press, 2017.

Social rights jurisprudence in the case law of regional human rights monitoring institutions. Antwerp: Intersentia, 2016.

Impacto das decisões da Corte Interamericana de Direitos Humanos na jurisprudência do STF. Salvador: JusPodivm, 2016.

Ius constitutionale commune na América Latina (vol. I – *Marco Conceptual*; vol. II – *Pluralismo e inclusão*; vol. III – *Diálogos jurisdicionais e controle de convencionalidade*). São Paulo: Elsevier, 2014.

Estudos avançados de direitos humanos: emergência de um novo direito público. Rio de Janeiro: Elsevier, 2013.

Direitos humanos, democracia e integração jurídica na América do Sul. Rio de Janeiro: Lumen Juris, 2010.

Direito ao desenvolvimento. Belo Horizonte: Fórum, 2010.

Direitos humanos: proteção nacional, regional e global (vols. I-VI). Curitiba: Juruá, 2010.

Direitos humanos e direito do trabalho. São Paulo: Atlas, 2009.

Direitos humanos, igualdade e diferença. Rio de Janeiro: Lumen Juris, 2008.

Direitos humanos: fundamento, proteção e implementação. Curitiba: Juruá, 2007.

Direito humano à alimentação adequada. Rio de Janeiro: Lumen Juris, 2007.

Ordem jurídica e igualdade étnico-racial. Brasília: Secretaria Especial de Políticas de Promoção da Igualdade Racial, 2006.

O sistema interamericano de proteção dos direitos humanos e o direito brasileiro. São Paulo: Ed. RT, 2000.

Direito, cidadania e justiça. São Paulo: Ed. RT, 1995.

Código de direito internacional de direitos humanos anotado. São Paulo: DPJ, 2008.

Direitos humanos, globalização econômica e integração regional: desafios do direito constitucional internacional. São Paulo: Max Limonad, 2002.

MELINA GIRARDI FACHIN

Livros publicados

Guia de proteção dos direitos humanos: sistemas internacionais e sistema constitucional. Curitiba: Intersaberes, 2019.

Direito constitucional multível: diálogos a partir do direito internacional dos direitos humanos. Curitiba: Editora Prismas, 2017.

Direitos Humanos e desenvolvimento. Rio de Janeiro: Renovar, 2015.

Fundamentos dos direitos humanos: teoria e práxis na cultura da tolerância. Rio de Janeiro: Renovar, 2009.

Direitos Humanos e fundamentais: do discurso teórico à prática efetiva – um olhar por meio da literatura. Porto Alegre: Núria Fabris, 2007.

Coautoria

Comentários à Convenção Americana sobre Direitos Humanos. Com Flávia Piovesan e Valerio de Oliveira Mazzuoli. Rio de Janeiro: Forense, 2019.

Coautoria e coordenação

Constitucionalismo feminista. Salvador: JusPodivm, 2018.

Direito comparado: diálogos de direito constitucional e administrativo entre Brasil e Itália. Curitiba: Instituto Memória, 2018.

Reflexões sobre o Pacto Global e os ODS da ONU. Curitiba: Íthala, 2018.

Direitos humanos sob a perspectiva global. Curitiba: Instituto Memória, 2017.

Direitos humanos na ordem contemporânea. Curitiba: Juruá, 2015.

Direitos humanos na ordem contemporânea (vol. V): proteção nacional, regional e global. Curitiba: Juruá, 2012.

Direitos Humanos na ordem contemporânea (vol. IV): proteção nacional, regional, global. Curitiba: Juruá, 2010.

Direitos Humanos na ordem contemporânea (vol. III): proteção nacional, regional, global. Curitiba: Juruá, 2010.

VALERIO DE OLIVEIRA MAZZUOLI

Livros publicados

Curso de direito internacional privado. 4. ed. rev., atual. e ampl. Rio de Janeiro: Forense, 2019.

Curso de direito internacional público. 12. ed. rev., atual. e ampl. Rio de Janeiro: Forense, 2019.

Curso de direitos humanos. 6. ed. rev., atual. e ampl. São Paulo: Método, 2019.

Direito dos tratados. 2. ed. rev., atual. e ampl. Rio de Janeiro: Forense, 2014.

Direito internacional público: parte geral. 8. ed. rev., atual. e ampl. São Paulo: Ed. RT, 2014.

Direito internacional: tratados e direitos humanos fundamentais na ordem jurídica brasileira. Rio de Janeiro: América Jurídica, 2001.

Direitos humanos, Constituição e os tratados internacionais: estudo analítico da situação e aplicação do tratado na ordem jurídica brasileira. São Paulo: Juarez de Oliveira, 2002.

Direitos humanos e cidadania à luz do novo direito internacional. Campinas: Minelli, 2002.

Direitos humanos na jurisprudência internacional: sentenças, opiniões consultivas, decisões e relatórios internacionais (colaboração Monique Jeane Barbosa da Silva e Jennifer de Lara Gnoatto). São Paulo: Método, 2019.

Estudos avançados de direito internacional. Belo Horizonte: Arraes, 2017.

Natureza jurídica e eficácia dos acordos stand-by com o FMI. São Paulo: Ed. RT, 2005.

O controle jurisdicional da convencionalidade das leis. 5. ed. rev., atual. e ampl. Rio de Janeiro: Forense, 2018.

Os sistemas regionais de proteção dos direitos humanos: uma análise comparativa dos sistemas interamericano, europeu e africano. São Paulo: Ed. RT, 2011. (Coleção "Direito e Ciências Afins", vol. 9.)

Por um tribunal de justiça para a Unasul: a necessidade de uma corte de justiça para a América do Sul sob os paradigmas do Tribunal de Justiça da União Europeia e da Corte Centro-Americana de Justiça. Brasília: Senado Federal/Secretaria de Editoração e Publicações, 2014.

Prisão civil por dívida e o Pacto de San José da Costa Rica: especial enfoque para os contratos de alienação fiduciária em garantia. Rio de Janeiro: Forense, 2002.

Tratados internacionais de direitos humanos e direito interno. São Paulo: Saraiva, 2010.

Tratados internacionais: com comentários à Convenção de Viena de 1969. 2. ed. rev., ampl. e atual. São Paulo: Juarez de Oliveira, 2004.

Tribunal Penal Internacional e o direito brasileiro. 3. ed. rev. e atual. São Paulo: Ed. RT, 2012. (Coleção "Direito e Ciências Afins", vol. 3.)

Coautoria

Acumulação de cargos públicos: uma questão de aplicação da Constituição. 2. ed. rev., atual. e ampl. Com Waldir Alves. Belo Horizonte: Arraes, 2017.

Comentários à Convenção Americana sobre Direitos Humanos. Com Flávia Piovesan e Melina Girardi Fachin. Rio de Janeiro: Forense, 2019.

Comentários à reforma criminal de 2009 e à Convenção de Viena sobre o Direito dos Tratados. Com Luiz Flávio Gomes e Rogério Sanches Cunha. São Paulo: Ed. RT, 2009.

Direito supraconstitucional: do absolutismo ao Estado Constitucional e Humanista de Direito. 2. ed. rev., atual. e ampl. Com Luiz Flávio Gomes. São Paulo: Ed. RT, 2013. (Coleção "Direito e Ciências Afins", vol. 5.)

O judiciário brasileiro e o direito internacional: análise crítica da jurisprudência nacional. Com Jahyr-Philippe Bichara. Belo Horizonte: Arraes, 2017.

O juiz e o direito: o método dialógico e a magistratura na pós-modernidade. Com Luiz Flávio Gomes. Salvador: JusPodivm, 2016.

Teoria tridimensional das integrações supranacionais: uma análise comparativa dos sistemas e modelos de integração da Europa e América Latina. Com Michele Carducci. Rio de Janeiro: Forense, 2014.

Coautoria e coordenação

Direitos humanos das minorias e grupos vulneráveis. Belo Horizonte: Arraes, 2018.

Novos paradigmas da proteção internacional dos direitos humanos: diálogos transversais, proteção multinível e controle de convencionalidade no direito brasileiro. Belo Horizonte: Arraes, 2018.

O novo direito internacional do meio ambiente. Curitiba: Juruá, 2011.

Controle de convencionalidade: um panorama latino-americano (Brasil, Argentina, Chile, México, Peru, Uruguai). Com Luiz Guilherme Marinoni. Brasília: Gazeta Jurídica, 2013.

Crimes da ditadura militar: uma análise à luz da jurisprudência atual da Corte Interamericana de Direitos Humanos. Com Luiz Flávio Gomes. São Paulo: Ed. RT, 2011.

Direito à liberdade religiosa: desafios e perspectivas para o século XXI. Com Aldir Guedes Soriano. Belo Horizonte: Fórum, 2009.

Direito da integração regional: diálogo entre jurisdições na América Latina. Com Eduardo Biacchi Gomes. São Paulo: Saraiva, 2015.

Direito internacional do trabalho: o estado da arte sobre a aplicação das convenções internacionais da OIT no Brasil. Com Georgenor de Sousa Franco Filho. São Paulo: LTr, 2016.

Direito internacional dos direitos humanos: estudos em homenagem à Professora Flávia Piovesan. Com Maria de Fátima Ribeiro. Curitiba: Juruá, 2004.

Doutrinas essenciais de direito internacional, 5 vols. Com Luiz Olavo Baptista. São Paulo: Ed. RT, 2012.

Novas perspectivas do direito ambiental brasileiro: visões interdisciplinares. Com Carlos Teodoro José Hugueney Irigaray. Cuiabá: Cathedral, 2009.

Novas vertentes do direito do comércio internacional. Com Jete Jane Fiorati. Barueri: Manole, 2003.

Novos estudos de direito internacional contemporâneo, 2 vols. Com Helena Aranda Barrozo e Márcia Teshima. Londrina: EDUEL, 2008.

O Brasil e os acordos econômicos internacionais: perspectivas jurídicas e econômicas à luz dos acordos com o FMI. Com Roberto Luiz Silva. São Paulo: Ed. RT, 2003.

Organização

Vade Mecum Método Internacional. 15. ed. rev., atual. e ampl. São Paulo: Método, 2019.

Obras em língua estrangeira

Em inglês

The law of treaties: a comprehensive study of the 1969 Vienna Convention and beyond. Rio de Janeiro: Forense, 2016.

Em espanhol

Derecho internacional público contemporáneo. Barcelona: Bosch, 2019.

ABREVIATURAS E SIGLAS USADAS

ADI	–	Ação Direta de Inconstitucionalidade
ADPF	–	Arguição de Descumprimento de Preceito Fundamental
ampl.	–	ampliada (edição)
art.	–	artigo
arts.	–	artigos
atual.	–	atualizada (edição)
CF	–	Constituição Federal
Cf.	–	Confronte/confrontar
CIJ	–	Corte Internacional de Justiça
CIPPT	–	Convenção Interamericana para Prevenir e Punir a Tortura
cit.	–	já citado(a)
Comissão IDH	–	Comissão Interamericana de Direitos Humanos
Corte ADH	–	Corte Africana de Direitos Humanos e dos Povos
Corte EDH	–	Corte Europeia de Direitos Humanos
Corte IDH	–	Corte Interamericana de Direitos Humanos
CP	–	Código Penal
CPP	–	Código de Processo Penal
DJ	–	*Diário da Justiça*
Doc.	–	Documento
ed.	–	edição
Ed.	–	Editor
etc.	–	*et cetera*
HC	–	*Habeas Corpus*
infra	–	abaixo/à frente
LINDB	–	Lei de Introdução às Normas do Direito Brasileiro
MS	–	Mandado de Segurança
OEA	–	Organização dos Estados Americanos
OIT	–	Organização Internacional do Trabalho
ONU	–	Organização das Nações Unidas
Org.	–	organizador(es)

p. – página(s)

Rcl – Reclamação

RE – Recurso Extraordinário

rev. – revista (edição)

RHC – Recurso Ordinário em Habeas Corpus

ss. – seguintes

STF – Supremo Tribunal Federal

STJ – Superior Tribunal de Justiça

TPI – Tribunal Penal Internacional

Trad. – tradução de

TST – Tribunal Superior do Trabalho

v. – vide/ver

v.g. – *verbi gratia* (por exemplo)

v. – volume

vs. – *versus*

SUMÁRIO

PARTE II

Meios da Proteção

Valerio de Oliveira Mazzuoli

PARTE III

Disposições Gerais e Transitórias
Valerio de Oliveira Mazzuoli

ANEXO

Estatuto da Comissão Interamericana de Direitos Humanos

Regulamento da Comissão Interamericana de Direitos Humanos

Estatuto da Corte Interamericana de Direitos Humanos

Regulamento da Corte Interamericana de Direitos Humanos

Comentários à Convenção Americana sobre Direitos Humanos

CONVENÇÃO AMERICANA SOBRE DIREITOS HUMANOS (1)

Preâmbulo (2)

Os Estados Americanos signatários da presente Convenção,

Reafirmando seu propósito de consolidar neste Continente, dentro do quadro das instituições democráticas, um regime de liberdade pessoal e de justiça social, fundado no respeito dos direitos essenciais do homem;

Reconhecendo que os direitos essenciais do homem não derivam do fato de ser ele nacional de determinado Estado, mas sim do fato de ter como fundamento os atributos da pessoa humana, razão por que justificam uma proteção internacional, de natureza convencional, coadjuvante ou complementar da que oferece o direito interno dos Estados americanos;

Considerando que esses princípios foram consagrados na Carta da Organização dos Estados Americanos, na Declaração Americana dos Direitos e Deveres do Homem e na Declaração Universal dos Direitos do Homem e que foram reafirmados e desenvolvidos em outros instrumentos internacionais, tanto de âmbito mundial como regional;

Reiterando que, de acordo com a Declaração Universal dos Direitos do Homem, só pode ser realizado o ideal do ser humano livre, isento do temor e da miséria, se forem criadas condições que permitam a cada pessoa gozar dos seus direitos econômicos, sociais e culturais, bem como dos seus direitos civis e políticos; e

Considerando que a Terceira Conferência Interamericana Extraordinária (Buenos Aires, 1967) aprovou a incorporação à própria Carta da Organização de normas mais amplas sobre direitos econômicos, sociais e educacionais e resolveu que uma convenção interamericana sobre direitos humanos determinasse a estrutura, competência e processo dos órgãos encarregados dessa matéria,

Convieram no seguinte:

COMENTÁRIOS

Por *Valerio de Oliveira Mazzuoli*

(1) A proteção internacional dos direitos humanos é fruto de um processo gradual de amadurecimento da sociedade internacional. Esse amadurecimento teve o seu maior desenvolvimento a partir do final da Segunda Guerra Mundial, quando a sociedade internacional percebeu a necessidade de se arquitetar um novo modelo de Direito Internacional Público, voltado à criação de *mecanismos* de proteção dos direitos da pessoa humana contra as arbitrariedades de Estados e agentes que atuam em seu nome.[1] Tal se deu, inicialmente, no contexto global, com a formação do sistema de direitos humanos das Nações Unidas, que tem na Declaração Universal dos Direitos Humanos (1948) sua *norma mater*, espraiando-se posteriormente para as diversas regiões do planeta, quando então começaram a ser criados os *sistemas regionais* de proteção dos direitos humanos.

O primeiro sistema regional a ser instituído foi o europeu, cujo tratado-regente é a Convenção Europeia de Direitos Humanos, de 1950. Em posição intermediária, veio à luz o sistema regional interamericano, cujo principal instrumento é a Convenção Americana sobre Direitos Humanos, de 1969. Por último, conta-se hoje com um sistema regional africano de direitos humanos, a partir da edição da Carta Africana dos Direitos Humanos e dos Povos, em 1981. Além desses instrumentos gerais, os sistemas regionais de proteção contam ainda com tratados *específicos*, que visam proteger, *v.g.*, os direitos das mulheres, dos idosos, das crianças e adolescentes, dos povos indígenas e comunidades tradicionais, das pessoas com deficiência, da comunidade LGBTI, de refugiados etc.

O sistema *interamericano* de proteção desses direitos é o que gerencia a proteção desses direitos nos Estados-membros da Organização dos Estados Americanos (OEA). Por sua vez, a *Convenção Americana sobre Direitos Humanos* (popularmente conhecida como *Pacto de San José da Costa Rica*) é o principal instrumento de proteção dos direitos civis e políticos já concluído no Continente Americano, e o que confere suporte axiológico e completude a todas as legislações internas dos Estados-partes. Seu objeto e finalidade é a eficaz proteção dos direitos humanos nas Américas, pelo que deve ser interpretada de forma a atingir o seu pleno sentido e a permitir que os seus órgãos de controle (Comissão e Corte Interamericana) dela retirem todo o seu potencial e *efeito útil.*[2]

Além da Convenção Americana, o sistema interamericano de direitos humanos conta com um protocolo facultativo sobre direitos econômicos, sociais e culturais (*Protocolo de San Salvador*, de 17 de novembro de 1988) e com outro relativo à abolição da pena de morte (aprovado em Assunção, Paraguai, em 8 de junho de 1990), além de quatro convenções setoriais, respectivamente sobre: (*a*) prevenção e punição da tortura (1985); (*b*) desaparecimento forçado de pessoas (1994); (*c*) prevenção, punição

---

1   V. Mazzuoli, Valerio de Oliveira. *Curso de direitos humanos*. 6. ed. rev., atual. e ampl. São Paulo: Método, 2019. p. 66-69.

2   Corte IDH. *Caso Velásquez Rodríguez* vs. *Honduras*, Mérito. Sentença 29.07.1988. Série C, nº 4, parágrafo 30.

e erradicação da violência contra a mulher (conhecida como *Convenção de Belém do Pará*, de 1994); e (*d*) eliminação de todas as formas de discriminação contra as pessoas portadoras de deficiência (1999).

A Convenção Americana sobre Direitos Humanos foi adotada e aberta à assinatura na Conferência Especializada Interamericana sobre Direitos Humanos, em San José da Costa Rica, em 22 de novembro de 1969, tendo sido aprovada no Brasil pelo Decreto Legislativo 27, de 25 de setembro de 1992, e promulgada pelo Decreto presidencial 678, de 6 de novembro desse mesmo ano.[3] Entrou em vigor internacional em 18 de julho de 1978, após ter obtido o mínimo de 11 ratificações. No ato da ratificação, o Brasil teceu declaração interpretativa aos arts. 43 e 48, *d*, da Convenção, dizendo que o ali estabelecido (possibilidade de a Comissão Interamericana proceder a uma *investigação* no território do Estado) não inclui "o direito automático de visitas e inspeções *in loco* da Comissão Interamericana de Direitos Humanos, as quais dependerão da anuência expressa do Estado" (*v*. nossos comentários às disposições citadas).

Os antecedentes da Convenção Americana vêm citados no seu terceiro *considerando*. São eles: a Carta da Organização dos Estados Americanos e a Declaração Americana dos Direitos e Deveres do Homem, no plano regional interamericano, e, no plano global, a própria Declaração Universal dos Direitos Humanos, todos de 1948.[4] Merece destaque, como instrumento regional antecessor da Convenção Americana, a citada Declaração Americana dos Direitos e Deveres do Homem, que ainda constitui a base normativa de direitos humanos *vis-à-vis* aos Estados que ainda não ratificaram a Convenção Americana.[5]

Nem todos os 35 Estados-partes da OEA ratificaram a Convenção Americana, e muitos deles (como os de origem anglo-saxã e a maioria dos países do Caribe, à exceção de Barbados) não têm demonstrado qualquer interesse em fazê-lo, impedindo que o sistema interamericano se torne um sistema dotado de completude. Daí ser comum visualizar a Convenção Americana como um instrumento muito mais *latino-americano* que propriamente *interamericano*. Por outro lado, muitos Estados que já ratificaram a Convenção ainda não aderiram à competência contenciosa da Corte Interamericana de Direitos Humanos, o que impede que pessoas sujeitas à jurisdição desses Estados vindiquem no sistema interamericano indenizações ou reparações pelas violações de direitos ocorridas. É obrigação da OEA fomentar nesses Estados reticentes (que não ratificaram a Convenção ou, se já ratificaram, ainda não aceitaram a competência contenciosa da Corte) a vontade de se integrar *por completo* ao sistema de direitos e garantias previsto pelo *Pacto de San José*.

---

[3] Destaque-se que foi o professor Antônio Augusto Cançado Trindade, à época Consultor Jurídico do Itamaraty, quem elaborou o *Parecer* (em 16.08.1985) sobre a adesão do Brasil à Convenção Americana. Conferir em: CACHAPUZ DE MEDEIROS, Antônio Paulo (Org.). *Pareceres dos Consultores Jurídicos do Itamaraty* (1985-1990). Brasília: Senado Federal, 2004. v. VIII, p. 57-105.

[4] Por tudo, *v*. GROS ESPIELL, Héctor. Le système interaméricain comme régime régional de protection internationale des droits de l'homme. *Recueil des Cours*, v. 145 (II), p. 1-55, 1975.

[5] V. CANÇADO TRINDADE, Antônio Augusto. *Tratado de direito internacional dos direitos humanos.* Porto Alegre: Fabris, 2003. v. III, p. 33-34.

Uma discussão sempre lembrada ao se estudar a Convenção Americana (em verdade, ao se estudar qualquer tratado de direitos humanos em vigor no Estado) diz respeito ao seu *status* hierárquico no plano do nosso direito interno. Segundo entendemos, qualquer tratado de direitos humanos ratificado pelo Brasil tem índole e nível de *norma constitucional*, por vários argumentos que já desenvolvemos em inúmeras obras anteriores, que não cabem aqui ser repetidos (*v.* comentários ao art. 2º, em que citamos bibliografia específica sobre a questão). No âmbito jurisprudencial, tal doutrina já desponta como *guia* para as decisões de juízes e tribunais, não obstante o STF ainda não ter fixado sua posição em sede de controle concentrado de constitucionalidade. Contudo, o STF tem avançado bastante nesse tema, como se pode depreender no voto-vista do Min. Gilmar Mendes, proferido no RE 466.343-SP, de relatoria do Min. Cezar Peluso (j. 03.12.2008), em que se discutia a questão da impossibilidade da prisão civil na alienação fiduciária em garantia. Ali, concebeu-se os tratados de direitos humanos como direito *supralegal* no país, o que já evidencia uma posição de vanguarda (ainda que formalista) da nossa Suprema Corte relativamente ao seu posicionamento anterior (que equiparava tais tratados ao nível das meras *leis ordinárias*).[6] Em 12 de março de 2008, o Min. Celso de Mello, no *HC* 87.585-8 do Tocantins, em que também se questionava a impossibilidade da prisão civil pela aplicação do Pacto de San José, modificou radicalmente sua opinião anterior (tal como expressa no despacho monocrático do *HC* 77.631-5/SC, publicado no *DJU* 158-E, de 19.08.1998, Seção I, p. 35) para aceitar a nossa tese, segundo a qual os tratados de direitos humanos têm índole e nível de normas constitucionais no Brasil.[7] O único ponto de discordância existente com o que defendemos reside no fato de ter o Min. Celso de Mello aceito a tese da hierarquia constitucional dos tratados de direitos humanos somente para os instrumentos ratificados antes da EC 45/2004, que acrescentou o § 3º no art. 5º da Constituição.

Para nós, os tratados de direitos humanos ratificados pelo Brasil têm índole e nível constitucionais sejam anteriores ou posteriores à EC 45/2004. Não vamos aqui repetir os nossos estudos anteriores e as justificativas dadas para fundamentar o acerto da tese do *nível constitucional* dos tratados de direitos humanos no Brasil.[8] Basta referir que toda essa discussão, se tem importância no plano interno, é para o Direito Internacional dos Direitos Humanos totalmente irrelevante, pois as normas internacionais de direitos humanos *sempre* prevalecem (no que forem mais benéficas) às normas do direito interno em vigor. Portanto, de acordo com a sistemática internacional de proteção dos direitos humanos não há falar em qualquer prevalência de uma norma interna – inclusive a Constituição do Estado – sobre uma norma internacional

---

6   Cf. STF, RE 466.343-SP, Rel. Min. Cezar Peluso, j. 03.12.2008.

7   Esse novo posicionamento do Min. Celso de Mello foi também manifestado no julgamento do citado RE 466.343-SP, referido na nota anterior.

8   Para detalhes, *v.* MAZZUOLI, Valerio de Oliveira. *Curso de direito internacional público.* 12. ed. rev., atual. e ampl. Rio de Janeiro: Forense, 2019. p. 780-792, além da bibliografia citada nos comentários ao art. 2º da Convenção (item 2, nota 25). Veja-se, também, a citação que o Min. Celso de Mello, no citado *HC* 87.585-8/TO, fez do nosso *Curso de direito internacional público*, às páginas 32-34 do respectivo voto-vista, para aceitar a nossa posição sobre a hierarquia constitucional dos tratados de direitos humanos no Brasil.

de proteção, seja essa última proveniente do sistema global ou de algum dos sistemas regionais, se mais favorável ao ser humano (princípio *pro homine*). As conquistas já implementadas pelo Direito Internacional dos Direitos Humanos nesse sentido não retrocedem em face de qualquer posicionamento doutrinário ou jurisprudencial em contrário,[9] uma vez que até mesmo a Constituição de um dado Estado é considerada um simples *fato* diante o sistema internacional de proteção.[10]

A Corte Interamericana de Direitos Humanos, em várias ocasiões, já se expressou nesse sentido e firmou jurisprudência sobre o assunto. Assim, no caso *A Última Tentação de Cristo* Vs. *Chile* a Corte entendeu que a responsabilidade internacional de um Estado pode decorrer de atos ou omissões de qualquer um de seus poderes ou órgãos, *independentemente de sua hierarquia*, mesmo que o fato violador provenha de uma norma constitucional (no caso, o art. 19, nº 12, da Constituição chilena, que estabelecia a censura prévia na produção cinematográfica, em flagrante violação ao art. 13 da Convenção Americana, que garante o direito de liberdade de pensamento e de expressão).[11] Essa mesma doutrina foi reafirmada pela Corte na *Opinião Consultiva 14*, de 9 de dezembro de 1994, quando atendeu a uma consulta da Comissão Interamericana relativamente à responsabilidade internacional de um Estado pela expedição e aplicação de leis violadoras da Convenção Americana.[12] O objeto da consulta dizia respeito ao art. 4º, §§ 2º e 3º, da Convenção Americana, os quais contemplam restrições à pena de morte e impedimento de seu restabelecimento nos Estados que a hajam abolido, tendo concluído a Corte que a expedição de uma lei manifestamente contrária às obrigações assumidas por um Estado ao ratificar ou aderir à Convenção constitui uma violação desta, acarretando, de per si, a responsabilidade internacional do Estado infrator.[13]

Além do mais, tem decidido a Corte Interamericana (desde 2006) que os juízes e tribunais internos estão obrigados a controlar a *convencionalidade* das normas domésticas, tendo como paradigma os direitos e liberdades consagrados na Convenção Americana; os juízes nacionais deverão, sem dúvida, controlar inclusive a convencionalidade *da própria Constituição* relativamente à Convenção Americana, sempre que os direitos e liberdades nesta última previstos forem *mais benéficos* ao ser humano sujeito de direitos.[14] Tal é assim em decorrência do princípio *pro homine*, que rege

---

9   Consagra-se aqui o princípio da *vedação do retrocesso* ou da *proibição de regresso*, conhecido na doutrina francesa por "efeito cliquet" dos direitos humanos (*v.* comentários ao art. 4º, 3).

10 Cf. CANÇADO TRINDADE, Antônio Augusto. Desafios e conquistas do direito internacional dos direitos humanos no início do século XXI. In: CACHAPUZ DE MEDEIROS, Antônio Paulo (Org.). *Desafios do direito internacional contemporâneo*. Brasília: Fundação Alexandre de Gusmão, 2007. p. 209, nota nº 6.

11 *V.* Corte IDH. *Caso A Última Tentação de Cristo (Olmedo Bustos e Outros)* Vs. *Chile*, Mérito, Reparações e Custas. Sentença 05.02.2001. Série C, nº 73, parágrafo 72.

12 *V.* MAZZUOLI, Valerio de Oliveira. *Curso de direito internacional público*, cit., p. 509.

13 Corte IDH, *Opinião Consultiva OC-14/94*, de 9 de dezembro de 1994, Série A, nº 14 – *Responsabilidade Internacional por Expedição e Aplicação de Leis Violadoras da Convenção (Arts. 1º e 2º da Convenção Interamericana sobre Direitos Humanos)*, parágrafo 50.

14 *V. Síntese do Relatório Anual da Corte Interamericana sobre Direitos Humanos referente ao Exercício de 2006* (Washington, D.C., 29 de março de 2007), reproduzido no documento da Assembleia

a interpretação das normas contemporâneas (internacionais e internas) de proteção dos direitos humanos.

Como é realizável esse controle de convencionalidade no plano do Direito brasileiro, pela atuação do Poder Judiciário? Primeiramente, cabe destacar que o tema do controle de convencionalidade ganhou destaque em nosso país a partir da entrada em vigor da citada EC 45/2004. Contudo, até a decisão do STF no RE 466.343-SP, de 03.12.2008, nenhum jurista pátrio o havia desenvolvido. Antes de nós, sequer um autor brasileiro (constitucionalista ou internacionalista) havia percebido (até aquele momento) a amplitude e a importância dessa nova temática, capaz de modificar todo o sistema de controle no direito pátrio. Versamos ineditamente sobre o assunto no Capítulo II, Seção II, da nossa Tese de Doutorado, na UFRGS.[15] Em resumo, o que ali defendemos é que se a Constituição possibilita (no art. 5º, § 3º) sejam os tratados de direitos humanos alçados ao patamar constitucional, com *equivalência de emenda*, por questão de lógica deve também garantir-lhes os meios que prevê a qualquer norma constitucional ou emenda de se protegerem contra investidas não autorizadas do direito infraconstitucional. Nesse sentido, é plenamente possível utilizar-se das ações do controle concentrado, como a ADI (para invalidar a norma infraconstitucional por *inconvencionalidade*), a ADECON (para garantir à norma infraconstitucional a compatibilidade vertical com um tratado de direitos humanos formalmente constitucional), e até mesmo a ADPF (para exigir o cumprimento de um "preceito fundamental" encontrado em tratado de direitos humanos formalmente constitucional), não mais baseadas apenas no texto constitucional, senão também nos tratados de direitos humanos aprovados pela sistemática do art. 5º, § 3º da Constituição e em vigor no Estado. Então, pode-se dizer que os tratados de direitos humanos internalizados com quórum qualificado passam a servir de meio de controle concentrado (de *convencionalidade*) da produção normativa doméstica, para além de servirem como paradigma para o controle *difuso*. Quanto aos tratados de direitos humanos não internalizados pela dita maioria qualificada, passam eles a ser paradigma apenas do controle *difuso* de convencionalidade.[16]

Geral da OEA (AG/doc.4761/07) de 2 de junho de 2007 (*Observações e Recomendações dos Estados-Membros sobre o Relatório Anual da Corte Interamericana de Direitos Humanos*), p. 12, nestes termos: "No que diz respeito a deveres judiciais e meios de proteção, cabe mencionar: impugnabilidade dos efeitos da interpretação ou aplicação de uma norma; 'controle de convencionalidade' *por parte dos tribunais internos*; leis que excluem o processo penal de crimes de lesa-humanidade" [grifo nosso].

15   V. MAZZUOLI, Valerio de Oliveira. *Rumo às novas relações entre o direito internacional dos direitos humanos e o direito interno*: da exclusão à coexistência, da intransigência ao diálogo das fontes. 2008. Tese (Doutorado) –Universidade Federal do Rio Grande do Sul – Faculdade de Direito, Porto Alegre, 2008, p. 201-241 (publicada sob o título *Tratados internacionais de direitos humanos e direito interno*. São Paulo: Saraiva, 2010. 251p.). Desenvolvemos também o tema em obra autônoma, *Controle jurisdicional da convencionalidade das leis*. 5. ed. rev., atual. e ampl. Rio de Janeiro: Forense, 2018.

16   A propósito, *v*. MAZZUOLI, Valerio de Oliveira. Podem os tratados de direitos humanos não "equivalentes" às emendas constitucionais servir de paradigma ao controle concentrado de convencionalidade? *Revista Direito Público*, Porto Alegre, v. 64, p. 222-229, 2015; *idem*, MAZZUOLI,

Assim, conclui-se que todos os tratados que formam o *corpus juris* convencional dos direitos humanos de que um Estado é parte servem como paradigma ao controle de convencionalidade das normas infraconstitucionais, com as especificações acima descritas: *a*) tratados de direitos humanos internalizados com quórum qualificado (equivalentes às emendas constitucionais) são paradigma do controle concentrado (para além, obviamente, do controle *difuso*), cabendo, *v.g.*, uma ADI no STF a fim de invalidar norma infraconstitucional incompatível com eles; *b*) tratados de direitos humanos que têm apenas "*status* de norma constitucional" (não sendo "*equivalentes* às emendas constitucionais", posto que não aprovados pela maioria qualificada do art. 5º, § 3º) são paradigma do controle *difuso* de convencionalidade, caso em que deverão os juízes ou tribunais neles se fundamentar para declarar inválida uma lei que os afronte.[17]

Portanto, as justificativas que se costumam dar, sobretudo no Brasil, para o descumprimento das obrigações assumidas pelo Estado no plano internacional são absolutamente *ineficazes* à luz do Direito Internacional dos Direitos Humanos e, agora, em razão da própria ordem constitucional brasileira, que passa a estar integrada com um novo tipo de controle (o de *convencionalidade*) das normas domésticas. Assim, toda norma de direito interno que viole a Convenção Americana deve ser tida como *inconvencional* e, portanto, *inválida* no que tange à sua aplicação a quaisquer casos concretos.[18] Daí a importância em se estudar em profundidade a Convenção Americana sobre Direitos Humanos, que é o principal tratado sobre direitos civis e políticos já concluído no Continente Americano, valendo no Brasil com *status* jurídico diferenciado e prevalecendo sobre todo o nosso direito interno em tudo quanto mais proteja o cidadão (*v.* comentários ao art. 29, *b*).

(2) Depois de seu *título*, a Convenção Americana contempla um *preâmbulo* com cinco *considerandos*. O *preâmbulo* dos tratados internacionais é composto da designação das partes-contratantes, seguida do que se conhece por "considerandos". Tais considerandos (normalmente redigidos no gerúndio, como *reafirmando, reconhecendo, considerando, reiterando...*) não compõem a parte *jurídica* de um instrumento internacional, tendo por finalidade tão somente demonstrar a *intenção* dos Estados negociadores para com aquele determinado texto. Ainda que não propriamente *jurídicos*, seus enunciados servem como meio de *interpretação* do tratado respectivo, pois refletem uma vontade negocial específica.

No caso da Convenção Americana, os considerandos expressam a firme vontade dos Estados negociadores em implementar nas Américas um sistema internacional de proteção dos direitos humanos coadjuvante ou complementar do que oferece a ordem jurídica dos Estados-partes, à base dos princípios consagrados na Carta da OEA, na Declaração Americana dos Direitos e Deveres do Homem e na Declaração

Valerio de Oliveira. *Estudos avançados de direito internacional*. Belo Horizonte: Arraes, 2017. p. 196-202.

[17] V. MAZZUOLI, Valerio de Oliveira. *Controle jurisdicional da convencionalidade das leis*, cit., p. 175-177.

[18] Cf. Corte IDH, *Opinião Consultiva OC-13/93*, de 16 de julho de 1993, Série A, nº 13 – *Certas Atribuições da Comissão Interamericana de Direitos Humanos (Arts. 41, 42, 44, 46, 47, 50 e 51 da Convenção Americana Sobre Direitos Humanos)*, parágrafos 34-35.

Universal dos Direitos Humanos, e que foram reafirmados e desenvolvidos em outros instrumentos internacionais, tanto de âmbito mundial como regional.

A Convenção Americana elenca cinco considerandos, nos quais se reafirma, *inter alia*, a fé dos Estados Americanos de consolidar, no Continente Americano, sempre dentro do contexto democrático, um regime de liberdade pessoal e de justiça social, fundado no respeito dos direitos humanos essenciais. Ali também se reconhece que "os direitos essenciais da pessoa humana não derivam do fato de ser ela nacional de determinado Estado, mas sim do fato de ter como fundamento os atributos da pessoa humana, razão por que justificam uma proteção internacional, de natureza convencional, coadjuvante ou complementar da que oferece o direito interno dos Estados Americanos".

É importante a referência feita pela Convenção sobre a natureza *coadjuvante* ou *complementar* do tratado no que tange ao direito interno dos Estados-partes. De fato, assim como também ocorre com a quase totalidade das normas do Direito Internacional Público voltadas à proteção do ser humano, tal referência significa que o sistema internacional de proteção dos direitos humanos opera somente *depois* de se dar oportunidade de agir ao Estado. Em outras palavras, a obrigação principal de proteger e garantir os direitos humanos dos cidadãos é do Estado, não da Convenção. Esta somente deverá operar nos casos em que o Estado deixa de proteger tais direitos, protege menos do que deveria ou se mostra moroso na obrigação de amparo às respectivas vítimas. É dizer, a obrigação primeira (inicial) de proteger direitos humanos é do Estado, sendo a proteção da Convenção apenas de caráter complementar. Daí por que o controle de convencionalidade interno, exercido por juízes e tribunais do Estado, é o primeiro que deve ser exercido, ficando o controle de convencionalidade internacional (levado a efeito pela Corte Interamericana) apenas para momento secundário, que pode ou não ocorrer (ocorrendo, à evidência, se o controle interno tenha sido falho ou ineficaz). Destaque-se, porém, que a característica *coadjuvante* ou *complementar* da Convenção não induz pensar seja ela *supletória* do direito nacional, visto não caber ao sistema interamericano *substituir* a jurisdição estatal e fixar, *v.g.*, as modalidades específicas de investigação e julgamento em um caso concreto; ao sistema interamericano cabe verificar, *a posteriori*, se no Estado foram ou não praticados atos capazes de violar a Convenção Americana.[19] Assim, ser coadjuvante ou complementar quer dizer, como explica Bidart Campos, que "algo" deve agregar-se a outro "algo" para que este fique *completo*.[20] Daí então estarem as pessoas (aquelas sujeitas à sua jurisdição) sob a responsabilidade *imediata* do Estado e sob a responsabilidade *mediata* do sistema interamericano de direitos humanos.[21]

---

[19] V. Mazzuoli, Valerio de Oliveira. *Curso de direitos humanos*, cit., p. 145-146.

[20] Bidart Campos, German J. *Tratado elemental de derecho constitucional argentino*. (El derecho internacional de los derechos humanos y la reforma constitucional de 1994). Buenos Aires: Ediar, 1995. t. III, p. 277-278.

[21] Cf. Ayala Corao, Carlos M. Recepción de la jurisprudencia internacional sobre derechos humanos por la jurisprudencia constitucional. *Revista del Tribunal Constitucional*, Sucre, n. 6, p. 27, nov. 2004.

Resta, por fim, dizer duas palavras sobre a estrutura da Convenção Americana. O seu texto é dividido em três Partes, uma versando sobre os direitos civis e políticos (cujo rol é bem parecido ao do Pacto Internacional sobre Direitos Civis e Políticos de 1966), outra versando sobre os meios de se alcançar a proteção dos direitos previstos na Parte I, e a última relativa às disposições gerais e transitórias. A Convenção conta com 82 artigos assim divididos: *Parte I* – Deveres dos Estados e Direitos Protegidos (arts. 1º ao 32º), *Parte II* – Meios de Proteção (arts. 33 a 73) e *Parte III* – Disposições Gerais e Transitórias (arts. 74 a 82).

PARTE I
DEVERES DOS ESTADOS
E DIREITOS PROTEGIDOS

CAPÍTULO I
ENUMERAÇÃO DE DEVERES

Artigo 1
Obrigação de Respeitar os Direitos (1)

1. Os Estados-Partes nesta Convenção (2) comprometem-se a respeitar os direitos e liberdades nela reconhecidos (3) e a garantir seu livre e pleno exercício a toda pessoa que esteja sujeita à sua jurisdição (4), sem discriminação alguma por motivo de raça, cor, sexo, idioma, religião, opiniões políticas ou de qualquer outra natureza, origem nacional ou social, posição econômica, nascimento ou qualquer outra condição social. (5)

2. Para efeitos desta Convenção, pessoa é todo ser humano. (6)

 ## LEGISLAÇÃO RELACIONADA

➢ **Legislação Internacional**
- Carta Africana dos Direitos Humanos e dos Povos: arts. 1º e 2º
- Convenção Europeia de Direitos Humanos: art. 1º
- Declaração Universal dos Direitos Humanos: art. 2º
- Carta das Nações Unidas: arts. 1º, 3; 13, 1, *b*; 55, *c* e 76, *c*

➢ **Legislação Nacional**
- Código Civil: art. 2º
- Constituição Federal: arts. 3º, IV; 5º, *caput*
- Lei 12.288/2010 (Estatuto da Igualdade Racial)

 ## JURISPRUDÊNCIA RELACIONADA

➢ **Jurisprudência Internacional**

Tribunal	Caso
Corte IDH	Caso Almonacid Arellano e Outros *vs.* Chile (26 de setembro de 2006)
Corte IDH	Caso Trabalhadores da Fazenda Brasil Verde *vs.* Brasil (20 de outubro de 2016)
Corte IDH	Caso Velásquez Rodríguez *vs.* Honduras (29 de julho de 1988)
Corte IDH	Opinião Consultiva nº 4 (19 de janeiro de 1984)
Corte IDH	Opinião Consultiva nº 7 (29 de agosto de 1986)
Corte IDH	Opinião Consultiva nº 14 (9 de dezembro de 1994)

Tribunal	Caso
Corte IDH	Opinião Consultiva nº 22 (26 de fevereiro de 2016)
Corte IDH	Opinião Consultiva nº 23 (15 de novembro de 2017)
Corte IDH	Opinião Consultiva nº 24 (24 de novembro de 2017)

> **Jurisprudência Nacional**

Tribunal	Caso
STF	RE 587.970

 ## COMENTÁRIOS

Por *Valerio de Oliveira Mazzuoli*

(1) O art. 1º da Convenção Americana – *Obrigação de respeitar os direitos* – é a norma fundamental sobre a qual se assenta todo o sistema protetivo previsto por esse instrumento internacional. Em conjunção com o art. 2º do mesmo instrumento (*v. infra*), o comando do art. 1º condiciona aos Estados-Partes a integração *completa* ao sistema de direitos e garantias previsto na Convenção, para o fim de tornar *efetiva* a proteção desses direitos em nosso entorno geográfico.

De fato, não haveria proteção possível dos direitos humanos no Continente Americano se os Estados-Partes à Convenção Americana não acatassem a obrigação de respeitar os direitos e liberdades nela reconhecidos e garantir seu livre e pleno exercício a toda pessoa que esteja sujeita à sua jurisdição, sem discriminação alguma, por motivo de raça, cor, sexo, idioma, religião, opiniões políticas ou de qualquer outra natureza, origem nacional ou social, posição econômica, nascimento ou qualquer outra condição social.

Tais obrigações, frise-se, são dirigidas *aos Estados* e têm *aplicação imediata* nas respectivas ordens jurídicas, pois impõem às soberanias do Continente obrigações de índole convencional, isto é, decorrentes de tratado internacional em vigor nos Estados interessados. Tais Estados, assim, após o aceite definitivo (ratificação ou adesão) ao instrumento internacional não têm mais a possibilidade de se subtrair às obrigações convencionais impostas pela Convenção Americana, sob pena de responsabilidade internacional.

Em suma, as obrigações que decorrem do art. 1º da Convenção Americana são *conditio sine qua non* para a efetiva proteção dos direitos humanos no Continente Americano, sem as quais não haverá proteção possível desses direitos no entorno geográfico interamericano.

(2) A expressão *Convenção* é sinônima de qualquer outra locução que pretenda significar um *tratado internacional*; uma *convenção* internacional é, antes de tudo, um *tratado*. De fato, o termo *tratado* é expressão genérica (à luz do art. 2º, § 1º, *a*, da Convenção de Viena sobre o Direito dos Tratados de 1969) utilizada para caracterizar qualquer espécie de ato internacional, seja uma grande convenção multilateral, seja um acordo bilateral sobre tema absolutamente prosaico. Assim, será a prática internacional a responsável por empregar cada sinônimo de tratado – *v.g.*, *convenção*, *pacto*,

acordo, protocolo etc. – em seu lugar devido, a depender de como pretende caracterizar o instrumento internacional em causa.

Atualmente, a expressão *Convenção* tem sido empregada para designar todo tipo de tratado solene (e multilateral) em que a vontade das partes não é propriamente divergente, como ocorre nos chamados *tratados-contrato*, mas paralela e uniforme, ao que se atribui o nome de *tratado-lei* ou *tratado-normativo*, do qual é exemplo a própria Convenção Americana sobre Direitos Humanos.

O termo *Convenção* começou a ser empregado no sentido atual a partir da proliferação dos congressos e conferências internacionais, em que matérias da maior relevância para a sociedade internacional passaram a ser frequentemente debatidas, dando à luz atos internacionais criadores de normas *gerais* de Direito Internacional Público, demonstrativos da vontade uniforme das partes em versar assuntos de interesse geral.[1]

O art. 1º, 1, da Convenção Americana refere-se aos "Estados-*Partes* nesta Convenção". Ser *parte* em um tratado internacional requer que o Estado o tenha *ratificado* e que o instrumento já se encontre *em vigor* no plano internacional. Tal é o que dispõe o art. 2º, § 2º, *g*, da Convenção de Viena sobre o Direito dos Tratados de 1969, segundo o qual a expressão *parte* significa "um Estado que consentiu em se obrigar pelo tratado e em relação ao qual este esteja em vigor". Antes de ratificar o tratado, ou do mesmo entrar em vigor, o Estado não é propriamente *parte* dele, o que não significa que deixe de ter obrigações jurídicas a partir da assinatura, tal como determina o art. 18, *a*, da Convenção de Viena sobre o Direito dos Tratados, para o qual "um Estado é obrigado a abster-se da prática de atos que frustrariam o objeto e a finalidade de um tratado, quando tiver assinado ou trocado instrumentos constitutivos do tratado, sob reserva de ratificação, aceitação ou aprovação, enquanto não tiver manifestado sua intenção de não se tornar parte no tratado". Trata-se dos *efeitos dos tratados não ratificados* para os Estados signatários, assunto pouco estudado pela doutrina internacionalista em geral, não obstante sua grande importância prática.[2]

Ao passo que no seu preâmbulo a Convenção se refere aos "Estados Americanos *signatários* da presente Convenção", vê-se que, no art. 1º, 1, por sua vez, o texto fala em "Estados-*Partes* nesta Convenção", o que está a demonstrar que a intenção dos Estados (então *signatários*) em tornar o Continente protegido pela ordem interamericana de direitos humanos passa a ser de rigor após a *ratificação* da Convenção pelos diversos Estados do Continente (os quais se tornam, a partir de então, *partes* desse instrumento internacional). Em outras palavras, quando os Estados passam de *signatários* da Convenção para *partes* dela, assumem o compromisso de garantir a proteção convencional imposta pelo texto em suas respectivas ordens internas, sem a possibilidade de descumprimento do que foi internacionalmente pactuado. Portanto, a condição de "parte" num tratado internacional engaja o Estado respectivo às obrigações convencionais presentes no respectivo instrumento, sem a possibilidade de alegação do direito interno como pretexto ao descumprimento do internacionalmente acordado.

---

[1]   Sobre essa terminologia, *v.* Mazzuoli, Valerio de Oliveira. *Curso de direito internacional público*, cit., p. 136.

[2]   Para o estudo do tema, *v.* Mazzuoli, Valerio de Oliveira. *Direito dos tratados*. 2. ed. rev., atual. e ampl. Rio de Janeiro: Forense, 2014. p. 131-135.

A Convenção Americana entrou em vigor internacional em 18 de julho de 1978, após ter obtido o número mínimo de 11 ratificações; a partir dessa data, todos os Estados que a *ratificarem* dela já serão *partes*, devendo, portanto, respeitar e fazer cumprir todos os direitos e liberdades nela reconhecidos. A partir desse momento, os Estados poderão ser acionados perante os mecanismos de controle da OEA, em especial da Comissão Interamericana de Direitos Humanos, o que se amplia sobremaneira quando aceitam a competência contenciosa da Corte Interamericana de Direitos Humanos, caso em que poderão ser *réus* em ações internacionais de reparação de danos por violações a direitos humanos.

(3) Os arts. 1º e 2º da Convenção Americana, como já referido, constituem a sua verdadeira base jurídica, a *pedra angular* sobre a qual se desenvolve todo o catálogo de direitos e garantias nela consagrados. Tais dispositivos são o coração do sistema interamericano de proteção dos direitos humanos, sem os quais não se operacionalizam as medidas de garantias previstas no texto da Convenção Americana.

Nos termos do art. 1º da Convenção, os Estados-Partes "comprometem-se a *respeitar* os direitos e liberdades nela reconhecidos e a *garantir* seu livre e pleno exercício a toda pessoa que esteja sujeita à sua jurisdição..." (grifamos). A obrigação de *respeitar*, que iremos comentar agora, é obrigação de cunho negativo (obrigação de *não fazer*), e a de *garantir* o livre e pleno exercício dos direitos é obrigação *positiva* (obrigação de *fazer*). Ambas, porém, são obrigações cuja aplicação há de ser *imediata* para os Estados-Partes (não se trata de obrigações de cunho "programático").[3] Assim, quando se diz que os Estados-Partes na Convenção comprometem-se a *respeitar os direitos e liberdades nela reconhecidos*, tal significa que os Estados que assumiram o compromisso de adotar a Convenção passam a obrigar-se em relação à normatividade que nela se contém. Em outras palavras, quando os Estados assumem compromissos internacionais relativos a direitos humanos, eles se autolimitam em sua soberania em razão do interesse maior (internacional, supraestatal) que representa atualmente a proteção internacional dos direitos humanos. Aparece aí, na Convenção Americana, a obrigatoriedade de vinculação do poder público aos direitos humanos, no sentido de estar obrigado a *respeitar* tais direitos com a máxima efetividade possível.[4]

A obrigação *ipso jure* "de respeitar os direitos", enunciada no *caput* do art. 1º da Convenção, exclui a aplicação do *princípio da reciprocidade* consagrado pelo Direito Internacional clássico. Por meio deste princípio, um Estado somente está obrigado a respeitar um direito se o outro Estado que com ele contrata também o respeita reciprocamente. Se não se discute a aplicação deste princípio, *v.g.*, nas relações econômicas ou comerciais entre Estados, tratando-se de direitos humanos a sua utilização não tem qualquer razão de ser. Assim, um Estado-Parte na Convenção Americana *deve respeitar* os direitos e liberdades nela reconhecidos *independentemente* de outro Estado-Parte respeitá-los ou não em relação às pessoas sujeitas à sua jurisdição. Daí

---

[3]   Cf. Mac-Gregor, Eduardo Ferrer; Möller, Carlos María Pelayo. La obligación de "respetar" y "garantizar" los derechos humanos a la luz de la jurisprudencia de la Corte Interamericana. *Estudios Constitucionales*, Talca: Universidad de Talca, año 10, n. 2, p. 142, 2012.

[4]   Cf. Sarlet, Ingo Wolfgang. *A eficácia dos direitos fundamentais*. 6. ed. rev., atual. e ampl. Porto Alegre: Livraria do Advogado, 2006. p. 381-401.

a conclusão de ser *objetiva* a natureza da obrigação internacional relativa a direitos humanos, não dependente da vontade discricionária dos Estados.

Como se nota, o dever de garantir e respeitar os direitos e liberdades reconhecidos pela Convenção é obrigação *jurídica* que os Estados assumem no plano internacional, e não obrigação meramente *moral*. Seu desrespeito acarreta a responsabilidade internacional do Estado, abrindo a possibilidade de se demandar uma reparação perante o sistema interamericano (Comissão e Corte interamericanas). O sistema interamericano (assim com o europeu e o africano) de direitos humanos é um complexo normativo *supraestatal*, e como tal deve ser compreendido pelos Estados que ratificam a Convenção Americana. Daí ser corolário lógico dessa supraestatalidade o dever de garantir e respeitar (de forma *imediata*) todos os direitos consagrados pela Convenção, independentemente da existência de regras domésticas contrárias ao que estabelece o texto convencional.

No primeiro caso contencioso julgado pela Corte Interamericana de Direitos Humanos (*Caso Velásquez Rodríguez*, contra o Estado de Honduras, em 1988) decidiu-se que os Estados-Partes na Convenção têm a obrigação de respeitar os direitos humanos e de garanti-los, devendo a tais Estados ser imputadas todas as violações dos direitos humanos reconhecidos pela Convenção, mesmo que o ato estatal violador de direitos tenha sido *negativo*, como a falta de diligência para prevenir tal violação etc. De fato, assim se expressou a Corte Interamericana naquele julgamento:

"Em tal sentido, em toda circunstância na qual um órgão ou funcionário do Estado ou de uma instituição de caráter público lesar indevidamente um dos tais direitos, fica-se diante de uma hipótese de inobservância do dever de respeito consagrado nesse artigo. Essa conclusão é independente de que o órgão ou funcionário tenha agido em contravenção de disposições do direito interno ou passado dos limites da sua própria competência, posto que é um princípio de Direito Internacional que o Estado responda pelos atos de seus agentes realizados com amparo do seu caráter oficial e pelas omissões dos mesmos, ainda que ajam fora dos limites de sua competência ou em violação do direito interno. O mencionado princípio é perfeitamente adequado à natureza da Convenção, violada em toda situação na qual o poder público seja utilizado para lesar os direitos humanos reconhecidos na mesma. Se considerar que não compromete o Estado, o qual se vale do poder público para violar tais direitos, por meio de atos que passam dos limites de sua competência ou que são ilegais, se tornaria ilusório o sistema de proteção previsto na Convenção".[5]

A mesma Corte Interamericana também reconheceu o caráter *autoaplicável* da Convenção Americana, na *Opinião Consultiva nº 7*, de 29 de agosto de 1986, solicitada pelo governo da Costa Rica em caso envolvendo o direito de retificação ou resposta (*v.* comentários ao art. 14). Entendeu a Corte que a Convenção, quando em vigor no Estado, deve ser imediatamente aplicada (também pelos tribunais), sem qualquer necessidade de integração legislativa.[6]

---

5   Corte IDH. *Caso Velásquez Rodríguez vs. Honduras*. Mérito. Sentença 29.07.1988. Série C, nº 4, parágrafos 169-171. *V.*, também, o *Caso Godínez Cruz vs. Honduras*. Mérito. Sentença 20.01.1989. Série C, nº 5, parágrafo 173.

6   *V.* Corte IDH. *Opinião Consultiva nº OC-7/86*, de 29.08.1986. Série A, nº 7 – *Exigibilidade do Direito de Retificação ou Resposta (Arts. 14.1, 1.1 e 2 da Convenção Americana sobre Direitos Humanos)*, parágrafo 24 e ss.

Os Estados, por força desse comprometimento de respeito para com os direitos e liberdades reconhecidos na Convenção, impõem-se restrições e limites, sem que possam, em seguida, libertar-se (por ato de vontade própria e exclusiva) das obrigações que a si mesmos se impuseram.[7] As modernas relações internacionais não se compadecem com o velho e arraigado conceito de soberania e pretendem afastá-lo para cada vez mais longe, a fim de tornar mais viáveis as relações entre os Estados, dando a estes, para além de direitos, também obrigações na órbita internacional. Não existem direitos humanos globais, internacionais e universais, sem uma soberania flexibilizada a permitir a projeção desses direitos na agenda internacional. Se existe noção alheia à proteção internacional dos direitos humanos esta noção é da soberania.[8] O direito pós-moderno está cada vez mais a demonstrar – leciona Cançado Trindade – que a *força do direito* deve sempre prevalecer ao *direito da força*.[9] A verdadeira soberania deve consistir então numa cooperação internacional dos Estados em prol de finalidades comuns. Um novo conceito de soberania, afastada sua noção tradicional, aponta para a existência de um Estado não isolado, mas incluso numa sociedade e num sistema internacional de proteção de direitos como um todo.

Essa obrigação de respeito aos direitos e liberdades reconhecidos pela Convenção impõe ainda aos Estados o dever de compatibilizar sua ordem jurídica interna com os ditames mais benéficos da Convenção, seguindo a regra de interpretação do art. 29, *b*, segundo a qual "nenhuma disposição da presente Convenção pode ser interpretada no sentido de [...] limitar o gozo e exercício de qualquer direito ou liberdade que possam ser reconhecidos de acordo com as leis de qualquer dos Estados-Partes ou de acordo com outra convenção em que seja parte um dos referidos Estados" (*v.* comentários ao art. 29). E caso o direito interno do Estado não reconheça os direitos e liberdades consagrados pela Convenção ou os reconheça em menor grau, passa a ser também um dever seu (do Estado) adaptar sua legislação interna (inclusive expurgando do sistema de direito interno a norma incompatível) às disposições convencionais mais benéficas, sob pena de responsabilidade internacional por violação a direitos humanos. Essa adaptação do direito interno às disposições internacionais vem expressa no art. 2º da Convenção (*v.* comentários *infra*).

(4) Para além da obrigação genérica que os Estados têm de *respeitar* os direitos e liberdades consagrados pela Convenção, também existe o dever dos Estados em *garantir* o livre e pleno exercício desses direitos e liberdades "a toda pessoa que esteja sujeita à sua jurisdição", sem excluir da proteção qualquer cidadão. Tal obrigação de *garantia* é obrigação de fazer, consistindo na criação, pelo Estado, dos meios necessários para prevenir, investigar e punir toda e qualquer violação (pública ou privada) de direitos

---

[7]   Cf. Martins, Pedro Baptista. *Da unidade do direito e da supremacia do direito internacional.* Rio de Janeiro: Forense, 1998. p. 20.

[8]   *V.* Mazzuoli, Valerio de Oliveira. Soberania e a proteção internacional dos direitos humanos: dois fundamentos irreconciliáveis. *Revista de Informação Legislativa*, Brasília, ano 39, n. 156, p. 169-177, out.-dez. 2002.

[9]   A respeito, cf. Cançado Trindade, Antônio Augusto. *A humanização do direito internacional.* Belo Horizonte: Del Rey, 2006. p. 175-193.

humanos contrária à Convenção.[10] A Corte Interamericana, no citado *Caso Velásquez Rodríguez*, ao interpretar essa disposição deixou assentado que "esta obrigação implica o dever dos Estados-Partes de organizar todo o aparato governamental e, em geral, todas as estruturas por meio das quais se manifesta o exercício do poder público, de maneira tal que sejam capazes de assegurar juridicamente o livre e pleno exercício dos direitos humanos. Como consequência desta obrigação os Estados devem prevenir, investigar e sancionar toda violação dos direitos reconhecidos pela Convenção e procurar, ademais, o restabelecimento, caso seja possível, do direito violado e, neste caso, a reparação dos danos produzidos pela violação dos direitos humanos".[11]

A Convenção, quando garante "a toda *pessoa*" que esteja sujeita à jurisdição do Estado o livre e pleno exercício dos direitos nela consagrados, está a visualizar o papel do Estado sob a ótica *ex parte populi* (ou seja, tendo como ponto de partida os interesses *da pessoa*) e não sob a ótica *ex parte principis* (que leva em consideração apenas os interesses *do governo*). Assim, se o Estado não tomar ações concretas que garantam às pessoas os direitos consagrados no instrumento internacional, ficam abertas aos cidadãos as portas da jurisdição internacional, que deverá tomar as medidas pertinentes.[12]

Frise-se que a locução "garantir seu livre e pleno exercício a toda pessoa" requer atuação estatal positiva, que traga *efetividade* à proteção desses mesmos direitos e liberdades. Os três poderes do Estado podem ser causadores de responsabilidade nesse âmbito: o *Legislativo*, por editar normas incompatíveis com os direitos e liberdades consagrados na Convenção, ou por não criar legislação adequada, quando isso se faz necessário; o *Executivo*, por não respeitar fielmente (e não fazer com que se respeitem) os direitos e garantias previstos no tratado, podendo tal conduta (de não respeitar os direitos) ser *positiva* (quando viola direitos por ato próprio ou dos seus agentes) ou *negativa* (*v.g.*, quando não reprime as violações privadas de direitos humanos); e o *Judiciário*, em não contribuir para a aplicação prática da Convenção Americana (e de todos os outros tratados de direitos humanos em vigor no país) na esfera da Justiça, aplicando lei interna (inclusive a Constituição) incompatível com o tratado ou não aplicando a norma internacional quando isso se faz necessário.

Os Estados passam a ter então obrigações tanto *negativas* quanto *positivas* em relação aos tratados de direitos humanos que ratificaram. Por um lado, têm os Estados o dever de abster-se de violar os direitos das pessoas (como não torturar, não matar, não privá-las de um julgamento justo etc.) e, de outro, a obrigação (positiva) de assegurar que esses direitos sejam respeitados, adotando as medidas necessárias à sua efetiva salvaguarda.[13] Dessa forma, passa a ser ilícita toda forma de ato do governo, órgão ou funcionário seu que indevidamente viole os direitos assegurados pelo art. 1º, 1, da Convenção Americana,

---

[10]   V. RAMOS, André de Carvalho. *Direitos humanos em juízo*: comentários aos casos contenciosos e consultivos da Corte Interamericana de Direitos Humanos. São Paulo: Max Limonad, 2001. p. 72.

[11]   Corte IDH. *Caso Velásquez Rodríguez* vs. *Honduras*. Mérito. Sentença 29.07.1988. Série C, nº 4, parágrafo 166. V., também, o *Caso Godínez Cruz* vs. *Honduras*. Mérito. Sentença 20.01.1989, Série C, nº 5, parágrafo 175.

[12]   Cf. LINDGREN ALVES, José Augusto. *Os direitos humanos como tema global*. São Paulo: Perspectiva, 1994. p. 43-44.

[13]   Cf. PIOVESAN, Flávia. *Direitos humanos e o direito constitucional internacional*. 7. ed. rev., ampl. e atual. São Paulo: Saraiva, 2006. p. 229, citando a lição de Thomas Buergenthal.

independentemente de *quem* tenha agido em violação de alguns dos direitos previstos na Convenção, pois é princípio do Direito Internacional Público que o Estado responde pelos atos dos seus agentes (realizados ou não sob o seu comando) e também de particulares (quando não preveniu ou reparou o dano sofrido), como já decidiu a Corte Europeia de Direitos Humanos em 1985.[14] É princípio corrente do direito das gentes que a repartição interna de competências, ainda que da mais alta importância em termos constitucionais, não representa qualquer óbice à condenação *do Estado* no plano internacional.

Por seu turno, mencione-se que a locução "a *toda pessoa* que esteja sujeita *à sua jurisdição*" significa que a proteção da Convenção Americana independe da nacionalidade da(s) vítima(s). Assim, estão protegidos pela Convenção tanto os nacionais dos seus Estados-Partes como os estrangeiros e apátridas, residentes ou não em um desses Estados. *Sujeitar-se à jurisdição* de um Estado não significa nele *residir* ou nele ter *domicílio*, mas nele *estar* no momento em que a violação de direitos humanos ocorreu (ainda que tal estadia se dê numa situação fugaz, como no trânsito de um aeroporto ou de passagem pelo mar territorial do Estado etc.).[15] Assim, encontrando-se determinada pessoa em local sujeito à jurisdição do Estado brasileiro, terá ela a proteção da Convenção Americana, independentemente de qual seja a sua nacionalidade.

Não se incluem, contudo, na locução "toda pessoa" as pessoas *jurídicas*, tal como decidiu a Corte Interamericana na *Opinião Consultiva nº 22*, de 26 de fevereiro de 2016, ocasião em que fixou o entendimento de que somente pessoas *físicas* podem ser partes e vindicar direitos ante o sistema interamericano de direitos humanos. Na mesma *Opinião*, contudo, a Corte afirmou ter competência para conhecer da violação a direitos de sindicatos, federações e confederações, nos termos do art. 8º, 1, *a*, do *Protocolo de San Salvador*, que estabelece o dever de os Estados-Partes garantir "o direito dos trabalhadores de organizar sindicatos e de filiar-se ao de sua escolha, para proteger e promover seus interesses", permitindo ainda "aos sindicatos formar federações e confederações nacionais e associar-se às já existentes, bem como formar organizações sindicais internacionais e associar-se à de sua escolha".

(5) Deverão os Estados-Partes na Convenção garantir às pessoas sujeitas à sua jurisdição todos os direitos e liberdades nela reconhecidos "sem discriminação alguma, por motivo de raça, cor, sexo, idioma, religião, opiniões políticas ou de qualquer outra natureza, origem nacional ou social, posição econômica, nascimento ou qualquer outra condição social". Perceba-se a locução amplíssima da Convenção Americana "sem discriminação alguma". A vontade da Convenção foi acabar definitivamente com a *personalidade jurídica condicionada* (*v.* comentários ao art. 3º), segundo a qual apenas *algumas* pessoas, satisfeitas certas condições, poderiam estar protegidas pelo Estado. Tal foi o que ocorrera no período sombrio do Holocausto, que ensanguentou a Europa entre 1939 e 1945, no qual se garantiam direitos apenas àqueles que satisfizessem a condição de pertencer à "raça pura ariana".

---

[14] *V.* Ramos, André de Carvalho. *Responsabilidade internacional por violação de direitos humanos*: seus elementos, a reparação devida e sanções possíveis. Rio de Janeiro: Renovar, 2004. p. 167, para quem: "Com isso, em relação a atos de particulares, podemos ver que a fixação da responsabilidade internacional do Estado por violação de direitos humanos é fruto da obrigação internacional, constante de todos os diplomas internacionais, de garantir e assegurar os direitos humanos".

[15] Cf. Mazzuoli, Valerio de Oliveira. *Curso de direitos humanos*, cit., p. 147.

A locução "sem discriminação alguma, por motivo de raça, cor, sexo, idioma, religião, opiniões políticas ou de qualquer outra natureza, origem nacional ou social, posição econômica, nascimento ou qualquer outra condição social" é também mais ampla que a presente na Carta das Nações Unidas, que apenas se refere (em vários de seus dispositivos) à "distinção de *raça, sexo, língua* e *religião*" (art. 1º, 3; art. 13, 1, *b*; art. 55, *c*; e art. 76, *c*).

(6) O art. 1º, 2, acrescenta que, para os efeitos da Convenção, "pessoa é todo ser humano". Em outras palavras, todo e qualquer ser humano é *pessoa* nos termos da Convenção e, nessa condição, pode vindicar os direitos e garantias que nela se contêm. Mas o que é um *ser humano*? Para os efeitos do Direito entende-se por *ser humano* todo ser vivo nascido de mulher, não importando o sexo nem qualquer outra característica sua, seja física ou mental. Excluem-se, portanto, do conceito jurídico de *ser humano* as coisas, a fauna, a flora etc. Também não é ser humano aquele ser que vem à luz morto, por faltar-lhe a característica fundamental que é a *vida*.

A Convenção Americana não versou em seu texto sobre os direitos do *nascituro* (aquele ainda não separado do ventre materno), o que não impede que ele seja prote-gido pelas legislações internas dos Estados-Partes, a exemplo do que faz o Código Civil brasileiro, que põe a salvo os direitos do nascituro desde a sua concepção (CC, art. 2º). A Convenção Americana, lembre-se, é norma *coadjuvante* (ou *complementar*) das le-gislações nacionais. Ademais, o seu art. 29, *b*, dispõe que nenhuma de suas disposições pode ser interpretada no sentido de "limitar o gozo e exercício de qualquer direito ou liberdade que possam ser reconhecidos de acordo com as leis *de qualquer dos Estados--Partes* ou de acordo com outra convenção em que seja parte um dos referidos Estados".

Por fim, a locução "pessoa é todo ser humano" também exclui as *pessoas jurídicas* do âmbito de proteção da Convenção Americana, como ficou expresso na sua *Opinião Consultiva nº 22*, de 26 de fevereiro de 2016. Àquela altura, a Corte Interamericana deixou claro que "as pessoas jurídicas não são titulares de direitos convencionais, pelo que não podem ser consideradas supostas vítimas no âmbito dos processos conten-ciosos ante o sistema interamericano".[16] Na mesma *Opinião*, contudo, a Corte enten-deu ter competência para conhecer da violação a direitos de sindicatos, federações e confederações, nos termos do art. 8º, 1, *a*, do *Protocolo de San Salvador*.

Artigo 2

Dever de Adotar Disposições de Direito Interno (1)

Se o exercício dos direitos e liberdades mencionados no artigo 1 ainda não estiver garantido por disposições legislativas ou de outra natureza (2), os Estado-Partes comprometem-se a adotar, de acordo com as suas normas constitucionais e com as disposições desta Convenção, as medidas legis-lativas ou de outra natureza que forem necessárias para tornar efetivos tais direitos e liberdades. (3)

---

[16]   Corte IDH. *Opinião Consultiva nº OC-22/16*, de 26.02.2016. Série A, nº 22 – *Titularidade de Direitos das Pessoas Jurídicas no Sistema Interamericano de Direitos Humanos*, parágrafo 70.

LEGISLAÇÃO RELACIONADA

> **Legislação Internacional**
- Carta Africana dos Direitos Humanos e dos Povos: art. 1º
- Convenção Europeia de Direitos Humanos: art. 1º
- Pacto Internacional dos Direitos Civis e Políticos: art. 2º
- Pacto Internacional dos Direitos Econômicos, Sociais e Culturais: art. 2º

> **Legislação Nacional**
- Constituição Federal: art. 5º, *caput*

 ## JURISPRUDÊNCIA RELACIONADA

> **Jurisprudência Internacional**

Tribunal	Caso
Corte IDH	Caso Almonacid Arellano e Outros *vs.* Chile (26 de setembro de 2006)
Corte IDH	Caso Armhein e Outros *vs.* Costa Rica (25 de abril de 2018)
Corte IDH	Caso Gomes Lund e Outros ("Guerrilha do Araguaia") *vs.* Brasil (24 de novembro de 2010)
Corte IDH	Caso Velásquez Rodríguez *vs.* Honduras (29 de julho de 1988)
Corte IDH	Opinião Consultiva nº 14 (9 de dezembro de 1994)

> **Jurisprudência Nacional**

Tribunal	Caso
STF	ADI 5.240 (voto do min. Teori Zavascki)
STF	RE 592.581

 ## COMENTÁRIOS

Por *Valerio de Oliveira Mazzuoli*

(1) O art. 2º da Convenção Americana guarda forte ligação com o art. 1º do mesmo instrumento internacional, como se depreende de sua própria redação. De fato, enquanto no art. 1º se prevê a obrigação de respeitar os direitos e liberdades reconhecidos pela Convenção, no art. 2º se impõe aos Estados que adotem, por disposições legislativas ou de outra natureza, de acordo com as suas normas constitucionais e com as disposições da Convenção, as *medidas necessárias* para tornar efetivos tais direitos e liberdades. Daí dizer-se que o conjunto desses dispositivos forma o coração do sistema interamericano de proteção dos direitos humanos, sem o qual não há operacionalização possível das medidas de garantias previstas pelo texto da Convenção Americana. Assim, o art. 2º da Convenção conecta-se ao art. 1º do mesmo instrumento internacional para o fim obrigar os Estados-Partes no tratado a adotar

os direitos e liberdades ali reconhecidos e, ao mesmo tempo, reconhecer a efetividade dessa proteção em sua órbita interna.

(2) O exercício dos direitos e liberdades reconhecidos pela Convenção Americana devem estar efetivamente *garantidos* no plano do direito interno de seus Estados-Partes, quer por disposições legislativas (*v.g.*, uma norma constitucional, uma lei etc.), quer por disposições de qualquer outra natureza (*v.g.*, um decreto presidencial, uma normativa ministerial etc.). Mas seria delírio pensar que os Estados, ao ratificarem um tratado internacional de direitos humanos, como o *Pacto de San José*, já estariam com o seu direito interno totalmente compatibilizado com aquele texto convencional que acabaram de aceitar. Seria mais delírio ainda pensar que, após a assinatura da Convenção, os Estados signatários imediatamente empreendessem todos os esforços no sentido de já elaborar legislação interna garantista do exercício dos direitos e liberdades nela reconhecidos, a qual desde logo ficaria pronta aguardando a ratificação do tratado, o qual entraria, então, em vigor no país já guarnecido de todo o instrumental interno necessário à sua efetiva aplicação.

Não somente por disposições legislativas podem os direitos previstos na Convenção Americana restar protegidos, senão também por medidas "de outra natureza". Tal significa que o propósito da Convenção é a *proteção* da pessoa, não importando se por lei ou por outra medida estatal qualquer (*v.g.*, um ato do Poder Executivo ou do Judiciário etc.). Os Estados têm o dever de tomar *todas as medidas necessárias* a fim de evitar que um direito não seja eficazmente protegido.[17] Assim como a *falta* de medidas estatais (legislativas ou de outra natureza) viola o art. 2º da Convenção, a sua *existência* também é capaz de o violar se vai de encontro aos direitos e liberdades ali enunciados. Em outras palavras, pode a Convenção ser violada por *omissão* do Estado na produção legislativa ou, ainda, por *comissão*, quando o Estado legisla contrariamente àquilo que se contém no tratado.[18] Uma norma que deixa as pessoas desprovidas de proteção legal em relação, *v.g.*, ao direito à liberdade pessoal, agride mais a Convenção que a inexistência de leis nesse sentido. Daí ter Cançado Trindade, no voto dissidente proferido no *Caso El Amparo* (Reparações, 1996) relativo à Venezuela, sustentado que "a própria *existência* de uma disposição legal de direito interno pode *per se* criar uma situação que afeta diretamente os direitos protegidos pela Convenção, pelo *risco* ou a *ameaça* real que sua aplicabilidade representa".[19] No caso das normas de aplicação imediata, a violação dos direitos humanos ocorre com o simples fato de sua expedição, devendo também, nesse caso (e não somente no da *falta da lei*), o Estado tomar medidas (legislativas ou não) para sanar tal situação, sob pena de responsabilidade internacional.[20]

---

[17]   Cf. GORDILLO, Agustín. *Une introduction au droit*. London: Esperia Publications, 2003. p. 132.

[18]   Cf. Corte IDH. *Opinião Consultiva nº OC-13/93*, de 16.07.1993, Série A, nº 13 – *Certas Atribuições da Comissão Interamericana de Direitos Humanos (Arts. 41, 42, 44, 46, 47, 50 e 51 da Convenção Americana Sobre Direitos Humanos)*, parágrafo 26.

[19]   Corte IDH. *Caso El Amparo* vs. *Venezuela*, Reparações e Custas. Sentença 14.09.1996. Série C, nº 28, voto apartado do Juiz Cançado Trindade, parágrafos 2-3.

[20]   V. Corte IDH. *Opinião Consultiva nº OC-14/94*, de 09.12.1994. Série A, nº 14 – *Responsabilidade Internacional por Expedição e Aplicação de Leis Violadoras da Convenção (Arts. 1.º e 2.º da Convenção Interamericana sobre Direitos Humanos)*, parágrafo 50.

(3) Por ser bastante difícil encontrar um Estado interamericano que, no lapso de tempo entre a assinatura e a ratificação da Convenção, já se adiantasse à sua entrada em vigor e elaborasse toda a legislação interna pertinente garantista dos direitos e liberdades nela reconhecidos, é que o próprio *Pacto de San José* aceitou a possibilidade de os Estados adaptarem *posteriormente* as suas disposições legislativas internas ao conteúdo da Convenção, a fim de que os direitos e liberdades nela previstos fiquem efetivamente garantidos. Nesse sentido, trata-se de obrigação inescusável dos Estados, a partir do momento em que se tornam partes na Convenção Americana, a de adotar, no âmbito do seu direito interno, todas as medidas necessárias para garantir os direitos e liberdades nela consagrados. Em outras palavras, os Estados-Partes na Convenção têm o dever jurídico de *adequar* todo o seu direito interno às disposições convencionais que aceitaram quando da ratificação da Convenção. Este dever geral do Estado-Parte implica que as medidas de direito interno têm de ser efetivas (princípio do *effet utile*).[21]

É assente, no sistema interamericano, que tal adequação se faz *legislando* (criando leis compatíveis com a Convenção) e também *revogando normas* (retirando do sistema jurídico as leis incompatíveis com a Convenção) quando necessário. A revogação de leis pode se dar por ato do Parlamento ou do Poder Judiciário. Este último conta com medidas próprias estabelecidas no texto constitucional (*v.g.*, as ações diretas de inconstitucionalidade) para tal finalidade.

Exemplos de leis contrárias à Convenção Americana são as leis de *autoanistia*.[22] Tais espécies legislativas são bastante conhecidas nos países latino-americanos recém-saídos de regimes de exceção. É comum, após a derrocada de um regime com tais características, a criação de leis dessa espécie anistiando as autoridades da época pelos crimes então cometidos. Ocorre que tais leis são *inválidas* por violarem os tratados de direitos humanos em vigor no país. São, portanto, totalmente inconvencionais.[23] A jurisprudência da Corte Interamericana é firme nesse sentido.[24] Assim, no *Caso Barrios Altos* vs. *Peru*, a Corte Interamericana declarou, *v.g.*, que as leis peruanas de autoanistia (como as de nº 26.479 e 26.492) são normas que "conduzem à impossibilidade de defesa das vítimas e à perpetuação da impunidade, pelo que são manifestamente incompatíveis com a letra e o espírito da Convenção Americana", dizendo ainda que tais espécies de leis "impedem a identificação dos indivíduos responsáveis pelas violações aos direitos humanos, já que se bloqueia a investigação e o acesso à justiça e impedem as vítimas e seus familiares de conhecer a verdade e receber a reparação correspondente".[25] Como destaca Cançado Trindade: "Estas ponderações da Corte

---

[21]   *V.* Corte IDH. *Caso Instituto de Reeducação do Menor* vs. *Paraguai.* Sentença 02.09.2004. Exceções Preliminares, Mérito, Reparações e Custas, Série C, nº 112, parágrafo 205.

[22]   *V.* Ramírez, Sergio García. *Los derechos humanos y la jurisdicción interamericana.* México: Universidad Nacional Autónoma de México, 2002. p. 109-110.

[23]   Sobre o tema, *v.* Mazzuoli, Valerio de Oliveira. *Controle jurisdicional da convencionalidade das leis*, cit., p. 181 e ss.

[24]   Para a análise completa da jurisprudência interamericana nesse sentido, *v.* Mazzuoli, Valerio de Oliveira. *Direitos humanos na jurisprudência internacional*: sentenças, opiniões consultivas, decisões e relatórios internacionais (com a colaboração de Monique Jeane Barbosa da Silva e Jennifer de Lara Gnoatto). São Paulo: Método, 2019. p. 577-609.

[25]   *Caso Barrios Altos* vs. *Peru*. Mérito. Sentença 14.03.2001. Série C, nº 75, parágrafo 43.

Interamericana constituem um novo e grande salto quantitativo em sua jurisprudência, no sentido de buscar superar um obstáculo que os órgãos internacionais de supervisão dos direitos humanos, todavia, não conseguiram transpor: a impunidade, com a consequente erosão da confiança da população nas instituições públicas. Além do mais, atendem a um clamor que em nossos dias é verdadeiramente universal. Recorda--se, a respeito, que o principal documento adotado pela II Conferência Mundial de Direitos Humanos (1993) exortou aos Estados 'derrogar a legislação que favoreça a impunidade dos responsáveis de violações graves dos direitos humanos [...] e punir tais violações [...]'".[26] Esta foi a primeira vez, no Direito Internacional contemporâneo, que um tribunal internacional sepultou definitivamente uma lei de *autoanistia*, declarando carecerem as mesmas de efeitos jurídicos *ab initio* (ponto resolutivo nº 4). Daí a consideração de não passarem tais "leis" de uma *aberratio juris* acobertadora de criminosos e perpetradores de crimes bárbaros e inescrupulosos, que violam a consciência coletiva mundial e não merecem ter lugar (qualquer lugar) no mundo contemporâneo.[27] À luz do Direito Internacional dos Direitos Humanos e da jurisprudência das cortes internacionais (em especial, da Corte Interamericana de Direitos Humanos), os atentados e os abusos contra os direitos humanos que se perpetraram em tais períodos da história em vários países (entre eles o Brasil) são *imprescritíveis* (também por romperem com o *jus cogens* internacional impeditivo dos crimes de lesa humanidade) e não podem ser objeto de leis de autoanistia.

No Direito Internacional Público, o dever dos Estados em realizar no seu direito interno as modificações necessárias para assegurar a execução das obrigações internacionalmente assumidas, decorre de preceito consuetudinário de validade universal, não tendo feito a Convenção Americana mais do que apenas *positivar,* em documento escrito, tal regra já anteriormente aceita pela sociedade internacional em seu conjunto. À luz do art. 2º da Convenção – como já prescreveu a Corte Interamericana – tal adequação implica a adoção de duas vertentes de medidas: *a*) a *supressão* de normas e práticas de qualquer natureza que contenham violações das garantias previstas na Convenção (obrigação negativa); e *b*) a *expedição* de normas e o desenvolvimento de práticas que conduzam à efetiva observância dessas garantias (obrigação positiva).[28]

Parece evidente que um Estado que não se conforma com aquilo que aderiu no plano internacional é um Estado descompromissado, sendo certo que essa falta de compromisso interno – não obstante, no plano internacional, ter demonstrado aos seus pares aparente boa vontade, ao ratificar a Convenção – acarreta a sua responsabilidade internacional.[29] Ao ser parte em um compromisso internacional (tratado) de proteção dos direitos humanos, os Estados limitam sua soberania em prol dos direitos e liberdades das pessoas reconhecidos no respectivo instrumento. Uma das limitações que devem obrigatoriamente sofrer diz respeito à sua legislação interna, a qual doravante deverá estar sempre *de acordo* com aquilo que se encontra expresso

---

[26]   Voto do Juiz Antônio Augusto Cançado Trindade no *Caso Barrios Altos* vs. *Peru*, parágrafo 4.º.

[27]   Em 26.09.2006, a Corte seguiu o mesmo entendimento sobre tais leis, no *Caso Almonacid Arellano e Outros* vs. *Chile*, relativo à autoanistia do regime Pinochet.

[28]   V. Corte IDH. *Caso Almonacid Arellano e Outros vs. Chile*. Exceções Preliminares, Mérito. Reparações e Custas. Sentença 26.09.2006. Série C, nº 154, parágrafos 117-118.

[29]   Cf. MAZZUOLI, Valerio de Oliveira. *Curso de direito internacional público*, cit., p. 494 e ss.

no tratado ratificado. É responsabilidade da Corte Interamericana, e não do Estado, determinar se o direito interno estatal, incluindo sua Constituição, está compatível com os direitos protegidos pela Convenção Americana.[30]

A desconformidade do direito doméstico com o estabelecido pela Convenção torna inválidas as disposições internas incompatíveis. Tanto isso é verídico que a ordem de adaptação do direito interno aos ditames internacionais vem de um patamar superior à legislação estatal, não provindo de norma com a mesma estatura jurídica que esta. Em outras palavras, o comando do art. 2º da Convenção Americana em comento, é *superior* aos comandos das leis internas (infraconstitucionais) brasileiras, por se encontrarem os tratados de direitos humanos alçados ao nível constitucional no Brasil, independentemente de aprovação pelo *quorum* qualificado de que cuida o art. 5º, § 3º, da Constituição de 1988.

Sobre este assunto (*status* dos tratados na ordem interna) já escrevemos em outra obra a seguinte lição, que deve aqui ser repetida: "Tecnicamente, os tratados internacionais de proteção dos direitos humanos ratificados pelo Brasil já têm *status* de norma constitucional, em virtude do disposto no § 2º do art. 5º da Constituição, segundo o qual os direitos e garantias expressos no texto constitucional 'não excluem outros decorrentes do regime e dos princípios por ela adotados, ou dos tratados internacionais em que a República Federativa do Brasil seja parte', pois na medida em que a Constituição *não exclui* os direitos humanos provenientes de tratados, é porque ela própria *os inclui* em seu catálogo de direitos protegidos, ampliando o seu 'bloco de constitucionalidade' e atribuindo-lhes hierarquia de norma constitucional, como já assentamos anteriormente. Portanto, já se exclui, desde logo, o entendimento de que os tratados de direitos humanos não aprovados pela maioria qualificada do § 3º do art. 5º equivaleriam hierarquicamente à lei ordinária federal, pelo fato (aparente) de os mesmos terem sido aprovados apenas por maioria simples (nos termos do art. 49, inc. I, da Constituição) e não pelo *quorum* que lhes impõe o referido parágrafo. À evidência, não se pode utilizar da tese da paridade hierárquico-normativa para tratados que tenham conteúdo *materialmente* constitucional, como é o caso de todos os tratados de direitos humanos. Aliás, o § 3º do art. 5º em nenhum momento atribui *status* de lei ordinária (ou, que seja, de *norma supralegal*, como pensa atualmente a maioria dos Ministros do STF) aos tratados não aprovados pela maioria qualificada por ele estabelecida. Dizer que os tratados de direitos humanos aprovados por esse procedimento especial passam a ser 'equivalentes às emendas constitucionais' não significa obrigatoriamente dizer que os demais tratados terão valor de lei ordinária, ou de norma supralegal, ou do que quer que seja. O que se deve entender é que o *quorum* que o § 3º do art. 5º estabelece serve tão somente para atribuir eficácia constitucional *formal* a esses tratados no nosso ordenamento jurídico interno, e não para atribuir--lhes a índole e o nível *materialmente* constitucionais que eles já têm em virtude do § 2º do art. 5º da Constituição".[31]

---

[30]   Corte IDH. *Caso Hilaire vs. Trinidad e Tobago*. Exceções Preliminares. Sentença 1.º.09.2001. Série C, nº 80, parágrafo 63.

[31]   MAZZUOLI, Valerio de Oliveira. *Curso de direito internacional público*, cit., p. 780-781. São inúmeros os outros argumentos em favor da índole e do nível constitucionais dos tratados de direitos humanos no nosso ordenamento jurídico interno, que preferimos não tratar aqui, por já terem sido

O art. 2º da Convenção foi resultado de uma proposta chilena, segundo a qual era necessário incluir dispositivo expresso no Pacto que exigisse dos Estados-Partes a adoção de todas as medidas destinadas a tornar efetivos os direitos que o instrumento protege. Desse dispositivo advém então o caráter *self-executing* da Convenção Americana.[32]

Tudo o que pretende, enfim, a Convenção Americana, é que as suas disposições não caiam no vazio no plano do direito interno dos seus Estados-Partes. E para que isso não aconteça, é dever dos Estados tomar todas as medidas para que os direitos e liberdades nela reconhecidos sejam efetivamente implementados no seu âmbito doméstico.

CAPÍTULO II
DIREITOS CIVIS E POLÍTICOS

Artigo 3
Direito ao Reconhecimento da Personalidade Jurídica

Toda pessoa tem direito ao reconhecimento de sua personalidade jurídica.

 LEGISLAÇÃO RELACIONADA

➢ **Legislação Internacional**
- Carta Africana dos Direitos Humanos e dos Povos: art. 5º
- Declaração Universal dos Direitos Humanos: art. 6º
- Pacto Internacional dos Direitos Civis e Políticos: art. 16

➢ **Legislação Nacional**
- Código Civil: arts. 1-21
- Constituição Federal: art. 5º, LXXVI
- Lei 13.445/2017 (Lei de Migração): art. 4º, I
- LINDB: art. 7º

---

detalhadamente estudados em vários outros dos nossos trabalhos sobre o tema. Cf., especialmente sobre o assunto, MAZZUOLI, Valerio de Oliveira. *Direitos humanos, Constituição e os tratados internacionais*: estudo analítico da situação e aplicação do tratado na ordem jurídica brasileira. São Paulo: Juarez de Oliveira, 2002. p. 233-252; *Prisão civil por dívida e o Pacto de San José da Costa Rica*: especial enfoque para os contratos de alienação fiduciária em garantia. Rio de Janeiro: Forense, 2002. p. 109-176; e *Tratados internacionais*: com comentários à Convenção de Viena de 1969. 2. ed. rev., ampl. e atual. São Paulo: Juarez de Oliveira, 2004. p. 357-395. *V.* também, nesse exato sentido, LAFER, Celso. *A internacionalização dos direitos humanos*: Constituição, racismo e relações internacionais. Barueri: Manole, 2005. p. 16-18; e PIOVESAN, Flávia. *Direitos humanos e o direito constitucional internacional*, cit., p. 72-73.

[32] Cf. NIETO NAVIA, Rafael. *Introducción al sistema interamericano de protección a los derechos humanos*. Santafé de Bogotá: Temis, 1993. p. 88.

JURISPRUDÊNCIA RELACIONADA

> **Jurisprudência Internacional**

Tribunal	Caso
Corte IDH	Caso Gomes Lund e Outros ("Guerrilha do Araguaia") vs. Brasil (24 de novembro de 2010)
Corte IDH	Caso Osorio Rivera e familiares vs. Peru (26 de novembro de 2013)
Corte IDH	Caso Pueblo Saramaka vs. Suriname (28 de novembro de 2007)
Corte IDH	Caso Pueblos Kaliña e Lokono vs. Suriname (25 de novembro de 2015)
Corte IDH	Opinião Consultiva nº 18 (17 de setembro de 2003)
Corte IDH	Opinião Consultiva nº 24 (24 de novembro de 2017)

COMENTÁRIOS

Por *Valerio de Oliveira Mazzuoli*

O art. 3º da Convenção Americana – que inaugura o Capítulo II da Convenção, intitulado *Direitos Civis e Políticos* – garante a todas as pessoas o "direito ao reconhecimento de sua personalidade jurídica". É evidente que, entendida com preciosismo, a personalidade jurídica é uma tautologia (como já afirmara Max Weber), já que o conceito de *pessoa* é sempre *jurídico* no âmbito do Direito.[33] Vista, porém, a questão sob o ângulo do *reconhecimento* dessa personalidade, pode-se afirmar que o intuito do art. 3º em comento foi o de abolir, no Continente Americano, a "personalidade jurídica *sub conditione*" (ou "personalidade jurídica condicionada"), segundo a qual se reconhece tal *personalidade* às pessoas (e sua consequente capacidade para vindicar direitos), mas desde que satisfeitas determinadas *condições* impostas pelo Estado. São dramáticos os exemplos de reconhecimento da personalidade jurídica *sub conditione*, sendo o mais bestial deles o que ocorrera no período do Holocausto, em que o governo de Hitler condicionava a titularidade de direitos a pertencer o indivíduo à "raça pura ariana", excluindo por assassinato todos os demais que nesta categoria não se enquadravam.

A locução "direito ao *reconhecimento* de sua personalidade jurídica" já induz à ideia de que todo ser humano, independentemente de qualquer condição, já é detentor dessa *personalidade*; ocorre que o Estado pode não a ter *reconhecido*, caso em que estará violando o art. 3º da Convenção, podendo ser responsabilizado por isso. A exegese do art. 3º da Convenção deve ser realizada em cotejo com o art. 17 da Declaração Americana dos Direitos e Deveres do Homem (1948), que precisamente dispõe que "[t]oda pessoa tem o direito de ser reconhecida, seja onde for, como pessoa com direitos e obrigações, e a gozar dos direitos civis fundamentais". Da mesma forma, declara o

---

[33] Cf. WEBER, Max. *Economia y sociedad*. México: Fondo de Cultura Económica, 1992. p. 566.

art. 16 do Pacto Internacional dos Direitos Civis e Políticos que "[t]oda pessoa terá o direito, em qualquer lugar, ao reconhecimento de sua personalidade jurídica".

Assim, é bom fique nítido que o direito que se garante, nos termos do art. 3º da Convenção Americana, não é propriamente o de se *ter* personalidade jurídica, senão o de que tal personalidade seja efetivamente *reconhecida* pelo Estado, juntamente com os meios jurídicos pertinentes de salvaguarda de sua proteção. Em outras palavras, não se assegura, na disposição em comento, *o direito* à personalidade jurídica, mas sim o direito ao seu *reconhecimento* por parte do Estado, uma vez que aquela (a "personalidade") preexiste ao ato daquele que a reconhece. Não obstante o nascituro não ter ainda existência autônoma, pode a lei atribuir-lhe direitos (e personalidade jurídica provisória) antes da concepção, a exemplo do que faz o Código Civil brasileiro (art. 2º) e as normas penais que protegem a vida do infante ao punir o aborto criminoso (Código Penal, arts. 124 a 126).

Reconhecer a personalidade jurídica das pessoas é o mesmo que reconhecer-lhes a condição de *sujeitos de direito*, tornando possível a todas as pessoas sujeitas à jurisdição de um Estado o direito de vindicar a proteção internacional dos seus direitos humanos violados por esse mesmo Estado ou seus agentes. Significa, ainda, conceder a elas um *locus* próprio de sobrevivência *dentro* do Estado e o direito de *contra ele* se insurgir sempre que necessário. Frise-se que a condição do indivíduo como sujeito de direitos reflete uma conquista histórica do Direito Internacional Público, afastando, vez por todas, uma era em que apenas os Estados eram considerados *sujeitos* do direito das gentes. Hodiernamente, não somente os Estados (e também as organizações internacionais interestatais) são sujeitos do Direito Internacional Público, mas também os próprios indivíduos, os quais têm garantidos todos os mecanismos necessários (veja-se, no sistema interamericano, a sistemática de processamento do Estado por violação dos direitos humanos prevista nos arts. 44 a 51 da Convenção Americana) para vindicarem, no plano internacional, seus direitos violados.

Não se pode confundir a *personalidade jurídica* das pessoas com a sua *capacidade* de estar em juízo. A Convenção Americana reconhece a *personalidade* das pessoas para terem direitos e assumirem obrigações. Esta *personalidade* se faz presente mesmo quando não se tenha *capacidade* de estar em juízo, como é o caso das crianças, que são protegidas pela Convenção (art. 19) – sendo, portanto, *sujeitos de direito* – independentemente de terem plena capacidade jurídica para atuarem no sistema interamericano.

No caso *Comunidade Indígena Sawhoyamaxa* vs. *Paraguai*, julgado pela Corte Interamericana em 29 de março de 2006, o juiz Sergio García Ramírez fez questão de assinalar, em seu voto apartado, que o direito à personalidade jurídica enfaticamente previsto pelo art. 3º da Convenção "implica o reconhecimento de que o ser humano, membro de uma comunidade politicamente organizada e juridicamente regulada, é necessariamente titular de direitos e obrigações", não sendo possível retirar-lhe a "condição primária de 'sujeito de direito', deixando-o à margem da ordem jurídica e excluindo-o de direitos, liberdades, faculdades, garantias etc., que são as manifestações, implicações ou consequências do reconhecimento da personalidade por parte do Estado [...]".[34]

---

[34]   Corte IDH. *Caso Comunidade Indígena Sawhoyamaxa* vs. *Paraguai*. Mérito, Reparações e Custas. Sentença 29.03.2006. Série C, nº 146, voto apartado do Juiz Sergio García Ramírez, parágrafo 26.

É, porém, evidente que o reconhecimento da personalidade jurídica das pessoas há de ser efetivo, atribuindo-se a elas instrumentos capazes de garantir esse direito na prática, pois, caso contrário, esse reconhecimento será apenas fictício (um *pseudorreconhecimento*) e capaz de impedir – *de jure* e *de facto* – a salvaguarda do direito violado. É por isso – leciona García Ramírez – que a existência desses instrumentos "é uma *conditio* implícita para a efetividade do reconhecimento explícito que enuncia o art. 3º do Pacto acerca do direito à personalidade".[35]

Um dos pressupostos jurídicos do reconhecimento da personalidade jurídica das pessoas é a atribuição de uma *nacionalidade*, sem a qual os seres humanos se tornam supérfluos e não têm garantidos os direitos e liberdades que uma ordem jurídica atribui aos seus nacionais. Tal fato macula a dignidade humana das pessoas, uma vez que lhes retira a condição de *sujeitos de direito*, impedindo-lhes de vindicar de uma ordem jurídica – qualquer ordem – a proteção que a condição de *cidadão* lhe proporciona (*v.* comentários ao art. 20).[36]

Em suma, a exegese do art. 3º da Convenção Americana está a demonstrar – segundo a lição de Celso Lafer – que o reconhecimento do valor da pessoa humana enquanto conquista histórico-axiológica encontra nos direitos humanos a sua melhor expressão jurídica.[37] Deixa claro também que o principal direito que uma pessoa deve ter dentro da ordem jurídica estatal – perceba-se que o art. 3º em comento, como já apontado, inaugura o rol dos direitos civis e políticos da Convenção Americana, vindo antes mesmo do *direito à vida*, consagrado no art. 4º subsequente – é o *direito a ter direitos*, seguindo-se a visão arendtiana de cidadania.[38]

Artigo 4
Direito à Vida

1. Toda pessoa tem o direito de que se respeite sua vida. (1) Esse direito deve ser protegido pela lei e, em geral, desde o momento da concepção. (2) Ninguém pode ser privado da vida arbitrariamente. (3)

2. Nos países que não houverem abolido a pena de morte, esta só poderá ser imposta pelos delitos mais graves, em cumprimento de sentença final de tribunal competente e em conformidade com lei que estabeleça tal pena, promulgada antes de haver o delito sido cometido. Tampouco se estenderá sua aplicação a delitos aos quais não se aplique atualmente. (4)

3. Não se pode restabelecer a pena de morte nos Estados que a hajam abolido. (5)

---

[35] Idem, parágrafo 27.

[36] Cf. Corte IDH. *Caso das Meninas Yean e Bosico vs. República Dominicana*. Exceções Preliminares, Mérito, Reparações e Custas. Sentença 08.09.2005. Série C, nº 130, parágrafos 178-179.

[37] Cf. LAFER, Celso. *A reconstrução dos direitos humanos*: um diálogo com o pensamento de Hannah Arendt. 4. reimp. São Paulo: Companhia das Letras, 2001. p. 118.

[38] *V.* ARENDT, Hannah. *The origins of totalitarianism*. New York: Harcourt Brace Jovanovich, 1973. p. 299-302.

4. Em nenhum caso pode a pena de morte ser aplicada por delitos políticos, nem por delitos comuns conexos com delitos políticos. (6)

5. Não se deve impor a pena de morte a pessoa que, no momento da perpetração do delito, for menor de dezoito anos, ou maior de setenta, nem aplicá-la a mulher em estado de gravidez. (7)

6. Toda pessoa condenada à morte tem direito a solicitar anistia, indulto ou comutação da pena, os quais podem ser concedidos em todos os casos. (8) Não se pode executar a pena de morte enquanto o pedido estiver pendente de decisão ante a autoridade competente. (9)

 ## LEGISLAÇÃO RELACIONADA

> **Legislação Internacional**

- Carta Africana dos Direitos Humanos e dos Povos: art. 4º
- Convenção Europeia de Direitos Humanos: art. 2º
- Declaração Universal dos Direitos Humanos: art. 3º
- Pacto Internacional dos Direitos Civis e Políticos: art. 6º

> **Legislação Nacional**

- Código de Processo Penal Militar: arts. 707 e 708
- Código Penal Militar: arts. 55 a 57
- Constituição Federal: art. 5º, XLVII, *a*

 ## JURISPRUDÊNCIA RELACIONADA

> **Jurisprudência Internacional**

Tribunal	Caso
Corte IDH	Caso Artavia Murillo e Outros (Fecundação *in vitro*) vs. Costa Rica (28 de novembro de 2012)
Corte IDH	Caso Gomes Lund e Outros ("Guerrilha do Araguaia") vs. Brasil (24 de novembro de 2010)
Corte IDH	Caso Velásquez Rodríguez vs. Honduras (29 de julho de 1988)
Corte IDH	Caso Wong Ho Wing vs. Peru (30 de junho de 2015)
Corte IDH	Caso Ximenes Lopes vs. Brasil (4 de julho de 2006)
Corte IDH	Opinião Consultiva nº 3 (8 de setembro de 1983)

> **Jurisprudência Nacional**

Tribunal	Caso
STF	ADI 3.510
STF	ADI 466
STF	ADPF 54
STF	HC 124.306

COMENTÁRIOS

Por *Flávia Piovesan e Melina Girardi Fachin*

(1) O direito à vida é o núcleo essencial para a realização dos direitos humanos, de maneira tal que, caso este não seja respeitado, todos os demais direitos carecem de sentido.[39]

O teor do art. 4.1 da Convenção Americana se assemelha aos instrumentos do Sistema ONU, mas é mais detalhado que estes. O art. 6º do Pacto Internacional dos Direitos Civis e Políticos, de 1966, prevê que "o direito à vida é inerente à pessoa humana. Esse direito deverá ser protegido pela lei. Ninguém poderá ser arbitrariamente privado de sua vida". No mesmo sentido, a Declaração Universal dos Direitos Humanos e a Declaração Americana dos Direitos e Deveres do Homem, ambas de 1948, enunciam que toda pessoa tem direito à vida, à liberdade e à segurança.

O art. 27 da Convenção Americana autoriza aos Estados a suspensão de algumas obrigações convencionais em caso de guerra, perigo público ou outra emergência. Esta suspensão é limitada ao exercício de alguns direitos, dos quais está excluído o direito à vida, uma vez que é inderrogável. Esta previsão da Convenção Americana é consoante ao entendimento do Comitê de Direitos Humanos da ONU, cujo *Comentário Geral nº 14* dispõe que o direito à vida é fundamental para todos os direitos humanos, de forma que não se permite suspensão alguma, nem em situações excepcionais.[40]

O direito a que se respeite a vida deve ser compreendido à luz do art. 1.1 da Convenção Americana, que impõe aos Estados-Partes o dever de respeitar e garantir os direitos consagrados neste instrumento internacional. Trata-se, portanto, de duas obrigações indissociáveis dos Estados: o dever de não interferir no exercício do direito à vida (obrigação negativa) e o dever de adotar as medidas necessárias para preservar, proteger e garantir referido exercício (obrigação positiva).

A obrigação de respeitar determina aos Estados que se abstenham de praticar atos violatórios ao direito à vida. Isto significa que, nas hipóteses em que agentes estatais – ou aqueles que atuem com o apoio do Estado – atentem contra este direito, o Estado poderá ser diretamente responsabilizado pela violação. Exemplo que ilustra esta atribuição de responsabilidade ao Estado por não respeitar o direito à vida é a prática do crime de desaparecimento forçado, cuja tipificação foi desenvolvida no âmbito do sistema interamericano.

A Convenção Interamericana sobre o Desaparecimento Forçado de Pessoas,[41] em vigor desde 1996 e ratificada por quinze Estados-membros da Organização dos Estados Americanos, dentre estes o Brasil, define o desaparecimento forçado como

---

[39] Corte IDH. *Caso 19 Comerciantes* vs. *Colômbia*. Sentença 05.07.2004. Série C, nº 109, parágrafo 153.

[40] ONU. Comitê de Direitos Humanos. *Comentário Geral nº 14*, 1985, parágrafo 1.

[41] No caso *Las Palmeras* vs. *Colômbia*, a Corte IDH entendeu ser competente para analisar convenções regionais, para além da Convenção Americana, que lhe confiram dita competência. A Convenção sobre o Desaparecimento Forçado, nos termos de seu art. XIII, permite o trâmite de petições em termos gerais, observando-se os procedimentos adotados pela Comissão e pela Corte IDH (Sentença 04.02.2000. Série C, nº 67, parágrafo 34).

a privação de liberdade cometida por agentes do Estado ou por pessoas com sua autorização, apoio ou anuência, seguida da falta ou negativa de reconhecimento desta privação ou do paradeiro da vítima, obstando o exercício dos recursos legais e garantias processuais.

Segundo o Grupo de Trabalho das Nações Unidas sobre Desaparecimento Forçado, este constitui crime de caráter continuado,[42] no sentido de que cessa apenas quando se obtém clara informação acerca do destino da vítima, caso viva, ou de seus restos mortais, caso tenha falecido.[43] Nesse sentido, decidiu-se no caso *Blake* vs. *Guatemala* que, por mais que o ato de privação de liberdade da vítima tenha sido anterior ao reconhecimento da competência contenciosa da Corte Interamericana pela Guatemala, os efeitos permanentes do desaparecimento forçado permitiram à Corte se pronunciar sobre as violações ocorridas desde a aceitação da competência contenciosa até o momento de conhecimento do paradeiro da vítima.[44]

Configura-se, ainda, como crime pluriofensivo, pois viola permanentemente diversos bens jurídicos protegidos na Convenção Americana, sendo sua perpetração uma vulneração a normas de *jus cogens*.[45] Concentra-se a presente análise no direito à vida, em virtude de o desaparecimento forçado ter sido uma prática sistemática durante as ditaduras nas Américas que culminou com frequência na execução dos detidos, seguida da ocultação dos cadáveres. Este foi o entendimento exarado desde o primeiro caso contencioso julgado pela Corte Interamericana, *Velásquez Rodríguez* vs. *Honduras*.[46]

Nos casos *Gomes Lund* vs. *Brasil* e *Gelman* vs. *Uruguai*, a Corte Interamericana concluiu que a sujeição das pessoas detidas aos órgãos estatais de repressão ou a particulares atuando com a tolerância do Estado representava por si só uma afronta ao dever de prevenir violações ao direito à vida (e à integridade pessoal), sobretudo porque os contextos em que ocorriam os desaparecimentos forçados favoreciam a prática impune de tortura e assassinato.[47]

Em observância ao dever de adotar disposições de direito interno que assegurem a proteção dos direitos consagrados na Convenção Americana, plasmado em seu art. 2º, tramita no Brasil o Projeto de Lei do Senado nº 245/2011, aprovado pelo Plenário do Senado e no aguardo de deliberação pela Câmara dos Deputados desde 2013. Trata-se de proposta legislativa que visa à inclusão do art. 149-A no Código Penal, a

---

[42]   Curioso é o caso *Irmãs Serrano Cruz* vs. *El Salvador*, no qual houve alegação de desaparecimento forçado cometido por militares num contexto de conflito armado interno em El Salvador. A Corte entendeu que, por carecer de competência temporal para se manifestar sobre o alegado desaparecimento forçado, não poderia presumir a violação ao direito à vida, principalmente porque não havia provas de que as irmãs estariam mortas (Sentença 1.º.03.2005. Série C, nº 120, parágrafo 130).

[43]   ONU. *Comentário General sobre a definição de desaparecimento forçado*, parágrafo 6.

[44]   Corte IDH. *Caso Blake* vs. *Guatemala*. Sentença 24.01.1998. Série C, nº 36, parágrafo 53.

[45]   Corte IDH. *Caso Gelman* vs. *Uruguai*. Sentença 24.02.2011. Série C, nº 221, parágrafo 72.

[46]   Corte IDH. *Caso Velásquez Rodríguez* vs. *Honduras*. Sentença 29.11.1988. Série C, nº 4, parágrafo 157.

[47]   Corte IDH. *Caso Gomes Lund* vs. *Brasil*. Sentença 24.11.2010. Série C, nº 219, parágrafo 122; Corte IDH. *Caso Gelman* vs. *Uruguai*, parágrafo 95.

fim de tipificar o crime de desaparecimento forçado, bem como inseri-lo no rol dos crimes hediondos, disposto na Lei nº 8.072/1990.

Referido projeto de lei tipifica como desaparecimento forçado a apreensão, detenção, sequestro, manutenção em cárcere privado ou outra forma de privação de liberdade praticada por agente do Estado, suas instituições ou por grupo armado ou paramilitar, ocultando-se ou se negando a privação de liberdade ou deixando de prestar informação sobre a condição, sorte ou paradeiro da pessoa. A pena estipulada é de reclusão de seis a doze anos e multa.

Interessante dispositivo é o que prevê que, ainda que a detenção tenha seguido as hipóteses legais, a posterior ocultação, negação ou ausência de informação sobre o paradeiro da vítima é suficiente para caracterizar o crime. O crime é praticado na forma qualificada se houver emprego de tortura, se resultar em aborto, lesão corporal grave ou gravíssima ou morte. Como causas especiais do aumento de pena, têm-se a prática do delito por funcionário público, a duração do desaparecimento por mais de trinta dias e condições de vulnerabilidade da vítima.

Além do dever de não atentar contra o direito à vida, respeitando-o, os Estados possuem a obrigação geral de criar condições para que este direito inalienável não seja vulnerado. Este dever não concerne apenas aos funcionários estatais, mas se estende aos particulares, em cumprimento à obrigação estatal de "garantir o pleno e livre exercício dos direitos de todas as pessoas debaixo de sua jurisdição".[48] Garantir o direito à vida coloca sobre os Estados alguns deveres de agir bastante específicos, os quais serão a seguir comentados.

No caso *González e Outras* vs. *México*, conhecido como caso *Campo Algodoeiro*, analisou-se a obrigação de adoção de medidas para impedir a violação ao direito à vida. Os fatos dizem respeito à descoberta de corpos de três mulheres jovens em um campo de plantação de algodão, todos com sinais de violência sexual e maus-tratos. Embora não se tenha conhecimento se os perpetradores foram particulares ou agentes do Estado, a Corte Interamericana concluiu pela violação do dever de garantir o direito à vida pelo México.

Segundo a Corte, a adoção de medidas pelo Estado deve levar em conta as necessidades particulares dos sujeitos de direito, seja por sua condição pessoal (de vulnerabilidade, por exemplo) ou pela situação em que se encontrem.[49] No caso em questão, após a tomada de conhecimento pelo México do desaparecimento das três mulheres, este não demonstrou a tomada efetiva de medidas de prevenção da morte das vítimas, considerando a situação de perigo em que se encontravam, principalmente em virtude do contexto de violações contra a mulher na cidade mexicana de Juárez. O Estado deixou de observar, assim, seu dever de devida diligência.[50]

Importante salientar que o caráter *erga omnes* das obrigações convencionais não acarreta responsabilização ilimitada dos Estados por ações ou omissões de agentes privados, nem mesmo nos casos em que o direito à vida é vulnerado. Isto significa que violações de direitos humanos cometidas por particulares serão atribuídas ao

---

[48]　Corte IDH. *Caso 19 Comerciantes* vs. *Colômbia*, parágrafo 153.

[49]　Corte IDH. *Caso González e Outras ("Campo Algodoeiro")* vs. *México*. Sentença 16.11.2009. Série C, nº 205, parágrafo 243.

[50]　Corte IDH. *Caso González e Outras ("Campo Algodoeiro")* vs. *México*, parágrafos 279 e 283.

Estado somente de acordo com as circunstâncias de cada caso, bem como com a concreção das obrigações de garantia. Não necessariamente agentes do Estado devem estar vinculados aos particulares ou lhes conceder apoio ou aquiescência: a inércia do estatal diante de contextos propícios a violações de direitos humanos é suficiente para sua responsabilização.[51]

No caso *Yarce* vs. *Colômbia*, a Corte Interamericana detalhou os critérios para avaliação da responsabilidade estatal por falha neste dever de garantia: (i) existência de uma situação de risco real e imediato para um indivíduo ou grupo de indivíduos; (ii) verificação de que as autoridades conheciam ou deveriam ter conhecimento deste perigo; (iii) a não adoção das medidas necessárias pelas autoridades que, no âmbito de suas atribuições, poderiam se esperar para prevenir ou evitar o risco de violação de direitos.[52]

Referido caso diz respeito a violações de direitos humanos perpetradas por grupo paramilitar na Colômbia em face de cinco defensoras de direitos humanos, nos anos 2000. Algumas foram obrigadas a se deslocarem internamente na cidade de Medellín, outras tiveram suas liberdades tolhidas, e a Sra. Yarce foi assassinada. Para a Corte Interamericana, os fatos do caso ocorreram num marco geral de conflito armado e operativos militares, com a presença de grupos armados ilegais na Comuna 13 em Medellín. Desta forma, havia uma situação de risco conhecida pelo Estado em relação a mulheres defensoras de direitos humanos, razão pela qual a Corte entendeu pela violação ao art. 4º da Convenção Americana pela Colômbia, pois o Estado ignorou que a Sra. Yarce era uma vítima em potencial, deixando de tomar medidas idôneas para protegê-la.[53]

Em sentido semelhante, o caso *Ximenes Lopes* vs. *Brasil* é emblemático no que tange às obrigações positivas do Estado. Primeira sentença condenatória do Brasil proferida pela Corte Interamericana, diz respeito à internação do Sr. Damião Ximenes Lopes, que possuía deficiência mental orgânica, numa clínica privada que fazia as vezes do Sistema Único de Saúde (SUS). Por ter apresentado quadro de agressividade, a vítima foi fisicamente contida, além de ter sofrido agressões que ocasionaram hematomas em seu corpo e hemorragias. No quarto dia de internação, o Sr. Ximenes Lopes faleceu após ter sido medicado pelo diretor da clínica. Constatou-se que não lhe fora prestado socorro no momento de sua morte.

A Corte Interamericana afirmou que o Estado brasileiro era detentor de uma posição especial de garante, pois a vítima estava sob seus cuidados. Possuía o dever de regulamentar a atividade e fiscalizar a instituição prestadora dos serviços de saúde como medida necessária para tutelar o direito à vida. Concluiu-se pela responsabilidade do Brasil devido à falta de prevenção, cuidado e proteção quanto aos tratos

---

[51] Corte IDH. *Caso do Massacre de Pueblo Bello* vs. *Colômbia*. Sentença 31.01.2006. Série C, nº 140, parágrafos 12 e 140.

[52] Corte IDH. *Caso Yarce e outras* vs. *Colômbia*. Sentença 22.11.2016. Série C, nº 325, parágrafo 182.

[53] Corte IDH. *Caso Yarce e outras* vs. *Colômbia*, parágrafos 185-196. Também se consignou a responsabilidade do Estado colombiano pelo descumprimento do dever específico de proteção plasmado no art. 7.b da Convenção Interamericana para Prevenir, Punir e Erradicar a Violência contra a Mulher ("Convenção Belém do Pará"), dado o conhecimento do contexto de violência contra as mulheres e defensoras de direitos humanos no marco do conflito armado.

cruéis e à morte do Sr. Ximenes Lopes, em clara afronta aos direitos à integridade pessoal e à vida.[54]

O dever de garantia do direito à vida também se desdobra na faceta de investigar. A jurisprudência da Corte Interamericana é assente no sentido de que em casos de execuções extrajudiciais, desaparecimentos forçados e outras graves violações de direitos humanos, os Estados devem iniciar de ofício investigações sérias, imparciais e efetivas. No caso *Sétimo Garibaldi* vs. *Brasil*, a Corte Interamericana estabeleceu uma "obrigação processual derivada do dever de garantia emanada do art. 4º da Convenção"[55], dever este de investigar, processar, julgar e, se for o caso, condenar, que se impõe desde o reconhecimento da competência contenciosa da Corte pelos Estados.

Dois vieses específicos do dever de garantir o direito à vida merecem destaque: (i) o direito a uma vida digna e (ii) a responsabilidade estatal por dano ao projeto de vida. Embora os julgados da Corte Interamericana não sejam uniformes, pode-se afirmar que a racionalidade por detrás das obrigações dos Estados vai ao encontro do Comitê da ONU para os Direitos Econômicos, Sociais e Culturais, cujo *Comentário Geral nº 3*[56] estabelece padrões mínimos para a salvaguarda de uma vida digna. Segundo o organismo, recai sobre os Estados o dever de prover aos seus cidadãos o acesso à alimentação essencial, à saúde primária, à moradia e às formas básicas de educação, em estrito cumprimento ao art. 11 do Pacto Internacional sobre Direitos Econômicos, Sociais e Culturais, que confere o direito a um adequado padrão de vida.

A respeito da vida digna, elegeram-se como vertentes de análise os direitos das crianças e a proteção dos povos e comunidades indígenas. Acerca da primeira, os casos apreciados pela Corte Interamericana por vezes se referem a crianças privadas de liberdade. Como exemplo, menciona-se o caso do *Instituto de Reeducação do Menor* vs. *Paraguai*, centro de detenção de menores que contava com condições e instalações insalubres (má alimentação, carência de assistência médica e psicológica, programa educativo deficiente). Nos anos de 2000 e 2001, ocorreram três incêndios no Instituto, que causaram a morte de vários menores.

A Corte Interamericana condenou o Paraguai pela violação ao art. 4º da Convenção Americana não apenas quanto às crianças que perderam suas vidas, mas também quanto às sobreviventes, em virtude das condições desumanas e degradantes do Instituto, as quais comprometeram seus desenvolvimento e saúde mental. O fato de os detidos serem menores de idade acentuou para o Estado o dever de proteção de suas vidas, devido à obrigação de preservar o interesse superior da criança.[57]

No caso dos "Meninos de Rua" (*Villagrán Morales e Outros* vs. *Guatemala*), embora a Corte Interamericana tenha condenado o Estado pela vulneração ao art. 4º somente em relação às vítimas que morreram, houve considerações sobre o direito à vida digna dos sobreviventes. Os fatos dizem respeito a violações sistemáticas, como tortura, desaparecimentos forçados e homicídios, perpetradas por agentes de segu-

---

[54]   Corte IDH. *Caso Ximenes Lopes* vs. *Brasil*. Sentença 04.07.2006. Série C, nº 149, parágrafos 138-150.

[55]   Corte IDH. *Caso Sétimo Garibaldi* vs. *Brasil*. Sentença 23.11.2009. Série C, nº 203, parágrafo 23.

[55]   ONU. Comitê para os Direitos Econômicos, Sociais e Culturais. *Comentário Geral nº 3*, 1991.

[57]   Corte IDH. *Caso "Instituto de Reeducação do Menor"* vs. *Paraguai*. Sentença 02.09.2004. Série C, nº 125, parágrafos 151-168.

rança em face de crianças moradoras de rua.[58] Segundo a Corte, a Guatemala não evitou que crianças em situação de risco fossem lançadas à miséria, privando-as das condições mínimas de uma vida digna. Toda criança tem o direito a desenvolver um projeto de vida que seja fomentado e apoiado pelo poder público, o que não ocorreu. A vulnerabilidade dos meninos de rua os tornou ainda mais suscetíveis a violações de direitos humanos.[59]

No caso do *Massacre de Mapiripán* vs. *Colômbia*, membros do grupo paramilitar Autodefesas Unidas da Colômbia privaram de liberdade, torturam, assassinaram e jogaram os corpos de civis num rio, com a colaboração e aquiescência de agentes do Estado, em 1997. A Corte Interamericana entendeu que o massacre criou um clima permanente de tensão e violência que afetou o direito a uma vida digna das crianças de Mapiripán. O direito à vida foi tido como violado em conexão ao art. 19 da Convenção Americana (direitos da criança) no que tange às crianças que morreram e às sobreviventes e deslocadas internas.[60]

Seguindo a linha jurisprudencial de garantia de condições mínimas de vida, o caso *Gonzales Lluy* vs. *Equador* se destaca. Talía Gabriela Gonzales Lluy nasceu em 8 de janeiro de 1995, no Equador. Quando tinha três anos, foi contaminada com o vírus HIV ao receber uma transfusão de sangue proveniente do Banco de Sangue da Cruz Vermelha, em uma clínica de saúde privada. O pronunciamento da Corte Interamericana foi no sentido de que o Equador falhou em seu dever de supervisionar e fiscalizar a prestação de serviços de saúde fornecidos pela clínica, sobretudo por ser a única responsável pelo manejo de bancos de sangue. A negligência estatal colocou em risco a vida de Talía, razão pela qual houve violação ao art. 4º.[61]

Dois direitos tutelados no *Protocolo de San Salvador* foram analisados a partir da concepção de vida digna. O direito à saúde, a partir da indivisibilidade e a indissociabilidade dos direitos econômicos, culturais e sociais em relação aos direitos civis e políticos e à luz das múltiplas vulnerabilidades que recaíam sobre a vítima: menina, pobre e portadora de HIV. Também o direito à educação, considerado violado de maneira autônoma, haja vista a discriminação que Gonzales Lluy sofreu na escola que frequentava, tendo sido obrigada a se retirar, pois se acreditava que colocaria em risco as vidas das outras crianças.

No que tange aos direitos dos povos indígenas, no caso *Comunidade Indígena Yakye Axa* vs. *Paraguai*, avaliou-se se a postura do Estado dificultou ainda mais a satisfação da vida digna da comunidade, tendo em vista sua particular condição de vulnerabilidade: um sistema de compreensão de mundo diferente da cultura ocidental, a partir da especial relação com a terra, em suas dimensões individual e coletiva.

---

[58]   Na doutrina, *v.* especialmente MAZZUOLI, Valerio de Oliveira. Problema dos direitos humanos das pessoas em situação de rua no Brasil. *Revista Direito Público*, Porto Alegre, v. 14, p. 214-233, 2018.

[59]   Corte IDH. *Caso dos "Meninos de Rua" (Villagrán Morales e outros)* vs. *Guatemala.* Sentença 19.11.1999. Série C, nº 63, parágrafo 191.

[60]   Corte IDH. *Caso do "Massacre de Mapiripán"* vs. *Colômbia.* Sentença 15.09.2005. Série C, nº 134, parágrafo 162.

[61]   Corte IDH. *Caso Gonzales Lluy e Outros* vs. *Equador.* Sentença 1.º.09.2015. Série C, nº 298, parágrafos 178-191.

Devido à demora – atribuível ao Estado – na resolução do processo de demarcação de terras, a comunidade se viu em uma situação de extrema miséria marcada pela dificuldade de acesso à água limpa, a recursos naturais e à alimentação. Assim, sua existência digna foi comprometida, bem como a concretização de direitos ligados diretamente à propriedade comunitária, como educação e identidade cultural.[62]

No caso da *Comunidade Xákmok Kásek* vs. *Paraguai*, como as autoridades estatais possuíam conhecimento de uma situação de risco real e imediato para a vida dos membros da comunidade devido à não demarcação de suas terras, deveriam ter adotado medidas preventivas. No entanto, observou a Corte que os serviços disponibilizados pelo Paraguai foram precários, considerando-se a especial vulnerabilidade do povo indígena Xákmok Kásek. Segundo o pronunciamento da Corte: "a ausência de possibilidades de autoabastecimento e autossustentabilidade de seus membros, de acordo com suas tradições ancestrais, leva-os a depender quase exclusivamente de ações estatais".[63] O Estado violou, assim, o art. 4º.

As decisões da Corte Interamericana sobre a responsabilidade dos Estados por dano ao projeto de vida das vítimas são menos consistentes do que seus pronunciamentos acerca da vida digna. Nem sempre há violação ao art. 4º quando há determinação de reparações ao dano ao projeto de vida; em outros casos, ainda que haja a violação ao art. 4º por falha do Estado em garantir condições mínimas de vida, não há especificação de reparações para sanar o dano ao projeto de vida.

O *leading case* sobre o dano ao projeto de vida é o caso *Loyaza Tamayo* vs. *Peru*. Embora não tenha havido violação ao direito à vida, a Corte Interamericana teceu alguns comentários ao projeto de vida, sem determinar reparações específicas para remediar o dano suportado pela vítima. A Corte esclareceu que o dano ao projeto de vida está relacionado com a realização pessoal do indivíduo. No caso de María Elena Loayza Tamayo, esta foi ilegalmente detida pela *División Nacional contra el Terrorismo*, permaneceu incomunicável, foi publicamente exibida como terrorista, mantida em condições indignas e julgada duas vezes pelos mesmos fatos. As violações a obrigaram a interromper seus estudos e se mudar ao exterior, em condições de solidão, penúria econômica e fragilidade.

A vítima se viu impedida de alcançar as metas de caráter pessoal, familiar e profissional que razoavelmente poderia estabelecer, pois as violações que sofreu – as quais lhe foram impostas de forma injusta e arbitrária – acarretaram mudanças drásticas em sua vida, de forma que sua existência e seu desenvolvimento pessoal foram alterados.[64]

No julgamento do caso *Cantoral Benavidas* vs. *Peru*, cujos fatos em muito de assemelham aos do caso Loayza Tamayo, os danos imateriais (sofrimentos físicos e psíquicos, destruição do projeto de vida, a desintegração da família e os sofrimentos

---

[62] Corte IDH. *Caso Comunidade Indígena Yakye Axa* vs. *Paraguai*. Sentença 17.06.2005. Série C, nº 125, parágrafos 162-168. Na doutrina, *v.* especialmente MAZZUOLI, Valerio de Oliveira; RIBEIRO, Dilton. Indigenous rights before the Inter-American Court of Human Rights: a call for a *pro individual* interpretation. *Revista Instituto Interamericano de Derechos Humanos*, v. 61, p. 133-171, 2015.

[63] Corte IDH. *Caso da Comunidade Indígena Xákmok Kásek* vs. *Paraguai*. Sentença 24.08.2010. Série C, nº 214, parágrafo 215.

[64] Corte IDH. *Caso Loyaza Tamayo* vs. *Peru*. Sentença 27.11.1998. Série C, nº 42, parágrafo 150.

suportados pela mãe e irmãos da vítima) foram reparados mediante indenização monetária. Em relação ao dano ao projeto de vida, a Corte ordenou a concessão de bolsa de estudos universitários ao Sr. Cantoral Benavides.[65]

(2) O alcance da proteção do direito à vida é bastante discutido não apenas internacionalmente, mas também pelas cortes constitucionais dos Estados. A expressão "em geral, desde a concepção" disposta no art. 4.1 da Convenção Americana gerou uma série de discussões sobre o momento a partir do qual o direito à vida é tutelado. A primeira ocasião em que a Corte Interamericana se pronunciou a respeito foi no caso *Artavia Murillo vs. Costa Rica*, conhecido como caso da fertilização *in vitro*, julgado em 2012.[66]

Os fatos do caso giram em torno da proibição geral de realização de fertilização *in vitro* (FIV), desde os anos 2000, na Costa Rica, em virtude de sentença da Sala Constitucional da Corte Suprema que declarou inconstitucional a execução da técnica. Alegou-se perante o SIDH que esta proibição constituiria ingerência arbitrária aos direitos à vida privada, familiar e ao direito a formar uma família. Também se sustentou a violação ao direito à igualdade, uma vez que as vítimas foram impedidas de realizar tratamento que poderia ajudá-las na superação de desvantagem quanto à possibilidade de gerar filhos biológicos, existindo impacto desproporcional às mulheres. Os peticionários foram nove casais afetados pela proibição.

A Sala Constitucional, ao proibir a utilização da FIV, interpretou o direito à vida como um direito absoluto. Seria uma "proteção absoluta do embrião no marco da inviolabilidade da vida desde a concepção"[67]. Para a corte costa-riquenha, a concepção seria o momento em que o óvulo é fecundado, consistindo em uma pessoa titular do direito à vida.

A análise empreendida pela Corte Interamericana referenciou uma série de possíveis interpretações acerca do que seria a concepção. Impera notar que a corte regional não concluiu pela violação ao art. 4º da Convenção Americana, pois considerou o direito à vida privada à luz do art. 11 (proteção da honra e da dignidade) e do art. 17 (proteção da família). Não obstante, o direito à vida foi detalhadamente estudado, a fim de se esclarecer o momento inicial de sua tutela.

Segundo a Corte Interamericana, a técnica de FIV alterou as discussões sobre a concepção, uma vez que possibilita a passagem de tempo entre a união do óvulo com o espermatozoide e o momento da implantação. Por isto, a definição de concepção atribuída pelos redatores nos trabalhos preparatórios da Convenção Americana foi alterada.[68] A Corte reconheceu a inexistência de consenso sobre o momento de início da vida humana. Ainda assim, salientou que há grande diferença entre a fecundação e a implantação do zigoto no útero materno: é somente a partir do segundo que o

65   Corte IDH. *Caso Cantoral Benavides vs. Peru*. Sentença 03.12.2001. Série C, nº 88, parágrafo 80.
66   Corte IDH. *Caso Artavia Murillo e Outros (Fertilização in vitro) vs. Costa Rica*. Sentença 28.11.2012. Série C, nº 257.
67   Corte IDH. *Caso Artavia Murillo e Outros (Fertilização in vitro) vs. Costa Rica*, parágrafo 173.
68   Corte IDH. *Caso Artavia Murillo e Outros (Fertilização in vitro) vs. Costa Rica*, parágrafo 179.

embrião pode se desenvolver, sendo, portanto, o marco inicial da concepção e da proteção do direito à vida.[69]

A Corte também esclareceu que a expressão "em geral, desde a concepção" indica possíveis exceções à tutela do direito à vida desde a concepção, exceções estas aplicáveis a situações de conflitos de direitos: "em outras palavras, o objeto e fim do art. 4.1 da Convenção é que não se entenda o direito à vida como absoluto, cuja alegada proteção possa justificar a negação total de outros direitos"[70]. Desta forma, a Corte entendeu que a concepção ocorre a partir do momento da implantação, motivo pelo qual antes deste evento não se pode aplicar o art. 4º da Convenção Americana.

Mediante interpretação sistemática, concluiu-se que a proteção do nascituro se dá por meio do corpo da mulher, a partir da implantação. Não se pode, portanto, conferir o *status* de "pessoa" ao embrião. A Corte Interamericana efetuou uma análise de convenções de direitos humanos do Sistema ONU e seus respectivos trabalhos preparatórios, dos *treaty bodies*, bem como da jurisprudência da Corte Europeia de Direitos Humanos, e identificou que o entendimento prevalecente no direito internacional é o de que não se pode conferir aos embriões a mesma proteção atribuída aos nascidos. Os embriões não se enquadram na tutela do art. 4º, a qual é dirigida a "toda pessoa".[71]

Além das pontes firmadas com outros sistemas internacionais de proteção dos direitos humanos, a Corte Interamericana dialogou com os ordenamentos jurídicos internos dos Estados submetidos à sua jurisdição. Demonstrou-se que a Costa Rica seria o único Estado da região a proibir a execução da técnica de FIV. Embora não haja regulamentações específicas sobre a FIV na maioria dos Estados, a permissão da prática deste procedimento indica que os Estados entendem que a proteção do embrião não deve obstar técnicas de reprodução assistida. A prática de FIV está associada ao princípio da proteção gradual – e não absoluta – da vida anterior ao nascimento e corrobora com a ideia de que o embrião não pode ser equiparado à pessoa para fins de tutela do art. 4º.[72]

Embora a Corte Interamericana não tenha se manifestado sobre o aborto quando do julgamento do caso *Artavia Murillo* vs. *Costa Rica*, este tema é de suma relevância. Segundo dados da ONU, em 2013, 190 países permitiam a prática de aborto em casos de perigo para a vida da mãe, sendo 29 Estados situados na América Latina e no Caribe.[73] Em apenas quatro Estados do continente o aborto é uma prática legal: Cuba, Guiana, Guiana Francesa e Uruguai, sendo que, no último, o aborto é permitido até as doze primeiras semanas de gravidez. El Salvador proíbe o aborto em quaisquer circunstâncias.

---

[69]   Corte IDH. *Caso Artavia Murillo e Outros (Fertilização in vitro) vs. Costa Rica*, parágrafo 186.

[70]   Corte IDH. *Caso Artavia Murillo e Outros (Fertilização in vitro) vs. Costa Rica*, parágrafo 258.

[71]   Corte IDH. *Caso Artavia Murillo e Outros (Fertilização in vitro) vs. Costa Rica*, parágrafo 244.

[72]   Corte IDH. *Caso Artavia Murillo e Outros (Fertilização in vitro) vs. Costa Rica*, parágrafos 254-256.

[73]   ONU. Departamento para Assuntos Econômicos e Sociais. *Abortion Policies and Reproductive Health around the World*. 2014, p. 17.

Na maioria dos países da região[74], a realização do aborto é legalmente proibida, mas comporta exceções, como estupro, perigo para a vida da mãe e deficiência do feto. O Brasil é um destes Estados onde se autoriza a prática do aborto necessário (inexistência de outro meio para salvaguardar a vida da gestante) e do aborto no caso de gravidez resultante de estupro, desde que haja o consentimento da gestante, nos termos do art. 128 do Código Penal. Hipótese não prevista legalmente, mas autorizada pelo Supremo Tribunal Federal no julgamento da ADPF nº 54,[75] em 2012, é a interrupção da gravidez de feto anencéfalo, não sendo necessária autorização judicial para tanto.

Recentemente, a Câmara dos Deputados da Argentina tentou aprovar um projeto de lei que autorizava a prática de aborto até a 14ª semana de gestação. A votação foi bastante apertada, contando com 129 votos a favor, 125 contra e uma abstenção, mas o Senado, ao final, o rejeitou. De qualquer sorte, o movimento feminista teve grande impacto neste primeiro passo para a alteração legislativa na Argentina. Não obstante, conforme salientou o jurista Roberto Gargarella, não sem incoerências é que se alcançou esta conquista: observou-se que decisões da Corte Suprema Argentina e da Corte Interamericana relevantes para o debate foram deixadas de lado, justamente por desagradarem parcela dos interlocutores.[76]

(3) A proibição da privação arbitrária do direito à vida é um desdobramento do dever de respeito. Por concernir às hipóteses de uso da força pelas autoridades estatais – inclusive em contextos de conflitos armados –, trata-se de grande exemplo da imbricação de duas das três vertentes de proteção internacional da pessoa humana: o direito internacional dos direitos humanos e o direito internacional humanitário.[77] É a casuística do sistema interamericano (e suas referências ao Sistema ONU) que preenche de conteúdo esta disposição do art. 4º da Convenção Americana.

Segundo o *Protocolo de Minnesota sobre a Investigação de Mortes Potencialmente Ilícitas*, do Alto Comissariado da ONU para os Direitos Humanos, entende-se por morte potencialmente ilícita aquela (i) causada por ação ou omissão de agentes do Estado em violação à obrigação de respeitar o direito à vida, (ii) de pessoas detidas sob a custódia do Estado, (iii) resultante do descumprimento do dever estatal de proteger o direito à vida.[78] Estas hipóteses também são denominadas de execuções extrajudiciais, sumárias ou arbitrárias, as quais são objeto de estudo e monitoramento

---

[74]   Argentina, Bolívia, Brasil, Chile, Colômbia, Costa Rica, Equador, Haiti, Honduras, Nicarágua, Paraguai, Peru, República Dominicana, Venezuela. No México, o aborto é permitido somente em caso de estupro, com exceção da Cidade do México, na qual o aborto foi descriminalizado em 2007.

[75]   STF, Plenário, Ação de Descumprimento de Preceito Fundamental 54, Rel. Min. Marco Aurélio, j. 12.04.2012, *DJ* 30.04.2013.

[76]   GARGARELLA, Roberto. Por qué la Corte no invalidaría una ley despenalizando el aborto. *Seminario de Teoría Constitucional y Filosofía Política*, jun. 2018.

[77]   Discute-se a relevância em separar categoricamente as três frentes de proteção da pessoa humana, pois a transversalidade dos direitos humanos acaba as aproximando. V. CANÇADO TRINDADE, Antônio Augusto. Direito internacional dos direitos humanos, direito internacional humanitário e direito internacional dos refugiados: aproximações ou convergências. Disponível em: <http://www.dhnet.org.br/direitos/sip/dih/didh.html>. Acesso em: 29 jun. 2018.

[78]   ONU. Alto Comissariado das Nações Unidas para os Direitos Humanos. *Protocolo de Minnesota sobre a Investigação de Mortes Potencialmente Ilícitas*. Nova York e Genebra: 2017.

por Relatoria Especial no âmbito do Conselho de Direitos Humanos da ONU[79], além de disciplinadas por uma série de tratados internacionais e resoluções.[80]

Embora a diferenciação entre os conceitos de execução extrajudicial, sumária e arbitrária possua importante papel no desenvolvimento histórico do mandato da Relatoria Especial da ONU, já em 2004, o Relator Especial Philip Alston destacou que não devem ser compreendidos de maneira individualizada.[81] De todo modo, apenas a título de esclarecimento, tem-se que as execuções extrajudiciais são mortes perpetradas ou toleradas pelo Estado, enquanto as execuções sumárias ou arbitrárias se referem à aplicação inadequada da pena de morte.

Conforme aduzido no ponto (1), o direito à vida é inderrogável mesmo em circunstâncias excepcionais, de acordo com o art. 27.2 da Convenção Americana. Entretanto, a dicção do art. 4.1 é clara: o que se proíbe não é a privação da vida, mas a sua privação de modo arbitrário. Há, assim, hipóteses bastante restritas nas quais a privação do direito à vida é autorizada pelo direito internacional.

Para a Corte Interamericana, há arbitrariedade se a privação do direito à vida se der mediante o uso ilegítimo, excessivo ou desproporcional da força pelo Estado. Por mais que os Estados tenham a obrigação de garantir a ordem pública e a segurança em seus territórios, devem empregar legitimidade a força para tanto. Tal legitimidade é garantida se forem observados três princípios: legalidade, absoluta necessidade e proporcionalidade. Para que seja legal, o uso da força deve almejar um objetivo legítimo de acordo com marco regulatório específico; para ser absolutamente necessário, deve se limitar a inexistência ou indisponibilidade de outros meios para a tutela do direito à vida; para ser proporcional, os meios e métodos empregados devem ser consoantes à resistência oferecida e ao perigo existente. O uso da força pelos agentes estatais deve ser escalonado e progressivo e atento às particularidades do caso concreto.[82]

Os princípios da legalidade, absoluta necessidade e proporcionalidade foram extraídos pela Corte Interamericana do sistema da ONU, mais precisamente dos *Princípios Básicos sobre o Emprego da Força e das Armas de Fogo por Funcionários Encarregados de Cumprir a Lei*, adotados no Oitavo Congresso das Nações Unidas sobre Prevenção do Crime e Tratamento de Delinquentes, em Havana, 1990.[83] A aplicação concomitante dos três princípios significa que o poder do Estado não é ilimitado, de maneira tal que o uso da força letal deve ser excepcional, regulamentado em lei

---

[79] ONU. Conselho de Direitos Humanos. *Relatoria Especial para execuções extrajudiciais, sumárias ou arbitrárias*, 2018.

[80] Para mais informações, consultar: Fact Sheet nº 11 (Rev.1). Extrajudicial, Summary or Arbitrary Executions. Disponível em: <https://www.ohchr.org/Documents/Publications/FactSheet11rev.1en. pdf>. Acesso em: 13 jun. 2018.

[81] ONU. Conselho Econômico e Social. *Resolução E/CN.4/2005/7*. Civil and Political Rights, including the questions of disappearances and summary executions, 2005.

[82] Corte IDH. *Caso Cruz Sanchez e Outros* vs. *Peru*. Sentença 17.04.2015. Série C, nº 292, parágrafos 261-265 e 324-327.

[83] Tradução para português disponível em: <http://pfdc.pgr.mpf.mp.br/atuacao-e-conteudos-de- -apoio/legislacao/segurancapublica/principios_basicos_arma_fogo_funcionarios_1990.pdf>. Acesso em: 29 jun. 2018.

e interpretado restritivamente para que seja minimizado, "não sendo mais do que o absolutamente necessário em relação à força ou ameaça que se pretende repelir"[84].

Especificamente quanto aos contextos de conflito armado, a exemplo do caso *Cruz Sanchez* vs. *Peru*, referente a uma operação de resgate de reféns, a Corte Interamericana se pautou nas disposições das Convenções de Genebra e nas normas de direito internacional humanitário, concluindo que as disposições da Convenção Americana afetas ao direito à vida mantêm sua vigência mesmo quando da condução de hostilidades.[85] Em outras palavras, o direito humanitário não desloca a aplicabilidade do art. 4º da Convenção Americana, apenas nutre a interpretação do que seja a proibição arbitrária do direito à vida.[86]

A propósito, mesmo o art. 3º comum às Convenções de Genebra proíbe que sejam privadas do direito à vida pessoas não envolvidas diretamente no conflito armado, tais como civis, membros das forças armadas e demais indivíduos que tenham deixado de participar das hostilidades (*hors de combat*). Igual previsão possui o Protocolo II às Convenções de Genebra (Protocolo Adicional relativo à proteção das vítimas de conflitos armados sem caráter internacional).[87]

Não apenas no bojo de conflitos armados é que pode ocorrer a privação arbitrária da vida. O uso da força letal por agentes do Estado em situações de manutenção da ordem também pode ensejar a violação ao art. 4.1 da Convenção Americana. Exemplo disto é o caso Wallace de Almeida, apreciado pela Comissão IDH em 2009, que envolveu a morte do Sr. Wallace, de apenas 18 anos, em virtude de hemorragia provocada por um disparo de arma de fogo durante uma operação policial, no quintal de sua própria casa, no Rio de Janeiro, em 1998.[88]

Segundo a Comissão IDH, as autoridades policiais tinham o dever de minimizar, na maior medida possível, o recurso ao uso letal da força, pois "o uso de armas de fogo pesadas por agentes da autoridade expõe vidas humanas a um perigo potencial".[89] Consignou-se que a única hipótese em que a morte de uma pessoa por agentes estatais não violaria o art. 4º da Convenção Americana seria a existência de proporcionalidade entre a agressão sofrida pela autoridade e a reação desta. No caso, o Sr. Wallace não era suspeito da prática de crime, estava desarmado e impossibilitado de agredir os policiais, além de a quantidade de tiros disparada ter sido desnecessária. A Comissão concluiu que houve uso excessivo da força pelo Estado, uma vez que a vítima não apresentava qualquer possibilidade de resistência. Ademais, o Brasil não foi diligente na condução das investigações.

---

84   Corte IDH. *Caso Cruz Sanchez e Outros* vs. *Peru*, parágrafos 262-263.

85   Sobre o uso da força estatal e os paradigmas da manutenção da ordem e da condução das hostilidades, *v.* Gaggioli, Gloria. *The use of force in armed conflicts*: interplay between the conduct of hostilities and law enforcement paradigms. Expert Meeting. Comitê Internacional da Cruz Vermelha, 2012.

86   Corte IDH. *Caso Cruz Sanchez e Outros* vs. *Peru*, parágrafo 271.

87   Art. 3º comum às Convenções de Genebra.

88   Comissão IDH. *Relatório 26/09*. Admissibilidade e mérito do Caso 12.440 (Wallace de Almeida), 20.03.2009.

89   Comissão IDH. *Relatório 26/09,* parágrafo 105.

Também no caso do *Presídio Miguel Castro Castro* vs. *Peru*, além do uso ilegítimo da força pelos agentes estatais, pois os disparos de armas de fogos não objetivaram persuadir os detentos, mas lhes causar danos irreparáveis, comprovou-se que alguns dos detentos vítimas da "Operação Mudança 1" foram conduzidos a hospitais e vieram a falecer porque não receberam atenção médica. Para a Corte Interamericana, "estas omissões corresponderam a decisões deliberadas e não a meros descuidos ou negligências, os quais deram lugar a privações arbitrárias da vida".[90]

Em suma, a proibição da privação arbitrária do direito à vida impõe aos Estados a obrigação de adotarem as medidas necessárias para prevenir ou processar, julgar e, eventualmente, punir os responsáveis, bem como de impedir que suas próprias forças de segurança cometam execuções arbitrárias, situação esta agravada quando há um contexto sistemático de violações de direitos humanos.[91]

(4) O número de Estados no mundo em que a imposição de pena de morte é uma prática legalmente reconhecida tem diminuído com o passar dos anos. Segundo informações da Anistia Internacional, até o momento, 104 países aboliram a pena de morte de suas legislações, número esse bastante expressivo ao se comparar com o cenário quando do estabelecimento das Nações Unidas, em 1945, no qual somente oito Estados eram abolicionistas.[92]

O sistema internacional de proteção dos direitos humanos conta com uma série de instrumentos referentes à temática. No âmbito da ONU, tem-se o Segundo Protocolo Facultativo ao Pacto Internacional dos Direitos Civis e Políticos, com vistas a abolir a pena de morte, adotado em 1989.[93] Conta com 85 Estados-Partes, dentre eles o Brasil, e excepciona a proibição da pena de morte somente para os casos de guerra.

No âmbito regional, o sistema europeu de proteção dos direitos humanos conta com o Protocolo nº 6 de 1983, referente à abolição da pena de morte.[94] Também a União Europeia tornou a abolição da pena de morte uma precondição para o ingresso na organização. No sistema interamericano, o *Protocolo à Convenção Americana sobre Direitos Humanos referente à Abolição da Pena de Morte* (Protocolo de Assunção) entrou em vigor em 1991, embora as discussões sobre sua adoção tenham se iniciado quando da aprovação da Convenção Americana. Treze Estados são partes do instrumento, dentre estes o Brasil, que apresentou reserva autorizada pelo art. 2º do Protocolo, para "aplicar a pena de morte em tempo de guerra, de acordo com o Direito Internacional, por delitos sumamente graves de caráter militar".

A principal diferença entre o *Protocolo de Assunção* e os *Protocolos* onusiano e europeu reside no fato de que aquele não impõe aos Estados a obrigação de abolir

---

[90] Corte IDH. *Caso do Presídio Miguel Castro Castro* vs. *Peru*, parágrafo 246.

[91] Corte IDH. *Caso do Presídio Miguel Castro Castro* vs. *Peru*, parágrafo 238.

[92] SHETTY, Salil. Global death penalty trends since 2012. In: UNITED NATIONS HUMAN RIGHTS OFFICE OF THE HIGH COMMISSIONER. *Moving away from the death penalty*: arguments, trends and perspectives. Nova York, 2014. p. 190.

[93] ONU. *Resolução 44/128*. Second Optional Protocol to the International Covenant on Civil and Political Rights, aiming at the abolition of the death penalty, 1989.

[94] Conselho da Europa. *Protocol nº 6 to the Convention for the Protection of Human Rights and Fundamental Freedoms concerning the Abolition of the Death Penalty, as amended by Protocol nº 11*. Estrasburgo, 1983.

por completo a pena de morte, enquanto estes proíbem a aplicação da penalidade a qualquer pessoa sob a jurisdição dos Estados-Partes. O *Protocolo de Assunção*, seguindo a Convenção Americana, adota a abolição progressiva da pena de morte, no sentido de que os Estados não podem ampliar o escopo de aplicabilidade para além das hipóteses legalmente previstas no momento da ratificação.[95]

A progressividade, em observância ao princípio *pro persona*, indica que a Convenção Americana e o *Protocolo de Assunção* adotam disposições que limitam definitivamente a aplicação da pena de morte, de modo que seja reduzida até a supressão final. Esta tônica em muito se deve ao fato de que, ao longo dos trabalhados preparatórios da Convenção, a proposta de algumas delegações para a proibição absoluta da pena de morte não alcançou os votos da maioria absoluta dos Estados (embora não tenha recebido votos contrários).[96]

Especificamente quanto à gravidade dos delitos, esta exigência deve ser interpretada restritivamente, a fim de que a pena de morte seja uma medida excepcional[97], abrangendo apenas crimes intencionais com consequências letais ou gravíssimas. Ainda, a pena capital deve ser imposta tão somente quando a culpabilidade do indivíduo acusado tenha sido confirmada por claras evidências (*beyond reasonable doubt*) após o esgotamento das instâncias judiciais, devendo ser garantidos os direitos ao duplo grau de jurisdição e à assistência jurídica adequada.[98] Caso não sejam observadas as garantias judiciais do art. 8º da Convenção Americana, a pena de morte poderá ser uma forma de execução arbitrária, em afronta ao art. 4.1 da Convenção.[99]

Em casos contra Estados caribenhos,[100] a Corte Interamericana aprofundou as considerações sobre a arbitrariedade da pena de morte. Ainda que a sanção seja legalmente imposta, pode ser arbitrária quando a lei não distingue graus distintos de culpabilidade do acusado, nem considera as circunstâncias particulares de cada delito. A obrigatoriedade da pena de morte faz com que esta incida indiscriminadamente a qualquer homicídio intencional, obstando ao juiz que individualize a pena em conformidade com as características do crime e a participação do acusado.

Para a Corte Interamericana, há privação arbitrária do direito à vida porque os acusados não são tratados como seres humanos únicos, mas como membros "indiferenciados e sem rosto de uma massa que será submetida à aplicação cega da pena de morte"[101]. A decisão da Comissão IDH no caso Hilarie, Constantine e Benjamin contra Trindade e Tobago foi a primeira oportunidade em que um organismo inter-

---

[95]   SCHABAS, William A. *The abolition of the death penalty in international law*. 3. ed. Cambridge: Cambridge University Press, 2009. p. 352-353.

[96]   Corte IDH. *Opinião Consultiva nº 8/1983*. Restrições à Pena de Morte (arts. 4.2 e 4.4 da Convenção Americana sobre Direitos Humanos), parágrafos 57-58.

[97]   ONU. Comitê de Direitos Humanos. *Comentário Geral 6*, 1982, parágrafo 7.

[98]   ONU. Conselho para os Direitos Econômicos e Sociais. *Resolução 1984/50*: Safeguards guaranteeing protection of the rights of those facing the death penalty.

[99]   SCHABAS, William A. *The Abolition of the Death Penalty in International Law*, p. 340.

[100]   Corte IDH. *Caso Hilaire, Constantine e Benjamin e Outros vs. Trindade e Tobago*. Sentença 21.06.2002. Série C, nº 94; Corte IDH. *Caso Boyce e Outros vs. Barbados*. Sentença 20.11.2007. Série C, nº 169.

[101]   Corte IDH. *Caso Hilaire, Constantine e Benjamin e Outros vs. Trindade e Tobago*, parágrafo 105.

nacional se pronunciou sobre a obrigatoriedade da pena de morte.[102] Foram casos como este que levaram Trindade e Tobago a denunciar à Convenção Americana em 1998, embora permaneça como membro da OEA, estando sujeito ao procedimento de petições perante a Comissão IDH com fulcro na Declaração Americana.[103]

A Corte Interamericana, em sua *Opinião Consultiva nº 3/83*, identificou três grupos de limitações para que a pena de morte, nos países que não a tenham abolido, seja compatível com a Convenção Americana: (i) a imposição desta pena está sujeita ao cumprimento de regras processuais cujo respeito deve ser estritamente exigido; (ii) seu âmbito de aplicação deve se restringir aos mais graves crimes comuns que não sejam conexos a crimes políticos; (iii) é necessário atentar para alguns condições inerentes à pessoa do réu, a fim de se verificar se não há causas de excluem a cominação da pena.[104]

(5) O parágrafo 3º do art. 4º da Convenção Americana enuncia o princípio da proibição do retrocesso ao obstar que os Estados que tenham abolido a pena de morte retornem a prevê-la em suas legislações. Na *Opinião Consultiva nº 14/94*, solicitada pela Comissão IDH devido à alteração constitucional no Peru que ampliou a incidência da pena capital para o crime de terrorismo – até então, restringia-se ao crime de traição em tempos de guerra –, a Corte Interamericana se manifestou a respeito. Ressaltou que a leitura deste dispositivo à luz do art. 2º da Convenção Americana significa que a promulgação de uma lei estendendo o espectro de aplicabilidade da pena de morte seria manifestamente contrária às obrigações assumidas pelo Estado quando da ratificação da Convenção, o que ensejaria sua responsabilidade internacional.[105]

A vedação contida no parágrafo 3º coloca sobre os Estados o dever de manter o *status quo* anterior à ratificação da Convenção Americana no que tange à cominação da pena de morte, caso não optem por extingui-la definitivamente. Na América Latina, a maioria dos Estados aboliu por completo a penalidade. Bahamas, Barbados, Belize, Cuba, Guatemala, Guiana e Jamaica ainda mantêm a pena de morte em suas legislações, sendo que apenas Barbados, Guatemala e Jamaica são Estados-Partes da Convenção. Brasil, Chile, El Salvador, Peru e Trindade e Tobago são abolicionistas para delitos comuns, mantendo a pena de morte somente para delitos gravíssimos, como os cometidos em períodos de guerra.[106]

No caso brasileiro, a Constituição Federal veda a imposição da pena de morte, excepcionando-a na hipótese de guerra declarada pelo Presidente da República em caso de invasão estrangeira (art. 5º, XLVII). O Código Penal Militar disciplina que a execução da pena de morte se dará por fuzilamento (art. 56) após sentença condenatória definitiva e determina que a penalidade é cabível em relação, *v.g.*, aos seguintes crimes: traição, favor ao inimigo, informação ou auxílio ao inimigo, coação a coman-

---

[102] Comissão IDH. *La Pena de Muerte en el Sistema Interamericano de Derechos Humanos*: de restricciones a abolición. OEA/Ser.L/V/II. Doc. 68, 2011, parágrafo 26.

[103] SCHABAS, William A. *The Abolition of the Death Penalty in International Law*, p. 337.

[104] Corte IDH. *Opinião Consultiva nº 8/1983*, parágrafo 55.

[105] Corte IDH. *Opinião Consultiva nº 14/1994*. Responsabilidade Internacional por Expedição e Aplicação de Leis Violatórias da Convenção (arts. 1º e 2º da Convenção Americana sobre Direitos Humanos), parágrafo 50.

[106] Anistia Internacional. Pena de muerte. Disponível em: <https://www.es.amnesty.org/en-que--estamos/temas/pena-de-muerte/>. Acesso em: 18 jun. 2018.

dante, aliciação de militar, ato prejudicial à eficiência da tropa, traição imprópria, fuga em presença do inimigo, covardia qualificada, abandono de posto, libertação de prisioneiro, genocídio, saque (art. 355 e ss.).

(6) A limitação substancial contida no parágrafo 4º é um exemplo de abolição da pena de morte que os Estados-Partes da Convenção Americana devem acatar. A Corte Interamericana esclareceu que se trata da proibição de manter a previsão da pena capital a crimes políticos e comuns conexos com políticos que conste dos ordenamentos estatais quando da ratificação da Convenção. Isto porque, a vedação de aplicação da pena de morte em relação ao futuro que está disposta no parágrafo 2º se aplica a toda espécie de crime.[107]

Desta forma, o efeito de uma reserva ao parágrafo 4º é a manutenção da aplicação da pena de morte para delitos políticos e conexos. Referida reserva não autoriza que os Estados legislem para estender a aplicação da penalidade a delitos políticos se esta hipótese não estava contemplada anteriormente, por força do parágrafo 2º do art. 4º.

Considerando o histórico de persecução de crimes políticos e conexos na América Latina, compreende-se o impacto que este parágrafo do art. 4º pretende alcançar. A Comissão IDH apreciou alguns casos nos quais o Estado de Cuba se utilizou da pena capital para punir delitos conexos a crimes políticos, como o tráfico de drogas praticado por agentes estatais e o cometimento de atos de hostilidade em face de outros países. Ademais, a Comissão concluiu que a rapidez e a falta de publicidade que o processamento dos casos recebeu suscitavam dúvidas sobre o respeito às garantias do devido processo legal.[108]

(7) As limitações à aplicação da pena de morte em razão das características pessoais do acusado previstas na Convenção Americana se assemelham à dicção do Pacto Internacional dos Direitos Civis e Políticos. O art. 6.5 deste tratado internacional também obsta a imposição da penalidade a menores de 18 anos e a mulheres grávidas, mas silencia sobre os maiores de 70 anos. Também a Convenção Europeia de Direitos Humanos e a Carta Africana dos Direitos Humanos e dos Povos não proíbem que maiores de 70 anos sejam submetidos a esta penalidade. A Convenção Americana é mais protetiva neste aspecto quanto às vulnerabilidades dos indivíduos.

De acordo com a Convenção da ONU sobre os Direitos da Criança, todo ser humano com menos de 18 anos de idade é considerado criança para o direito internacional, a não ser que, segundo a legislação interna aplicável à criança, a maioridade seja alcançada antes. Interessante observar que a redação da Convenção Americana é clara ao indicar que as condições pessoais serão avaliadas no momento do cometimento do delito. Como as convenções no âmbito da ONU não são expressas neste quesito, o Comitê da ONU sobre os Direitos da Criança emitiu *Comentário Geral* para esclarecer que esta é a interpretação que deve ser efetuada, sendo um "padrão internacionalmente aceito".[109]

Para a Comissão IDH, a proibição da cominação de pena de morte para menores de 18 anos é uma tendência quase unânime no direito internacional, abarcando todos os espectros políticos e ideológicos. Haveria, assim, uma norma internacional de direito

---

[107]   Corte IDH. *Opinião Consultiva nº 8/83*, parágrafo 68.

[108]   SCHABAS, William A. *The Abolition of the Death Penalty in International Law,* p. 325.

[109]   ONU. Comitê sobre os Direitos da Criança. *Comentário Geral 10,* 2007, parágrafo 75.

internacional consuetudinário nesse sentido. Os Estados Unidos são o único país-membro da OEA a manter a legalidade da execução de crianças de 16 e 17 anos de idade.[110]

(8) O direito à solicitação de anistia, indulto ou comutação da pena de morte deve ser lido em conjunto com os arts. 8º (garantias judiciais) e 1.1 (obrigação de respeitar e garantir direitos) da Convenção Americana. Isto significa que os Estados devem tomar as medidas necessárias para que referido direito seja efetivo, mediante a implementação de um procedimento imparcial e transparente.[111] Em outros termos, a previsão formal destas possibilidades não é suficiente, devendo o condenado ter acesso real a estes institutos.

De acordo com a Comissão IDH, o indivíduo condenado à pena de morte tem o direito de ser informado sobre quando a autoridade competente avaliará o pedido de anistia, indulto ou comutação, além de ser representado perante esta autoridade, a qual deve proferir decisão em tempo razoavelmente anterior à data da execução da penalidade. Deve ser resguardado o direito de o condenado apresentar submissões por escrito ao longo do processamento de seu pedido. Na ausência destas proteções mínimas, o parágrafo 6º do art. 4º "se torna sem significado, um direito sem uma garantia"[112].

No caso *Fermín Ramírez* vs. *Guatemala*, a Corte Interamericana consignou que o direito ao indulto integra o *corpus juris* internacional, prevalecendo sobre as disposições de direito interno que lhe sejam contrárias. O Estado da Guatemala, por não atribuir competência a autoridade específica para o conhecimento e processamento dos pedidos de indulto, violou o parágrafo 6º do art. 4º da Convenção Americana. A Corte ordenou como medida de reparação a regulamentação do procedimento para o trâmite dos requerimentos de indulto e comutação, indicando que não se pode executar a sentença de pena de morte enquanto pendente a decisão sobre referidos pedidos.[113]

(9) Conforme já aludido, em atenção às obrigações processuais relativas à pena de morte, esta não pode ser executada enquanto pedidos de anistia, indulto ou comutação da sanção estejam pendentes internamente. A interpretação da Comissão e da Corte Interamericana é extensiva, no sentido de que a penalidade não pode ser colocada em prática também enquanto organismos internacionais não finalizarem a apreciação do caso.

Estados como Bahamas, Estados Unidos e Guatemala já tiveram uma série de petições individuais apreciadas pela Comissão IDH a respeito da questão. Para a Comissão, a execução de uma pessoa protegida por medidas cautelares (perante a Comissão) ou provisionais (perante a Corte) constitui violação agravada do direito à vida, além de interferir no direito de petição perante o sistema interamericano.[114]

---

[110]   Comissão IDH. *Relatório 62/02*. Mérito do Caso 12.285 (Michael Domingues), 20.03.2009, parágrafos 76-87.

[111]   Corte IDH. *Caso Hilaire, Constantine e Benjamin e Outros* vs. *Trindade e Tobago*, parágrafo 188.

[112]   Comissão IDH. *Relatório 38/00*. Admissibilidade e mérito do Caso 11.743 (Rudolph Baptiste), 14.04.2000.

[113]   Corte IDH. *Caso Fermín Ramírez* vs. *Guatemala*. Sentença 20.06.2005. Série C, nº 126, parágrafo 109.

[114]   Comissão IDH. *La Pena de Muerte en el Sistema Interamericano de Derechos Humanos*, parágrafo 48.

A Comissão IDH também considera que, quando um Estado-membro da OAE se nega a preservar a vida de um condenado estando pendente o exame por parte da Comissão, este está a subtrair toda a eficácia do procedimento, além de impor dano irreparável à vida do indivíduo de forma incongruente com as obrigações que internacionalmente assumiu.[115]

Na *Opinião Consultiva nº 16/99*, a Corte Interamericana se manifestou sobre contorno importante das garantias processuais nos casos de pena de morte: o direito à assistência consular. O art. 36.1.b da Convenção de Viena sobre Relações Consulares (1963) determina que o Estado receptor deve informar ao Estado que envia a missão diplomática ou repartição consular sempre que um nacional deste Estado seja detido.[116] Desta forma, o estrangeiro poderá receber assistência das autoridades de seu país de nacionalidade caso seja privado de sua liberdade. Para a Corte, se o direito humano à assistência consular for violado e a pena de morte executada, tem-se vulneração à proibição de privação arbitrária da vida.[117]

O requerimento para emissão da *Opinião Consultiva* foi formulado pelo Estado do México, haja vista o histórico de condenações à pena capital de seus nacionais pelos Estados Unidos. Interessante observar que a controvérsia foi encaminhada em forma de demanda interestatal à Corte Internacional de Justiça (CIJ),[118] culminando no caso Avena (*México vs. Estados Unidos*).[119] A CIJ, assim como a Corte Interamericana, impôs medidas provisionais aos Estados Unidos, a fim de que não houvesse a execução dos nacionais mexicanos antes da conclusão do caso. Não obstante, alguns indivíduos tiveram suas vidas tolhidas pelas autoridades estadunidenses, em afronta à Convenção de Viena de 1963.

 TEMA RELACIONADO

- **Feminicídio no Brasil**

Recentemente, o Código Penal brasileiro foi alterado para a inclusão de nova forma de homicídio qualificado, o chamado *feminicídio*. Desde o caso *Campo Algodoeiro vs. México*, a Corte Interamericana definiu que feminicídio é o "homicídio da mulher por razões de gênero".[120] Diversos casos do sistema interamericano concernem

---

115 Comissão IDH. *Relatório 91/05*. Admissibilidade do Caso 12.421 (Javier Suarez Medina), 24.10.2005, parágrafos 90-92.

116 ONU. Assembleia Geral. *Resolução 69/186 (A/RES/69/186)*: Moratorium on the use of the death penalty, 2014.

117 Corte IDH. *Opinião Consultiva nº 16/1999*. O Direito à Informação sobre a Assistência Consular no Marco das Garantias do Devido Processo Legal, parágrafo 137.

118 Paraguai e Alemanha também propuseram demandas interestatais semelhantes perante a CIJ (casos *Breard* e *LaGrand*, respectivamente), pois seus nacionais foram presos, processados, julgados e condenados à pena de morte em solo estadunidense sem que lhes fosse garantido o direito à assistência consular.

119 CIJ. *Case concerning Avena and Other Mexican Nationals (Mexico vs. United States of America)*. Judgment of 31st May, 2004.

120 Corte IDH. *Caso González e Outras ("Campo Algodoeiro") vs. México*, parágrafo 143.

à violência contra a mulher, definida na Convenção Belém do Pará como "qualquer ato ou conduta, baseada no gênero, que cause morte, dano ou sofrimento físico, sexual ou psicológico à mulher, tanto na esfera pública como na esfera privada" (art. 1º).

A interpretação conferida pelo legislador brasileiro foi menos abrangente no que tange à proteção do direito à vida da mulher. Nos termos do art. 121 do Código Penal, o feminicídio é o homicídio praticado contra a mulher por razões da condição do sexo feminino, razões tais entendidas como violência doméstica e familiar e menosprezo ou discriminação à condição de mulher. O crime também foi adicionado ao rol de crimes hediondos.

Artigo 5
Direito à Integridade Pessoal

1. Toda pessoa tem o direito de que se respeite sua integridade física, psíquica e moral. (1)

2. Ninguém deve ser submetido a torturas (2), nem a penas ou tratos cruéis, desumanos ou degradantes. (3) Toda pessoa privada da liberdade deve ser tratada com o respeito devido à dignidade inerente ao ser humano. (4)

3. A pena não pode passar da pessoa do delinquente. (5)

4. Os processados devem ficar separados dos condenados, salvo em circunstâncias excepcionais, e ser submetidos a tratamento adequado à sua condição de pessoas não condenadas. (6)

5. Os menores, quando puderem ser processados, devem ser separados dos adultos e conduzidos a tribunal especializado, com a maior rapidez possível, para seu tratamento. (7)

6. As penas privativas da liberdade devem ter por finalidade essencial a reforma e a readaptação social dos condenados. (8)

 ## LEGISLAÇÃO RELACIONADA

➢ **Legislação Internacional**
- Carta Africana dos Direitos Humanos e dos Povos: art. 4º
- Convenção contra a Tortura e Outros Tratamentos ou Penas Cruéis, Desumanos ou Degradantes
- Convenção Europeia de Direitos Humanos: art. 3º
- Convenção Interamericana para Prevenir e Punir a Tortura
- Declaração Universal dos Direitos Humanos: arts. 5º, 9º e 10º
- Pacto Internacional dos Direitos Civis e Políticos: art. 7º

➢ **Legislação Nacional**
- Código Penal: arts. 32-52
- Constituição Federal: art. 5º, III, XLV e XLIX
- Lei de Execução Penal: art. 40
- Lei 8.653/93 (Dispõe sobre o transporte de presos e dá outras providências)

JURISPRUDÊNCIA RELACIONADA

➢ **Jurisprudência Internacional**

Tribunal	Caso
Corte IDH	Caso Carvajal Carvajal e Outros vs. Colômbia (13 de março de 2018)
Corte IDH	Caso Favela Nova Brasília vs. Brasil (16 de fevereiro de 2017)
Corte IDH	Caso Gomes Lund e Outros ("Guerrilha do Araguaia") vs. Brasil (24 de novembro de 2010)
Corte IDH	Caso Instituto de Reeducação do Menor vs. Paraguai (2 de setembro de 2004)
Corte IDH	Caso "Masacre de la Rochela" vs. Colômbia (11 de maio de 2007)
Corte IDH	Caso Vásquez Durand e Outros vs. Equador (15 de fevereiro de 2017)
Corte IDH	Caso Velásquez Rodríguez vs. Honduras (29 de julho de 1988)
Corte IDH	Caso Vera Vera e outra vs. Equador (19 de março de 2011)
Corte IDH	Caso Vereda La Esperanza vs. Colômbia (31 de agosto de 2017)
Corte IDH	Caso Ximenes Lopes vs. Brasil (4 de julho de 2006)
Corte IDH	Opinião Consultiva nº 25 (30 de maio de 2018)

➢ **Jurisprudência Nacional**

Tribunal	Caso
STF	HC 71.373
STF	Súmula Vinculante nº 11
STF	Súmula Vinculante nº 56
STJ	HC 324.565-SC

 ## COMENTÁRIOS

Por *Flávia Piovesan e Melina Girardi Fachin*

(1) O direito à integridade pessoal é um dos pilares da proteção dos direitos humanos. Assim como o direito à vida, o art. 5º da Convenção Americana não é passível de derrogação mesmo em contextos excepcionais, nos termos do art. 27, parágrafo 2º, do mesmo instrumento.

Violações ao direito à integridade pessoal, em suas dimensões física, psíquica e moral, apresentam diferentes conotações de grau, compreendendo atos de constrangimento, tratamentos cruéis, desumanos ou degradantes, e até tortura. As consequências da vulneração desse direito "variam de intensidade segundo fatores endógenos e exógenos da pessoa", como a duração dos maus-tratos, a idade, o gênero, o contexto político-social e as vulnerabilidades. Estas características influenciam na percepção do indivíduo e podem aumentar seu sofrimento e sentimento de humilhação.[121]

Os deveres de respeitar e garantir, previstos no art. 1º da Convenção Americana, impõem-se aos Estados no que tange ao direito à integridade pessoal, de forma tal que compete a estes (i) deixar de violá-lo, (ii) fornecer as condições necessárias para que a integridade pessoal seja respeitada, (iii) impedir que particulares violem referido direito. As decisões da Corte Interamericana demonstram que estes diferentes componentes das obrigações estatais podem estar presentes num mesmo caso concreto.

No caso *Vélez Restrepo e família* vs. *Colômbia*, a Corte Interamericana considerou o Estado responsável pela agressão física perpetrada contra o Sr. Restrepo por agentes do exército colombiano enquanto aquele, no exercício de sua profissão de jornalista, filmava uma manifestação no ano de 1996 (as "*marchas cocaleras*").[122] Após este episódio, o Sr. Restrepo e sua família sofreram uma série de assédios, intimidações e ameaças[123] de morte, o que lhes casou profunda angústia, em detrimento de seus direitos à integridade psíquica.

Neste sentido, a Corte entendeu que, além de os agentes estatais não terem respeitado a integridade física do Sr. Restrepo, também falharam em seu dever de prevenir a vulneração da integridade psíquica de seus familiares, uma vez que deixaram de adotar as devidas medidas de proteção. A Corte concluiu que as autoridades possuíam conhecimento da situação de risco real e imediato das vítimas, pois havia indícios de que as ameaças a elas dirigidas se relacionavam com as tentativas de investigação da agressão sofrida pelo Sr. Restrepo, além de todo o contexto de violação à liberdade de expressão que existia na Colômbia.[124]

Além dos jornalistas, os defensores de direitos humanos costumam ser vítimas de violações de direitos humanos devido ao exercício de seus ofícios. No caso *Defensor de Direitos Humanos e Outros* vs. *Guatemala*, a Corte Interamericana salientou que a defesa dos direitos humanos só pode ser exercida livremente se aqueles que o fazem não forem vítimas de ameaças, agressões físicas, psíquicas ou morais, cabendo ao Estado criar as condições legais e fáticas necessárias.[125]

Com base no contexto de especial vulnerabilidade dos defensores de direitos humanos na Guatemala nos anos de 2003 e 2004, a Corte considerou que os membros de uma família de defensores de direitos humanos se encontravam numa situação de risco real e imediato às suas integridades pessoais, sobretudo após a morte de um deles, o senhor A.A. A Guatemala foi condenada pela violação ao art. 5º da Conven-

---

[121]   Corte IDH. *Caso da Favela Nova Brasília* vs. *Brasil*. Sentença 16.02.2017. Série C, nº 333, parágrafo 250.

[122]   Corte IDH. *Caso Vélez Restrepo e família* vs. *Colômbia*. Sentença 03.09.2012. Série C, nº 248, parágrafo 127.

[123]   Para a Corte IDH, "a mera ameaça de que ocorra uma conduta proibida pelo art. 5 da Convenção, quando seja suficientemente real e iminente, pode em si mesma estar em conflito com o direito à integridade pessoal". Tradução livre. Em: Corte IDH. *Caso Vélez Restrepo e família* vs. *Colômbia*, parágrafo 176.

[124]   Corte IDH. *Caso Vélez Restrepo e família* vs. *Colômbia*, parágrafos 195-205.

[125]   Corte IDH. *Defensor de Direitos Humanos e Outros* vs. *Guatemala*. Sentença 28.08.2014. Série C, nº 283, parágrafo 142.

ção Americana por não ter aplicado as medidas de proteção adequadas e efetivas aos membros da família de A. A.

O caso *I.V.* vs. *Bolívia* também evidencia as múltiplas obrigações estatais em relação ao direito à integridade pessoal. No ano 2000, I.V., grávida da terceira filha, dirigiu-se ao *Hospital de la Mujer de La Paz* para receber atendimento médico durante o pré-natal. Meses depois, foi submetida a uma cesariana naquele hospital. Após o parto, por terem encontrado algumas aderências em seu útero, os médicos realizaram a ligadura das trompas de Falópio, procedimento que acarreta esterilização. Vale destacar que o marido de I.V. havia preenchido formulário de consentimento somente em relação à cesariana, de maneira que a ligadura das trompas foi realizada sem a concordância de I.V. ou de seu familiar.

A Corte Interamericana destacou a intrínseca vinculação entre os direitos à integridade pessoal, à saúde e à vida privada, o que exige que os Estados assegurem e respeitem decisões pessoais e garantam o acesso à informação para que tais decisões sejam tomadas[126], obstando-se ingerências arbitrárias na esfera da integridade pessoal, especialmente no que tange à saúde sexual e reprodutiva das mulheres. À luz de parâmetros da ONU, a Corte indicou que os indivíduos devem ser protegidos perante procedimentos médicos por meio de consentimento prévio, livre, pleno e informado. Ainda, nos casos de esterilização feminina, o consentimento deve ser outorgado por escrito.[127]

Diante disso, a Corte concluiu que a situação de fragilidade em que se encontrava I.V., submetida à cesariana, impediu que manifestasse validamente sua vontade para a realização da cirurgia para ligadura das trompas. Isto lhe causou "grave dano físico e psicológico que implicou a perda permanente de sua capacidade reprodutiva, constituindo um ato de violência e discriminação".[128] Assim, o Estado da Bolívia descumpriu tanto a obrigação de se abster de violar a integridade pessoal de I.V., bem como de velar para que seus agentes não o fizessem.

Outra faceta do dever de garantir o direito à integridade pessoal que recai sobre os Estados concerne à promoção de medidas assistencialistas. No caso da *Operação Gênesis* vs. *Colômbia*, membros de comunidades afrodescendentes foram forçadamente deslocados de seus territórios devido a operações levadas a cabo por grupos armados no ano de 1997. Para a Corte Interamericana, as medidas proporcionadas pelo Estado em relação à alocação, à alimentação e ao fornecimento de água e de serviços de saúde foram insuficientes e vulneraram o direito à integridade pessoal, uma vez que as circunstâncias enfrentadas pelas comunidades não estiveram de acordo com os padrões minimamente aceitáveis.[129]

Interessante abordagem da Corte Interamericana diz respeito à submissão a trabalhos forçados. No contexto do conflito armado interno na Guatemala, um massacre foi perpetrado por membros do exército e patrulheiros da defesa civil na Comunidade Los Encuentros, em 1982. Alguns membros dessa Comunidade foram

---

[126] Corte IDH. *Caso I.V.* vs. *Bolívia*. Sentença 30.11.2016. Série C, nº 329, parágrafos 154-155.

[127] Corte IDH. *Caso I.V.* vs. *Bolívia*, parágrafos 175 e 196.

[128] Tradução livre. Corte IDH. *Caso I.V. vs. Bolívia*, parágrafo 255.

[129] Corte IDH. *Caso das Comunidades Afrodescendentes Deslocadas da Bacia do Rio Cacarica (Operação Gênesis) vs. Colômbia*. Sentença 20.11.2013. Série C, nº 270.

subtraídos e obrigados a trabalhar nas casas dos patrulheiros, o que, na concepção da Corte Interamericana, representou clara violação às suas integridades psíquicas cujas consequências se estendem até a atualidade.[130] Ademais, o deslocamento de alguns membros e seu reassentamento na Colônia Pacux acarretou a destruição da estrutura social da comunidade, de suas práticas culturais, tradições e idioma.

Também na condenação do Brasil no caso dos Trabalhadores da Fazenda Brasil Verde, a Corte Interamericana constatou que as condições degradantes (violência e ameaças de violência, coerção física e psicológica, tratamentos indignos, condições degradantes de habitação, alimentação e trabalho) a que foram submetidos os 85 trabalhadores violaram o direito à integridade pessoal, à luz do direito a não ser submetido à escravidão.[131] No caso, as violações foram praticadas por particulares, mas o Estado foi responsabilizado porque se omitiu no dever de fiscalizar as condições de trabalho.

A jurisprudência da Corte Interamericana é bastante enfática ao determinar que, nos casos de graves violações de direitos humanos, os familiares das vítimas também são considerados vítimas. No caso *Favela Nova Brasília* vs. *Brasil*, a Corte entendeu como violado o direito à integridade psíquica e moral dos familiares das vítimas das incursões policiais por conta do sofrimento que enfrentaram em virtude das posteriores ações e omissões estatais, sobretudo pela falta de investigações.[132]

Nos casos de desaparecimento forçado, a Corte estabeleceu que a privação da verdade e/ou negativa sobre o paradeiro das vítimas pode acarretar tratamento desumano aos familiares mais próximos, sendo a violação à integridade psíquica e moral uma consequência direta. Inclusive, na hipótese de os cadáveres das vítimas serem encontrados, a Corte considera que o mau estado de seus corpos também configura trato cruel aos familiares.[133]

No caso *Herzog e Outros* vs. *Brasil*, a Corte reiterou seu entendimento de que em casos de massacres, desaparecimento forçado, execuções extrajudiciais e tortura, opera-se uma presunção *iuris tantum* da violação à integridade pessoal dos familiares diretos das vítimas. Embora a Corte tenha reconhecido a incompetência temporal para analisar as violações relacionadas à tortura e ao assassinato de Vladmir Herzog – uma vez que o Brasil ratificou a Convenção Americana após a ocorrência dos fatos –, concluiu que a divulgação de informações falsas sobre sua detenção e os esforços infrutíferos de seus familiares ao buscarem a verdade lhes causou angústia e insegurança, violando, portanto, as integridades psíquica e moral.[134]

No caso *Cruz Sánchez* vs. *Peru*, a Corte esclareceu que a presunção *iuris tantum* a favor de familiares diretos (pai, mãe, irmãos, irmãs, companheiros e companheiras)

---

[130] Corte IDH. *Caso Massacres de Rio Negro vs. Guatemala*. Sentença 04.09.2012. Série C, nº 250.

[131] Corte IDH. *Caso dos Trabalhadores da Fazenda Brasil Verde vs. Brasil*. Sentença 20.10.2016. Série C, nº 318, parágrafo 306.

[132] Corte IDH. *Caso Favela Nova Brasília vs. Brasil*. Sentença 16.02.2017. Série C, nº 333, parágrafo 269.

[133] Corte IDH. *Caso Bámaca Velásquez vs. Guatemala*. Sentença 25.11.2000. Série C, nº 170, parágrafos 160-161; Corte IDH. *Caso Contreras e Outros vs. El Salvador*. Sentença 31.08.2011. Série C, nº 232, parágrafo 123.

[134] Corte IDH. *Caso Herzog e Outros vs. Brasil*. Sentença 15.03.2018. Série C, nº 353, parágrafos 351-355.

não exclui que outras pessoas tenham reconhecida a violação à integridade pessoal. Os critérios tomados em conta devem ser: (i) existência de estreito vínculo familiar, (ii) circunstâncias particulares da relação com as vítimas, (iii) a forma pela qual o familiar se engajou na busca por justiça, (iv) a resposta oferecida pelo Estado, (v) o contexto de impedimento de acesso à justiça, (vi) a permanente incerteza em que vivem os familiares em relação ao ocorrido.[135]

Uma das características que distingue o sistema interamericano dos demais sistemas de direitos humanos é a lógica que permeia as medidas de reparação. A Corte Interamericana adota a concepção de uma vocação transformadora[136] por meio do instituto da reparação integral, que compreende medidas de proteção, compensação, reabilitação e garantias de não repetição, entre outras, assegurando proteção a direitos de vítimas e fomentando transformações estruturais em políticas públicas e marcos normativos, consolidando parâmetros e estândares protetivos nas Américas. Graves violações de direitos humanos – como a afronta à integridade pessoal – são representativas das medidas de reparação integral.[137]

Nesse sentido, ressaltam-se as medidas de reabilitação, por meio das quais a Corte Interamericana impõe aos Estados a obrigação de prover tratamentos médicos e psicológicos às vítimas de violação à integridade pessoal, e as garantias de não repetição, como a promoção de educação em direitos humanos a agentes estatais (agentes de segurança, membros das forças armadas) e a publicização de documentos estatais que esclareçam a verdade dos fatos.[138]

(2) A proibição da tortura é uma norma consolidada no Direito Internacional, tendo como fundamento não apenas a tutela da integridade pessoal, mas também a dignidade da pessoa humana. Já na Declaração Universal dos Direitos Humanos, de 1948, há previsão expressa da proibição da submissão à tortura e a tratamentos ou penas cruéis, desumanos ou degradantes (art. 5º).

Ainda sobre o Sistema ONU, há dois instrumentos de caráter vinculante que contêm disposições proibitivas da prática de tortura: o Pacto Internacional dos Direitos Civis e Políticos, em seu art. 7º,[139] e a Convenção contra a Tortura e outros Tratamentos ou Penas Cruéis, Desumanos ou Degradantes (Convenção contra a Tortura), ratificada pelo Brasil em 1989. O cumprimento e a implementação da Convenção contra a Tortura

---

[135]   Corte IDH. *Caso Cruz Sánchez e Outros* vs. *Peru*. Sentença 17.04.2015. Série C, nº 292, parágrafo 445.

[136]   PIOVESAN, Flávia. Sistema interamericano de direitos humanos: impacto transformador, diálogos jurisdicionais e os desafios da reforma. *Revista de Estudos Constitucionais, Hermenêutica e Teoria do Direito (RECHTD)*, v. 6, n. 2, p. 152, jul.-set. 2014.

[137]   Tais medidas devem ser suficientes, efetivas e completas e abarcam as modalidades de restituição, compensação, satisfação, reabilitação, garantias de não repetição. *V.* ONU. Comitê contra a Tortura. *Comentário Geral 3*: Aplicação do art. 14 pelos Estados-Partes. CAT/C/GC/3, de 13.12.2012.

[138]   O caso Gomes Lund é emblemático no que tange às medidas de reparação integral. *V.* Corte IDH. *Caso Gomes Lund e Outros (Guerrilha do Araguaia)* vs. *Brasil*. Sentença 24.11.2010. Série C, nº 219, parágrafos 245-324.

[139]   Inclusive, o dispositivo deste Pacto vai além da dicção da Declaração Universal dos Direitos Humanos e da própria Convenção Americana, ao prever que "será proibido, sobretudo, submeter uma pessoa, sem seu livre consentimento, a experiências médicas ou científicas".

são supervisionados pelo Comitê contra a Tortura, órgão de monitoramento e que também recebe comunicações por meio das quais se alegam violações à Convenção.[140]

Regionalmente, o sistema europeu de direitos humanos conta com a Convenção Europeia para a Prevenção da Tortura e outros Tratamentos ou Penas Desumanos ou Degradantes, de 1987, e que foi ratificada pelos 47 Estados-membros do Conselho da Europa. Existe um Comitê para o monitoramento desta convenção, em moldes semelhantes ao Comitê contra a Tortura da ONU, exceto pelo fato de que, no caso europeu, o comitê não recebe comunicações individuais, mas realiza visitas *in loco* e emite relatórios com recomendações aos Estados.[141]

No sistema interamericano, o art. 5º, 2, da Convenção Americana, tem seu conteúdo preenchido pela Convenção Interamericana para Prevenir e Punir a Tortura (CIPPT), de 1985. Dezoito Estados-membros da OEA ratificaram este tratado, inclusive o Brasil. A CIPPT conceitua tortura como o ato por meio do qual são dirigidos intencionalmente a um indivíduo penalidades ou sofrimentos físicos ou mentais, com o propósito de investigação criminal, intimidação, castigo ou aplicação de medida preventiva ou penalidade.

A Convenção não apresenta rol exaustivo sobre as finalidades da prática de tortura. No caso *Fernández Ortega e Outros* vs. *México*, a Corte Interamericana, ao identificar que a tortura havia sido cometida com o intuito de castigar a vítima pela não disponibilização de informações, salientou que esta conclusão não descartava a ocorrência concomitante de outras finalidades[142]. A CIPPT também prevê que os atos de tortura podem abarcar diversas consequências, por exemplo, a anulação da personalidade da vítima ou a diminuição de sua capacidade física ou mental.[143]

Da definição de tortura estão excluídos os sofrimentos físicos ou mentais ou penas que sejam resultado da imposição de medidas legais, desde que não sejam tão severos a ponto de configurar os atos considerados como tortura. A CIPPT contempla, portanto, hipóteses nas quais a afetação da integridade pessoal é aceita, desde que nos limites da legalidade.

Segundo o art. 3º da Convenção, podem ser responsabilizados pelos atos de tortura os agentes públicos que os perpetrarem, ordenarem ou incitarem, ou, ainda, aqueles que podendo impedi-los, deixem de fazê-lo. Os particulares serão responsabilizados somente se instigados por agentes do Estado a cometerem, induzirem, ordenarem ou forem cúmplices na prática de tortura. Como exemplo, cita-se o caso do *Massacre de Pueblo Bello* vs. *Colômbia*, no qual o Estado foi condenado pela violação à integridade pessoal das vítimas em virtude de atos de tortura de autoria de particulares membros de grupo paramilitar. Isto se deu em virtude do apoio fornecido pela Colômbia quando da criação destes grupos em seu território, bem como por conta de sua omissão ao não os combater efetivamente.[144]

---

[140] Referidas comunicações podem ser apresentadas somente em face de Estados que reconheçam a competência do Comitê para tal, nos termos do art. 22 da Convenção contra a Tortura.

[141] Disponível em: <https://rm.coe.int/16806dbb30>. Acesso em: 13 jul. 2018.

[142] Corte IDH. *Caso Fernández Ortega e Outros* vs. *México*. Sentença 30.08.2010. Série C, nº 215, parágrafo 127.

[143] Art. 2º da CIPPT.

[144] Corte IDH. *Caso do Massacre de Pueblo Bello* vs. *Colômbia*. Sentença 31.01.2006. Série C, nº 140,

As obrigações dos Estados-Partes da CIPPT concernem à tomada de medidas efetivas para a prevenção e punição da tortura e de outros tratamentos ou penas cruéis, desumanos ou degradantes. Para tanto, o crime deve estar tipificado em seus ordenamentos jurídicos, além de serem estabelecidas penalidades severas para a punição, considerando-se a gravidade do crime.[145]

A Convenção também impõe às autoridades estatais o especial dever de proceder de ofício e imparcialmente à realização de investigações e de persecução penal sempre que for apresentada denúncia da prática de tortura ou houver razão fundada para se crer que este delito foi cometido no âmbito de sua jurisdição.[146] Trata-se de reafirmação da obrigação de processar e julgar extraída do art. 25 da Convenção Americana. Também cabe às autoridades avaliar possível temor por parte das vítimas que não estão dispostas a denunciar a prática de tortura.[147] Acerca desta obrigação estatal, as Nações Unidas elaboraram, inclusive, um manual para a investigação e documentação eficazes da tortura, denominado *Protocolo de Istambul*.[148]

A CIPPT estipula que, caso não haja tratado de extradição entre Estados-Partes da Convenção, esta poderá ser utilizada como base jurídica para a extradição referente ao delito de tortura. Ademais, o art. 14 da CIPPT dispõe que o Estado-Parte que "não conceder a extradição submeterá o caso às suas autoridades competentes, como se o delito houvesse sido cometido no âmbito de sua jurisdição", e consagra, assim, o princípio *aut dedere aut judicare* do Direito Internacional, qual seja, a obrigação de processar ou extraditar.

Não há disposição expressa na CIPPT que atribua competência à Corte Interamericana para aplicá-la e interpretá-la. De acordo com o art. 8º da Convenção, "esgotado o procedimento jurídico interno do Estado e os recursos que este prevê, o caso poderá ser submetido a instâncias internacionais, cuja competência tenha sido aceita por esse Estado".

A Corte estabeleceu, então, sua competência com base nos trabalhos preparatórios[149] da CIPPT. Em sua sentença no caso *Villagrán Morales e Outros ("Meninos de Rua")* vs. *Guatemala*,[150] a Corte se referiu à razão histórica do art. 8º: no momento da redação da CIPPT, ainda existiam países-membros da OEA que não haviam ratificado a Convenção Americana. Com uma cláusula geral de competência que não fizesse referência exclusiva à Corte Interamericana, abriu-se a possibilidade de que o maior número de Estados ratificasse a CIPPT. Assim, a Corte concluiu possuir competência

---

145 Art. 6º da CIPPT.

146 Art. 8º da CIPPT.

147 Corte IDH. *Caso Vélez Loor vs. Panamá*. Sentença 23.11.2010. Série C, nº 218, parágrafo 240.

148 ONU. Alto Comissariado das Nações Unidas para os Direitos Humanos. *Protocolo de Istambul*: Manual para a Investigação e Documentação Eficazes da Tortura e Outras Penas ou Tratamentos Cruéis, Desumanos ou Degradantes. *Série de Formação Profissional n. 8*. Nova Iorque e Genebra: Nações Unidas, 2001.

149 Segundo o art. 32 da Convenção de Viena sobre o Direito dos Tratados, os trabalhos preparatórios são meios suplementares para interpretação de tratados internacionais.

150 Corte IDH. *Caso Villagrán Morales e Outros ("Meninos de Rua") vs. Guatemala*. Sentença 19.11.1999. Série C, nº 63.

para analisar e declarar violações a essa Convenção, avaliando a responsabilidade internacional de um Estado que a tenha ratificado.

Mediante o conjunto de julgados da Corte Interamericana, é possível identificar quais elementos são necessários para a configuração do crime de tortura. O *leading case* sobre a temática é o caso *Bueno Alves e Outros* vs. *Argentina*, de 2007. Os fatos remontam a uma transação de compra e venda de imóvel intentada pelo Sr. Bueno Alves com a Sra. Norma Lage e o Sr. Jorge Denegri, em 1988. As negociações fracassaram, e o Sr. Bueno Alves foi acusado de fraude e extorsão. Nesse contexto, ele e seu advogado foram detidos numa sede da Polícia Federal argentina, onde foram vítimas de maus-tratos praticados por agentes do Estado.

A Corte Interamericana relembrou que os instrumentos internacionais de proteção dos direitos humanos – no caso, a CIPPT – devem ser interpretados evolutivamente. Desta forma, elencou como elementos constitutivos da tortura: (i) ser um ato intencional; (ii) que cause severos sofrimentos físicos ou mentais; e (iii) que se cometa com determinado fim ou propósito.[151]

O critério da intencionalidade significa que os atos devem ser deliberadamente praticados contra a vítima, e não produzidos imprudente ou acidentalmente. O elemento do sofrimento é avaliado pela Corte a partir das circunstâncias de cada caso, considerando fatores endógenos (duração dos atos, métodos empregados, efeitos físicos e mentais que tendem a causar) e exógenos (condições pessoais da vítima, como idade, sexo, estado de saúde). Por fim, a finalidade também deve ser apreendida caso a caso. No que tange ao Sr. Bueno Alves, a Corte Interamericana entendeu que os maus-tratos lhe foram dirigidos com o propósito específico de forçar sua confissão.[152]

Os conflitos armados internos e os contextos de instabilidade política que marcam a história dos Estados latino-americanos foram palco do cometimento de tortura por agentes militares. O caso *Bámaca Velásquez* vs. *Guatemala* é ilustrativo desta prática. Os fatos do caso dizem respeito à captura e reclusão clandestina de guerrilheiros pelo Exército guatemalteco em 1992. O Sr. Bámaca Velásquez, uma das vítimas, foi alvo de tortura física e psicológica perpetrada por agentes do exército com a finalidade de obtenção de informações[153], o que acarretou a condenação da Guatemala pela violação do art. 5º da Convenção Americana, bem como da CIPPT.

A violação sexual também remonta à tortura, sobretudo porque o estupro em si é um ato que congrega as três dimensões de violações à integridade pessoal (integridade física, psíquica e moral).[154] No caso *Espinoza Gonzáles* vs. *Peru*, a Corte Interamericana concluiu que a violência sexual foi empregada em face de homens e mulheres ao longo do conflito armado interno no Peru não apenas com o propósito

---

[151] Corte IDH. *Caso Bueno Alves e Outros* vs. *Argentina*. Sentença 11.05.2007. Série C, nº 164, parágrafos 78 e 79.

[152] Corte IDH. *Caso Bueno Alves e Outros* vs. *Argentina*, parágrafos 81 a 83.

[153] Corte IDH. *Caso Bámaca Velásquez* vs. *Guatemala*. Sentença 25.11.2000. Série C, nº 70, parágrafo 158.

[154] A designação de estupro como tortura foi realizada pela primeira vez pela Corte IDH no caso do Presídio Miguel Castro Castro vs. Peru, o qual será comentado na seção "Temas Relacionados" ao final deste capítulo.

de obtenção de informações, mas também com a finalidade de humilhar, degradar e castigar as vítimas, principalmente as mulheres.

Especificamente quanto ao ocorrido em face da vítima Gladys Espinoza, além da violência sexual, esta também sofreu fortes golpes em todo o corpo, foi enforcada, submersa em água putrefata, tendo suportado além dos limites da dor física e psicológica, tudo isto com a finalidade de os agentes da DIVISE (Divisão de Investigação de Sequestro) e da DINCOTE (Divisão Nacional contra o Terrorismo) conseguirem informações sobre o paradeiro de integrante do Movimento Revolucionário TupacAmaru, grupo guerrilheiro peruano.[155] O Estado foi condenado, pela violação ao direito à integridade pessoal de Espinoza Gonzáles e por ter descumprido sua obrigação de prevenir (ou, no caso, não cometer) e sancionar a tortura, nos termos da CIPPT.

Importa salientar que a proibição da tortura subsiste mesmo em circunstâncias excepcionais (guerra, luta contra o terrorismo, estado de sítio ou emergência, comoção interna, suspensão de garantias constitucionais)[156], tais como as acima referidas. Consolida-se a cláusula da inderrogabilidade da proibição da tortura, já que nenhuma circunstância pode justificar a sua prática. Há o direito absoluto a não ser submetido à tortura. Estes contextos de violações sistemáticas de direitos humanos podem engendrar a configuração de crimes contra a humanidade, dentre os quais está a tortura. Este aspecto da proibição da tortura é mais bem explorado pelo Tribunal Penal Internacional, regido pelo Estatuto de Roma.[157]

É nesse sentido que a Corte Interamericana trata da conformação de um "regime jurídico internacional de proibição absoluta de todas as formas de tortura, tanto física como psicológica",[158] reconhecendo que dita proibição pertence ao domínio do *jus cogens*.[159] Desdobramento detalhado desta abordagem diz respeito à relação entre a proibição da tortura e o princípio da não devolução ou *non-refoulement*, o que evidencia que as obrigações estatais não se restringem às suas fronteiras. Este princípio busca assegurar a efetividade da proibição da tortura a respeito de qualquer pessoa, sem discriminação, cabendo aos Estados o dever de não autorizarem a retirada de um

---

[155]   Corte IDH. *Caso Espinoza Gonzáles vs. Peru*. Sentença 20.11.2014. Série C, nº 289, parágrafos 189 e 214.

[156]   Corte IDH. *Caso Bueno Alves e Outros vs. Argentina*, parágrafo 76.

[157]   O Brasil ratificou o Estatuto de Roma em 2002.

[158]   Corte IDH. *Opinião Consultiva nº 21/20144*. Direitos e garantias de crianças no contexto da migração e/ou em necessidade de proteção internacional, parágrafo 224.

[159]   As normas de *jus cogens* são normas cogentes do direito internacional em relação às quais não cabe derrogação, a não ser por outra norma de mesma natureza, tal qual definido no art. 53 da Convenção de Viena sobre o Direito dos Tratados, de 1969. Protegem valores fundamentais para a sociedade internacional, como a proibição da tortura, da discriminação racial, do *apartheid*, do desaparecimento forçado e da submissão à escravidão. Também a Corte Internacional de Justiça, Tribunal das Nações Unidas que julga demandas interestatais, já se pronunciou acerca do caráter *jus cogens* da proibição da tortura em um caso sobre a obrigação de processar/julgar ou extraditar. Em: Corte Internacional de Justiça. *Questões Relativas à Obrigação de Processar ou Extraditar (Bélgica vs. Senegal)*. Julgamento de 20.07.2012.

indivíduo para outro Estado no qual haja perigo de submissão à tortura, tratamentos cruéis, desumanos ou degradantes.[160]

Outro aspecto importante da proibição da tortura e bastante recorrente nas decisões do sistema interamericano concerne às pessoas privadas de liberdade. Ainda que o tema da privação da liberdade seja objeto de outra seção, cumpre, por ora, salientar que a maior parte dos atos de tortura perpetrados contra pessoas sob a custódia do Estado ocorre no ato de prisão ou nas primeiras horas ou dias da detenção e com o intuito de investigação criminal. A Comissão IDH identificou razões que explicam a sua grave perpetuação: práticas institucionais herdadas de uma cultura de violência, impunidade, falta de capacitação técnica das forças de segurança, respostas estatais repressivas e não desvalorização de provas obtidas mediante tortura.[161]

O Estado brasileiro – como Estado-Parte da Convenção Americana e da CIPPT – tem adotado esforços para adequar seu ordenamento jurídico às obrigações internacionais. Desde 1988, a Constituição Federal consagra, em seu art. 5º, que "ninguém será submetido a tortura nem a tratamento desumano ou degradante"[162] e, ainda, que "a lei considerará crimes inafiançáveis e insuscetíveis de graça ou anistia a prática de tortura".[163]

No campo legislativo, foi promulgada a Lei nº 9.455/1997, que tipifica o crime de tortura como "constranger alguém com emprego de violência ou grave ameaça, causando-lhe sofrimento físico ou mental" e "submeter alguém, sob sua guarda, poder ou autoridade, com emprego de violência ou grave ameaça a intenso sofrimento físico ou mental, como forma de aplicar castigo pessoal ou medida de caráter preventivo" (art. 1º, I e II). Ademais, o regime jurídico dos crimes hediondos incide sobre o crime de tortura, nos termos da Lei nº 8.072/1990.

No âmbito institucional, a Lei nº 12.847, de 2 de agosto de 2013, instituiu o Sistema Nacional de Prevenção e Combate à Tortura, criando o Comitê Nacional de Prevenção e Combate à Tortura e o Mecanismo Nacional de Prevenção e Combate à Tortura. O objetivo principal do Comitê é enfrentar o cometimento desta violação em locais de privação de liberdade, como delegacias, penitenciárias e hospitais psiquiátricos. O Comitê é composto por representantes governamentais e membros da sociedade civil, os quais atuam na propositura de ações para a erradicação da tortura no Brasil e acompanham iniciativas administrativas, legislativas e judiciais com vistas ao seu cumprimento e celeridade. O Mecanismo Nacional é o órgão responsável pela prevenção e combate à tortura e outros tratamentos ou penas cruéis, desumanos ou degradantes, nos termos do art. 3º do Protocolo Facultativo à Convenção da ONU contra a Tortura. É integrado por 11 peritos, que exercerão seu mandato com independência, tendo como atribuições, entre outras, planejar, realizar e monitorar visitas periódicas e regulares a pessoas privadas de liberdade em todas as unidades da Federação.

---

[160] Corte IDH. *Opinião Consultiva nº 21/20144*. Direitos e garantias de crianças no contexto da migração e/ou em necessidade de proteção internacional, parágrafos 225 e 226.

[161] Comissão IDH. *Informe sobre os direitos humanos das pessoas privadas de liberdade nas Américas*. OEA/Ser.L/V/II, 2011, parágrafos 351-364.

[162] Inciso III do art. 5º da Constituição Federal.

[163] Inciso XLIII do art. 5º da Constituição Federal.

O Brasil, seguindo os princípios norteadores da justiça de transição, publicou, em 2014, o relatório final da Comissão Nacional da Verdade, mediante o qual foram esclarecidas graves violações perpetradas ao longo do regime ditatorial. O relatório conta com seções específicas dedicadas à sistemática e massiva prática da tortura e evidencia ter sido essa uma política do Estado repressivo. A título ilustrativo, foram apresentadas 6.016 denúncias de tortura entre os anos 1964 e 1977.[164]

(3) Uma diferenciação precisa entre tortura e tratamentos e penas cruéis, desumanos ou degradantes não é contemplada nos tratados internacionais de proteção dos direitos humanos. A Convenção contra a Tortura, no âmbito da ONU, e a CIPPT, no âmbito interamericano, não trazem uma definição do que consistem os tratamentos e penas cruéis, desumanos ou degradantes.

Em 2006, o então Relator Especial da ONU sobre a Tortura, Manfred Nowak, apresentou um relatório à extinta Comissão de Direitos Humanos no qual esclareceu as diferenças entre os institutos. Consignou que os atos que não correspondam exatamente à definição de tortura, seja porque carecem do elemento de intencionalidade, seja porque não foram praticados visando a propósitos específicos, configuram tratamentos ou penas cruéis, desumanos ou degradantes. Assim, atos voltados à humilhação das vítimas constituem estes tratos ainda que não acarretem dores severas.[165]

Manfred Nowak também salientou que inerente à concepção de tratamentos e penas cruéis, desumanos ou degradantes é o exercício desproporcional de poderes de polícia. Isto está diretamente ligado à incapacidade de resistência (*powerlessness*) da vítima, o que significa que a partir do momento em que o indivíduo estiver detido ou se encontrar sob o controle de agentes estatais, não há que se falar em proporcionalidade do uso da força: a coerção física ou mental não é permitida.[166] Ainda assim, de acordo com a interpretação realizada pela Comissão IDH, é necessário que haja um mínimo de severidade para que o tratamento seja cruel, desumano ou degradante, determinação essa que se depreende das circunstâncias de cada caso.[167]

A jurisprudência da Corte Interamericana não é tão clara a respeito da distinção entre tortura e tratamentos ou penas cruéis, desumanos ou degradantes. No caso *Cabrera García e Montiel Flores* vs. *México*, as vítimas foram sujeitas a um operativo de uso da força por agentes do exército no Estado mexicano de Guerrero. Sofreram uma série de maus tratos durante o período em que estiveram privadas de liberdade e foram posteriormente condenadas pelo porte de maconha e de armas de uso exclusivo das forças militares.

---

[164] O Relatório também detalha as formas mais comuns da prática de tortura pelos agentes da repressão: cadeira elétrica, palmatória, afogamento, corredor polonês, sufocamento, enforcamento, pau de arara, utilização de animais, ateio de fogo nos corpos dos torturados. V. BRASIL. Comissão Nacional da Verdade. *Relatório*, Brasília, CNV, v. 1, 2014.

[165] ONU. Conselho Econômico e Social. *Civil and Political Rights, Including the Questions of Torture and Detention*. Report of the Special Rapporteur on the question of torture, Manfred Nowak. E/CN.4/2006/6. de 23.12.2005, parágrafo 35.

[166] Idem, parágrafos 39-41.

[167] Comissão IDH. *Informe sobre a Situação de Direitos Humanos na Nicarágua*. OEA/Ser.L/V/II.53. Doc. 25, adotado em 30.06.1981. Cap. V, seção D, parágrafo. 3.

Para a Corte, "todo uso da força que não seja estritamente necessário em face do próprio comportamento da pessoa detida constitui um atentado à dignidade humana em violação ao art. 5º da Convenção Americana". Devido à falta de investigações, não foi possível concluir que as vítimas sofreram tortura. Desta forma, considerando que os senhores Cabrera García e Montiel Flores estavam sob a custódia do Estado quando das violações, a Corte Interamericana entendeu que as lesões a eles dirigidas caracterizaram tratamento cruel, desumano ou degradante.[168]

O caso *19 Comerciantes* vs. *Colômbia* também versa sobre este tipo de trato desumano. Os fatos dizem respeito à detenção de comerciantes por um grupo paramilitar, em 1987, sob o pretexto de que aqueles eram ligados a um grupo guerrilheiro colombiano. As vítimas foram assassinadas e tiveram seus corpos esquartejados e lançados num rio. Em virtude da violência dirigida aos cadáveres das vítimas, a Corte Interamericana presumiu como extremamente agressivo o tratamento que os comerciantes receberam enquanto estiveram vivos e sob o controle do grupo paramilitar: "[...] o dano imaterial infligido às vítimas resulta evidente, pois é próprio da natureza humana que toda pessoa submetida a agressões e vexames, como os que se cometeram contra os 19 comerciantes (detenção ilegal, tratos cruéis, desumanos e degradantes e morte) experimenta dores corporais e profundo sofrimento e angústia moral, pelo que este dano não requer provas".[169]

À semelhante conclusão se chegou ao julgamento do caso Massacres de Ituango, também contra a Colômbia. No contexto do conflito armado, houve incursões nos anos de 1996 e 1997 no município de Ituango, nas quais os paramilitares torturaram e assassinaram grupos de colonos. Para a Corte Interamericana, a forma pela qual os massacres foram levados a cabo permite inferir que as vítimas puderam prever que seriam privadas arbitrariamente de suas vidas, o que constituiu trato cruel e desumano, em clara afronta ao art. 5º da Convenção Americana.[170]

Algumas considerações da Corte Interamericana sobre tratamentos ou penas cruéis, desumanos ou degradantes se voltam à submissão de detidos a métodos disciplinares proibidos pelo regime convencional, tais como castigos corporais, medidas de isolamento, ou a ameaça de cometê-los. Estas condições do cárcere revelam a institucionalização da violência[171] e serão retratadas no tópico que segue.

Cumpre mencionar que a Constituição Federal prevê expressamente no rol dos direitos e garantias fundamentais (art. 5º, XLVII), além da proibição da pena de morte, a vedação de sanções cruéis, de caráter perpétuo, de trabalhos forçados, bem como da pena de banimento (perda da nacionalidade).

(4) O direito a um tratamento digno quando da privação de liberdade é plenamente consolidado nos âmbitos internacional e nacional. O art. 10 do Pacto Interna-

---

[168]   Corte IDH. *Caso Cabrera García e Montiel Flores* vs. *México*. Sentença 26.11.2010. Série C, nº 220, parágrafos 133-134.

[169]   Corte IDH. *Caso 19 Comerciantes* vs. *Colômbia*. Sentença 05.07.2004. Série C, nº 109, parágrafo 248.

[170]   Corte IDH. *Caso dos Massacres de Ituango* vs. *Colômbia*. Sentença 1.º.07.2006. Série C, nº 148, parágrafo 256.

[171]   Corte IDH. *Caso Caesar* vs. *Trindade e Tobago*. Sentença 11.03.2005. Série C, nº 123, parágrafo 73.

cional dos Direitos Civis e Políticos possui dicção semelhante ao art. 5º da Convenção Americana e prescreve que "toda pessoa privada de liberdade deverá ser tratada com humanidade e respeito à dignidade inerente à pessoa humana".

A Constituição Federal também consagra, no rol de direitos e garantias fundamentais, que "é assegurado aos presos o respeito à integridade física e moral" (art. 5º, XLIX). A especificação da proteção da integridade pessoal dos presos demonstra ser este um grupo dotado de especial vulnerabilidade, o que demanda devida atenção – e responsabilidade – por parte dos Estados.

Os *Princípios e Boas Práticas sobre a Proteção das Pessoas Privadas de Liberdade nas Américas*, adotados pela Comissão IDH em 2008, conceituam a privação de liberdade como qualquer forma de detenção, encarceramento ou custódia de uma pessoa por razões de assistência humanitária, tratamento, proteção ou por delitos e infrações à lei, que seja ordenada por uma autoridade judicial ou administrativa, em instituição pública ou privada, e que impeça a disposição da liberdade ambulatória.[172]

Referidos princípios definem amplamente a privação da liberdade e englobam não apenas os indivíduos processados ou condenados por descumprimento da lei, mas se estendem aos que estão sob custódia em instituições como hospitais psiquiátricos, estabelecimentos voltados a menores de idade, centros para migrantes, refugiados, apátridas e solicitantes de asilo ou refúgio. O enfoque dos comentários que seguem se dirigirá às pessoas privadas de liberdade em estabelecimentos prisionais, haja vista ser este o maior contexto violações no âmbito do sistema interamericano.

Os deveres do Estado no que tange à tutela da integridade pessoal das pessoas privadas de liberdades incluem o dever positivo de proteger os reclusos de ataques realizados pelos agentes estatais ou terceiros. De acordo com a Comissão IDH, "sendo a prisão um lugar no qual o Estado tem controle total sobre a vida dos reclusos, este possui a obrigação de protegê-los contra atos de violência provenientes de qualquer fonte".[173] Trata-se, em síntese, das obrigações derivadas da posição de garante ocupada pelo Estado.

A fim de que o Estado exerça controle efetivo sobre as penitenciárias e trate os detidos com dignidade, é necessário que seus agentes sejam especializados e devidamente capacitados para que garantam a segurança e a provisão de elementos básicos para a vida dos reclusos, bem como para que previnam e não comentam a prática de delitos no cárcere. O Estado deve fornecer treinamento adequado aos agentes penitenciários, inclusive com base nos regimes internacional e nacional de proteção dos direitos humanos.[174] O número de agentes penitenciários deve ser compatível com o de detentos. Nas medidas provisionais expedidas em face do Brasil em relação ao Complexo Penitenciário de Pedrinhas,[175] verificou-se déficit de ao menos 47 agentes.

---

[172] Comissão IDH. *Principios y Buenas Prácticas sobre la Protección de las Personas Privadas de Libertad en las Américas*. Adotados no 131º Período Ordinário de Sessões da Comissão Interamericana de Direitos Humanos.

[173] Comissão IDH. *Informe sobre los derechos humanos de las personas privadas de libertad en las Américas*. OEA/Ser.L/V/II. Doc. 64. 31.12.2011, parágrafo 73.

[174] Idem, parágrafos 76 e 199.

[175] Corte IDH. *Medidas Provisórias a respeito da República Federativa do Brasil*. Assunto do Complexo Penitenciário de Pedrinhas. Resolução de 14.03.2018, parágrafo 17.

A situação de custódia dos indivíduos privados de liberdade também obriga aos Estados que impeçam o alastramento de violência no cárcere. As *Regras Mínimas das Nações Unidas para o Tratamento de Reclusos* (Regras de Mandela), utilizadas como parâmetro interpretativo pela Comissão e pela Corte Interamericana, determinam que os funcionários encarregados de fazer cumprir a lei só poderão fazer uso de força letal e de armas letais quando estritamente necessário, em casos de legítima defesa ou tentativa de fuga dos detentos.[176] No caso *Espinoza Gonzáles* vs. *Peru*, por exemplo, o Estado foi condenado por ter infringido a integridade pessoal de Espinoza Gonzáles, uma vez que não demonstrou que a força utilizada no momento de sua detenção foi necessária, constituindo atentado à sua dignidade humana.[177]

Ademais, nem a periculosidade do detido, a insegurança do estabelecimento carcerário ou circunstâncias excepcionais tais como o estado de comoção interna e instabilidade política são passíveis de justificar a prática de tortura e tratamentos cruéis, desumanos ou degradantes em relação aos privados de liberdade. Em conflitos armados, os presos deverão ser objeto de proteção e atenção em conformidade ao regime jurídico especial estabelecido também pelas normas de direito internacional humanitário.[178]

O caso *Bulacio* vs. *Argentina* reflete a responsabilidade estatal para com os privados de liberdade. Em 1991, a Polícia Federal argentina realizou a detenção massiva de indivíduos reunidos para um *show*, dentre os quais estava Walter David Bulacio, de 17 anos. O jovem foi golpeado por agentes policiais em uma delegacia e sofreu traumatismo craniano, o que acarretou sua morte. Devido à demora na prestação jurisdicional para o processamento das violações, o caso foi enviado ao sistema interamericano. A Argentina reconheceu ter sido violadora do direito à integridade pessoal de Bulacio e consentiu em firmar um acordo de solução amistosa perante a Corte Interamericana.[179]

Na oportunidade, a Corte consignou que "o Estado deve prover uma explicação satisfatória sobre o que se sucedeu a uma pessoa que apresentava condições físicas normais quando se iniciou sua custódia", ainda mais em casos nos quais a detenção é ilegal ou arbitrária – tema que será explorado na análise do art. 7º da Convenção Americana –, uma vez que o indivíduo se encontra em situação de completo desamparo, o que cria o perigo de vulneração de direitos como a integridade pessoal.[180]

No caso *Vera Vera e Outra* vs. *Equador*, a Corte Interamericana decidiu que o Estado não conferiu a atenção médica necessária ao Sr. Pedro Miguel Vera Vera. A cirurgia de que necessitava foi realizada somente dez dias após o tiro que recebera, tendo a vítima sido transferida entre hospitais e instituições carcerárias por, ao menos, quatro vezes. Devido à complicação de seu quadro de saúde, o Sr. Vera Vera faleceu,

---

[176]   ONU. Escritório das Nações Unidas sobre Drogas e Crime. *Regras de Nelson Mandela: Regras Mínimas das Nações Unidas para o Tratamento de Reclusos*. Resolução 70/175 da Assembleia Geral, de 17.12.2015.

[177]   Corte IDH. *Caso Espinoza Gonzáles vs. Peru*. Sentença 20.11.2014. Série C, nº 289, parágrafo 188.

[178]   Comissão IDH. *Principios y Buenas Prácticas sobre la Protección de las Personas Privadas de Libertad en las Américas*, princípios I e II.

[179]   Corte IDH. *Caso Bulacio vs. Argentina*. Sentença 18.09.2003, Série C, nº 100.

[180]   Idem, parágrafo 127.

e a Corte atribuiu ao Equador a responsabilidade internacional com fulcro no art. 5.2 da Convenção Americana por conta das reiteradas omissões e negligências médicas.[181]

Para que a dignidade das pessoas privadas de liberdade seja garantida, são vedados tratamentos discriminatórios por razões de raça, origem étnica, nacionalidade, idade, sexo, gênero, orientação sexual ou posição econômica.[182] De igual modo, o Estado deve se atentar às necessidades individuais dos presos, sobretudo os que se encontrem em situação de maior vulnerabilidade[183], dado que os detidos devem fruir dos mesmos direitos reconhecidos a toda pessoa humana, exceto aqueles cujo exercício esteja limitado ou temporalmente restringido por razões inerentes à condição de privação de liberdade.[184] Em outras palavras, a situação de privação de liberdade não é um pretexto para a violação de direitos por parte do Estado.

Dentre os grupos dotados de especial vulnerabilidade, as pessoas portadoras de deficiências físicas ou mentais devem ter garantido o acesso completo a direitos afetos à vida prisional.[185] Também aos indivíduos pertencentes a comunidades indígenas deverá ser dada preferência a outros tipos de sanção que não as penas privativas de liberdade, conforme seus sistemas consuetudinários de justiça.[186]

Em relação às mulheres, estas deverão ter acesso à atenção médica especializada que responda adequadamente a questões de saúde reprodutiva. No caso *Presídio Miguel Castro Castro vs. Peru*, o Estado foi condenado por ter violado o direito à integridade pessoal dos reclusos também porque deixou de atentar às necessidades particulares das mulheres privadas de liberdade, não tendo fornecido materiais de higiene (como papel higiênico e roupas íntimas) nem tratamento pré e pós-natal, além de ter impedido a realização de trabalhos manuais.[187]

Também é vedada a realização de partos dentro de estabelecimentos prisionais, mas, caso isto seja inevitável, não constará da certidão de nascimento. As crianças que estejam em unidades prisionais com suas mães não devem ser tratadas como presos.[188] Em consonância a estes parâmetros internacionais, a Constituição Federal dispõe que "às presidiárias serão asseguradas condições para que possam permanecer com seus filhos durante o período de amamentação" (art. 5º, L).

O Brasil já foi destinatário de medidas provisionais da Corte Interamericana[189] a respeito da ausência de medidas concretas aptas à proteção da população LGBTI no

---

[181]   Corte IDH. *Caso Vera Vera e Outra* vs. *Equador.* Sentença 19.05.2011, parágrafo 75.

[182]   Comissão IDH. *Principios y Buenas Prácticas sobre la Protección de las Personas Privadas de Libertad en las Américas,* princípio II.

[183]   ONU. *Regras Mínimas das Nações Unidas para o Tratamento de Reclusos,* regra 2.

[184]   Comissão IDH. *Principios y Buenas Prácticas sobre la Protección de las Personas Privadas de Libertad en las Américas,* princípio VIII.

[185]   ONU. *Regras Mínimas das Nações Unidas para o Tratamento de Reclusos,* regra 5.

[186]   Comissão IDH. *Principios y Buenas Prácticas sobre la Protección de las Personas Privadas de Libertad en las Américas,* princípio III.

[187]   Corte IDH. *Caso do Presídio Miguel Castro Castro vs. Peru.* Sentença 25.11.2006. Série C, nº 160, parágrafos 319.

[188]   ONU. *Regras Mínimas das Nações Unidas para o Tratamento de Reclusos,* regras 28 e 29.

[189]   Art. 63, parágrafo 2º, da Convenção Americana: "Em casos de extrema gravidade e urgência, e quando se fizer necessário evitar danos irreparáveis às pessoas, a Corte, nos assuntos de que

Complexo Penitenciário Curado, localizado no Estado de Recife. A Corte reconheceu maior suscetibilidade deste grupo a agressões físicas e psicológicas (violação sexual coletiva, discriminação e restrição da liberdade de movimento) e ordenou ao Brasil que dê mais atenção à questão.[190]

O cárcere também deve reunir condições mínimas favoráveis à dignidade humana, as quais devem abranger todo indivíduo privado de liberdade, independentemente das vulnerabilidades específicas. Os Princípios e Boas Práticas consagram os direitos à saúde (atenção médica, psiquiátrica e odontológica adequadas, prevenção e tratamento de doenças infecciosas e endêmicas), à alimentação adequada e nutritiva (considerando as questões culturais e religiosas e dietas especiais), ao acesso à água potável, a um alojamento espaçoso, ventilado e com instalações sanitárias e de higiene adequadas, à exposição à luz do sol.[191]

Um dos maiores empecilhos à concretização destas condições minimamente adequadas à dignidade humana diz respeito à superlotação dos estabelecimentos carcerários. Segundo os parâmetros internacionais, cada preso deve contar com espaço para dormir em cama individual, caminhar e guardar seus pertences pessoais na cela[192], devendo ser proibida por lei a ocupação acima do número de vagas disponíveis.[193] As *Regras de Mandela* determinam, inclusive, que as celas destinadas ao descanso noturno não devem ser ocupadas por mais de um detento.[194]

Para a Comissão IDH, a superlotação resulta de fatores como falta de infraestrutura para alojar a população carcerária, políticas repressivas de controle social que colocam a privação de liberdade como resposta às necessidades da segurança cidadã, uso excessivo das prisões preventivas e demora no trâmite de petições relativas à execução das penas.[195] O Brasil enfrenta o problema da superlotação de seu sistema carcerário com uma taxa de ocupação de 165% (679.459 presos para 411.466 vagas disponíveis), além de que 34% das pessoas privadas de liberdade são presos provisórios.[196]

A Corte Interamericana já expediu uma série de medidas provisionais em face do Brasil em virtude da superlotação das prisões. Em relação ao Instituto Penal Plá-

---

estiver conhecendo, poderá tomar as medidas provisórias que considerar pertinentes. Se se tratar de assuntos que ainda não estiverem submetidos ao seu conhecimento, poderá atuar a pedido da Comissão".

[190] Corte IDH. *Medidas Provisórias a respeito da República Federativa do Brasil.* Assunto do Complexo Penitenciário de Curado. Resolução de 15.11.2017, parágrafos 100-106.

[191] Comissão IDH. *Principios y Buenas Prácticas sobre la Protección de las Personas Privadas de Libertad en las Américas*, princípio X, XI e XII.

[192] Comissão IDH. *Informe sobre los derechos humanos de las personas privadas de libertad en las Américas*, parágrafo 465.

[193] Comissão IDH. *Principios y Buenas Prácticas sobre la Protección de las Personas Privadas de Libertad en las Américas*, princípio XVII.

[194] ONU. *Regras Mínimas das Nações Unidas para o Tratamento de Reclusos*, regra 12.

[195] Comissão IDH. *Informe sobre los derechos humanos de las personas privadas de libertad en las Américas*, parágrafo 451.

[196] Dados de 2017. Em: Conselho Nacional do Ministério Público. *Sistema Prisional em Números.* Disponível em: <http://www.cnmp.mp.br/portal/relatoriosbi/sistema-prisional-em-numeros>. Acesso em: 19 set. 2018.

cido de Sá Carvalho, localizado em Bangu e que abriga presos do regime semiaberto, constatou-se uma taxa de superlotação de 210% em 2017. Após visita *in loco*, a Corte concluiu que o crescimento exponencial da população carcerária dificulta mudanças estruturais e torna ineficaz o aumento de vagas nos estabelecimentos carcerários.[197] A Corte exerce constante monitoramento acerca das condições das prisões no Brasil e emite periodicamente resoluções que indicam medidas para o combate da superlotação.

A privação da liberdade não autoriza os Estados a aplicarem sanções disciplinares desproporcionais. As *Regras de Mandela* estabelecem a proibição do uso de correntes, imobilizadores de ferro ou outros instrumentos degradantes ou dolorosos e vedam a prática de castigos corporais individuais ou coletivos, bem como o encarceramento em cela escura ou constantemente iluminada.[198] O confinamento solitário deve ser utilizado em "casos excepcionais como último recurso, pelo menor prazo possível e sujeito a uma revisão independente", estando proibido em relação a presos portadores de deficiência mental ou física, mulheres grávidas e crianças.[199]

As pessoas privadas de liberdade possuem o direito de se comunicarem com o mundo exterior. Especificamente quanto aos advogados e defensores públicos, as visitas devem se dar sem interceptação e em total confidencialidade.[200] No caso *Bulacio vs. Argentina*, a Corte Interamericana consignou que os detidos possuem o direito de notificar terceiros de que estão sob a custódia do Estado no momento em que ocorre a privação da liberdade, sob pena de violação ao direito à integridade pessoal.[201] Quanto aos presos estrangeiros, a eles deve ser assegurado o acesso a recursos para que se comuniquem com os representantes diplomáticos ou consulares do Estado ao qual pertencem.[202]

O desrespeito à dignidade humana nos estabelecimentos prisionais engendra manifestações por parte dos detentos. Recorrentes são as greves de fome como forma de protesto às más condições do cárcere. A esse respeito, a Comissão IDH redigiu um relatório sobre a prisão de Guantánamo[203], onde as greves de fome foram praticadas em grande escala ao longo dos anos. O movimento mais significativo ocorreu no ano de 2013, período em que se diminuiu a atenção pública sobre Guantánamo, e contou com a participação de 70% dos presos do estabelecimento.

O que desencadeou esta greve de fome, além das condições insalubres do estabelecimento, foi a decisão dos funcionários da prisão de registrarem mensagens ofensivas nos livros do Corão dos detidos e de agirem desrespeitosamente nos momentos de oração. Cerca de 45 presos foram alimentados forçadamente durante a greve de fome.

---

[197]   Corte IDH. *Medidas Provisórias a respeito da República Federativa do Brasil*. Assunto do Instituto Penal Plácido de Sá Carvalho. Resolução de 31.08.2017, parágrafo 95.

[198]   ONU. *Regras Mínimas das Nações Unidas para o Tratamento de Reclusos*, regras 39, 43 e 47.

[199]   Idem, regra 45.

[200]   Idem, regra 61.

[201]   Corte IDH. *Caso Bulacio vs. Argentina*. Sentença 18.09.2003, Série C, nº 100, parágrafo 130.

[202]   ONU. *Regras Mínimas das Nações Unidas para o Tratamento de Reclusos*, regra 62.

[203]   Comissão IDH. *Hacia el cierre de Guantánamo*. OEA/Ser.L/V/II. Doc. 20/15 de 03.06.2015, parágrafos 137-152. Destaca-se que, após greve de fome de 2013, o Presidente Obama reabriu o gabinete do Enviado Especial para o Encerramento de Guantánamo e autorizou o translado voluntário de alguns detentos à Argélia.

Segundo a Comissão IDH, a alimentação sem consentimento é um procedimento doloroso, cabendo aos médicos a verificação da capacidade dos detentos de formarem um juízo sobre as consequências físicas do rechaço da ingestão de alimentos.

A Comissão IDH concluiu que a alimentação forçada levada a cabo em Guantánamo foi amplamente violatória da ética médica e o direito humano à integridade pessoal, consistindo, inclusive, em tratamentos cruéis, desumanos ou degradantes. Segundo a Declaração adotada pela Assembleia Médica Mundial de Malta, são injustificáveis as práticas de alimentação forçada de pessoas que manifestarem negativa informada e voluntária contra tal medida, consentimento esse que não foi buscado em Guantánamo.

(5) A despeito da vasta jurisprudência sobre o direito à integridade pessoal, a Corte Interamericana ainda não de pronunciou acerca do parágrafo 3º do art. 5º da Convenção Americana, segundo o qual "a pena não pode passar da pessoa do delinquente". Segundo Thomas Antkowiak e Alejandra Gonza, a Corte tem resistido a interpretar esta disposição convencional.[204] Os autores comentam sobre o julgamento do caso *García Asto e Ramírez* vs. *Peru*, em que violação ao art. 5.3 foi suscitada pelos representantes das vítimas.

Referido caso versa sobre as detenções dos senhores Wilson García Asto e Urcesino Ramírez Rojas, na década de 90, sob acusações de que teriam em seu poder documentos exclusivos do grupo armado Sendero Luminoso. As prisões ocorreram sem ordem judicial e fora de um contexto de flagrante delito. Posteriormente, foram condenados pelo crime de terrorismo mediante sentenças proferias por juízes "sem rosto" e submetidos a condições indignas no cárcere.

Para os representantes das vítimas, o regime penitenciário estabelecido pela legislação antiterrorista restringia as visitas dos familiares dos detidos, em afronta direta aos arts. 5.3 e 17 (proteção da família) da Convenção Americana.[205] Por seu turno, a Corte considerou que a incomunicabilidade, o isolamento a que os detidos foram submetidos e as condições desumanas e degradantes que seus familiares enfrentavam ao tentar visitá-los violaram os arts. 5.1 e 5.2 da Convenção. Não houve quaisquer explicações acerca da alegada vulneração ao art. 5.3, ainda que comprovado que um dos familiares diretos passou por uma revista violatória de sua privacidade ao tentar ingressar no presídio para visita.[206]

As revistas vexatórias realizadas em visitantes em estabelecimentos prisionais são rechaçadas no âmbito internacional, porque consideradas como prática humilhante e espécie de aplicação de sanção a pessoas que não estão privadas de liberdade. As *Regras de Mandela* consagram que os visitantes devem consentir com as revistas, cujos procedimentos não devem ser degradantes, evitando-se ao máximo aquelas realizadas em partes íntimas.[207]

---

[204] Antkowiak, Thomas M.; Gonza, Alejandra. *The American Convention on Human Rights*: essential rights. New York: Oxford University Press, 2017. p. 132.

[205] Corte IDH. *Caso García Asto e Ramírez Rojas vs. Peru*. Sentença 25.11.2005. Série C, nº 137, parágrafo 214.

[206] Idem, parágrafos 230-235.

[207] ONU. *Regras Mínimas das Nações Unidas para o Tratamento de Reclusos*, regra 60.

As *Regras* também indicam que as revistas para ingresso de visitantes devem ser governadas por princípios não menos protetivos do que os que regem as revistas íntimas[208] e inspeção em celas e não devem ser empregadas para assediar, intimidar ou invadir a privacidade. No caso das revistas íntimas, estas devem ser utilizadas apenas quando absolutamente necessárias, além de conduzidas por pessoal treinado da área da saúde e do mesmo gênero que o inspecionado.

No Brasil, tramita na Câmara dos Deputados o PL nº 7.764/2014, originado do Senado Federal (PLS nº 480/2013), cujo objetivo é alterar a Lei de Execução Penal (Lei nº 7.210/1984) para que as revistas para ingresso em penitenciárias sejam realizadas "com respeito à dignidade humana, sendo vedada qualquer forma de desnudamento ou tratamento desumano ou degradante"[209]. Propõe-se que as revistas pessoais sejam feitas mediante o uso de equipamentos eletrônicos, como detectores de metais, aparelhos de raios X ou, caso manualmente, que se respeite a integridade física, psíquica e moral da pessoa revistada, sem que haja desnudamento total ou parcial.

Especificamente quanto à obrigação de a pena se restringir à pessoa do condenado, a Constituição Federal prevê, no art. 5º, XLV, que somente a obrigação de reparar o dano e a decretação do perdimento de bens podem ser estendidas aos sucessores, no limite do patrimônio transferido. O inc. XLVI determina que a individualização da pena será regulada em lei, observando-se as espécies de privação ou restrição de liberdade, perda de bens, multa, prestação social alternativa, suspensão ou interdição de direitos.

(6) A obrigação de separar os presos que ainda não foram condenados daqueles que já o foram decorre da incidência de regimes jurídicos distintos no que tange à privação de liberdade. O tratamento dirigido aos presos provisórios não equivale àquele aplicável aos que cumprem uma sentença penal condenatória definitiva.

O Comitê de Direitos Humanos da ONU, ao interpretar o art. 10 do Pacto Internacional dos Direitos Civis e Políticos, salientou que as pessoas privadas de liberdade que não foram condenadas estão protegidas pela presunção de inocência, cabendo aos Estados precisar as diferenças entre os regimes de reclusão aplicáveis aos condenados e aos processados.[210]

De acordo com as *Regras de Mandela*, indivíduos que aguardam julgamento e sentença devem ser tratados como presos não julgados, gozando de regime especial de privação de liberdade.[211] Além de dispor sobre o dever de separação entre os presos não julgados e os presos condenados, as *Regras* estabelecem que os presos não julgados que forem jovens devem ser mantidos separados dos adultos, se possível em unidades prisionais diferentes.[212]

No julgamento do caso *J. vs. Peru*, a Corte Interamericana estabeleceu que os presos não julgados devem receber tratamento apropriado à sua condição, até que

---

[208] Dispostos nas regras 50 a 52.

[209] Art. 1º do Projeto de Lei que altera o art. 83-A da Lei nº 7.210/1984.

[210] ONU. Comitê de Direitos Humanos. *Comentário Geral 21*: Substitui o Comentário Geral 9, trato humano das pessoas privadas de liberdade (art. 10), de 10.04.1992, parágrafo 9.

[211] ONU. *Regras Mínimas das Nações Unidas para o Tratamento de Reclusos*, regra 111.

[212] Idem, regra 112.

seja legalmente definida a culpabilidade. O Estado peruano improvisou "um sistema único de concentração de reclusos, sem implementar regimes adequados entre internos acusados e sentenciados por delitos de terrorismo e traição à pátria". A senhora J. foi detida no Presídio Miguel Castro Castro sem ser separada das reclusas que já haviam sido condenadas, e o Peru não demonstrou a existência de circunstâncias excepcionais que justificassem a não separação, em clara afronta ao parágrafo 4º do art. 5º da Convenção Americana.[213]

Segundo as *Regras de Mandela*, não se trata apenas da separação em relação ao ambiente físico em que se situam os presos não julgados e os condenados, mas da concessão de direitos específicos àqueles. Assim, prevê-se que os presos não julgados não são obrigados a trabalhar, mas, se assim o fizerem, deverão ser remunerados.[214]

Os presos não julgados podem vestir suas próprias roupas caso apropriado. Do contrário, a administração prisional deverá lhes fornecer vestimenta distinta dos presos condenados.[215] Poderão, também, caso compatível com o bom funcionamento da unidade prisional, ter sua alimentação vinda do meio externo, desde que custeada com seus próprios recursos. Além do direito de visitas, os presos não julgados podem receber tratamento médico e odontológico por profissionais de sua escolha, desde que arquem com as despesas.[216]

Dando-se passo além dos termos exatos da previsão do parágrafo 4º do art. 5º da Convenção Americana, encontra-se em normativas internacionais o dever de separação de outras categorias de indivíduos privados de liberdade. Os Princípios e Boas Práticas indicam que deverão ser alojados em estabelecimentos distintos ou em diferentes seções dentro destes estabelecimentos os homens e as mulheres; as crianças e os adultos; os jovens e os adultos; as pessoas privadas de liberdade por razões cíveis (prisão por dívidas, por exemplo) e aquelas por razões penais. A separação também deverá ocorrer para fins de proteção dos direitos à vida e à integridade pessoal e quando do translado dos privados de liberdade.[217]

As *Regras de Mandela* explicitam que as classificações das pessoas privadas de liberdade são voltadas à individualização de suas necessidades, facilitando a reinserção social. Também objetivam separar os demais presos daqueles que "por motivo de seu histórico criminal ou pela sua personalidade, possam vir a exercer uma influência negativa".[218] No caso *Tibi vs. Equador*, o Estado foi condenado pela violação ao art. 5.4 justamente porque a vítima, preso não julgado, foi exposta à maior violência ao conviver com reclusos sentenciados.[219]

Embora a Constituição Federal preveja que "a pena será cumprida em estabelecimentos distintos, de acordo com a natureza do delito, a idade e o sexo do apenado" (art. 5º, XLVIII), o Brasil enfrenta dificuldades em implementar este mandamento.

---

[213]   Corte IDH. *Caso J.* vs. *Peru*. Sentença 27.11.2013. Série C, nº 275, parágrafos 380-381.

[214]   Idem, regra 116.

[215]   Idem, regra 115.

[216]   Idem, regras 114 e 118.

[217]   Comissão IDH. *Principios y Buenas Prácticas sobre la Protección de las Personas Privadas de Libertad en las Américas*, princípio XIX.

[218]   ONU. *Regras Mínimas das Nações Unidas para o Tratamento de Reclusos*,

[219]   Corte IDH. *Caso Tibi* vs. *Equador*. Sentença 07.09.2004. Série C, nº 114, parágrafo 158.

Nas medidas provisionais impostas pela Corte Interamericana acerca do Complexo Penitenciário de Pedrinhas, concluiu-se pela necessidade de mudanças estruturais para que os internos deixem de ser separados de acordo com a facção criminosa a que pertencem e passem a sê-lo a partir dos crimes a si imputados. Também se constatou que os condenados ao regime semiaberto cumprem pena em unidades destinadas aos presos provisórios ou ao cumprimento de pena em regime fechado.[220]

Importante desdobramento da obrigação de separação de presos por categoriais diz respeito à privação de liberdade de imigrantes em situação irregular. Os Princípios e Boas Práticas estipulam que os solicitantes de asilo ou refúgio e as pessoas privadas de liberdade por infrações às normas sobre migração não deverão ser privados de liberdade em estabelecimentos destinados a pessoas condenadas ou processadas pela prática de delitos. Ainda, caso solicitantes de asilo ou refúgio sejam privados de liberdade, as autoridades estatais não poderão separar pais e filhos.[221]

O caso *Vélez Loor* vs. *Panamá* é ilustrativo desta questão[222] e versa sobre a detenção do Sr. Vélez Loor, de nacionalidade equatoriana, em centros penitenciários panamenhos em novembro de 2002, o que foi seguido de sua deportação ao Equador em setembro de 2003. A privação de liberdade foi oriunda de uma decisão que impôs pena de prisão de dois anos após a constatação de que o nacional equatoriano já havia sido deportado do Panamá, oportunidade em que foi advertido sobre o impedimento de reingresso no país.

Na época dos fatos, havia apenas um albergue migratório em todo o Panamá e as penitenciárias nas quais o Sr. Vélez Loor permaneceu não contavam com celas especiais para abrigar os migrantes não documentados, o que o levou a compartilhar espaço com indivíduos processados ou condenados. A vítima sofreu uma série de tratamentos indignos, os quais foram considerados tortura. Ao condenar o Panamá pela violação à integridade pessoal do Sr. Vélez Loor, a Corte aduziu que a condição de vulnerabilidade dos migrantes é incrementada quando são privados de liberdade em centros penitenciários somente em virtude de situação migratória irregular.[223]

(7) A Comissão IDH elaborou, em 2015, um relatório especial sobre "Violência, infância e crime organizado", que traça um panorama a respeito da suscetibilidade de jovens à violência estrutural nas Américas e à consequente violação de seus direitos à vida e à integridade pessoal. A Comissão verificou que a criminalização de jovens ocorre em idades cada vez menores e por períodos cada vez mais longos, o que afeta a importante fase de desenvolvimento e crescimento pessoal.[224]

---

[220]   Corte IDH. *Medidas Provisórias a respeito da República Federativa do Brasil*. Assunto do Complexo Penitenciário de Pedrinhas. Resolução de 14.03.2018, parágrafos 16-25.

[221]   Comissão IDH. *Principios y Buenas Prácticas sobre la Protección de las Personas Privadas de Libertad en las Américas*, princípio XIX.

[222]   A Corte não condenou o Estado pela violação ao parágrafo 4º do art. 5º, mas pelos parágrafos 1º e 2º, uma vez que os fatos não se referem exatamente ao descumprimento do dever de separar processados e condenados.

[223]   Corte IDH. *Caso Vélez Loor* vs. *Panamá*. Sentença 23.11.2010. Série C, nº 218, parágrafos 193-210.

[224]   Comissão IDH. *Violencia, niñez y crimen organizado*. OEA/Ser.L/V/II. Doc. 40/15, 11.11.2015, parágrafos 301 e 438.

Para a Comissão IDH, a maioridade penal deve se iniciar apenas aos dezoito anos, em consonância aos parâmetros fixados pelo direito internacional dos direitos humanos.[225] As *Regras Mínimas das Nações Unidas para a Administração da Justiça de Menores* (Regras de Pequim), aprovadas pela Assembleia Geral em 1985, dispõem que a responsabilidade penal dos menores não deve ser fixada num nível demasiadamente baixo, "tendo em conta os problemas de maturidade afetiva, psicológica e intelectual".[226]

A Comissão IDH também enfatizou a condição de vítimas das crianças e adolescentes ao serem expostos – fora e dentro do cárcere – a pressões e ameaças para colaborarem com organizações criminosas, razão pela qual devem ser alvo de especial proteção por parte dos Estados.[227] Nisto reside a importância de os menores permanecerem separados dos adultos – e dos menores em fase de cumprimento de sentença condenatória – quando privados de liberdade.

No mesmo sentido que a Convenção Americana, o Pacto Internacional dos Direitos Civis e Políticos determina que "os delinquentes juvenis deverão ser separados dos adultos e receber tratamento condizente com sua idade e condição jurídica".[228] Além do dever de separação, o pessoal encarregado dos centros de detenção de menores deve ser devidamente capacitado para o desempenho de suas funções.[229]

O Brasil é alvo de críticas pela Corte Interamericana no que concerne ao tratamento concedido a menores privados de liberdade. Em sede de medidas provisionais a respeito da Unidade de Internação Socioeducativa, apurou-se que a separação dos socioeducandos, ainda que submetidos a um regime particular de privação de liberdade, dá-se da mesma maneira que nos presídios, ou seja, de acordo com os grupos criminosos a que pertencem. A Corte instou o Estado brasileiro a apresentar documentação comprobatória da efetivação de medidas em prol da reversão das más condições da Unidade.[230]

No caso *Mendoza e Outros* vs. *Argentina*, a Corte Interamericana discorreu acerca do regime jurídico de privação de liberdade aplicável aos menores na Argentina. Interpretou-se o parágrafo 5º do art. 5º da Convenção Americana como veículo do princípio da especialização: deve ser estabelecido um sistema de justiça especializado em todas as fases processuais e de execução das medidas que se apliquem aos menores de idade que, conforme a legislação interna, sejam inimputáveis ou condenados pela prática de crimes. Este princípio engloba tanto os marcos normativos quanto as instituições e atores estatais especializados em justiça penal juvenil.[231]

A Corte criticou a disposição do Código Penal argentino segundo o qual as pessoas condenadas à prisão perpétua podem, por decisão judicial, obter a liberdade

---

[225]   Idem, parágrafo 602.

[226]   ONU. *Regras de Pequim*: Regras mínimas das Nações Unidas para a Administração da Justiça de Menores. Resolução da Assembleia Geral 40/33, de 29.11.1985, regra 4.

[227]   Idem, parágrafos 579 e 586.

[228]   Art. 10, parágrafo 3.

[229]   Corte IDH. *Caso Bulacio* vs. *Argentina*. Sentença 18.09.2003, Série C, nº 100, parágrafo 136.

[230]   Corte IDH. *Medidas Provisórias a respeito da República Federativa do Brasil*. Assunto da Unidade de Internação Socioeducativa. Resolução de 15.11.2017, parágrafos 40 e 84.

[231]   Corte IDH. *Caso Mendoza e Outros* vs. *Argentina*. Sentença 14.05.2013. Série C, nº 260, parágrafo 146.

após o cumprimento de vinte anos de pena. Este prazo é impeditivo da apreciação das circunstâncias particulares das crianças e adolescentes e do progresso que lhes permita a liberdade antecipada a qualquer tempo. A própria cominação de penas perpétuas a menores de idade viola o entendimento de que a privação de liberdade deve ser empregada como último recurso, além de não cumprir com a finalidade da reintegração social prevista no parágrafo 6º do art. 5º da Convenção Americana.[232]

Inclusive, a Convenção da ONU sobre os Direitos da Criança, empregada com frequência pelas Comissão e Corte Interamericana como orientação interpretativa, estipula que às crianças privadas de liberdade deve ser garantido o direito à impugnação da legalidade de sua prisão perante tribunal ou autoridade competente o mais rápido possível. Ainda, os menores de idade poderão ficar junto aos adultos em estabelecimentos prisionais somente se tal medida não contrariar seus melhores interesses.

O Comitê da ONU sobre os Direitos das Crianças, ao interpretar referida Convenção, afirmou que um sistema de justiça juvenil deve contar com unidades especializadas em todas as esferas, desde a polícia, o Judiciário, a promotoria, os defensores públicos e advogados.[233] Ainda, o processo deve favorecer os interesses do menor e ser conduzido "numa atmosfera de compreensão, que permita ao jovem participar e expressar-se livremente".[234]

Ao consignar que os menores "devem ser conduzidos a um tribunal especializado, com a maior rapidez possível, para seu tratamento", a Convenção Americana não exclui a possibilidade de adoção de medidas alternativas ao cumprimento de pena privativa de liberdade. Inclusive, para a Comissão IDH, medidas socioeducativas devem ser consideradas no marco do modelo da justiça restaurativa e se voltar à reabilitação social dos menores.[235]

Em igual sentido, as *Regras de Pequim* estabelecem que a privação de liberdade é cabível apenas nos casos em que o menor for tido como culpado pela prática de um crime violento ou reincidente no cometimento de crimes graves. Além da possibilidade de suspensão do processo a qualquer tempo, a autoridade competente poderá assegurar a execução do julgamento sob formas diversas, como por meio de medidas de proteção, orientação e vigilância, prestação de serviços à comunidade, pagamento de multas e indenizações ou alocação em centro comunitário. Ainda, deverão ser estabelecidos sistemas de semidetenção, como lares educativos, centros diurnos de formação profissional e demais estabelecimentos favoráveis à reinserção social.[236]

No Brasil, segundo dados do Sistema Nacional de Atendimento Socioeducativo (SINASE), em 2015, mais de 26 mil jovens entre 12 e 21 anos se encontravam em unidades de restrição ou privação de liberdade, mais da metade em virtude da prática dos crimes de roubo e tráfico de drogas.[237] O Estatuto da Criança e do Adolescente

---

[232]   Idem, parágrafo 175.

[233]   ONU. Comitê sobre os Direitos da Criança. *Comentário Geral 10*: Os direitos das crianças no sistema de justiça juvenil. CRC/C/GC/10, de 25.04.2007.

[234]   ONU. *Regras de Pequim*, regra 14.2.

[235]   Comissão IDH. *Violencia, niñez y crimen organizado*, parágrafos 438 e 584.

[236]   ONU. *Regras de Pequim*, regras 17, 18 e 29.

[237]   Disponível em: <http://www.mdh.gov.br/sdh/noticias/2018/janeiro/divulgado-levantamento--anual-do-sistema-nacional-de-atendimento-socioeducativo>. Acesso em: 30 set. 2018.

(ECA), em vigor desde 1990, prevê como alternativas à internação as medidas de advertência, obrigação de reparar o dano, prestação de serviços à comunidade, liberdade assistida, inserção em regime de semiliberdade. O ECA prevê, ainda, a possibilidade de concessão de remissão pelo Ministério Público como forma de exclusão do processo, observando-se as consequências do fato, o contexto social e a personalidade do adolescente.

(8) O último parágrafo do art. 5º da Convenção Americana é um reflexo de toda a proteção que deve ser conferida aos presos, proteção esta plasmada nos parágrafos 1º a 5º. Para que a privação da liberdade tenha como objetivo principal a reforma e a readaptação (ou reabilitação, conforme dicção do art. 10 do Pacto Internacional dos Direitos Civis e Políticos) social dos prisioneiros, faz-se necessário que condições mínimas de dignidade humana lhes sejam garantidas.

Conforme é possível extrair do caso *García Asto e Ramírez Rojas* vs. *Peru*, violações aos demais parágrafos do art. 5º podem ensejar também a violação ao parágrafo 6º, uma vez que a deterioração das integridades física, psíquica e moral dos presos é contrária à finalidade essencial das penas privativas de liberdade, qual seja, a readaptação e a ressocialização dos indivíduos.[238]

As *Regras de Mandela* enunciam que os propósitos primeiros da privação de liberdade são proteger a sociedade da criminalidade e reduzir a reincidência. Tais objetivos só podem ser alcançados se o encarceramento for utilizado para assegurar a reintegração dos indivíduos à sociedade. Para tanto, os estabelecimentos prisionais devem prover educação, formação profissional e trabalho aos detentos.[239] Devem ser implementadas medidas voltadas ao retorno progressivo do preso à vida em sociedade, como uma espécie de regime pós-soltura de privação de liberdade do qual participem instituições públicas e privadas.[240]

A reabilitação dos presos depende da adoção de políticas públicas integrais, o que indica que o parágrafo 6º do art. 5º da Convenção Americana impõe aos Estados uma obrigação institucional de garantir às pessoas privadas de liberdade assistência e oportunidades para que desenvolvam suas "potencialidades individuais".[241] Ao mesmo tempo, a Comissão IDH entende que a participação dos detentos nestas atividades deve ser voluntária, pois vislumbra que a reabilitação é alcançada se a participação nestes projetos partir de uma escolha genuína do indivíduo.[242]

Um dos maiores desafios que se coloca às autoridades públicas é o fato de que grande parte da população carcerária das Américas é constituída de pessoas jovens, o que aumenta a responsabilidade pela implementação de políticas públicas de reabilitação, já que se trata de uma parcela da população que pode, futuramente, desenvolver

---

[238]   Corte IDH. *Caso García Asto e Ramírez Rojas* vs. *Peru*, parágrafo 223.

[239]   ONU. *Regras Mínimas das Nações Unidas para o Tratamento de Reclusos*, regra 4.

[240]   Idem, regra 87.

[241]   Comissão IDH. *Informe sobre los derechos humanos de las personas privadas de libertad en las Américas*, parágrafos 608 e 609.

[242]   Idem, parágrafo 615.

uma vida produtiva de trabalho, desde que se afastem os perigos da exclusão social e da reincidência criminal.[243]

De acordo com a Comissão IDH, os Estados devem adotar modelos educativos voltados à salvaguarda da dignidade humana e ao desenvolvimento integral das pessoas. Não devem se restringir, portanto, ao tratamento de questões psicológicas com as quais lidam os presos, nem se reduzir à sua capacitação para o trabalho.[244] O trabalho deverá ser produtivo, o que significa que deverá contribuir para que os presos aumentem suas capacidades para o período posterior ao cárcere. Para a Comissão IDH, faltam oportunidades de trabalho – sobretudo de trabalho produtivo – aos presos da região.[245]

 TEMA RELACIONADO

- **Violência contra a mulher**

A proteção dos direitos das mulheres é um dos eixos temáticos trabalhados pelo sistema interamericano de direitos humanos, a exemplo da Relatoria Especial sobre Mulheres da Comissão Interamericano de Direitos Humanos. Dados os alarmantes índices segundo os quais a América Latina é a região mais violenta do mundo para as mulheres,[246] optou-se por abordar o tema vinculando-o ao direito à integridade pessoal.

O sistema interamericano conta com a Convenção Interamericana para Prevenir, Punir e Erradicar a Violência contra a Mulher, denominada de Convenção de Belém do Pará, ratificada pelo Brasil em 1995. É o art. 7º deste tratado que concentra as principais obrigações dos Estados-Partes, tais como o dever de se abster da prática de atos de violência e de zelar para que seus agentes não os cometam; incorporar normas em suas legislações para a consecução dos objetivos de prevenir, punir e erradicar a violência contra a mulher; adotar medidas jurídicas que permitam o afastamento do agressor; estabelecer os mecanismos necessários para que as mulheres vítimas de violência tenham acesso à justiça e a reparações.

O art. 12 da Convenção de Belém do Pará dispõe que poderão ser apresentadas perante a Comissão IDH petições referentes a denúncias ou queixas de violações do art. 7º por um Estado-Parte. O caso *Campo Algodoeiro* vs. *México* foi a primeira ocasião em que a Corte Interamericana se pronunciou acerca de sua competência para aplicar a Convenção de Belém do Pará. Concluiu que, apesar de referenciar expressamente apenas a Comissão IDH, a Convenção de Belém do Pará atribui competência à Corte ao não a excluir dos procedimentos fixados na Convenção Americana para a consideração de petições. A Corte também consignou que os arts. 8º e 9º da Convenção

---

[243] Comissão IDH. *Informe sobre los derechos humanos de las personas privadas de libertad en las Américas*, parágrafo 610.

[244] Idem, parágrafo 616.

[245] Idem, parágrafos 617-619.

[246] ONU Brasil. *Região da América Latina e do Caribe é a mais violenta do mundo para as mulheres, diz ONU*. Publicação em: 22.11.2017.

de Belém do Pará, embora não sejam justiciáveis, podem ser empregados para fins de interpretação do art. 7º.[247]

No caso *Campo Algodoeiro*, o Estado do México foi condenado devido ao desaparecimento e assassinato de mulheres na Ciudad Juarez entre os anos de 1993 e 2003. Para a Corte Interamericana, a omissão estatal contribuiu para a consolidação de uma cultura de discriminação estrutural contra as mulheres. A sentença condenou o Estado ao dever de investigar as violações ocorridas à luz de uma perspectiva de gênero, com base nos arts. 7.b e 7.c da Convenção de Belém do Pará.[248] No que tange à fixação de parâmetros protetivos, no caso *Campo Algodonero* foram estabelecidos requisitos para a definição de "feminicídio", qualificado como homicídios em face de mulheres por razão de gênero. Note-se que o caso *Campo Algodonero* e os parâmetros protetivos interamericanos nele desenvolvidos fomentaram a adoção da lei que tipifica o feminicídio no Brasil (Lei nº 13.104/2015, que prevê o feminicídio como circunstância qualificadora do crime de homicídio).

Por seu turno, o caso *Presídio Miguel Castro Castro* vs. *Peru*, cujas violações foram praticadas no bojo do conflito armado que assolou o Estado, foi o primeiro caso contencioso em que a Corte Interamericana se manifestou sobre a violência de gênero contra a mulher. O caso versa sobre a Operação Mudança 1, levada a cabo pelo Estado com o intuito de transferir detentas do Presídio Miguel Castro Castro para centros penitenciários femininos, em 1992.

Nesta oportunidade, reconhecendo a gravidade dos atos de violência sexual praticados por agentes militares em face de algumas mulheres – como nudez forçada –, a Corte Interamericana, aplicando a CIPPT, entendeu consistirem referidos atos em tortura, haja vista as implicações da vulnerabilidade das vítimas e do controle abusivo exercido pelos agentes estatais de segurança. Ademais, consignou que a realização de inspeções vaginas configura violação sexual,[249] sendo esta uma experiência traumática que atenta contra a dignidade e causa danos físicos e psicológicos, também configurando tortura.

Como o Estado do Peru ratificou a Convenção de Belém do Pará após a ocorrência dos fatos, este instrumento foi considerado violado apenas em relação ao dever

---

[247] Corte IDH. *Caso González e Outras ("Campo Algodoeiro")* vs. *México*. Sentença 16.11.2009. Série C, nº 2015.

[248] Art. 7: "Os Estados-Partes condenam todas as formas de violência contra a mulher e convêm em adotar, por todos os meios apropriados e sem demora, políticas destinadas a prevenir, punir e erradicar tal violência e a empenhar-se em: b. agir com o devido zelo para prevenir, investigar e punir a violência contra a mulher; c. incorporar na sua legislação interna normas penais, civis, administrativas e de outra natureza, que sejam necessárias para prevenir, punir e erradicar a violência contra a mulher, bem como adotar as medidas administrativas adequadas que forem aplicáveis".

[249] Em observância aos parâmetros normativos e jurisprudenciais do Direito Penal Internacional, a Corte IDH entendeu que o ato de violação sexual (estupro) não implica necessariamente uma relação sexual por via vaginal sem consentimento, mas abarca "atos de penetração vaginais ou anais, sem consentimento da vítima, mediante a utilização de outras partes do corpo do agressor ou objetos, assim como a penetração bucal com o membro viril". Tradução livre. Em: Corte IDH. *Caso do Presídio Miguel Castro Castro* vs. *Peru*. Sentença 25.11.2006. Série C, nº 160, parágrafos 307-311.

de investigar com base em uma perspectiva de gênero, em conexão aos arts. 8º e 25 da Convenção Americana. Destaca-se que a aplicação da CIPPT possibilitou o enquadramento, pela primeira vez no âmbito da Corte Interamericana, de atos de violência sexual como prática de tortura. Este entendimento se consolidou na jurisprudência da Corte, conforme se verá adiante.

No ano de 2010, nos casos *Fernández Ortega e Outros*[250] e *Rosendo Cantú e Outra*[251], ambos contra o México, a Corte Interamericana declarou violado, pela primeira vez, a alínea "a" do art. 7º da Convenção de Belém do Pará.[252] Esta disposição impõe aos Estados o dever de "abster-se de qualquer ato ou prática de violência contra a mulher e velar por que as autoridades [...] ajam de conformidade com essa obrigação". Em ambos os casos, as vítimas foram violentadas sexualmente por agentes militares mexicanos, às vezes de maneira coletiva, atos estes que foram observados por terceiros, militares e, no caso de Fernández Ortega, por seus filhos. A prática das violações sexuais foi considerada pela Corte Interamericana como tortura, à luz da CIPPT.

Outros julgados evidenciam a linha decisória adotada pela Corte em casos que envolvem estupro. No caso *J.* vs. *Peru*, a Corte declarou descumprida a obrigação de garantir o direito à integridade pessoal em virtude da não realização de uma investigação efetiva de ameaças e atos de violência física e sexual. Além dos arts. 5º e 11 (direito à proteção da honra e da dignidade) da Convenção Americana, foram violados a CIPPT e o art. 7.b da Convenção de Belém do Pará.[253]

No caso *Véliz Franco e Outros* vs. *Guatemala*, relacionado ao desaparecimento de Véliz Franco, menor de idade à época dos fatos, a Corte Interamericana entendeu como violados os arts. 7.b e 7.c da Convenção de Belém do Pará, em razão da ausência de uma investigação com perspectiva de gênero, devido à possibilidade de que o homicídio tenha sido cometido por razões de gênero, além da falta de protocolos e normas aplicáveis situações como esta.[254]

No caso *Espinoza Gonzáles* vs. *Peru*, a Corte identificou violações ao art. 7.b da Convenção de Belém do Pará por conta (i) do descumprimento do dever de investigar dos atos de violência sexual praticados contra a vítima durante sua detenção e (ii) "da valoração estereotipada da prova por parte do poder judicial, que constituiu discriminação no acesso à justiça por razões de gênero, assim como pela violência sexual e tortura de que padeceu a vítima".[255] Além de violações à integridade pessoal, à proteção à honra e à dignidade, às garantias judiciais e à proteção judicial, a Corte considerou vulnerada a CIPPT.

Em relação ao Brasil, mencionam-se dois casos processados perante o sistema interamericano afetos à violência contra a mulher. O primeiro concerne à emblemática decisão da Comissão IDH no caso Maria da Penha, originado de uma denúncia em

---

[250] Corte IDH. *Caso Fernández Ortega e Outros* vs. *México*. Sentença 30.08.2010. Série C, nº 215.

[251] Corte IDH. *Caso Rosendo Cantú e Outra* vs. *México*. Sentença 31.08.2010. Série C, nº 216.

[252] Corte IDH. *Caso Velásquez Paiz e Outros* vs. *Guatemala*. Sentença 19.11.2015. Voto Arrazoado do Juiz Eduardo Ferrer Mac-Gregor Poisot. Série C, nº 307, parágrafo 11.

[253] Corte IDH. *Caso J.* vs. *Peru*. Sentença 27.11.2013. Série C, nº 275.

[254] Corte IDH. *Caso Véliz Franco e Outros* vs. *Guatemala*. Sentença 19.05.2014. Série C, nº 277.

[255] Corte IDH. *Caso Velásquez Paiz e Outros* vs. *Guatemala*. Sentença 19.11.2015. Voto Arrazoado do Juiz Eduardo Ferrer Mac-Gregor Poisot. Série C, nº 307, parágrafo 15.

face do Estado brasileiro por tolerar a violência cometida por Marco Antônio Heredia Viveiros contra sua então esposa, Maria da Penha da Maia Fernandes. A violência ocorreu durante os anos de convivência matrimonial e culminou em duas tentativas de homicídio, em 1983. Em decorrência das agressões, Maria da Penha foi acometida de paraplegia irreversível. Em decisão de 2001, a Comissão IDH apontou a tolerância do Estado brasileiro com a violência perpetrada, haja vista que, quando da submissão do caso ao sistema interamericano, mais de 17 anos haviam transcorrido sem que uma sentença condenatória do agressor tivesse sido prolatada pelo Judiciário.[256]

Identificou-se que a omissão estatal seria resultado de uma pauta sistemática, "de uma tolerância de todo o sistema, que não faz senão perpetuar as raízes e fatores psicológicos, sociais e históricos que mantêm e alimentam a violência contra a mulher".[257] Por estas razões, a Comissão entendeu que não apenas a obrigação de processar, julgar e condenar agressores fora violada, mas também o dever de prevenção destas práticas degradantes, o que criou um ambiente propício para a violência doméstica. O Estado foi negligente e inefetivo, não tendo demonstrado vontade para punir esses atos.[258]

Como resposta às recomendações formuladas pela Comissão IDH, em 2003, entrou em vigor a Lei nº 10.778, que determina a notificação compulsória de casos de violência contra mulheres que forem atendidas em estabelecimentos públicos ou privados de saúde. Em 2006, foi adotada a Lei nº 11.340 (Lei "Maria da Penha"), que, ineditamente, criou mecanismos para coibir a violência doméstica e familiar contra a mulher, estabelecendo medidas para a prevenção, assistência e proteção às mulheres em situação de violência.

O segundo caso diz respeito à recente decisão, proferida em 2017, no caso Favela Nova Brasília. Os fatos remontam a uma incursão policial realizada em 1994 por policiais civis e militares na Favela Nova Brasília, na cidade do Rio de Janeiro. Além de detenções e execuções arbitrárias de moradores da favela, cujos corpos foram deixados à mostra na praça principal da localidade, os policias cometeram atos de violência sexual contra três jovens mulheres.[259]

Como o Brasil ratificou a Convenção de Belém do Pará após os fatos que originaram o caso, as manifestações da Corte acerca deste instrumento se restringiram ao dever de investigar atos de violência contra a mulher. Ressaltou que o estupro de uma mulher que se encontra sob a custódia do Estado é um ato "especialmente grave e reprovável, levando em conta a vulnerabilidade da vítima e o abuso de poder que pratica o agente",[260] culminando em humilhação física e emocional. A Corte detalhou o conteúdo da obrigação estatal de investigar com devida diligência atos de estupro, reforçando a necessidade de capacitação das autoridades estatais em uma perspectiva de gênero. Apesar dos avanços legislativos[261] no Brasil acerca do tratamento da vio-

---

[256] Comissão IDH. *Caso Maria da Penha Maia Fernandes* vs. *Brasil*. Informe 54/01, 16.04.2001. Caso nº 12.051, parágrafo 55.

[257] Idem.

[258] Idem, parágrafo 56.

[259] Corte IDH. *Caso Favela Nova Brasília* vs. *Brasil*. Sentença 16.02.2017. Série C, nº 333.

[260] Idem, parágrafo 255.

[261] A Corte referenciou a Lei 12.845/2013, que dispõe sobre o atendimento obrigatório e integral de pessoas em situação de violência sexual; o Decreto 7.958/2013, que estabelece diretrizes para o

lência contra as mulheres, a Corte instou o Estado a implementar um programa sobre atendimento a mulheres vítimas de estupro destinado a funcionários das Polícias Civil e Militar e a funcionários da saúde.[262]

O diagnóstico dos casos do sistema interamericano que versam sobre violência contra a mulher envia a mensagem de que um longo caminho ainda precisa ser percorrido em prol da salvaguarda dos direitos das mulheres na região. Não obstante, não se ignoram os avanços institucionais. Em relatório elaborado em 2017, o Programa das Nações Unidas para o Desenvolvimento e a ONU Mulheres constaram que 24 dos 33 Estados da América Latina e do Caribe contam com leis que protegem os direitos das vítimas perante o exercício de violência doméstica ou familiar.[263]

Com a adesão dos Estados à Convenção de Belém do Pará e a incessante luta das entidades da sociedade civil na região, 9 Estados sancionaram as denominadas "leis integrais de violência contra as mulheres", as quais refletem uma abordagem abrangente de resposta institucional a este tipo de violência.[264] O estudo também identificou as políticas públicas que têm sido desenvolvidas pelos Estados em prol da prevenção, erradicação e punição da violência contra a mulher. Somente Trindade e Tobago e Santa Lucia, países caribenhos, não contam com planos oficiais de enfrentamento à violência de gênero e contra a mulher.[265]

Artigo 6
Proibição da Escravidão e da Servidão

1. Ninguém pode ser submetido a escravidão ou a servidão, (1) e tanto estas como o tráfico de escravos e o tráfico de mulheres são proibidos em todas as formas. (2)

2. Ninguém deve ser constrangido a executar trabalho forçado ou obrigatório. (3) Nos países em que se prescreve, para certos delitos, pena privativa da liberdade acompanhada de trabalhos forçados, esta disposição não pode ser interpretada no sentido de que proíbe o cumprimento da dita pena, imposta por juiz ou tribunal competente. O trabalho forçado não deve afetar a dignidade nem a capacidade física e intelectual do recluso. (4)

3. Não constituem trabalhos forçados ou obrigatórios para os efeitos deste artigo: (5)

a) os trabalhos ou serviços normalmente exigidos de pessoa reclusa em cumprimento de sentença ou resolução formal expedida pela autoridade

---

atendimento de vítimas de violência sexual pelos profissionais de segurança pública e pelo pessoal do SUS; o Decreto 8.086/2013, que criou o Programa Mulher: Viver sem violência, que inclui capacitação para garantir o atendimento das vítimas de violência sexual.

[262]   Idem, parágrafo 323.

[263]   PNUD; ONU Mulheres. *Del Compromiso a la Acción*: Políticas para Erradicar la Violencia contra las Mujeres América Latina y el Caribe. Panamá, 2017, p. 17.

[264]   Os Estados que adotaram estas leis que dão um passo além da proteção das vítimas de violência são: México, Argentina, Colômbia, El Salvador, Guatemala, Nicarágua, Venezuela, Bolívia e Panamá. Em: Idem, p. 26.

[265]   Idem, p. 43.

judiciária competente. Tais trabalhos ou serviços devem ser executados sob a vigilância e controle das autoridades públicas, e os indivíduos que os executarem não devem ser postos à disposição de particulares, companhias ou pessoas jurídicas de caráter privado;

b) o serviço militar e, nos países onde se admite a isenção por motivos de consciência, o serviço nacional que a lei estabelecer em lugar daquele;

c) o serviço imposto em casos de perigo ou calamidade que ameace a existência ou o bem-estar da comunidade; e

d) o trabalho ou serviço que faça parte das obrigações cívicas normais.

LEGISLAÇÃO RELACIONADA

> **Legislação Internacional**
- Carta Africana dos Direitos Humanos e dos Povos: art. 5º
- Convenção Europeia de Direitos Humanos: art. 4º
- Convenção nº 105 da Organização Internacional do Trabalho
- Declaração Universal dos Direitos Humanos: art. 4º

> **Legislação Nacional**
- Código Penal: arts. 149, 203, I e II; 207
- Constituição Federal: art. 5º, XIII e XLVII, *c*
- Lei nº 3.353, de 13.05.1888 (Lei Áurea)

JURISPRUDÊNCIA RELACIONADA

> **Jurisprudência Internacional**

Tribunal	Caso
Corte IDH	Caso de las Masacres de Ituango vs. Colombia (1º de julho de 2006)
Corte IDH	Caso Trabalhadores da Fazenda Brasil Verde vs. Brasil (20 de outubro de 2016)

> **Jurisprudência Nacional**

Tribunal	Caso
STF	INQ. 3.412

COMENTÁRIOS

Por *Valerio de Oliveira Mazzuoli*

(1) O art. 6º da Convenção Americana abole, nos países que a ratificaram, qualquer tipo de escravidão ou servidão. Por *escravidão* (*escravismo* ou *escravatura*) se entende a situação de uma pessoa submetida a trabalho forçado sem remuneração, como foi a escravidão negra (africana) no Brasil Imperial. No Brasil, a atividade – que também ocorreu com os *índios* – esteve precipuamente ligada à agricultura e à mineração, tendo sido formalmente abolida pela Lei Áurea de 13 de maio de 1888. Por *servidão* se entende a prática de trabalhos forçados de trabalhadores rurais (*servos*) nos campos dos senhores de terras em troca de pseudovantagens, como moradia e direito ao arrendamento de terras para sua subsistência. A diferença entre os *escravos* e os *servos* reside no fato destes últimos não serem "propriedade" de ninguém, não podendo ser vendidos ou trocados por outro, salvo se em conjunto com a própria terra onde trabalham.

O Código Penal brasileiro, no art. 149, criminaliza a conduta de se reduzir alguém à condição análoga à de escravo "quer submetendo-o a trabalhos forçados ou a jornada exaustiva, quer sujeitando-o a condições degradantes de trabalho, quer restringindo, por qualquer meio, sua locomoção em razão de dívida contraída com o empregador ou preposto", prevendo pena de reclusão, de dois a oito anos, e multa, além da pena correspondente à violência. Nas mesmas penas incorre quem: *a*) cerceia o uso de qualquer meio de transporte por parte do trabalhador, com o fim de retê--lo no local de trabalho; ou *b*) mantém vigilância ostensiva no local de trabalho ou se apodera de documentos ou objetos pessoais do trabalhador, com o fim de retê-lo no local de trabalho (art. 149, § 1º, I e II). A pena ainda é aumentada de metade se o crime é cometido: *a*) contra criança ou adolescente; ou *b*) por motivo de preconceito de raça, cor, etnia, religião ou origem (art. 149, § 2º, I e II).

Atualmente, o que se presencia em muitos países do Continente Americano é uma nova e mais requintada forma de escravidão e servidão. Tal pode ser chamado de *neoescravismo*, enquanto nova forma de comercialização de corpos humanos, caracterizando-se fundamentalmente pela falta de opção que têm grande parcela da população de encontrar trabalho digno fora de um sistema que os aprisiona com promessas de melhoria da qualidade de vida e bons salários. Ao imigrante são oferecidas "grandes vantagens" para si e sua família, como casa própria, salário alto e quitação de dívidas, valendo o seu consentimento como aceite em verdadeira *sentença de morte* num regime hostil aos direitos dos seres humanos.[266]

(2) Além da proibição da escravidão e da servidão, o art. 6º, 1, da Convenção também proíbe, em todas as suas formas, o *tráfico de escravos* e o *tráfico de mulheres*. Este último tipo de tráfico está ligado à exploração sexual, em razão do qual se levam mulheres de um país a outro a fim de ali serem sexualmente exploradas. Tal se dá, notadamente, nas periferias dos grandes centros urbanos, em que a pobreza e a miséria por que passam muitas mulheres fomentam a atuação dos traficantes, que têm como objetivo principal do tráfico o lucro e estão normalmente ligados ao crime organizado internacional.

São várias as finalidades do tráfico de mulheres, sendo as mais comuns a prostituição tradicional, o turismo sexual, o abuso sexual e a pornografia. No Brasil, o tráfico para fins sexuais se dá prioritariamente com mulheres de cor negra ou morena entre 15 e 27 anos. Os chamarizes para a exploração estão normalmente ligados ao trabalho no exterior (em *shoppings centers* ou redes de supermercados, agências de

---

[266]   Cf. DEL'OLMO, Florisbal de Souza. *A extradição no alvorecer do século XXI*. Rio de Janeiro: Renovar, 2007. p. 190-191.

modelos, casas de massagem, agências de emprego, agências de turismo, como redes de hotéis, *resorts* etc.). Uma vez no destino – comenta Del'Olmo –, têm essas mulheres seus documentos, mormente o passaporte, escondidos, e são submetidas a cárcere privado, ficando à mercê de seus detentores.[267]

É bom lembrar que em reforma realizada ao Código Penal brasileiro, pela Lei 11.106/2005, o termo "mulher" (constante no art. 231 do CP) foi alterado para "pessoa", estendendo-se doravante a proteção legislativa a todos aqueles (mulheres ou não) que entrem ou saiam do território nacional com o fim de se prostituir, sendo punido quem promove, intermedeia ou facilita tal entrada ou saída, com reclusão de três a oito anos e multa. O art. 231-A do CP também passou a referir-se a "pessoas", ao punir (com pena de reclusão de três a oito anos e multa) a atividade de "promover, intermediar ou facilitar, no território nacional, o recrutamento, o transporte, a transferência, o alojamento ou o acolhimento da pessoa que venha exercer a prostituição".

(3) O art. 6º, 2, da Convenção estabelece que "ninguém deve ser constrangido a executar trabalho forçado ou obrigatório". É importante lembrar que, para além do comando da Convenção Americana em comento, o Brasil também é parte da Convenção 105 da OIT (1957), concernente à abolição do trabalho forçado, desde 18 de junho de 1966. Nos termos do art. 1º dessa Convenção, qualquer membro da OIT que a tenha ratificado "se compromete a suprimir o trabalho forçado ou obrigatório, e a não recorrer ao mesmo sob forma alguma: *a*) como medida de coerção, ou de educação política ou como sanção dirigida a pessoas que tenham ou exprimam certas opiniões políticas, ou manifestem sua oposição ideológica, à ordem política, social ou econômica estabelecida; *b*) como método de mobilização e de utilização da mão de obra para fins de desenvolvimento econômico; *c*) como medida de disciplina de trabalho; *d*) como punição por participação em greves; *e*) como medida de discriminação racial, social, nacional ou religiosa". Conforme dispõe o art. 2º do mesmo instrumento, é obrigação dos Estados-Partes na Convenção adotar medidas eficazes voltadas à abolição imediata e completa do trabalho forçado ou obrigatório, tal como descrito no art. 1º.

No tocante à regra do art. 6º, 2, da Convenção Americana, é importante notar a menção que faz à não obrigatoriedade de se executar "trabalho *forçado* ou *obrigatório*". A execução de trabalho *forçado* é, de longo tempo, considerada hostil à ideia de direitos humanos. Mas a execução de trabalho *obrigatório* (que é medida mais branda que o trabalho forçado) ainda subsiste em muitos países. Segundo a Convenção, ninguém pode ser constrangido a executá-lo. Se o Estado impõe trabalho obrigatório às pessoas sujeitas à sua jurisdição e as constrange (física ou moralmente) a executá-lo, está agindo em violação da Convenção Americana e deverá ser responsabilizado no plano internacional. É evidente que tal *obrigatoriedade* é a desproporcional ou a irrazoável, e não aquela normalmente exigida de pessoa reclusa em cumprimento de sentença ou resolução formal expedida por autoridade judiciária competente (*v.* comentário ao art. 6º, 3, *a*, *infra*).

(4) A regra do art. 6º, 2, de que "ninguém deve ser constrangido a executar trabalho forçado ou obrigatório", sofre exceção relativamente aos países nos quais se impõe,

---

[267]   Idem, p. 192.

para certos tipos de delitos, pena privativa de liberdade "acompanhada de trabalhos forçados". Contudo, nesse último caso, estabelece a Convenção que tal pena deve ser imposta por um juiz ou tribunal competente e desde que o trabalho forçado em causa não afete a dignidade nem a capacidade física e intelectual do recluso.

A regra tem valor, evidentemente, apenas para os países que admitem juridicamente (por norma posta, estabelecida em seu ordenamento jurídico) que uma pena privativa de liberdade seja acompanhada de trabalhos forçados, não obstante a abolição desse tipo de pena acessória em tais países impedir sua restituição à luz do princípio da vedação do retrocesso.

No Brasil, em razão da norma insculpida no art. 5º, XLVII, c, da Constituição Federal de 1988, estão vedadas quaisquer penas "de trabalhos forçados". Assim, em nosso sistema jurídico não cabe a exceção permissiva prevista pela Convenção Americana, em razão da regra *pro homine* insculpida na Constituição de 1988.

(5) Segundo a Convenção Americana, não constituem trabalhos forçados ou obrigatórios para os efeitos do art. 6º as exceções constantes do seu § 3º, quais sejam:

a) os trabalhos ou serviços normalmente exigidos de pessoa reclusa em cumprimento de sentença ou resolução formal expedida pela autoridade judiciária competente (sendo certo que tais trabalhos ou serviços devem ser executados sob a vigilância e controle das autoridades públicas, não devendo os indivíduos que os executarem serem postos à disposição de particulares, companhias ou pessoas jurídicas de caráter privado). Assim, não viola a Convenção disposições como a da Lei de Execução Penal (Lei 7.210/84) que prevê, no art. 39, V, constituírem deveres do condenado a "execução do *trabalho*, das tarefas e das ordens recebidas". À evidência, o que a Convenção impede (no caso do art. 6º, 2) é a imposição de trabalhos irrazoáveis ou desproporcionais, e não aqueles "normalmente exigidos" de pessoa reclusa em virtude de cumprimento de sentença ou resolução formal expedida por autoridade judiciária competente;

b) o serviço militar e, nos países em que se admite a isenção por motivos de consciência, o serviço nacional que a lei estabelecer em lugar daquele. A isenção por motivos de consciência é chamada de *escusa de consciência*. Assim é no caso brasileiro, em que a Constituição (art. 5º, VIII) assegura que "ninguém será privado de direitos por motivo de crença religiosa ou de convicção filosófica ou política, *salvo se as invocar* para eximir-se de obrigação legal a todos imposta [como é o caso, *v.g.*, do serviço militar] e recusar-se a cumprir prestação alternativa, fixada em lei";

c) o serviço imposto em casos de perigo ou de calamidade que ameace a existência ou o bem-estar da comunidade. Nesse caso, a preservação da ordem social pode exigir certo tipo de trabalho do cidadão (*v.g.*, em casos de *perigo* ou de *calamidade*), o que não constituirá trabalho forçado ou obrigatório para os efeitos do art. 6º da Convenção; e

d) o trabalho ou serviço que faça parte das obrigações cívicas normais. Aqui, a Convenção privilegiou as obrigações patrióticas (*cívicas*), as quais podem ser impostas por lei ao cidadão sem constituírem trabalhos forçados ou obrigatórios, também para os efeitos do art. 6º.

Artigo 7
Direito à Liberdade Pessoal

1. Toda pessoa tem direito à liberdade e à segurança pessoais. (1)

2. Ninguém pode ser privado de sua liberdade física, salvo pelas causas e nas condições previamente fixadas pelas Constituições políticas dos Estados-Partes ou pelas leis de acordo com elas promulgadas. (2)

3. Ninguém pode ser submetido a detenção ou encarceramento arbitrários. (3)

4. Toda pessoa detida ou retida deve ser informada das razões da sua detenção e notificada, sem demora, da acusação ou acusações formuladas contra ela. (4)

5. Toda pessoa detida ou retida deve ser conduzida, sem demora, à presença de um juiz ou outra autoridade autorizada pela lei a exercer funções judiciais e tem direito a ser julgada dentro de um prazo razoável ou a ser posta em liberdade, sem prejuízo de que prossiga o processo. Sua liberdade pode ser condicionada a garantias que assegurem o seu comparecimento em juízo. (5)

6. Toda pessoa privada da liberdade tem direito a recorrer a um juiz ou tribunal competente, a fim de que este decida, sem demora, sobre a legalidade de sua prisão ou detenção e ordene sua soltura se a prisão ou a detenção forem ilegais. Nos Estados-Partes cujas leis preveem que toda pessoa que se vir ameaçada de ser privada de sua liberdade tem direito a recorrer a um juiz ou tribunal competente a fim de que este decida sobre a legalidade de tal ameaça, tal recurso não pode ser restringido nem abolido. O recurso pode ser interposto pela própria pessoa ou por outra pessoa. (6)

7. Ninguém deve ser detido por dívidas. Este princípio não limita os mandados de autoridade judiciária competente expedidos em virtude de inadimplemento de obrigação alimentar. (7)

LEGISLAÇÃO RELACIONADA

➢ **Legislação Internacional**
- Carta Africana dos Direitos Humanos e dos Povos: art. 6º
- Convenção Europeia de Direitos Humanos: art. 5º
- Declaração Universal dos Direitos Humanos: arts. 3º e 9º
- Estatuto de Roma do Tribunal Penal Internacional: art. 7º, 1, *e*
- Pacto Internacional dos Direitos Civis e Políticos de 1966: art. 9º

➢ **Legislação Nacional**
- Código de Processo Penal: art. 283
- Constituição Federal: art. 5º, LXI, XLVII, LXV, LXVII e LXXVIII

JURISPRUDÊNCIA RELACIONADA

➢ **Jurisprudência Internacional**

Tribunal	Caso
Corte IDH	Opinião Consultiva nº 8 (30 de janeiro de 1987)
Corte IDH	Opinião Consultiva nº 9 (6 de outubro de 1987)

Tribunal	Caso
Corte IDH	Opinião Consultiva nº 24 (24 de novembro de 2017)
Corte IDH	Caso Anzualdo Castro vs. Peru (22 de setembro de 2009)

➢ **Jurisprudência Nacional**

Tribunal	Caso
STF	HC 90450
STF	Súmula Vinculante nº 25
STF	HC 111.173

 ## COMENTÁRIOS

Por *Flávia Piovesan e Melina Girardi Fachin*

(1) O direito à liberdade é consagrado pelos instrumentos internacionais como a base para a fruição de diversos direitos, pois "cada um dos direitos humanos protege um aspecto da liberdade do indivíduo".[268] Desde a Declaração Universal dos Direitos Humanos e da Declaração Americana de Direitos e Deveres do Homem, os direitos à liberdade e à segurança são amplamente tutelados. O Pacto Internacional dos Direitos Civis e Políticos e as três convenções regionais de direitos humanos protegem, também, os direitos à liberdade de pensamento e expressão, à liberdade de consciência e religião, à liberdade de associação e reunião, à liberdade de circulação e residência.

O art. 7º da Convenção Americana consiste em amplo âmbito de proteção do aspecto pessoal dos direitos à liberdade e à segurança. A liberdade pode ser compreendida como a capacidade de fazer ou deixar de fazer o que é permitido, ou seja, é o direito de toda pessoa de "organizar, com arranjo legal, sua vida individual e social conforme suas próprias opções e convicções".[269] A segurança, por seu turno, constitui a "ausência de perturbações que restrinjam ou limitem a liberdade além do razoável".[270]

O conteúdo essencial do art. 7º corresponde à proteção da liberdade individual em face de qualquer interferência ilegal ou arbitrária do Estado e se desdobra em duas diferentes, porém complementares, vertentes: (i) a previsão geral do inciso primeiro e (ii) as garantias específicas quando da privação de liberdade, dispostas nos incisos seguintes.[271] Por isso, a violação de quaisquer dos incisos implica vulneração do inciso

---

[268] Corte IDH. *Caso Chaparro Álvares e Lapo Íñiguez vs. Equador.* Sentença 21.11.2007. Série C, nº 170, parágrafo 51.

[269] Idem. Idem.

[270] Idem. Idem.

[271] Corte IDH. *Caso Argüelles e Outros vs. Argentina.* Sentença 20.11.2014. Série C, nº 288, parágrafo 114.

primeiro, pois "a falta de respeito das garantias da pessoa privada de liberdade desemboca, em suma, na falta de proteção do próprio direito à liberdade desta pessoa"[272].

Tradicionalmente, o enfoque conferido pela Corte Interamericana se dirige à liberdade física e à segurança física, restringindo-se aos comportamentos e aos movimentos corporais dos indivíduos titulares destes direitos.[273] Recentemente, ao proferir a *Opinião Consultiva nº 24/2017*, a Corte rememorou a interpretação extensiva conferida a alguns casos envolvendo o direito à liberdade e concluiu que referido direito significa a possibilidade de autodeterminação e livre escolha das circunstâncias que conferem sentido à existência dos seres humanos.[274]

O direito à liberdade está, portanto, intimamente conectado ao livre desenvolvimento da personalidade, à proteção do direito à vida privada, aos direitos à identidade e à autonomia pessoais.[275] No julgamento do caso *Artavia Murillo* vs. *Costa Rica*, a Corte Interamericana salientou que a decisão de se conceber filhos biológicos mediante técnicas de reprodução assistida integra a liberdade e a identidade pessoais.[276] De igual modo, no caso *I.V.* vs. *Bolívia*, decidiu-se que a obrigatoriedade de consentimento livre, prévio e informado das mulheres em relação aos métodos de esterilização se justifica para proteger o direito à liberdade pessoal.[277] Também no caso *Gelman vs. Uruguai*, considerou-se que o Estado violou o art. 7.1 da Convenção Americana devido ao desaparecimento e posterior supressão da identidade de uma criança pelas forças de segurança.[278]

A despeito dessas nuances, os casos mais recorrentes apreciados pelo sistema interamericano dizem respeito a violações cometidas por agentes estatais em contextos de detenção. Ainda assim, tal qual decidido no caso *19 Comerciantes* vs. *Colômbia*, a Corte Interamericana reconhece que é atribuível ao Estado a responsabilidade pela violação do direito à liberdade pessoal perpetrada por grupos paramilitares nas hipóteses em que há colaboração de agentes estatais e/ou ausência de diligência estatal nas investigações.[279]

(2) Para que a privação de liberdade seja adequada aos padrões convencionais, é necessário que ocorra em conformidade às causas e condições (aspecto material) e aos procedimentos (aspecto formal) objetivamente definidos nas Constituições e nas leis internas dos Estados-Partes.[280] O enunciado do art. 7.2 veicula, portanto, o princípio

---

[272] Corte IDH. *Caso Ruano Torres e Outros* vs. *El Salvador*. Sentença 05.10.2015. Série C, nº 303, parágrafo 140.

[273] Idem, parágrafo 52.

[274] Corte IDH. *Opinião Consultiva nº 24/2017*. Identidade de gênero, igualdade e não discriminação a casais do mesmo sexo, parágrafo 153.

[275] Idem, parágrafo 89.

[276] Corte IDH. *Caso Artavia Murillo e Outros (Fertilização in vitro)* vs. *Costa Rica*. Sentença 28.11.2012. Série C, nº 257, parágrafo 272.

[277] Corte IDH. *Caso I.V.* vs. *Bolívia*. Sentença 30.11.2016. Série C, nº 329, parágrafo 165.

[278] Corte IDH. *Caso Gelman* vs. *Uruguai*. Sentença 24.02.2011. Série C, nº 221, parágrafo 129.

[279] Corte IDH. *Caso 19 Comerciantes* vs. *Colômbia*. Sentença 05.07.2004. Série C, nº 109, parágrafo 145.

[280] Corte IDH. *Caso Servellón García e Outros* vs. *Honduras*. Sentença 21.09.2006. Série C, nº 152, parágrafo 89.

da legalidade a ser observado quando da privação de liberdade. Ademais, exige-se que referidas disposições de direito interno sejam compatíveis com as garantias previstas na Convenção Americana.[281]

Sem o atendimento aos aspectos materiais e formais previstos em lei, a privação de liberdade é ilegal e contrária à Convenção Americana. Nos casos *Chaparro Álvarez e Lapo Íñiguez* vs. *Equador e Bayarri* vs. *Argentina*, estabeleceu-se que toda privação de liberdade, exceto aquela em flagrante delito, deve ser precedida da emissão de uma ordem de prisão escrita por um juízo competente. No primeiro caso, inclusive, a Corte Interamericana identificou que a ordem de prisão foi expedida três dias após a detenção de Lapo Íñiguez e considerou, portanto, ilegal sua privação de liberdade. A Corte decidiu, ainda, que o ordenamento jurídico equatoriano não permitia que a presença de um juiz substituísse a ordem judicial escrita.[282]

O Caso dos Desaparecidos do Palácio de Justiça é também exemplificativo dos padrões de legalidade na hipótese de privação de liberdade. Os fatos do caso concernem à tomada do Palácio de Justiça, sede da Corte Suprema de Justiça e do Conselho de Estado colombiano, pelo grupo guerrilheiro M-19, em novembro de 1985. Em resposta a esta ação armada, as forças de segurança do Estado organizaram um operativo militar para a retomada do Palácio, operação esta posteriormente considerada desproporcional e excessiva.

Ao apreciar as circunstâncias em que alguns indivíduos foram detidos pelos agentes militares, a Corte Interamericana constatou a violação ao art. 7.2 da Convenção Americana. Em relação a Quijano, por exemplo, não houve o detalhamento de qual dispositivo legal embasou a privação de sua liberdade. Para a Corte, a mera referência às normas que poderiam ser aplicadas não preenche as exigências do art. 7º.[283] Ainda, quanto a Rubiano Galvis, constatou-se que este fora preso sem ordem judicial prévia e em virtude de flagrância não comprovada pelas autoridades. Durante a detenção, foi acusado por fatos sem conexão lógica com a suposta flagrância, além de ter restado incomunicável por vários dias e não ter contado com o registro de sua prisão.[284]

Embora a análise da legalidade se dê a partir do direito interno dos Estados-Partes, a Corte Interamericana já definiu alguns requisitos que devem estar presentes para que as restrições à liberdade pessoal sejam lícitas. Toda detenção, independentemente dos motivos e da duração, deve ser registrada em documento oficial que contenha as seguintes informações: as causas da prisão, a autoridade que a realizou, a data e o horário da detenção e da liberação, a confirmação de que a autoridade competente foi informada[285], a notificação dos representantes e/ou defensores de menores privados de liberdade e das visitas prestadas, informações acerca de direitos e garantias dos

---

[281]   Corte IDH. *Caso Wong Ho Wing* vs. *Peru*. Sentença 30.06.2015. Série C, nº 297, parágrafo 235.

[282]   Corte IDH. *Caso Chaparro Álvarez e Lapo Íñiguez* vs. *Equador*. Sentença 21.11.2007. Série C, nº 170, parágrafos 66-68.

[283]   Corte IDH. *Caso Rodríguez Vera e Outros (Desaparecidos do Palácio de Justiça)* vs. *Colômbia*. Sentença 14.11.2014. Série C, nº 287, parágrafos 405-407.

[284]   Idem, parágrafos 414-416.

[285]   Corte IDH. *Caso García e Familiares* vs. *Guatemala*. Sentença 29.11.2012. Série C, nº 258, parágrafo 100.

presos e anotações sobre eventuais transferências. O preso deve assinar o registro e seu defensor possuir acesso à documentação.[286]

Segundo a Comissão IDH, os registros de pessoas privadas de liberdade são uma garantia contra o desaparecimento forçado e a violação de outros direitos humanos. Constituem instrumento para a garantia dos direitos processuais, além de auxiliarem o controle do cumprimento dos prazos de prisão preventiva.[287] A publicização, a atualização e a garantia de que os registros respeitem as exigências de acesso à informação e de privacidade são obrigações dos Estados e favorecem o controle da legalidade das privações de liberdade.[288] Para a Corte, o dever de registro também existe em centros de detenção policial, como delegacias, e adquire especial importância quando a privação de liberdade se dá em contextos de estado de exceção.[289]

Importante destacar que, enquanto a Convenção Americana não contém expressamente as hipóteses em que a privação de liberdade é considerada legal, a Convenção Europeia de Direitos Humanos o faz. O art. 5º do instrumento europeu elenca as situações nas quais a detenção é lícita e as subordina ao procedimento legal consonante às legislações internas.[290] Esta diferenciação entre as duas convenções regionais conduz à conclusão de que o espectro de possibilidades de apreciação da legalidade pelas Comissão e Corte Interamericanas é mais amplo, e os parâmetros de legalidade são por estas estabelecidos.

A legalidade é o primeiro crivo de análise acerca da privação de liberdade efetuado pelo sistema interamericano. No caso *Bámaca Velásquez* vs. *Guatemala*, a Corte Interamericana consignou que o fato de a vítima ter sido detida por membros do exército sem que a sua prisão tenha sido comunicada a juiz competente e a seus familiares tornou a detenção ilegal. Ressaltou que as pessoas ilegalmente detidas se

---

[286]   Corte IDH. *Caso Bulacio* vs. *Argentina*. Sentença 18.09.2003. Série C, nº 100, parágrafo 132.

[287]   Comissão IDH. *Informe sobre o uso da prisão preventiva nas Américas*. OEA/Ser.L/V/II, 2013, parágrafo 301.

[288]   Corte IDH. *Caso Cabrera García e Montiel Flores* vs. *México*. Sentença 26.11.2010. Série C, nº 220, parágrafo 243.

[289]   Corte IDH. *Caso J.* vs. *Peru*. Sentença 27.11.2013. Série C, nº 275, parágrafo 152.

[290]   Verbis: 1. Toda a pessoa tem direito à liberdade e segurança. Ninguém pode ser privado da sua liberdade, salvo nos casos seguintes e de acordo com o procedimento legal: a) Se for preso em consequência de condenação por tribunal competente; b) Se for preso ou detido legalmente, por desobediência a uma decisão tomada, em conformidade com a lei, por um tribunal, ou para garantir o cumprimento de uma obrigação prescrita pela lei; c) Se for preso e detido a fim de comparecer perante a autoridade judicial competente, quando houver suspeita razoável de ter cometido uma infracção, ou quando houver motivos razoáveis para crer que é necessário impedi-lo de cometer uma infracção ou de se pôr em fuga depois de a ter cometido; d) Se se tratar da detenção legal de um menor, feita com o propósito de o educar sob vigilância, ou da sua detenção legal com o fim de o fazer comparecer perante a autoridade competente; e) Se se tratar da detenção legal de uma pessoa susceptível de propagar uma doença contagiosa, de um alienado mental, de um alcoólico, de um toxicómano ou de um vagabundo; f) Se se tratar de prisão ou detenção legal de uma pessoa para lhe impedir a entrada ilegal no território ou contra a qual está em curso um processo de expulsão ou de extradição".

encontram em situação agravada de vulnerabilidade por conta do risco de violação de outros direitos, tais como a dignidade e a integridade física.[291]

(3) A proibição da privação arbitrária de liberdade é um dos principais desdobramentos do direito à liberdade pessoal. Há vasta jurisprudência da Corte Interamericana sobre a temática, sobretudo nos casos de prisão preventiva. No que tange aos demais sistemas de proteção de direitos humanos, a Convenção Europeia de Direitos Humanos não contém previsão expressa sobre a proibição da arbitrariedade, mas tão somente acerca do dever de legalidade da privação de liberdade. Já a Carta Africana dos Direitos Humanos e dos Povos possui dicção semelhante à da Convenção Americana e, da mesma forma, o Pacto Internacional dos Direitos Civis e Políticos.

A proibição da privação arbitrária de liberdade é inderrogável, uma vez que constituiu garantia indispensável para a proteção de direitos. Ainda que o art. 7º não componha expressamente o rol do art. 27.2 da Convenção Americana, a construção jurisprudencial da Corte Interamericana é no sentido de que a vedação da privação arbitrária de liberdade não é passível de suspensão mesmo durante a vigência de estados de emergência e/ou em contextos de conflitos armados.[292]

O Grupo de Trabalho da ONU sobre Detenção Arbitrária publicou um relatório em 2012 no qual avaliou o caráter de costume internacional da proibição da privação arbitrária de liberdade. Referida vedação consta da maioria dos instrumentos internacionais de proteção de direitos humanos e está prevista em inúmeras Constituições[293], o que indica consistente prática estatal. Resoluções da ONU evidenciam *opinio iuris* em suporte à natureza costumeira desta norma.[294] O Grupo de Trabalho concluiu que, além de ser parte do direito internacional costumeiro, a proibição da privação arbitrária de liberdade é uma norma *jus cogens*, sendo seu conteúdo aplicável em quaisquer circunstâncias.[295]

O art. 7.3 da Convenção Americana significa que ninguém pode ser submetido ao encarceramento por razões e métodos que, ainda que considerados legais, afrontem direitos fundamentais, sejam desarrazoados ou desproporcionais.[296] Segundo a Corte Interamericana, a arbitrariedade possui conteúdo jurídico próprio.[297] Por vezes, a Corte analisa os aspectos do art. 7.3 somente se a detenção for legal (ou seja, se compatível

---

[291]   Corte IDH. *Caso Bámaca Velásquez* vs. *Guatemala*. Sentença 25.11.2000. Série C, nº 70, parágrafos 149-150.

[292]   Corte IDH. *Caso Rodríguez Vera e Outros (Desaparecidos do Palácio de Justiça)* vs. *Colômbia*, parágrafo 402.

[293]   Há, inclusive, disposições proibindo detenções arbitrárias nas legislações de Estados que não são partes do Pacto Internacional dos Direitos Civis e Políticos. Em: ONU. Conselho de Direitos Humanos. Grupo de Trabalho sobre Detenção Arbitrária. *Relatório A/HRC/22/44*, 24.12.2012. Deliberação nº 9 sobre a definição e o alcance da privação arbitrária de liberdade segundo o direito internacional costumeiro, parágrafo 46.

[294]   Idem, parágrafos 42 e 43.

[295]   Idem, parágrafo 51.

[296]   Corte IDH. *Caso Acosta Calderón* vs. *Equador*. Sentença 24.06.2005. Série C, nº 129, parágrafo 57.

[297]   Corte IDH. *Caso Bayarri* vs. *Argentina*. Sentença 30.10.2008. Série C, nº 187, parágrafo 62.

com a legislação interna e com a Convenção Americana); em outras oportunidades, o faz ainda que a ilegalidade já tenha sido comprovada.[298]

Para que uma detenção não seja arbitrária, alguns parâmetros devem ser observados: finalidade consonante à Convenção Americana; idoneidade para alcançar o fim almejado; necessidade, ou seja, ser indispensável para a obtenção do objetivo visado, desde que inexista medida menos gravosa; estrita proporcionalidade, de forma tal que a vulneração da liberdade não seja desmedida perante vantagens obtidas mediante sua restrição; motivação, a fim de possibilitar a verificação das demais condições.[299]

Estes critérios podem ser mais bem elucidados por meio da análise de situações concretas. No caso *Fleury e Outros* vs. *Haiti*, a Corte se deparou com a privação de liberdade de Lysias Fleury, defensor de direitos humanos. Em 2002, a vítima foi acusada de ter adquirido bem material produto de crime. Policiais foram até a sua residência e o detiveram sem ordem judicial. Além de ter sido severamente agredido pelas autoridades policiais e enfrentado condições degradantes na prisão, Fleury não foi informado dos motivos de seu encarceramento e recebeu ameaças em virtude de atuar como defensor de direitos humanos.

A Corte entendeu que Fleury não foi detido em situação de flagrante delito, nem sua privação de liberdade perseguiu a finalidade de conduzi-lo perante um juiz em virtude do suposto cometimento de um crime. A finalidade visada foi de dissuadi-lo por conta de seu trabalho em prol dos direitos humanos, além de possível extorsão, já que lhe exigiram dinheiro para que fosse liberado cerca de dezessete horas após a detenção.[300] Por estas razões, o Estado do Haiti violou o art. 7.3 da Convenção Americana. A arbitrariedade, portanto, não deve ser equiparada ao conceito de contrariedade à lei, mas interpretada "de maneira mais ampla a fim de incluir elementos de incorreção, injustiça e imprevisibilidade"[301].

No caso *Pessoas Dominicanas e Haitianas Expulsas* vs. *República Dominicana*, apurou-se que, no final da década de 90, haitianos e descendentes de haitianos nascidos em território dominicano enfrentavam situações de pobreza e sofriam tratamento discriminatório na República Dominicana, inclusive para a obtenção de documentos de identificação. Eram alvos de um padrão sistemático e, por vezes, coletivo, de expulsões.

No caso em questão, alguns indivíduos foram privados de liberdade antes de serem expulsos ao Haiti. Diferentemente do que impunha a legislação dominicana vigente, não foram informados das razões pelas quais deveriam se retirar da República Dominicana, o que obstou o recurso a uma autoridade judicial competente que avaliasse a legalidade da privação de liberdade. A Corte Interamericana concluiu que as

---

[298] No caso dos Desaparecidos do Palácio de Justiça, por exemplo, a Corte consignou que além das razões pelas quais se considerou ilegal a detenção de Quijano, as circunstâncias de sua privação de liberdade revelaram a ausência de motivos razoáveis, concretos e objetivos pelos quais se pudesse suspeitar de seu envolvimento na prática de crimes. A detenção foi considerada ilegal e arbitrária, portanto. Em: Corte IDH. *Caso Rodríguez Vera e Outros (Desaparecidos do Palácio de Justiça) vs. Colômbia*, parágrafo 408.

[299] Corte IDH. *Caso Argüelles e Outros* vs. *Argentina*. Sentença 20.11.2014. Série C, nº 288, parágrafo 120.

[300] Corte IDH. *Caso Fleury e Outros* vs. *Haiti*. Sentença 23.11.2011. Série C, nº 236, parágrafo 59.

[301] Idem, parágrafo 58.

detenções foram arbitrárias porque voltadas a perfis raciais específicos relacionados ao Haiti.[302]

Ainda em relação a estrangeiros, no caso *Wong Ho Wing* vs. *Peru*, a Corte se pronunciou sobre a detenção em processos de extradição. A China solicitou a extradição de Wong Ho Wing, seu nacional, ao Peru. No tratado de extradição firmado entre China e Peru e no Código de Processo Penal peruano não estava previsto prazo máximo para a prisão provisória em processos de extradição. Para a Corte, "a inclusão de limites temporais para uma detenção é uma salvaguarda contra a arbitrariedade da privação de liberdade".[303] Assim, a falta de delimitação temporal foi utilizada pelas autoridades peruanas para prolongar a detenção de Wong Ho Wing e acentuou sua arbitrariedade.

O Grupo de Trabalho da ONU sobre Detenção Arbitrária salientou em relatório de 2014 que migrantes e solicitantes de asilo são suscetíveis à privação arbitrária de liberdade em diversos países, principalmente naqueles cuja legislação não prevê duração máxima ou determina a detenção como obrigatória para a regularização de migrantes. A privação de liberdade nestes contextos deve ser o último recurso, ocorrer em locais apropriados e distintos de prisões e durar o menor período de tempo possível, pois "a inabilidade das autoridades em conduzirem a expulsão de estrangeiros não pode justificar detenção indefinida".[304]

Contexto comum em que ocorrem prisões arbitrárias nas Américas concerne a protestos pacíficos e manifestações populares. Para a Corte Interamericana, embora os Estados possuam a obrigação de manter a segurança e a ordem públicas, devem ter cautela no controle de protestos e distúrbios internos, principalmente se os agentes responsáveis forem das forças armadas. Caso restrinjam as liberdades pessoais de civis, a atuação destes agentes estatais deve respeitar critérios estritos de proporcionalidade e devida diligência.[305]

No caso *Servellón García e Outros* vs. *Honduras*, cento e vinte e oito pessoas foram privadas de liberdade num contexto de detenções coletivas e programadas, sem ordem judicial e sem terem sido apreendidas em flagrante delito. A finalidade declarada das prisões foi de evitar distúrbios nos desfiles de comemoração da independência de Honduras realizados no ano de 1995.

Segundo a Corte, detenções coletivas configuram um mecanismo de garantia da segurança cidadã apenas se o Estado possui elementos suficientes para individualizar e separar as condutas imputadas a cada um dos detidos, viabilizando o controle judicial da privação de liberdade. Assim, considerou-se que a forma pela qual as detenções preventivas foram efetuadas no caso concreto contrariou a presunção de inocência

---

[302]   Corte IDH. *Caso das pessoas dominicanas e haitianas expulsas* vs. *República Dominicana*. Sentença 28.08.2014. Série C, nº 282, parágrafo 368.

[303]   Corte IDH. *Caso Wong Ho Wing* vs. *Peru*. Sentença 30.06.2015. Série C, nº 297, parágrafo 255.

[304]   Tradução livre. Em: ONU. Conselho de Direitos Humanos. Grupo de Trabalho sobre Detenção Arbitrária. *Relatório A/HRC/27/48*. 30.06.2014, parágrafos 76-77.

[305]   Corte IDH. *Caso Cabrera García e Montiel Flores* vs. *México*, parágrafos 87-89.

e converteu esta medida cautelar em discriminatória, em clara violação à proibição da prisão arbitrária.[306]

Uma das circunstâncias mais recorrentes de arbitrariedade na privação de liberdade diz respeito à prisão preventiva. Segundo a Comissão IDH, por prisão preventiva se entende "todo o período de privação de liberdade de uma pessoa suspeita de ter cometido um delito, ordenado por uma autoridade judicial e anterior a uma sentença definitiva".[307]

Para que seja legítima, a finalidade da prisão preventiva deve ser de caráter processual, dirigida a dirimir o perigo de fuga do acusado e/ou a obstacularização do prosseguimento do processo. Indícios de responsabilidade não constituem razão suficiente para a decretação da prisão preventiva,[308] a qual não pode se basear nas finalidades preventivas, quer gerais, quer específicas, atribuíveis às sanções penais.[309]

Caso o perigo de fuga do acusado e/ou o atrapalho nas investigações possam ser contornados mediante medida menos gravosa que a privação de liberdade, aquela deverá ser aplicada.[310] Uma análise escalonada e gradual viabiliza a definição da medida adequada a ser cominada.[311]

No âmbito da ONU, as *Regras Mínimas Padrão das Nações Unidas para a Elaboração de Medidas Não Privativas de Liberdade* (Regras de Tóquio)[312] estipulam que os Estados devem evitar o recurso ao encarceramento, oferecendo medidas não privativas de liberdade disponíveis tanto para a fase de pré-julgamento quanto para a pós-sentença.[313] A escolha destas medidas deve ser guiada pela natureza e gravidade da infração, a personalidade e os antecedentes do infrator, bem como pelos direitos das vítimas.[314] Deve-se considerar, também, que o fracasso de uma medida não privativa de liberdade não deve conduzir automaticamente à imposição da prisão.[315]

A prisão preventiva deve ser utiliza como medida excepcional em observância ao direito à presunção de inocência,[316] pois é dotada de caráter cautelar, e não punitivo.[317] Deve se fundamentar nos princípios da legalidade, necessidade, proporcionalidade e razoabilidade.[318] A prisão preventiva se converte em arbitrária quando imposta em virtude do tipo de delito e sua repercussão social, da expectativa de cominação de

---

[306] Corte IDH. *Caso Servellón García e Outros* vs. *Honduras*. Sentença 21.09.2006. Série C, nº 152, parágrafos 91-95.

[307] Comissão IDH. *Informe sobre o uso da prisão preventiva nas Américas,* parágrafo 37.

[308] Idem, parágrafo 21.

[309] Corte IDH. *Caso Barreto Leiva* vs. *Venezuela*. Sentença 17.11.2009. Série C, nº 206, parágrafo 111.

[310] Comissão IDH. *Informe sobre o uso da prisão preventiva nas Américas,* parágrafo 225.

[311] Idem, parágrafo 229.

[312] ONU. Assembleia Geral. *Regras de Tóquio*: Regras Mínimas Padrão das Nações Unidas para a Elaboração de Medidas Não Privativas de Liberdade. Resolução 45/110, de 14.12.1990.

[313] Idem, item 2.3.

[314] Idem, item 3.2.

[315] Idem, item 14.3.

[316] Comissão IDH. *Informe sobre o uso da prisão preventiva nas Américas,* parágrafo 134.

[317] Idem, parágrafo 135.

[318] Idem, parágrafo 158.

pena, da periculosidade do acusado e da possibilidade que se cometam outros delitos futuramente.[319]

A decretação de prisão preventiva acentua o dever de motivação dos Estados. É necessário que estes respeitem a presunção de inocência ao ordenarem medidas de restrição da liberdade pessoal e comprovem que as exigências dispostas na Convenção Americana estão presentes.[320] Nesse sentido, a Corte entendeu como violatória do art. 7.3 a disposição vigente na legislação peruana que determinava como obrigatória, sem exceções, a prisão preventiva ao longo da instrução processual penal. Esta obrigatoriedade obstava qualquer valoração por parte das autoridades sobre a aplicação ou a continuidade da privação de liberdade.[321]

No caso *Arguelles* vs. *Argentina*, a Corte Interamericana decidiu que o fato de o Estado não ter valorado se a finalidade e a necessidade da privação de liberdade persistiram ao longo de três anos tornou a prisão arbitrária.[322] Ademais, a Corte salientou que o tratamento dirigido a uma pessoa acusada pelo cometimento de um crime não deve ser o mesmo que aquele aplicado a alguém que já tenha sido condenado, sob pena de a privação de liberdade ser um adiantamento da sanção penal cabível. "O Estado deve evitar que a medida de coerção processual seja igual ou mais gravosa ao imputado que a pena que se espera em caso de condenação".[323]

Dentre as principais causas de aplicação da prisão preventiva destacam-se a morosidade do Poder Judiciário, a deficiência no acesso aos serviços da Defensoria Pública, a falta de mecanismos para a cominação de outras cautelares, o uso desta medida em delitos de menor potencial ofensivo e a dificuldade na revogação da prisão preventiva.[324] Segundo dados de 2017 do Conselho Nacional de Justiça, aproximadamente 34% (trinta e quatro por cento) dos presos no Brasil são provisórios. Estes números se concentram majoritariamente em relação aos delitos de tráfico de drogas e roubo.[325]

(4) O direito de ser informado sem demora dos motivos da prisão e das acusações estampado no art. 7.4 não faz distinção entre a detenção efetuada por ordem judicial e a praticada em flagrante delito. Deste modo, independentemente das circunstâncias em que se opera a privação de liberdade, incide referido dever de informação.[326]

As causas da prisão devem ser informadas no momento em que ocorre a privação da liberdade. Trata-se de um mecanismo para evitar que as detenções sejam ilegais ou arbitrárias, bem como para garantir o exercício do direito de defesa do indivíduo. Para

---

[319]   Idem, parágrafos 137 e 144.

[320]   Corte IDH. *Caso Norín Catrimán e Outros (Dirigentes, membros e ativista do Povo Indígena Mapuche)* vs. *Chile*. Sentença 29.05.2014. Série C, nº 279, parágrafo 312.

[321]   Corte IDH. *Caso Pollo Rivera e Outros* vs. *Peru*. Sentença 21.10.2016. Série C, nº 319, parágrafo 125.

[322]   Corte IDH. *Caso Argüelles e Outros* vs. *Argentina*, parágrafo 128.

[323]   Idem, parágrafo 136.

[324]   Comissão IDH. *Informe sobre o uso da prisão preventiva nas Américas*, parágrafo 77.

[325]   CNJ, Levantamento dos Presos Provisórios do País e Plano de Ação dos Tribunais. *Agência CNJ de Notícias*, 23.02.2017.

[326]   Corte IDH. *Caso López Álvarez* vs. *Honduras*. Sentença 1.º.02.2006. Série C, nº 141, parágrafos 83-84.

a Corte Interamericana, "o agente que leva a cabo a detenção deve informar em uma linguagem simples, livre de tecnicismos, os fatos e bases jurídicas essenciais nos quais se embasa a detenção".[327] Não é suficiente, para fins do disposto no art. 7.4, informar apenas a base legal da privação de liberdade.

A Corte já especificou que duas são as garantias veiculadas no art. 7.4 da Convenção Americana: (i) a informação, na forma oral ou escrita, sobre as razões da detenção e (ii) a notificação sobre a acusação, que deve se dar por escrito. Se não houver o repasse de informações de maneira adequada, o indivíduo dispõe de um controle judicial meramente ilusório.[328]

No caso de *Espinoza Gonzáles* vs. *Peru*, esta teve conhecimento dos motivos de sua detenção apenas ao longo das investigações policiais, sem que fossem esclarecidos o momento específico e as circunstâncias em que a detenção ocorreu. Um dia após a sua prisão, a vítima foi notificada de que a privação de sua liberdade se justificara para a apuração do crime de terrorismo. Assim, a Corte considerou que o Estado não cumpriu as exigências do art. 7.4.[329]

No caso *Yvon Neptune vs. Haiti*, a Corte julgou os fatos relativos à detenção de Yvon Neptune, Primeiro Ministro haitiano entre os anos de 2002 e 2004. Devido a uma onda de instabilidade política que se instalou no país, foi instaurado um governo de transição em fevereiro de 2004, o que levou à deposição de Yvon Neptune do cargo. Nesse contexto, foi expedida uma ordem judicial de prisão de Yvon Neptune por conta de alguns atos de violência que se sucederam na cidade de Saint-Marc. O acusado se apresentou à polícia em junho de 2004.

Apenas em setembro de 2005 é que as acusações dirigidas a Yvon Neptune lhe foram devidamente informadas. Para a Corte IDH, o Estado violou sua obrigação de notificar "sem demora" sobre as acusações, uma vez que quatorze meses decorreram para tanto. Yvon Neptune foi liberado dois anos e um mês após sua detenção. A justificativa apresentada pelas autoridades foram "razões humanitárias", sem que tenha sido proferida uma decisão judicial que explicasse as causas da prisão e a proporcionalidade da medida cautelar.[330] Não apenas o art. 7.4 foi considerado violado, como também os arts. 7.2 e 7.3, haja vista a ilegalidade e a arbitrariedade da prisão.

No entendimento da Corte IDH, se o Estado falhar em comprovar que suas autoridades informaram o acusado sem demora acerca das razões de sua detenção, incorrerá em violação ao art. 7.4, bem como ao art. 7.2, devido ao descompasso da detenção com o que impõe a legislação interna e a Convenção Americana.[331]

(5) O art. 7.5 da Convenção Americana consagra o direito à revisão judicial da privação de liberdade. A revisão judicial é uma obrigação estatal que corresponde à tramitação mais diligente dos processos penais nos quais os acusados estejam privados de liberdade e, alternativamente, garante o direito à liberdade até que se conclua o

---

[327]   Corte IDH. *Yvon Neptune* vs. *Haiti*. Sentença 06.05.2008. Série C, nº 180, parágrafo 106.

[328]   Corte IDH. *Caso Espinoza Gonzáles* vs. *Peru*. Sentença 20.11.2014. Série C, nº 289, parágrafo 124.

[329]   Idem, parágrafos 126-128.

[330]   Corte IDH. *Yvon Neptune* vs. *Haiti*, parágrafos 109-110.

[331]   Corte IDH. *Caso Chaparro Álvares e Lapo Íñiguez* vs. *Equador*, parágrafo 73.

processo.[332] Não se confunde, mas é próxima, do direito a ter acesso à recursos que garantam o duplo grau de jurisdição.

A revisão judicial deve ser exercida sem demora pela autoridade competente. O pronto encaminhamento a esta autoridade visa à proteção não apenas da liberdade da pessoa detida, como também de seus direitos à vida, à integridade pessoal e às garantias processuais. Procura-se evitar que a privação de liberdade se converta em ilegal e/ou arbitrária.

Os direitos veiculados no art. 7.5 impõem aos Estados limites para o uso da prisão preventiva, a fim de que esta medida cautelar seja empregada estritamente para assegurar a "neutralização dos riscos processuais", como a obstrução do desenvolvimento das investigações ou do curso do processo.[333]

O Grupo de Trabalho das Nações Unidas sobre Detenção Arbitrária, ao analisar dispositivo análogo ao art. 7.5 previsto no Pacto Internacional dos Direitos Civis e Políticos[334], comentou que as garantias quanto à prisão preventiva atribuem ao Estado duas obrigações: (i) conduzir o indivíduo prontamente – ou seja, nos primeiros dias de privação de liberdade – ao juiz ou à autoridade competente e (ii), proferir uma decisão judicial sem demora, na falta da qual o detido deve ser liberado.[335]

Por "autoridade competente" se deve entender o juiz ou outra autoridade legalmente autorizada para exercer funções judiciais que satisfaça os requisitos de independência, imparcialidade e prévia designação por lei, fixados no art. 8.1 da Convenção Americana adiante comentado.[336] A Corte IDH frequentemente se pronuncia acerca da falta de adequação da Justiça Militar a estes critérios para o julgamento de crimes praticados contra civis.[337] Em igual sentido, o Grupo de Trabalho sobre Detenção Arbitrária das Nações Unidas[338] estabeleceu que é incompatível com Direito Internacional dos Direitos Humanos a intervenção da Justiça Militar em casos outros que não o processamento de militares por ofensas militares, haja vista o não preenchimento dos critérios de independência e imparcialidade. Nesse aspecto, refere-se ao comentário específico sobre o tema no art. 8º.

A mera ciência da autoridade competente (por meio do envio do relatório policial, por exemplo) acerca da prisão não satisfaz os ditames do art. 7.5. É necessário que o detido compareça pessoalmente ao juízo e que a autoridade valore as explicações

---

[332]   Corte IDH. *Caso Bayarri* vs. *Argentina*, parágrafo 70.

[333]   Comissão IDH. *Informe sobre o uso da prisão preventiva nas Américas*, parágrafos 14 e 135.

[334]   Art. 9.3: "Qualquer pessoa presa ou encarcerada em virtude de infração penal deverá ser conduzida, sem demora, à presença do juiz ou de outra autoridade habilitada por lei a exercer funções judiciais e terá o direito de ser julgada em prazo razoável ou de ser posta em liberdade. A prisão preventiva de pessoas que aguardam julgamento não deverá constituir a regra geral, mas a soltura poderá estar condicionada a garantias que assegurem o comparecimento da pessoa em questão à audiência, a todos os atos do processo e, se necessário for, para a execução da sentença".

[335]   ONU. Conselho de Direitos Humanos. Grupo de Trabalho sobre Detenção Arbitrária. *Relatório A/HR/C/19/57*. 26.12.2011, parágrafo 53.

[336]   Corte IDH. *Caso Acosta Calderón* vs. *Equador*, parágrafo 80.

[337]   Corte IDH. *Caso Espinoza Gonzáles* vs. *Peru*, parágrafo 133.

[338]   ONU. Conselho de Direitos Humanos. Grupo de Trabalho sobre Detenção Arbitrária. *Relatório A/HRC/27/48*, parágrafos 66-70.

apresentadas, a fim de que decida pela liberação ou pela manutenção da privação de liberdade.[339]

Por sua vez, o significado da expressão "sem demora" é avaliado pela Corte IDH de acordo com o prazo máximo de detenção estabelecido na legislação interna. Admite-se que os detidos não sejam colocados à disposição das autoridades estatais competentes no limite do prazo previsto somente se restar demonstrado que existiram circunstâncias legítimas para tanto.[340]

Como exemplo, cita-se o caso *J. vs. Peru*, no qual a Corte IDH considerou que a detenção de J. não se comprovou como estritamente necessária e ressaltou que "a suspensão de certos aspectos do direito à liberdade pessoal não significa que as ações estatais possam anular os controles jurisdicionais sobre as formas com que se levam a cabo as detenções".[341] Concluiu que a falta de apresentação sem demora de J. a uma autoridade competente não se justificou pela suspensão de garantias, o que violou os arts. 7.5 e 7.3, devido à arbitrariedade com a qual se revestiu a privação de liberdade.

No caso *Cabrera García e Montiel Flores* vs. *México*, as vítimas foram conduzidas ao juiz somente 5 (cinco) dias após a detenção. Para a Corte, porque a prisão ocorreu em zona de alta presença militar, a remissão sem demora perante o juiz era ainda mais importante para minimizar os riscos de violação a direitos. Nesse sentido, a irregularidade no controle judicial da privação de liberdade foi violadora do art. 7.5 da Convenção Americana.[342]

A Corte IDH também leva em consideração as vulnerabilidades dos indivíduos privados de liberdade. No caso dos *Irmãos Landaeta Mejías e Outros* vs. *Venezuela*, um dos irmãos permaneceu detido sem ser encaminhado a uma autoridade competente durante 38 (trinta e oito) horas. Como a vítima era menor de idade, a Corte entendeu que o requisito "sem demora" foi descumprido pelo Estado. Ainda, as autoridades se omitiram em realizar avaliação médica para averiguar o estado de saúde e a idade da vítima a fim de que fosse apresentada à autoridade competente (Juiz de Menores).[343]

Especificamente quanto à prisão preventiva, o art. 7.5 impõe aos juízes o dever de revisão periódica, o que significa que a pertinência da medida deve ser reavaliada de tempos em tempos. Mesmo que persistam razões para a manutenção da prisão preventiva – ou seja, ainda que haja riscos de obstaculização processual –, quando o prazo da detenção ultrapassar o razoável, o Estado deverá aplicar outras medidas menos lesivas ao acusado.[344]

Proceder de maneira diversa equivaleria a antecipar a pena, em clara contravenção ao princípio da prevenção de inocência.[345]

---

[339] Corte IDH. *Caso Espinoza Gonzáles* vs. *Peru*, parágrafo 129.

[340] Corte IDH. *Caso Fleury e Outros* vs. *Haiti*, parágrafo 63.

[341] Corte IDH. *Caso J.* vs. *Peru*, parágrafo 144.

[342] Corte IDH. *Caso Cabrera García e Montiel Flores* vs. *México*, parágrafo 102.

[343] Corte IDH. *Caso Hermanos Landaeta Mejías e Outros* vs. *Venezuela*. Sentença 27.08.2014. Série C, nº 281, parágrafo 164.

[344] Tradução livre. Em: Corte IDH. *Caso Amrhein e Outros* vs. *Costa Rica*. Sentença 25.04.2018. Série C, nº 354, parágrafo 362.

[345] Corte IDH. *Caso Argüelles e Outros* vs. *Argentina*, parágrafo 131.

No caso *Amrhein e Outros* vs. *Costa Rica*, fora observado o prazo máximo de 36 (trinta e seis) meses legalmente designado para a prisão preventiva. Ainda assim, tribunal penal prolongou a prisão até o proferimento da sentença, alegando estar amparado em decisão da Sala Constitucional. A prorrogação se estendeu ao longo de 13 (treze) meses, momento em que foi prolatada a sentença condenatória em face de Amrhein.

Para a Corte, a ampliação das condições de afetação da liberdade pessoal violou o princípio *pro persona*. A imposição da prisão preventiva sem o estabelecimento de um prazo específico também vulnerou os requisitos de necessidade e proporcionalidade, e a sujeição da medida à duração do processo a tornou arbitrária, violando os arts. 7.5 e 7.3.[346]

A parte final do art. 7.5 apresenta alternativa à detenção ao dispor que a liberdade do indivíduo pode ser condicionada a garantias que assegurem seu comparecimento em juízo. Desta forma, quando inexistir justificativa e/ou o prazo da prisão preventiva ultrapassar o razoável, o Estado poderá limitar a liberdade do acusado com outras medidas distintas da privação de liberdade.[347]

Segundo a Comissão IDH, estas medidas podem ser: obrigação de se submeter à vigilância de uma pessoa ou instituição; obrigação de se apresentar periodicamente perante o juízo; proibição de sair sem autorização prévia de determinado âmbito territorial; retenção de documentos de viagem; abandono imediato do domicílio, nos casos de violência doméstica; vigilância por meio de dispositivo eletrônico de rastreamento; prisão domiciliar; prestação de fiança ou caução pecuniária.[348] Todas aplicadas mediante a observância dos princípios da legalidade, necessidade e proporcionalidade.[349]

A medida não privativa de liberdade mais comum é a fiança, a qual objetiva garantir que o acusado cumpra efetivamente com suas obrigações processuais. A Corte IDH constatou que não há parâmetros internacionais precisos para a fixação do montante da fiança. No entanto, ao se valer das legislações de Estados-membros da OEA, identificou pautas orientadoras para o estabelecimento de alguns critérios, como a profissão, a situação familiar e social do acusado, as características do crime (inclusive a duração da pena em potencial), os antecedentes do processado e se este possui residência ou domicílio conhecidos.[350]

Deve-se estabelecer uma relação de proporção entre a quantia da fiança ou da constrição patrimonial e a intensidade dos riscos: quanto maiores os riscos processuais, maior deverá ser a fiança, atendendo-se à situação econômica do acusado para que não se converta em medida de impossível cumprimento. Caso se aplique fiança incompatível com a capacidade econômica do indivíduo, "torna-se ilusório o gozo da liberdade caucionada e se pode vulnerar o direito à igualdade perante a lei".[351]

---

[346]   Idem, parágrafos 365-367.

[347]   Corte IDH. *Caso Bayarri* vs. *Argentina*, parágrafo 66.

[348]   Comissão IDH. *Informe sobre o uso da prisão preventiva nas Américas*, parágrafo 224.

[349]   Idem, parágrafo 230.

[350]   Corte IDH. *Caso Andrade Salmón* vs. *Bolívia*. Sentença 1.0186.12.2016. Série C, nº 330, parágrafo 115.

[351]   Idem, parágrafos 114-115.

Neste sentido, os Estados devem assegurar que a fiança seja adequada a critérios de igualdade material, a fim de que não se coloque como medida discriminatória com base em capacidade econômica. Para a Comissão IDH, deve-se ter cautela para que a fiança não se converta em reparação pelos danos causados pelo crime objeto de persecução penal.[352]

No julgamento do caso *Andrade Salmón* vs. *Bolívia*, a Corte IDH apreciou a proporcionalidade das medidas cautelares distintas da privação de liberdade cominadas à María Andrade Salmón, ex-funcionária da Prefeitura de La Paz e ré em três processos penais pela alegada prática de crimes relacionados à administração de recursos públicos.

Em dois dos processos, María arcou com fianças, as quais permaneceram vigentes por 11 (onze) e 16 (dezesseis) anos sem que se tenha apresentado justificativas para a prolongada extensão no tempo da afetação do uso e gozo de seus bens. A Corte concluiu, portanto, pela violação ao direito de propriedade de María, disposto no art. 21 da Convenção Americana, em relação ao art. 7.5 do mesmo instrumento.[353]

Nos mesmos dois processos, foram aplicadas medidas restritivas da liberdade de circulação, pois María foi proibida de sair da Bolívia sem a autorização do juiz. Em um dos casos, a restrição durou mais de 9 (nove) anos. Devido à falta de revisão periódica das restrições, as medidas se tornaram desproporcionais em relação à finalidade almejada, haja vista que as penas máximas que poderiam ser cominadas na hipótese de condenação seriam de 10 (dez) a 12 (doze) anos e de 3 (três) anos de prisão.[354] Porque os direitos à liberdade pessoal e à circulação são intimamente relacionados,[355] a Corte concluiu que o Estado violou os arts. 22.1 (direito de circulação e residência) e 22.2 (direito de sair livremente de um país) da Convenção Americana em relação ao art. 7.5.[356]

Conforme se apreende dos julgados da Corte IDH, o escopo de proteção do art. 7.5 é garantir o comparecimento do acusado em juízo. As especificidades da revisão judicial da privação de liberdade podem ser mais bem compreendidas a partir da análise do art. 7.6 da Convenção Americana.

(6) O art. 7.6 da Convenção Americana tutela o direito de toda pessoa contestar, sem demora e perante juiz competente, a legalidade da privação de liberdade. Caso seja apurada a ilegalidade da detenção, o indivíduo deverá ser solto. O controle da legalidade da privação de liberdade deve observar duas exigências: (i) ser judicial e (ii) consistir em recurso efetivo, não bastando a previsão formal na legislação.[357]

O titular de referido direito é a pessoa detida, embora os recursos possam ser apresentados por terceiros. Diferentemente do art. 7.5, que impõe ao Estado o dever

---

[352] Comissão IDH. *Informe sobre o uso da prisão preventiva nas Américas,* parágrafo 235.

[353] Idem, parágrafo 133.

[354] Idem, parágrafo 149.

[355] Para a Corte IDH, o direito de circulação e residência é uma maneira de tornar efetivo o direito à liberdade pessoal, sendo o âmbito de proteção deste direito mais amplo do que o daquele. Em: Idem, parágrafo 143.

[356] Idem, parágrafo 150.

[357] Corte IDH. *Caso Pollo Rivera e Outros* vs. *Peru,* parágrafo 130.

de garantir de ofício a revisão judicial, o art. 7.6 protege o direito de o indivíduo privado de liberdade recorrer ao Poder Judiciário "independentemente da observância de seus outros direitos e da atividade judicial no caso específico, o qual implica que o detido efetivamente exerça este direito, na condição de que possa fazê-lo e que o Estado efetivamente forneça este recurso e o responda".[358]

O caso *Nadege Dorzema e Outros* vs. *República Dominicana* evidencia o efetivo acesso ao *habeas corpus* enquanto condição para o cumprimento do art. 7.6 da Convenção Americana. Apesar de a Constituição da República Dominicana consagrar a revisão judicial como direito de toda pessoa privada de liberdade, à época dos fatos do caso existiam regulamentos migratórios que não estabeleciam recursos voltados ao controle da legalidade das detenções, mas tão somente a possibilidade de contestar as acusações, de ser ouvido sobre elas ou de apresentar provas de oposição à deportação.

Uma vez que foram rapidamente expulsos da República Dominicana, aos migrantes haitianos não foi oportunizado acesso ao recurso adequado para a impugnação dos aspectos de legalidade da detenção. Nesse sentido, a Corte IDH considerou como violado o direito à liberdade pessoal, sobretudo porque as detenções não tiveram como objetivo a instauração de um procedimento formal com vistas à deportação ou à expulsão dos estrangeiros.[359]

A obrigação estatal de garantir a efetividade da medida judicial cabível para o controle de legalidade da privação de liberdade aproxima o art. 7.6 das garantias judiciais e da proteção judicial tuteladas nos arts. 8º e 25 da Convenção Americana. A dicção do art. 7.6 é comumente relacionada ao *habeas corpus*, remédio constitucional que visa à proteção da liberdade ambulatorial e à garantia da legalidade das privações de liberdade.[360] Para que seja efetivo, o *habeas corpus* deve, justamente, seguir as exigências dispostas nos arts. 8º e 25 da Convenção Americana.

A respeito, a Corte IDH emitiu as Opiniões Consultivas nº 8/87 e 9/87, nas quais salientou a inderrogabilidade do art. 7.6. Cumpre ressaltar que, enquanto o caráter inderrogável do art. 7.3 adveio de construção jurisprudencial da Corte ao longo do tempo, em relação ao art. 7.6, o posicionamento da Corte se consolidou desde logo por meio das Opiniões Consultivas.

As decisões da Corte IDH esclareceram o significado da expressão "garantias judiciais indispensáveis" contida no art. 27.2 da Convenção Americana. A suspensão de garantias não pode, à luz dos parâmetros interamericanos, desvencilhar-se do exercício efetivo da democracia representativa. São indispensáveis "aqueles procedimentos judiciais que ordinariamente são idôneos para garantir a plenitude do exercício de direitos e liberdades [...] e cuja suspensão ou limitação poderia colocar em perigo essa plenitude".[361]

---

[358]   Tradução livre. Em: Corte IDH. *Caso Yvon Neptune* vs. *Haiti*, parágrafo 114.

[359]   Corte IDH. *Caso Nadege Dorzema e Outros* vs. *República Dominicana*. Sentença 24.10.2012. Série C, nº 251, parágrafos 142-144.

[360]   A Constituição Federal prevê o *habeas corpus* no rol dos direitos e garantias fundamentais: Art. 5º, inciso LXVIII: "conceder-se-á *habeas corpus* sempre que alguém sofrer ou se achar ameaçado de sofrer violência ou coação em sua liberdade de locomoção, por ilegalidade ou abuso de poder".

[361]   Corte IDH. *Opinião Consultiva nº 8/1987*. O *habeas corpus* sob a suspensão de garantias (arts. 27.2, 25.1 e 7.6 da Convenção Americana de Direitos Humanos), parágrafo 29.

O *habeas corpus* e o recurso de amparo – no Brasil comparável ao mandado de segurança – são procedimentos indispensáveis para a garantia de vários direitos cuja suspensão é vedada pelo art. 27.2, como os direitos à vida e à integridade pessoal.[362] Esta indispensabilidade significa que referidos procedimentos não são passíveis de suspensão mesmo em situações excepcionais, como a decretação de estado de emergência. Nesse sentido, a Corte IDH entendeu que as garantias indispensáveis são aquelas previstas expressamente nos arts. 7.6 e 25.1, consideradas à luz dos princípios do art. 8.1, além das garantias inerentes do Estado de direito e os princípios do processo legal.[363]

No julgamento do caso *Neira Alegría e Outros* vs. *Peru*, a Corte compreendeu que os decretos que declararam estado de emergência em algumas províncias do Estado peruano impediram o acesso efetivo ao *habeas corpus*. Como os detidos foram encaminhados a presídios que estavam sob o controle da jurisdição militar, o poder jurisdicional ordinário não poderia interferir. Por isso, o procedimento sumaríssimo do *habeas corpus* estava fora de alcance. Ainda que não contemplassem expressamente a suspensão do recurso, os decretos produziram a sua ineficácia ao subordinarem os centros de privação de liberdade à Justiça Militar. Nas palavras da Corte IDH, houve a suspensão implícita do *habeas corpus* durante o estado de emergência no Peru, em clara afronta ao art. 7.6.[364]

Ao longo do tempo, a Corte IDH aprimorou sua racionalidade decisória em relação ao *habeas corpus,* sobretudo em casos contra o Estado peruano. Entendeu a Corte que não basta a previsão legislativa do recurso: este deve ser efetivo a ponto de conferir sem demora uma resposta acerca da legalidade da detenção.[365] Nesta linha, carece de efetividade o recurso de *habeas corpus* que não for respondido pelas autoridades competentes, ou aquele que for respondido fora do prazo legalmente estabelecido.[366]

No caso *Pollo Rivera e Outros* vs. *Peru*, avaliou-se a vigência de um decreto que obstava a apresentação de *habeas corpus* por indivíduos acusados dos crimes de terrorismo e traição à pátria. A Corte IDH advertiu que o direito a impugnar a legalidade de uma detenção deve ser garantido durante todo o período da privação de liberdade. Nesse sentido, ainda que referido direito tenha sido posteriormente restabelecido, o art. 7.6 foi violado devido à impossibilidade jurídica de se propor *habeas corpus* enquanto esteve vigente o Decreto-lei.[367]

Em suma, o *habeas corpus* é o meio idôneo para a salvaguarda não apenas do direito à liberdade pessoal, mas para obstar a submissão dos indivíduos a tortura ou a tratamentos cruéis, desumanos ou degradantes e impedir o desaparecimento ou a indeterminação do local da detenção.[368] Nos termos da Convenção Interamericana

---

[362] Idem, parágrafos 36 e 42.

[363] Corte IDH. Opinião Consultiva nº 9/1987. Garantias judiciais em estados de emergência (arts. 27.2, 25 e 8 da Convenção Americana de Direitos Humanos), parágrafos 30 e 38.

[364] Corte IDH. *Caso Neira Alegría e Outros* vs. *Peru*. Sentença 19.01.1995. Série C, nº 20, parágrafos 77-84.

[365] Corte IDH. *Caso Espinoza Gonzáles* vs. *Peru*, parágrafo 130.

[366] Corte IDH. *Caso Acosta Calderón* vs. *Equador*, parágrafo 97.

[367] Corte IDH. *Caso Pollo Rivera e Outros* vs. *Peru*, parágrafo 130.

[368] Corte IDH. *Caso das Irmãs Serrano Cruz* vs. *El Salvador*. Sentença 1.º.03.2005. Série C, nº 120, parágrafo 79.

sobre o Desaparecimento Forçado de Pessoas, circunstâncias excepcionais não são passíveis de justificar o desaparecimento de pessoas, de maneira que deve ser mantida a eficácia das medidas aptas à determinação do paradeiro dos privados de liberdade, os quais devem ser encaminhadas a locais oficialmente reconhecidos (arts. X e XI).

No caso *Anzualdo Castro* vs. *Peru*, por exemplo, a Corte IDH afirmou que o desaparecimento forçado praticado pelos agentes estatais foi agravado pela inefetividade conferida ao *habeas corpus*. Consistia em prática generalizada o julgamento improcedente das ações de *habeas corpus* sob a alegação de que haviam sido propostas perante a justiça ordinária, e não perante a Justiça Militar, como determinavam os decretos vigentes à época. Como o recurso de habeas corpus impetrado por Anzualdo Castro não foi eficaz para indicar seu paradeiro quando da privação de liberdade, violou-se o art. 7.6.[369]

(7) A vedação da detenção por dívidas não é uma proibição exclusiva da Convenção Americana.[370] O que torna singular a disposição do instrumento é a previsão expressa de que se excluem da vedação os mandados de prisão expedidos por conta de inadimplemento de obrigação de caráter alimentar. Nestes termos, autoriza-se a privação de liberdade na hipótese de não pagamento de pensão alimentícia pelo seu caráter existencial ante a sua finalidade de manutenção da subsistência.

Dispositivo semelhante está contido na Declaração Americana dos Direitos e Deveres do Homem, cujo art. 25, II, determina que "ninguém pode ser preso por deixar de cumprir obrigações de natureza claramente civil". Já o art. 11 do Pacto Internacional dos Direitos Civis e Políticos impõe que "ninguém poderá ser preso apenas por não poder cumprir com uma obrigação contratual". Embora a Convenção Europeia de Direitos Humanos em si silencie a respeito da questão, o art. 1º de seu Protocolo nº 4 prevê que "ninguém pode ser privado da sua liberdade pela única razão de não poder cumprir uma obrigação contratual".

Como se apreende dos textos convencionais, o escopo das proibições do Pacto Internacional e da Convenção Europeia é menos amplo do que o da Convenção Americana. "Obrigações contratuais" são mais restritas do que "dívidas", de modo que se pode entender que no âmbito dos dois outros diplomas é possível a prisão em virtude de obrigação pecuniária decorrente de outras fontes que não um contrato, como a lei.[371]

O Comitê de Direitos Humanos da ONU – órgão de supervisão e monitoramento do Pacto Internacional dos Direitos Civis e Políticos – possui algumas decisões a respeito da proibição da prisão por descumprimento contratual. Para o Comitê, referida vedação não se aplica a ofensas criminais relacionadas a dívidas de cunho cível, como o cometimento de fraude ou falência fraudulenta.[372] Essa interpretação

---

[369]   Corte IDH. *Caso Anzualdo Castro vs. Peru*. Sentença 22.09.2009 Série C, nº 202, parágrafos 69-75.

[370]   Para um estudo pioneiro do tema no Brasil, *v.* MAZZUOLI, Valerio de Oliveira. *Prisão civil por dívida e o Pacto de San José da Costa Rica*: especial enfoque para os contratos de alienação fiduciária em garantia. Rio de Janeiro: Forense, 2002.

[371]   PARADA, Cristian Andrés Villa. *El apremio de arresto civil y su relación con la prohibición internacional de la prisión por deudas en la jurisprudencia del tribunal constitucional*. 2017. Memoria (Licenciatura en Ciencias Jurídicas y Sociales) – Facultad de Derecho, Universidad del Chile, Santiago, 2017, f. 21.

[372]   ONU. Comitê de Direitos Humanos. *Comunicação 2764/2016*. CCPR/C/121/D/2764/2016.

se justifica pelo fato de que a legislação que criminaliza o descumprimento de um contrato congrega elementos de criminalidade para além da impossibilidade material de cumprir a obrigação.[373]

No caso do Brasil, o art. 5º, LXVII, da Constituição Federal, prescreve que "não haverá prisão civil por dívida, salvo a do responsável pelo inadimplemento voluntário e inescusável de obrigação alimentícia e a do depositário infiel". Em 2008, no julgamento do Recurso Extraordinário nº 466.343-1/SP, o Supremo Tribunal Federal entendeu pela incompatibilidade deste dispositivo constitucional com a Convenção Americana. Estendeu, assim, a proibição da prisão por dívidas ao depositário infiel e, analogicamente, à alienação fiduciária. O relator do processo, Ministro Cezar Peluso, salientou que dita previsão constitucional não foi revogada, mas deixou de ter aplicabilidade em virtude do efeito paralisante dos tratados internacionais de direitos humanos em relação à legislação infraconstitucional acerca da prisão do depositário infiel, notadamente o art. 652 do Código Civil.[374] O Ministro reafirmou o caráter supralegal e infraconstitucional dos tratados internacionais de direitos humanos no ordenamento jurídico brasileiro. Em virtude da adesão do Brasil à Convenção Americana e ao Pacto Internacional dos Direitos Civis e Políticos, deixou de existir base legal para a aplicação da parte final do art. 5º, LXVII, da Constituição Federal.[375]

Ainda em 2008, após o julgamento de dois outros processos[376] que também versavam sobre a prisão do depositário infiel, o STF decidiu revogar a até então vigente Súmula nº 619, a qual dispunha que "a prisão do depositário judicial pode ser decretada no próprio processo em que se constituiu o encargo, independentemente da propositura de ação de depósito".

Não obstante se discorde da posição majoritária do STF acerca da hierarquia dos tratados de direitos humanos e os considere como material e formalmente constitucionais,[377] há que se reconhecer que a Corte Suprema atuou, ainda que timidamente, conforme o exercício de controle de convencionalidade. Nos debates orais do julgamento do RE nº 466.343-1/SP, o Ministro Celso de Mello falou em "controle de convencionalidade", ocasião única em que referida expressão foi comentada em meio à discussão.[378]

---

[373] Conselho da Europa. *Relatório Explicativo ao Protocolo 4 à Convenção para a Proteção dos Direitos Humanos e Liberdades Fundamentais*. Estrasburgo, 16.11.1963.

[374] Art. 652. "Seja o depósito voluntário ou necessário, o depositário que não o restituir quando exigido será compelido a fazê-lo mediante prisão não excedente a um ano, e ressarcir os prejuízos".

[375] STF, Recurso Extraordinário 466.343, Rel. Min. Cezar Peluso, j. 03.12.2008, *DJe* 05.06.2009.

[376] Recurso Extraordinário 349.703 e *Habeas Corpus* 87.585.

[377] Vale relembrar que no julgamento do Recurso Extraordinário 466.343-1/SP, o STF decidiu, por cinco votos a quatro, acerca da hierarquia supralegal e infraconstitucional dos tratados internacionais de direitos humanos. Votaram nesse sentido os Ministros Gilmar Mendes, Marco Aurélio, Ricardo Lewandowski, Menezes Direito e a Ministra Cármen Lúcia. Os Ministros Celso de Mello, Cezar Peluso, Eros Grau e a Ministra Ellen Gracie votaram pelo status constitucional destes tratados, posicionamento com o qual se concorda.

[378] Para um estudo aprofundado (e pioneiro) do controle de convencionalidade no Brasil, *v.* Mazzuoli, Valerio de Oliveira. *Controle jurisdicional da convencionalidade das leis*. 5. ed. rev., atual. e ampl. Rio de Janeiro: Forense, 2018.

Segundo a Corte IDH, o controle de convencionalidade consiste na verificação da compatibilidade das normas internas com a Convenção Americana, a jurisprudência da Corte e os demais tratados interamericanos dos quais o Estado seja parte. Deve ser realizado de ofício pelas autoridades públicas e se desdobra em duas espécies de efeitos: (i) a supressão de normas contrárias aos parâmetros convencionais ou (ii) uma interpretação conforme os ditames convencionais (eficácia interpretativa).[379]

A postura do Brasil se consolidou no sentido de conferir uma interpretação convencional à legislação sobre a prisão do depositário infiel. A perda de eficácia da normativa infraconstitucional foi acompanhada da edição da Súmula Vinculante nº 25, de 2009, segundo a qual "é ilícita a prisão civil de depositário infiel, qualquer que seja a modalidade de depósito".

A Convenção Americana não impõe metodologia específica para a realização do controle de convencionalidade. O que consigna a Corte IDH é que todas as esferas do Poder Judiciário e demais órgãos vinculados à administração da justiça devem exercê-lo.[380]

Ainda que a Corte IDH não tenha proferido, até o momento, uma decisão sobre a prisão civil por dívidas, no âmbito da Comissão IDH, menciona-se o Informe de Inadmissibilidade nº 117/2012, uma vez que ilustrativo do exercício de controle de convencionalidade pelo STF. O caso concerne à submissão de petição à Comissão por nacional brasileiro, depositário infiel, que teve sua liberdade privada. Alegou-se a violação ao art. 7.7 da Convenção Americana.

A Comissão IDH reconheceu que o peticionário teve acesso a recursos efetivos perante a jurisdição interna, haja vista que o STF não apenas suspendeu a ordem de prisão que havia sido expedida, como julgou procedente *habeas corpus* impetrado pela alegada vítima, valendo-se dos arts. 29 da (interpretação mais favorável ou princípio *pro persona*) e 7.7 da Convenção Americana. Para a Comissão, a atuação diligente das autoridades judiciais efetivou o direito à liberdade pessoal do peticionário. A petição foi inadmitida, portanto, devido à ausência de violação *prima facie* à Convenção Americana.[381]

 TEMA RELACIONADO

- **Audiências de custódia no Brasil**

Um dos âmbitos protetivos mais emblemáticos do art. 7º da Convenção Americana concerne ao dever de apresentação sem demora da pessoa privada de liberdade perante a autoridade competente, insculpido no art. 7.5. Referido direito se traduz no instituto jurídico das audiências de custódia, recentemente regularizadas no Brasil.

---

[379] Corte IDH. *Caderno de Jurisprudência da Corte Interamericana de Direitos Humanos 7*: controle de convencionalidade, p. 6.

[380] Corte IDH. *Caso Liakat Ali Alibux* vs. *Suriname*. Sentença 30.01.2014. Série C, nº 276, parágrafo 124.

[381] Comissão IDH. *Petição 86/07*. Relatório de inadmissibilidade. Brasil (Demétrios Nicolaos Nikolaidis). 13.11.2012.

Em setembro de 2015, o Supremo Tribunal Federal julgou a medida cautelar na Arguição de Descumprimento de Preceito Fundamental (ADPF) nº 347. O autor da ação (Partido Socialismo e Liberdade – PSOL) questionou decisão do Tribunal Regional Federal da 1º Região, na qual foi denegada ordem de *habeas corpus* sob a fundamentação de que o ordenamento jurídico brasileiro não contemplava o instituto da audiência de custódia.

Dentre os requerimentos da ADPF, postulou-se o reconhecimento do Estado de Coisas Inconstitucional (ECI) no que tange ao sistema carcerário no Brasil. O ECI é originário da Colômbia, cuja Corte Constitucional entende restar configurado caso presentes três pressupostos: (i) uma situação de violação generalizada e massiva de direitos fundamentais; (ii) a inércia ou incapacidade reiterada e persistente das autoridades públicas em modificar a situação; (iii) a necessidade de atuação de uma pluralidade de órgãos estatais para a superação das violações.[382]

Com base nesse instituto do direito colombiano, o STF decidiu que o sistema penitenciário nacional – em virtude de condições desumanas de custódia, superlotações, violações massivas de direitos humanos, falhas estruturais e falência de políticas públicas – caracteriza-se como um ECI. Reconheceu que a reversão deste quadro depende da atuação dos três poderes, por meio da implementação de medidas normativas, administrativas e orçamentárias.

Na mesma oportunidade, o STF, embasado nos arts. 7.5 da Convenção Americana e 9.3 do Pacto Internacional dos Direitos Civis e Políticos, determinou a obrigatoriedade da realização de audiências de custódia, viabilizando-se o comparecimento das pessoas privadas de liberdade perante autoridade judiciária em até 24 (vinte e quatro) horas do momento da prisão.

Atendendo à exigência da decisão de que o Poder Judiciário teria 90 (noventa) dias para se adaptar à obrigação, o Conselho Nacional de Justiça (CNJ) aprovou, em dezembro de 2015, a Resolução nº 213, que regulamenta a realização da audiência de custódia em todo território nacional. Na parte inicial do documento, o CNJ faz menção expressa à Convenção Americana, ao Pacto Internacional dos Direitos Civis e Políticos, à Convenção contra a Tortura e Outros Tratamentos ou Penas Cruéis, Desumanos ou Degradantes, além de referenciar estudos do Subcomitê de Prevenção da Tortura da ONU, do Grupo de Trabalho sobre Detenção Arbitrária da ONU e o Relatório da Comissão IDH sobre o Uso da Prisão Preventiva nas Américas.[383]

Importante atentar para o fato de que, até o momento, inexiste lei que disponha sobre as audiências de custódia. Tramita perante a Câmara dos Deputados o Projeto de Lei nº 6.620/2016, que objetiva alterar o § 1º do art. 306 do Código de Processo Penal a fim de incluir o prazo de 24 (vinte e quatro) horas para a apresentação do preso à autoridade judicial, após efetivada sua prisão em flagrante. De iniciativa do Senado Federal (PLS nº 554/2011), o projeto foi apensado ao PL nº 8.045/2010, que trata da reforma do Código de Processo Penal e que tramita perante o Congresso Nacional desde 2009.

---

[382] STF, Medida Cautelar na Arguição de Descumprimento de Preceito Fundamental 347, j. 09.09.2015. Voto do Rel. Min. Marco Aurélio.

[383] CNJ, Atos Administrativos. Resolução 213/2015.

Desde a decisão do STF – e a subsequente regulamentação pelo CNJ – até junho de 2017, os dados constatados em relação às audiências de custódia são bastante expressivos. Foram realizadas mais de 250.000 (duzentas e cinquenta mil) audiências, das quais mais de 44% (quarenta e quatro por cento) resultaram em liberdade.[384]

Importante destacar que estas transformações sucedidas no Brasil o aproximam dos 28 (vinte e oito) Estados-membros da Organização dos Estados Americanos cuja legislação doméstica garante a pronta revisão judicial das prisões em flagrante. De acordo com levantamento efetuado pela Universidade de Harvard[385], o período para o encaminhamento das pessoas privadas de liberdade à autoridade competente varia de 6 (seis) a 72 (setenta e duas) horas em referidos Estados, sendo que alguns consagram o direito à audiência de custódia em suas Constituições.[386]

Artigo 8
Garantias Judiciais

1. Toda pessoa tem direito a ser ouvida (1), com as devidas garantias (2) e dentro de um prazo razoável (3), por um juiz ou tribunal (4) competente, independente e imparcial (5), estabelecido anteriormente por lei (6), na apuração de qualquer acusação penal formulada contra ela (7), ou para que se determinem seus direitos ou obrigações de natureza civil, trabalhista, fiscal ou de qualquer outra natureza (8).

2. Toda pessoa acusada de delito tem direito a que se presuma sua inocência enquanto não se comprove legalmente sua culpa (9). Durante o processo, toda pessoa tem direito, em plena igualdade (10), às seguintes garantias mínimas (11):

a) direito do acusado de ser assistido gratuitamente por um tradutor ou intérprete, se não compreender ou não falar o idioma do juízo ou tribunal; (12)

b) comunicação prévia e pormenorizada ao acusado da acusação formulada; (13)

c) concessão ao acusado do tempo e dos meios adequados para a preparação de sua defesa; (14)

d) direito do acusado de defender-se pessoalmente ou de ser assistido por um defensor de sua escolha e de comunicar-se, livremente e em particular, com seu defensor; (15)

e) direito irrenunciável de ser assistido por um defensor proporcionado pelo Estado, remunerado ou não, segundo a legislação interna, se o acusado não se defender ele próprio nem nomear defensor dentro do prazo estabelecido pela lei; (16)

---

[384] Dados do Conselho Nacional de Justiça (março de 2019).

[385] International Human Rights Clinic. *Brazil's Custody Hearings Project in Context*: The Right to Prompt In-Person Judicial Review of Arrest Across OAS Member States. 20.10.2015.

[386] Antígua e Barbuda, Belize, Bolívia, Chile, Costa Rica, Dominica, República Dominicana, El Salvador, Guiana, México, Panamá, São Cristóvão e Nevis, Santa Lúcia, Uruguai.

f) direito da defesa de inquirir as testemunhas presentes no tribunal e de obter o comparecimento, como testemunhas ou peritos, de outras pessoas que possam lançar luz sobre os fatos; (17)

g) direito de não ser obrigada a depor contra si mesma, nem a declarar-se culpada; e (18)

h) direito de recorrer da sentença para juiz ou tribunal superior. (19)

3. A confissão do acusado só é válida se feita sem coação de nenhuma natureza. (20)

4. O acusado absolvido por sentença passada em julgado não poderá se submetido a novo processo pelos mesmos fatos. (21)

5. O processo penal deve ser público, salvo no que for necessário para preservar os interesses da justiça. (22)

 ## LEGISLAÇÃO RELACIONADA

➢ **Legislação Internacional**
- Carta Africana dos Direitos Humanos e dos Povos: art. 7º, 1
- Convenção Europeia de Direitos Humanos: art. 6º
- Declaração Universal dos Direitos Humanos: arts. 8º e 11, 1 e 2
- Estatuto de Roma do Tribunal Penal Internacional: arts. 55, 66 e 67

➢ **Legislação Nacional**
- Código de Processo Penal Militar: arts. 308 e 348
- Código de Processo Penal: arts. 157, 185, 186,197 e 261
- Constituição Federal: art. 5º, XXXVI, XXXVII, XL, LIII, LVII, LX, LXIII e LXXIV

 ## JURISPRUDÊNCIA RELACIONADA

➢ **Jurisprudência Internacional**

Tribunal	Caso
Corte IDH	Caso Herzog e Outros vs. Brasil (15 de março de 2018)
Corte IDH	Opinião Consultiva nº 12 (6 de dezembro de 1991)
Corte IDH	Opinião Consultiva nº 17 (28 de agosto de 2002)
Corte IDH	Opinião Consultiva nº 22 (26 de fevereiro de 2016)

➢ **Jurisprudência Nacional**

Tribunal	Caso
STF	Súmula Vinculante nº 14
STF	Súmula Vinculante nº 25
STF	HC 93503
STF	RHC 79785

COMENTÁRIOS

Por *Flávia Piovesan e Melina Girardi Fachin*

(1) O art. 8º da Convenção Americana, intitulado "garantias judiciais", consagra o devido processo legal e, em conjunto com o art. 25 do mesmo instrumento, o direito de acesso à justiça.[387] Ao proteger essas duas dimensões, o art. 8º revela seu objetivo de, por meio de salvaguardas materiais e procedimentais, conter a arbitrariedade das autoridades públicas quando encarregadas de tomar decisões que afetem direitos.[388] A Corte IDH possui vasta jurisprudência sobre o artigo em questão e paulatinamente interpretou os parâmetros convencionais relativos ao devido processo legal e ao acesso à justiça, em um processo contínuo de aprofundamento da proteção do ser humano.

Neste particular, o sistema interamericano lida com um conceito bastante consolidado no âmbito constitucional interno dos países, já que a menção ao devido processo deriva, de modo remoto, do desenvolvimento do constitucionalismo inglês ainda no medievo. Com a consciência de que os fenômenos históricos são muito mais complexos do que meros fatos episódicos, é suficiente mencionar, para os fins do presente comentário, que o surgimento do devido processo legal (ou *due process of law*, nos países anglófonos) costuma ser identificado com o surgimento da *Magna Charta Libertatum*, na Inglaterra, em 1215. Isso porque esse documento, pela primeira vez na história, previu o princípio de que ninguém (um *ninguém* limitado, por certo, aos nobres privilegiados pela declaração) está acima da lei, nem mesmo o rei. O capítulo 39 da *Magna Charta*, que entabula a origem do devido processo legal, dispõe, *in verbis*: "Nenhum homem livre será apreendido ou aprisionado, ou destituído de seus direitos ou posses, ou feito foragido da lei ou exilado, ou privado de sua posição em qualquer modo, nem procederemos com força contra ele, ou enviaremos outros para o fazê-lo, exceto de acordo com o legal (válido) julgamento de seus pares ou de acordo com a lei do território".[389]

A *Charta Libertatum* assentou, portanto, um dos postulados do direito moderno, qual seja a limitação do poder por meio da observância da lei – "*legem terrae, Law of the land*" nos originais, posteriormente sucedidos pelo termo *due process of law*. Garantia-se, assim, aos indivíduos que os direitos previstos apenas poderiam ser limitados por leis e procedimentos previstos e não mais sujeitos ao arbítrio do Monarca. Na *Magna Charta*, portanto, o sentido do *due process of law* era eminentemente formal, garantindo salvaguardas procedimentais aos cidadãos.

Esse, porém, não é o único sentido que o princípio pode assumir, constituindo garantia contra o abuso de poder, seja ele qual for. Com efeito, o devido processo legal ganhou força e se consolidou principalmente a partir de sua reprodução nas leis norte-americanas. Foi nos Estados Unidos da América que teve origem a dimensão

---

[387] Corte IDH. *Caso Tiu Tojín vs. Guatemala*. Sentença 26.11.2008. Série C, nº 90, parágrafo 95.

[388] Corte IDH. *Caso Claude Reyes e Outros vs. Chile*. Sentença 19.09.2006. Série C, nº 151, parágrafo 118-119.

[389] Na versão original em latim: 39. "Nullus liber homo capiatur, vel imprisonetur, aut disseisiatur, aut utlagetur, aut exuletur, aut aliquo modo destruatur, nec super eum ibimus, nec super eum mittemus, nisi per legale judicium parium suorum vel per legem terre".

substancial do devido processo legal, destacando-se sua incorporação formal aos textos das V e XIV Emendas à Constituição Federal de 1787. Em razão de seu enunciado elástico e amoldável, a garantia experimentou profundas variações no tratamento jurisprudencial e tornou-se, ao lado do princípio da isonomia (*equal protection of the law*), o principal instrumento de argumentação de que lançou mão a doutrina e a jurisprudência no vibrante processo de transformação do Direito Constitucional nos Estados Unidos da América.

O princípio do devido processo legal é, portanto, gênero que abarca diversas espécies ou subprincípios procedimentais que dele são derivados, como é o caso do princípio da ampla defesa, do contraditório, do juiz natural, da isonomia, da publicidade, da motivação das decisões, entre outros. Todavia, levando em conta sua dimensão substantiva, além destes conteúdos fundamentais, liberdade, isonomia em sentido amplo, propriedade, entre outros direitos fundamentais, nele estariam albergados. Nota-se, pelo exposto, que a interpretação do *substantive due process* sofreu um maior alargamento no direito norte-americano, fundamentalmente, no âmbito dos direitos pessoais fundamentais.

No Brasil, a doutrina majoritária e a jurisprudência não encontram grandes obstáculos na defesa e na aplicação do princípio em sua forma adjetiva. O conteúdo do processo legal brasileiro é comumente restrito às garantias processuais, tais como: isonomia (art. 5º, I, CF), acesso à justiça (art. 5º, XXXV), juiz natural (art. 5º, XXXVII e LIII), contraditório e a ampla defesa (art. 5º, LV), vedação das provas ilícitas (art. 5º, LVI); publicidade (art. 5º, LX), duração razoável do processo (art. 5º, LXXVIII), motivação das decisões judiciais (art. 93, IX), entre outros. Ainda que mais modesta, fato é que a dimensão substancial existe e carrega em seu bojo os postulados da razoabilidade e da proporcionalidade das ações estatais, constituindo um possível instrumento constitucional de controle do Poder Público, em especial na luta em prol da defesa das garantias fundamentais em consonância com a razoabilidade e a proporcionalidade.

Não é apenas o *corpus iuris* interamericano que se apropria desta garantia histórica. Em outras convenções internacionais, há previsões que igualmente consagram o devido processo legal e o direito de acesso à justiça. É o caso da Declaração Universal dos Direitos Humanos (arts. 10 e 11), do Pacto Internacional dos Direitos Civis e Políticos (art. 14, conforme interpretado pelo *Comentário Geral nº 32* do Comitê de Direitos Humanos da ONU),[390] da Convenção Europeia de Direitos Humanos (art. 6º) e da Carta Africana dos Direitos Humanos e dos Povos (art. 7º). Com maior ou menor grau de detalhamento, e com sutis diferenças,[391] estes artigos garantem aos indivíduos o direito de submeter demandas a juízes ou tribunais com o fim de que vejam determinados seus direitos e obrigam as autoridades encarregadas de decidi-las a cumprir com certos requisitos, como a competência, a imparcialidade e a razoabilidade de prazo. Estas convenções também atribuem uma gama de direitos aos indivíduos

---

[390] ONU. Comitê de Direitos Humanos. *General Comment n. 32*: Article 14: Right to equality before courts and tribunals and to a fair trial. Doc. CCPR/C/GC/32, 23.08.2007.

[391] Para uma breve visão sobre as distinções: ANTOKOWIAK, Thomas M.; GONZA, Alejandra. *The American Convention on Human Rights*: essential rights. New York: Oxford University Press, 2017, p. 176-177.

acusados de atos delituosos, a exemplo da presunção da inocência, do direito de defesa, do direito a assistência legal e do direito de ser informado da natureza e dos motivos da acusação formulada.

A Corte IDH definiu a primeira das esferas protegidas pelo art. 8º, o devido processo legal, como o conjunto de requisitos, ou "devidas garantias", cuja observância, em um contexto procedimental, fornece condições para que os indivíduos possam defender adequadamente seus direitos perante qualquer ato estatal que possa afetá-los.[392]

Definiu, ademais, que o devido processo legal possui íntima relação com a noção de justiça, em uma dimensão também material, já que tem como um de seus objetivos auxiliar no desenvolvimento de um julgamento justo tanto que, na referência em inglês, é intitulado "direito a um julgamento justo" (*right to a fair trial*), explicitando a finalidade das salvaguardas estabelecidas no artigo.

Muito embora não haja menção acerca de quais garantias devem ser observadas de maneira imprescindível (afinal, são exigidas apenas as "devidas garantias"), entende-se que estas devem ser extraídas da necessidade de se atingir uma decisão justa, verificando sua incidência em cada caso.[393] Consequentemente, o devido processo legal impõe aos Estados-Partes dever de observar tanto o estabelecimento de tais garantias na normativa interna, responsável por regular os procedimentos judiciais naquele dado Estado, quanto ao efetivo resguardo no deslinde da resolução de controvérsias concretas.

Segundo a Corte IDH, a segunda frente de proteção fornecida pelo art. 8º se volta ao direito de acesso à justiça, intimamente relacionado com o devido processo legal. Afinal, de nada adiantaria a previsão de garantias que vinculam a atuação procedimental e material das autoridades públicas se os indivíduos pudessem ser arbitrariamente impedidos de acessar as instâncias competentes para decidir sobre seus direitos. A fórmula "toda pessoa tem o direito de ser ouvida [...] na determinação de seus direitos e obrigações", assim, importa dizer que os indivíduos devem poder submeter ao Estado eventuais controvérsias, quer entre particulares, quer com a Administração, cuja resolução é necessária para essa determinação,[394] o que se faz notadamente por meio do acesso ao Poder Judiciário.

Por isso, a Corte IDH entende que normas e medidas que imponham custos excessivos ou dificultem de qualquer modo o acesso de indivíduos a juízes ou tribunais (ou a outras instâncias de decisão), desde que não justificadas por necessidades ordinárias de administração e organização, violam o art. 8º da Convenção Americana.[395] Essa infração foi declarada, por exemplo, no caso *Cantos vs. Argentina*, no qual a Corte considerou que a fixação de uma taxa judicial de mais de 84 milhões de pesos

---

[392] Corte IDH. *Caso Barbani Duarte e Outros* vs. *Uruguai*. Sentença 13.10.2011. Série C, nº 234, parágrafo 116.

[393] Corte IDH. *Caso Dacosta Cadogan* vs. *Barbados*. Sentença 24.09.2009. Série C, nº 204, parágrafo 84.

[394] MEDINA QUIROGA, Cecilia. *Convención Americana*: teoría y jurisprudencia. Santiago: Universidad de Chile, 2003. p. 267.

[395] Corte IDH. *Caso Cantos* vs. *Argentina*. Sentença 28.11.2002. Série C, nº 97, parágrafo 50.

(com o valor equivalente em dólares estadunidenses) constituiu uma obstrução do acesso à justiça, em razão da evidente desproporcionalidade.[396]

Nesse tema, a jurisprudência da Corte IDH promoveu uma aproximação relevante entre os arts. 8º ("garantias judiciais") e 25 ("proteção judicial") da Convenção Americana, tratando do acesso à justiça, em diversas ocasiões, como um direito decorrente simultaneamente de ambas as disposições.[397] Em uma formulação recorrente que mescla os âmbitos protetivos, a Corte entende que os Estados devem fornecer recursos judiciais efetivos às vítimas de violações de direitos humanos (art. 25) e que esses recursos devem respeitar as regras do devido processo legal (art. 8º), tudo isso dentro da obrigação geral dos Estados de garantir o livre e pleno exercício dos direitos reconhecidos na Convenção (art. 1º).[398] Assim, é com muita frequência que a Corte analisa em conjunto eventuais violações aos dois artigos,[399] razão pela qual haverá neste e naquele comentário muitos pontos de contato e remissões.

Contudo, apesar do fato de que tais análises conjuntas podem ser fonte de confusão sobre a relação entre os dois dispositivos,[400] certo é que os arts. 8º e 25 da Convenção possuem conteúdo autônomo. O art. 8º obriga os Estados a estruturar um sistema de justiça à luz das garantias do devido processo e a garantir aos indivíduos acesso desimpedido a ele para que possam ver seus direitos e obrigações, inclusive na esfera penal, determinados de maneira justa. O art. 25, por outro lado, estabelece o direito de acesso à justiça em apenas uma de suas facetas, pois se volta à obrigação de que os Estados adotem um sistema de recursos efetivos àqueles que alegam ter seus direitos humanos violados. Para satisfazer essa disposição, não basta que os Estados possuam um sistema de justiça estruturado à luz das garantias do devido processo (previstas no art. 8º da Convenção), pois o art. 25 impõe o dever específico de garantir remédios judiciais simples e rápidos para a proteção dos direitos humanos. Eis aí os pontos de contato e afastamento das duas normas.

O direito ao acesso à justiça (ora decorrente do art. 8º,[401] ora decorrente de uma conjunção com o art. 25)[402] foi abordado pela Corte IDH de um modo que atribui aos Estados o dever positivo de investigar e promover o esclarecimento de fatos delituosos. Especialmente em casos que envolvem desaparecimento forçado, atos de agentes

[396] Corte IDH. *Caso Cantos* vs. *Argentina*. Sentença 28.11.2002. Série C, nº 97, parágrafo 55.

[397] Corte IDH. *Caso Cantos* vs. *Argentina*. Sentença 28.11.2002. Série C, nº 97, parágrafo 50-52.

[398] Corte IDH. *Caso Defensor de Direitos Humanos e Outros vs. Guatemala*. Sentença 28.08.2014. Série C, nº 283.

[399] Cite-se, por exemplo: Corte IDH. *Caso Herzog e Outros vs. Brasil*. Sentença 15.03.2018. Série C, nº 353.

[400] A ex-juíza da Corte IDH, CECILIA MEDINA QUIROGA, proferiu vários votos apartados nos quais pugnou por mais tecnicidade da Corte no tratamento dos arts. 8º e 25, ressaltando seus conteúdos distintos e apoiando-se, inclusive, em certa jurisprudência da Corte que vê como acertada. São emblemáticos seus votos nos casos *19 Comerciantes vs. Colômbia, Irmãos Gómez Paquiyauri vs. Peru, Gómez Palomino vs. Peru e López Álvarez vs. Honduras*. Ver também: MEDINA QUIROGA, Cecilia. *Convención Americana*, cit., p. 273-283 e 360-365.

[401] Corte IDH. *Caso da "Van Branca" (Paniagua Morales e outros) vs. Guatemala*. Sentença 08.03.1998. Série C, nº 37, parágrafo 139.

[402] Corte IDH. *Caso Durand y Ugarte vs. Peru*. Sentença 16.08.2000. Série C, nº 68, parágrafo 130.

estatais ou outras violações ao direito à vida e à integridade pessoal,[403] os Estados têm o dever de promover, de ofício, uma investigação séria, diligente, imparcial e em tempo razoável dos fatos ocorridos e de garantir a eventual responsabilização penal dos envolvidos,[404] assim como o pagamento das devidas indenizações.[405] Para mais ver abaixo o tema relacionado ao dever de investigar diligentemente, o direito à verdade, a proibição da prescrição e da autoanistia.[406]

O art. 8.1 inicia-se garantindo que "toda a pessoa tem o direito a ser ouvida". O âmbito de proteção dessa formulação veicula teor semelhante ao contido nos instrumentos do Sistema Global, tal como preveem o art. 14 do Pacto Internacional dos Direitos Civis e Políticos, de 1966, que dispõe que "*toda pessoa terá o direito de ser ouvida publicamente*", e o art. 10 da Declaração Universal dos Direitos Humanos, de 1948, que salienta que "*todo ser humano tem direito, em plena igualdade, a uma justa e pública audiência [...]*".Sem a mesma atenção à oralidade, mas promovendo proteção semelhante do direito de submeter alegações, o art. 6º da Convenção Europeia de Direitos Humanos dispõe que "*qualquer pessoa tem direito a que a sua causa seja examinada, equitativa e publicamente*" e o art. 7º da Carta Africana dos Direitos Humanos e dos Povos, que "*toda pessoa tem o direito a que sua causa seja apreciada*".

O direito à audiência (ou direito a ser ouvido), além de garantir que toda pessoa possa submeter causas ao Estado, possui a finalidade de trazer e rebater alegações no curso de um dado procedimento judicial ou de outra natureza, traduzindo-se na exigência de contraditório prévio a uma decisão que possa declarar, alterar ou constituir uma certa situação ou posição jurídica. Tal direito implica, em um primeiro momento, o reconhecimento de uma dimensão formal e processual, responsável por resguardar o próprio acesso ao órgão competente por apreciar a controvérsia, mediante a oportunidade de apresentar razões escritas e arrolar provas admitidas em direito. Ainda, tal direito veicula uma extensão material que lança um dever positivo ao Estado de observar a idoneidade do procedimento e das decisões tomadas nele, de modo que se preserve o fim a que efetivamente se destina a prestação jurisdicional.[407]

Assim, para a Corte IDH, o direito a ser ouvido, garantido pelo art. 8.1, é a expressão mais geral do direito de todas as pessoas a ter acesso aos tribunais ou a outros órgãos estatais e, além disso, a contar com amplas possibilidades de atuar nos procedimentos de que sejam parte, formulando pretensões e apresentando elementos probatórios, que devem ser examinados de modo completo e sério pelas autoridades antes de resolver definitivamente as questões sob análise.[408]

---

[403] Corte IDH. *Caso Cruz Sánchez e Outros* vs. *Peru*. Sentença 17.04.2015. Série C, nº 292, parágrafo 346-352.

[404] Corte IDH. *Caso Rochac Hernández e Outros* vs. *El Salvador*. Sentença 14.10.2014. Série C, nº 285, parágrafo 139.

[405] Corte IDH. *Caso Durand y Ugarte* vs. *Peru*. Sentença 16.08.2000. Série C, nº 68, parágrafo 130.

[406] Corte IDH. *Caso Rodríguez Vera e Outros (Desaparecidos do Palácio de Justiça)* vs. *Colômbia*. Sentença 14.11.2014. Série C, nº 28, parágrafo 435.

[407] Corte IDH. *Caso Barbani Duarte e Outros* vs. *Uruguai*. Sentença 13.10.2010. Série C, nº 234, parágrafo 122.

[408] Corte IDH. *Caso do Tribunal Constitucional (Camba Campos e outros)* vs. *Equador*. Sentença 28.08.2013. Série C, nº 268, parágrafo 181.

Não obstante os termos em que se encontra redigido, o aludido art. 8.1 não alberga a participação das partes exclusivamente em uma acepção física, por conta do uso do vocábulo "audiência", à semelhança do que ocorre nos países de matriz anglo-saxã. Na realidade, como já advertiu a Corte em sua competência contenciosa, a oralidade é apenas uma das garantias que estão atreladas ao direito à prévia audiência, de modo que, embora haja casos em que essa garantia é necessária, como no âmbito penal, a existência de uma oportunidade de apresentar alegações de fato e de direito em uma fase oral nem sempre se afigura indispensável.[409] O âmbito de proteção do direito a ser ouvido, portanto, é muito mais a garantia de que os envolvidos no processo possam se manifestar e formular argumentos que sejam considerados com seriedade pelas autoridades do que a proteção absoluta à manifestação oral.

Ampliando a titularidade desse direito, a Corte IDH reconheceu que, em casos que tratam de morte ou desaparecimento forçado, os familiares das vítimas têm o direito a ser ouvidos nos procedimentos voltados ao esclarecimento dos fatos e à fixação das responsabilidades.[410] Acresce-se, assim, dentro da tutela, o dever de manter informados os familiares das vítimas e de oferecer-lhes condições para que participem de todos os procedimentos de seu interesse, já que são também, por sua vez, vítimas de grande sofrimento.[411] Mesmo assim, a possibilidade de que as vítimas ou seus familiares participem do processo por meio do aporte de provas não elimina nem diminui a obrigação estatal de buscar, diligentemente, de ofício e em um prazo razoável, a verdade dos fatos.[412]

Derradeiramente, embora não estejam no âmbito específico da previsão de que "toda a pessoa tem o direito de ser ouvida", objeto deste comentário, duas outras garantias foram identificadas e desenvolvidas pela Corte IDH como decorrentes do art. 8º da Convenção Americana: a devida diligência e o dever de fundamentar as decisões – judiciais ou não – que afetem direitos. A Convenção Americana os alberga como garantia decorrente do devido processo legal não em sua literalidade, mas por construção jurisprudencial da Corte IDH. Semelhantemente, a Declaração Universal dos Direitos Humanos, o Pacto Internacional dos Direitos Civis e Políticos, a Convenção Europeia de Direitos Humanos e a Carta Africana dos Direitos Humanos e dos Povos.

A devida diligência é ônus que se atribui ao Estado para que aja com seriedade e responsabilidade na condução de certos atos procedimentais. Foi desenvolvida pela Corte IDH notadamente em relação à investigação de delitos, situação na qual a devida diligência exige que o órgão investigador realize todos os atos e averiguações necessários para o alcance de um resultado adequado.[413] Isso significa que as autoridades

---

[409] Corte IDH. *Caso Apitz Barbera vs. Venezuela*. Sentença 05.08.2008. Série C, nº 182, parágrafo 75.

[410] Corte IDH. *Caso dos "Meninos de Rua" (Villagrán Morales e outros) vs. Guatemala*. Sentença 19.11.1999. Série C, nº 63, parágrafo 227.

[411] Corte IDH. *Caso Blake vs. Guatemala*. Sentença 24.01.1998. Série C, nº 36, parágrafo 97.

[412] Corte IDH. *Caso Massacres de Río Negro vs. Guatemala*. Sentença 04.09.2012. Série C, nº 250, parágrafo 193.

[413] Corte IDH. *Caso Acosta e Outros vs. Nicaragua*. Sentença 25.03.2017. Série C, nº 334, parágrafo 136.

devem evitar omissões e demoras injustificadas na colheita de provas,[414] devem seguir seriamente as cadeias lógicas de investigação,[415] devem estar atentas à gravidade dos fatos em questão e a padrões sistemáticos de cometimento de delitos[416] e devem evitar obstruções no curso das diligências, agindo de ofício, sem dilações e com especial zelo durante as primeiras etapas a partir da descoberta do crime.[417]

Em resumo, sendo a obrigação de investigar uma obrigação de meio, e não de resultado, deve ser assumida seriamente pelo Estado "como um dever jurídico próprio, e não como uma simples formalidade condenada de antemão ao insucesso".[418] É principalmente a devida diligência, portanto, que garante o cumprimento da obrigação de investigar. Para definir os atos que a conformam em casos específicos, a Corte IDH se valeu repetidamente de documentos internacionais de *soft law* redigidos por órgãos especializados, como o *Protocolo de Minnesota*,[419] que fornece diretrizes para a investigação eficaz em casos de execuções extrajudiciais, sumárias ou arbitrárias, e o *Protocolo de Istambul*,[420] voltado para casos de tortura e outras penas ou tratamentos cruéis, desumanos ou degradantes. Ademais, definiu que a obrigação de agir com devida diligência é particularmente importante em casos de delitos graves (como homicídio, tortura, escravidão, desaparecimento forçado etc.) e quando agentes estatais estão envolvidos nas violações em questão.[421]

Por sua vez, o dever de fundamentar as decisões – judiciais ou não – serve a evitar que órgãos estatais tomem decisões arbitrárias quando decidem sobre direitos dos cidadãos.[422] No entendimento da Corte IDH, o dever de fundamentar é uma "devida garantia" protegida pelo art. 8.1. Isso porque uma decisão adequadamente fundamentada demonstra que as alegações das partes foram levadas em conta e que o conjunto de provas foi adequadamente analisado e porque garante-se, assim, que as partes tenham sido "ouvidas" e que a decisão possa ser criticada perante uma instância

---

[414] Corte IDH. *Caso Favela Nova Brasília vs. Brasil*. Sentença 16.02.2017. Série C, nº 333, parágrafo 180.

[415] Corte IDH. *Caso do Massacre de La Rochela vs. Colômbia*. Sentença 11.05.2007. Série C, nº 163, parágrafo 155.

[416] Corte IDH. *Caso Rochac Hernández e Outros vs. El Salvador*. Sentença 14.10.2014. Série C, nº 285, parágrafo 154.

[417] Corte IDH. *Caso Veliz Franco e Outros vs. Guatemala*. Sentença 19.05.2014. Série C, nº 277.

[418] Corte IDH. *Caso Defensor de Direitos Humanos e Outros vs. Guatemala*. Sentença 28.08.2014. Série C, nº 283, parágrafo 200.

[419] ONU. Alto Comissariado das Nações Unidas para os Direitos Humanos. *Protocolo de Minnesota sobre la Investigación de Muertes Potencialmente Ilícitas (2016)*: Versión revisada del Manual de las Naciones Unidas sobre la Prevención e Investigación Eficaces de la Ejecuciones Extralegales, Arbitrarias o Sumarias. Nações Unidas: Nova York e Genebra, 2017.

[420] ONU. Alto Comissariado das Nações Unidas para os Direitos Humanos. *Protocolo de Istambul*: Manual para a Investigação e Documentação Eficazes da Tortura e Outras Penas ou Tratamentos Cruéis, Desumanos ou Degradantes. Nações Unidas: Nova York e Genebra, 2017.

[421] Corte IDH. *Caso Favela Nova Brasília vs. Brasil*. Sentença 16.02.2017. Série C, nº 333, parágrafo 176.

[422] Corte IDH. *Caso Chaparro Álvarez y Lapo Íñiguez vs. Equador*. Sentença 21.11.2007. Série C, nº 70, parágrafo 107.

revisora, quando isso for possível.[423] Em uma dimensão mais ampla, a fundamentação é garantia que se relaciona com a "correta administração de justiça, que protege o direito dos cidadãos a ser julgados por razões ditadas pelo Direito e outorga credibilidade às decisões jurídicas no contexto de uma sociedade democrática."[424]

A Corte IDH, além disso, desenvolveu parâmetros que definem o significado da exigência de motivação para as decisões estatais. O dever de motivar, explicou a Corte, não exige uma resposta detalhada a todos os argumentos das partes,[425] mas a fundamentação deve deixar claros os fatos, motivos e normas em que se baseou a autoridade para alcançar a decisão tomada.[426] *A contrario sensu*, a mera enumeração de normas supostamente aplicáveis aos fatos, sem a explicitação da relação entre as normas e os fatos, não satisfaz os requisitos da motivação adequada.[427]

O direito brasileiro determina, constitucionalmente, que "todos os julgamentos dos órgãos do Poder Judiciário serão públicos, e fundamentadas todas as decisões, sob pena de nulidade" (art. 93, IX, CF) e impõe o mesmo dever por meio da normativa processual (arts. 11 e 489, §1º, CPC). Dos princípios da Administração Pública definidos no *caput* do art. 37 da Constituição, especialmente a publicidade, pode-se extrair dever semelhante para quaisquer outras decisões estatais que afetem direitos, o que é reforçado pelo art. 50 da Lei nº 9.784/1990, que regula os procedimentos administrativos no âmbito federal.

Apesar dessas disposições, o Estado brasileiro foi condenado nos casos *Gomes Lund e Outros ("Guerrilha do Araguaia")* e *Herzog e outros*, por, entre outras violações, não ter garantido o acesso dos familiares das vítimas a documentos oficiais relativos a fatos ocorridos durante o regime militar, impondo como obstáculo decisões sem motivação adequada. Segundo a Corte, "toda recusa de prestar informação deve ser motivada e fundamentada, cabendo ao Estado o ônus da prova referente à impossibilidade" de revelá-la,[428] já que o contrário importaria em permitir a "atuação discricionária e arbitrária do Estado de facilitar ou não determinada informação".[429] Os limites a uma atuação dessa espécie são plenamente compatíveis com os objetivos do art. 8º da Convenção Americana, que se entendeu violado por esse e outros motivos.

(2) Ao fazer referência a "garantias judiciais" e a "devidas garantias", a Convenção Americana remete àquela clássica distinção do constitucionalismo de *direitos* consistem em expectativas de tutela decorrentes de disposições declaratórias e as *garantias*, por

---

[423]   Corte IDH. *Caso Apitz Barbera* vs. *Venezuela*. Sentença 05.08.2008. Série C, nº 182, parágrafo 78.

[424]   Corte IDH. *Caso Tristán Donoso* vs. *Panamá*. Sentença 27.02.2009. Série C, nº 193, parágrafo 152.

[425]   Corte IDH. *Caso Apitz Barbera* vs. *Venezuela*. Sentença 05.08.2008. Série C, nº 182, parágrafo 90.

[425]   Corte IDH. *Caso Chocrón Chocrón* vs. *Venezuela*. Sentença 1.º.07.2011. Série C, nº 227, parágrafo 118.

[427]   Corte IDH. *Caso López Lone e Outros* vs. *Honduras*. Sentença 05.10.2015. Série C, nº 302, parágrafo 265.

[428]   Corte IDH. *Caso Herzog e Outros* vs. *Brasil*. Sentença 15.03.2018. Série C, nº 353, parágrafo 334.

[429]   Corte IDH. *Caso Gomes Lund e Outros ("Guerrilha do Araguaia")* vs. *Brasil*. Sentença 24.11.2010. Série C, nº 219, parágrafo 211. Na doutrina, *v.* MAZZUOLI, Valerio de Oliveira. Crimes da ditadura militar e o "Caso Araguaia": aplicação do direito internacional dos direitos humanos pelos juízes e tribunais brasileiros. *Revista Anistia Política e Justiça de Transição*, v. 4, p. 156-181, 2011.

seu turno, se referem a disposições assecuratórias, ou seja, obrigações ou proibições correlatas ao direito em questão.[430]

No Direito os direitos e as garantias gozam da mesma proteção jusfundamental:[431] mesmo que o Título II da Constituição não explicite quais de suas disposições se referem a cada uma dessas figuras, certo é que protege igualmente "direitos e garantias fundamentais". Os parágrafos 1º e 2º do art. 5º atribuem eficácia imediata a direitos e garantias fundamentais e consagram a chamada cláusula de abertura, segundo a qual normas internacionais de direitos humanos se incorporam ao bloco constitucional brasileiro. A referência ocorre mais uma vez no art. 60, parágrafo 4º, IV, que inclui os direitos e garantias individuais no rol de cláusulas pétreas da Constituição.

Não obstante o posicionamento do STF fixado no julgamento do Recurso Extraordinário nº 466.343/SP, uma visão humanista do direito internacional e do direito constitucional, orientada pelo princípio *pro personae*, não permite chegar a outra conclusão senão a de que normas internacionais definidoras de direitos humanos, por um critério material e por força do parágrafo 2º do art. 5º da Constituição brasileira, incorporam-se ao direito brasileiro gozando de hierarquia constitucional.[432] Isso significa, portanto, que as garantias protegidas pelo art. 8º da Convenção Americana, naquilo que diferem das normas da Constituição, complementam-nas, aprofundando a proteção do ser humano.

O art. 8.1 da Convenção prevê que "devidas garantias" se aplicam tanto a acusações penais quanto a demandas de caráter civil, trabalhista, fiscal ou de qualquer outra natureza. O art. 8.2, por sua vez, protege as "garantias mínimas" a que têm direito pessoas acusadas de delitos. Consequentemente, uma análise meramente textual faria crer que o processo penal é regido por parâmetros particulares de devido processo, distintos ou mais detalhados do que as "devidas garantias". Essa visão, no entanto, ignoraria o importante papel de interpretação convencional e de desenvolvimento de standards protetivos desempenhado pela Corte IDH.

No caso *Baena Ricardo e Outros vs. Panamá*,[433] em consonância com outros julgados,[434] mas com clareza inédita, a Corte enunciou que os indivíduos têm direito ao devido processo legal nos termos dos arts. 8.1 e 8.2 (isto é, às "devidas garantias" e às "garantias mínimas") na seara penal assim como em quaisquer outras, judiciais ou não.[435] A lógica por trás dessa conclusão reside no fato de que, "em qualquer matéria,

---

[430] FERRAJOLI, Luigi. *Derechos y garantias*: la ley del más débil. 7. ed. Madrid: Trotta, 2010. p. 59.

[431] MENDES, Gilmar Ferreira. *Curso de direito constitucional*. São Paulo: Saraiva, 2014. p. 169.

[432] Para detalhes, *v.* MAZZUOLI, Valerio de Oliveira. *Curso de direito internacional público*. 12. ed. rev., atual. e ampl. Rio de Janeiro: Forense, 2019. p. 780-792; e MAZZUOLI, Valerio de Oliveira. *Direitos humanos, Constituição e os tratados internacionais*: estudo analítico da situação e aplicação do tratado na ordem jurídica brasileira. São Paulo: Juarez de Oliveira, 2002. p. 233-252.

[433] Corte IDH. *Caso Baena Ricardo e Outros vs. Panamá*. Sentença 02.02.2001. Série C, nº 72, parágrafo 124-134.

[434] Corte IDH. Exceções ao Esgotamento dos Recursos Internos (46.1, 46.2.a e 46.2.b da Convenção Americana sobre Direitos Humanos). *Opinião Consultiva nº 11/90*, 10.08.1990. Série A, nº 11, parágrafo 28.

[435] Para uma crítica fundamentada a essa construção, *v.* MEDINA QUIROGA, Cecilia. *Convención Americana*, cit., p. 283-293.

inclusive a laboral e a administrativa, a discricionariedade da [A]dministração tem limites instransponíveis" e de que "não pode a [A]dministração ditar atos administrativos sancionatórios sem outorgar [...] a garantia do devido processo".[436]

As "garantias mínimas" previstas para o processo penal, portanto, são aplicáveis a todo e qualquer procedimento que possa afetar direitos das pessoas,[437] naquilo que forem compatíveis.[438] Desse modo, pode-se compreender que as "devidas garantias" do art. 8.1 são cabíveis nas mesmas situações, mas possuem uma amplitude maior. Afinal, compreendem o conjunto mínimo de salvaguardas imposto pelo art. 8.2 e, além disso, permitem a adição de outras garantias, não expressas, ao escopo de proteção do art. 8º por meio de construções jurisprudenciais, como foi o caso do direito à fundamentação das decisões, tratado no comentário anterior.

(3) O direito a um julgamento em prazo razoável integra o conteúdo essencial do devido processo legal protegido pelo art. 8.1 da Convenção Americana e também está presente, em termos idênticos, no art. 6º da Convenção Europeia de Direitos Humanos e no art. 7º da Carta Africana dos Direitos Humanos e dos Povos. Esse direito se justifica na medida em que coíbe a eternização de procedimentos em curso nos órgãos com competência judiciária e administrativa, de modo que uma decisão justa não prescinde de sua resolução em um tempo tido por *razoável*. Consequentemente, a demora prolongada e injustificada constitui, por si só, uma violação às garantias do devido processo.[439]

A previsão do próprio sistema, em profícuo diálogo com o direito interno, gerou a inclusão, pela via da emenda constitucional, do inc. LXXVIII ao art. 5º da Constituição, para o fim de justamente garantir a duração razoável dos processos judiciais e dos procedimentos administrativos. Ainda que a análise seja à luz de cada caso concreto, há parâmetros regionais que permitem dar maior objetividade à avaliação. Seguindo o já consolidado entendimento da Corte Europeia de Direitos Humanos no trato da matéria,[440] a Corte IDH originariamente adotou a existência de três critérios necessários para averiguar a obediência ou a violação do direito a um julgamento em prazo razoável. Como exposto no caso *Genie Lacayo vs. Nicarágua,* os elementos se consubstanciam na análise: a) da complexidade do assunto; b) da atividade processual dos interessados; e c) da conduta das autoridades.[441]

---

[436]   Corte IDH. *Caso Baena Ricardo e Outros* vs. *Panamá.* Sentença 02.02.2001. Série C, nº 72, parágrafo 126.

[437]   Corte IDH. *Caso Baena Ricardo e Outros* vs. *Panamá.* Sentença 02.02.2001. Série C, nº 72, parágrafo 127.

[438]   Corte IDH. *Caso Ivcher Bronstein* vs. *Peru.* Sentença 06.02.2001. Série C, nº 74, parágrafo 103.

[439]   Corte IDH. *Caso Vásquez Durand e Outros* vs. *Equador.* Sentença 15.02.2017. Série C, nº 332, parágrafo 159.

[440]   Por todos, cf. Corte EDH. *Ruiz-Mateos* vs. *Espanha.* Sentença 23.06.1993. Série A, nº 262, parágrafos 38-53. Para uma análise pormenorizada da jurisprudência europeia e seu respectivo aporte doutrinário, *v.* SAVVIDIS, Caroline. *Court delay and human rights remedies*: enforcing the right to a fair hearing 'within a reasonable time'. Nova York: Routledge, 2016.

[441]   Corte IDH. *Caso Genie Lacayo* vs. *Nicarágua.* Sentença 29.01.1997. Série C, nº 30, parágrafo 77.

Assim, não há como estabelecer a fixação de um prazo preciso, mas deve-se realizar um *estudo global* do procedimento analisado em questão[442]. Há, todavia, indicações de critérios objetivos para a análise do "tempo razoável", sem ingressar em uma posição que visualize apenas o transcurso do tempo e não visualize as particularidades de cada caso.[443]

O primeiro deles, atinente à complexidade do assunto tratado na causa, envolve o exame de uma série de fatores para definir uma questão de baixa, média ou alta complexidade, tais como "a complexidade da prova, a pluralidade de sujeitos processuais ou a quantidade de vítimas, o tempo decorrido desde a violação, as características do recurso consagradas na legislação interna e o contexto em que ocorreu a violação".[444] A Corte Interamericana de IDH entendeu que a causa cível em questão não contava com aspectos jurídicos ou probatórios que atestassem a complexidade do caso, cujo trâmite se deu em um período de quase 12 anos. Por outro lado, considerou complexas as consequências de massacres perpetrados contra civis por agentes oficiais (ou com sua aquiescência) em locais de difícil acesso, seguidos por atos voltados a dificultar as investigações. Isso, no entanto, não costuma eximir de responsabilidade os Estados, que, a exemplo da Colômbia no *Caso do Massacre de Pueblo Bello,* dificilmente são capazes de comprovar que a complexidade do caso justificaria por si só a dilação excessiva do prazo.[445]

O segundo critério é alusivo à atividade processual do interessado[446]: caso o trâmite seja alongado por conta da atuação indevida dos interessados, não há como imputar ao Estado eventual violação da norma internacional ora em apreço, tal como interpretada pela jurisprudência interamericana.[447] No entanto, como anteriormente mencionado, este ônus não pode ser atribuído às vítimas e seus familiares em casos de violações especialmente graves, a exemplo de execuções extrajudiciais, homicídios, tortura e escravidão, já que cabe ao Estado o dever de investigar tais fatos de ofício e com a devida diligência, sem depender da iniciativa das partes.[448] Caso limítrofe seria aquele em que, apesar da gravidade dos fatos, as vítimas ou seus familiares ativamente impedissem o exercício *ex officio* das obrigações do Estado, o que tornaria necessária uma análise ponderada do critério da atividade processual dos interessados em face

---

[442]   Corte IDH. *Caso Las Palmeras* vs. *Colômbia*. Sentença 06.12.2001. Série C, nº 90, parágrafo 64.

[443]   *Verbis*: "A pertinência de aplicar esses três critérios para determinar a razoabilidade do prazo de um processo depende das circunstâncias de cada caso. Com efeito, dadas as particularidades do presente caso, a Corte analisará a razoabilidade da duração de cada um dos procedimentos, quando isso seja possível e pertinente" (Corte IDH. *Caso Massacre de Pueblo Bello vs. Colômbia*. Sentença 31.01.2006. Série C, nº 140, parágrafo 171).

[444]   Corte IDH. *Caso Furlan e Familiares* vs. *Argentina*. Sentença 31.08.2012. Série C, nº 246, parágrafo 156.

[445]   Corte IDH. *Caso do Massacre de Pueblo Bello* vs. *Colômbia*. Sentença 31.01.2006. Série C, nº 140, parágrafo 171-188.

[446]   Corte IDH. *Caso Cantos* vs. *Argentina*. Sentença 28.11.2002. Série C, nº 97, parágrafo 57.

[447]   Corte IDH. *Caso Mémoli* vs. *Argentina*. Sentença 22.08.2013. Série C, nº 265, parágrafo 174.

[448]   Corte IDH. *Caso Veliz Franco e Outros* vs. *Guatemala*. Sentença 19.05.2014. Série C, nº 277, parágrafo 221.

da devida diligência do Estado. Não há notícia, porém, de que um caso dessa natureza tenha chegado a conhecimento da Corte.

O terceiro critério corresponde ao exame da conduta das autoridades judiciais, cumpre verificar se estas agiram com a devida diligência, abordada no primeiro comentário, e com celeridade na condução dos feitos sob suas respectivas jurisdições, pois possuem o dever de conduzir o procedimento de modo a não sacrificar a justiça e o devido processo em razão de meras formalidades.[449] No caso *Luna López vs. Honduras*, por exemplo, mesmo que os fatos tenham ocorrido em 1998 e tenha havido a condenação de um autor em 2002, a absolvição de um indivíduo em 2006 e a condenação de um segundo autor apenas em 2013, a Corte entendeu respeitado o critério do prazo razoável porque as autoridades agiram diligentemente e encontraram circunstâncias complexas durante os procedimentos, como a fuga e a deportação do segundo autor.[450] A existência de largos períodos de inatividade do juízo, sem que tenham sido realizadas quaisquer diligências pertinentes para a conclusão do caso, acaba por atrair a responsabilidade internacional do Estado por violação do dispositivo em comento, em face do não atendimento do terceiro critério.[451]

A partir do julgamento do caso *Vale Jaramillo*, tem-se identificado a presença de um quarto critério, por meio do qual deve-se averiguar o impacto que o transcurso do tempo impõe sobre a situação jurídica das partes interessadas. Assim, se a passagem do tempo incide de forma relevante na situação jurídica do indivíduo, afigura-se necessário que seja impingida maior agilidade e celeridade para a resolução do caso em tempo tido por breve.[452] Pois, além de configurar uma violação da disposição neste ponto, por desrespeito à duração razoável do processo, pode fulminar a pretensão deduzida no procedimento em curso, culminando em uma transgressão adicional da Convenção Americana sobre Direitos Humanos diante da denegação de justiça no caso concreto.[453] A Corte IDH julgou esse critério violado, por exemplo, no caso *Fornerón e filha vs. Argentina* no qual a demora dos procedimentos judiciais sobre guarda e visita impediu que pai e filha se conhecessem durante os 12 primeiros anos de vida desta, fazendo concluir que as autoridades não consideraram os impactos "significativos, irreversíveis e irremediáveis" causados em ambos pela demora injustificada.[454]

Apesar de ter sedimentado em sua jurisprudência os quatro critérios mencionados, em alguns casos a Corte considerou desnecessário aplicá-los por considerar "evidente" que "o tempo transcorrido ultrapassa excessivamente o prazo que se

---

[449]   Corte IDH. *Caso Andrade Salmón vs. Bolívia*. Sentença 1.º.12.2016. Série C, nº 330, parágrafo 158.

[450]   Corte IDH. *Caso Luna López vs. Honduras*. Sentença 10.10.2013. Série C, nº 269, parágrafos 192-193.

[451]   Corte IDH. *Caso Mémoli vs. Argentina*. Sentença 22.08.2013. Série C, nº 265, parágrafo 176.

[452]   Corte IDH. *Caso Vale Jaramillo vs. Colômbia*. Sentença 27.11.2008. Série C, nº 192, parágrafo 155.

[453]   "A Corte nota que a reiterada falta de devida diligência em casos relativos ao Estado equatoriano operou a prescrição da ação penal em múltiplas ocasiões. A Corte considera que estas negligências nos processos penais geram uma denegação de justiça no marco dos mesmos, impedindo que se realize uma efetiva investigação dos responsáveis" (Corte IDH. *Caso Gonzalez Lluy e Outros vs. Equador*. Sentença 1.º.07.2015. Série C, nº 298, parágrafo 308).

[454]   Corte IDH. *Fornerón e filha vs. Argentina*. Sentença 27.04.2012. Série C, nº 242, parágrafo 76.

poderia considerar razoável".[455] É exemplo o caso *Irmãos Landaeta Mejía e Outros vs. Venezuela*, em que, por atrasos processuais, mais de 17 anos se passaram desde o início das investigações sobre os fatos delituosos sem que tenha havido sentença de primeiro grau contra os supostos responsáveis.[456]

Ademais, para além dos quatro critérios, cabe mencionar também os casos *Favela Nova Brasília* e *Povo Indígena Xucuru e seus membros*, ambos contra o Brasil, que revelam facetas importantes da garantia da duração razoável dos procedimentos.

O caso *Favela Nova Brasília*, relacionado com execuções extrajudiciais e estupros praticados por agentes públicos na comunidade que dá nome ao caso, revela a íntima conexão estabelecida pela Corte IDH entre a duração razoável dos procedimentos e o resultado útil das ações para o esclarecimento dos fatos e a atribuição de responsabilidades. A Corte IDH concluiu que, em razão da falta de investigações diligentes e imparciais direcionadas ao efetivo esclarecimento dos fatos desde 1994 e 1995 até a publicação da sentença, em 2016, o Estado brasileiro não só violou as garantias de devida diligência e de prazo razoável em prejuízo das vítimas e de seus familiares, mas também promoveu a impunidade dos responsáveis[457] uma vez que a demora injustificada de diligências investigativas afeta seriamente a obtenção de provas relevantes.

O caso *Povo Indígena Xucuru e seus membros*, por sua vez, está relacionado com violações a direitos dessa comunidade em razão da demora na conclusão dos procedimentos para a demarcação, a titulação e a desintrusão de suas terras. Entre outras violações atribuídas ao Estado brasileiro, a Corte IDH entendeu violado o art. 8.1 em razão do descumprimento do prazo razoável do conjunto de procedimentos, administrativos e judiciais, de demarcação (de 1989 a 2001), de titulação (de 2001 a 2005) e de desintrusão (iniciado em 1989 e não concluído) das terras.[458] O caso revela, portanto, a plena aplicabilidade da garantia do prazo razoável a procedimentos administrativos. Seguiram-se neste caso os precedentes *Yakye Axa, Comunidade Indígena Sawhoyamaxa* e *Comunidade Indígena Xákmok Kásek*, todos contra o Paraguai.

(4) A Convenção Americana dispõe que as devidas garantias protegidas pelo art. 8º são aplicáveis perante um "juiz ou tribunal". Nas disposições equivalentes, a Declaração Universal dos Direitos Humanos menciona "tribunal" (art. 10), o Pacto Internacional dos Direitos Civis e Políticos aborda "os tribunais e as cortes nacionais" (art. 14) a Convenção Europeia de Direitos Humanos trata de "tribunal" (art. 6º) e a Carta Africana dos Direitos Humanos e dos Povos menciona "tribunais nacionais" (art. 7º).

Mais uma vez, a jurisprudência da Corte Interamericana preenche de sentido e alcance o art. 8.1 e amplia os parâmetros protetivos para além do que indicaria uma interpretação meramente textual da Convenção Americana.

---

[455] Corte IDH. *Caso García e Familiares vs. Guatemala*. Sentença 29.11.2012. Série C, nº 258, parágrafo 153.

[456] Corte IDH. *Caso Irmãos Landaeta Mejías e Outros vs. Venezuela*. Sentença 27.08.2014. Série C, nº 281, parágrafos 265-267.

[457] Corte IDH. *Caso Favela Nova Brasília vs. Brasil*. Sentença 16.02.2017. Série C, nº 333, parágrafos 198-231 e 259.

[458] Corte IDH. *Caso do Povo Indígena Xucuru e seus membros vs. Brasil*. Sentença 05.02.2018. Série C, nº 346, parágrafos 130-149.

Apesar de o artigo se intitular "garantias judiciais", o regramento imposto pelo devido processo legal se aplica, em realidade, a qualquer procedimento estatal que possa afetar direitos, independentemente do órgão que dele esteja encarregado, conforme se indicou de modo mais ou menos explícito nos comentários antecedentes. No caso do *Tribunal Constitucional* vs. *Peru*, a Corte afirma que "juiz ou tribunal" faz referência a qualquer autoridade pública – administrativa, legislativa ou judicial – encarregada de resolver sobre direitos ou obrigações dos indivíduos.[459] A obrigação de cumprir com as determinações do devido processo legal onera todo e qualquer órgão ou funcionário público que exerça funções materialmente jurisdicionais.[460] Consequentemente, as "devidas garantias" do art. 8.1, bem como as "garantias mínimas" do art. 8.2 (no que forem compatíveis), aplicam-se plenamente aos atos decorrentes do exercício de tal função.

A jurisprudência da Corte Interamericana tratou de âmbitos diversos ao qual aplicou esse entendimento. No caso *Baena Ricardo e Outros vs. Panamá*, as garantias do devido processo legal serviram de parâmetro para a verificação da convencionalidade da demissão de funcionários de uma empresa estatal. A ocasião permitiu demonstrar que processos administrativos disciplinares e atos sancionatórios exigem a aplicação rigorosa das garantias do devido processo, mesmo que estejam a cargo de diretores ou conselhos de empresas estatais, e não de juízes ou tribunais.[461]

No caso *Fernández Ortega e Outros vs. México*, bem como no caso *Favela Nova Brasília vs. Brasil*, as garantias do art. 8º permitiram analisar, em face dos requisitos do devido processo legal, os procedimentos prévios à instauração da ação penal, como os atos e investigações da polícia e do Ministério Público.[462]

Ademais, as garantias do art. 8º foram explicitamente aplicadas em relação a procedimentos e decisões administrativas sobre pedidos de refúgio, no caso *Família Pacheco Tineo* vs. *Bolívia*,[463] e sobre extradição, no caso *Wong Ho Wing* vs. *Peru*.[464]

Como já mencionado ao comentar-se o *Caso do Povo Indígena Xucuru* vs. *Brasil* e na jurisprudência indígena do sistema, foram também aplicadas em procedimentos administrativos relativos à titularidade de terras indígenas.

(5) Ao definir que toda pessoa tem o direito a ser ouvida por um juiz ou tribunal "competente, independente e imparcial", o art. 8º da Convenção Americana adota a terminologia do art. 14 do Pacto Internacional dos Direitos Civis e Políticos. E distingue-se, assim, do art. 10 da Declaração Universal dos Direitos Humanos e

---

[459] Corte IDH. *Caso do Tribunal Constitucional* vs. *Peru*. Sentença 31.01.2001. Série C, nº 71, parágrafo 71.

[460] Corte IDH. *Caso do Tribunal Constitucional* vs. *Peru*. Sentença 31.01.2001. Série C, nº 71, parágrafo 71.

[461] Corte IDH. *Caso Baena Ricardo e Outros* vs. *Panamá*. Sentença 02.02.2001. Série C, nº 72, parágrafos 124-134.

[462] Corte IDH. *Caso Fernández Ortega e Outros* vs. *México*. Sentença 30.08.2010. Série C, nº 215, parágrafo 175.

[463] Corte IDH. *Caso Família Pecheco Tineo* vs. *Bolívia*. Sentença 25.11.2013. Série C, nº 272, parágrafos 154-160.

[464] Corte IDH. *Caso Wong Ho Wing* vs. *Peru*. Sentença 30.06.2015. Série C, nº 297, parágrafos 207-234.

do art. 6º da Convenção Europeia de Direitos Humanos, que garantem um "tribunal independente e imparcial", bem como do art. 7º da Carta Africana dos Direitos Humanos e dos Povos, que trata de um tribunal "competente" e "imparcial".

Desse modo, no contexto interamericano, a competência, a independência e a imparcialidade são uma tríade de requisitos com os quais devem cumprir não só juízes e tribunais,[465] como visto, mas também quaisquer autoridades estatais encarregadas de decidir sobre direitos e obrigações. Por ordenar que essas autoridades estejam no exercício de funções regulares previamente estabelecidas e não se demonstrem incapazes de exercê-las objetiva e impessoalmente, são garantias inteiramente adequadas ao espírito do art. 8º, voltadas à limitação da arbitrariedade estatal e ao alcance de decisões justas, em especial no âmbito do Poder Judiciário.

O primeiro dos requisitos, a competência, é a consagração, em outras palavras, do conceito de juiz natural[466]; como juízo competente, estabelecido com anterioridade pela lei.

No caso *Ápitz Barbera* vs. *Venezuela*, o Tribunal dispõe que os jurisdicionados possuem o direito de ser julgados por órgãos jurisdicionais, de caráter ordinário, na forma dos procedimentos estabelecidos por lei prévia, evitando-se a adoção de soluções *ad hoc*.[467] Deste modo, a verificação de conformidade com os parâmetros convencionais passa necessariamente pelos termos da legislação interna, assim como pelas autoridades efetivamente encarregadas do procedimento em questão.

Para o fim do estabelecimento da garantia de competência, a Corte Interamericana considera imprescindível cotejo analítico entre a legislação interna e o art. 8.1. No direito brasileiro, podem-se identificar previsões de caráter constitucional e legal que garantem o direito ao juiz natural e fixam, previamente, as competências judiciárias. O art. 5º da Constituição garante, nos incs. LIII e LXI, que "ninguém será processado nem sentenciado senão pela autoridade competente" e que "ninguém será preso senão em flagrante delito ou por ordem escrita e fundamentada de autoridade judiciária competente". E, ao regular os órgãos do Poder Judiciário (arts. 101 a 126), nada mais faz do que organizar competências, entre Justiça Federal e estadual, entre justiças especializadas e comum, entre juízes singulares e tribunais etc. Complementando as normas constitucionais, ainda, as leis de organização judiciária dos estados oferecem mais detalhamento à divisão de competências judiciárias e são auxiliadas pela normativa processual de nosso Código de Processo Civil, assim como por normas de outras naturezas. Esse emaranhado de critérios definidores de competência deve ser observado desde o início do procedimento judicial, já que são – e devem ser – anteriores a ele, para a garantia do juiz natural.

No caso *Barreto Leiva* vs. *Venezuela*, por exemplo, entendeu-se que o direito ao juiz competente e natural não foi violado na oportunidade. Naquele caso, a situação fática dizia respeito ao julgamento do Sr. Barreto Leiva perante a Corte Suprema de Justiça, em face da existência de uma acusação penal formulada contra si acerca da suposta prática de um delito em coautoria com o então Presidente da República daquele

---

[465]　Corte IDH. *Caso do Tribunal Constitucional* vs. *Peru*. Sentença 31.01.2001. Série C, nº 71, parágrafo 77.

[466]　Corte IDH. *Caso Barreto Leiva* vs. *Venezuela*. Sentença 17.11.2009. Série C, nº 206, parágrafo 75.

[467]　Corte IDH. *Caso Apitz Barbera* vs. *Venezuela*. Sentença 05.08.2008. Série C, nº 182, parágrafo 50.

país. Dada a conexão com o foro especial mantido pelo Chefe do Executivo à época dos fatos, a vítima em questão foi julgada pela mais alta corte judiciária do país. A Corte Interamericana de Direitos Humanos reputou que a exceção operada, retirando a competência do juízo ordinário para o julgamento do processo penal instaurado em face do Sr. Barreto Leiva, foi prevista previamente pela própria legislação venezuelana, inexistindo violação da garantia do juiz natural.[468]

O caso é relevante para o direito brasileiro na atualidade, em razão de constantes ataques ao foro por prerrogativa de função (atecnicamente chamado de "foro privilegiado"). Ao final, a Corte definiu que essa previsão não constitui um direito pessoal do ocupante do cargo, e sim uma proteção da integridade de certas funções estatais. Assim, explanou que, por sua legitimidade em uma sociedade democrática, e quando previsto previamente, o foro definido pela prerrogativa por função constitui o juízo natural da casa, em plena compatibilidade com a Convenção Americana.[469]

A segunda garantia oriunda da passagem em comento é a independência do órgão de decisão. Esta garantia, dirigida a concretizar o devido processo legal, se aplica a qualquer órgão público encarregado de decidir sobre direitos e constitui um direito dos cidadãos em qualquer procedimento. No entanto, a jurisprudência da Corte IDH se dedicou principalmente a desenvolver os parâmetros atinentes especificamente à independência das autoridades judiciais.

A independência judicial, nesse sentido, é identificada pela Corte IDH em duas dimensões.[470] Primeiramente, guarda relação com o Poder Judiciário enquanto órgão que deriva sua autonomia da separação de poderes públicos e, portanto, do funcionamento regular do Estado de Direito, gerando impactos em toda a sociedade – numa dimensão institucional. E também garante direitos subjetivos aos juízes, que possuem a pretensão legítima de exercer suas funções com autonomia, numa perspectiva individual.[471]

A respeito, cabe menção ao caso do *Tribunal Constitucional* vs. *Peru*, envolvendo a destituição arbitrária de juízes, em que a Corte reconheceu necessário garantir a independência de qualquer juiz em um Estado de Direito, especialmente em Cortes constitucionais.[472] Esse foi o primeiro caso em que a Corte estabeleceu as três garantias derivadas da independência de que gozam as autoridades judiciais: *a*) um adequado processo de nomeação; *b*) a inamovibilidade do cargo; e *c*) garantias contra pressões externas.[473]

A Constituição brasileira, por meio da regulação constitucional das carreiras judiciais, prevê as três exigências desenvolvidas pela Corte IDH. Busca-se garantir independência funcional tanto institucionalmente, ao Poder Judiciário, quanto indi-

---

458 Corte IDH. *Caso Barreto Leiva* vs. *Venezuela*. Sentença 17.11.2009. Série C, n° 206, parágrafo 77.

469 Corte IDH. *Caso Barreto Leiva* vs. *Venezuela*. Sentença 17.11.2009. Série C, n° 206, parágrafos 74-77.

470 Corte IDH. *Caso Apitz Barbera* vs. *Venezuela*. Sentença 05.08.2008. Série C, n° 182, parágrafo 55.

471 Corte IDH. *Caso da Corte Suprema de Justiça (Quintana Coello e Outros)* vs. *Equador*. Sentença 23.08.2013. Série C, n° 266, parágrafos 153-154.

472 Corte IDH. *Caso do Tribunal Constitucional* vs. *Peru*. Sentença 31.01.2001. Série C, n° 71.

473 Para um detalhamento acerca de cada um dos critérios, *v.* Corte IDH. *Caso Reverón Trujillo vs. Venezuela*. Sentença 30.06.2009. Série C, n° 197, parágrafo 70 e ss.

vidualmente, aos juízes. Isso porque, por exemplo, o art. 93, I, da Constituição dispõe que o acesso à carreira se dá exclusivamente por meio de concurso público, o art. 95 garante aos juízes vitaliciedade, inamovibilidade e irredutibilidade de subsídio e o art. 99 confere autonomia administrativa e financeira ao Poder Judiciário.

Um tema recorrente na jurisprudência da Corte IDH foi o desafio à independência judicial representado pela destituição arbitrária de juízes. No caso *Chocrón-Chocrón vs. Venezuela*,[474] a Corte considerou que o Estado havia violado a Convenção Americana (especialmente os arts. 8º e 25), ordenando que reintegrasse a vítima em um cargo similar ao que exercia. No caso *Supreme Court of Justice vs. Equador*,[475] houve a destituição arbitrária de 27 juízes da Corte Suprema de Justiça, mediante uma resolução do Parlamento. A Corte determinou o pagamento de indenização às vítimas, considerando não ser viável na hipótese a sua reintegração.

No mesmo sentido, o caso *Constitutional Tribunal vs. Equador*[476] compreendeu como arbitrária a destituição de 8 membros da Corte Constitucional mediante decisão do Congresso Nacional. A Corte entendeu restar caracterizada a ofensa à independência judicial, ressaltando parâmetros acerca dessa garantia, bem como aspectos institucionais relativos à independência judicial, separação dos poderes e democracia. Tal jurisprudência contribuiu decisivamente para o fortalecimento de instituições nacionais e para a consolidação do Estado de Direito.

No tema da independência judicial, a Corte IDH dialoga com documentos de outras esferas do Direito Internacional, como o *Comentário Geral nº 32* do Comitê de Direitos Humanos da ONU,[477] as recomendações do Conselho da Europa sobre a Independência, Eficiência e Função dos Juízes[478] e os *Princípios e Diretrizes relativos ao Direito a um Juízo Justo e à Assistência Jurídica na África*.[479] Merece especial menção o uso frequente dos Princípios Básicos sobre a Independência do Judiciário,[480] editados pela Organização das Nações Unidas em 1985, que preveem uma série de *standards* no que concerne à administração da Justiça, haja vista a intrínseca relação que a independência judicial guarda com a proteção e salvaguarda da democracia e do *rule of law*.

A imparcialidade, por sua vez, é a terceira garantia derivada da passagem em comento e possui, assim como as outras duas, conteúdo jurídico próprio, embora esteja intimamente relacionado com a independência.[481] Similarmente às outras, a garantia de imparcialidade prevista pelo art. 8.1 foi abordada na jurisprudência da Corte IDH mormente em contextos judiciais. Trata-se, em síntese, de velar para que a

---

[474]   Corte IDH. *Caso Chocrón-Chocrón vs. Venezuela* (n. 34).

[475]   Corte IDH. *Caso da Suprema Corte de Justiça vs. Ecuador* (n. 34).

[476]   Idem.

[477]   ONU. Comitê de Direitos Humanos. *General Comment n. 32*: Article 14: Right to equality before courts and tribunals and to a fair trial. Doc. CCPR/C/GC/32, 23.08.2007.

[478]   Conselho da Europa. *Judges: independence, efficiency and responsibilities*: Recommendation CM/Rec(2010)12 and explanatory memorandum. 17.11.2010.

[479]   Comissão Africana de Direitos Humanos e dos Povos. *Principles and Guidelines on the Right to a Fair Trial and Legal Assistance in Africa*. Doc. DOC/OS(XXX)247, 2003.

[480]   ONU. *Princípios Básicos sobre a Independência Judicial*, 1985.

[481]   Corte IDH. *Caso Apitz Barbera vs. Venezuela*. Sentença 05.08.2008. Série C, nº 182, parágrafo 55.

autoridade conte com a maior objetividade possível em relação à causa e às partes. O julgador não deve ter um interesse direto na causa, uma posição previamente tomada ou uma preferência por uma das partes nem deve estar envolvido na controvérsia.[482] Na esteira de parâmetros desenvolvidos pelo sistema europeu,[483] a Corte IDH definiu que a imparcialidade exige que o juiz "se aproxime dos fatos da causa carecendo, subjetivamente, de qualquer preconceito e, além disso, oferecendo garantias suficientes de índole objetiva que permitam eliminar qualquer dúvida que as partes possam ostentar" a respeito de sua parcialidade.[484] Consagrou, assim, uma análise combinada entre critérios subjetivos e objetivos.

Isso significa que não apenas de fato, mas também em aparência, deve o juiz agir em demonstração de que não está sob influências ou ameaças indevidas e de que está agindo exclusivamente em cumprimento do que dita o Direito.[485] Consequentemente, a prova de que agiu em atendimento a critérios alheios ao Direito importa em violação ao art. 8.1 da Convenção Americana.[486] Essa prova, no entanto, não é indispensável. Mesmo que não se comprove um curso de ação efetivamente maculado pela parcialidade (o que violaria o dever estatal de respeito ao direito dos cidadãos), pode o Estado ser condenado por não permitir que a imparcialidade de juízes e tribunais seja questionada, violando assim o dever de garantia do direito em questão.[487]

A imparcialidade do juízo, portanto, além de se configurar como garantia das partes a um julgamento justo, possui também uma função mais ampla, pois repercute na própria legitimidade da jurisdição enquanto atividade estatal dirigida à resolução de conflitos.[488] Como já assinalou a Corte no caso *Herrera Ulloa* vs. *Costa Rica*, a imparcialidade permite "que os tribunais inspirem a confiança necessária às partes do caso, assim como aos cidadãos em uma sociedade democrática".[489] Em outras palavras, com a exigência da imparcialidade, objetiva-se evitar que o sistema judicial seja visto como distorcido e, assim, seja objeto de descrédito.[490]

No caso brasileiro, além das garantias que buscam blindar os juízes de pressões externas, tratadas acima, o Código de Processo Civil (arts. 144 a 148) e o Código de Processo Penal (arts. 96 a 107 e 112) preveem as hipóteses de suspeição (por critérios subjetivos) e de impedimento (por critérios objetivos) do juiz da causa, baseadas em causas que tornariam seu julgamento – se não de fato, ao menos em aparência – parcial. Funcionando, mais uma vez, como garantia do magistrado e das partes de imparcialidade. A figura comparável no direito de outros países latino-americanos,

---

[482]   Corte IDH. *Caso Palamara Iribarne* vs. *Chile*. Sentença 22.11.2005. Série C, nº 135, parágrafo 146.

[483]   Por todos, *v*. Corte EDH. *Pabla KY* vs. *Finlândia*, Sentença 26.06.2004, parágrafo 27.

[484]   Corte IDH. *Caso Apitz Barbera* vs. *Venezuela*. Sentença 05.08.2008. Série C, nº 182, parágrafo 56.

[485]   Corte IDH. *Caso Norín Catrimán e Outros (Dirigentes, membros e ativista do Povo Indígena Mapuche) vs. Chile*. Sentença 29.05.2014. Série C, nº 279, parágrafo 208.

[486]   Corte IDH. *Caso Duque vs. Colômbia*. Sentença 26.02.2016. Série C, nº 310, parágrafo 165.

[487]   Corte IDH. *Caso Apitz Barbera* vs. *Venezuela*. Sentença 05.08.2008. Série C, nº 182, parágrafo 66.

[488]   Corte IDH. *Caso Apitz Barbera* vs. *Venezuela*. Sentença 05.08.2008. Série C, nº 182, parágrafo 63.

[489]   Corte IDH. *Herrera Ulloa* vs. *Costa Rica*. Exceções Preliminares, Mérito, Reparações e Custas. Sentença 02.07.2004. Série C, nº 107, parágrafo 171.

[490]   Corte IDH. *Caso Apitz Barbera* vs. *Venezuela*. Sentença 05.08.2008. Série C, nº 182, parágrafo 63.

a recusa (*recusación*), foi reputada pela Corte IDH como uma forma de garantir a imparcialidade do juízo.[491]

Quanto à jurisprudência da Corte IDH sobre a imparcialidade, no caso *Lori Berenson Mejía* vs. *Peru*, reputando não cumprida essa garantida, a Corte Interamericana de Direitos Humanos condenou o Estado do Peru pela existência dos chamados "juízes sem rosto", os quais eram responsáveis pela condução de procedimentos penais, mas não eram identificados pelos investigados e acusados, o que não permitia a estes valorar a idoneidade de seus respectivos julgadores,[492] contando com o beneplácito da legislação interna que impossibilitava a arguição de recusa dos magistrados.

Também é digno de comentário o caso *Atala Riffo e crianças* vs. *Chile*, que aborda o tratamento discriminatório suportado pela senhora Atala Riffo, homossexual, no procedimento que culminou com a perda da guarda de suas filhas. No caso, a Corte IDH entendeu descumprida a garantia da imparcialidade prevista pelo art. 8.1 porque, no mencionado procedimento, as autoridades judiciais demonstraram agir sob a influência de preconceitos e estereótipos vinculados à orientação sexual da senhora Atala Riffo, maculando a objetividade que deveriam ostentar.[493]

O tema em que as garantias de competência, independência e imparcialidade dispostas no art. 8.1 talvez tenham se demonstrado mais férteis na jurisprudência da Corte IDH diz respeito à jurisdição militar. A sucessão de diversos casos ao longo dos anos permitiu à Corte consolidar parâmetros extremamente sólidos que protegem o indivíduo perante essa jurisdição excepcional e que combatem o desamparo das vítimas de violações de direitos humanos, já que a justiça militar frequentemente foi e é usada em nosso continente para garantir a impunidade dos responsáveis por essas violações. Isto porque, conforme assentado no caso *Durand y Ugarte* vs. *Peru*, "a jurisdição penal militar deve ter um alcance restritivo e excepcional e estar dirigida à proteção de interesses jurídicos especiais, vinculados com as funções que a lei atribui às forças militares", estando dela excluído o julgamento de civis e de militares na reserva, por serem os militares na ativa os únicos sujeitos passivos de submissão a essa jurisdição.[494] Além disso, em razão da natureza dos crimes e dos bens jurídicos lesionados – não relacionados com a disciplina militar –, a jurisdição castrense não é o foro competente para investigar, processar e punir os autores de violações de direitos humanos, como desaparecimentos forçados,[495] estupros[496] ou execuções extrajudiciais,[497] mesmo quando cometidas por militares na ativa.[498]

---

[491]   Corte IDH. *Caso Apitz Barbera* vs. *Venezuela*. Sentença 05.08.2008. Série C, nº 182, parágrafo 56.

[492]   Corte IDH. *Lori Berenson Mejía* vs. *Peru*. Mérito, Reparações e Custas. Sentença 25.11.2004. Série C, nº 119, parágrafo 147.

[493]   Corte IDH. *Caso Atala Riffo e Crianças* vs. *Chile*. Sentença 24.02.2012. Série C, nº 239, parágrafo 237.

[494]   Corte IDH. *Caso Durand y Ugarte* vs. *Peru*. Sentença 16.08.2000. Série C, nº 68, parágrafo 117.

[495]   Corte IDH. *Caso Usón Ramírez* vs. *Venezuela*. Sentença 20.11.2009. Série C, nº 207, parágrafo 277.

[496]   Corte IDH. *Caso Fernández Ortega e Outros* vs. *México*. Sentença 30.08.2010. Série C, nº 215, parágrafo 177.

[497]   Corte IDH. *Caso Cruz Sánchez e Outros* vs. *Peru*. Sentença 17.04.2015. Série C, nº 292, parágrafo 403.

[498]   Corte IDH. *Caso La Cantuta* vs. *Peru*. Sentença 29.11.2006. Série C, nº 162, parágrafo 142.

Assim, a atuação da jurisdição militar em processos relativos a fatos dessa natureza configura a atribuição dos casos a um juízo que, materialmente, não é competente para apreciar violações de direitos humanos, negando à jurisdição ordinária a apreciação dos fatos e usurpando sua devida jurisdição.[499] Desse modo, a Corte IDH considera desrespeitado o critério do juízo natural e, portanto, violada a garantia da competência, protegida pelo art. 8.1 da Convenção Americana.[500]

Em certos casos, a Corte IDH entendeu suficiente essa declaração e considerou desnecessário analisar a independência e a imparcialidade dos órgãos julgadores.[501] Mas, em outros, considerou que o uso indevido da jurisdição penal militar fulmina, também, as garantias de independência e imparcialidade. No caso *Palamara Iribarne vs. Chile*, a Corte IDH reputou que essas garantias são violadas quando os tribunais castrenses são compostos por militares da ativa, que estão inseridos em uma estrutura marcadamente hierárquica com uma clara cadeia de comando, são nomeados por critérios distintos da competência e da idoneidade e não contam com as garantias devidas, comprometendo seriamente a autonomia que deve guiar o exercício da função jurisdicional.[502] A imparcialidade também é gravemente afetada quando os réus dos processos penais militares são membros de grupos com os quais as Forças Armadas travam combates[503] e quando os militares estão encarregados de julgar seus próprios pares por violações de direitos de civis.[504]

(6) O art. 8.1 da Convenção Americana prossegue definindo que as autoridades encarregadas de decidir sobre direitos, especialmente juízes e tribunais, devem ser estabelecidas "anteriormente por lei". Em comparação, ao passo que o Pacto Internacional dos Direitos Civis e Políticos (art. 14) e a Convenção Europeia de Direitos Humanos (art. 6º) mencionam um "tribunal estabelecido por/pela lei", a Declaração Universal dos Direitos Humanos e a Carta Africana dos Direitos Humanos e dos Povos não possuem formulação equivalente.

Essa disposição está intimamente relacionada com a garantia da autoridade competente (ou juízo natural, no âmbito judicial), visto que as normas definidoras de competência devem ser suficientemente definidas e prévias ao início da demanda em questão. Portanto, ao debruçar-se sobre a garantia da competência, já se tratou do tema em comento no tópico anterior, motivo pelo qual pouco resta a ser abordado no presente comentário.

Certo é que, com a exigência de estabelecimento por lei prévia, o art. 8.1 da Convenção Americana se aproxima do conteúdo do art. 9º do mesmo tratado, o qual trata do princípio da legalidade e da retroatividade, dispondo que *"ninguém pode ser condenado por ações ou omissões que, no momento em que forem cometidas, não se-*

---

[499]   Corte IDH. *Caso Loayza Tamayo vs. Peru*. Sentença 17.09.1997. Série C, nº 33, parágrafo 61.

[500]   Corte IDH. *Caso Castillo Petruzzi e Outros vs. Peru*. Sentença 30.05.1999. Série C, nº 52, parágrafo 128.

[501]   Corte IDH. *Caso Fernández Ortega e Outros vs. México*. Sentença 30.08.2010. Série C, nº 215, parágrafo 177.

[502]   Corte IDH. *Caso Palamara Iribarne vs. Chile*. Mérito, Reparações e Custas. Sentença 22.11.2005. Série C nº 135, parágrafo 155.

[503]   Corte IDH. *Caso Cantoral Benavides vs. Peru*. Sentença 18.08.2000. Série C, nº 69, parágrafo 114.

[504]   Corte IDH. *Caso Las Palmeras vs. Colômbia*. Sentença 06.12.2001. Série C, nº 90, parágrafo 53.

jam delituosas, de acordo com o direito aplicável" e que *"tampouco se pode impor pena mais grave que a aplicável no momento da perpetração do delito"*, com a ressalva para a retroatividade da norma mais benéfica. A diferença com o mencionado artigo reside no fato de que o art. 8.1 trata do estabelecimento de tribunais e órgãos jurisdicionais anteriormente ao cometimento de um ato ilícito ou ao início de demandas de outra natureza (juízo natural), evitando-se assim a formação de juízos de exceção ou da designação de julgadores *ad hoc* e em caráter *ex post facto*, e não da irretroatividade de normas sancionatórias, objeto do art. 9º.

Mesmo assim, o objetivo de ambos os dispositivos é congruente. Trata-se de limitar a aplicabilidade temporal das normas, exigindo anterioridade, para que os indivíduos não estejam sujeitos a arbítrios cambiantes do Estado que possam afetar seus direitos – limitação que constitui um pilar do Estado de Direito. Os dispositivos apenas se aplicam em esferas distintas: o primeiro, no campo da instituição de órgãos e de suas competências; o segundo, na aplicação de normas sancionatórias e das respectivas sanções.

No caso "Apitz Barbera", a Corte IDH assentou que a garantia do juiz natural proíbe o Estado de estabelecer tribunais especiais, criados para um determinado caso, devendo o procedimento ser submetido à normativa processual devidamente estabelecida ao tempo do julgamento, cuja aplicação é feita por tribunais de caráter ordinário, previamente, regidos pela mesma legislação processual interna.[505] Também precisou que, em um Estado de Direito, cabe ao Poder Legislativo – e apenas a ele – a regulação da competência jurisdicional por meio de leis prévias, mediante a prolação de comandos de caráter geral, em respeito às regras de competência legislativa inscritas na Constituição.[506] Adicionalmente, a Corte IDH declarou a invalidade de julgamentos levado a cabo pelas chamadas "Salas de Julgamentos Transitórios Especializados em Direito Público", haja vista que tal órgão foi criado ao tempo em que os fatos apreciados em juízo ocorriam, violando assim a garantia do juiz natural em face da inexistência de prévia legislação que disciplinava o estabelecimento de tais tribunais.[507]

(7) Na dicção do art. 8.1 da Convenção Americana, as garantias do devido processo legal são um direito de toda pessoa "na apuração de qualquer acusação penal formulada contra ela". A menção expressa ao processo penal em meio a uma cláusula geral sobre os requisitos do devido processo legal ocorre também na Declaração Universal dos Direitos Humanos (art. 10X), no Pacto Internacional dos Direitos Civis e Políticos (art. 14) e na Convenção Europeia de Direitos Humanos (art. 6º), mas está ausente da Carta Africana dos Direitos Humanos e dos Povos, cujo art. 7º é mais sucinto do que os de suas congêneres.

---

[505]   Corte IDH. *Caso Apitz Barbera* vs. *Venezuela*. Exceção Preliminar, Mérito, Reparações e Custas. Sentença 05.08.2008. Série C, nº 182, parágrafo 182. No mesmo sentido, cf. Corte IDH. *Caso Almonacid Arellano* vs. *Chile*. Exceções Preliminares, Mérito, Reparações e Custas. Sentença 26.09.2006, Série C, nº 154, parágrafo 130.

[506]   Corte IDH. *Caso Barreto Leiva* vs. *Venezuela*. Mérito, Reparações e Custas. Sentença 17.11.2009. Série C, nº 206, parágrafos 75-76.

[507]   Corte IDH. *Caso Ivcher Bronstein* vs. *Peru*. Mérito, Reparações e Custas. Sentença 06.02.2001. Série C, nº 74, parágrafo 114. No mesmo caso, também foram reputadas por violadas as garantias da independência e imparcialidade que devem respaldar a atividade jurisdicional estatal.

Embora essas disposições (exceto aquela da Carta Africana) mencionem causas de outras naturezas ao lado das causas penais, há um claro destaque aos procedimentos de acusação por delitos e de imposição de penas. Assim como o art. 8.2 da Convenção Americana, os dispositivos dessas convenções são acompanhados de outros, mais detalhados, que fornecem garantias específicas aos acusados (art. 11 da Declaração Universal dos Direitos Humanos, arts. 14.1 a 14.7 no Pacto Internacional dos Direitos Civis e Políticos e arts. 6.2 e 6.3 da Convenção Europeia de Direitos Humanos).

Todavia, para a Corte IDH, isso não significa que as garantias aplicáveis aos procedimentos de natureza penal não se apliquem a outras espécies de procedimentos. Mas é plenamente compreensível que a proteção do indivíduo acusado criminalmente tenha sido destacada na redação dos dispositivos mencionados, afinal, a submissão ao processo penal configura uma situação de máxima vulnerabilidade do indivíduo perante o Estado. Assim, reconhecendo que a via penal é legítima, especialmente para a punição de autores de violações a direitos humanos,[508] a preocupação do sistema interamericano é a contenção do uso arbitrário do poder punitivo estatal. Com vistas a esse objetivo é que estabelece sólidas garantias aos direitos dos acusados por meio do devido processo legal, do qual derivam limites infranqueáveis à atuação do Estado.

A jurisprudência da Corte IDH, notadamente no caso *Baena Ricardo e Outros vs. Panamá*, ressaltou que as sanções administrativas são muito similares às penais, já que, por serem repressivas, também implicam a supressão, a privação ou a alteração de direitos como consequência de uma conduta ilícita.[509] Portanto, visto que este ramo trata de normas punitivas, a ele se aplicam garantias muito semelhantes àquelas previstas para o processo penal, a exemplo da irretroatividade das normas definidoras de ilícitos e sanções, exceto se mais benéficas.

A Corte IDH também tratou da aplicabilidade de garantias mínimas similares àquelas da esfera penal em procedimentos que podem ter como resultado a expulsão de migrantes do território nacional, especialmente quando envolvem a detenção dos indivíduos em questão.[510] Isto porque o poder sancionador do Estado, também nestes casos, se faz sentir em sua máxima potência em relação aos indivíduos que se deslocam.

As garantias destinadas ao processo penal – e que, como visto, foram estendidas pela Corte IDH a quaisquer procedimentos estatais, no que forem compatíveis – serão objeto, em específico, dos comentários destinados aos arts. 8.2, 8.3, 8.4 e 8.5.

(8) Como já explicitado, a garantia do devido processo não está circunscrita exclusivamente ao âmbito criminal, senão também ao fiscal, administrativo, trabalhista, civil etc. Trata-se de uma formulação de caráter geral e que deve ser verificada caso a caso, já que as garantias do processo penal nem sempre se aplicam adequadamente a um procedimento de outra natureza. Estas garantias devem ser aplicadas com seriedade em casos nos quais se acusa um indivíduo da prática de um ilícito administrativo do qual podem decorrer sanções ou em casos que tratam da expulsão de migrantes.

---

[508]   Corte IDH. *Caso Herzog e Outros* vs. *Brasil*. Sentença 15.03.2018. Série C, nº 353, parágrafo 232.

[509]   Corte IDH. *Caso Baena Ricardo e Outros* vs. *Panamá*. Sentença 02.02.2001. Série C, nº 72, parágrafo 106.

[510]   Corte IDH. *Caso Família Pecheco Tineo* vs. *Bolívia*. Sentença 25.11.2013. Série C, nº 272, parágrafos 131-132.

Há garantias gerais presentes no art. 8.2 que fazem parte do devido processo legal aplicável a quaisquer procedimentos estatais, tais como o direito a um tradutor ou intérprete (art. 8.2.a), a concessão de tempo e meios adequados para defesa (art. 8.2.c), o direito à autodefesa ou à defesa técnica (art. 8.2.d) e o direito a recorrer das decisões (art. 8.2.h). Essas garantias serão objeto de comentário nos momentos pertinentes.

No direito brasileiro, a cláusula que promove a aplicabilidade do devido processo legal a quaisquer procedimentos é o inc. LIV do art. 5º da CF, que dispõe que "*ninguém será privado da liberdade ou de seus bens sem o devido processo legal*", esclarecendo-se que, por bens, entendem-se quaisquer direitos, de ordem patrimonial ou não. Em consonância com os parâmetros interamericanos, a garantia do devido processo legal se aplica a qualquer ato estatal que possa afetar direitos.

Em conclusão, como decorrência conjunta dos parâmetros convencionais e constitucionais, ainda que na arena penal a proteção seja mais sensível, a lei civil e o ato administrativo também atendem ao corolário do devido processo legal. Atos estatais de múltiplas naturezas podem produzir agressões ao devido processo legal entendido em sua concepção ampla. Nem sempre os atos públicos são praticados dentro da legalidade e de acordo com os procedimentos preestabelecidos, abrindo-se, assim, análise procedimental e substancial – naquilo que contrariar a razoabilidade e a proporcionalidade – desses atos.

(9) Ao garantir que "toda pessoa acusada de um delito tem direito a que se presuma sua inocência, enquanto não for legalmente comprovada sua culpa", o art. 8º da Convenção Americana consagra o princípio da presunção da inocência, também chamado de princípio da não culpabilidade no direito brasileiro. Para a Corte IDH, a garantia é indispensável em um Estado democrático, pois representa "um eixo reitor" e um "standard fundamental" que estabelecem limites "à subjetividade e à discricionariedade da atividade judicial".[511]

Ao proteger a presunção de inocência, a Convenção faz coro a outros instrumentos internacionais relevantes. A Declaração Universal dos Direitos Humanos dispõe que "todo ser humano acusado de um ato delituoso tem o direito de ser presumido inocente até que a sua culpabilidade tenha sido provada" (art. 11.1); o Pacto Internacional dos Direitos Civis e Políticos, que "toda pessoa acusada de um delito terá direito a que se presuma sua inocência enquanto não for legalmente comprovada sua culpa" (art. 14.2); a Convenção Europeia de Direitos Humanos, que "qualquer pessoa acusada de uma infração presume-se inocente enquanto a sua culpabilidade não tiver sido legalmente provada" (art. 6.2); e, por fim, a Carta Africana dos Direitos Humanos e dos Povos, que toda pessoa tem "o direito de presunção de inocência até que a sua culpabilidade seja reconhecida por um tribunal competente".

O direito brasileiro, por sua vez, define, no inc. LVII do art. 5º da Constituição, que "ninguém será considerado culpado até o trânsito em julgado de sentença penal condenatória".

A aplicação da presunção de inocência, tanto na ordem internacional quanto na ordem constitucional, descobrir desvela, de plano, duas manifestações fundamentais emanantes deste direito: a primeira, como regra de tratamento; a segunda, como regra probatória.

---

[511] Corte IDH. *Caso Zegarra Marín vs. Peru*. Sentença 15.02.2017. Série C, nº 331, parágrafo 125.

Dizer que da presunção de inocência decorre uma regra de tratamento significa estabelecer que ninguém pode ser, de fato ou de direito, tratado como culpado antes da comprovação definitiva de sua culpabilidade (o uso do termo "culpa", por sua definição específica no direito penal, é tecnicamente impreciso). Na jurisprudência da Corte, podem-se identificar duas consequências da regra de tratamento. De um lado, nenhuma pessoa pode ser condenada (ou assim considerada) antes que o processo penal chegue a cabo com comprovação plena de culpabilidade.[512] De outro, em consonância com a jurisprudência europeia,[513] essa exigência se aplica para "fora" do processo, já que quaisquer autoridades públicas, não somente o juiz encarregado da causa, podem violá-la.[514] O Estado, assim, não pode "condenar informalmente" um indivíduo ou emitir declarações para influenciar a opinião pública enquanto a culpa desse indivíduo não for comprovada conforme a lei.[515]

Nos casos *Cantoral Benavides vs. Peru*,[516] *Lori Berenson Mejía vs. Peru*[517] e *J. vs. Peru*,[518] a Corte IDH entendeu violado o art. 8.2 da Convenção porque órgãos estatais expuseram os indivíduos aos meios de comunicação apresentando-os como terroristas, sem que houvesse qualquer comprovação penal de culpabilidade. No caso *Acosta e Outros vs. Nicaragua*, considerou-se violado o mesmo dispositivo porque, antes de proferir sentença no processo penal, o juiz encarregado realizou declarações públicas em desfavor da ré, manifestando uma concepção prévia sobre a sua culpabilidade.[519]

A segunda manifestação da presunção de inocência se dá como regra probatória, pois determina que o ônus da prova cabe a quem acusa, não podendo atribuir-se ao acusado a obrigação de reverter uma concepção prévia de culpabilidade.[520] Trata-se justamente do contrário: o acusador é quem deve superar a presunção de inocência com provas suficientes que demonstrem a culpabilidade concreta do acusado pelo ilícito penal para além de qualquer dúvida razoável,[521] somente assim permitindo que a autoridade judicial prolate uma sentença condenatória. Se as provas forem incompletas ou insuficientes, impõe-se a absolvição.[522]

---

512   Corte IDH. *Caso Cantoral Benavides* vs. *Peru*. Sentença 18.08.2000. Série C, n° 69, parágrafo 120.

513   Corte EDH. *Caso Allenet de Ribemont* vs. *França*. Julgamento 10.02.1995. Série A, n° 308, parágrafos 36-38.

514   Corte IDH. *Caso Acosta e Outros* vs. *Nicarágua*. Sentença 25.03.2017. Série C, n° 334, parágrafo 190.

515   Corte IDH. *Caso Lori Berenson Mejía* vs. *Peru*. Sentença 25.11.2004. Série C, n° 119, parágrafo 160.

516   Corte IDH. *Caso Cantoral Benavides* vs. *Peru*. Sentença 18.08.2000. Série C, n° 69, parágrafo 119.

517   Corte IDH. *Caso Lori Berenson Mejía* vs. *Peru*. Sentença 25.11.2004. Série C, n° 119, parágrafo 158.

513   Corte IDH. *Caso J.* vs. *Peru*. Sentença Série C, n° 275, parágrafo 248.

513   Corte IDH. *Caso Acosta e Outros* vs. *Nicarágua*. Sentença 25.03.2017. Série C, n° 334, parágrafo 191.

520   Corte IDH. *Caso Ricardo Canese* vs. *Paraguai*. Sentença 31.08.2004. Série C, n° 111, parágrafo 154.

521   Corte IDH. *Caso Zegarra Marín* vs. *Peru*. Sentença 15.02.2017. Série C, n° 331, parágrafo 124.

522   Corte IDH. *Caso Cantoral Benavides* vs. *Peru*. Sentença 18.08.2000. Série C, n° 69, parágrafo 120.

Portanto, como decorrência da atribuição do ônus probatório ao acusador, a presunção de inocência como regra de prova exige também que a decisão se tome sempre em respeito ao *in dubio pro reo*, isto é, com a dúvida operando em favor da absolvição.[523] Evidentemente, essas consequências em nada afetam o direito do acusado de apresentar e produzir, no exercício de seu direito de defesa, as contraprovas que entender relevantes para infirmar a acusação. O que não há é uma obrigação de que o faça,[524] visto que isso configuraria uma inversão indevida do ônus probatório. Com atenção a isso, a Corte declarou violado o art. 8.2 no caso *Zegarra Marín vs. Peru*, no qual uma decisão penal interna se baseou no fato de que "não surgiu uma prova contrária contundente que o fizesse [o réu] totalmente inocente dos ilícitos imputados".[525]

Além dos aspectos mencionados, algumas decisões da Corte IDH se debruçaram ainda sobre a relação entre a presunção de inocência e as prisões preventivas (tomadas pela Corte como sinônimo de prisões processuais), uma espécie de detenção extremamente comum no continente e que pode gerar violações multifacetadas aos direitos dos detidos. Sobre o tema, é esclarecedor o relatório emitido pela Comissão IDH intitulado *Informe sobre o Uso da Prisão Preventiva nas Américas*, de 2013, fruto de um amplo estudo que aborda os parâmetros internacionais aplicáveis, a situação concreta nos países e a formulação de recomendações.[526]

Em sua jurisprudência, a Corte IDH definiu que, em razão de possuir um objetivo cautelar, e não punitivo, a prisão preventiva deve ser imposta em cumprimento às condições que sejam estritamente necessárias para preservar o andamento investigativo ou processual ou para evitar que o sujeito se evada.[527] Para esta Corte, sempre que uma prisão cautelar realizada se afigure desnecessária ou desproporcional, tem-se violado o art. 8.2 por descumprimento da presunção de inocência.[528]

No caso *Norín Catrimán e Outros vs. Chile*, a Corte IDH enumerou com mais detalhes os critérios que deve respeitar a prisão cautelar: "excepcionalidade, caráter temporal limitado, estrita necessidade e proporcionalidade e, fundamentalmente, [...] os fins que busca alcançar devem ser próprios de sua natureza cautelar".[529] Caso contrário, essa prisão pode constituir espécie de pena antecipada para uma pessoa não condenada, o que contraria "princípios gerais de direito universalmente reconhecidos".[530] Com efeito, entendendo que as privações de liberdade constituíram medidas punitivas, e não cautelares, a Corte condenou a Argentina no caso *Bayarri*, por ter mantido a vítima em prisão preventiva durante 13 anos,[531] e o Equador no caso

---

[523] Corte IDH. *Caso Cabrera García e Montiel Flores* vs. *México*. Sentença 26.11.2010. Série C, nº 220, parágrafo 184.

[524] Corte IDH. *Caso Zegarra Marín* vs. *Peru*. Sentença 15.02.2017. Série C, nº 331, parágrafo 140.

[525] Corte IDH. *Caso Zegarra Marín* vs. *Peru*. Sentença 15.02.2017. Série C, nº 331, parágrafo 140.

[526] Comissão IDH. Informe sobre el uso de la prisión preventiva en las Américas. Doc. nº OEA/Ser.L/V/II. Adotado em 30.12.2013.

[527] Corte IDH. *Caso Suárez Rosero* vs. *Equador*. Sentença 12.11.1997. Série C, nº 35, parágrafo 77.

[528] Corte IDH. *Caso Bayarri* vs. *Argentina*. Sentença 30.10.2008. Série C, nº 187, parágrafo 110.

[529] Corte IDH. *Caso Norín Catrimán e Outros (Dirigentes, membros e ativista do Povo Indígena Mapuche) vs. Chile*. Sentença 29.05.2014. Série C, nº 279, parágrafo 361.

[530] Corte IDH. *Caso Suárez Rosero* vs. *Equador*. Sentença 12.11.1997. Série C, nº 35, parágrafo 77.

[531] Corte IDH. *Caso Bayarri* vs. *Argentina*. Sentença 30.10.2008. Série C, nº 187, parágrafo 111.

Herrera Espinoza e outros, por ter feito o mesmo por 4 anos e meio, mais da metade do período a que foi condenado ao final do processo.[532]

Além de contar com o supracitado dispositivo constitucional (art. 5º, LVII, CF), o direito brasileiro busca concretizar a presunção da inocência tanto na dimensão de tratamento, ao prever, por exemplo, que o uso de algemas só é permitido em casos excepcionas e por decisão fundamentada,[533] quanto na dimensão probatória, ao atribuir o ônus da prova à acusação e limitar o magistrado ao *in dubio pro reo*. No entanto, com o entendimento majoritário do STF por ocasião do *Habeas Corpus* nº 126.292/SP, em 17 de fevereiro de 2016, que tornou possível, novamente,[534] a execução provisória da pena de reclusão após decisão condenatória proferida em segunda instância. Nos termos da ementa, entendeu-se que "a execução provisória de acórdão penal condenatório proferido em grau de apelação, ainda que sujeito a recurso especial ou extraordinário, não compromete o princípio constitucional da presunção de inocência".[535]

A questão é deveras intrincada e provoca controvérsias ainda acesas no direito interno e também no cenário interamericano. Neste último, carece a Corte IDH de decisão sobre tema semelhante[536], deixando em aberto parâmetros mais claros sobre sua (in)compatibilidade com o sistema. No momento atual, não há balizas claras – oriundas quer do texto da Convenção quer da jurisprudência dos órgãos interamericanos – que permitam uma resposta imediata à questão.

Esclareça-se que a questão difere da prisão cautelar, pois, na execução provisória da pena, já houve certa "determinação legal de culpa", embora não definitiva. Não

---

[532]   Corte IDH. *Caso Herrera Espinoza e Outros* vs. *Equador*. Sentença 1.º.09.2016. Série C, nº 316, parágrafo 198.

[533]   STF, Súmula Vinculante 11, *DJe* 22.08.2008.

[534]   Ressalte-se que, até 2009 (portanto, na vigência da Constituição de 1988), o STF entendia que a presunção de inocência não é violada pela execução provisória da pena após condenação em segunda instância, mesmo sob a pendência de recursos especial e extraordinário. Esse posicionamento foi alterado pelo Plenário ao julgar o HC 84.078/MG, em 05.02.2009, quando se fixou que a presunção de inocência exige que a prisão ocorra somente após o trânsito em julgado. Visto que uma norma constitucional garante a presunção de inocência até o trânsito em julgado e que, de 2009 a 2016, o STF a interpretava como impeditiva da prisão antes de decisão final, o direito brasileiro se afigurava mais protetivo, nesse aspecto, do que a normativa internacional. Desse modo, a alteração de entendimento do STF de 2016 pode ser analisada mais adequadamente em face de uma possível regressividade na proteção dos direitos garantidos pela Constituição do que perante os parâmetros interamericanos, ainda incipientes nessa questão.

[535]   STF, *Habeas Corpus* 126.292. Paciente: Márcio Rodrigues Dantas. Coator: Superior Tribunal de Justiça. Brasília, 17.02.2016.

[535]   O julgado que mais poderia se aproximar à questão é o caso *Mohamed* vs. *Argentina*. Nesse caso, o senhor Mohamed foi absolvido de uma acusação criminal em primeira instância, mas foi condenado pelo tribunal que julgou a apelação do Ministério Público. Como o direito argentino (assim como o brasileiro) não permitia a interposição de recurso ordinário contra essa decisão, a Corte entendeu violado o direito do senhor Mohamed a recorrer da decisão que o condenou (art. 8.2.h). No entanto, o caso perde sua relevância para a discussão presente porque o senhor Mohamed não foi preso após a decisão da segunda instância e a Corte, portanto, não se manifestou sobre o tema e sobre um eventual direito de recorrer em liberdade. Corte IDH. *Caso Mohamed* vs. *Argentina*. Sentença 23.11.2012. Série C, nº 255.

se sabe se essa decisão, ainda passível de reforma, seria considerada suficiente pela Corte IDH para fundamentar a prisão ou se constituiria um "adiantamento da pena" ou uma medida desproporcional ou ilegítima.

A Corte Europeia de Direitos Humanos, por sua vez, determinou em diferentes ocasiões[537] que não contraria a Convenção Europeia de Direitos Humanos a prática de certos Estados que autoriza a detenção do réu após uma condenação criminal em primeira instância, mesmo que sujeita a recursos, desde que prevista em lei e não arbitrária ou desproporcional.[538] Esses precedentes abordaram a questão não por meio art. 6.2 da Convenção, que protege a presunção de inocência, mas por meio do art. 5º, que consagra o direito à liberdade e permite as detenções que se derem "em consequência de condenação por tribunal competente" (art. 5.1.a). Entendeu a Corte Europeia que o julgamento em primeira instância é suficiente para configurar uma "condenação por tribunal competente" e permitir analisar a prisão dos réus, mesmo sob a pendência de apelação ou revisão, sob a exceção do art. 5.1.a.

Embora não tenha se expressado sobre a presunção de inocência nessas ocasiões, a Corte Europeia ressaltou no caso *Wemhoff* vs. *Alemanha* que a culpa de uma pessoa que permanece detida durante os procedimentos de apelação ou revisão já foi estabelecida "por um tribunal competente segundo as regras do devido processo legal", não se exigindo que a decisão seja definitiva.[539] Assim se vê que, mesmo que a presunção de inocência permaneça relevante após o julgamento em primeira instância, como definiu a Corte em outros casos,[540] isso não se confunde com a possibilidade de que o réu seja preso antes do trânsito em julgado da decisão final, já que isso não necessariamente viola sua liberdade pessoal.

A Corte Europeia costuma ser mais tolerante com as legislações nacionais (com base na doutrina da "margem de apreciação") do que a Corte Interamericana, mais invasiva na fixação de parâmetros protetivos. O que é certo é que a Corte Europeia de Direitos Humanos não equaciona a presunção de inocência com uma proibição à prisão antes do trânsito em julgado.

Por força do princípio *pro personae*, o Estado brasileiro está obrigado a cumprir com a norma mais protetiva ao ser humano, independentemente de sua natureza nacional ou internacional. Assim uma vez aclarados os parâmetros sobre o tema, estará o Estado Brasileiro obrigado à sua observância.

(10) O art. 8.2 garante que as pessoas acusadas de delitos têm direito a certas garantias mínimas "em plena igualdade". Ao prever a igualdade apenas no art. 8.2, sem tê-la mencionado no art. 8.1, de caráter mais geral, o texto da Convenção Americana revela uma distinção em relação a outros instrumentos relevantes.

A Declaração Universal dos Direitos Humanos, o Pacto Internacional dos Direitos Civis e Políticos e a Convenção Europeia de Direitos Humanos, do mesmo modo que

---

[537]   Além dos casos citados abaixo, *v.* Corte EDH. *Caso Grubić* vs. *Croácia*. Pedido nº 5384/11. Julgamento 30.10.2012; Corte EDH. *Caso Solmaz* vs. *Turquia*. Pedido nº 27561/02. Julgamento 16.01.2007; e Corte EDH. *Caso B.* vs. *Áustria*. Caso nº 8/1989/168/224. Julgamento 23.02.1990.

[538]   Corte EDH. *Caso Ruslan Yakovenko* vs. *Ucrânia*. Pedido nº. Julgamento 04.06.2015, parágrafos 46-51.

[539]   Corte EDH. *Caso Wemhoff* vs. *Alemanha*. Pedido 2122/64. Julgamento 27.06.1968, parágrafo 9.

[540]   Por todos: Corte EDH. *Caso Konstas* vs. *Grécia*. Pedido nº 53466/07. Julgamento 24.05.2011.

a Convenção Americana, contam com um artigo que estabelece o acesso à justiça e o devido processo legal de uma forma geral (arts. 10, 14.1, e 6.1, respectivamente) e, na sequência, com outro que dispõe as garantias voltadas aos acusados (arts. XI; 14.2 a 14.7; e 6.2 e 6.3).[541] Entretanto, diferentemente do tratado interamericano, em todos esses instrumentos a menção à igualdade se faz no artigo de caráter geral, e não no momento de arrolar as garantias aplicáveis ao processo penal: "todo ser humano tem direito, *em plena igualdade*, a uma justa e pública audiência"; "*todas as pessoas são iguais* perante os tribunais e as cortes de justiça"; e "qualquer pessoa tem direito a que a sua causa seja examinada, *equitativa* e publicamente".

Essa distinção topográfica, no entanto, é pouco relevante por dois motivos. Em primeiro lugar, como visto, a Corte IDH entende que os arts. 8.1 e 8.2 (este, no que for aplicável), limitam a atuação estatal em procedimentos de quaisquer naturezas. Em segundo, outras disposições da Convenção Americana serviriam para embasar o entendimento de que o acesso à justiça e o devido processo legal devem ser garantidos em plena igualdade a todas as pessoas.

O art. 1.1 da Convenção, conforme antes delineado no comentário específico, estabelece que os Estados têm a dupla obrigação de respeitar e de garantir os direitos nela previstos "sem discriminação alguma por motivo de raça, cor, sexo, idioma, religião, opiniões políticas ou de qualquer outra natureza, origem nacional ou social, posição econômica, nascimento ou qualquer outra condição social". E o art. 24 dispõe que "todas as pessoas são iguais perante a lei" e que, por isso, "têm direito, sem discriminação, a igual proteção da lei".

Deste modo, o sentido da locução "em plena igualdade" no art. 8.2 é preenchido pelas obrigações de igualdade e não discriminação que emanam dos arts. 1.1 e 24 da Convenção e que foram largamente interpretados pela Corte IDH. Portanto, remete-se o leitor aos comentários relativos a esses artigos para uma visão mais aprofundada do tema.

Neste pormenor específico, para a Corte IDH, o princípio da igualdade e da não discriminação constitui uma norma cogente de direito internacional (*jus cogens*)[542] e possui tanto uma faceta negativa, ao impor a proibição do tratamento discriminatório arbitrário, quanto uma faceta positiva, que exige a criação de condições de igualdade real para grupos especialmente vulneráveis ou historicamente discriminados.[543]

A Corte IDH desenvolveu importante jurisprudência sobre a necessidade de garantir essas condições, por exemplo, a crianças, imigrantes, indígenas, mulheres, pessoas com deficiência e pessoas em situação econômica desfavorável. Consequentemente, os Estados, no âmbito de qualquer procedimento, devem reconhecer as vulnerabilidades desses grupos, garantindo uma espécie de contrapartida pelas desigualdades existentes, para que se lhes garanta um acesso efetivo à justiça e o

---

[541]   A Carta Africana dos Direitos Humanos e dos Povos se afigura como excepcional tanto por não contar com divisão semelhante entre garantias gerais e específicas quanto por não fazer menção à igualdade no acesso à justiça e na garantia do devido processo legal.

[542]   Corte IDH. Condición jurídica y derechos de los migrantes indocumentados. *Opinião Consultiva nº 18/03*, 17.09.2003. Série A, nº 18, parágrafo 101.

[543]   Corte IDH. *Caso Furlan e familiares* vs. *Argentina*. Sentença 31.08.2012. Série C, nº 246, parágrafo 267.

cumprimento das garantias do devido processo legal.[544] No caso *Fernández Ortega vs. México*, por exemplo, a Corte considerou que a falta da garantia de intérprete a uma mulher indígena, que desejava noticiar o estupro que sofrera, constituiu um tratamento discriminatório no acesso à justiça, já que não se considerou a situação de vulnerabilidade originada de sua etnicidade e de sua língua.[545] Trata-se de dimensão positiva e reparatória da igualdade.

O Brasil conta com normas e práticas importantes no âmbito da igualdade e da não discriminação. O art. 5º da Constituição garante, no *caput*, que "todos são iguais perante a lei, sem distinção de qualquer natureza" e, no inc. I, que "homens e mulheres são iguais em direitos e obrigações". Quanto às ações afirmativas, o STF decidiu, na ADPF 186, que as cotas raciais em universidades públicas são constitucionais e servem para a correção de distorções oriundas de discriminações históricas. No tocante ao acesso à justiça, a Constituição garante a existência da Defensoria Pública como órgão que promove a defesa integral e gratuita dos necessitados (art. 134, *caput*, CF), que será tema do comentário dedicado ao art. 8.2.e.

Entretanto, há problemas de desigualdade cujo reconhecimento é imperativo. Apenas como exemplo, cite-se a recente condenação do Brasil no caso *Trabalhadores da Fazenda Brasil Verde*. Baseando-se nas características – principalmente as condições de pobreza – compartilhadas por trabalhadores vítimas de trabalho escravo em fazendas no sul do Pará, a Corte IDH concluiu pela existência de uma situação de "discriminação estrutural" baseada na posição econômica desses trabalhadores, visto que o Estado não considerou suas vulnerabilidades.[546] Quanto ao acesso das vítimas à justiça, a Corte entendeu que "a falta de devida diligência e de punição dos fatos de submissão à condição análoga à de escravo estava relacionada a uma ideia preconcebida de normalidade perante as condições às quais eram submetidos os trabalhadores das fazendas do norte e nordeste do Brasil", ideia que "resultou discriminatória" ao obstaculizar a punição dos responsáveis.[547]

(11) As "garantias mínimas" a que faz referência o *caput* do art. 8.2 serão tratadas, em espécie, nos comentários seguintes, dedicados aos incisos do artigo.

Para a menção ao fato de que, compreendendo que não estão limitadas à esfera penal, a jurisprudência da Corte IDH expandiu a aplicabilidade dessas garantias mínimas, no que forem compatíveis, a todo e qualquer procedimento estatal que possa afetar direitos, remete-se o leitor para o comentário (2), voltado às "devidas garantias".

Para a razão de originalmente atribuírem-se garantias mínimas apenas aos indivíduos acusados de delitos (isto é, sujeitos à persecução penal), a remissão é para o

---

544 Corte IDH. El derecho a la información sobre la asistencia consular en el marco de las garantías del debido proceso legal. *Opinião Consultiva nº 16/99*, 1.º.10.1999. Série A, nº 16, parágrafo 117-119.

545 Corte IDH. *Caso Fernández Ortega e Outros* vs. *México*. Sentença 30.08.2010. Série C, nº 215, parágrafo 201.

546 Corte IDH. *Caso Trabalhadores da Fazenda Brasil Verde* vs. *Brasil*. Sentença 20.10.2016. Série C, nº 318, parágrafo 34.

547 Corte IDH. *Caso Trabalhadores da Fazenda Brasil Verde* vs. *Brasil*. Sentença 20.10.2016. Série C, nº 318, parágrafo 419.

comentário (7), que se debruça sobre os termos "na apuração de qualquer acusação penal formulada contra ela".

(12) A primeira das garantias mínimas estabelecidas pelo art. 8.2, em sua alínea "a", é o "direito do acusado de ser assistido gratuitamente por um tradutor ou intérprete, se não compreenda ou não fale a língua do juízo ou tribunal". A inserção deste dispositivo na Convenção Americana, como decorrência das garantias do devido processo legal, parte de uma constatação evidente: não há verdadeiro direito de acesso à justiça se o acusado não conseguir estabelecer uma comunicação compreensível com o tribunal por motivos linguísticos, quer por não compreender a língua oficial, quer por não ser compreendido em sua língua materna ou em qualquer outra. Caso não se garanta tradutor ou intérprete nesses casos, será impossível ao acusado realizar uma defesa adequada e fazer valer seus direitos, estando à mercê do poder punitivo do Estado.

A garantia de assistência por intérprete está presente no Pacto Internacional dos Direitos Civis e Políticos (art. 14.3.f) e na Convenção Europeia de Direitos Humanos (art. 6.3.e). A diferença é que, ao passo que essas convenções mencionam apenas "intérprete", a Convenção Americana garante o direito a "tradutor ou intérprete", sem estar claro se essas disposições devem ser compreendidas como sinônimas ou se abarcam atividades diferentes – o que impacta nas obrigações atribuídas aos Estados.[548] Porém, o critério de solução é simples: compreendido o objetivo da disposição e sua vinculação com o devido processo legal, basta identificar as carências de proteção no caso concreto, que devem impor a realização de todas as medidas necessárias para que o acusado compreenda e seja compreendido.

A jurisprudência da Corte IDH nesse tema, no entanto, é incipiente. Embora já tenha declarado que a garantia de tradutor ou intérprete serve a corrigir fatores de desigualdade real em um procedimento e integra o devido processo legal,[549] ao que parece a Corte jamais analisou o art. 8.2.a como uma violação autônoma em casos contenciosos. Nos casos *Fernández Ortega* e *Rosendo Cantú*, ambos contra o México, por exemplo, a falta de intérprete para as vítimas, mulheres indígenas, serviu para fundamentar uma violação à obrigação de respeitar e garantir direitos sem discriminação.[550] No caso *Tiu Tojín* vs. *Guatemala*, a obrigação de oportunizar o acesso das vítimas, indígenas, aos órgãos de investigação por meio do uso de intérpretes foi determinada como medida de reparação às violações encontradas.[551]

Casos relacionados a imigrantes detidos seriam também oportunidade para que a Corte pudesse analisar violações ao art. 8.2.a, já que reconheceu que "os estrangeiros detidos em um meio social e jurídico diferente dos seus, e muitas vezes com um idioma que desconhecem, experimentam uma condição de particular vulnerabilidade".[552]

---

548   Medina Quiroga, Cecilia. *Convención Americana*, cit., p. 323-324.

549   Corte IDH. El derecho a la información sobre la asistencia consular en el marco de las garantías del debido proceso legal. *Opinião Consultiva nº 16/99*, 1.º10.1999. Série A, nº 16, parágrafos 119-120.

550   Corte IDH. *Caso Fernández Ortega e Outros* vs. *México*. Sentença 30.08.2010. Série C, nº 215, parágrafo 201; e Corte IDH. *Caso Rosendo Cantú e outra* vs. *México*. Sentença 31.08.2010. Série C, nº 216, parágrafo 185.

551   Corte IDH. *Caso Tiu Tojín* vs. *Guatemala*. Sentença 26.11.2008. Série C, nº 190, parágrafo 100.

552   Corte IDH. *Caso Vélez Loor* vs. *Panamá*. Sentença 23.11.2010. Série C, nº 218, parágrafo 152.

Mas, como os casos que chegaram à Corte, a exemplo de *Vélez Loor* vs. *Panamá*[553] e *Nadege Dorzema e Outros* vs. *República Dominicana*,[554] tratavam de imigrantes que falavam a mesma língua do país de destino, a oportunidade não se apresentou, e os fatos foram analisados sob o ângulo do direito à assistência consular.

Ainda que a crise migratória no continente provocará novos contornos à aplicação deste artigo, até o momento os povos indígenas são, em nosso continente, os principais afetados por barreiras linguísticas. Assim, no exercício de sua competência de monitoramento dos direitos humanos, a Comissão IDH ressaltou ao Estado do Equador que, em razão das garantias fornecidas pelo art. 8º da Convenção Americana, "espera que o reconhecimento dado às línguas indígenas em suas áreas de influência [...] garanta que a tradução entre línguas espanhola e indígenas dos réus se aplique em todos os casos onde for necessária".[555] Em outra ocasião, realizou uma solução amistosa com o Estado do México, que se comprometeu a anular uma sentença penal na qual houve inadequadas tradução e interpretação do idioma maia.[556]

Embora a Corte IDH jamais tenha relacionado a questão com o art. 8.2.a, uma confluência de normas de diversas ordens é unânime em garantir o direito dos indígenas a compreender e a ser compreendidos em procedimentos que possam afetar seus direitos. Como exemplo, a Declaração das Nações Unidas sobre os Direitos dos Povos Indígenas, em seu art. 13.2, proclama os Estados a "assegurar que os povos indígenas possam entender e ser entendidos em atos políticos, jurídicos e administrativos, proporcionando para isso, quando necessário, serviços de interpretação ou outros meios adequados".[557] Disposição semelhante se encontra no arts. XIV.4 da Declaração Americana sobre os Direitos dos Povos Indígenas, adotada pela Assembleia Geral da OEA em 2016.[558]

A Convenção nº 169 da Organização Internacional do Trabalho (OIT), sobre Povos Indígenas e Tribais, da qual o Brasil é parte, também garante o direito a "compreender e se fazer compreender" (art. 12) e é fonte da obrigação de que os Estados realizem ou garantam a realização da chamada "consulta prévia, livre e informada" aos povos indígenas quando suas terras tradicionais estiverem sujeitas ao impacto de medidas governamentais ou particulares. A Corte se valeu dessa Convenção, por exemplo, no caso *Povo Indígena Kichwa de Sarayaku* vs. *Equador*, em que fixou que a consulta prévia aos povos indígenas, para ser adequada, deve contar com intérpretes e tradutores quando isso se fizer necessário.[559] Considerações semelhantes apareceram

---

[553]　Corte IDH. *Caso Nadege Dorzema e Outros* vs. *República Dominicana*. Sentença 24.10.2012. Série C, nº 251, parágrafo 166.

[554]　Corte IDH. *Caso Vélez Loor* vs. *Panamá*. Sentença 23.11.2010. Série C, nº 218, parágrafo 153.

[555]　Comissão IDH. *Informe sobre la situación de los derechos humanos en Ecuador (1997)*. Doc. OEA/Ser.L/V/II.96, 24.04.1997.

[556]　Comissão IDH. Informe nº 91/10. Caso nº 12.660, Solução Amistosa, Ricardo Ucán Seca, 15.07.2010.

[557]　ONU. *Declaração das Nações Unidas sobre os Direitos dos Povos Indígenas*. Doc. A/RES/61/295, 13.09.2007.

[558]　OEA. *Declaração Americana sobre os Direitos dos Povos Indígenas*. Doc. AG/RES. 2888 (XLVI--O/16), 15.06.2006.

[559]　Corte IDH. *Caso do Povo Indígena Kichwa de Sarayaku* vs. *Equador*. Sentença 25.06.2012. Série C, nº 245, parágrafo 201.

no caso *Caso Yatama vs. Nicarágua*, julgado em 23 de junho de 2005. A Corte IDH compreendeu que a organização indígena Yapti Tasba Masraka Asla Takanka (YATA-MA) sofreu, também por barreiras linguísticas e formais da legislação interna, indevida exclusão de sua participação das eleições municipais na República da Nicarágua.[560]

(13) O direito do acusado a ser informado acerca da acusação que é contra ele formulada de modo prévio e pormenorizado (art. 8.2.b da Convenção Americana) – ou, em outras convenções, "sem demora" (art. 14.3.a do Pacto Internacional dos Direitos Civis e Políticos) e no "mais curto prazo" (art. 6.3.a da Convenção Europeia de Direitos Humanos) – busca garantir o direito de defesa daqueles aos quais o Estado imputa o cometimento de um delito. Afinal, é somente com esse conhecimento que podem os acusados garantir seu direito de defesa, apresentando com objetividade e certeza as alegações de fato e de direito que entender necessárias para infirmar os termos da imputação. Quando existe uma detenção, mesmo sem investigação prévia, o direito a ser informado é igualmente garantido pelo art. 7.4 da Convenção Americana, segundo o qual "toda pessoa detida ou retida tem o direito de ser informada das razões da sua detenção e notificada, sem demora, da acusação ou acusações formuladas contra ela".[561]

Para a Corte IDH, o art. 8.2.b exige que as autoridades informem ao acusado não somente as ações ou omissões que lhe são imputadas, mas também as razões que levam o Estado a formular a imputação, os fundamentos probatórios e a caracterização legal dada aos fatos.[561] A informação deve ser "expressa, clara, integral e suficientemente detalhada para permitir que o acusado exerça plenamente seu direito à defesa e mostre ao juiz sua versão dos fatos".[562] Além disso, para que cumpra os fins a que se destina, também deve ser efetivada antes que o acusado faça sua primeira manifestação, oral ou escrita, pois, do contrário, seu direito à defesa estaria maculado.[563] E, por fim, deve ser efetivada de maneira oficial, não bastando que o acusado conheça dos fatos por meio de informações públicas ou que as deduza das perguntas que lhe são formuladas.[564]

Essa exigência chega a seu ponto máximo quando ocorre a apresentação definitiva e formal das imputações – isto é, com o oferecimento da denúncia pelo órgão acusador e a necessidade de que o acusado seja dela informado por meio de citação –, mas se aplica também durante a etapa das investigações, embora com detalhamento distinto.[565] No caso *Barreto Leiva vs. Venezuela*, a Corte IDH definiu que o investigado, antes da acusação formal, deve, no mínimo, conhecer os fatos que lhe são atribuídos,[566] crescendo a exigência de precisão das informações conforme avançam as diligências. Mas é certo que essa comunicação ou notificação deve ser anterior à primeira declaração do acusado perante qualquer autoridade pública.[567] Afinal, "a transição entre 'investigado' e 'acusado'[...] pode produzir-se de um momento a outro", e "não se pode

---

560   Corte IDH. *Caso Yatama vs. Nicarágua*. Sentença 23.06.2005.

561   Corte IDH. *Caso Barreto Leiva vs. Venezuela*. Sentença 17.11.2009. Série C, nº 206, parágrafo 28.

562   Corte IDH. *Caso Barreto Leiva vs. Venezuela*. Sentença 17.11.2009. Série C, nº 206, parágrafo 28.

563   Corte IDH. *Caso Tibi vs. Equador*. Sentença 07.09.2004. Série C, nº 114, parágrafo 187.

564   Corte IDH. *Caso Barreto Leiva vs. Venezuela*. Sentença 17.11.2009. Série C, nº 206, parágrafo 47.

565   Corte IDH. *Caso Barreto Leiva vs. Venezuela*. Sentença 17.11.2009. Série C, nº 206, parágrafo 31.

566   Corte IDH. *Caso Barreto Leiva vs. Venezuela*. Sentença 17.11.2009. Série C, nº 206, parágrafo 31.

567   Corte IDH. *Caso J. vs. Peru*. Sentença Série C, nº 275, parágrafo 195.

esperar que a pessoa seja formalmente acusada ou que [...] se encontre privada de liberdade para lhe proporcionar a informação de que depende o oportuno exercício do direito de defesa".[568]

No mesmo caso, decidiu-se que em certas circunstâncias pode haver sigilo sobre as diligências investigativas preliminares ao processo (no Brasil, os inquéritos policiais e as notícias de fato no âmbito criminal), com o fim de impedir a obstrução das investigações e a destruição ou o ocultamento de provas.[569] Mesmo assim, essa faculdade deve sempre ser harmonizada com o direito de defesa do investigado, que, nos termos da decisão, supõe "a possibilidade de conhecer os fatos que lhe são imputados".[570] No entanto, a Corte IDH deixou de desenvolver com precisão as circunstâncias nas quais o Estado pode limitar o acesso do acusado às devidas informações em nome do bom andamento das investigações.[571]

O caso *Maldonado Ordoñez* vs. *Guatemala* é também digno de menção, pois garantiu a aplicação da exigência de comunicação prévia e detalhada a um procedimento administrativo. Reconhecendo que as garantias do art. 8.2 podem se aplicar a procedimentos que não tenham caráter penal, mesmo que com uma intensidade ou uma natureza distintas, a Corte IDH definiu que, em procedimentos disciplinares sancionatórios, para que o Estado cumpra o art. 8.2.b, deve informar o sujeito sobre as razões que motivam o feito, os fatos que justificam a possível sanção e a norma supostamente infringida.[572]

O direito à informação prévia e pormenorizada cumpre também uma importante função processual no contexto da persecução penal, conforme o caso *Fermín Ramírez* vs. *Guatemala*. Isto porque, ao permitir que o acusado tenha conhecimento dos fatos desde o início do processo, garante que ele possa velar pelo cumprimento do "princípio de coerência ou de correlação entre a acusação ou sentença". O juiz encarregado do processo não pode alterar os fatos sob análise sem que haja um novo respeito às garantias processuais, com possibilidades plenas de defesa por parte do acusado.[573]

Como a garantia de informação prévia e pormenorizada do acusado se aplica também aos inquéritos, as autoridades policiais brasileiras devem velar para o seu cumprimento durante a condução das investigações e, particularmente, quando forem realizar a oitiva do "indiciado" (art. 6º, V, CPP). No direito brasileiro, ademais, a citação é ato formal que visa dar conhecimento ao acusado do processo penal contra ele intentado, exigindo-se que contenha "o fim para que é feita" (art. 352, V, CPP), o que deve incluir, mesmo que brevemente, o conteúdo da acusação e o delito supostamente cometido. Uma vez citado, o acusado tem o prazo de dez dias para tomar conhecimento do processo e exercitar seu direito de defesa, pela primeira vez judicialmente, por meio

---

[568] Corte IDH. *Caso Barreto Leiva* vs. *Venezuela*. Sentença 17.11.2009. Série C, nº 206, parágrafo 46.

[569] Corte IDH. *Caso Barreto Leiva* vs. *Venezuela*. Sentença 17.11.2009. Série C, nº 206, parágrafo 45.

[570] Corte IDH. *Caso Barreto Leiva* vs. *Venezuela*. Sentença 17.11.2009. Série C, nº 206, parágrafo 45.

[571] ANTKOWIAK, Thomas M.; GONZA, Alejandra. *The American Convention on Human Rights*: essential rights. Nova York: Oxford University Press, 2017. p. 199.

[572] Corte IDH. *Caso Maldonado Ordoñez* vs. *Guatemala*. Sentença 03.05.2016. Série C, nº 311, parágrafos 80-81.

[573] Corte IDH. *Caso Fermín Ramírez* vs. *Guatemala*. Sentença 20.06.2005. Série C, nº 126, parágrafos 67-73.

da resposta à acusação (art. 396, CPP). Em respeito ao direito de ser informado e de defender-se, o acusado não encontrado é citado por edital, e, se não comparecer em juízo ou constituir advogado, o processo resta suspenso (art. 366, CPP).

Ademais, de modo compatível com o "princípio de coerência ou de correlação entre a acusação ou sentença", permite-se livremente ao juiz a atribuição de qualificação jurídica diversa daquela realizada pela acusação, desde que dentro do mesmo quadro fático. Trata-se da chamada *emendatio libelli*, permitida pelo art. 383, CPP. Se, por outro lado, entender necessária modificação nos fatos sob julgamento, conhecida como *mutatio libelli*, deve haver a realização de aditamento à acusação por parte do Ministério Público, seguida por novas oportunidades de defesa e de contraditório por parte acusado (art. 384, CPP).

(14) A garantia de que o acusado disponha "do tempo e dos meios" necessários para a preparação de sua defesa, presente no art. 8.2.c da Convenção Americana, está disposta nos mesmos termos usados pelo art. 14.3.b do Pacto Internacional dos Direitos Civis e Políticos e pelo art. 6.3.b da Convenção Europeia de Direitos Humanos. A Declaração Universal dos Direitos Humanos e a Carta Africana dos Direitos Humanos e dos Povos são mais concisas, pois falam, respectivamente, em assegurar "as garantias necessárias à sua defesa" e o "direito de defesa".

A disposição do art. 8.2.c da Convenção Americana obriga os Estados a permitir o acesso das pessoas aos procedimentos penais ou sancionatórios em que são acusadas e determina que se respeite o princípio do contraditório, permitindo que os indivíduos interessados possam se manifestar sobre a prova presente nos autos.[574] Esta definição evidencia que o direito ao tempo e aos meios necessários para a defesa está intimamente relacionado com o inciso anterior, já que pressupõe que o acusado tenha conhecimento prévio dos fatos e das imputações formuladas. Se o interessado não puder acessar essas informações no *tempo* adequado – isto é, antes de sua manifestação –, os *meios* necessários para a realização de sua defesa encontram-se seriamente prejudicados. Por isso, estabeleceu a Corte IDH que o acesso aos autos é "requisito *sine qua non* da intervenção processual da vítima na causa".[575]

Também há importante conexão entre essa garantia e o direito a defesa técnica (objeto do inciso seguinte, 8.2.d). Afinal, o acesso a advogados e a garantia de que estes atuem sem impedimento é pressuposto de uma defesa efetiva. Deste modo, em mais de um caso a Corte declarou violados, simultaneamente, os arts. 8.2.c e 8.2.d, como no caso *Castillo Petruzzi vs. Peru*, em que os advogados do acusado tiveram acesso aos autos do processo penal que corria na jurisdição militar apenas um dia antes da prolação da sentença condenatória e, conforme a legislação da época, durante apenas doze horas, o que não constitui tempo nem meio adequado para a realização de defesa e configura uma atuação meramente formal por parte dos advogados.[576] A violação simultânea dos arts. 8.2.c e 8.2.d foi declarada também, por exemplo, nos casos *J. vs. Peru, Palamara Iribarne vs. Chile* e *Suárez Rosero vs. Equador*.

---

[574]   Corte IDH. *Caso Barreto Leiva* vs. *Venezuela*. Sentença 17.11.2009. Série C, nº 206, parágrafo 54.

[575]   Corte IDH. *Caso Radilla Pacheco* vs. *México*. Sentença 23.11.2009. Série C, nº 209, parágrafo 252.

[576]   Corte IDH. *Caso Castillo Petruzzi e Outros* vs. *Peru*. Sentença 30.05.1999. Série C, nº 52, parágrafos 138-142.

Neste tema, a Corte IDH declarou também que o Estado pode eventualmente determinar o sigilo de certos procedimentos, todavia, para que esta limitação ao direito de defesa seja legítima, o Estado deve realizá-la somente em decorrência de previsão legal, estabelecer um fim legítimo para a restrição e demonstrar que o meio empregado é "idôneo, necessário e estritamente proporcional".[577] No entanto, nos casos concretos, os Estados não conseguiram estabelecer prova nesse sentido, nem a Corte IDH aprofundou a análise sobre as possíveis limitações, de modo que carecem maiores detalhes sobre os parâmetros para orientar eventuais restrições à garantia do tempo e dos meios necessários para a defesa.

(15) O art. 8.2.d da Convenção Americana declara o "direito do acusado de defender-se pessoalmente ou de ser assistido por um defensor de sua escolha e de comunicar-se, livremente e em particular, com seu defensor". O art. 6.3.c da Convenção Europeia de Direitos Humanos trata dos direitos de "defender-se a si próprio" e de "ter a assistência de um defensor de sua escolha", mas não menciona expressamente um direito de comunicação; o art. 14.3.b do Pacto Internacional de Direitos Civis e Políticos menciona somente o direito de "comunicar-se com defensor de sua escolha"; o art. 7.1.3 da Carta Africana dos Direitos Humanos e dos Povos, por sua vez, garante o direito de "ser assistido por um defensor de sua livre escolha"; por fim, a Declaração Universal dos Direitos Humanos não faz menção expressa ao tema.

Primeiramente, chama a atenção na previsão da Convenção Americana a garantia do direito a defender-se pessoalmente, também presente na Convenção Europeia. Em atenção a essa parcela do dispositivo convencional, a Corte IDH ressaltou que um indivíduo suspeito de ter cometido delitos tem o direito de se defender pessoalmente, mas declarou que esta capacidade deve estar autorizada pela legislação nacional.[578] Como são raras as disposições de direito de interno nesse sentido que reconhecem capacidade postulatória ao acusado (exceção feita ao *habeas corpus*), dificilmente um acusado poderá promover defesa própria sem assistência legal em juízo. Mesmo assim, não se pode olvidar que, as declarações de um investigado ou acusado sobre os fatos a ele imputados são uma forma de, por um ato próprio, enfrentar e refutar as acusações.[579]

Quando o investigado ou acusado não quer ou não pode realizar sua própria defesa, o art. 8.2.d da Convenção Americana lhe garante o direito de contar com a assistência de um defensor – o que se chama de defesa técnica.[580] Como o direito de defesa surge desde o instante em que o sujeito se encontra sob investigação, é também nesse momento que surge o direito de o investigado ter acesso a um defensor que lhe forneça efetiva assistência legal, principalmente no momento de prestar sua primeira

---

[577] Corte IDH. *Caso J.* vs. *Peru.* Sentença Série C, nº 275, parágrafo 206.

[578] Corte IDH. Excepciones al agotamiento de los recursos internos (Arts. 46.1, 46.2.a y 46.2.b, Convención Americana sobre Derechos Humanos). *Opinião Consultiva nº 11/90*, 10.08.1990. Série A, nº 11, parágrafo 25.

[579] Corte IDH. *Caso Barreto Leiva* vs. *Venezuela.* Sentença 17.11.2009. Série C, nº 206, parágrafo 61.

[580] Corte IDH. Excepciones al agotamiento de los recursos internos (Arts. 46.1, 46.2.a y 46.2.b, Convención Americana sobre Derechos Humanos). *Opinião Consultiva nº 11/90*, 10.08.1990. Série A, nº 11, parágrafo 25.

declaração.[581] Negar essa prerrogativa significa vulnerar o direito de defesa e deixar o indivíduo desprotegido perante o poder punitivo estatal.[582]

No caso *Barreto Leiva* vs. *Venezuela*, a Corte dispôs que a defesa técnica é aquela "exercida por um profissional do Direito, que assessora o investigado sobre seus deveres e direito e executa, entre outras atividades, um controle crítico e de legalidade na produção de provas".[583] Mas, apesar dessa passagem de jurisprudência, a Convenção Americana não exige necessariamente a assistência de um profissional do direito, conforme revelam os trabalhos preparatórios de sua elaboração: o projeto inicial tratava do direito de ser "defendido por um advogado", mas a expressão foi substituída pelo direito de ser "assistido por um defensor" para que não apenas advogados pudessem estar abarcados pelo artigo.[584]

De todo modo, em razão da prática nos países latino-americanos (inclusive no Brasil, como regra), é comum que a capacidade postulatória em juízo esteja restrita aos advogados e que, portanto, os precedentes da Corte IDH tratem desses profissionais como os defensores capazes de fornecer a defesa técnica adequada. No caso *Chaparro Álvarez e Lapo Íñiguez* vs. *Equador*, por exemplo, o advogado do senhor Chaparro Álvarez estava presente durante a chamada "declaração pré-processual" de seu cliente, mas foi proibido pelas autoridades de aconselhá-lo, entendendo a Corte que sua presença não foi mais do que uma formalidade e não satisfez o direito previsto no art. 8.2.d da Convenção.[585]

Ademais, o art. 8.2.d menciona que os acusados devem gozar de comunicação livre e privada com os defensores que constituíram, como parte de seu direito de defesa. No caso *J.* vs. *Peru*, a Corte considerou que esse direito foi violado porque a senhora J., que esteve detida por um ano e dois meses, pôde consultar seu advogado apenas três vezes durante período, em reuniões que duraram de 15 a 25 minutos e foram supervisionadas pelas autoridades.[586] O impedimento de que acusados detidos se consultassem de modo privado com seus advogados também fundamentou a violação do art. 8.2.d no caso *Castillo Petruzzi e Outros* vs. *Peru*.[587]

Os advogados, para o direito brasileiro, são compreendidos como figuras indispensáveis à administração da justiça, conforme o art. 133 da Constituição. No âmbito penal, o art. 261 do CPP garante que "nenhum acusado, ainda que ausente ou foragido, será processado ou julgado sem um defensor", e o art. 5º, LXIII, da Constituição dispõe que todo preso será informado de seus direitos e terá garantida a assistência de um advogado. Similarmente ao art. 185, § 3º, do CPP, o Estatuto da Advocacia (Lei

---

[581] Corte IDH. *Caso Barreto Leiva* vs. *Venezuela*. Sentença 17.11.2009. Série C, nº 206, parágrafo 62.

[582] Corte IDH. *Caso Barreto Leiva* vs. *Venezuela*. Sentença 17.11.2009. Série C, nº 206, parágrafo 62.

[583] Corte IDH. *Caso Barreto Leiva* vs. *Venezuela*. Sentença 17.11.2009. Série C, nº 206, parágrafo 61.

[584] STEINER, Christian; URIBE, Patricia (Coord.). *Convención Americana sobre Derechos Humanos comentada*. México: Suprema Corte de Justicia de la Nación; Bogotá, Colombia: Fundación Konrad Adenauer, Programa Estado de Derecho para Latinoamérica, 2014. p. 238.

[585] Corte IDH. *Caso Chaparro Álvarez e Lapo Íñiguez* vs. *Equador*. Sentença 21.11.2007. Série C, nº 170, parágrafo 158.

[586] Corte IDH. *Caso J.* vs. *Peru*. Sentença Série C, nº 275, parágrafo 207.

[587] Corte IDH. *Caso Castillo Petruzzi e Outros* vs. *Peru*. Sentença 30.05.1999. Série C, nº 52, parágrafo 138-142, parágrafo 148.

nº 8.906/94), em seu art. 7º, III, garante aos advogados o direito de "comunicar-se com seus clientes, pessoal e reservadamente, mesmo sem procuração, quando estes se encontrarem presos, detidos ou recolhidos". O inc. XXI do mesmo artigo dispõe, ademais, que os advogados têm direito a "assistir a seus clientes investigados durante a apuração de infrações, sob pena de nulidade absoluta do respectivo interrogatório ou depoimento", bem como dos elementos dele decorrentes. Nota-se, portanto, compatibilidade formal normativa entre, de um lado, as previsões constitucionais e legais sobre o exercício da advocacia e sobre os direitos dos investigados e acusados no Brasil e, de outro, os parâmetros interamericanos sobre a matéria. Resta, todavia, o desafio de materialmente implementar esta garantia de modo satisfatório, em especial àqueles desprovidos de meios e recursos para sua defesa.

Uma tendência jurisprudencial interessante da Corte IDH diz respeito à situação de imigrantes quando são sujeitos a um procedimento destinado a promover sua expulsão ou deportação, especialmente se estiverem detidos. Nos casos *Vélez Loor vs. Panamá*[588] e *Nadege Dorzema vs. República Dominicana*,[589] a Corte ressaltou a importância da garantia de defesa técnica "em casos que tratam de uma pessoa estrangeira, que não pode conhecer o sistema legal do país e que se encontra em uma situação agravada de vulnerabilidade ao encontrar-se privada de liberdade". Quando o procedimento em questão pode ocasionar uma privação de liberdade de caráter punitivo, a assistência jurídica se torna um "imperativo do interesse da justiça", e negá-la configura violação ao art. 8.2.d da Convenção Americana.[590]

Nos casos citados, a Corte tratou também do direito dos imigrantes a obter assistência consular, prevista pelo art. 36 da Convenção de Viena sobre Relações Consulares e entendida pela Corte IDH como parte das garantias mínimas que devem ser respeitadas em relação a estrangeiros detidos.[591] Nessa situação, as pessoas têm direito i) a ser notificadas sobre os direitos que lhes confere a Convenção de Viena, ii) a ter acesso efetivo à comunicação com um funcionário consular e iii) à assistência consular propriamente dita,[592] que pode providenciar, direta ou indiretamente, defesa técnica.[593] Assim, no caso *Vélez Loor*, a Corte entendeu que a falta de possibilidade de comunicação com um funcionário consular violou não só a previsão geral de respeito às devidas garantias (art. 8.1), mas também o direito a ser assistido por um defensor (art. 8.2.d).[594]

(16) Se o investigado ou acusado não quiser ou não puder defender-se pessoalmente nem constituir defensor habilitado, o art. 8.2.e da Convenção Americana

---

588   Corte IDH. *Caso Vélez Loor* vs. *Panamá*. Sentença 23.11.2010. Série C, nº 218, parágrafo 132.

589   Corte IDH. *Caso Nadege Dorzema e Outros* vs. *República Dominicana*. Sentença 24.10.2012. Série C, nº 251, 164.

590   Corte IDH. *Caso Vélez Loor* vs. *Panamá*. Sentença 23.11.2010. Série C, nº, parágrafos 146-148.

591   Corte IDH. El derecho a la información sobre la asistencia consular en el marco de las garantías del debido proceso legal. *Opinião Consultiva nº 16/99*, 1.º.10.1999. Série A, nº 16.

592   Corte IDH. *Caso Vélez Loor* vs. *Panamá*. Sentença 23.11.2010. Série C, nº 218, parágrafo 153.

593   Corte IDH. El derecho a la información sobre la asistencia consular en el marco de las garantías del debido proceso legal. *Opinião Consultiva nº 16/99*, 1.º.10.1999. Série A, nº 16, parágrafo 86.

594   Corte IDH. *Caso Vélez Loor* vs. *Panamá*. Sentença 23.11.2010. Série C, nº 218, parágrafo 153.

garante-lhe o direito "irrenunciável" de contar com a assistência de um "defensor proporcionado pelo Estado", que será ou não remunerado. Essa previsão convencional constitui a consagração de uma prática vastamente comum na América Latina. Em suas legislações nacionais, os países do continente costumam dispor que, mesmo que não queira se defender ou constituir defensor, o acusado será invariavelmente assistido por um advogado posto a seu serviço pelo Estado.[595]

A força da prática regional, assim como as variações entre os países com sistemas jurídicos de matriz anglo-saxã e aqueles com sistemas marcados pela lógica europeia continental, foram responsáveis por uma formulação própria que distingue a Convenção Americana de outros instrumentos internacionais relevantes (dos quais se excluem a Declaração Universal dos Direitos Humanos e a Carta Africana dos Direitos Humanos e dos Povos por não contarem com previsões semelhantes). O Pacto Internacional de Direitos Civis e Políticos estabelece, em seu art. 14.3.d, algumas condicionantes: o acusado terá direito a um "defensor designado *ex officio* gratuitamente pelo Estado" somente quando "o interesse da justiça assim exija" e se "não tiver meios para remunerá-lo". Consequentemente, como regra, os acusados têm o direito de escolher não contar com defesa técnica, devendo ser excepcionais as restrições a esse direito, determinadas pelos "interesses da justiça".[596]

A Convenção Europeia de Direitos Humanos possui uma condicionante similar em seu art. 6.3.c. O direito de ser assistido gratuitamente por um defensor nomeado de ofício pelo Estado se aplica somente "quando os interesses da justiça o exigirem". A Corte Europeia, ao interpretar o sentido dessa expressão, definiu que casos que podem levar à privação de liberdade exigem, a princípio, a concessão de representação legal.[597] Mas também ressaltou que os "interesses da justiça" nem sempre requerem a nomeação de um defensor pelo Estado para aquele que renunciou a defender-se ou a constituir defesa técnica.[598]

O dispositivo presente na Convenção Americana, portanto, é mais amplo do que aqueles de suas congêneres, pois consagra o direito "irrenunciável" de contar com um defensor providenciado pelo Estado para aqueles que não desejam ou não podem constituir um advogado de sua escolha. Assim, quando não se garante o acesso do investigado ou acusado a nenhum tipo de defesa – quer seja por advogado escolhido livremente, quer seja por defensor atribuído de ofício –, a Corte IDH declara violações simultâneas aos arts. 8.2.d e 8.2.e, a exemplo do caso *Tibi* vs. *Equador*.[599]

O texto do art. 8.2.e prevê, ainda, que a defesa técnica fornecida nestas situações poderá ser gratuita ou remunerada, conforme a legislação interna de cada país. Essa redação é produto das intervenções de certos Estados durante a conferência de adoção

---

[595]   OEA. Conferencia Especializada Interamericana sobre Derechos Humanos: *Actas y documentos*, 7-22.11.1969. Doc. OEA/Ser.K/XVI/1.2, p. 201.

[596]   ONU. Comitê de Direitos Humanos. *General Comment nº 32*: Article 14: Right to equality before courts and tribunals and to a fair trial. Doc. CCPR/C/GC/32, 23.08.2007.

[597]   Por exemplo, *v.* Corte EDH. *Caso Benham* vs. *Reino Unido*. Julgamento 10.06.1996. Demanda nº 19380/92, parágrafo 61.

[598]   Por exemplo, *v.* Corte EDH. *Caso Monnell e Morris* vs. *Reino Unido*. Julgamento 02.03.1987. Demandas nº 9562/81 e 9818/82, parágrafo 67.

[599]   Corte IDH. *Caso Tibi* vs. *Equador*. Sentença 07.09.2004. Série C, nº 114, parágrafos 193-194.

da Convenção, que manifestaram preocupação com o ônus financeiro que imporia a obrigação de prestar assistência legal necessariamente gratuita aos acusados sem defensor e conseguiram inserir no artigo a permissão de que tenha custos para o defendido.[600] A Corte IDH, porém, interpretou essa disposição e avançou na consolidação dos parâmetros protetivos convencionais por meio de sua *Opinião Consultiva nº 11/90*, sobre as exceções ao esgotamento dos recursos internos.

Nessa ocasião, decidiu que, como o art. 8.2.e "não ordena que a assistência legal [...] seja gratuita, um indigente se veria discriminado em razão de sua situação econômica se, requerendo assistência legal, o Estado não a provesse gratuitamente".[601] Dessa constatação surgem duas consequências: em primeiro lugar, que o Estado não pode arguir a falta de esgotamento dos recursos internos quando deixou de garantir assistência legal gratuita a uma pessoa indigente, impedindo-a de esgotá-los; e, em segundo, que, se um acusado for obrigado a defender-se pessoalmente em razão desse impedimento e se for comprovado que esse fato afetou seu direito a um devido processo, terá havido uma violação do art. 8º da Convenção Americana.[602] Como consequência, terá havido, em conjunção, uma violação aos deveres de igualdade e de não discriminação.

A Corte IDH também definiu que a assistência jurídica gratuita é componente das devidas garantias que devem ser respeitadas em relação aos imigrantes sujeitos a procedimentos que podem gerar sua detenção, expulsão ou deportação, já que se encontram em uma situação de extrema vulnerabilidade. Particularmente no caso *Vélez Loor vs. Panamá* estabeleceu-se que "a prestação de um serviço público gratuito de defesa legal em favor destas pessoas é necessária para evitar a vulneração do direito às garantias do devido processo" e é um "imperativo do interesse da justiça".[603] Esta obrigação não exime o Estado de garantir o direito dos estrangeiros à assistência consular.

Portanto, embora permita que os defensores fornecidos pelo Estado sejam remunerados, a Convenção Americana, à qual se agrega a atividade interpretativa da Corte IDH, determina que os Estados devem oferecer estruturas que proporcionem defesa técnica de modo gratuito ao menos àqueles que se encontram em situação financeira desfavorável ou que estejam em outra situação particularmente vulnerável, como os imigrantes sujeitos a detenção. Essa exigência, ademais, se estende para além do processo penal e se aplica aos procedimentos de natureza "civil, trabalhista, fiscal ou de qualquer outra natureza", nos termos do art. 8.1.[604] Sem olvidar que, no

---

[600]   OEA. *Conferencia Especializada Interamericana sobre Derechos Humanos: Actas y Documentos*, 7-22.11.1969. Doc. OEA/Ser.K/XVI/1.2, p. 202 e 224.

[601]   Corte IDH. Exceções ao Esgotamento dos Recursos Internos (46.1, 46.2.a e 46.2.b da Convenção Americana sobre Direitos Humanos). *Opinião Consultiva nº 11/90*, 10.08.1990. Série A, nº 11, parágrafo 25.

[602]   Corte IDH. Exceções ao Esgotamento dos Recursos Internos (46.1, 46.2.a e 46.2.b da Convenção Americana sobre Direitos Humanos). *Opinião Consultiva nº 11/90*, 10.08.1990. Série A, nº 11, parágrafos 26-27.

[603]   Corte IDH. *Caso Vélez Loor vs. Panamá*. Sentença 23.11.2010. Série C, nº 218, parágrafo 146.

[604]   Corte IDH. Exceções ao Esgotamento dos Recursos Internos (46.1, 46.2.a e 46.2.b da Convenção Americana sobre Direitos Humanos). *Opinião Consultiva nº 11/90*, 10.08.1990. Série A, nº 11, parágrafo 28.

processo penal, em razão dos direitos afetados e da necessidade de velar pelo devido processo legal, deve ser garantida mesmo para aqueles que não demonstrem estar em falta de recursos.[605]

Não basta, porém, que essa obrigação seja cumprida no plano formal. A "assistência letrada fornecida pelo Estado deve ser efetiva"[606], já que "nomear um defensor de ofício com o único objetivo de cumprir com uma formalidade processual equivaleria a não contar com defesa técnica", sendo indispensável que o defensor atue de modo diligente para proteger as garantias processuais do acusado e evitar violações a direitos.[607] Como exemplos que indicam um exercício meramente formal de defesa, baseados na jurisprudência de países latino-americanos, a Corte IDH destacou: "a) não realizar uma atividade probatória mínima; b) inatividade argumentativa em favor dos interesses do acusado; c) falta de conhecimento técnico jurídico sobre o processo penal; d) falta de interposição de recursos em detrimento dos interesses do acusado; e) fundamentação indevida dos recursos interpostos; f) abandono de defesa."[608]

No caso *Chaparro Álvarez e Lapo Íñiguez* vs. *Equador*, por exemplo, a defensora nomeada não esteva presente durante o interrogatório do defendido, pois compareceu apenas no início, para que se pudesse dar início à declaração, e no final, para assiná-la, sendo sua presença meramente formal e acarretando a violação ao art. 8.2.e.[609] E, no caso *Barreto Leiva* vs. *Venezuela*, a Corte IDH definiu que a defesa fornecida pelo Estado não pode ser realizada no âmbito penal pelo Ministério Público, já que este é o órgão acusador e sobre ele não se poderiam depositar "funções naturalmente antagônicas".[610]

No Brasil, o art. 263 do CPP dispõe que, na falta de advogado constituído pelo acusado, o juiz deverá nomear, de ofício, um defensor para representá-lo, que, ademais, deve exercer todos os seus atos com manifestação fundamentada, conforme o art. 261, parágrafo único, do Código. A Defensoria Pública (da União e dos Estados-membros) é o órgão constitucionalmente encarregado da "defesa, em todos os graus, judicial e extrajudicial, dos direitos individuais e coletivos, de forma integral e gratuita, aos necessitados" (art. 134, *caput*). Essa previsão decorre do art. 5º, LXXIV, que atribui ao Estado a obrigação de prestar "assistência jurídica integral e gratuita aos que comprovarem insuficiência de recursos". Para o cumprimento de suas funções e das garantias para um funcionamento independente, conforme o art. 134 da Constituição, os defensores públicos gozam de independência funcional e de inamovibilidade, e as Defensorias Públicas, de autonomia funcional e administrativa, além da iniciativa de

[605]   Corte IDH. *Caso Ruano Torres e Outros* vs. *El Salvador*. Sentença 05.10.2015. Série C, nº, parágrafo 155.

[606]   Corte IDH. *Caso Chaparro Álvarez e Lapo Íñiguez* vs. *Equador*. Sentença 21.11.2007. Série C, nº 170, parágrafo 159.

[607]   Corte IDH. *Caso Cabrera García e Montiel Flores* vs. *México*. Sentença 26.11.2010. Série C, nº 220, parágrafo 155.

[608]   Corte IDH. *Caso Ruano Torres e Outros* vs. *El Salvador*. Sentença 05.10.2015. Série C, nº, parágrafo 166.

[609]   Corte IDH. *Caso Chaparro Álvarez e Lapo Íñiguez* vs. *Equador*. Sentença 21.11.2007. Série C, nº 170, parágrafos 156-158.

[610]   Corte IDH. *Caso Barreto Leiva* vs. *Venezuela*. Sentença 17.11.2009. Série C, nº 206, parágrafo 63.

sua proposta orçamentária. Ainda há muito desafios no horizonte interno da consolidação desta garantia.

O importante papel das defensorias públicas na América Latina, bem como as garantias que devem ser erigidas e respeitadas para o fortalecimento das instituições e dos defensores públicos no continente, foram abordados com detalhamento no caso *Ruano Torres vs. El Salvador*[611] e em diversas resoluções da Assembleia Geral da OEA.[612]

É interessante mencionar que o sistema interamericano busca inserir em seu próprio procedimento contencioso as garantias a cujo respeito obriga os Estados em seus ordenamentos jurídicos nacionais. Desde 2009, o Regulamento da Corte IDH prevê a figura do chamado "defensor interamericano" e dispõe que, "em casos de supostas vítimas sem representação legal devidamente acreditada, o Tribunal poderá designar um Defensor Interamericano de ofício que as represente durante a tramitação do caso".[613] Em razão de acordos realizados com a entidade, esses representantes são nomeados pela Associação Interamericana de Defensorias Públicas (AIDEP), composta por instituições de diversos países, incluindo o Brasil, que frequentemente concede defensores públicos para atuar nestas situações perante o sistema interamericano. A importante atuação da AIDEP ocorre não só perante a Corte IDH, mas também perante a Comissão, sempre que as supostas vítimas não contem com representação legal nem com recursos para obtê-la.[614]

(17) A disposição do art. 8.2.f da Convenção Americana, embora com certas diferenças textuais, possui âmbito de proteção equivalente ao dos arts. 14.3.e do Pacto Internacional de Direitos Civis e Políticos e 6.3.d da Convenção Europeia de Direitos Humanos. Inclusive, foi com atenção a parâmetros fixados pela Corte Europeia que a Corte IDH se manifestou sobre o dispositivo em comento, que protege a prerrogativa dos acusados de "examinar as testemunhas contrárias e favoráveis, sob as mesmas condições, com o objetivo de exercer sua defesa". Trata-se, em suma, de uma garantia de ordem probatória: o acusado tem o direito de arguir todas as testemunhas e quaisquer outros intervenientes (como peritos ou técnicos), assim como de trazê-los ao processo, como meio de prova, para o melhor esclarecimento dos fatos. Desse modo, busca-se instalar o maior equilíbrio possível entre as partes a respeito do direito de defesa e fazer vigorar o princípio do contraditório.[615] É decorrência direta da paridade de armas como expressão do equilíbrio processual.

---

[611] Corte IDH. *Caso Ruano Torres e Outros vs. El Salvador*. Sentença 05.10.2015. Série C, n°, parágrafo 155-159.

[612] Por exemplo: Resoluções AG RES 2656 (XLI-O/11), AG/RES. 2714 (XLII-O/12), AG/RES. 2801 (XLIII-O/13), AG/RES. 2821 (XLIV-O/14), AG/RES. 2887 (XLVI-O/16) e AG-RES. 2928 (XLVIII--O-18).

[613] Corte IDH. *Reglamento de la Corte Interamericana de Derechos Humanos*. Aprovado no LXXXV Período Ordinário de Sessões celebrado de 16 a 28.11.2009.

[614] Cf. *Acuerdo de entendimiento entre la Secretaría General de la Organización de los Estados Americanos, a través de la Secretaría Ejecutiva de la Comisión Interamericana de Derechos Humanos y la Asociación Interamericana de Defensorías Públicas*, 08.03.2013.

[615] Corte IDH. *Caso Palamara Iribarne vs. Chile*. Sentença 22.11.2005. Série C, n° 135, parágrafo 178.

Como a Corte IDH não se manifestou com detalhamento sobre o âmbito geral de proteção do dispositivo, um olhar para alguns dos casos em que considerou violado o artigo em questão pode jogar luz sobre seu conteúdo.

Os casos *Castillo Petruzzi e outros*[616] e *Lori Berenson Mejía*,[617] ambos contra o Peru, revelam a conexão que pode existir em certas situações entre os direitos protegidos pelos arts. 8.2.d (defesa técnica) e 8.2.f (apresentar e inquirir testemunhas). Isto porque, nos dois casos, os advogados dos acusados não puderam agir livremente como defensores de seus representados e, entre outras prerrogativas vulneradas, tiveram restringidas as possibilidades de interrogar os policiais que haviam participado das investigações e, por terem sido excluídos de parte dos procedimentos pré-processuais, não puderam contradizer certas provas e testemunhos. Nesse sentido, a Corte entendeu que houve violação tanto do art. 8.2.d quanto do art. 8.2.f por parte do Peru.

O caso *Norín Catriman e Outros* vs. *Chile*, por sua vez, tratou da possibilidade de que testemunhas tenham sua identidade posta em sigilo, inclusive para o acusado – o que a Corte IDH chamou de "testemunhas sem rosto". Para a Corte, essa reserva de identidade significa uma limitação evidente ao direito de defesa do acusado, mas alguns deveres do Estado, como o de proteger a vida e a integridade das testemunhas, podem justificar "medidas de segurança" desta natureza, que podem ir desde o sigilo de dados sobre a pessoa declarante até a proteção de sua integridade física.[618] O juízo de proporcionalidade deve ser feito à luz das circunstâncias do caso e direitos envolvidos.

Para que seja legítima essa limitação ao direito de defesa, a Corte IDH determinou que a reserva de identidade das testemunhas deve estar contrabalanceada por "medidas de contrapeso", quais sejam: a) o juiz deve conhecer a identidade da testemunha e assistir pessoalmente a suas declarações; e b) a defesa deve ter amplas oportunidades de interrogar diretamente a testemunha, quando possível, sobre questões que não estejam relacionadas a sua identidade ou a seu paradeiro. Além disso, uma eventual sentença condenatória "não pode estar fundamentada unicamente ou em grau decisivo sobre declarações realizadas por testemunhas de identidade reservada". Como se trata de prova obtida com uma limitação severa ao direito de defesa do acusado, as declarações de testemunhas nessas condições "devem ser tratadas com extrema precaução, ser valoradas em conjunto com o acervo probatório, as observações ou objeções da defesa e as regras da crítica sã".[619]

Assim, se o Estado descumprir qualquer dos critérios estabelecidos no caso *Norín Catrimán e Outros* quanto às testemunhas cuja identidade se mantém em sigilo, haverá uma violação do direito estabelecido pelo art. 8.2.f. em razão da limitação indevida ao direito de defesa do acusado.

---

[616] Corte IDH. *Caso Castillo Petruzzi e Outros* vs. *Peru*. Sentença 30.05.1999. Série C, nº 52, parágrafos 153-156.

[617] Corte IDH. *Caso Lori Berenson Mejía* vs. *Peru*. Sentença 25.11.2004. Série C, nº 119, parágrafos 184-186.

[618] Corte IDH. *Caso Norín Catrimán e Outros (Dirigentes, membros e ativista do Povo Indígena Mapuche)* vs. *Chile*. Sentença 29.05.2014. Série C, nº 279, parágrafos 241-243.

[619] Corte IDH. *Caso Norín Catrimán e Outros (Dirigentes, membros e ativista do Povo Indígena Mapuche)* vs. *Chile*. Sentença 29.05.2014. Série C, nº 279, parágrafos 246-247.

Também houve violação ao art. 8.2.f nos casos *Ricardo Canese* vs. *Paraguai* e *Dacosta Cadogan* vs. *Barbados*. Neste, em um processo que podia culminar com a imposição da pena de morte (e que, ao final, foi efetivamente aplicada), o juiz foi omisso em determinar a realização de uma perícia psiquiátrica determinante para fixar a responsabilidade penal do acusado e em informá-lo, bem como a seu defensor, dessa possibilidade.[620] Naquele, o juiz da causa não permitiu que fossem ouvidas as testemunhas propostas pelo acusado e determinou o fim da fase probatória.[621]

O direito do acusado de chamar e de interrogar testemunhas é garantido no Brasil pela normativa processual. O art. 41 do CPP prevê que a denúncia conterá desde o início o rol de testemunhas indicadas pelo Ministério Público, e o art. 396-A, que o réu poderá arrolar as testemunhas a seu favor na resposta à acusação. Também o juiz, se assim achar necessário, pode chamar e ouvir outras testemunhas (art. 209). Para velar pelo esclarecimento dos fatos e pelo cumprimento das devidas garantias, o art. 218 estabelece que as testemunhas que não comparecerem à audiência, se devidamente intimadas, podem ser conduzidas coercitivamente para depor. Na audiência de instrução, conforme o art. 401, ouvem-se, nessa ordem, as testemunhas de acusação e as de defesa. A inquirição é realizada primeiro pela parte que as indicou, depois pela parte contrária e, eventualmente, pelo juiz. A reforma do CPP de 2008, ademais, tornou regra que as perguntas sejam feitas diretamente pelas partes às testemunhas, existindo somente supervisão do juiz (antes, as perguntas eram formuladas a ele, que as retransmitia às testemunhas), vide art. 473 do CPP.

(18) A garantia presente no art. 8.2.g, protegida também pelo art. 14.3.g do Pacto Internacional de Direitos Civis e Políticos, está intimamente relacionada com aquela do art. 8.3. Afinal, a invalidade da confissão obtida por meio de coação é corolário do direito de não ser obrigado (ou coagido) a depor contra si mesmo ou a declarar-se culpado. Ambas as garantias, além de proteger a liberdade individual em um âmbito muito particular, decorrem do já mencionado fato de que cabe ao Estado a comprovação de culpabilidade do acusado por meio de um procedimento diligente em que se presuma a inocência do sujeito e respeitem-se garantias de limitação do poder punitivo estatal.[622] São garantias derivadas da máxima *nemo tenetur se detegere*: ninguém é obrigado a produzir prova contra si mesmo.

Em razão dessa conexão, de fundamentos e de objetivos, os arts. 8.2.g e 8.3 serão comentados em conjunto. Mesmo assim, cabe ressaltar que os dispositivos possuem amplitudes diferentes, pois mantém uma relação de gênero e espécie respectivamente. O art. 8.2.g, mais amplo, é violado sempre que um acusado for coagido a manifestar--se contrariamente a si mesmo, quer esta manifestação venha ou não a efetivamente acontecer e quer consista ou não em uma declaração de culpa. O art. 8.3, por outro lado, para ser violado, exige não apenas a existência de uma confissão maculada por vício de vontade, mas também seu indevido uso como um meio válido de prova no caso concreto. Portanto, caso um acusado seja coagido a confessar e esta prova seja

---

[620]   Corte IDH. *Caso Dacosta Cadogan* vs. *Barbados*. Sentença 24.09.2009. Série C, nº 204, parágrafos 88-89.

[621]   Corte IDH. *Caso Ricardo Canese* vs. *Paraguai*. Sentença 31.08.2004. Série C, nº 111, parágrafos 164-166.

[622]   MEDINA QUIROGA, Cecilia. *Convención Americana*, cit., p. 337.

desconsiderada pelos julgadores, por ser inválida, apenas o art. 8.2.g será violado, pois terá havido coação indevida, mas ter-se-á cumprido com a ordem do art. 8.3, que impõe sua invalidade.[623]

A confissão, definida pela Corte IDH o como "o reconhecimento que faz o imputado acerca dos fatos que se lhe atribuem, o que não necessariamente significa que esse reconhecimento alcança todas as questões que podem se vincular com aqueles fatos ou seus efeitos" e também como um ato que pode conter "uma disposição dos bens ou dos direitos sobre os quais existe controvérsia"[624], é figura legítima e que está na esfera de liberdades do indivíduo. Todavia, como qualquer outra manifestação contrária a si em um contexto processual, só será válida se decorrer de manifestação livre e desimpedida da vontade, sendo necessariamente espontânea.

O caso *Castillo Petruzzi e Outros* vs. *Peru*, apesar de não ter culminado na declaração de violação aos arts. 8.2.g e 8.3, revela ao menos parcela dos requisitos exigidos pela Corte IDH para vê-la configurada. Não se consideraram afetados os direitos dos acusados, neste aspecto, porque, mesmo que tenham sido "exortados" a dizer a verdade, não há prova de que esta exortação tenha constituído uma "ameaça de pena ou outra consequência jurídica adversa" caso faltassem com a verdade nem de que se tenha requerido que os acusados "prestassem juramento ou realizassem uma promessa de dizer a verdade".[625] Pode-se, portanto, inferir *a contrario sensu*, o conteúdo de sua violação.

A afetação aos artigos em comento é ainda mais evidente nas situações em que a coação se desdobra em ataques à integridade dos acusados, como a submissão a tortura ou a outros tratamentos ou penas cruéis, desumanos ou degradantes com o objetivo de obter confissão ou declaração semelhante. Esta foi justamente a situação do caso *Cantoral Benavides* vs. *Peru*, em que a Corte IDH declarou a violação simultânea dos arts. 8.2.g e 8.3 em razão da tortura praticada com este fim e posteriormente utilizada como prova em juízo.[626] No caso *Pollo Rivera e Outros vs. Peru*, apenas o art. 8.2.g foi violado, pois, embora a vítima tenha sido torturada para que se manifestasse contra si mesma, não chegou a fazê-lo.[627]

O caso *Cabrera García e Montiel Flores* vs. *México*, em relação ao art. 8.3, tratou com detalhes da obrigação de considerar inválidas as provas obtidas por meio de tortura ou de outros tratamentos ou penas cruéis, desumanos ou degradantes, assim como de outras formas de coação. Com esteio em outros tratados e órgãos de proteção dos direitos humanos, especialmente a Corte Europeia de Direitos Humanos, a Corte IDH declarou que esta "regra de exclusão" é parte essencial da proibição aos

---

[623]   Antkowiak, Thomas M.; Gonza, Alejandra. *The American Convention on Human Rights*, cit., p. 199.

[624]   Corte IDH. Condición Jurídica y Derechos Humanos del Niño. *Opinião Consultiva nº 17/02*, 28.08.2002. Série A, nº 17, parágrafo 128.

[625]   Corte IDH. *Caso Castillo Petruzzi e Outros* vs. *Peru*. Sentença 30.05.1999. Série C, nº 52, parágrafos 167-168.

[626]   Corte IDH. *Caso Cantoral Benavides* vs. *Peru*. Sentença 18.08.2000. Série C, nº 69, parágrafos 132-133.

[627]   Corte IDH. *Caso Pollo Rivera e Outros* vs. *Peru*. Sentença 21.10.2016. Série C, nº 319, parágrafo 167.

atos mencionados, revestindo-se de caráter "absoluto e inderrogável". Consequentemente, "ao comprovar-se qualquer tipo de coação capaz de quebrantar a expressão espontânea da vontade da pessoa, isto implica necessariamente a obrigação de excluir a evidência respectiva do processo judicial". Ademais, dispôs que devem ser excluídas não apenas a prova obtida diretamente por meio de coação, mas também todas as evidências dela derivadas.[628]

No caso *Maritza Urrutia* vs. *Guatemala*, a Corte IDH explicitou a aplicabilidade das garantias dos arts. 8.2.g e 8.3 a procedimentos prévios ou concomitantes aos processos judiciais. Depois de levada a um centro de detenção clandestino do exército guatemalteco, a vítima foi forçada pelos militares a gravar um vídeo, no qual se identificava como membro de um grupo armado, que foi posteriormente transmitido em dois jornais televisivos. Também foi obrigada a participar de uma coletiva de imprensa na qual confirmou o conteúdo da gravação. Como foi coagida a declarar-se culpada "no marco de atuações capazes de acarretar eventuais consequências processuais desfavoráveis a ela", a Corte entendeu violados arts. 8.2.g e 8.3.[629]

A Constituição brasileira promove garantia semelhante àquelas dispostas na Convenção Americana ao dispor, no art. 5º, LXIII, que "o preso será informado de seus direitos, entre os quais o de permanecer calado", interpretado extensivamente como garantia mais ampla e aplicável a todos aqueles que estejam sujeitos à persecução penal, não apenas aos detidos. Em consonância com esse dispositivo, o art. 186, parágrafo único, do CPP, prevê que o silêncio do réu em seu interrogatório não importará em confissão nem poderá ser interpretado em prejuízo da defesa – o que se aplica também aos inquéritos policiais, por força do art. 6º, V, CPP. E a Lei nº 9.455/97 define o crime de tortura como o ato de "constranger alguém com emprego de violência ou grave ameaça, causando-lhe sofrimento físico ou mental" com o fim, entre outros objetivos, "de obter informação, declaração ou confissão da vítima ou de terceira pessoa".

Em atenção ao princípio *pro personae*, no âmbito interno, há outras facetas que daqui decorrem como limitações à autoincriminação em face da autonomia individual dos acusados. A exemplo, cite-se, apenas a título ilustrativo, os *habeas corpus* nº 77.135-8/SP, STF, que garante ao réu o direito de se recusar a fornecer padrões gráficos do próprio punho para exame grafotécnico, e nº 83.096/RJ, STF, segundo o qual não se pode obrigar o acusado a fornecer padrões vocais para subsidiar prova pericial.

(19) Ao garantir ao acusado o direito de "recorrer da sentença a juiz ou tribunal superior", principalmente na seara penal, em razão dos direitos potencialmente afetados, o art. 8.2.h da Convenção Americana consagra o que se chama no direito brasileiro de "duplo grau de jurisdição".[630] Com isso, veicula conteúdo semelhante

---

[628]   Corte IDH. *Caso Cabrera García e Montiel Flores* vs. *México*. Sentença 26.11.2010. Série C, nº 220, parágrafos 165-177.

[629]   Corte IDH. *Caso Maritza Urrutia* vs. *Guatemala*. Sentença 27.11.2003. Série C, nº 103, parágrafos 58.8-58.9 e 120-121.

[630]   Por todos, *v*. MAZZUOLI, Valerio de Oliveira. A garantia do duplo grau de jurisdição em matéria criminal na Convenção Americana sobre Direitos Humanos e na jurisprudência recente do STF: uma análise a partir dos casos "Barreto Leiva *vs*. Venezuela" (CIDH) e "Mensalão" (STF). In: CLÈVE, Clèmerson Merlin; FREIRE, Alexandre (Org.). *Direitos fundamentais e jurisdição constitucional*.

àquele presente no art. 14.5 do Pacto Internacional de Direitos Civis e Políticos e no art. 2º do Protocolo 7 à Convenção Europeia de Direitos Humanos.

A norma da Convenção Americana, conforme interpretada pela Corte IDH, protege uma garantia primordial no marco de devido processo legal, pois permite que uma sentença adversa, antes de se revestir dos efeitos da coisa julgada, "possa ser revisada por um tribunal distinto e de hierarquia orgânica superior".[631] Consequentemente, busca garantir o direito de defesa em sua plenitude, já que confere ao acusado o direito de interpor um recurso para evitar a consolidação de uma decisão "que tenha sido adotada em um procedimento viciado e que contenha erros ou más interpretações que ocasionariam um prejuízo indevido.[632] Além disso, o duplo grau de jurisdição também tem efeitos mais amplos, pois, ao estabelecer uma "dupla conformidade judicial", "confirma o fundamento e outorga maior credibilidade ao ato jurisdicional do Estado".[633]

Ao longo do exercício de sua competência contenciosa, a Corte IDH paulatinamente sedimentou os critérios que devem guiar os Estados na previsão e na implementação dos recursos judiciais para que se cumpra o direito ao duplo grau de jurisdição em matéria penal. Consolidando seus precedentes, a Corte resumiu, no caso *Norín Catrimán e Outros vs. Chile*, que os recursos devem: ser (a) ordinários, (b) acessíveis e (c) eficazes, (d) permitir um exame ou uma revisão integral da decisão recorrida, (e) estar ao alcance de toda pessoa condenada e (f) respeitar as garantias processuais mínimas.[634]

Neste sentido, para que seja ordinário e eficaz, o recurso deve permitir a impugnação antes que os julgamentos sejam consolidados pela coisa julgada e autorizar que o juiz ou tribunal superior corrija as decisões jurisdicionais inferiores quando forem contrárias ao direito.[635] Além disso, independentemente do sistema recursal do país e da denominação dada ao recurso pelo direito interno, deve garantir um exame integral da decisão recorrida.[636] Isso significa que a instância revisora deve poder realizar um controle amplo de todos os aspectos da decisão impugnada, ou seja, de todas as "questões fáticas, probatórias e jurídicas" presentes na decisão recorrida, pois, para a Corte IDH, "existe uma interdependência entre as determinações fáticas e a aplicação

---

São Paulo: RT, 2014. p. 833-847; MAZZUOLI, Valerio de Oliveira. *Estudos avançados de direito internacional*. Belo Horizonte: Arraes, 2017. p. 137-149.

[631] Corte IDH. *Caso Herrera Ulloa* vs. *Costa Rica*. Sentença 02.07.2004. Série C, nº 107, parágrafo 158.

[632] Corte IDH. *Caso Liakat Ali Alibux* vs. *Suriname*. Sentença 30.01.2014. Série C, nº 276, parágrafo 85.

[633] Corte IDH. *Caso Barreto Leiva* vs. *Venezuela*. Sentença 17.11.2009. Série C, nº 206, parágrafo 89.

[634] Corte IDH. *Caso Norín Catrimán e Outros (Dirigentes, membros e ativista do Povo Indígena Mapuche) vs. Chile*. Sentença 29.05.2014. Série C, nº 279, parágrafo 270.

[635] Corte IDH. *Caso Herrera Ulloa* vs. *Costa Rica*. Sentença 02.07.2004. Série C, nº 107, parágrafo 161.

[636] Corte IDH. *Caso Herrera Ulloa* vs. *Costa Rica*. Sentença 02.07.2004. Série C, nº 107, parágrafo 165.

do direito, de forma que uma determinação errônea dos fatos implica uma aplicação errada ou indevida do direito".[637]

O caso *Mohamed* vs. *Argentina* é eloquente a este respeito, inclusive porque demonstra semelhanças importantes com o regime recursal brasileiro. Neste caso, o senhor Mohamed foi absolvido pelo juízo de primeiro grau, mas, após recurso de apelação por parte do Ministério Público, foi condenado pelo tribunal de segunda instância. Assim como no Brasil, o sistema argentino não permitia a impugnação desta decisão por meio de recurso ordinário, de modo que o único recurso disponível ao senhor Mohamed, de natureza extraordinária e com pressupostos limitadores da cognição judicial, foi negado por buscar revolver matéria fática e probatória.[638]

Com base no art. 14.5 do Pacto Internacional de Direitos Civis e Políticos, que garante o duplo grau a "toda pessoa *declarada culpada* por um delito" (ênfase da própria Corte IDH), a Corte IDH entendeu que o direito a recorrer "não poderia ser efetivo se não fosse garantido a respeito de todo aquele que é condenado" e que seria contrário ao propósito deste direito se não estivesse disponível "a quem é condenado mediante uma decisão que revoga uma sentença absolutória". Por isso, ao não permitir que o senhor Mohamed impugnasse sua condenação por meio de um recurso ordinário e eficaz que acarretasse um exame integral da decisão, a Argentina violou o art. 8.2.h da Convenção Americana.[639]

Quanto ao requisito de que os recursos sejam acessíveis, a Corte IDH dispôs que os Estados não podem estabelecer "restrições ou requisitos que infrinjam a própria essência do direito de recorrer das decisões". Embora exista certa "deferência aos Estados" para que regulem o exercício das pretensões recursais,[640] visto que podem ser estabelecidos requisitos de admissibilidade (como cabimento, tempestividade, competência e recolhimento de custas), o art. 8.2.h da Convenção Americana exige que a possibilidade de recorrer das decisões seja acessível e não requeira complexidades que tornem ilusório o direito em questão.[641]

A exigência de que os recursos respeitem as garantias mínimas, por sua vez, decorre da constatação de que "o processo penal é um só através de suas diversas etapas, tanto a correspondente à primeira instância quanto as relativas a instâncias posteriores". Portanto, para haver respeito ao direito de recorrer, o órgão superior de revisão deve "reunir todas as características jurisdicionais que o legitimam para conhecer do caso concreto", isto é, deve haver o cumprimento de todas as garantias impostas pelo art. 8º da Convenção Americana.

Por isso, no caso *Castillo Petruzzi e Outros* vs. *Peru*, a Corte IDH considerou que a possibilidade de recorrer única e exclusivamente a um tribunal militar não cumpre com os requisitos convencionais quando, por julgar civis ou autores de violações de direitos humanos, a jurisdição militar esteja viciada pelo desrespeito às garantias de

---

[637]   Corte IDH. *Caso Mohamed* vs. *Argentina*. Sentença 23.11.2012. Série C, nº 255, parágrafo 100.

[638]   Corte IDH. *Caso Mohamed* vs. *Argentina*. Sentença 23.11.2012. Série C, nº 255, parágrafos 90-112.

[639]   Corte IDH. *Caso Mohamed* vs. *Argentina*. Sentença 23.11.2012. Série C, nº 255, parágrafos 90-112.

[640]   Corte IDH. *Caso Liakat Ali Alibux* vs. *Suriname*. Sentença 30.01.2014. Série C, nº 276, parágrafo 94.

[641]   Corte IDH. *Caso Herrera Ulloa* vs. *Costa Rica*. Sentença 02.07.2004. Série C, nº 107, parágrafo 164.

competência, independência e imparcialidade. Nesta situação, há violação ao art. 8.2.h por não se garantir ao acusado o direito a um recurso justo contra decisões desfavoráveis mesmo que exista, formalmente, uma instância revisora.[642]

Nos casos *Barreto Leiva* vs. *Venezuela* e *Liakat Ali Alibux* vs. *Suriname*, a Corte IDH tratou do direito de recorrer em situações nas quais os acusados foram julgados, em primeira instância, pela corte suprema de seus países em razão de previsões sobre foro especial. Mesmo que essas previsões sejam compatíveis, a princípio, com a Convenção Americana, os Estados devem garantir que os acusados contem com a possibilidade de recorrer de uma decisão desfavorável nesta situação.[643] Assim, por meio de diálogos com o Comitê de Direitos Humanos da ONU, com a Convenção e a Corte Europeias de Direitos Humanos e com a prática dos Estados latino-americanos, a Corte IDH definiu que, na falta de um tribunal com grau hierárquico superior, deve-se entender como respeitado o direito de recorrer quando quem resolve a impugnação é o pleno, uma sala ou uma câmara "dentro do mesmo colegiado superior, mas de distinta composição ao que conheceu da casa originalmente".[644] Como em nenhum dos dois casos citados houve essa possibilidade, a Corte entendeu violado o art. 8.2.h.

Estes parâmetros são relevantes para o direito brasileiro em razão da controvérsia existente acerca do julgamento da *Ação Penal 470* (conhecida como o caso "Mensalão") pelo STF em 2012. Ao apreciar uma questão de ordem que poderia fazer baixar às instâncias ordinárias os procedimentos relativos aos réus que não gozavam de foro por prerrogativa de função, o Tribunal decidiu por não desmembrar o processo e manteve o julgamento de todos os 38 réus, dos quais 25 resultaram condenados, réus perante si, em única e última instância. Mesmo instado, entendeu o STF não haver contrariedade à Convenção Americana nem ao Pacto Internacional de Direitos Civis e Políticos. Por este fato, o Estado brasileiro está sujeito a uma possível declaração de responsabilidade internacional no marco do sistema interamericano de direitos humanos, já que o caso foi levado ao conhecimento da Comissão IDH e está atualmente sob análise.[645]

Quanto à consagração normativa do duplo grau de jurisdição no ordenamento jurídico brasileiro, ainda que não haja disposição expressa na Constituição que o preveja, há pleno reconhecimento de sua aplicabilidade, decorrente das garantias do devido processo legal e também do art. 5º, LV, já que assegura aos litigantes e aos acusados o contraditório e ampla defesa, "com os meios e recursos a ela inerentes". No âmbito processual penal, a exigência de um recurso ordinário, acessível, efetivo, que permite cognição plena do processo, está disponível a toda pessoa condenada e respeita as devidas garantias, é satisfeita pelo art. 593 do CPP, que prevê o recurso de apelação. Em 2008, na esteira de entendimentos jurisprudenciais anteriores (como o *HC* 88.420-PR, perante o STF, e a Súmula 347 do STJ), revogou-se o art. 594 do CPP,

---

[642] Corte IDH. *Caso Castillo Petruzzi e Outros* vs. *Peru*. Sentença 30.05.1999. Série C, nº 52, parágrafos 161-162.

[643] Corte IDH. *Caso Barreto Leiva* vs. *Venezuela*. Sentença 17.11.2009. Série C, nº 206, parágrafo 90.

[644] Corte IDH. *Caso Liakat Ali Alibux* vs. *Suriname*. Sentença 30.01.2014. Série C, nº 276, parágrafo 105.

[645] Para detalhes, *v*. MAZZUOLI, Valerio de Oliveira. Possibilidade de condenação do Brasil perante a Corte Interamericana de Direitos Humanos por desrespeito à regra do duplo grau de jurisdição. *Revista dos Tribunais*, São Paulo, v. 933, p. 455-468, 2013.

que previa a obrigatoriedade de recolhimento à prisão ou de pagamento de fiança para que o acusado pudesse recorrer da sentença condenatória. Desse modo, consagrou-se o direito de apelar em liberdade (exceto em casos nos quais se impõe ao réu uma medida de prisão cautelar, devidamente fundamentada na sentença) e conferiu-se plena aplicabilidade ao art. 597 do mesmo diploma, que confere efeito suspensivo à apelação.

(20) O art. 8.3 da Convenção Americana declara que a confissão obtida mediante coação deverá ser considerada inválida e, assim, veicula proteção intimamente relacionada com aquela prevista no art. 8.2.g, que garante ao acusado ou investigado o direito de não depor contra si mesmo e de não se declarar culpado. Deste modo, ambos os artigos foram já comentados em conjunto, motivo pelo qual se remete o leitor ao comentário (18).

(21) Em seu art. 8.4, a Convenção Americana proíbe que pessoas absolvidas por uma decisão definitiva – isto é, que goze dos efeitos da coisa julgada – sejam julgadas novamente pelos mesmos fatos.[646] Ao fazê-lo, consagra em nível interamericano a máxima *ne bis in idem*,[647] proibição da submissão repetida à jurisdição penal, que se constitui como regra de segurança jurídica em favor daqueles que foram absolvidos e é, assim, mais uma das garantias que buscam proteger os indivíduos da ação arbitrária do poder punitivo estatal.

O mesmo direito é protegido pelo Pacto Internacional de Direitos Civis e Políticos (art. 14.7) e pelo Protocolo nº 7 à Convenção Europeia de Direitos Humanos (art. 4º), que, respectivamente, protegem a submissão do indivíduo a novo julgamento pelo mesmo "delito" e pela mesma "infração" de que foi absolvido, e não pelos "mesmos fatos", como a Convenção Americana. Para a Corte IDH, isso significa que a norma interamericana adota um termo mais amplo do que suas congêneres e, consequentemente, é mais protetiva em relação às vítimas de eventuais violações ao artigo.[648]

A Corte IDH expressou com clareza os requisitos para que se declare violado o art. 8.4: "(i) o imputado deve ter sido absolvido; (ii) a absolvição deve ser resultado de uma decisão definitiva, e (iii) o novo juízo deve estar fundado nos mesmos fatos que motivaram o trâmite do primeiro juízo".[649] Por atender a estes três critérios, considerou-se violada a garantia no caso *Loayza Tamayo* vs. *Peru*, no qual a vítima foi absolvida do crime de traição à pátria na jurisdição militar e posteriormente condenada na jurisdição comum pelo delito de terrorismo. Embora houvesse a previsão legal de dois crimes distintos, a Corte IDH considerou que os tipos penais se referiam a condutas pouco delimitadas que poderiam ser abrangidas simultaneamente pelas duas proibições, de modo que restou configurado um julgamento "pelos mesmos fatos".[650]

Em sentido diverso a este precedente, foi o decidido pela Corte IDH no caso *Cantoral Benavides* vs. *Peru*. Neste, apesar de fatos muito semelhantes aos que deram base ao caso *Loayza Tamayo*, chegou-se à conclusão de não ser possível declarar a violação ao art. 8.4 porque a decisão de absolvição do senhor Cantoral Benavides,

---

[646]   Corte IDH. *Caso Mohamed* vs. *Argentina*. Sentença 23.11.2012. Série C, nº 255, parágrafo 125.

[647]   Corte IDH. *Caso Loayza Tamayo* vs. *Peru*. Sentença 17.09.1997. Série C, nº 33, parágrafo 66.

[648]   Corte IDH. *Caso Loayza Tamayo* vs. *Peru*. Sentença 17.09.1997. Série C, nº 33, parágrafo 66.

[649]   Corte IDH. *Caso J.* vs. *Peru*. Sentença 27.11.2013. Série C, nº 275, parágrafo 262.

[650]   Corte IDH. *Caso Loayza Tamayo* vs. *Peru*. Sentença 17.09.1997. Série C, nº 33, parágrafos 66-67.

emitida por um juízo militar, não seria suficiente para ativa a proibição do artigo, já que os procedimentos perante a jurisdição castrense "não configuram o tipo de processo que corresponderia aos pressupostos do art. 8.4 da Convenção".[651] Este mesmo fundamento foi utilizado pela Corte IDH no caso *Lori Berenson Mejía* vs. *Peru*. [652]

No entanto, o mais importante desenvolvimento jurisprudencial em relação ao tema se deu em relação não ao conteúdo do art. 8.4, e sim às exceções ao *ne bis in idem* – que, nas palavras da Corte IDH "não é um direito absoluto".[653] No caso do *Massacre de la Rochela* vs. *Colômbia*, a Corte definiu, sinteticamente, que "o princípio da coisa julgada implica a intangibilidade de uma sentença somente quando se chega a ela respeitando-se o devido processo" e que se surgirem "novos fatos ou provas que possam permitir a determinação dos responsáveis por [...] graves violações de direitos humanos[,] podem ser reabertas as investigações, inclusive se existe uma sentença absolutória com qualidade de coisa julgada".[654]

Trata-se da sublimação do que vinha sendo decidido desde o caso *Almonacid Arellano e Outros* vs. *Chile*, no qual a Corte IDH estabeleceu a inaplicabilidade do *ne bis in idem* quando: i) a atuação do tribunal que conheceu que conheceu do caso e decidiu suspender o processo ou absolver o responsável por uma violação aos direitos humanos ou ao direito internacional obedeceu ao propósito de subtrair o acusado de sua responsabilidade penal; ii) o procedimento não foi instruído independente ou imparcialmente de conformidade com as devidas garantias processuais, ou iii) não houve a intenção real de submeter o responsável à ação da justiça.[655]

As decisões que se produzam de qualquer uma destas formas, quando se tornarem supostamente definitivas segundo o direito interno, constituirão, em realidade, o que a Corte IDH qualifica de uma "coisa julgada aparente" ou "fraudulenta". Ou seja, mesmo que uma decisão desta espécie tenha absolvido indivíduos, "as exigências da justiça, os direitos das vítimas e a letra e o espírito da Convenção Americana desloca[m] a proteção do *ne bis in idem*", possibilitando que as investigações sejam reabertas e que os indivíduos sejam processados criminalmente pelo cometimento de violações de direitos humanos e de crimes contra a humanidade.[656]

De fato, no caso *La Cantuta vs. Peru*, a Corte determinou que, em razão da falta de competência e imparcialidade dos julgadores, a decisão terminativa emitida pela justiça militar peruana, que livrou de responsabilidade militares suspeitos de terem cometido desaparecimentos forçados e execuções extrajudiciais, não era capaz de

---

[651]   Corte IDH. *Caso Cantoral Benavides* vs. *Peru*. Sentença 18.08.2000. Série C, nº 69, parágrafos 137-138.

[652]   Corte IDH. *Caso Lori Berenson Mejía* vs. *Peru*. Sentença 25.11.2004. Série C, nº 119, parágrafo 206.

[653]   Corte IDH. *Caso Almonacid Arellano e Outros* vs. *Chile*. Sentença 26.10.2006. Série C, nº 154, parágrafo 154.

[654]   Corte IDH. *Caso do Massacre de la Rochela* vs. *Colômbia*. Sentença 11.05.2007. Série C, nº 163, parágrafo 197.

[655]   Corte IDH. *Caso Almonacid Arellano e Outros* vs. *Chile*. Sentença 26.10.2006. Série C, nº 154, parágrafo 154.

[656]   Corte IDH. *Caso Almonacid Arellano e Outros* vs. *Chile*. Sentença 26.10.2006. Série C, nº 154, parágrafo 154.

constituir coisa julgada e, portanto, não gerava óbice a que os militares fossem posteriormente investigados e processados pela justiça comum.[657] Do mesmo modo, os precedentes sobre a matéria foram seguidos no caso *Herzog e Outros* vs. *Brasil*, no qual a Corte IDH, aplicando a exceção ao *ne bis in idem* em razão do cometimento de crimes contra a humanidade, afastou a argumentação do Estado brasileiro que apresentava a coisa julgada como impedimento para a reabertura das investigações sobre a tortura e o assassinato do jornalista Vladimir Herzog.[658]

No direito brasileiro, a proteção do *ne bis in idem* não figura expressamente no texto constitucional, mas está presente na normativa processual penal, que permite a oposição da exceção de coisa julgada como forma de impedir o exercício da jurisdição quando a acusação veicular causa anteriormente resolvida por decisão transitada em julgado, matéria que pode inclusive ser reconhecida de ofício pelo juiz, a qualquer tempo (arts. 109 e 110, CPP). Assim, diferentemente do que dispõem as convenções internacionais citadas, a proibição ao *ne bis in idem*, no Brasil, se aplica em relação a quaisquer processos anteriormente julgados cuja decisão final goze dos efeitos da coisa julgada, independentemente de veicularem uma condenação ou uma absolvição.

Isto se dá, é claro, com a ressalva da revisão criminal, que permite a alteração de decisões condenatórias transitadas em julgado, sempre a favor do réu (arts. 621 a 631 do CPP). Este fato mitiga a importância da distinção do alcance do *ne bis in idem* no sistema interamericano e no direito brasileiro, pois a Convenção Americana também busca impedir que um vício substancial da decisão constitua um prejuízo imutável ao indivíduo erroneamente responsabilizado em uma condenação criminal. Afinal, a Corte IDH já entendeu que a revisão criminal constitui um recurso efetivo à luz do art. 25 da Convenção e excepciona a coisa julgada.[659]

Além disso, o art. 10 da Convenção Americana dispõe que "toda pessoa tem direito de ser indenizada conforme a lei, no caso de haver sido condenada em sentença passada em julgado, por erro judiciário", vide comentário específico. Em razão da concepção ampla de reparação formulada pela Corte IDH (*restitutio in integrum*), a indenização não está restrita a aspectos pecuniários e deve envolver também a relativização da coisa julgada no âmbito penal. Porém, não há decisões de mérito da Corte sobre o art. 10º que possam substanciar este posicionamento. Por isso, para um aprofundamento sobre o assunto, remete-se o leitor aos comentários relativos aos arts. 10 (erro judicial) e 64 (reparações) da Convenção Americana.

(22) A garantia da publicidade do processo penal está prevista no art. 8.5 da Convenção Americana, assim como nos arts. 10 e 12 da Declaração Universal dos Direitos Humanos, no art. 14.1 do Pacto Internacional de Direitos Civis e Políticos e no art. 6º da Convenção Europeia de Direitos Humanos. Embora estes documentos prevejam limitações à garantia em casos excepcionais, a publicidade é uma das prin-

---

[657]   Corte IDH. *Caso La Cantuta* vs. *Peru*. Sentença 29.11.2006. Série C, nº 162, parágrafo 154.

[658]   Corte IDH. *Caso Herzog e Outros* vs. *Brasil*. Sentença 15.03.2018. Série C, nº 353, parágrafos 270-276.

[659]   Corte IDH. *Caso Humberto Maldonado Vargas e Outros* vs. *Chile*. Sentença 02.09.2015. Série C, nº 300, parágrafos 120-126.

cipais características que o processo penal deve respeitar durante seu trâmite e é um "elemento essencial das garantias judiciais".[660]

Os fins perseguidos por esta disposição são múltiplos, pois promovem tanto a proteção do direito de defesa do acusado quanto a realização de objetivos mais amplos que beneficiam à sociedade como um todo e auxiliam o bom funcionamento do sistema judicial: "A publicidade do processo tem a função de proscrever a administração de justiça secreta, submetê-la ao escrutínio das partes e do público e se relaciona com a necessidade da transparência e [da] imparcialidade das decisões tomadas. Ademais, é um meio pelo qual se fomenta a confiança nos tribunais da justiça. A publicidade faz referência específica ao acesso à informação do processo que tenham as partes e inclusive os terceiros".[661]

A garantia da publicidade possui ao menos dois desdobramentos concretos. Por um lado, determina a realização de uma fase oral na qual o acusado tenha contato imediato com o juiz, conhecendo sua identidade, e com as provas, podendo se manifestar sobre elas; por outro, impõe que o acesso aos procedimentos seja facilitado ao público.[662] Por isso, a Corte IDH entendeu violado o art. 8.5 da Convenção Americana nos casos *Castillo Petruzi e Outros* vs. *Peru*[663] e *Lori Berenson Mejía* vs. *Peru*,[664] nos quais as audiências perante a jurisdição militar, presididas por "juízes sem rosto", se deram de modo privado e isolado e nos quais alguns dos acusados inclusive participaram vendados de atos processuais. No caso *Cantoral Benavides* vs. *Peru*, a Corte IDH considerou violadores da publicidade mesmo atos praticados pela justiça comum, já que audiências foram realizadas no interior de estabelecimento carcerários, onde não havia possibilidade de acesso público, sem que o Estado tenha provado a necessidade desta medida no caso concreto.[665]

No entanto, conforme anteriormente indicado, a publicidade do processo penal não é absoluta e comporta exceções quando "for necessário para preservar os interesses da justiça, nos termos do art. 8.5 da Convenção Americana. Todavia, a Corte IDH definiu no caso *J. vs. Peru* que as limitações a esta garantia devem cumprir com os critérios de necessidade e proporcionalidade para que sejam legítimas.[666]

O Pacto Internacional de Direitos Civis e Políticos e a Convenção Europeia de Direitos Humanos, nos artigos pertinentes, são mais explícitos, pois permitem a limitação do acesso da imprensa e do público ao julgamento por motivos específicos (moralidade, ordem pública ou segurança nacional) e excepcionam da publicidade as questões referentes aos interesses das crianças e à intimidade familiar.

---

[660]   Corte IDH. *Caso Palamara Iribarne* vs. *Chile*. Sentença 22.11.2005. Série C, nº 135, parágrafo 166.

[661]   Corte IDH. *Caso Palamara Iribarne* vs. *Chile*. Sentença 22.11.2005. Série C, nº 135, parágrafo 168.

[662]   Corte IDH. *Caso Palamara Iribarne* vs. *Chile*. Sentença 22.11.2005. Série C, nº 135, parágrafo 167.

[663]   Corte IDH. *Caso Castillo Petruzzi e Outros* vs. *Peru*. Sentença 30.05.1999. Série C, nº 52, parágrafos 172-173.

[664]   Corte IDH. *Caso Lori Berenson Mejía* vs. *Peru*. Sentença 25.11.2004. Série C, nº 119, parágrafos 198-199.

[665]   Corte IDH. *Caso Cantoral Benavides* vs. *Peru*. Sentença 18.08.2000. Série C, nº 69, parágrafos 146-149.

[666]   Corte IDH. *Caso J.* vs. *Peru*. Sentença Série C, nº 275, parágrafo 248.

A Corte IDH se manifestou sobre a publicidade de processos judiciais que envolvem crianças por ocasião de sua *Opinião Consultiva n° 17/02*. Segundo a Corte, visto que os procedimentos relativos a menores de idade podem apresentar consequências duradouras que afetam suas vidas futuras, "procede fixar certas limitações ao amplo princípio da publicidade que vige em outros casos, não no que toca ao acesso das partes às provas ou decisões, e sim no que se refere à observação pública dos atos processuais". Isto se dá em atendimento ao "interesse superior da criança".[667]

A Constituição brasileira consagrou a publicidade do processo penal em dois dispositivos: no art. 5°, LX, estabeleceu que "a lei só poderá restringir a publicidade dos atos processuais quando a defesa da intimidade ou o interesse social o exigirem" e, no art. 93, IX, que "todos os julgamentos dos órgãos do Poder Judiciário serão públicos, e fundamentadas todas as decisões, sob pena de nulidade, podendo a lei limitar a presença, em determinados atos, às próprias partes e a seus advogados, ou somente a estes, em casos nos quais a preservação do direito à intimidade do interessado no sigilo não prejudique o interesse público à informação".

No plano infraconstitucional, o CPP, em seu art. 792, parágrafo 1°, garante que o acesso público será restringido somente se, "da publicidade da audiência, da sessão ou do ato processual, puder resultar escândalo, inconveniente grave ou perigo de perturbação da ordem", quando o juiz poderá autorizar um número limitado de presentes. Ademais, o art. 189 do CPC aplica o chamado "segredo de justiça" a causas específicas, como aquelas que "versem sobre casamento, separação de corpos, divórcio, separação, união estável, filiação, alimentos e guarda de crianças e adolescentes" ou em que "constem dados protegidos pelo direito constitucional à intimidade". Mas, em comparação com procedimentos de outras naturezas, na esfera penal o princípio da publicidade deve ser aplicado de modo mais rigoroso para que se imponha o sigilo.

Por fim, cabe ressaltar que, por força do art. 20 do CPP e para que cumpram adequadamente seu fim, de fornecer bases para a persecução penal, os inquéritos policiais no Brasil são, como regra, sigilosos. Mas isto se aplica apenas em uma faceta "externa", impondo que os autos do inquérito não sejam acessíveis ao público. Internamente – isto é, em relação aos investigados –, aplica-se a ampla possibilidade de acesso aos autos como garantia decorrente do direito de defesa, a exemplo do que dispõe o art. 7°, XIV da Lei 8.906/94 (Estatuto da Advocacia).

 TEMAS RELACIONADOS

- **Os arts. 8° e 25 da Convenção Americana e a suspensão de garantias: Opiniões Consultivas n° 8/87 e 9/87 da Corte IDH**

Embora o art. 27.1 da Convenção Americana (intitulado "suspensão de garantias") preveja a possibilidade de que os Estados limitem o pleno gozo[668] de certos direitos em contextos "de guerra, de perigo público, ou de outra emergência que ameace a

---

[667] Corte IDH. *Condición Jurídica y Derechos Humanos del Niño. Opinião Consultiva n° 17/02*, 28.08.2002. Série A, n° 17, parágrafo 114.

[668] Sobre o fato de que não são propriamente os direitos e as garantias que são suspensos, e sim o seu gozo ou exercício que são limitados, *v.* Corte IDH. El *habeas corpus* bajo suspensión de garantías

independência ou segurança", o dispositivo subsequente (art. 27.2) arrola um núcleo duro de direitos que não são passíveis de suspensão sob nenhuma hipótese (como os direitos à vida e à integridade pessoal, a proibição da escravidão, entre outros) e estabelece como inderrogáveis também as "garantias indispensáveis para a proteção de tais direitos". Poder-se-ia denominá-los de cláusulas pétreas da Convenção Americana, em analogia com os constitucionalismos internos.

Em 1986, a Corte IDH recebeu dois pedidos de opinião consultiva – um formulado pela Comissão IDH, outro pelo Estado do Uruguai – que buscavam esclarecimentos acerca dessas "garantias indispensáveis". O requerimento da Comissão IDH indagava se o *habeas corpus*, fundado nos arts. 7.6 e 25, estaria compreendido nesta expressão. Aquele do Uruguai, por sua vez, demandava quais seriam as "garantias indispensáveis" abarcadas pelo artigo e questionava a relação entre este dispositivo e os arts. 8º e 25. Em resposta às demandas, a Corte IDH formulou, respectivamente, as Opiniões Consultivas nº 8/87 e 9/87, que, em conjunto com a vasta jurisprudência da Corte em sua competência contenciosa, conferem posição de destaque aos arts. 8º e 25 como garantias indispensáveis à proteção dos direitos humanos garantidos quer pela Convenção Americana, quer pelo direito interno dos países. São, portanto, disposições assecuratórias indispensáveis para conferir proteção ao núcleo duro de direitos eleito pela Convenção Americana.

Para a Corte Interamericana, as "garantias indispensáveis para a proteção" dos direitos inderrogáveis, também não sujeitas a suspensão, devem ser entendidas como "aqueles procedimentos judiciais [...] idôneos para garantir a plenitude do exercício dos direitos e liberdades a que se refere o artigo citado [27.2] e cuja supressão ou limitação poria em perigo esta plenitude".[669] Além disso, para serem efetivas, estas garantias devem ser judiciais, pois, especialmente em situações que configuram um estado de exceção, é essencial a intervenção de um órgão judicial independente e imparcial para determinar a legalidade das ações estatais.[670]

Ganham destaque as garantias do mandado de segurança (recurso de amparo nos países de matriz hispânica do continente) e o *habeas corpus*. Uma vez que os recursos protegidos pelo art. 25.1 são aqueles definidos como meios simples, rápidos e efetivos para a proteção judicial de quaisquer direitos, inclusive daqueles cuja inderrogabilidade está estabelecida na Convenção Americana, não há outra conclusão possível senão a de que são "garantias indispensáveis" para proteger os direitos inderrogáveis e de que, por isso, também não são passíveis de suspensão, conforme o art. 27.2.[671]

Similarmente, embora esteja previsto textualmente como decorrência do direito à liberdade pessoal (art. 7º), que não é *a priori* qualificado como inderrogável pelo art. 27.2,[672] o *habeas corpus* (art. 7.6) se manifesta como um recurso idôneo para que haja controle judicial não apenas acerca da liberdade individual, mas também para garantir "o respeito à vida e à integridade da pessoa, para impedir seu desaparecimento

---

(arts. 27.2, 25.1 y 7.6 Convención Americana sobre Derechos Humanos). *Opinião Consultiva nº 8/87*, 30.01.1987. Série A, nº 9, parágrafo 18.

[569]   Idem, parágrafo 29.

[570]   Idem, parágrafo 30.

[671]   Idem, parágrafos 32 e 42.

[672]   Idem, parágrafo 37.

ou a indeterminação de seu lugar de detenção, assim como para protegê-la contra a tortura ou outros tratamentos ou penas cruéis, desumanos ou degradantes".[673] Consequentemente, visto que as proibições a estas condutas são veiculadas por normas pertencentes ao núcleo inderrogável da Convenção Americana, o *habeas corpus* se afigura também como uma "garantia indispensável" albergada pelo art. 27.2.

Quanto ao devido processo legal, protegido pelo art. 8°, a Corte dispôs que seus preceitos são aplicáveis a todas as garantias judiciais mencionadas pela Convenção Americana, mesmo sob a situação excepcional de suspensão prevista no art. 27. Isto porque "os princípios do devido processo legal [...] constituem condições necessárias para que os instrumentos processuais, regulados pela Convenção, possam ser considerados como garantias judiciais".[674] Dito de outro modo, o *due process* permite que os recursos de amparo e de *habeas corpus* sejam, de fato, garantias justas e efetivas para a proteção de direitos inderrogáveis.

A racionalidade por trás da interpretação dos arts. 7.6, 8° e 25 como disposições albergadas pelo art. 27.2 está no reconhecimento de que a suspensão de garantias não significa a "suspensão temporal" dos limites legais à atuação do Estado nem a atribuição de poderes absolutos ao governo.[675] Assim, mesmo sob uma situação desta natureza, para que se preserve o Estado Democrático de Direito, são indispensáveis as medidas que permitam o controle judicial de legalidade dos atos das autoridades.[676] Estas medidas são aquelas protegidas pelos arts. 7.6 e 25 da Convenção Americana, desde que sejam garantidas em acordo com os princípios veiculados pelo art. 8°,[677] motivo pelo qual estas disposições são, em decorrência do disposto pelo art. 27.2, inderrogáveis.

A Corte IDH se manifestou com mais clareza sobre uma violação concreta ao art. 27 da Convenção Americana no caso *Zambrano Vélez e Outros* vs. *Equador*. Neste julgamento, declarou violados os arts. 27.1, 27.2 e 27.3 porque o Estado do Equador, respectivamente, i) desconsiderou os princípios de excepcionalidade da suspensão de garantias ao decretar, sem limitação temporal, uma intervenção militar que abrangia todo o território nacional, ii) limitou, na prática, o gozo de direitos e garantias inderrogáveis e iii) não informou os demais Estados-Partes sobre a derrogação praticada. A consideração determinante para declarar-se violado o art. 27.2 decorreu do fato de que o decreto instaurador da intervenção militar tinha como consequência o amplo emprego da jurisdição militar para o julgamento de civis, em violação aos parâmetros do devido processo legal protegidos pelo art. 8°. Assim, a Corte considerou que esteve suspensa, na prática, uma garantia para a proteção de direitos inderrogáveis.

---

[673]   Idem, parágrafos 35-37.

[674]   Corte IDH. Garantías judiciales en estados de emergencia (arts. 27.2, 25 y 8 Convención americana sobre derechos humanos). *Opinião Consultiva n° 9/87*, 06.10.1987. Série A, n° 10, parágrafo 30.

[675]   Corte IDH. El *habeas corpus* bajo suspensión de garantías (arts. 27.2, 25.1 y 7.6 Convención Americana sobre Derechos Humanos). *Opinião Consultiva n° 8/87*, 30.01.1987. Série A, n° 9, parágrafo 24.

[676]   Corte IDH. Garantías judiciales en estados de emergencia (arts. 27.2, 25 y 8 Convención americana sobre derechos humanos). *Opinião Consultiva n° 9/87*, 06.10.1987. Série A, n° 10, parágrafo 37.

[677]   Idem, parágrafo 38.

- **A competência temporal da Corte Interamericana à luz dos arts. 8º e 25 da Convenção Americana**

Nos termos do art. 62.3 da Convenção Americana, existe competência da Corte para conhecer de casos somente quando o Estado demandado tiver expressamente reconhecido a referida competência contenciosa desta, seja por meio de declaração ou convenção especial. A data desta declaração ou convenção representa um marco temporal, a partir do qual o Estado pode ser julgado em âmbito internacional por este órgão em razão de violações aos deveres impostos pela Convenção Americana.

A Corte IDH não pode declarar violações relativas ao período anterior ao reconhecimento de sua competência contenciosa, estando limitada a analisar, como supostamente violadoras da Convenção, as consequências que ultrapassem este marco. Fatos anteriores fornecem um contexto adequado para a análise das violações e frequentemente são levados em consideração, mas, pela falta de competência temporal, a Corte não pode declarar a responsabilidade internacional do Estado em relação a eles. Assim, é possível que fatos anteriores sejam relevantes para a Corte IDH quando suas consequências se protraem no tempo e ultrapassam a data de reconhecimento da competência. É o caso, por exemplo, do desaparecimento forçado, que é uma violação pluriofensiva aos arts. 3º, 4º, 5º e 7º da Convenção e perdura enquanto não houver um correto esclarecimento acerca do paradeiro.[678] Portanto, se o desaparecimento tiver ocorrido antes do início temporal da competência da Corte e o Estado jamais envidar esforços efetivos para esclarecer o ocorrido e fornecer reparações completas, os fatos contrários à Convenção terão continuado no tempo e, ultrapassando o marco de competência da Corte, poderão ser declarados desde esta data – mas não desde o início do cometimento – como uma violação.

Este modo de exercer competência é frequentemente utilizado pela Corte para analisar possíveis violações às garantias e proteção judiciais (arts. 8º e 25), visto que, em razão da extensão do direito de acesso à justiça, os deveres plasmados nestes dispositivos usualmente se prolongam no tempo. As vítimas devem ter acesso a recursos judiciais efetivos, conformados à luz das garantias judiciais, que permitam identificar os responsáveis e reparar as violações. Se o Estado não fornecer estes recursos, incorrerá em violação ao dever de garantir aos indivíduos o gozo pleno e efetivo dos direitos plasmados na Convenção (art. 1.1).

Por isso, o Estado pode ser declarado responsável por violar os arts. 8º e 25 da Convenção Americana toda vez que descumprir a obrigação de investigar, processar e eventualmente punir os responsáveis por violações de direitos humanos, mesmo que estas tenham ocorrido antes do início da competência temporal da Corte IDH. Afinal, surgindo simultaneamente ao cometimento das violações, este dever se perpetua enquanto os fatos não forem esclarecidos e permite que a Corte declare violados os arts. 8º e 25º a partir do marco temporal representado pelo reconhecimento da competência contenciosa. Cabe ressaltar que, se o Estado tiver se tornado parte da Convenção Americana apenas após a ocorrência dos fatos, é a partir deste momento, de ratificação, que surge o dever de respeitar e garantir os direitos humanos reconhecidos no instrumento.

---

[678]   Corte IDH. *Caso Gomes Lund e Outros ("Guerrilha do Araguaia") vs. Brasil*. Sentença 24.11.2010. Série C, nº 219, parágrafo 11.

Para elucidar estas questões de competência temporal em relação aos arts. 8º e 25 da Convenção Americana, cabe mencionar alguns casos perante a Corte IDH envolvendo o Brasil, que ratificou a Convenção Americana em 1992 e reconheceu a competência contenciosa deste órgão apenas em 10 de dezembro de 1998.

O caso *Sétimo Garibaldi* vs. *Brasil* se refere ao homicídio, em 27 de novembro de 1998, de um membro de um movimento social a favor da reforma agrária. As investigações foram marcadas por uma série de irregularidades, como dilações injustificadas e desconsideração de evidências relevantes, o que resultou no arquivamento do inquérito policial. Consequentemente, não houve processamento e punição dos responsáveis. Diante disso, dado que o homicídio ocorreu antes do reconhecimento da competência da Corte, esta restringiu sua análise dos fatos às falhas do Estado em garantir o acesso à justiça aos familiares da vítima. Deste modo, não se considerou violado o art. 4º (direito à vida), mas apenas os arts. 8º e 25 da Convenção, considerando que o Estado, desde 10 de agosto de 1998, não agiu em conformidade com os parâmetros convencionais de devida diligência e razoabilidade para esclarecimento do ocorrido.[679]

No caso *Trabalhadores da Fazenda Brasil Verde* vs. *Brasil*, o Estado brasileiro foi condenado porque não agiu diligentemente para fazer cessar situações de trabalho escravo e para punir os indivíduos responsáveis. Duas fiscalizações, uma em 1997 e outra em 2001, identificaram, na mesma fazenda, a ocorrência de escravidão, de modo que a Corte foi obrigada a avaliar estes dois fatos de modo distinto. A fiscalização de 1997 se refere a atos de escravidão cometidos antes do reconhecimento da competência da Corte, impedindo que se declarasse violado o art. 6º da Convenção, que proíbe esta prática. Assim, a falta de ação do Estado para investigar, processar e punir os responsáveis por estes fatos a partir de 10 de dezembro de 2018 importou em violação aos arts. 8º e 25 da Convenção. A fiscalização ocorrida em 2001, por outro lado, revelou a violação ao art. 6º da Convenção em razão de o Estado não ter agido diligentemente para proteger os trabalhadores, mesmo tendo ciência do risco concreto e imediato a que estavam sujeitos. O Estado também não empreendeu investigações efetivas em relação aos fatos de 2001, violando os arts. 8º e 25 também em relação a eles.[680]

Análise semelhante foi feita no relatório de mérito da Comissão IDH no caso Maria da Penha vs. Brasil em que se considerou responsável o Estado por violar o art. 7 da Convenção de Belém do Pará em conexão com os arts. 8 e 25 da Convenção Americana "por seus próprios atos omissivos e tolerantes da violação infligida". Neste caso, ainda que os fatos tenham ocorrido em 1983, bem antes do reconhecimento da competência e ratificação das Convenções, a comissão compreendeu que "com respeito à alegada falta de garantias de respeito ao devido processo, considera que, por se tratar de violações contínuas, estas seriam cabíveis também sob a vigência superveniente da Convenção Americana e da Convenção de Belém do Pará, porque a alegada tolerância do Estado a esse respeito poderia constituir uma denegação contínua de justiça".[681]

---

679   Corte IDH. *Caso Sétimo Garibaldi* vs. *Brasil*. Sentença 23.09.2009. Série C, nº 203.

680   Corte IDH. *Caso Trabalhadores da Fazenda Brasil Verde* vs. *Brasil*. Sentença 20.10.2016. Série C, nº 318.

681   Comissão ID. *Caso Maria da Penha Maia Fernandes* vs. *Brasil*. Relatório 54/01, 04.04.2001, parágrafo 27.

- **O dever de investigar, processar e punir diligentemente autores de violações de direitos humanos, direito à verdade e proibição da autoanistia**

Para este assunto, remete-se o leitor aos "temas relacionados" ao final dos comentários sobre o art. 25 da Convenção Americana.

- **Os arts. 8º e 25 como ponto de contato entre a Convenção Americana e outros instrumentos interamericanos**

Acerca do tema, ver a seção de mesmo título nos tópicos apresentados ao final dos comentários sobre o art. 25 da Convenção Americana.

Artigo 9
Princípio da Legalidade e da Retroatividade

Ninguém pode ser condenado por ações ou omissões que, no momento em que foram cometidas, não sejam delituosas, de acordo com o direito aplicável. (1) Tampouco se pode impor pena mais grave que a aplicável no momento da perpetração do delito (2). Se depois da perpetração do delito a lei dispuser a imposição de pena mais leve, o delinquente será por isso beneficiado (3).

 ## LEGISLAÇÃO RELACIONADA

> **Legislação Internacional**
- Carta Africana dos Direitos Humanos e dos Povos: art. 7º, 2
- Convenção Europeia de Direitos Humanos: art. 7º
- Declaração Universal dos Direitos Humanos: art. 11, 2
- Estatuto de Roma do Tribunal Penal Internacional: arts. 11, 22, 23 e 24

> **Legislação Nacional**
- Código Penal Militar: art. 2º, §1º
- Código Penal: arts. 1º e 2º, parágrafo único
- Constituição Federal: art. 5º, XXXIX e XL
- Lei nº 7.210, de 11.07.1984 (Lei de Execução Penal): art. 66, I

 ## JURISPRUDÊNCIA RELACIONADA

> **Jurisprudência Internacional**

Tribunal	Caso
Corte IDH	Opinião Consultiva nº 8 (30 de janeiro de 1987)
Corte IDH	Opinião Consultiva nº 9 (6 de outubro de 1987)
Corte IDH	Opinião Consultiva nº 24 (24 de novembro de 2017)

> Jurisprudência Nacional

Tribunal	Caso
STF	Súmula n° 611
STF	RE 600.817

 COMENTÁRIOS

Por *Flávia Piovesan e Melina Girardi Fachin*

(1) O princípio da legalidade é um dos fundamentos do Estado de Direito. Mais de 160 Estados consagram a noção de que "não há crime sem lei anterior que o defina, nem pena sem prévia cominação legal"[682] em suas respectivas Constituições.[683] Há, também, uma série de instrumentos internacionais que veiculam o princípio, como a Declaração Universal dos Direitos Humanos, o Pacto Internacional dos Direitos Civis e Políticos, as Convenções Europeia e Americana de Direitos Humanos, a Carta Africana dos Direitos Humanos e dos Povos.

Segundo o Comitê Internacional da Cruz Vermelha, o princípio da legalidade possui status de norma costumeira do Direito Internacional aplicável a conflitos armados internacionais e não internacionais, haja vista sua previsão nas Terceira e Quarta Convenções de Genebra, primeiros tratados internacionais a preverem referido princípio.[684]

A relevância do princípio da legalidade para o direito internacional e para o direito interno dos Estados levou Anne Peters a denominá-lo de princípio multinível, transnacional ou global. Para a autora, o conteúdo do princípio é mais amplo do que a exigência de base legal para a imposição de sanções criminais aos indivíduos, devendo ser respeitado, também, quando da imposição de quaisquer deveres aos indivíduos pelo Direito Internacional.[685]

Não sem ambiguidades se firmou a importância conferida ao princípio da legalidade pelo Direito Internacional. O estabelecimento do Tribunal Internacional Militar em Nuremberg e do Tribunal Internacional Militar para o Extremo Oriente em Tóquio no pós-Segunda Guerra lançou dúvidas sobre a universalidade do princípio. A instituição de tribunais posteriormente aos fatos e a condenação de indivíduos por condutas que não eram criminalizadas quando de seu cometimento levaram à

---

[682] Art. 5°, inciso XXXIX, da Constituição Federal.

[683] PETTERS, Anne. Legality as a Principle of Global Constitutional Law. ESIL: *ECtHR Conference "European Convention on Human Rights and the Crimes of the Past"*. 26.02.2016.

[684] International Committee of the Red Cross. IHL Database on Customary IHL. Practice relating to Rule 101: the principle of legality. Disponível em: <https://ihl-databases.icrc.org/customary-ihl/eng/docs/v2_rul_rule101>. Acesso em: 30 out. 2018.

[685] PETTERS, Anne. Legality as a Principle of Global Constitutional Law. ESIL: *ECtHR Conference "European Convention on Human Rights and the Crimes of the Past"*. 26.02.2016.

caracterização dos julgamentos dos tribunais militares enquanto exercício de justiça pelos vitoriosos da Segunda Guerra Mundial.[686]

Os ares de seletividade da persecução de crimes contra o direito internacional se estenderam à criação dos tribunais *ad hoc* por meio de resoluções do Conselho de Segurança da ONU, notadamente o Tribunal Penal Internacional para a ex--Iugoslávia, em 1993, e o Tribunal Penal Internacional para Ruanda, em 1994. Sem ignorar a extrema gravidade das violações de direitos humanos que ensejaram a instituição destes dois tribunais e em respeito à segurança jurídica, o Estatuto do Tribunal Penal Internacional, de 1998, primeiro tribunal desta espécie a possuir cunho permanente, prevê expressamente o princípio da legalidade: "o Tribunal só terá competência relativamente aos crimes cometidos após a entrada em vigor do presente Estatuto".[687]

A tutela do princípio da legalidade no âmbito internacional se concentra principalmente na esfera criminal. Este também é o contorno fixado – mas não restrito a – pela Convenção Americana, cujo art. 9º apresenta três desdobramentos do princípio em relação ao processamento pela perpetração de delitos: (i) a anterioridade e a especificidade da lei penal, (ii) a irretroatividade da lei penal e (iii) a retroatividade da norma penal mais favorável.

Deve-se atentar para o fato de que a redação do art. 9º é genérica ao referenciar que os delitos e as penas serão determinados por "lei" ou pelo "direito aplicável". Não há especificação se a natureza destas normas será nacional ou internacional, o que pode abrir margem para diferentes interpretações. Por sua vez, o Pacto Internacional dos Direitos Civis e Políticos e a Convenção Europeia de Direitos Humanos dispõem que, para fins de salvaguarda da legalidade, está contemplada a criminalização de condutas também pelo direito internacional (ou pela "comunidade das nações"), em seus tratados e normas costumeiras:

Pacto Internacional dos Direitos Civis e Políticos
Artigo 15
1. Ninguém poderá ser condenado por atos omissões que não constituam delito de acordo com o direito nacional ou internacional, no momento em que foram cometidos. Tampouco poder-se-á impor pena mais grave do que a aplicável no momento da ocorrência do delito. Se, depois de perpetrado o delito, a lei estipular a imposição de pena mais leve, o delinquente deverá dela beneficiar-se.
2. Nenhuma disposição do presente Pacto impedirá o julgamento ou a condenação de qualquer indivíduo por atos ou omissões que, momento em que foram cometidos, eram considerados delituosos de acordo com os princípios gerais de direito reconhecidos pela comunidade das nações.

---

[686]   Cf. MAZZUOLI, Valerio de Oliveira. *Tribunal Penal Internacional e o direito brasileiro*. 3. ed. rev., atual. e ampl. São Paulo: RT. 2011, p. 40. Sobre a "justiça dos vencedores" no direito das gentes, consultar: ZOLO, Danilo. *Victors' justice*: from Nuremberg to Baghdad. Trad. M. W. Weir. New York: Verso, 2009.

[687]   Art. 11, parágrafo 1º, do Estatuto de Roma do TPI.

Convenção Europeia de Direitos Humanos

Artigo 7º

1. Ninguém pode ser condenado por uma ação ou uma omissão que, no momento em que foi cometida, não constituía infracção, segundo o direito nacional ou internacional. Igualmente não pode ser imposta uma pena mais grave do que a aplicável no momento em que a infracção foi cometida.

2. O presente artigo não invalidará a sentença ou a pena de uma pessoa culpada de uma ação ou de uma omissão que, no momento em que foi cometida, constituía crime segundo os princípios gerais de direito reconhecidos pelas nações civilizadas.

De acordo com Thomas Antkowiak, a redação do art. 9º no projeto preliminar da Convenção Americana era análoga àquela do Pacto Internacional dos Direitos Civis e Políticos e da Convenção Europeia de Direitos Humanos. O autor explica que a expressão "de acordo com o direito aplicável" foi interpretada durante as negociações no sentido de incluir tanto o direito nacional quanto o internacional.[688]

As decisões da Corte IDH nem sempre esclareceram precisamente esta questão. No julgamento do caso *Gomes Lund vs. Brasil*, o Estado argumentou que a falta de tipificação do crime de desaparecimento forçado à época do cometimento dos fatos obstava o processamento e julgamento dos responsáveis por este delito. Entendimento diverso implicaria afronta ao princípio da legalidade. Segundo o Brasil, a tipificação dos crimes contra a humanidade em seu ordenamento ocorreu apenas com a ratificação do Estatuto de Roma do Tribunal Penal Internacional de 1998.[689]

As considerações da Corte IDH em relação às alegações do Estado sobre a suposta violação ao princípio da legalidade se restringiram à afirmação de que o desaparecimento forçado é um crime de caráter continuado "cujos efeitos não cessam enquanto não se estabeleça a sorte ou o paradeiro das vítimas e sua identidade seja determinada, motivo pelos quais os efeitos do ilícito internacional em questão continuam a atualizar-se"[690]. Logo, não haveria aplicação retroativa do crime de desaparecimento forçado, porquanto os fatos transcendem o âmbito temporal da norma que o tipificadora.

Thomas Antkowiak aduz que a Corte IDH, no julgamento do caso *Gomes Lund vs. Brasil*, não respondeu de maneira direta se o art. 9º da Convenção Americana seria compatível com a sanção de crimes internacionais que não estavam tipificados no ordenamento jurídico nacional à época dos fatos.[691] Diferente foi a postura da Corte quando da apreciação do caso *Herzog e Outros vs. Brasil*, cuja sentença foi proferida em março de 2018. A ótica adotada pela Corte concerniu às normas imperativas de Direito Internacional no contexto de graves crimes que infringem direitos inderrogáveis.[692]

Ao levar em conta a sistematicidade das atrocidades perpetradas durante a ditadura militar brasileira, a Corte salientou que os atos que compuseram esta ne-

688　ANTKOWIAK, Thomas. Artículo 9. Principio de legalidad y de retroactividad. In: STEINER, Christian; URIBE, Patricia (Ed.). *Convención Americana sobre Derechos Humanos*, cit., p. 256.

689　Corte IDH. *Caso Gomes Lund e Outros ("Guerrilha do Araguaia") vs. Brasil*. Sentença 24.11.2010. Série C, nº 219, parágrafos 131-132.

690　Idem, parágrafos 179-180.

691　ANTKOWIAK, Thomas. Artículo 9. Principio de legalidad y de retroactividad, cit., p. 261.

692　Corte IDH. *Caso Herzog e Outros vs. Brasil*. Sentença 15.03.2018. Série C, nº 353, parágrafo 304.

fasta política estatal já eram criminalizados pelo ordenamento jurídico pátrio, tais como tortura, lesões corporais, maus tratos, homicídios qualificados. Desta feita, a Corte IDH consignou que a alegação de ausência de tipificação de crimes contra a humanidade não impacta na obrigação de investigar, processar, julgar e punir seus autores, pois "um crime contra a humanidade não é um tipo penal em si mesmo, mas uma qualificação de condutas criminosas que já eram estabelecidas em todos os ordenamentos jurídicos".[593]

A incidência desta qualificação dos delitos enquanto crimes contra a humanidade possui o condão de obstar a aplicação de normas processuais excludentes de responsabilidade, tendo em vista a natureza de *jus cogens* da proibição destas condutas e o contexto de generalidade e sistematicidade com que são cometidas.[594] Para a Corte IDH, portanto, inexistiu violação ao princípio da legalidade.

A primeira faceta do princípio da legalidade disposta no art. 9º da Convenção Americana concerne à anterioridade da lei penal. Exige-se que, para fins de condenação criminal, a conduta comissiva ou omissiva seja delituosa no momento em que for praticada. Desta forma, condutas que venham a ser tipificadas posteriormente ao seu cometimento não serão passíveis de persecução penal em virtude da irretroatividade da norma criminalizadora.

Além da necessária anterioridade da tipificação da conduta, o princípio da legalidade engloba a taxatividade da norma penal, no sentido de que os tipos penais devem ser construídos com clareza suficiente que permita distingui-los de comportamentos não puníveis ou, ainda, de condutas ilícitas que não sejam penalmente sancionáveis[695]. Os tipos penais devem ser elaborados de forma a favorecer interpretações restritivas que impeçam a ampliação do espectro de condutas enquadráveis como crimes.

O julgamento do caso *Castillo Petruzzi e Outros* vs. *Peru*, o qual versou sobre a condenação de quatro cidadãos chilenos pelo crime de traição à pátria no Peru, em 1993, foi uma das primeiras oportunidades em que a Corte IDH discorreu sobre o princípio da legalidade. À época dos fatos, estavam vigentes no Estado peruano o Decreto-lei nº 25.475, que tipificava o crime de terrorismo, e o Decreto-lei nº 25.659, que criminalizava a traição à pátria. Como o crime de traição à pátria correspondia a uma forma agravada do delito de terrorismo, a Corte entendeu que os elementos comuns entre os tipos penais afetaram a situação jurídica dos acusados, pois a qualificação dos fatos enquanto traição à pátria acarretou consequências mais gravosas do que o enquadramento das condutas como terrorismo o faria, quais sejam, o julgamento mediante rito sumário por um tribunal militar composto por juízes sem rosto e a aplicabilidade de pena de prisão perpétua.[696]

Para a Corte, "a ambiguidade na formulação dos tipos penais gera dúvidas e abre caminho ao arbítrio da autoridade",[697] principalmente quando se está diante da possibilidade da cominação de sanções que afetam a vida e a liberdade pessoal.

---

593 Corte IDH. *Caso Herzog e Outros* vs. *Brasil*. Sentença 15.03.2018. Série C, nº 353, parágrafo 308.

594 Idem, ibidem.

695 Corte IDH. *Caso Ricardo Canese* vs. *Paraguai*. Sentença 31.08.2004. Série C, nº 111.

696 Corte IDH. *Caso Castillo Petruzzi e Outros* vs. *Peru*. Sentença 30.05.1999. Série C, nº 52, parágrafos 119-120.

697 Idem, parágrafo 121.

Considerou que as normas previstas nos Decretos, ao não delimitarem precisamente as condutas delituosas e ao permitirem que as circunstâncias fáticas se enquadrassem tanto como terrorismo quanto como traição à pátria, eram violatórias do princípio da legalidade tutelado pelo art. 9° da Convenção Americana.

As medidas de reparação arroladas no caso Castillo Petruzzi ilustram um papel um tanto quanto intervencionista da Corte IDH. Declarou-se a invalidade do processo penal que tramitou em face dos quatro cidadãos chilenos e se ordenou a instauração de novo processamento do caso em que se observassem plenamente as garantias do devido processo legal. Também se determinou a compatibilização das normas – como os decretos em questão – com os parâmetros convencionais.[698]

No caso *De La Cruz Flores* vs. *Peru*, Maria Teresa De La Cruz Flores, médica do Instituto Peruano de Seguridade Social, foi processada pelo delito de terrorismo, igualmente com base no Decreto n° 25.475, e condenada a vinte anos de prisão. Devido a alterações legislativas ocorridas no ano 2003, a sentença que condenou Maria Teresa foi anulada. A principal razão para a anulação foi o fato de o processo ter sido conduzido por juízes "sem rosto". Ainda assim, para a Corte IDH, a sentença surtiu efeitos violatórios de direitos humanos que não foram sanados por meio da anulação e que dependiam de uma resposta do sistema interamericano.[699]

O dispositivo do Decreto n° 25.475 que embasou a condenação de Maria Teresa tipificava o crime de atos de colaboração com o terrorismo. Entretanto, a fundamentação da decisão se pautou nos delitos de pertencimento a grupo terrorista e de descumprimento da obrigação de denunciar a prática de condutas ilícitas. Por isso, a Corte IDH considerou que o Estado peruano violou o princípio da legalidade ao responsabilizar criminalmente Maria Teresa aplicando um artigo do Decreto n° 25.475 que não tipificava as condutas delituosas a ela imputadas. O Peru também falhou ao impor a médicos a obrigação de denunciar possíveis condutas delitivas de seus pacientes com base em informações obtidas no exercício da profissão.[700]

Em termos gerais, a Corte IDH salientou importante decorrência do princípio da legalidade veiculado no art. 9° da Convenção Americana: "em um sistema democrático é preciso aumentar as precauções para que as sanções penais sejam adotadas com estrito respeito aos direitos básicos das pessoas e após cuidadosa verificação da efetiva existência de uma conduta ilícita"[701].

Outro interessante desdobramento do princípio da legalidade foi comentado no julgamento do caso *Liakat Ali Alibux* vs. *Suriname*. O caso concerne à condenação, em 2003, de Liakat pela prática do crime de falsificação enquanto ocupava cargo de elevado escalão no governo do Suriname, entre os anos de 1996 e 2000. A sentença da Corte IDH discutiu sobre a aplicação no tempo de normas que regulam o processo penal.

A Corte notou que existe uma tendência nos países da região de aplicação imediata de normas processuais e procedimentais, à luz do princípio *tempus regit actum*. Assim, as normas processuais se aplicam no momento de sua entrada em vigor,

---

698   Idem, parágrafos 13 e 14 dos pontos resolutivos.
699   Corte IDH. *Caso De La Cruz Flores* vs. *Peru*. Sentença 18.11.2004. Série C, n° 115, parágrafos 3 e 83.
700   Idem, parágrafos 88 a 102.
701   Idem, parágrafo 81.

sendo exceção a incidência do princípio da favorabilidade da norma processual mais benéfica ao processado.[702]

Por este motivo, a Corte IDH concluiu que a aplicação de uma norma procedimental que entre em vigor após o cometimento de um crime não viola o princípio da legalidade no sentido de anterioridade, a menos que tais normas tenham impacto na tipificação de ações ou omissões que no momento da perpetração não eram delituosas segundo o direito aplicável ou na imposição de pena mais grave que a existente no momento em que o ilícito penal foi praticado.[703] Na situação em questão, o crime de falsificação estava tipificado pelo código Penal surinamês desde 1910, razão pela qual podiam ser conhecidas as condutas aptas a ensejar responsabilização penal.

Embora o art. 9º da Convenção Americana se refira expressamente a questões afetas ao direito penal, a Corte IDH já proferiu decisões acerca do princípio da legalidade na seara administrativa. O *leading case* sobre a matéria é o caso *Baena Ricardo e Outros vs. Panamá*, julgado em 2001, no qual a Corte destacou que as sanções de natureza administrativa também são expressão do poder punitivo do Estado, podendo implicar privação ou alteração de direitos como consequência de uma conduta ilícita. Nesse sentido, para fins de segurança jurídica, uma norma punitiva, seja penal ou administrativa, deve ser conhecida antes que ocorra a ação ou a omissão que a viole e que se pretende sancionar.[704]

Em 2016, a Corte Interamericana apreciou o caso *Maldonado Ordóñez* vs. *Guatemala*.[705] Olga Yolanda Maldonado Ordóñez trabalhou como funcionária da Procuradoria de Direitos Humanos da Guatemala de 1992 a 2000. No ano 2000, seus irmãos apresentaram uma denúncia de que Olga teria cometido a falsificação de uma escritura pública em matéria de sucessões, razão pela qual foi solicitada a imposição de sanções.

Após trâmites administrativos, o Procurador de Direitos Humanos emitiu o Acordo nº 81-2000, mediante o qual destituiu Olga dos cargos que ocupava na Procuradoria. Esta medida foi justificada pelos "atos jurídicos e litígios de ordem familiar cuja resolução poderia prejudicar seriamente a Instituição da Procuradoria de Direitos Humanos"[706], bem como a moral e os bons costumes, devido à imputação do delito de falsificação de escritura pública. O fundamento legal desta decisão administrativa foi o Regulamento de Pessoal da Procuradoria e o Código de Trabalho da Guatemala.

Dentre as considerações da Corte IDH, consignou-se que a conduta imputada à Olga não correspondida às previsões dos artigos do Regulamento Pessoal da Procuradoria e do Código de Trabalho da Guatemala que embasaram a decisão. Para a Corte, inexistiu motivação devidamente justificada para a destituição do cargo público que Olga ocupava, pois "não foi assinalado com claridade a maneira em que a conduta da

---

[702] Corte IDH. *Caso Liakat Ali Alibux* vs. *Suriname*. Sentença 30.01.2014. Série C, nº 276, parágrafo 67.

[703] Idem, parágrafos 69 e 70.

[704] Corte IDH. *Caso Baena Ricardo e Outros* vs. *Panamá*. Sentença 02.02.2001. Série C, nº 72, parágrafo 106.

[705] Corte IDH. *Caso Maldonado Ordóñez* vs. *Guatemala*. Sentença 03.05.2016. Série C, nº 311.

[706] Idem, parágrafo 35.

senhora Maldonado se ajustaria às normas invocadas como fundamento da destituição e não se realizou análise alguma dessas normas"[707].

A Corte IDH destacou que o princípio da legalidade vigora também em matéria disciplinar e seu alcance depende da matéria regulada, sendo que a precisão de uma norma sancionatória de cunho administrativo pode ser distinta daquela exigida para as sanções penais.[708] Segundo a Corte, o Acordo por meio do qual Olga foi destituída da posição que ocupava não foi precedido de um processo apto a determinar a responsabilidade por uma conduta contrária à "autoridade moral" alegadamente exigida para se representar a Procuradoria de Direitos Humanos.[709]

A violação ao princípio da legalidade ocorreu pela falha do Estado em motivar devidamente suas decisões administrativas, haja vista a não correspondência entre as razões invocadas para a destituição de Olga (prestígio e honra da Procuradoria) e as condutas tipificadas como infrações disciplinares no Regulamento de Pessoal da Procuradoria de Direitos Humanos (ações concretas que constituem faltas aptas a acarretar a destituição) e as disposições do Código de Trabalho (condutas que configuram justa causa para a destituição e que em nada se relacionam com autoridade moral).[710]

(**2**) O princípio da legalidade também possui como desdobramento a irretroatividade da lei penal. Isto significa que deve ser aplicada à solução do caso concreto a norma que estiver em vigor no momento em que os fatos delitivos tiverem sido praticados. A dicção da Convenção Americana é clara ao estabelecer a vedação da retroatividade de uma norma que preveja uma penalidade mais grave do que aquela cominada pela norma vigente à época da perpetração do crime.

Para a Corte IDH, a qualificação de uma conduta como ilícita e a fixação de seus efeitos jurídicos devem ser preexistentes à sua prática a fim de que os particulares possam orientar seus comportamentos em conformidade a uma ordem jurídica precisa na qual se expressem a reprovação social e as consequências do crime.[711] De acordo com o princípio da irretroatividade da lei penal desfavorável, ao Estado é proibido exercer seu poder punitivo por meio da aplicação retroativa de normas penais que aumentem as penas, estabeleçam circunstâncias agravantes ou instituam formas agravadas de determinado delito.[712]

No previamente comentado caso Cruz e Flores, as condutas imputadas a Maria Teresa enquanto crimes foram por ela praticadas entre os anos de 1989 e 1992. Ocorre que a sentença condenatória datada de 1996 aplicou os dispositivos do Decreto-lei nº 25.475, o qual entrou em vigor somente em 1992. Ainda que referida sentença tenha sido anulada e novo processo penal instaurado, no qual houve diferenciação entre as normas aplicáveis aos fatos anteriores a 1992 (Códigos Penais peruanos de 1924 e 1991) e posteriores (Decreto-lei nº 25.275), a Corte IDH concluiu pela violação do

---

[707]   Idem, parágrafo 88.

[708]   Idem, parágrafo 89.

[709]   Idem, parágrafo 91.

[710]   Idem, parágrafos 93-96.

[711]   Corte IDH. *Caso Vélez Loor* vs. *Panamá*. Sentença 23.11.2010. Série C, nº 218, parágrafo 183.

[712]   Corte IDH. *Caso J.* vs. *Peru*. Sentença 27.11.2013. Série C, nº 275, parágrafo 279.

art. 9º da Convenção Americana pelo Peru quando do primeiro processamento do caso, em virtude da retroatividade na aplicação da norma penal.[713]

Por sua vez, no caso *J. vs. Peru*, julgado pela Corte nove anos após o caso *Cruz e Flores*, no que tange ao mesmo Decreto-lei nº 25.275, o entendimento da Corte foi o de que não houve violação ao princípio da legalidade, uma vez que a solicitação de aplicação retroativa das normas penais formulada pelo Ministério Público não foi acatada pelos órgãos julgadores em nenhum dos processamentos do caso. J. foi processada somente pelos delitos tipificados no Código Penal de 1991 e não pelos equivalentes do Decreto-lei nº 25.475.[714]

(3) Além de consagrar a irretroatividade da lei penal, o art. 9º da Convenção Americana estipula uma exceção a esta regra: a retroatividade da norma penal mais favorável. Caso, posteriormente à comissão do delito, a lei passe a dispor da imposição de uma pena mais leve, o condenado se beneficiará desta previsão. Como norma penal mais favorável deve ser interpretada aquela que estabelecer sanção menor a respeito do crime, que descriminalizar uma conduta anteriormente tida como delito, que criar uma nova causa de justificação ou de exclusão de culpabilidade ou que impedir a operabilidade de uma sanção.[715]

A Corte IDH pontuou que estes exemplos não constituem numeração taxativa das circunstâncias em que deve incidir a retroatividade da norma penal mais benéfica. Ademais, salientou que referido princípio é aplicável em relação a leis que entrem em vigor antes da prolação da sentença penal condenatória ou durante a execução da pena. Como a Convenção Americana não fixa um limite nesse sentido, a interpretação cabível será a mais benéfica ao condenado.[716]

No caso *Ricardo Canese* vs. *Paraguai*, houve a condenação de Ricardo Canese pelos delitos de difamação e injúria em virtude de acusações que este dirigiu a seu adversário durante a disputa das eleições presidenciais do ano de 1992. As sanções cominadas foram a privação de liberdade pelo prazo de dois meses e o pagamento de multa. Em 2002, a Corte Suprema de Justiça do Paraguai anulou a sentença condenatória de 1997.

Para a Corte IDH, o Estado paraguaio se quedou inerte porque não considerou a entrada em vigor de novo Código Penal que continha normas mais favoráveis que as aplicadas nas decisões que condenaram Ricardo Canese. Segundo a Corte, em virtude do princípio da retroatividade da norma penal mais favorável, competia aos tribunais determinar se era cabível reduzir as penas impostas ou se deveria ser mantida somente a pena de multa, que deixou de ser uma pena acessória e se converteu em uma penalidade autônoma para o delito de difamação. Houve violação, portanto, do art. 9º da Convenção Americana.[717]

---

[713]   Corte IDH. *Caso De La Cruz Flores* vs. *Peru*. Sentença 18.11.2004. Série C, nº 115, parágrafo 107.

[714]   Corte IDH. *Caso J. vs. Peru*. Sentença 27.11.2013. Série C, nº 275, parágrafos 282-284.

[715]   Corte IDH. *Caso Ricardo Canese* vs. *Paraguai*. Sentença 31.08.2004. Série C, nº 111, parágrafo 178.

[716]   Idem, parágrafo 179.

[717]   Idem, parágrafo 186.

Artigo 10
Direito a Indenização

Toda pessoa tem direito de ser indenizada conforme a lei, no caso de haver sido condenada em sentença passada em julgado, por erro judiciário.

 ## LEGISLAÇÃO RELACIONADA

> **Legislação Internacional**
- Convenção Europeia de Direitos Humanos: art. 5º, 5
- Estatuto de Roma do Tribunal Penal Internacional: art. 85

> **Legislação Nacional**
- Código de Processo Penal: art. 630
- Constituição Federal: art. 5º, LXXV

 ## JURISPRUDÊNCIA RELACIONADA

> **Jurisprudência Internacional**

Tribunal	Caso
Corte IDH	Caso Baena Ricardo e Outros vs. Panamá (28 de novembro de 2003)
Corte IDH	Informe nº 43/04, Yalmileth Rojas Piedras vs. Costa Rica (13 de octubre de 2004)
Corte IDH	Informe nº 124/06, Tomás Eduardo Cirio vs. Uruguay (27 de octubre de 2006)

> **Jurisprudência Nacional**

Tribunal	Caso
STJ	REsp 149990
STF	ARE 770931
STF	RE 505393

 ## COMENTÁRIOS

Por *Flávia Piovesan e Melina Girardi Fachin*

A previsão, na Convenção Americana, do direito à indenização por erro judiciário não foi consenso entre os Estados-membros da Organização dos Estados Americanos. A redação sugerida no projeto à Convenção previa: "Toda pessoa que tenha sido privada de liberdade ilegalmente ou por erro judiciário, será indenizada pelas perdas sofridas como consequência da condenação e da privação da liberdade, salvo no caso em que o sentenciado tenha contribuído para tornar possível o erro judiciário".[718]

Em seus comentários, a delegação da Argentina sustentou que esta redação criava um direito automático à indenização, o que, combinado à vagueza dos termos empregados, requeria a eliminação deste dispositivo.[719] A República Dominicana, por sua vez, apontou que a previsão deste direito poderia dar lugar a um enriquecimento indevido às custas do Estado, visto que o termo "erro judiciário" abrangeria qualquer caso revisado por meio do recurso de apelação. Assim, foi sugerida a reelaboração do artigo.[720] A delegação equatoriana, por seu turno, sugeriu que fosse replicado o texto do art. 14.6 do Pacto Internacional de Direitos Civis e Políticos[721].[722] Outros países manifestaram preocupação[723] e advogaram pela suspensão desta previsão[724]. A redação atual foi proposta por um Grupo de Trabalho composto por Estados Unidos, Chile, Guatemala e Equador, e atualizada pelo delegado do México,[725] na qual buscou-se diminuir a abrangência do direito à indenização por erro judiciário.

O suposto direito automático à indenização foi atenuado pela expressão "conforme a lei" e foi acrescentada ao texto a oração "condenada em sentença transitada em julgado", em um claro intuito de delimitação do escopo do direito. No entanto, sinaliza Antkowiak que esta previsão ainda apresenta alcance maior do que suas equivalentes no Pacto Internacional de Direitos Civis e Políticos (art. 14.6) e na Convenção Europeia de Direitos Humanos (art. 3º do Protocolo nº 7)[726], os quais possuem determinações bastante específicas sobre este direito à indenização.[727]

---

[718]   OEA. Conferencia especializada Interamericana sobre Derechos Humanos. *Actas y documentos*. San José, Costa Rica. 7-22 de nov. 1969. OEA/Ser.K/XVI/1.2. p. 17.

[719]   Idem. p. 46.

[720]   Idem. p. 60.

[721]   "Se uma sentença condenatória passada em julgado for posteriormente anulada ou se um indulto for concedido, pela ocorrência ou descoberta de fatos novos que provem cabalmente a existência de erro judicial, a pessoa que sofreu a pena decorrente dessa condenação deverá ser indenizada, de acordo com a lei, a menos que fique provado que se lhe pode imputar, total ou parcialmente, a não revelação dos fatos desconhecidos em tempo útil."

[722]   OEA. Conferencia especializada Interamericana sobre Derechos Humanos. *Actas y documentos*. San José, Costa Rica. 7-22 de nov. 1969. OEA/Ser.K/XVI/1.2. p. 105.

[723]   Estados Unidos manifestou preocupação. Ver OEA. Conferencia especializada Interamericana sobre Derechos Humanos. *Actas y documentos*. San José, Costa Rica. 7-22 de nov. 1969. OEA/Ser.K/XVI/1.2. p. 207-209.

[724]   Honduras, Argentina e México se posicionaram nesse sentido.

[725]   Idem p. 298.

[726]   "Quando uma condenação penal definitiva é ulteriormente anulada ou quando é concedido o indulto, porque um facto novo ou recentemente revelado prova que se produziu um erro judiciário, a pessoa que cumpriu uma pena em virtude dessa condenação será indemnizada, em conformidade com a lei ou com o processo em vigor no Estado em causa, a menos que se prove que a não revelação em tempo útil de facto desconhecido lhe é imputável no todo ou em parte" (Conselho da Europa, Protocolo nº 7 à Convenção Europeia de Direitos Humanos. Estrasburgo, 22.11.1984).

[727]   ANTKOWIAK, Thomas. Artículo 10. Derecho a indemnización. In: STEINER, Christian; URIBE, Patricia (Ed.). *Convención Americana sobre Derechos Humanos*, cit., p. 264.

Em ambos os instrumentos, exige-se a descoberta de fatos novos ou revelações atuais provem a ocorrência do erro. No caso *Albert Wilson* vs. *Filipinas*, o Comitê de Direitos Humanos não admitiu a alegação de violação ao art. 14.6 do PIDCP, visto que, embora o autor tenha sido vítima de um erro judiciário, não comprovou que a sentença que anulou sua condenação se baseou na descoberta ou na revelação de um fato novo.[728] Ademais, conforme o *Comentário Geral nº 32* deste Comitê, a garantia de indenização não se aplica caso reste provado que a não revelação do fato novo no momento oportuno é atribuível ao acusado. Nestas situações, o ônus probatório recai sobre o Estado.[729]

Não há, até o momento, registro de condenação da Corte IDH por violação ao art. 10 da Convenção Americana. No caso *Baena Ricardo e Outros vs. Panamá*, único em que a Comissão suscitou alegação a este direito, a Corte não se manifestou no mérito sobre a decisão transitada em julgado que manteve a demissão injustificada de mais de 200 funcionários públicos panamenhos. A menção ao art. 10 surge apenas no momento das reparações, no cômputo do valor da indenização.[730] Dessa forma, inexistem parâmetros interpretativos da Corte sobre o direito à indenização por erro judiciário.

Desse modo, surgem alguns desafios relacionados à interpretação do art. 10 da Convenção. Em primeiro lugar, enquanto a versão em espanhol e em português da Convenção usam a expressão "erro judiciário", a versão em inglês se vale do termo "miscarriage of justice"[731], a qual se aplica a situações em que um indivíduo é injustamente condenado e sofre consequências irreparáveis. A dúvida subsiste em relação ao alcance deste direito, se estaria este restrito a condenações penais ou estender-se-ia a condenações civis e administrativas.

A decisão da Comissão Interamericana no caso *Milton García Fajardo e Outros vs. Nicarágua* parece se aproximar de uma visão mais restrita da expressão "erro judiciário". Neste pleito, trabalhadores da aduana demitidos interpuseram, sem êxito, uma ação de amparo perante a Corte Suprema de Justiça da Nicarágua solicitando proteção ao seu direito constitucional de greve. As demissões foram mantidas porque a greve foi considerada ilegal. Não obstante a Comissão tenha identificado falhas neste julgamento, afirmou que não houve violação do art. 10 porque a decisão não constituía uma sentença condenatória.[732]

---

[728]   ONU. Comitê de Direitos Humanos. *Caso Albert Wilson* vs. *Filipinas*. Decisão 11.11.2003. CCPR/C/79/D/868/1999, parágrafo 6.6.

[729]   ONU. Comitê de Direitos Humanos. *Comentário Geral 32. Art. 14: Direito a um julgamento imparcial e à igualdade perante os tribunais e cortes de justiça*. 23.08.2007. CCPR/C/GC/32, parágrafo 53.

[730]   Corte IDH. *Caso Baena Ricardo e Outros* vs. *Panamá*. Sentença 02.02.2001. Série C, nº 72, parágrafo 194 e ss.

[731]   Em inglês, essa é a redação do art. 10: "Every person has the right to be compensated in accordance with the law in the event he has been sentenced by a final judgment through a miscarriage of justice".

[732]   Comissão IDH. Caso nº 11.381. *Milton Garcia Fajardo e Outros* vs. *Nicarágua*. Informe 100/01, 11.10.2001, parágrafo 93.

Outro fator relevante do art. 10 da Convenção é que a condenação tenha transitado em julgado, isto é, seja inapelável e sobre a qual não subsista outro recurso disponível.[733] No caso *Gabriel Oscar Jenkins* vs. *Argentina*, a Comissão Interamericana não admitiu a alegação de violação ao art. 10 porque a vítima, apesar de ter permanecido detida por três anos, nunca foi submetida a uma condenação transitada em julgado.[734]

No que tange ao termo "condenada" empregado na redação do artigo, este pode referir-se a consequências distintas do encarceramento, segundo a decisão da Comissão no caso *Cirio* vs. *Uruguai*. Neste caso, a vítima, um militar uruguaio, foi condenado pelo crime de insulto à honra militar e a pena imposta foi a suspensão do pagamento de benefícios e pensão para o restante da vida. Apesar do reconhecimento das motivações políticas e ideológicas deste castigo pelo Estado, não houve revogação das resoluções que impuseram a pena e restituição adequada, o que configurou violação ao art. 10 da Convenção.[735]

A decisão do caso acima citado aclara a necessidade de que o Estado revogue a sentença condenatória injusta.[736] Infere-se isto porque dado que a violação ao art. 10 da Convenção no caso Cirio se configurou porque não houve revogação das disposições, é possível afirmar que esta revogação é necessária, ainda que o texto deste dispositivo não faça menção a isso. Um passo que antecede a revogação em si, segundo Medina Quiroga, é a previsão normativa de um recurso que permita ao indivíduo erroneamente condenado apontar o equívoco, sendo este o primeiro dever que surge ao Estado derivado desta previsão convencional.[737]

Ademais, cabe aos Estados regulamentar em âmbito interno o direito à indenização por erro judiciário, como decorrência da expressão "conforme à lei". Isto não significa, porém, que a ausência de previsão normativa sobre o direito possa impedir o pagamento de indenização[738] pela impossibilidade de alegar óbice interno ao cumprimento da Convenção. Os Estados devem, ademais, garantir que a indenização seja paga à vítima do erro judiciário em um tempo razoável,[739] a fim de conferir efetividade a este mandamento convencional.

Sobre o conteúdo deste direito à indenização, a Comissão afirmou em sua decisão no caso *Cirio* vs. *Uruguai* que o Estado havia falhado em prover reparações completas

---

[733] Medina Quiroga, Cecilia. *La Convención Americana:* vida, integridad personal, libertad personal, debido proceso y recurso judicial. Santiago: Universidad del Chile, 2005. p. 354.

[734] Comissão IDH. Caso nº 12.056. *Gabriel Oscar Jenkins* vs. *Argentina. Informe 50/04*, 13.10.2004, parágrafo 53.

[735] Comissão IDH. Caso nº 11.500. *Tomás Eduardo Cirio* vs. *Uruguai. Informe 124/06*, 26.10.2006, parágrafo 124.

[736] Islas, Alfredo; Cornelo, Egla. Error judicial. *Revista Boliviana de Derecho*, Santa Cruz de la Sierra, n. 24, p. 25, jul. 2017.

[737] Medina Quiroga, Cecilia. *La Convención Americana*, cit., p. 355.

[738] Antkowiak, Thomas. Artículo 10. Derecho a indemnización. In: Steiner, Christian; Uribe, Patricia (Ed.). *Convención Americana sobre Derechos Humanos*, cit., p. 267.

[739] ONU. Comitê de Direitos Humanos. *Comentário Geral nº 32*. Art. 14: Direito a um julgamento imparcial e à igualdade perante os tribunais e cortes de justiça. 23.08.2007. CCPR/C/GC/32, parágrafo 53.

(*restitutio in integrum*) à vítima.[740] Assim, aplicaram-se ao caso os mesmos parâmetros utilizados para análise do art. 63 da Convenção Americana, o qual assegura o estabelecimento de reparações quando forem identificadas violações à Convenção: "Quando decidir que houve violação de um direito ou liberdade protegidos nesta Convenção, a Corte determinará que se assegure ao prejudicado o gozo do seu direito ou liberdade violados. Determinará também, se isso for procedente, que sejam reparadas as consequências da medida ou situação que haja configurado a violação desses direitos, bem como o pagamento de indenização justa à parte lesada".

Nesse sentido, as reparações decorrentes de violações a dispositivos da Convenção devem ser completas, abarcando medidas de restituição, compensação, reabilitação, satisfação e garantias de não repetição,[741] tema explorado nos comentários do art. 63 da Convenção. Assim, raramente uma indenização monetária isolada se enquadraria nos critérios da Corte Interamericana. Ainda, é claro o intento da Convenção de particularizar as vítimas de erros judiciários, conferindo-lhes proteção especial, por reconhecer as graves consequências de falhas dessa natureza.[742] Desta forma, restringir o art. 10 da Convenção à compensação monetária é absolutamente incompatível com esta intenção protetiva.[743] Logo, para além da reparação pecuniária, a qual leva em conta os danos material e imaterial sofridos pela vítima em razão do erro judiciário, o Estado deve promover reparações de caráter não pecuniário, que podem incluir reformas legislativas e cursos de capacitação, por exemplo.

No Brasil, o direito de indenização por erro judiciário está previsto no art. 5º, LXXV, da Constituição Federal: "O Estado indenizará o condenado por erro judiciário, assim como o que ficar preso além do tempo fixado na sentença". Conforme explicitado pelo Supremo Tribunal Federal, o erro judiciário, causado em razão de falhas na administração da justiça, acarreta a responsabilidade civil objetiva do Estado. Na esfera criminal, a vítima de erro judiciário pode ingressar com uma ação civil própria ou pode requerer a justa indenização em uma ação de revisão (regulada pelo art. 621 do Código de Processo Penal). Não se requer, no direito brasileiro, que o erro tenha ocorrido em sentença condenatória transitada em julgado e quaisquer excessos, seja na interpretação ou na aplicação da lei, dão ensejo ao direito à indenização por danos morais e materiais.

O julgamento do Recurso Extraordinário nº 505.393, relatado pelo então Ministro Sepúlveda Pertence elucida bem o tratamento conferido a este direito no Brasil: "a partir do entendimento consolidado de que a regra geral é a irresponsabilidade civil do Estado por atos de jurisdição, estabelece que, naqueles casos, a indenização é uma garantia individual e, manifestamente, não a submete à exigência de dolo ou culpa do magistrado. O art. 5º, LXXV, da Constituição: é uma garantia, um mínimo, que nem impede a lei, nem impede eventuais construções doutrinárias que venham

---

[740]   Comissão IDH. Caso nº 11.500. *Tomás Eduardo Cirio vs. Uruguai. Informe 124/06*, 26.10.2006, parágrafo 124.

[741]   Corte IDH. *Caso Velásquez Paiz e otros vs. Guatemala*. Sentença 19.11.2015. Série C, nº 307, parágrafo 222.

[742]   ANTKOWIAK, Thomas. Artículo 10. Derecho a indemnización. In: STEINER, Christian; URIBE, Patricia (Ed.). *Convención Americana sobre Derechos Humanos*, cit., p. 269.

[743]   Idem, ibidem.

a reconhecer a responsabilidade do Estado em hipóteses que não a de erro judiciário stricto sensu, mas de evidente falta objetiva do serviço público da Justiça".[744]

Assim, pelos mandamentos complementares do direito internacional e do direito constitucional, impera o dever de que o Estado brasileiro também promova reparações integrais pelo cometimento de erro judiciário, focando-se na capacitação dos seus agentes públicos, no aprimoramento das investigações e na contenção de excessos na decretação de prisões provisórias.[745]

Artigo 11
Proteção da Honra e da Dignidade

1. Toda pessoa tem direito ao respeito da sua honra e ao reconhecimento de sua dignidade. (1)

2. Ninguém pode ser objeto de ingerências arbitrárias ou abusivas em sua vida privada, na de sua família, em seu domicílio ou em sua correspondência, nem de ofensas ilegais à sua honra ou reputação. (2)

3. Toda pessoa tem direito à proteção da lei contra tais ingerências ou tais ofensas. (3)

LEGISLAÇÃO RELACIONADA

➤ **Legislação Internacional**
- Convenção Europeia dos Direitos Humanos: art. 8° e art. 1° do Protocolo n° 1
- Convenção sobre o Direito das Crianças: art. 16
- Declaração Universal dos Direitos Humanos: art. 12
- Pacto Internacional dos Direitos Civis e Políticos: art. 17 e *Comentário Geral n° 16*

➤ **Legislação Nacional**
- Constituição Federal: art. 5°, XII
- Lei 9.296/96 (Regulamenta o inciso XII, parte final, do art. 5° da Constituição Federal)

JURISPRUDÊNCIA RELACIONADA

➤ **Jurisprudência Internacional**

Tribunal	Caso
Corte EDH	McIlwrath vs. Russia (18 de julho de 2017)
Corte EDH	Benedik vs. Slovenia (24 de abril de 2018)

---

[744] STF, 1ª Turma, Recurso Extraordinário 505.393-8/PE, Rel. Min. Sepúlveda Pertence, j. 26.06.2007, publicado em 05.10.2007.

[745] Para conhecer alguns dos erros judiciários no Brasil, recomenda-se a leitura de: MARENCO, Daniel. *As injustiças da justiça brasileira: erros e descasos em processos criminais levam à prisão de inocentes por até duas décadas. O Globo*, 16 dez. 2015.

Tribunal	Caso
Corte EDH	Mustafa Sezgin Tanrıkulu vs. Turquia (18 de julho de 2017)
Corte IDH	Caso Escher e Outros vs. Brasil (20 de novembro de 2009)
Corte IDH	Opinião Consultiva nº 24 (9 de janeiro de 2018)
Corte IDH	Caso Lagos del Campo vs. Peru (31 de agosto de 2017)
Corte IDH	Caso Trabalhadores da Fazenda Brasil vs. Brasil (20 de outubro de 2016)

➢ **Jurisprudência Nacional**

Tribunal	Caso
STF	RE 615941
STF	RE 603616
STJ	REsp 1558004
STJ	REsp 1286879
STJ	RHC 101585
STM	MS 0000053-95.2017.7.00.0000

 COMENTÁRIOS

Por *Valerio de Oliveira Mazzuoli*

(1) A honra e a dignidade das pessoas são institutos protegidos pelas legislações (sobretudo constitucional) de todos os Estados democráticos, bem assim pelas normas internacionais de direitos humanos dos sistemas regionais de proteção. Assim, o respeito à honra e o reconhecimento da dignidade das pessoas são temas afetos tanto ao direito constitucional quanto ao direito internacional dos direitos humanos, sobretudo nos modernos instrumentos internacionais de proteção.

A Convenção Americana, nesse sentido, garante a toda pessoa o direito "ao respeito da sua honra e ao reconhecimento de sua dignidade" (art. 11, 1.). Para os fins estritamente jurídicos, no entanto, deve-se compreender o que conotam os termos "honra" e "dignidade", para o fim de visualizar a correta coloração da garantia insculpida no art. 11 da Convenção Americana.

Em termos jurídicos, por *honra* há de se entender o conjunto de atributos morais e a reputação que tem determinada pessoa em suas relações com os demais membros da sociedade, razão pela qual é também conhecida como direito à *integridade moral*, consistente no respeito, na boa fama, no bom nome e no carisma que a pessoa goza nas suas relações com as demais. Trata-se de direito absolutamente frágil e que pode ser maculado facilmente, bastando um comentário desabonador da pessoa ou uma informação maliciosa a seu respeito para que a sua violação se configure. Na Constituição brasileira de 1988 sua proteção se encontra no art. 5, X, que dispõe: "São invioláveis a intimidade, a vida privada, *a honra* e a imagem das pessoas, assegurado o direito à indenização pelo dano material ou moral decorrente de sua violação". Será a honra *subjetiva* quando disser respeito à pessoa física, e *objetiva* quando tocar à pessoa jurídica (que também pode sofrer violação de seu apreço social etc.). Na Roma antiga a proteção à honra encontrava-se garantida pela *actio injuriarum*.

Por sua vez, a *dignidade* da pessoa conota todo atributo não alcançável por quaisquer atos seus ou de terceiros, sem os quais não pode a pessoa plenamente se desenvolver enquanto *ser humano* sujeito de direitos. Configura os atributos ínsitos a *todos* os seres humanos, independentemente de raça, cor, sexo, crença religiosa, nacionalidade ou condição social. Daí a Declaração Universal dos Direitos Humanos (1948) ter reconhecido, desde o seu primeiro considerando, a "dignidade inerente a todos os membros da família humana" e os seus direitos iguais e inalienáveis como "fundamento da liberdade, da justiça e da paz no mundo", complementando, no art. 1º, que "[t]odos os seres humanos nascem livres e iguais em dignidade e direitos". Assim, a obrigação que coloca a Convenção Americana, no sentido de todas as pessoas terem direito "ao reconhecimento de sua dignidade", é também tema reconhecido no plano onusiano de direitos humanos (a partir da Declaração Universal de 1948) e assim deve ser abraçado pelos Estados-membros da sociedade internacionais, estejam ou não insertos em sistemas regionais de proteção. Trata-se de obrigação que supera o caráter *erga omnes* das obrigações internacionais para tornar-se verdadeiro *jus cogens*.

(2) A Convenção complementa, no item 2 do art. 11, que "ninguém pode ser objeto de ingerências arbitrárias ou abusivas em sua vida privada, em sua família, em seu domicílio ou em sua correspondência, nem de ofensas ilegais à sua honra ou reputação". Segundo interpretação da Corte Interamericana, esse direito implica o reconhecimento de que existe um âmbito pessoal que deve estar isento e imune às invasões ou agressões abusivas ou arbitrárias por parte de terceiros ou da autoridade pública. Nesse sentido, o domicílio e a vida privada e familiar encontram-se intrinsecamente ligados, já que o domicílio se converte num espaço no qual se pode desenvolver livremente a vida privada e a vida familiar da pessoa.[746]

O impedimento de ingerências arbitrárias ou abusivas na vida privada, na família, no domicílio ou na correspondência das pessoas está também ligado à ideia de *direito à intimidade*, ou o direito de manter longe do público o que diz respeito à esfera íntima das pessoas. Daí a afirmação precisa de Celso Lafer de que "a intimidade não exige publicidade porque não envolve direitos de terceiros".[747] Assim, as ingerências espúrias à intimidade das pessoas, notadamente quando provêm de autoridades ou órgãos oficiais, devem ser estancadas pelo Poder Judiciário, seja o interno ou (em última análise) o internacional. São abusivas, *v.g.*, denúncias ineptas do *Parquet* ou propostas com falta de justa causa para a ação penal, bem assim a exposição proposital de fatos pessoais que não guardam mínima conexão com a ação penal.

---

[746] Corte IDH. *Caso Escué Zapata* vs. *Colômbia*, Mérito, Reparações e Custas. Sentença 04.07.2007, Série C, nº 165, parágrafo 95.

[747] Cf. LAFER, Celso. *A reconstrução dos direitos humanos…*, cit., p. 268.

Perceba-se, contudo, que a Convenção impede apenas as ingerências "arbitrárias ou abusivas" na vida privada das pessoas, em sua família, em seu domicílio ou em sua correspondência, bem assim as ofensas "ilegais" à sua honra ou reputação. Assim, há permissivo para a ingerência na vida privada, na família, no domicílio ou na correspondência das pessoas, estabelecida por lei e para situações específicas, como é o caso, *v.g.*, das normas brasileiras que autorizam restrição do sigilo correspondência das pessoas em casos de estado de defesa (CF, art. 136, § 1º, I, *b*) e de estado de sítio (CF, art. 139, III). Da mesma forma, permite-se expor a honra ou à reputação das pessoas se tal decorrer de permissivo legal para determinados casos, *v.g.*, naqueles em que processualmente (com justa causa) se expõe a honra ou a reputação de um condenado por crime tipificado na legislação penal. Em tais casos, não cabe à pessoa reclamar judicialmente indenização por violação da vida privada ou por ofensa à sua honra e reputação.

(3) Devem os Estados-Partes na Convenção garantir a todas as pessoas os meios legais contra as ingerências ou ofensas arbitrárias ou indevidas à sua honra ou dignidade. Em outras palavras, devem estar abertas ao cidadão as portas do Judiciário, tanto na esfera cível (indenização por danos morais) como no âmbito criminal (crime de calúnia ou difamação), a fim de se garantir a ele a proteção contra qualquer ingerência dessa natureza à sua honra ou dignidade.

A garantia de existência desses *meios legais* pelo Estado consiste em *obrigação de fazer* por parte dele, em cumprimento ao disposto no art. 2º da Convenção. Deve-se observar que o não cumprimento do disposto no art. 2º da Convenção acarreta nova responsabilidade internacional ao Estado. Trata-se de obrigação convencional da qual o Estado não pode se furtar, e mesmo inexistindo meios legais de amparar as vítimas na legislação do Estado deve o Poder Judiciário local dar guarida à pretensão da parte, resguardando-a de mal maior.

Artigo 12
Liberdade de Consciência e de Religião

1. Toda pessoa tem direito à liberdade de consciência e de religião. (1) Esse direito implica a liberdade de conservar sua religião ou suas crenças, ou de mudar de religião ou de crenças, bem como a liberdade de professar e divulgar sua religião ou suas crenças, individual ou coletivamente, tanto em público como em privado. (2)

2. Ninguém pode ser objeto de medidas restritivas que possam limitar sua liberdade de conservar sua religião ou suas crenças, ou de mudar de religião ou de crenças. (3)

3. A liberdade de manifestar a própria religião e as próprias crenças está sujeita unicamente às limitações prescritas pela lei e que se sejam necessárias para proteger a segurança, a ordem, a saúde ou a moral públicas ou os direitos ou liberdades das demais pessoas. (4)

4. Os pais, e quando for o caso os tutores, têm direito a que seus filhos ou pupilos recebam a educação religiosa e moral que esteja acorde com suas próprias convicções. (5)

LEGISLAÇÃO RELACIONADA

> **Legislação Internacional**
- Carta Africana dos Direitos Humanos e dos Povos: art. 8º
- Convenção Europeia de Direitos Humanos: art. 9º e art. 2º do Protocolo nº 1
- Convenção Internacional para a Eliminação de Todas as Formas de Discriminação Racial: art. 5º, *d*, VIII
- Convenção sobre o Direito das Crianças: art. 14
- Declaração Universal dos Direitos Humanos: art. 18
- Estatuto de Roma do Tribunal Penal Internacional: art. 8º, 2, *e*, IV
- Pacto Internacional dos Direitos Civis e Políticos: arts. 18; 27 e *Comentário Geral nº 22*
- Protocolo de Belém do Pará: art. 4º, *i*

> **Legislação Nacional**
- Constituição Federal: arts. 5º, VI, VII, VIII; 19, I; 150, V, *b*; 210

 ## JURISPRUDÊNCIA RELACIONADA

> **Jurisprudência Internacional**

Tribunal	Caso
Corte IDH	Comunidade Moiwana vs. Suriname (15 de junho de 2005)
Corte IDH	Instituto de Reeducação do Menor vs. Paraguai (2 de setembro de 2004)
Corte IDH	Opinião Consultiva nº 5 (13 de novembro de 1985)
Corte EDH	Tsartsidze e Outros vs. Georgia (17 de janeiro de 2017)
Corte EDH	Izzetin Dogan e Outros vs. Turquia (26 de abril de 2016)
Corte ADH	Comissão Africana dos Direitos Humanos e dos Povos vs. Quênia (26 de maio de 2017)
TPI	Caso Ahmad al Faqi Mahdi (27 de setembro de 2016)

> **Jurisprudência Nacional**

Tribunal	Caso
STF	RE 494601
STF	RE 888815
STF	ADI 5537
STF	ADI 4.439

 ## COMENTÁRIOS

Por *Valerio de Oliveira Mazzuoli*

(**1**) O direito à liberdade de *consciência* e de *religião* é um direito plural que se desdobra em vários outros direitos (liberdade de crença, liberdade de culto etc.), tendo por fundamento o reconhecimento de serem todas as pessoas entes racionais e autônomos.[748] Como já declarou a Corte Interamericana, a proteção do direito à liberdade religiosa é a base do pluralismo necessário para a convivência em uma sociedade democrática formada por indivíduos de variadas convicções e crenças.[749] Trata-se de um direito que se encontra no centro da problemática dos direitos humanos, sendo certo que nenhum texto constitucional atual o desconsidera e, tampouco, os tratados internacionais de direitos humanos assim o fazem.[750]

O comando do dispositivo ("Toda pessoa tem direito à liberdade de consciência e de religião") é dirigido notadamente ao Estado, que não pode fazer acepção às pessoas relativamente à sua consciência e religião. Em outros termos, a Convenção Americana prega a obrigação de ser *laico* o Estado (ou de *não ter religião oficial*). No Brasil, a Igreja foi separada do Estado pelo Dec. 119-A, de 7 de janeiro de 1890, de autoria de Rui Barbosa, o qual foi recepcionado pela nova ordem constitucional republicana em 1891, quando então o nosso país passou a ser leigo, não mais obrigando as pessoas a seguirem a religião católica, como era ao tempo do Império.

Como destaca Aldir Guedes Soriano, a partir desse momento a Igreja Católica perdeu privilégios e deixou de ser a igreja oficial do Estado, passando então as liberdades de crença e culto a serem sensivelmente ampliadas.[751] Essa separação entre Igreja e Estado se mantém na atual ordem constitucional brasileira. Assim, nos termos do art. 5º, VI, da Constituição de 1988, "é inviolável a liberdade de consciência e de crença, sendo assegurado o livre exercício dos cultos religiosos e garantida, na forma da lei, a proteção aos locais de culto e a suas liturgias". E, nos termos do seu art. 19, I, tal separação aparece de forma expressa, quando estabelece que é vedado à União, aos Estados, ao Distrito Federal e aos Municípios "estabelecer cultos religiosos ou igrejas, subvencioná-los, embaraçar-lhes o funcionamento ou manter com eles ou seus representantes relações de dependência ou aliança, ressalvada, na forma da lei, a colaboração de interesse público".

Cumpre observar que o chamado *Estado laico* não é um *Estado ateu e pagão*, e tampouco um *Estado confessional*. O Estado laico é neutro. Ou seja, não é ateu e pagão nem confessional. Tanto o Estado ateu e pagão quanto o Estado confessional são Estados hostis às liberdades individuais.[752] O atual Estado Constitucional e Hu-

748 Sobre o tema, *v.* MAZZUOLI, Valerio de Oliveira; SORIANO, Aldir Guedes (Coord.). *Direito à liberdade religiosa*: desafios e perspectivas para o século XXI. Belo Horizonte: Fórum, 2009. 484p.; e SORIANO, Aldir Guedes, *Liberdade religiosa no direito constitucional e internacional.* São Paulo: Juarez de Oliveira, 2002. p. 164 e ss.

749 *V.* Corte IDH. *Caso A Última Tentação de Cristo (Olmedo Bustos e outros) vs. Chile*, Mérito, Reparações e Custas. Sentença 05.02.2001, Série C, nº 73, parágrafo 74 (*b*).

750 Cf. MIRANDA, Jorge. *Manual de direito constitucional.* 2. ed. Coimbra: Coimbra Editora, 1998. t. IV, p. 355.

751 Cf. SORIANO, Aldir Guedes. O Brasil deve celebrar uma concordata com o Vaticano?. *Correio Braziliense*, Caderno "Direito & Justiça", 21 maio 2007, p. 3.

752 Segundo Aldir Guedes Soriano: "Não há dúvida de que o Estado ateu e hostil às religiões pode ser inimigo das liberdades individuais, principalmente em relação às liberdades de crença, consciência e culto. A própria Revolução Francesa levou, num primeiro momento, a uma série de desatinos contra os religiosos da época. Felizmente essa fase foi superada e a revolução acabou por contribuir para a ideia da separação entre o Estado e as confissões religiosas. Cumpre observar que o Estado

manista de Direito não aceita essas construções e prima sempre pela neutralidade em matéria religiosa.

Como instrumento de *soft law* do âmbito das Nações Unidas sobre proteção da liberdade religiosa, foi proclamada em 25 de novembro de 1981, pela Resolução da Assembleia Geral da ONU 36/55, a *Declaração Sobre a Eliminação de Todas as Formas de Intolerância e Discriminação Fundadas na Religião ou nas Convicções*. Nos termos dessa *Declaração*, toda pessoa "tem o direito de liberdade de pensamento, de consciência e de religião", incluindo-se, nesse contexto, "a liberdade de ter uma religião ou qualquer convicção à sua escolha, assim como a liberdade de manifestar sua religião ou suas convicções individuais ou coletivamente, tanto em público como em privado, mediante o culto, a observância, a prática e o ensino" (art. 1º, § 1). Dispõe ainda que "ninguém será objeto de discriminação por motivos de religião ou convicções por parte de nenhum Estado, instituição, grupo de pessoas ou particulares" (art. 2º, § 1). Entende-se por "intolerância e discriminação baseadas na religião ou nas convicções", nos termos da *Declaração*, toda "distinção, exclusão, restrição ou preferência fundada na religião ou nas convicções e cujo fim ou efeito seja a abolição ou o fim do reconhecimento, o gozo e o exercício em igualdade dos direitos humanos e das liberdades fundamentais" (art. 2º, § 2). É particularmente importante a disposição do art. 3º da *Declaração*, segundo o qual a "discriminação entre os seres humanos por motivos de religião ou de convicções constitui uma ofensa à dignidade humana e uma negação dos princípios da Carta das Nações Unidas, deve ser condenada como uma violação dos direitos humanos e das liberdades fundamentais proclamados na Declaração Universal dos Direitos Humanos e enunciados detalhadamente nos Pactos internacionais de direitos humanos, e como um obstáculo para as relações amistosas e pacíficas entre as nações".

(2) O direito à liberdade de consciência e de religião se traduz no direito de *crer* e de *não crer*, implicando a liberdade de conservar sua religião ou suas crenças, ou de mudar de religião ou de crenças, bem como a liberdade de professar e divulgar sua religião ou suas crenças, individual ou coletivamente, tanto em público, como em âmbito privado. Como leciona ALDIR GUEDES SORIANO: "O art. 12 da Convenção Americana traz algo mais além de meramente reproduzir o direito à liberdade religiosa, já consagrado pela Magna Carta. Em primeiro lugar, a alínea 1 amplia a liberdade religiosa, enfatizando que a liberdade de religião implica a liberdade de conservação

---

confessional também é capaz de cometer graves desatinos e atrocidades. Os horrores das "santas inquisições" só foram possíveis com a associação entre a igreja e o Estado, quando a heresia passou a ser considerada um crime contra o próprio Estado. Como se pode perceber, os dois extremos devem ser evitados. Por isso, é melhor que o Estado seja neutro. Sempre que o Estado tentou definir o que é o bem comum por meio de leis, ocorreram graves confrontos, barbáries, genocídios e guerras. Foi exatamente o que ocorreu com a experiência totalitarista nazista, que foi imposta por Hitler a partir da edição das leis de Nuremberg de 1935. O mesmo aconteceu quando os reis católicos Fernando e Isabel solicitaram ao Papa a instituição da inquisição espanhola. Os monarcas elegeram o catolicismo como o bem comum e pretenderam a unificação política e religiosa por meio da eliminação das minorias religiosas. Assim, positivando o bem comum, ateu ou religioso, o Estado se torna instrumento da tirania e da opressão" (Estado laico é neutro. *Folha de S. Paulo*, Caderno "Tendências e Debates", 20 jul. 2007, p. A3).

da religião ou crença, ou a mudança de religião ou crença, bem como a liberdade de professar e divulgar sua religião ou crença. Nota-se que a liberdade de divulgar a religião ou crença não se encontra, de forma explícita, na CF de 1988".[753]

(3) O Estado não pode submeter ninguém a medidas restritivas que possam limitar a liberdade de conservar sua religião ou suas crenças, ou de mudar tal religião ou tais crenças. Assim, a celebração de *concordatas* (tratados religiosos celebrados pelo Estado com o Vaticano, prevendo privilégios para cidadãos católicos) deve ser considerada inconstitucional no Brasil. Por dispensarem aos cidadãos católicos um tratamento especial e mais vantajoso em relação aos demais membros da sociedade (não católicos), violam as concordatas os princípios constitucionais da liberdade de consciência e de crença. Dessa forma, num contexto laico ou não confessional, não existe a possibilidade jurídica de se criar distinções entre cidadãos católicos e não católicos, notadamente no atual Estado Constitucional e Humanista de Direito.[754]

(4) A liberdade de manifestar a própria religião e as próprias crenças está sujeita apenas às *limitações previstas em lei* e que se façam necessárias para proteger a segurança, a ordem, a saúde ou a moral públicas ou os direitos e as liberdades das demais pessoas (art. 12, 3). Ao comentar esta disposição, assim leciona Aldir Guedes Soriano: "O ponto mais importante da Convenção em tela diz respeito aos limites em que a liberdade de manifestar a religião pode ser restringida. Sabemos que a liberdade religiosa não é absoluta, porém é fundamental determinar até que ponto essa liberdade pública pode ser restringida. A alínea 3 prevê que as restrições ficam sujeitas apenas à lei 'e que sejam necessárias para proteger a segurança, a ordem, a saúde ou a moral públicas ou os direitos ou liberdades das demais pessoas'. Temos, aqui, na verdade, dois requisitos: as limitações devem ser prescritas por lei e necessárias, para proteger a ordem, a saúde, a moral pública ou os direitos das demais pessoas. Por outro lado, se uma lei ordinária passa a restringir a liberdade religiosa, mesmo de uma minoria, essa lei há de ser declarada inconstitucional".[755]

(5) Os pais e, quando for o caso, os tutores têm direito a que seus filhos e pupilos recebam a educação religiosa e moral que esteja de acordo com as suas próprias convicções. Em outros termos, a Convenção Americana garante que os pais iniciem seus filhos na religião a que pertencem. Isso não significa, contudo, que os pais possam *obrigar* os filhos a seguirem a sua própria religião, significando apenas que poderão *iniciá-los* na educação religiosa que esteja de acordo com as suas convicções.

Artigo 13
Liberdade de Pensamento e de Expressão

1. Toda pessoa tem o direito à liberdade de pensamento e de expressão. (1) Esse direito compreende a liberdade de buscar, receber e difundir informações e ideias de toda natureza, sem consideração de fronteiras, verbalmente

---

[753]   Soriano, Aldir Guedes. *Liberdade religiosa no direito constitucional e internacional*, cit., p. 109.

[754]   Cf. Mazzuoli, Valerio de Oliveira. *Curso de direito internacional público*, cit., p. 371-372.

[755]   Soriano, Aldir Guedes. *Liberdade religiosa no direito constitucional e internacional*, cit., p. 109.

ou por escrito, ou em forma impressa ou artística, ou por qualquer outro processo de sua escolha. (2)

2. O exercício do direito previsto no inciso precedente não pode estar sujeito a censura prévia (3), mas a responsabilidades ulteriores, que devem ser expressamente fixadas pela lei a ser necessárias para assegurar:

a) o respeito aos direitos ou à reputação das demais pessoas; ou

b) a proteção da segurança nacional, da ordem pública, ou da saúde ou da moral públicas (4).

3. Não se pode restringir o direito de expressão por vias ou meios indiretos, tais como o abuso de controles oficiais ou particulares de papel de imprensa, de frequências radioelétricas ou de equipamentos e aparelhos usados na difusão de informação, nem por quaisquer outros meios destinados a obstar a comunicação e a circulação de ideias e opiniões. (5)

4. A lei pode submeter os espetáculos públicos a censura prévia, com o objetivo exclusivo de regular o acesso a eles, para proteção moral da infância e da adolescência, sem prejuízo do disposto no inciso 2. (6)

5. A lei deve proibir toda propaganda a favor da guerra, bem como toda apologia ao ódio nacional, racial ou religioso que constitua incitação à discriminação, à hostilidade, ao crime ou à violência. (7)

LEGISLAÇÃO RELACIONADA

➤ **Legislação Internacional**
- Carta Africana dos Direitos Humanos e dos Povos: art. 9º
- Convenção Europeia de Direitos Humanos: art. 10 e art. 2º do Protocolo nº 1
- Convenção Internacional Eliminação de Todas as Formas de Discriminação Racial: art. 5, *d*, VIII
- Convenção sobre o Direito das Crianças: art. 12; 13; 17
- Declaração Universal dos Direitos Humanos: art. 19
- Pacto Internacional dos Direitos Civis e Políticos: arts. 19; 20 e *Comentário Geral nº 10*

➤ **Legislação Nacional**
- Constituição Federal: art. 5º, IV, IX; 220, § 2º

JURISPRUDÊNCIA RELACIONADA

➤ **Jurisprudência Internacional**

Tribunal	Caso
Corte ADH	Ingabire Victoire Umuhoza vs. República de Ruanda (24 de novembro de 2017)
Corte EDH	Irina Fedotova vs. Rússia (19 de novembro de 2012)
Corte EDH	Rosiianu vs. Romênia (24 de junho de 2014)
Corte EDH	Cengiz e Outros vs. Turquia (1º de dezembro de 2015)

Tribunal	Caso
Corte EDH	Lindon Otchakovsky – Laurens e July vs. França (22 de outubro de 2007)
Corte EDH	Mariya Alekhina e Outros vs. Rússia (17 de julho de 2018)
Corte IDH	A Última Tentação de Cristo vs. Chile (5 de fevereiro de 2001)
Corte IDH	Manuel Cepeda Vargas vs. Colômbia (26 de maio de 2010)
Corte IDH	Opinião Consultiva nº 5 (13 de novembro de 1985)

➤ **Jurisprudência Nacional**

Tribunal	Caso
STF	ADI 4451
STF	RHC 134682
STF	Rcl 21504 AgR
STF	HC 141949
STF	ADI 4815
STF	ADI 2404
STF	HC 82424

 COMENTÁRIOS

Por *Valerio de Oliveira Mazzuoli*

(1) Toda pessoa tem direito à liberdade de *pensamento* e de *expressão*. Tanto o primeiro (liberdade de pensamento) como o segundo (liberdade de expressão) são direitos constantes da maioria dos ordenamentos constitucionais democráticos e que também encontram eco na normativa internacional, sendo *conditio sine qua non* do Estado Constitucional e Humanista de Direito. Compõem eles o chamado "*standard democrático*", sem o qual o pleno desenvolvimento dos direitos humanos não se realiza.

Tais direitos contam com uma dimensão *individual* (art. 13, 1, primeira parte) e uma dimensão *social* (art. 13, 1, *in fine*), as quais devem ser garantidas simultaneamente pelo Estado. Nesse sentido, a Corte Interamericana, no caso *A Última Tentação de Cristo*, declarou firmemente que o conteúdo do direito à liberdade de pensamento e de expressão abrange não só o direito e a liberdade de expressar seu próprio pensamento, senão também o direito e a liberdade de buscar e difundir informações e ideias de toda índole, motivo pelo qual tais liberdades têm uma dimensão *individual* e uma dimensão *social*.

Relativamente à dimensão *individual*, decidiu a Corte que o direito à liberdade de expressão não se esgota no reconhecimento teórico do direito de falar ou escrever, também compreendendo o direito de utilizar qualquer meio apropriado para difundir o pensamento e fazê-lo chegar ao maior número possível de destinatários. Nesse sentido, declarou a Corte que a expressão e a difusão do pensamento e da informação são *indivisíveis*, de modo que uma restrição das possibilidades de divulgação estaria a representar um limite ao direito de se expressar livremente. Por seu turno, no que tange à segunda dimensão do direito consagrado no art. 13 da Convenção (a dimensão *social*), assinalou a Corte que a liberdade de expressão é um meio para o intercâmbio de ideias e informações entre as pessoas, compreendendo o direito das pessoas comunicarem às outras seus pontos de vista, implicando ainda o direito de todas as pessoas de conhecer opiniões, relatos e notícias.[756]

A disposição convencional em comento está voltada para o Estado, que às vezes restringe (sem poder) esse direito do cidadão, censurando-o ou privando-o de externar seu pensamento ou de expressar sua opinião. Trata-se de direito que constitui um dos pilares da sociedade democrática e uma das principais condições para que os integrantes de um Estado possam desenvolver-se plenamente, sem o temor da censura e da opressão.

No que toca à liberdade de expressão, é importante destacar (ainda mais uma vez) que esse direito não se esgota na autorização teórica de falar, escrever ou expressar determinada arte (corporal, plástica, musical etc.), compreendendo também a utilização de qualquer meio (ou veículo) adequado para a difusão e expansão do pensamento, tudo com vistas a fazê-lo chegar ao maior número possível de indivíduos.[757]

(2) O direito à liberdade de pensamento e de expressão compreende também a liberdade de procurar, receber e difundir informações e ideias de qualquer natureza, sem considerações de fronteiras, verbalmente ou por escrito, ou em forma impressa ou artística, ou por qualquer meio de sua escolha. Trata-se da dimensão *social* do direito de liberdade de pensamento e de expressão.

O grande *leading case* da Corte Interamericana relativamente a esse tema foi o julgamento de 5 de fevereiro de 2001, relativo à proibição no Chile (baseada em uma disposição da Constituição chilena) da veiculação do filme *A Última Tentação de Cristo*, do cineasta Martin Scorcese. Nesse julgamento assinalou a Corte que "a expressão e difusão do pensamento e da informação são indivisíveis". Com isto, garantiu-se que toda pessoa tem o direito de ser suficientemente informada. Assim sendo, explica Cançado Trindade, "uma restrição às possibilidades de difusão representa diretamente uma limitação ao direito de liberdade de expressão, afigurando-se o respeito a esta última como essencial à extensão das ideias e informações entre as pessoas. [...] Ao estabelecer uma violação do art. 13 da Convenção, a Corte sustentou a responsabilidade internacional objetiva do Estado, por qualquer ato ou omissão da parte de qualquer de seus poderes ou órgãos, independentemente de sua hierarquia. A Corte determinou *inter alia* que o Estado demandado deveria, dentro de um tempo razoável, modificar seu direito interno, de modo a por fim à censura prévia e permitir a exibição da película *A Última Tentação de Cristo*".[758]

---

[756] Corte IDH. *Caso A Última Tentação de Cristo (Olmedo Bustos e outros)* vs. *Chile*, Mérito, Reparações e Custas. Sentença 05.02.2001, Série C, nº 73, parágrafos 64-66; e *Caso Ivcher Bronstein vs. Peru*, Reparações e Custas. Sentença 06.02. 2001, Série C, nº 74, parágrafos 146-147.

[757] Corte IDH. *Opinião Consultiva nº OC-5/85* de 13.11.1985, Série A, nº 5 – *A Associação Obrigatória de Jornalistas (artigos 13 e 29 da Convenção Interamericana de Direitos Humanos)*, parágrafo 31.

[758] Cançado Trindade, Antônio Augusto. *Tratado de direito internacional dos direitos humanos*, v. 3, cit., p. 78.

Portanto, é mister deixar claro que o direito à liberdade de pensamento e de expressão, para além de uma dimensão individual, tem também uma dimensão *social*, que importa no reconhecimento de que todos têm direito de intercambiar informações e de defender os seus pontos de vista. Esse direito abrange o de difundir e expandir tais informações a quem quer que seja. Em contrapartida, importa também no direito que todas as pessoas têm de *receber* informações de qualquer natureza ou de *procurar* por elas.[759] Quando se restringe ilegalmente a liberdade de expressão de alguém, não se está apenas violando esse direito em sentido estrito, senão também o direito de *receber* tais informações ou ideias, igualmente protegido pela Convenção e reconhecido pela Corte Interamericana.[760]

(3) É corolário lógico do direito à liberdade de pensamento e de expressão a proibição da censura prévia. Esta pode ser conceituada como todo ato ilegítimo destinado a impedir o exercício da liberdade de expressão em seu sentido amplo. Toda maneira de impedir esta liberdade que as pessoas têm de se expressar livremente vai de encontro aos princípios contemporâneos de formação do Estado Constitucional e Humanista de Direito. Assim, como já afirmado em perícia técnica no caso *A Última Tentação de Cristo*, quando o Poder Judiciário "proíbe preventivamente a circulação de um livro ou a exibição de um filme porque danificam a honra de determinadas pessoas, incorre em um ato flagrante de censura".[761]

O povo brasileiro bem conhece o tempo em que a *censura* manipulava a opinião de artistas e escritores, impedindo-lhes de externar seu fiel pensamento. Daí a regra estabelecida pela Convenção Americana no sentido de não se poder sujeitar o exercício desses direitos à prévia censura por parte dos agentes do Estado.

(4) O exercício do direito à liberdade de pensamento e de expressão, conquanto não esteja sujeito à censura prévia, está condicionado "a responsabilidades ulteriores". Isto quer dizer que não se pode proibir (censurar) a manifestação da liberdade de pensamento ou de expressão; mas, uma vez que se as utiliza, ou seja, uma vez que se exerce a liberdade de pensamento ou de expressão, o uso desse direito não pode extrapolar o limite do razoável e violar: *a)* o respeito dos direitos e a reputação das demais pessoas e; *b)* a proteção da segurança nacional, da ordem pública, ou da saúde ou da moral públicas. Tais "responsabilidades ulteriores" devem ser expressamente previstas em *lei* (em sentido formal) e desde que se façam necessárias para assegurar as situações citadas. Podem elas ser de cunho civil, criminal ou administrativo.

Não obstante seja difícil conceituar alguns termos referidos pela Convenção, como "ordem pública" e "moral pública", o certo é que nos termos da própria Convenção – *v.* art. 29, *a*, segundo o qual "nenhuma disposição da presente Convenção

---

[759] V. Corte IDH. *Caso Ricardo Canese vs. Paraguai*. Mérito, Reparações e Custas. Sentença 08.08.2004, Série C, n° 111, parágrafo 79.

[760] Cf. Corte IDH. *Opinião Consultiva n° OC-5/85* de 13.11.1985, Série A, n° 5 – *A Associação Obrigatória de Jornalistas (artigos 13 e 29 da Convenção Interamericana de Direitos Humanos)*, parágrafo 30.

[761] V. Corte IDH. *Caso A Última Tentação de Cristo (Olmedo Bustos e outros) vs. Chile*, Mérito, Reparações e Custas. Sentença 5 de fevereiro de 2001, Série C, n° 73, parágrafo 45 (*f*), citando a perícia técnica de José Luis Cea Egaña perante a Corte.

pode ser interpretada no sentido de permitir a qualquer dos Estados-Partes, grupo ou indivíduo, suprimir o gozo e o exercício dos direitos e liberdades reconhecidos na Convenção ou limitá-los em maior medida do que a nela prevista" – nenhum desses conceitos pode ser usado para justificar a supressão ou a limitação de um direito garantido pela Convenção ou para desfigurá-lo do seu real conteúdo.[762]

(5) Segundo o art. 13, 3 da Convenção Americana, não se pode restringir o direito de expressão "por vias e meios indiretos, tais como o abuso de controles oficiais ou particulares de papel de imprensa, de frequências radioelétricas ou de equipamentos e aparelhos usados na difusão de informação, nem por quaisquer outros meios destinados a obstar a comunicação e a circulação de ideias e opiniões". Tal dispositivo não apenas versa sobre as restrições governamentais indiretas, como também proíbe o abuso dos "controles... *particulares*" capazes de produzir o mesmo resultado. Por isso, segundo interpretação da Corte Interamericana, a violação da Convenção neste âmbito pode ser produto não apenas do fato de o Estado não ter imposto a si mesmo restrições destinadas a impedir indiretamente "a comunicação e a circulação de ideias e opiniões", mas também do fato de não ter assegurado que a dita violação não resulte dos "controles particulares" mencionados no art. 13, 3.[763]

(6) Não obstante a existência da regra do art. 13, 2 – que impede a censura prévia como condição ao exercício do direito à liberdade de pensamento e de expressão –, a Convenção autoriza, no item 4 do mesmo dispositivo, a censura prévia dos espetáculos *públicos* (jamais dos espetáculos e apresentações realizados na esfera puramente *privada*), com o objetivo exclusivo de regular o seu acesso por parte de crianças e adolescentes, visando prioritariamente a sua proteção moral. Nesse caso, parece justificável a censura prévia dos espetáculos públicos, quando visa proteger as crianças e adolescentes de cenas que, possivelmente, possam comprometer sua formação moral. Em suma, o dispositivo em comento estabelece a obrigação positiva do Estado de evitar a disseminação de informações que podem ter conteúdo indesejável a tais pessoas.

(7) Os Estados têm o dever de proibir toda propaganda a favor da guerra, bem como toda apologia ao ódio nacional, racial ou religioso que constitua incitamento à discriminação, à hostilidade, ao crime ou à violência. Os atos mais bárbaros e desumanos que a humanidade já presenciou decorreram, em grande medida, da prática do racismo (*v.g.*, os atentados contra os judeus, na Alemanha nazista), da intolerância religiosa ou por motivo de convicção política. Para que tais atos não mais ocorram é que se preocupou a Convenção em reprimir toda *propaganda* (a favor da guerra) ou *apologia* (ao ódio nacional, racial ou religioso) que constitua *incitamento* à discriminação, à hostilidade, ao crime ou à violência.

---

[762] Corte IDH. *Opinião Consultiva nº OC-5/85* de 13 de novembro de 1985, Série A, nº 5 – *A Associação Obrigatória de Jornalistas (artigos 13 e 29 da Convenção Interamericana de Direitos Humanos)*, parágrafo 67.

[763] Corte IDH. *Opinião Consultiva nº OC-5/85* de 13 de novembro de 1985, Série A, nº 5 – *A Associação Obrigatória de Jornalistas (artigos 13 e 29 da Convenção Interamericana de Direitos Humanos)*, parágrafo 48.

Artigo 14
Direito de Retificação ou Resposta

1. Toda pessoa atingida por informações inexatas ou ofensivas emitidas em seu prejuízo por meios de difusão legalmente regulamentados e que se dirijam ao público em geral, tem direito a fazer, pelo mesmo órgão de difusão, sua retificação ou resposta, nas condições que estabeleça a lei. (1)
2. Em nenhum caso a retificação ou a resposta eximirão das outras responsabilidades legais em que se houver incorrido. (2)
3. Para a efetiva proteção da honra e da reputação, toda publicação ou empresa jornalística, cinematográfica, de rádio ou televisão, deve ter uma pessoa responsável que não seja protegida por imunidades nem goze de foro especial. (3)

 LEGISLAÇÃO RELACIONADA

> **Legislação Internacional**
- Declaração Universal dos Direitos Humanos: art. 12

> **Legislação Nacional**
- Constituição Federal: art. 5º, V
- Lei 13.188/2015 (Direito de resposta ou retificação do ofendido)

 JURISPRUDÊNCIA RELACIONADA

> **Jurisprudência Internacional**

Tribunal	Caso
Corte IDH	Almonacid Arellano e Outros vs. Chile (26 de setembro de 2006)
Corte IDH	Opinião Consultiva nº 7 (29 de agosto 1986)
Corte EDH	Eker vs. Turquia (24 de outubro de 2017)
Corte EDH	Kaperzynski vs. Polônia (3 de abril de 2012)

> **Jurisprudência Nacional**

Tribunal	Caso
STF	ADI 4815
STF	ADPF 130
STJ	REsp 1440721

COMENTÁRIOS

Por *Valerio de Oliveira Mazzuoli*

(1) Toda pessoa atingida por informações inexatas ou ofensivas emitidas em seu prejuízo, por meios lícitos de difusão e que se dirijam ao público em geral (*v.g.*, programas de televisão, de rádio, espetáculos públicos etc.), tem o direito de fazer sua retificação ou resposta, pelo mesmo órgão de difusão, nos termos do que dispuser a lei do Estado-Parte.

A Convenção não se refere à *proporcionalidade* da resposta relativamente à ofensa, não indicando se as pessoas atingidas têm direito de responder em espaço igual ou maior, em que lapso pode exercitar esse direito, que terminologia é mais adequada etc. A Convenção diz apenas que estas condições serão as "que estabeleça a lei", frase que remete às normas internas dos Estados-Partes o estabelecimento das *condições* de exercício do direito de retificação ou resposta, o que poderá variar de país para país. Contudo, tal proporcionalidade da resposta relativamente à ofensa deve entender-se *implícita* no texto da Convenção, não podendo as leis dos Estados-Partes ultrapassar os limites restritivos razoáveis e os conceitos pertinentes já afirmados pela Corte Interamericana.

Como já destacado pela Corte na *Opinião Consultiva nº 7*, de 29 de agosto de 1986, solicitada pelo governo da Costa Rica, o "fato de poderem os Estados-Partes fixar condições do exercício do direito de retificação ou resposta, não impede a exigibilidade, conforme o direito internacional, das obrigações que aqueles contraíram segundo o art. 1.1, que estabelece o compromisso dos próprios Estados-Partes de 'respeitar os direitos e liberdades' reconhecidos na Convenção e de 'garantir seu livre e pleno exercício a toda pessoa sujeita à sua jurisdição...'. Em consequência, se por qualquer circunstância, o direito de retificação ou resposta não puder ser exercido por 'toda pessoa' sujeita à jurisdição de um Estado-Parte, tal constituiria uma violação da Convenção, suscetível de ser denunciada ante os órgãos de proteção por ela previstos".[764]

Em outras palavras, o direito de resposta deve ser proporcional ao agravo, nas condições que a lei (desde que com as limitações razoáveis) estatuir. Assim, quem responde a uma ofensa não se pode valer de outra ofensa e, tampouco, extrapolar a proporcionalidade do agravo sofrido (caso em que seu ato poderá constituir conduta típica no âmbito criminal). No Brasil, além do direito de resposta proporcional ao agravo, garante-se também ao ofendido a indenização por danos materiais, morais ou à imagem (CF, art. 5º, V).

O direito previsto no art. 14, 1, da Convenção Americana, foi discutido na Suprema Corte argentina no caso *Ekmekdjian c. Sofóvich*, de 1992.[765] O caso dizia respeito ao Sr. Miguel Ángel Ekmekdjian, constitucionalista argentino e professor titular da Faculdade de Direito da Universidade de Buenos Aires, que promoveu uma ação (*ação de amparo*) contra Gerardo Sofóvich, apresentador de um programa de televisão no

---

[764] Cf. Corte IDH. *Opinião Consultiva nº OC-7/86* de 29 de agosto de 1986, Série A, nº 7 – *Exigibilidade do Direito de Retificação ou Resposta (Arts. 14.1, 1.1 e 2 da Convenção Americana sobre Direitos Humanos)*, parágrafo 28.

[765] *Fallos*, 315:1492 (07.07.1992).

qual teria feito observações desabonadoras contra a Virgem Maria e Jesus Cristo. O Sr. Ekmekdjian, considerando-se prejudicado em suas convicções religiosas pelas palavras desabonadoras do apresentador, pretendeu exercer seu *direito de resposta* ao que ali se veiculara, tal como autorizado pelo art. 14, 1, da Convenção. Não obstante ter perdido a ação em segunda instância, onde se entendeu ser o direito de réplica apenas possível "nas condições que estabeleça a lei" (segundo a redação do próprio dispositivo em comento), o Sr. Ekmekdjian saiu vitorioso na Suprema Corte argentina, numa decisão apertada de cinco votos a quatro. No seu voto majoritário, a Suprema Corte daquele país analisou a condição jurídica dos tratados de direitos humanos na Argentina e sua eficácia interna, para concluir pelo *status* de supralegalidade de tais instrumentos internacionais na ordem doméstica (frise-se que o *caso Ekmekdjian c. Sofóvich* é 1992, anterior, portanto, à reforma constitucional argentina de 1994, que atribuiu hierarquia constitucional a vários tratados de direitos humanos, entre eles a Convenção Americana), tudo à luz do art. 27 da Convenção de Viena sobre o Direito dos Tratados de 1969,[766] segundo o qual "uma parte não pode invocar as disposições de seu direito interno para justificar o inadimplemento de um tratado". Em suma, a Suprema Corte argentina entendeu, por maioria, que o direito de resposta pode ser exercido ainda mesmo quando a pessoa atingida pelas informações inexatas ou ofensivas não tenha sido referida expressamente pelo veículo de comunicação (os votos dissidentes foram no sentido de que o direito de resposta não poderia ser exercido se o postulante não teve seu nome diretamente envolvido na matéria em pauta).

(**2**) Segundo a Convenção, "em nenhum caso a retificação ou a resposta eximirão das outras responsabilidades legais em que se houver incorrido". Em outras palavras, o direito de retificação ou de resposta legalmente exercido não afasta outras responsabilidades legais a que pode incorrer o responsável pela divulgação de informações inexatas ou ofensivas ao direito de outrem. Perceba-se a regra impositiva da Convenção na locução "em *nenhum caso...*". Assim, além do direito de retificação ou de resposta, pode o ofendido ingressar com ação no juízo cível, para pleitear danos morais, e no juízo criminal, a fim de requerer a condenação do autor por eventual crime de calúnia, difamação ou injúria.

(**3**) A Convenção também impõe às empresas jornalísticas, cinematográficas, de rádio ou televisão, o dever de apresentar um *responsável* por tudo o que ali se veicula. Tal medida destina-se a dar efetiva proteção ao pleito daqueles cuja honra ou reputação foram atingidos por informações inexatas ou ofensivas emitidas em seu prejuízo por tais meios de comunicação. Com isto se evita a prática, comum em alguns meios de imprensa acostumados a desprezar a ética, de levianamente macular a honra e a reputação das pessoas em matérias jornalísticas ou reportagens televisivas "sem autor". Daí então a exigência de se ter um *responsável* pela publicação de determinada matéria ou veiculação de notícia, filme etc.

---

[766] Referida Convenção foi aprovada, no Brasil, pelo Decreto Legislativo 496, de 17.07.2009, ratificada em 25.09.2009 e promulgada (com reservas aos arts. 25 e 66) pelo Decreto 7.030, de 14.12.2009. Perceba-se o lapso temporal (criticável) de quarenta anos entre a assinatura brasileira à Convenção de Viena de 1969 e sua ratificação e posterior promulgação.

Por derradeiro, exige a Convenção que tal pessoa não seja protegida por qualquer imunidade e tampouco goze de foro especial. Seria de todo ilógica a exigência de um *responsável* quando este é imune à aplicação da Justiça ou, ainda que a esta se submeta, goze de privilégios (como o foro especial etc.) relativamente a esta submissão.

Artigo 15
Direito de Reunião

É reconhecido o direito de reunião pacífica e sem armas. (1) O exercício de tal direito só pode estar sujeito às restrições previstas pela lei e que se sejam necessárias, numa sociedade democrática, no interesse da segurança nacional, da segurança ou da ordem públicas, ou para proteger a saúde ou a moral públicas ou os direitos e liberdades das demais pessoas. (2)

 ## LEGISLAÇÃO RELACIONADA

➢ **Legislação Internacional**
- Carta Africana dos Direitos e Bem-Estar das Crianças: art. 8º
- Carta Africana dos Direitos Humanos e dos Povos: art. 10
- Convenção Europeia de Direitos Humanos: art. 11
- Convenção Internacional Eliminação de Todas as Formas de Discriminação Racial: art. 5, *d*, IX
- Convenção Internacional Eliminação de Todas as Formas de Discriminação contra a Mulher: art. 7º
- Convenção Internacional para a Proteção de Todas as Pessoas contra o Desaparecimento Forçado: art. 24, 7
- Convenção Internacional Proteção de Direitos dos Trabalhadores Migrantes e Membros de suas Famílias: art. 26
- Convenção Internacional sobre os Direitos das Pessoas com Deficiência: art. 29, *b*
- Convenção sobre o Direito das Crianças: art. 15
- Declaração Universal dos Direitos Humanos: art. 20
- Pacto Internacional dos Direitos Civis e Políticos: art. 22
- Pacto Internacional dos Direitos Econômicos, Sociais e Culturais: art. 8º

➢ **Legislação Nacional**
- Constituição Federal: art. 5, XVI

 ## JURISPRUDÊNCIA RELACIONADA

➢ **Jurisprudência Internacional**

Tribunal	Caso
Corte IDH	Caso Escher e Outros vs. Brasil (20 de novembro de 2009)
Corte IDH	Caso Kawas Fernández vs. Honduras (3 de abril de 2009)
Corte EDH	Church of Scientology Moscow vs. Russia (5 de abril de 2007)

Tribunal	Caso
Corte EDH	ASLEF vs. Reino Unido (27 de fevereiro de 2007)
Corte EDH	Bączkowski e Outros vs. Polônia (3 de maio de 2007)
Corte EDH	Demir and Baykara vs. Turquia (12 de novembro de 2008)

> **Jurisprudência Nacional**

Tribunal	Caso
STF	ADPF 187
STF	ADI 4274
STF	ADI 1969

 ## COMENTÁRIOS

Por *Valerio de Oliveira Mazzuoli*

(1) A garantia do direito de reunião pacífica e sem armas se consubstancia – na fórmula usada por Paolo Barile – no "exercício coletivo de um direito individual".[767] Tal direito é reconhecido aos cidadãos (quando exercido pacificamente e sem armas) independentemente do *fim* a que perseguem com a realização da dita reunião. Assim, não importa a finalidade ou a *pauta* da reunião que se realiza; importa que todos têm o direito de estar reunidos para tratar de quaisquer assuntos que lhes aprouver. Assim, a finalidade *ilícita* da reunião não vicia sua realização, uma vez que, na sistemática da Convenção Americana – tal qual na da Constituição italiana (art. 17) de 1947 – é suficiente que a mesma se realize *pacificamente* e *sem armas*. O que vicia uma reunião estabelecida para tratar de assuntos ilícitos é a *própria ilegalidade* do ato que se quer praticar e não propriamente a *reunião* das pessoas que dele participam. Por exemplo, não se reprova a reunião de certas pessoas em um cassino clandestino, mas sim a atividade do jogo ilegal propriamente dita, da qual respondem os participantes (jogadores) a título individual.[768]

(2) O exercício do direito de reunião pacífica pode sujeitar-se a eventuais restrições *previstas em lei* e que se façam necessárias, em uma sociedade democrática, ao interesse da segurança nacional, da segurança ou ordem públicas, ou para proteger a saúde ou a moral públicas ou os direitos e as liberdades das demais pessoas. A expressão *lei* usada pelo dispositivo em comento conota a lei *formal*, que é a elaborada pelos parlamentos (compostos por representantes eleitos democraticamente), com respeito às regras constitucionalmente previstas para o devido processo legislativo.

Justifica-se a restrição ao direito de reunião quando em jogo a citada segurança nacional, a segurança ou a ordem públicas, bem assim quando a vontade da lei é pro-

---

[767] BARILE, Paolo. *Diritti dell'uomo e libertà fondamentali*. Bologna: Il Mulino, 1984. p. 182.
[768] Cf. BARILE, Paolo. Idem, p. 182-183.

teger a saúde ou a moral públicas ou os direitos e liberdades das demais pessoas. Tal é assim em todos os sistemas democráticos. Ou seja, restringe-se o exercício de um direito, mas em vista de uma razão ou de um interesse mais amplo. Assim, havendo lei a regulamentar a matéria e estando presente ao menos uma das situações ali previstas, o exercício da pretendida reunião poderá restar inviabilizado.

Artigo 16
Liberdade de Associação

1. Todas as pessoas têm o direito de associar-se livremente com fins ideológicos, religiosos, políticos, econômicos, trabalhistas, sociais, culturais, desportivos ou de qualquer outra natureza. (1)

2. O exercício de tal direito só pode estar sujeito às restrições previstas pela lei que sejam necessárias, numa sociedade democrática, no interesse da segurança nacional, da segurança ou da ordem públicas, ou para proteger a saúde ou a moral públicas ou os direitos e liberdades das demais pessoas. (2)

3. O disposto neste artigo não impede a imposição de restrições legais, e mesmo a privação do exercício do direito de associação, aos membros das forças armadas e da polícia. (3)

 ## LEGISLAÇÃO RELACIONADA

> **Legislação Internacional**
- Carta Africana dos Direitos e Bem-Estar das Crianças: art. 8
- Convenção Europeia de Direitos Humanos: art. 11
- Convenção Internacional Eliminação de Todas as Formas de Discriminação Racial: art. 5, *d*, IX
- Convenção Internacional Proteção de Direitos dos Trabalhadores Migrantes e Membros de suas Famílias: art. 26
- Convenção Internacional sobre os Direitos das Pessoas com Deficiência: art. 29
- Convenção sobre o Direito das Crianças: art. 15
- Declaração Universal dos Direitos Humanos: art. 20
- Pacto Internacional dos Direitos Civis e Políticos: art. 21

> **Legislação Nacional**
- Constituição Federal: art. 5, XVII, XVIII, XIX, XX

 ## JURISPRUDÊNCIA RELACIONADA

> **Jurisprudência Internacional**

Tribunal	Caso
Corte IDH	Caso Huilca Tecse vs. Peru (3 de março de 2005)
Corte EDH	Navalnyy vs. Russia (15 de novembro de 2018)
Corte EDH	Cumhuriyet Halk Partisi vs. Turquia (26 de abril de 2016)

> **Jurisprudência Nacional**

Tribunal	Caso
STF	ADPF 187
STF	ADI 4274
STF	ADI 1969

 COMENTÁRIOS

Por *Valerio de Oliveira Mazzuoli*

(1) Para além do direito de se reunir (art. 15), todas as pessoas também têm o direito de livremente *associar-se* (art. 16). O conceito de liberdade de associação vem do Direito Constitucional e conota o direito que homens e mulheres têm de se unirem mutuamente para o cumprimento de uma determinada finalidade, sem a interferência do Estado. Os textos constitucionais contemporâneos garantem o direito de associação livre entre pessoas, impedindo compelir-se alguém a associar-se ou a permanecer associado (CF, art. 5º, XX), somente impedindo as associações de caráter paramilitar. As associações legalmente autorizadas têm legitimidade para representar seus filiados, judicial ou extrajudicialmente. São várias as finalidades de uma associação de pessoas. Entre outras, citam-se os motivos ideológicos, religiosos, políticos, econômicos, trabalhistas, sociais, culturais, desportivos etc.

O direito à liberdade de associação estabelecido pelo art. 16 da Convenção Americana é garantido a todas as pessoas sem a intervenção de autoridades públicas que limitem ou impeçam o seu exercício.[769]

(2) O exercício do direito de livre associação só pode ser limitado em virtude de lei (em sentido *formal*) do Estado, que se faça necessária ao interesse da segurança nacional, da segurança e da ordem públicas, ou à proteção da saúde ou moral públicas ou dos direitos e liberdades das demais pessoas. Sem esses requisitos não pode qualquer Estado interamericano limitar às pessoas o seu direito reconhecido de livre associação.

(3) Uma exceção justificável, aberta pela Convenção, quanto ao exercício do direito de livre associação, está ligada aos membros das forças armadas e da polícia. Daí a redação da Convenção segundo a qual o presente artigo "não impede a imposição de restrições legais, e mesmo a privação do exercício do direito de associação, aos membros das forças armadas e da polícia" (art. 16, 3). Assim, é lícito ao Estado *limitar* ou, até mesmo, *privar* o exercício desse direito a tais pessoas, justamente levando em consideração a corporação que integram, a qual tem por princípios regentes os da hierarquia e disciplina.

---

[769] Corte IDH. *Caso Cantoral Huamaní e Garcia Santa Cruz* vs. *Peru.* Mérito, Reparações e Custas. Sentença 10.07.2007, Série C, nº 167, parágrafo 144.

Artigo 17
Proteção da Família

1. A família é o elemento natural e fundamental da sociedade e deve ser protegida pela sociedade e pelo Estado. (1)

2. É reconhecido o direito do homem e da mulher de contraírem casamento e de fundarem uma família, se tiverem a idade e as condições para isso exigidas pelas leis internas, na medida em que não afetem estas o princípio da não discriminação estabelecido nesta Convenção. (2)

3. O casamento não pode ser celebrado sem o livre e pleno consentimento dos contraentes. (3)

4. Os Estados-Partes devem tomar medidas apropriadas no sentido de asse-gurar a igualdade de direitos e a adequada equivalência de responsabilidade dos cônjuges quanto ao casamento, durante o casamento e em caso de dis-solução do mesmo. (4) Em caso de dissolução, serão adotadas disposições que assegurem a proteção necessária aos filhos, com base unicamente no interesse e conveniência dos mesmos. (5)

5. A lei deve reconhecer iguais direitos tanto aos filhos nascidos fora do casamento como aos nascidos dentro do casamento. (6)

LEGISLAÇÃO RELACIONADA

➢ **Legislação Internacional**
- Carta Africana dos Direitos Humanos e dos Povos: art. 18
- Convenção Europeia de Direitos Humanos: art. 8º
- Convenção Internacional para Eliminação de Todas as Formas de Discriminação contra a Mulher: arts. 9º; 11; 26
- Convenção Internacional Proteção de Direitos dos Trabalhadores Migrantes e Membros de suas Famílias: arts. 4º; 13; 44; 50
- Convenção Internacional sobre os Direitos das Pessoas com Deficiência: art. 29
- Convenção sobre os Aspectos Civis do Sequestro Internacional de Crianças
- Declaração Universal dos Direitos Humanos: art. 16
- Pacto Internacional dos Direitos Civis e Políticos: art. 23

➢ **Legislação Nacional**
- Código Civil, arts. 1.512; 1.514; 1.517; 1.525; 1.527; 1.535; 1.548; 1.566; 1.571; 1.583/1.590; 1.596; 1.612; 1.723; 1.799; 1.800
- Constituição Federal: arts. 226; 227; 230
- Estatuto da Criança e do Adolescente, art. 41, § 2º
- Lei nº 13.811/19 (que alterou o art. 1.520 do Código Civil)

JURISPRUDÊNCIA RELACIONADA

➢ **Jurisprudência Internacional**

Tribunal	Caso
Corte ADH	Ingabire Victoire Umuhoza vs. Ruanda (24 de novembro de 2017)

Tribunal	Caso
Corte EDH	Schalk and Kopf vs. Austria (24 de junho de 2010)
Corte EDH	Kurochkin vs. Ucrânia (20 de agosto de 2010)
Corte IDH	Caso Atala Riffo e Outros vs. Chile (24 de fevereiro de 2012)
Corte IDH	Caso Fornerón e Hija vs. Argentina (27 de abril de 2012)
Corte IDH	Opinião Consultiva nº 24/2017 (9 de janeiro de 2018)

> ➢ **Jurisprudência Nacional**

Tribunal	Caso
STF	ADPF 132
STF	ADI 4277
STF	RE 878694
STF	RE 646721

 COMENTÁRIOS

Por *Valerio de Oliveira Mazzuoli*

(1) A Convenção Americana reconhece a importância da *família* como "núcleo natural e fundamental da sociedade", a qual "deve ser protegida pela sociedade e pelo Estado". Trata-se de instituição das mais importantes que se tem notícia na humanidade, devendo, por isso, encontrar proteção ambivalente tanto pela própria sociedade como pelo Estado.

A instituição família, como núcleo natural e fundamental do Estado, também encontra previsão nas ordens constitucionais contemporâneas, *v.g.*, a do Brasil, segundo a qual "[a] família, base da sociedade, tem especial proteção do Estado" (CF, art. 226, *caput*). Tal demonstra que a Constituição brasileira de 1988 vai ao encontro do direito internacional dos direitos humanos ao garantir à família a "especial proteção do Estado", em complemento à regra do art. 17, 1, da Convenção Americana, que ordena a proteção do Estado (sem o qualificativo "especial", presente na Constituição brasileira) a todas as famílias existentes nos Estados-Partes à Convenção Americana.

Seja como for, certo é que a ordem jurídica brasileira está *conforme* ao sistema interamericano de proteção dos direitos humanos no que tange à proteção da entidade familiar, facilitando, nesse âmbito, o controle de convencionalidade do tema.

(2) É livre a união de homens e mulheres (entre si, ou entre dois homens, ou duas mulheres, no caso de uniões homoafetivas) com o fim de contraírem casamento e de constituírem uma família, se tiverem a idade mínima para o matrimônio e preencherem as condições legais para isso exigidas, sempre que tais condições legais não afetem o princípio da não discriminação estabelecido pela Convenção.

As leis sobre casamento existentes nos Estados não podem afetar o princípio da não discriminação estabelecido na Convenção. Nos termos do Código Civil brasileiro em vigor (art. 1.517), a idade mínima para o casamento no Brasil é de *dezesseis anos*, mas desde que sejam autorizados por ambos os pais, ou seus representantes legais. A partir dos dezoito anos de idade (maioridade civil) não se exige mais a autorização dos pais. É anulável o casamento de quem não completou a idade mínima (dezesseis anos) para casar ou do menor em idade núbil (de dezesseis a dezoito anos) quando não autorizado por seu representante legal (CC, art. 1.550, I e II). Assim, tem-se que a idade núbil no Brasil é dezesseis anos de idade, mas a lei impõe a autorização de ambos os pais (ou dos representantes) até o nubente completar dezoito anos.

No Brasil, até o advento da Lei nº 13.811/2019, admitia-se, a título excepcional, o casamento de menores de dezesseis anos para evitar imposição ou cumprimento de pena criminal em caso de gravidez (CC, antigo art. 1.520). Depois da entrada em vigor da Lei nº 13.811/2019, alterou-se a redação do art. 1.520 do Código Civil para determinar que "[n]ão será permitido, *em qualquer caso*, o casamento de quem não atingiu a idade núbil, observado o disposto no art. 1.517 deste Código". Portanto, no Direito Civil brasileiro atual não há que se cogitar do casamento infantil (menores de dezesseis anos) em quaisquer hipóteses, como anteriormente ocorria para evitar imposição ou cumprimento de pena criminal em caso de gravidez.

Por fim, reafirme-se que a locução da Convenção de que "[é] reconhecido o direito do *homem* e da *mulher* de contraírem casamento e de constituírem uma família" não impede que as ordens internas dos Estados-Partes reconheçam uniões homoafetivas em seus respectivos universos jurídicos, como fez, *v.g.*, o Supremo Tribunal Federal brasileiro desde o ano de 2011.[770] De fato, a regra da Convenção Americana coloca um padrão *mínimo* protetivo (ao casamento entre homem e mulher) que pode ser ampliado a critério do Estado, para também abranger casais do mesmo sexo sem qualquer discriminação. Daí a interpretação correta da norma convencional em comento ser no sentido de garantir *às pessoas interessadas* o direito de contrair casamento e de constituir família, sem discriminação em virtude de sexo, raça, cor, língua, religião etc.

(3) O princípio da liberdade do matrimônio há de ser paradigma internacional para as legislações de todos os Estados democráticos, sem o que uma nítida violação de direitos humanos se apresenta, pois não passa incólume ao controle de convencionalidade (tanto da Convenção Americana quanto de instrumentos da ONU, como o Pacto Internacional dos Direitos Civis e Políticos) obrigar alguém a contrair matrimônio.

Portanto, no entorno geográfico interamericano, a regra da Convenção Americana de que "o casamento não pode ser celebrado sem o livre e pleno consentimento dos contraentes" afasta qualquer norma interna em sentido contrário; eiva de inconvencionalidade das disposições de países que não atribui às pessoas a plena liberdade matrimonial. Mesmo nos casos em que a celebração do casamento depende de autorização de ambos os pais (no caso dos maiores de dezesseis e menores de dezoito anos, no Brasil), tal autorização não é substitutiva da vontade dos nubentes, que deverá ser sempre livre e plena.

---

[770] STF, ADI 4277 e ADPF 132. Sobre a união homoafetiva na jurisprudência do STF, *v.* Mazzuoli, Valerio de Oliveira. *Curso de direitos humanos*. 6. ed. rev., atual. e ampl. São Paulo: Método, 2019. p. 400-402.

(4) É dever dos Estados adotar as medidas apropriadas que assegurem a igualdade de direitos e deveres de ambos os cônjuges relativamente ao casamento, seja o matrimônio hétero ou homoafetivo. Essa igualdade entre os componentes do casal deve estar assegurada durante todo o matrimônio e também por ocasião de sua dissolução. Cabe, assim, ao Poder Legislativo adotar leis que garantam a efetividade dessa disposição convencional (e também constitucional).

(5) A proteção dos filhos, em caso de dissolução do casamento, deve ser entendida como prioridade, uma vez que do término do matrimônio podem ocorrer gravames (materiais e psicológicos) difíceis de se recuperar depois. Daí a Convenção ter estabelecido que, em caso de dissolução do casamento, devem os Estados adotar as disposições que assegurem a proteção necessária aos filhos, com base *unicamente* no interesse e na conveniência dos mesmos. Tal quer dizer – repita-se – que a prioridade é sempre o interesse ("com base *unicamente* no interesse...") dos filhos na dissolução. Uma das obrigações mais conhecidas devidas aos filhos menores é o pagamento de pensão alimentícia. A Convenção Americana autoriza a *prisão civil* de um dos pais em caso de inadimplemento das obrigações alimentares (*v.* art. 7, 7).

(6) As legislações contemporâneas (seguindo a tendência do atual constitucionalismo democrático) não fazem mais acepção aos filhos nascidos dentro ou fora do casamento. Da mesma forma, o Direito Internacional contemporâneo prega a vedação de qualquer forma de discriminação entre os filhos nascidos dentro ou fora do matrimônio. Antigamente se falava em *filhos legítimos* (aqueles concebidos na constância do casamento) e *filhos ilegítimos* (aqueles concebidos fora do casamento). Deste último grupo faziam parte várias "categorias" de filhos nascidos de pessoas não casadas (e advindos de situações moralmente reprováveis), como os filhos *adulterinos* e os *incestuosos* (ambos chamados de filhos *espúrios*). Hoje, todos os filhos são reconhecidos durante a vigência da sociedade conjugal, sejam ou não nascidos dentro do casamento, não podendo ser discriminados por causa do fato do seu nascimento, sendo ainda herdeiros necessários do casal, de forma idêntica ao direito que têm à herança os filhos gerados na constância do matrimônio.

Artigo 18
Direito ao Nome

Toda pessoa tem direito a um prenome e aos nomes de seus pais ou ao de um destes. (1) A lei deve regular a forma de assegurar a todos esse direito, mediante nomes fictícios, se for necessário. (2)

 ## LEGISLAÇÃO RELACIONADA

> **Legislação Internacional**
- Convenção sobre o Direito das Crianças: art. 7º
- Declaração sobre os Princípios Sociais e Jurídicos Relativos à Proteção e ao Bem-Estar das Crianças: art. 8º
- Pacto Internacional de Direitos Civis e Políticos: art. 24, 2, § 2º

> **Legislação Nacional**
- Código Civil: arts. 16-19

JURISPRUDÊNCIA RELACIONADA

> **Jurisprudência Internacional**

Tribunal	Caso
Corte IDH	Caso Contreras e Outros vs. El Salvador (31 de agosto de 2011)
Corte IDH	Caso Gelman vs. Uruguay (24 de fevereiro de 2011)
Corte IDH	Caso Fornerón e Hija vs. Argentina (27 de abril de 2012)

> **Jurisprudência Nacional**

Tribunal	Caso
STF	ADI 4.275
STF	RE 670.422
STF	RE 363.889

COMENTÁRIOS

Por *Valerio de Oliveira Mazzuoli*

(1) Toda pessoa tem direito a um prenome e aos nomes de seus pais ou ao de um destes somente. O *nome* das pessoas é um atributo básico indispensável de sua personalidade, pois sem ele os indivíduos não são reconhecidos quer pela sociedade quer pelo Estado.[771] Não obstante o dispositivo se referir às pessoas de maneira genérica, é certo que, na prática, a violação do direito ao nome e ao prenome tem ocorrido constantemente com as crianças, que têm proteção específica da Convenção no dispositivo subsequente (art. 19).

No caso *Irmãs Serrano Cruz* vs. *El Salvador*, a Corte Interamericana demonstrou que o direito ao nome tem *duas* dimensões: *a)* a primeira delas é o direito de toda criança possuir um nome e o de que ele seja devidamente inscrito, uma vez que o desrespeito a tal direito provocaria o ato de tornar a criança *desconhecida* do Estado e da sociedade, facilitando que seja objeto de comércio, rapto ou outros tratos incompatíveis com o gozo de seus direitos; *b)* a segunda dimensão é o direito que a criança tem de preservar sua identidade, incluída sua nacionalidade, seu nome e as suas relações familiares, de conformidade com a lei e sem ingerências indevidas. Assim, reconheceu-se nesse julgamento que "a obrigação positiva consagrada no art. 18 da Convenção reside na inscrição das crianças no registro civil correspondente,

---

[771]   Cf. Corte IDH. *Caso das Meninas Yean e Bosico* vs. *República Dominicana*. Exceções Preliminares, Mérito, Reparações e Custas. Sentença 08.09.2005, Série C, nº 130, parágrafo 182.

como um reconhecimento expresso do Estado à identidade e pertinência da criança a uma família, a uma sociedade e a uma cultura", com a correspondente *obrigação negativa* do Estado de abster-se de despojar uma pessoa "do nome já outorgado e devidamente inscrito".[772]

Daí se entender que o direito ao nome está intimamente ligado ao direito à identidade, que por sua vez está ligado ao direito ao reconhecimento da personalidade jurídica (art. 3º da Convenção). Tudo isto somado revela a importância do *direito ao nome*, sem o qual o indivíduo se desguarnece dos elementos necessários que o ligam à sua identidade e, logicamente, à sua condição de *pessoa*. Esse direito – destaca Cançado Trindade – vem reforçar a tutela dos direitos humanos, protegendo cada pessoa humana contra a desfiguração ou vulneração de sua "verdade pessoal", motivo pelo qual sua relevância é notória, "com incidência direta na personalidade e capacidade jurídicas da pessoa humana, tanto no plano do direito interno como no do direito internacional".[773]

(2) É papel da lei interna regular a forma de assegurar a todos o direito ao nome (prenome e nome dos pais ou de um destes). Caso seja necessário, até mesmo a adoção de um *nome fictício* deve ser assegurada.

No caso *Meninas Yean e Bosico* vs. *República Dominicana*, decidiu a Corte que dentro do marco do art. 18 da Convenção, os Estados têm a obrigação de não somente proteger o direito ao nome, mas também de tomar as medidas necessárias para facilitar o registro das pessoas, imediatamente depois de seu nascimento. Decidiu, igualmente, que os Estados devem garantir que a pessoa seja registrada com o nome eleito por ela ou por seus pais, sem nenhum tipo de restrição ou interferência na decisão de escolha do nome.[774]

No Brasil, o procedimento relativo ao registro de nascimento das pessoas (onde deve constar o *nome* atribuído à criança) encontra-se na Lei de Registros Públicos (Lei 6.015/73), que cuida do assunto no art. 54. A Lei também prevê a possibilidade de o maior de idade alterar o seu nome, desde que não prejudique os apelidos de família, averbando-se a alteração a qual deve ser publicada na imprensa (art. 56).

Artigo 19
Direitos da Criança

Toda criança tem direito às medidas de proteção que a sua condição de menor requer (1) por parte da sua família, da sociedade e do Estado. (2)

---

[772] Corte IDH. *Caso das Irmãs Serrano Cruz* vs. *El Salvador*. Mérito, Reparações e Custas. Sentença 1.º.03.2005, Série C, nº 120, parágrafo 120.

[773] Corte IDH. *Caso das Irmãs Serrano Cruz* vs. *El Salvador*. Mérito, Reparações e Custas. Sentença 1.º.03.2005, Série C, nº 120 (Voto dissidente do Juiz Cançado Trindade), parágrafo 19.

[774] Corte IDH. *Caso das Meninas Yean e Bosico* vs. *República Dominicana*. Exceções Preliminares, Mérito, Reparações e Custas. Sentença 08.09.2005, Série C, nº 130, parágrafos 183-184.

LEGISLAÇÃO RELACIONADA

➤ **Legislação Internacional**
- Declaração Universal do direito das Crianças: art. 1-10
- Protocolo Adicional à Convenção Americana sobre Direitos Humanos em matéria de Direitos Econômicos, Sociais e Culturais (Protocolo de San Salvador): art. 16
- Carta dos direitos fundamentais da União Europeia: art. 24, 1 e 2
- Carta Africana dos Direitos Humanos e dos Povos: art. 18, 3

➤ **Legislação Nacional**
- Constituição Federal: art. 227
- Estatuto da Criança e do Adolescente: arts. 98, 99, 100, 101 e 102

 ## JURISPRUDÊNCIA RELACIONADA

➤ **Jurisprudência Internacional**

Tribunal	Caso
Corte IDH	Caso "Instituto de Reeducação do Menor" vs. Paraguai (2 de setembro de 2004)
Corte IDH	Caso das Crianças e adolescentes privados de liberdade no "complexo do Tatuapé" da FEBEM (30 de novembro de 2005)
Corte IDH	Caso das Crianças Yean e Básico vs. República Dominicana (8 de setembro de 2005)
Corte IDH	Caso Contreras e Outros vs. El Salvador (31 agosto de 2001)
Corte IDH	Caso Fornerón e filha vs. Argentina (27 abril de 2012)
Corte IDH	Caso Furlan e Familiares vs. Argentina (31 de agosto de 2012)

➤ **Jurisprudência Nacional**

Tribunal	Caso
STF	HC 143.641
STF	RE 778.889

 ## COMENTÁRIOS

Por *Valerio de Oliveira Mazzuoli*

(1) A condição de *menor* requer várias *medidas de proteção*, que devem ser tomadas por parte da família, da sociedade e, sobretudo, do Estado. Tais medidas são das mais variadas e vão desde a proteção da integridade física e psicológica da criança (contra maus-tratos, torturas etc.), até sua salvaguarda contra todo e qualquer tipo de exploração infantil (trabalho infantil, prostituição infantil etc.). Para que tal aconteça com efetividade, é importante que o sistema interamericano de direitos humanos dialogue com o sistema global de proteção (sistema das Nações Unidas), a fim de melhor garantir, no Continente Americano, a proteção de toda criança contra violações aos seus direitos (internamente e internacionalmente) reconhecidos.

Assim, uma das condições necessárias para a garantia de tais *medidas de proteção* é que o Estado brasileiro ratifique os tratados internacionais de proteção dos direitos da criança. O Brasil, nesse sentido, é parte da *Convenção sobre os Direitos da Criança* (tratado pertencente ao sistema de direitos humanos das Nações Unidas), adotada pela Resolução L. 44 (XLIV) da Assembleia Geral da ONU, em 20 de novembro de 1989 e ratificada em 20 de setembro e 1990. Com a ratificação, pelo Brasil, desta Convenção específica, fica possível o referido *diálogo* entre o sistema regional interamericano e o sistema global, relativamente aos direitos da criança.

Nos termos da Convenção sobre os Direitos da Criança – que considera *criança* todo ser humano menor de 18 anos de idade, salvo se, em conformidade com a lei aplicável à criança, a maioridade seja alcançada antes, nos termos do seu art. 1º –, os Estados-Partes se comprometem a respeitar os direitos nela previstos e os assegurar "a cada criança sujeita à sua jurisdição, sem distinção alguma, independentemente de raça, cor, sexo, idioma, crença, opinião política ou de outra índole, origem nacional, étnica ou social, posição econômica, deficiências físicas, nascimento ou qualquer outra condição da criança, de seus pais ou de seus representantes legais" (art. 2º, § 1º). Deverão também os Estados tomar todas "as medidas apropriadas para assegurar a proteção da criança contra toda forma de discriminação ou castigo por causa da condição, das atividades, das opiniões manifestadas ou das crenças de seus pais, representantes legais ou familiares" (art. 2º, § 2º).

A Convenção sobre os Direitos da Criança já foi complementada por dois protocolos, ambos já ratificados pelo Brasil: o Protocolo Facultativo à Convenção sobre os Direitos da Criança Referente à Venda de Crianças, à Prostituição Infantil e à Pornografia Infantil e o Protocolo Facultativo à Convenção sobre os Direitos da Criança Relativo ao Envolvimento de Crianças em Conflitos Armados, ambos concluídos em 25 de maio de 2000 e promulgados no Brasil, respectivamente, pelos Decretos presidenciais 5006 e 5007, todos de 8 de março de 2004. Frise-se, ainda, existir no sistema interamericano de direitos humanos a Convenção Internacional sobre Tráfico Internacional de Menores, de 1994, também em vigor no Brasil desde 1998.

Também no plano global, os direitos da criança encontram-se protegidos por tratados *genéricos* de direitos humanos, como o Pacto Internacional sobre Direitos Civis e Políticos e o Pacto Internacional dos Direitos Econômicos, Sociais e Culturais, ambos concluídos em Nova York em 1966. O primeiro, assim dispõe no seu art. 24: "1. Toda criança terá direito, sem discriminação alguma por motivo de cor, sexo, língua, religião, origem nacional ou social, situação econômica ou nascimento, às medidas de proteção que a sua condição de menor requer por parte de sua família, da sociedade e do Estado. 2. Toda criança deverá ser registrada imediatamente após seu nascimento e deverá receber um nome. 3. Toda criança terá o direito de adquirir uma nacionalidade". E o segundo, assim estabelece no seu art. 10, § 3º: "Devem-se adotar medidas especiais de proteção e de assistência em prol de todas as crianças e adolescentes, sem distinção alguma por motivo de filiação ou qualquer outra condição. Devem-se proteger as crianças e adolescentes contra a exploração econômica e social. O emprego de crianças e adolescentes em trabalho que lhes sejam nocivos à moral e à saúde ou que lhes façam correr perigo de vida, ou ainda que lhes venham a prejudicar o desenvolvimento normal, será punido por lei. Os Estados devem também estabelecer limites de idade sob os quais fique proibido e punido por lei o emprego assalariado da mão de obra infantil".

Os direitos da criança encontram-se assegurados, na ordem interna brasileira, no art. 227 da Constituição, segundo o qual: "É dever da família, da sociedade e do Estado assegurar à criança e ao adolescente, com absoluta prioridade, o direito à vida, à saúde, à alimentação, à educação, ao lazer, à profissionalização, à cultura, à dignidade, ao respeito, à liberdade e à convivência familiar e comunitária, além de colocá-los a salvo de toda forma de negligência, discriminação, exploração, violência, crueldade e opressão". Seu § 4º acrescenta que "a lei punirá severamente o abuso, a violência e a exploração sexual da criança e do adolescente".

São direitos da criança e do adolescente garantidos pelo ordenamento constitucional vigente: assistência integral à saúde; direitos previdenciários; direitos e garantias processuais aos menores aos quais for atribuído ato infracional, assegurando-se-lhes defesa técnica por profissional habilitado; obediência ao princípio da brevidade, da excepcionalidade e respeito à condição peculiar de pessoa em desenvolvimento, quando da aplicação de qualquer medida privativa da liberdade; o direito à igualdade e à não discriminação pela filiação, proibida a distinção entre filhos havidos ou não da relação do casamento ou por adoção (sobre este último aspecto, *v.* art. 17, 5, da Convenção).

Dentre os preceitos garantistas de significativa relevância, inclui-se a norma constante do art. 228 da Constituição, que consagra a *inimputabilidade penal* aos menores de 18 anos, submetendo-os às normas da legislação especial (*v.* art. 104, da Lei 8.069/90 – Estatuto da Criança e do Adolescente). Tal preceito, por sua natureza garantista de direito fundamental, constitui *cláusula pétrea* do texto constitucional, sendo, portanto, insuscetível de supressão na esfera legal (art. 60, § 4º, IV, CF). É lamentável que a legislação de alguns países, com base em práticas culturais, desconsidere outros fatores preponderantes para o desenvolvimento humano pleno, trazendo para patamar extremamente baixo a idade limite para o conceito legal de criança. Ademais, é notório que os índices de violência não têm diminuído nos países que adotam a redução da maioridade penal.

Como observam Luiz Flávio Gomes e Alice Bianchini, com o advento da Convenção da ONU sobre os direitos da criança (subscrita por mais de 180 países, incluindo o Brasil), é extreme de dúvidas "que se transformou em consenso mundial a idade de 18 anos para a imputabilidade penal", o que não significa "que o menor não deva ser responsabilizado pelos seus atos infracionais". E os mesmos juristas concluem: "No imaginário popular brasileiro difundiu-se equivocadamente a ideia de que o menor não se sujeita a praticamente nenhuma medida repressiva. Isso não é correto. O ECA [Estatuto da Criança e do Adolescente] prevê incontáveis providências socioeducativas contra o infrator (advertência, liberdade assistida, semiliberdade etc.). Até mesmo a internação é possível (e 'internação' nada mais significa que 'prisão'), embora regida (corretamente) pelos princípios da brevidade e da *ultima ratio* (última medida a ser pensada e adotada). A lei concebe a privação da liberdade do menor, quando se apresenta absolutamente necessária. Não é preciso, evidentemente, chegar à solução do Direito penal italiano, que admite a imputabilidade penal acima dos 14 anos, conforme se constate concretamente (em cada caso) que o menor tinha capacidade de querer e de entender (CP italiano, art. 97). Não parece aceitável, de outro lado, remeter o menor para o Código Penal; muito menos transferi-lo para os cárceres destinados aos adultos quando completa 18 anos. Não basta ademais, para se adotar medidas mais contundentes, a mera grave ameaça à pessoa (que faz parte da essência do roubo). Para isso o ECA já prevê a internação. Moderação e equilíbrio é tudo o que se espera de toda medida legislativa".[775]

A proteção especial ao menor no Brasil tem foro constitucional, *v.g.*, no disposto no art. 7º, XXXIII da Carta Magna, que dispõe sobre direitos sociais, na proteção do trabalho noturno, perigoso ou insalubre a menores de dezoito anos e de qualquer trabalho a menores de dezesseis anos, salvo na condição de aprendiz, a partir de quatorze anos. O atendimento prioritário à criança e ao adolescente vem igualmente reforçado no comando emanado do art. 227, § 7º da Constituição, que se reporta ao art. 204 da mesma Carta, no qual se assegura os *recursos orçamentários* para a implementação de política pública compatível com as exigências na área social desse atendimento.

Entre as frequentes violações aos direitos humanos das crianças e dos adolescentes, citam-se: o abuso sexual (estupro, atentados violentos ao pudor etc.); a pedofilia; a prostituição infantil; a exploração sexual infantojuvenil; o trabalho ilegal; o trabalho escravo; a violência física (lesões corporais e morte); a violência psicológica; a grave omissão quanto às necessidades básicas alimentares, de assistência à saúde e educação; a mutilação genital das meninas "muçulmanas", em ritual de passagem; o recrutamento de meninos nos conflitos armados; as mortes por discriminação de gênero (*v.g.*, as eliminações de bebês do sexo feminino ocorridas na China) etc.

O episódio bíblico da matança dos inocentes por ordem do Imperador Herodes (século IV, a.C.), os abusos sexuais de crianças nos campos de refugiados e as chacinas recentes dos menores de rua, igualmente revelam a trajetória histórica das violações dos direitos humanos das crianças, bem como a necessidade de esforço internacional para a sua proteção eficaz. A verdadeira proteção das crianças é aquela que permite que todas elas desfrutem amplamente de todos os seus direitos, entre eles os econômicos, sociais e culturais, que lhes garantem diversos tratados internacionais.[776]

(2) É dever da *família*, da *sociedade* e, sobretudo, do *Estado*, garantir a toda criança as medidas de proteção que a sua condição de menor requer. Desde o convívio familiar até sua participação como membro da sociedade, deve a criança estar protegida contra arbitrariedades e violações de direitos humanos. Daí não se poder privar a criança do seu núcleo familiar quando não existirem razões determinantes para separá-las de sua família. A família e a sociedade em geral têm o dever de proteger a criança contra tais arbitrariedades, mas não se poderá jamais dizer que essa obrigação familiar e da sociedade ultrapassam a do Estado, que é o gestor primário das garantias constitucionais e internacionais de proteção dos direitos humanos. Assim, o Estado tem grandes responsabilidades na garantia de medidas eficazes de proteção dos direitos da criança. Uma delas está em ratificar os tratados internacionais (regionais ou globais) específicos sobre direitos da criança, já anteriormente citados. Uma outra,

---

[775]   GOMES, Luiz Flávio; BIANCHINI, Alice. A maioria e a maioridade penal. *Consulex*, ano XI, n. 245, p. 32-34, 2007.

[776]   Corte IDH. *Opinião Consultiva nº OC-17/02* de 28.08.2002, Série A, nº 17 – *Condição Jurídica e Direitos Humanos da Criança (Arts. 8.º e 25)*, parágrafo 8.

está em condenar (na sua função de Estado-juiz) os responsáveis pelas práticas de crimes contra os direitos das crianças, baseando o julgamento na Constituição *e nos tratados internacionais* em que a República Federativa do Brasil seja parte.

Mas não é só ratificando tratados e condenando aqueles que violam direitos da criança que o Estado satisfaz a sua obrigação contida no art. 19 da Convenção. O Estado também tem a obrigação de agir positivamente na consagração às crianças dos seus direitos sociais *lato sensu*, em especial o direito à educação. Assim, conforme já decidiu a Corte Interamericana, de acordo com o dever de proteção especial das crianças consagrado pelo art. 19, interpretado à luz da Convenção sobre os Direitos da Criança e do Protocolo Adicional à Convenção Americana em Matéria de Direitos Econômicos, Sociais e Culturais, levando-se em conta o dever de desenvolvimento progressivo contido no art. 26 da Convenção Americana, todo Estado deve prover a *educação primária gratuita* a todos os menores, em um ambiente em condições propícias para o seu pleno desenvolvimento intelectual.[777]

Deve-se ter sempre em conta que os direitos e as garantias previstos na Convenção Americana se aplicam *a qualquer pessoa*, sendo, portanto, extensível às crianças. A obrigação que impõe aos Estados o art. 19 da Convenção é a de desenvolver normativa adequada e políticas públicas efetivas para garantir as medidas de proteção que a condição de *ser criança* requer, de sorte que qualquer ato estatal nesse sentido deve estar voltado para o conceito de *proteção integral*, que reconhece à criança a condição de *sujeito de direito* e lhe confere autonomia na construção do seu próprio futuro. Afasta-se, assim, a antiga distinção entre "crianças" (que estariam com suas necessidades básicas satisfeitas) e "menores" (membros da população infantil com suas necessidades básicas insatisfeitas e, portanto, em *situação irregular*). Em matéria penal, amplia-se a utilização de medidas socioeducativas como sanção cabível e diminui-se ao máximo a aplicação de penas privativas de liberdade.

Na *Opinião Consultiva nº 17*, de 28 de agosto de 2002, sobre a condição jurídica e os direitos humanos da criança, a Corte Interamericana deixou claro que as crianças não são apenas *objetos de proteção*, senão verdadeiros *sujeitos (titulares) de direito*. Em outras palavras, a falta de capacidade jurídica – ou seja, de capacidade para o exercício de direitos *de per si* – não retira de qualquer pessoa sua *personalidade jurídica*, como é o caso das crianças. Como destacou Cançado Trindade no seu Voto Concorrente relativo à mesma *Opinião*, "o fato de que as crianças não desfrutam de plena capacidade jurídica para atuar, e que tenham assim que exercer seus direitos por meio de outras pessoas, não lhes priva de sua condição jurídica de sujeitos de direito". Declarou ainda a Corte que o princípio da igualdade, insculpido no art. 24 da Convenção Americana, não impede a adoção de regras e medidas específicas em relação às crianças, as quais requerem um tratamento *diferente* em função de suas condições especiais.[778]

---

[777] Corte IDH. *Caso das Meninas Yean e Bosico* vs. *República Dominicana*. Exceções Preliminares, Mérito, Reparações e Custas. Sentença 08.09.2005, Série C, nº 130, parágrafo 185.

[778] V. Corte IDH. *Opinião Consultiva nº OC-17/02* de 28.08.2002, Série A, nº 17 – *Condição Jurídica e Direitos Humanos da Criança (Arts. 8.º e 25)*, parágrafo 137, nº 1 e 3; e o Voto Concorrente do Juiz Cançado Trindade, parágrafos 32-53.

Artigo 20
Direito à Nacionalidade

1. Toda pessoa tem direito a uma nacionalidade. (1)

2. Toda pessoa tem direito à nacionalidade do Estado em cujo território houver nascido, se não tiver direito a outra. (2)

3. A ninguém se deve privar arbitrariamente de sua nacionalidade (3) nem do direito de mudá-la. (4)

 ## LEGISLAÇÃO RELACIONADA

> **Legislação Internacional**

- Carta Africana dos Direitos e do Bem-Estar da Criança: art. 6º
- Carta Árabe de Direitos Humanos: art. 24
- Convenção Internacional sobre a Eliminação de todas as Formas de Discriminação Racial: art. 5º, *d*, III
- Convenção Internacional sobre os Direitos das Pessoas com Deficiência: art. 18
- Convenção sobre a Eliminação de Todas as Formas de Discriminação contra a Mulher: art. 9º
- Convenção sobre os Direitos da Criança: arts. 7º e 8º
- Declaração Americana dos Direitos e Deveres do Homem: art. 19
- Declaração Universal dos Direitos Humanos: art. 15
- Pacto Internacional sobre Direitos Civis e Políticos: art. 24, 3
- Protocolo à Carta Africana dos Direitos Humanos e dos Povos sobre os Direitos das Mulheres em África (Protocolo de Maputo): art. 6º, *g* e *h*

> **Legislação Nacional**

- Constituição Federal: art. 4, X; 12, I, II; 112, II
- Lei de Migração

 ## JURISPRUDÊNCIA RELACIONADA

> **Jurisprudência Internacional**

Tribunal	Caso
Corte ADH	Anudo Ochieng Anudo vs. Tanzânia (22 de março de 2018)
Corte EDH	Kurić e Outros vs. Eslovênia
Corte IDH	Caso Gelman vs. Uruguai (24 de fevereiro de 2011)
Corte IDH	Caso dos Dominicanos e Haitianos expulsos vs. República Dominicana. (28 de agosto de 2014)
Corte IDH	Opinião Consultiva nº 04/1984
CIJ	Caso Nottebohm (Liechtenstein vs. Guatemala) (6 de abril de 1955)

> **Jurisprudência Nacional**

Tribunal	Caso
STF	MS 33864
STF	HC 83450

 **COMENTÁRIOS**

Por *Valerio de Oliveira Mazzuoli*

(1) Com a finalidade de impedir a apatridia no Continente Americano, o art. 20, 1, da Convenção Americana estabelece a regra imperativa segundo a qual "toda pessoa tem direito a uma nacionalidade".

Nacionalidade é o vínculo jurídico-político que une permanentemente determinado Estado e os indivíduos que o compõem, fazendo destes últimos um dos elementos da dimensão pessoal do Estado.[779] Contudo, do ponto de vista *humano* a nacionalidade conota um direito de cunho *essencial*, vez que sem ela o indivíduo perde a sua condição de *cidadão*, ficando à margem da sociedade e do Estado e, consequentemente, da proteção diplomática de qualquer soberania.

Etimologicamente, a expressão nacionalidade deriva de *natio*, que indica um agrupamento de indivíduos unidos por laços mais sociológicos que jurídicos, como a mesma raça, língua, religião, história, cultura etc. A ideia remonta ao chamado *princípio das nacionalidades*, defendido pelo jurista italiano Pasquale Stanislao Mancini ao elaborar o conceito de *Nação*. Diz-se, atualmente, tratar de um vínculo *jurídico-político*, uma vez que a nacionalidade, em si, não constitui mero vínculo jurídico, pois pode o indivíduo ser nacional de um Estado e estar sujeito, juridicamente, à legislação de outro, como a *lex domicilli* ou a lei do centro vital dos seus interesses etc.

Contrapõe-se ao *nacional* a figura do *estrangeiro*. Daí serem *nacionais* do país aquelas pessoas às quais a norma constitucional é dirigida, ou em virtude do nascimento ou por fato a ele posterior. Em outras palavras, a nacionalidade nada mais é do que o estado de dependência em que se encontram os indivíduos perante o Estado a que pertencem. Esse vínculo jurídico-político que liga uma pessoa ao Estado recebe, dentro desse ente estatal, um tratamento normativo de direito interno, consistente na incumbência que o Estado tem de legislar sobre sua própria nacionalidade, desde que observados os princípios que o Direito Internacional (convencional e costumeiro) lhe impõe para tanto. Em assim sendo, cada Estado é livre para *legislar* sobre a nacionalidade de seus indivíduos, sem que haja qualquer relevância a vontade pessoal ou os interesses privados destes, o que não significa que lhes sejam retirados o direito à *escolha* e ao *exercício* dessa nacionalidade.

A Corte Interamericana tem entendido que o direito previsto no art. 20 da Convenção Americana abrange dois aspectos: *a*) significa dotar o indivíduo de um mínimo

---

[779]   Para um estudo detalhado do direito da nacionalidade e da nacionalidade brasileira, *v.* Mazzuoli, Valerio de Oliveira. *Curso de direito internacional público,* cit., p. 606-646.

de amparo jurídico nas relações internacionais, ao estabelecer um vínculo com um Estado determinado; e *b*) significa protegê-lo contra a privação de sua nacionalidade em forma arbitrária, porque desse modo o estaria privando da totalidade de seus direitos políticos e daqueles direitos civis que se sustentam na própria nacionalidade.[780]

Frise-se que a Declaração Universal dos Direitos Humanos erigiu a nacionalidade à categoria de *direito fundamental da pessoa humana*, tendo como fundamento as inúmeras dificuldades resultantes da apatria. No seu art. 15, itens 1 e 2, ficou expresso que "toda pessoa tem direito a uma nacionalidade", e que "ninguém será arbitrariamente privado de sua nacionalidade, nem do direito de mudar de nacionalidade". A Declaração Americana dos Direitos e Deveres do Homem, aprovada na *IX Conferência Internacional Americana*, em Bogotá, em abril de 1948, também já havia disciplinado, em seu art. 19, que toda pessoa "tem direito à nacionalidade que legalmente lhe corresponda, podendo mudá-la, se assim o desejar, pela de qualquer outro país que estiver disposto a concedê-la".

Cada qual à sua maneira, o certo é que a maioria dos Estados contemporâneos têm autorizado – nos seus textos constitucionais – a *aquisição* de sua nacionalidade àqueles estrangeiros que pretendam integrar a comunidade de indivíduos que os compõem, por meio do instituto jurídico da *naturalização*. Tal é a possibilidade que se abre para que um estrangeiro ou apátrida obtenha a nacionalidade de um determinado Estado do qual pretende ser nacional, independentemente do caso fortuito de ter nascido em um dado Estado (*jus soli*) ou de ser filho de um nacional desse Estado (*jus sanguinis*), mas sim por ato voluntário seu que demonstra sua aptidão – respeitada a legislação interna – para *integrar* uma certa sociedade política, seus hábitos e maneiras de vida, seu sistema de valores e a sua cultura.[781]

O propósito maior do art. 20, 1, da Convenção Americana é impedir totalmente a ocorrência de apatria no Continente Americano, prezando para que todas as pessoas não percam – para falar como Celso Lafer – o seu "elemento de conexão básico com o Direito Internacional Público", uma vez que é o instituto da nacionalidade que liga uma pessoa a um determinado Estado, garantindo àquela a proteção diplomática deste, decorrente da competência pessoal do Estado em relação aos seus nacionais.[782] Assim, todo ato estatal destinado a retirar das pessoas a possibilidade de terem uma nacionalidade, ou destinado a dificultar-lhes o seu acesso, caracteriza a violação da Convenção e é passível de responsabilização internacional.

(2) A Convenção Americana, no art. 20, 2, ao garantir a todas as pessoas nascidas em algum dos seus Estados-Partes a nacionalidade destes, passou a consagrar a regra do *jus soli* para fins de proteção contra os severos efeitos da *apatria*, a qual normalmente ocorre por meio do choque negativo de leis. O exemplo jurídico mais comum de apatria (ou *heimatlose*, na expressão alemã) diz respeito ao caso do filho de pais estrangeiros nascido em país que adota o *jus sanguinis*, quando o Estado de origem dos

---

[780]   Corte IDH. *Caso Ivcher Bronstein* vs. *Peru*. Reparações e Custas. Sentença 06.02.2001, Série C, n° 74, parágrafo 87; e *Caso das Meninas Yean e Bosico* vs. *República Dominicana*. Exceções Preliminares, Mérito, Reparações e Custas. Sentença 08.09.2005, Série C, n° 130, parágrafo 139.

[781]   Cf. Corte IDH. *Caso Ivcher Bronstein* vs. *Peru*. Reparações e Custas. Sentença 6 de fevereiro de 2001, Série C, n° 74, parágrafo 91.

[782]   LAFER, Celso. *A reconstrução dos direitos humanos...*, cit., p. 146.

pais adota o sistema do *jus soli*, sem quaisquer temperamentos. Mas também existem meios *políticos* de se forjar a apatria, como ocorreu no totalitarismo alemão da Segunda Guerra, que privou as pessoas de sua nacionalidade, gerando assim refugiados e apátridas. Daí a regra protetiva prevista no art. 20, 2, da Convenção, segundo a qual toda pessoa tem o direito de ter ao menos *uma nacionalidade*, que é a do Estado-Parte em cujo território houver nascido. Tal previsão evita que os indivíduos nascidos em país do Continente Americano fiquem desamparados dos benefícios do princípio da legalidade e que se tornem *displaced persons*.[783]

Como leciona José Francisco Rezek, o dispositivo em comento da Convenção Americana é "norma dotada de incontestável eficácia, que, acaso aceita pela totalidade dos Estados, reduziria substancialmente a incidência dos casos de apatria, podendo mesmo eliminá-los por inteiro quando complementada por disposições de direito interno relativas à extensão ficta do território (navios e aeronaves) e à presunção de nascimento local em favor dos expostos".[784] Tal dispositivo vem ao encontro dos princípios do moderno Direito Internacional Público, que *ratione materiae* já insere o tema da nacionalidade nas normas internacionais de proteção, procurando evitar – como destaca Celso Lafer – "que existam pessoas que, ao se verem expulsas da trindade Estado-Povo-Território, percam os benefícios da legalidade".[785]

A Constituição de 1988 assegura a condição de brasileiros natos àqueles que se enquadrarem nas disposições do art. 12, I, segundo o qual:

> "Art. 12. São brasileiros:
>
> I – natos:
>
> *a*) os nascidos na República Federativa do Brasil, ainda que de pais estrangeiros, desde que estes não estejam a serviço de seu país;
>
> *b*) os nascidos no estrangeiro, de pai brasileiro ou mãe brasileira, desde que qualquer deles esteja a serviço da República Federativa do Brasil;
>
> *c*) os nascidos no estrangeiro de pai brasileiro ou de mãe brasileira, desde que sejam registrados em repartição brasileira competente ou venham a residir na República Federativa do Brasil e optem, em qualquer tempo, depois de atingida a maioridade, pela nacionalidade brasileira [...]."

Esta última disposição (alínea *c*) teve sua redação definida pela Emenda Constitucional 54, de 20 de setembro de 2007, atendendo à solicitação de inúmeras famílias brasileiras que viviam no exterior e sentiam dificuldades na atribuição da nacionalidade brasileira aos filhos ali nascidos de acordo com a sistemática constitucional anterior.

Nos termos do art. 12, II, da Constituição, são brasileiros *naturalizados*: *a*) os que, na forma da lei, adquiram a nacionalidade brasileira, exigidas aos originários de países de língua portuguesa apenas residência por um ano ininterrupto e idoneidade moral; e *b*) os estrangeiros de qualquer nacionalidade residentes na República Fede-

---

[783]   Idem, p. 158.

[784]   REZEK, José Francisco. *Direito internacional público*: curso elementar. 9. ed. São Paulo: Saraiva, 2002. p. 176.

[785]   LAFER, Celso. *A reconstrução dos direitos humanos...*, cit., p. 154.

rativa do Brasil há mais de quinze anos ininterruptos e sem condenação penal, desde que requeiram a nacionalidade brasileira.[786]

(3) A última regra que coloca a Convenção Americana sobre o tema se encontra no art. 20, 3, segundo o qual "a ninguém se deve privar arbitrariamente de sua nacionalidade, nem do direito de mudá-la". A privação arbitrária da nacionalidade é uma das piores violações de direitos humanos que se conhece, vez que *descarta* as pessoas da sua condição de *cidadãs* e, assim, dos benefícios concedidos pela lei aos nacionais. O totalitarismo – como o da Alemanha Nazista, já citado – valeu-se desta descartabilidade para gerar *refugiados* e, sobretudo, *apátridas*. Estes, como destaca CELSO LAFER, são pessoas "forçadas a viver fora de um mundo comum, vale dizer, excluídas de um repertório compartilhado de significados que uma comunidade política oferece e que a cidadania garante", restando "jogadas na sua *natural givenness*".[787] Assim, por falta de um vínculo com uma ordem jurídica nacional, acabam "não encontrando lugar – qualquer lugar – num mundo como o do século XX, totalmente organizado e ocupado politicamente", o que os torna *de facto* e *de jure* desnecessários porque indesejáveis *erga omnes*.[788]

O que está a proibir a Convenção Americana é que o Estado e seus agentes destituam imotivadamente as pessoas de suas nacionalidades, tornando-as apátridas por um capricho *ex parte principis*.[789]

As privações *não arbitrárias* da nacionalidade são permitidas pela Convenção. Contudo, nem sempre é fácil saber o que se considera privação *não arbitrária*. Veja-se, por exemplo, o que dispõe a Constituição brasileira de 1988 sobre a perda da nacionalidade brasileira:

"Art. 12
[...]
§ 4º Será declarada a perda da nacionalidade do brasileiro que:
I – tiver cancelada sua naturalização, por sentença judicial, em virtude de atividade nociva ao interesse nacional;
II – adquirir outra nacionalidade, salvo nos casos:
a) de reconhecimento de nacionalidade originária pela lei estrangeira;
b) de imposição de naturalização, pela norma estrangeira, ao brasileiro residente em Estado estrangeiro, como condição para permanência em seu território ou para o exercício de direitos civis."

---

[786]   V. explicação dessas regras em MAZZUOLI, Valerio de Oliveira. *Curso de direito internacional público*, cit., p. 633-637.

[787]   LAFER, Celso. *A reconstrução dos direitos humanos...*, cit., p. 150.

[788]   V. Trecho da mensagem do então Ministro das Relações Exteriores, Celso Lafer, por ocasião da abertura da exposição "*Visto para a vida: diplomatas que salvaram judeus*", no Centro Cultural Maria Antônia da USP (São Paulo, maio de 2001).

[789]   Cf. REZEK, José Francisco. *Le droit international de la nationalité. Recueil des Cours*, v. 198, III, p. 354-355, 1986.

Seria possível considerar *não arbitrárias* as hipóteses de perda da nacionalidade brasileira elencadas no dispositivo constitucional transcrito? Segundo entendemos, salvo o caso da aquisição de outra nacionalidade pelo brasileiro nato (perda da condição de nacional por *mudança*), o cancelamento judicial da naturalização de um cidadão brasileiro "em virtude de atividade nociva ao interesse nacional" poderia configurar-se em privação arbitrária da nacionalidade enquanto não existir estrita definição legal do que seja "atividade *nociva* ao *interesse nacional*". Como já escrevemos em outro livro, as expressões "*atividade nociva* e *interesse nacional* são expressões abertas e de conteúdo variável, podendo dar margem a injustiças e a toda sorte de perseguições, ainda mais quando se sabe que, em regimes autoritários, é sempre *nocivo* ao interesse nacional exprimir ideias contrárias às daqueles que estão no poder".[790]

O professor Celso Lafer vai mais além, *de lege ferenda*, desta exigência de definição do conteúdo jurídico da expressão "atividade nociva ao interesse nacional", entendendo que "a tradição constitucional brasileira, iniciada em 1934, ao prever o cancelamento judicial da nacionalidade apenas para o naturalizado, inseriu na norma uma desigualdade arbitrária, pois a eventual 'atividade contrária ao interesse nacional' é sancionada com a perda da nacionalidade apenas para o cidadão naturalizado". Para Lafer, a perda da nacionalidade do brasileiro naturalizado tal como prevista na Constituição é "uma pena inaceitável – uma punição cruel como a tortura –, ainda mais quando cominada para um comportamento como 'atividade contrária ao interesse nacional', que nos próprios termos do texto constitucional é uma noção de conteúdo variável, não oferecendo aos destinatários da norma elementos para dela inferir um comportamento adequado".[791]

Aceitando-se as constatações acima, em quaisquer das hipóteses colocadas relativas à perda da nacionalidade do brasileiro naturalizado, seria perfeitamente possível alegar-se afronta à norma do art. 20, 3, da Convenção Americana pelo texto constitucional brasileiro em vigor.

(4) Da mesma forma que ninguém pode ser arbitrariamente privado de sua nacionalidade, também não poderá ser privado do direito de mudá-la. A mudança de nacionalidade – normalmente por meio da *naturalização* em outro Estado – é um direito personalíssimo da pessoa humana, o qual nem as leis internas, nem o texto constitucional poderão dela subtrair.

São vários os motivos que levam as pessoas à mudança de nacionalidade, entre eles o trabalho em outros países, a busca por melhores condições de vida ou, ainda, a fuga a perseguições políticas ou ideológicas. Em quaisquer casos, o direito de mudar de nacionalidade resta garantido como forma de desligamento da pessoa à ordem jurídica do Estado de origem, libertando-a para prosseguir a vida sob a jurisdição de outra soberania que melhor lhe proteja.

---

[790]   Mazzuoli, Valerio de Oliveira. *Curso de direito internacional público*, cit., p. 639.

[791]   Lafer, Celso. *A reconstrução dos direitos humanos…*, cit., p. 165.

Artigo 21
Direito à Propriedade Privada

1. Toda pessoa tem direito ao uso e gozo dos seus bens. (1) A lei pode subordinar esse uso e gozo ao interesse social. (2)

2. Nenhuma pessoa pode ser privada de seus bens, salvo mediante o pagamento de indenização justa, por motivo de utilidade pública ou de interesse social e nos casos e na forma estabelecidos pela lei. (3)

3. Tanto a usura (4) como qualquer outra forma de exploração do homem pelo homem devem ser reprimidas pela lei. (5)

LEGISLAÇÃO RELACIONADA

> **Legislação Internacional**
- Carta Africana dos Direitos Humanos dos Povos: art. 14
- Convenção Europeia de Direitos Humanos: art. 8º

> **Legislação Nacional**
- Código Civil: art. 1.228
- Constituição Federal: art. 5º, XXII

JURISPRUDÊNCIA RELACIONADA

> **Jurisprudência Internacional**

Tribunal	Caso
Corte IDH	Caso Chaparro Álvarez e Lapo Íñiguez vs. Equador (21 de novembro de 2007)
Corte IDH	Caso Furlan E Familiares vs. Argentina (31 de agosto de 2012)
Corte IDH	Caso da Comunidade Indígena Xákmok Kásek vs. Paraguai (24 de agosto de 2010)
Corte IDH	Caso Acevedo Buendía e Outros vs. Peru (1º de julho de 2009)
Corte IDH	Caso "Cinco Aposentados" vs. Peru (28 de fevereiro de 2008)
Corte EDH	Caso of Chiragov e Outros vs. Armênia (16 de junho de 2015)

> **Jurisprudência Nacional**

Tribunal	Caso
STF	Súmula 650
STF	PET ED 3388

 **COMENTÁRIOS**

Por *Valerio de Oliveira Mazzuoli*

(1) Segundo o art. 21, 1, da Convenção Americana, "toda pessoa tem direito ao uso e gozo de seus bens". O direito ao uso de um bem (*jus utendi*) diz respeito à maneira como cada qual utiliza a sua propriedade, e o direito ao seu gozo (*jus fruendi*) conota a maneira como o proprietário de um bem frui dos benefícios que o mesmo pode lhe oferecer. Assim, além de *usar* um bem, os cidadãos sob a jurisdição de um Estado-Parte na Convenção têm direito ao *gozo* desse mesmo bem, podendo dele usufruir os benefícios decorrentes.

Os *bens* referidos pelo art. 21, 1, da Convenção, são definidos pela interpretação da Corte Interamericana como "aquelas coisas materiais apropriáveis, assim como todo direito que possa formar parte do patrimônio de uma pessoa; dito conceito compreende todos os móveis e imóveis, os elementos corpóreos e incorpóreos e qualquer outro objeto imaterial suscetível de valor".[792] Portanto, pertencem também à categoria dos *bens* de uma pessoa, sua produção científica, artística ou literária, que integram o seu patrimônio como direitos do autor, conexos com o seu uso e gozo.

Durante os trabalhos preparatórios da Convenção, substituiu-se o texto "toda pessoa tem o direito à *propriedade privada*, mas a lei pode subordinar seu uso e gozo ao interesse público" pelo seguinte: "Toda pessoa tem direito ao *uso* e *gozo* dos seus bens. A lei pode subordinar esse uso e gozo ao interesse social". Assim, a redação final da Convenção optou por fazer referência ao "uso e gozo dos seus *bens*" no lugar de referir ao "direito à *propriedade privada*", como constava originalmente dos seus trabalhos preparatórios.[793]

Nesse sentido, a Corte Interamericana tem entendido que "tanto a propriedade privada dos particulares como a propriedade comunitária dos membros das comunidades indígenas têm a proteção convencional que lhes outorga o art. 21 da Convenção Americana" (cf. caso *Yakye Axa* vs. *Paraguai*, parágrafo 143; e caso *Mayagna Awas Tigni vs. Nicarágua*, parágrafo 148). A Corte considerou, para tanto, a especial relação que tais povos guardam com o território e a necessidade da preservação deste para fins de sobrevivência física e cultural (religião, práticas agrícolas, caça, pesca e modos de vida das respectivas comunidades). Mais recentemente, a Corte também incluiu a proteção para os "povos tribais" – protegidos pela Convenção 169 da OIT, nos casos *Moiwana* (parágrafo 133) e *Saramaka* (parágrafo 92) – descendentes de escravos, mesmo para os países não partes na Convenção, pois entendeu que a proteção decorria da análise conjunta da Convenção com os Pactos Internacionais das Nações Unidas sobre Direitos Civis e Políticos e sobre Direitos Econômicos, Sociais e Culturais, que garantem direitos fundamentais (como o direito de propriedade) a todos os povos (art. 1º de ambos os Pactos).

---

[792] Corte IDH. *Caso Ivcher Bronstein* vs. *Peru*. Reparações e Custas. Sentença 06.02.2001, Série C, nº 74, parágrafo 122.

[793] Corte IDH. *Caso da Comunidade Mayagn (Sumo) Awas Tingni* vs. *Nicaragua*. Mérito, Reparações e Custas. Sentença 31.08.2001, Série C, nº 79, parágrafo 145.

(2) De há muito que em doutrina se prega o uso racional e socialmente correto da propriedade privada. Em outras palavras, toda propriedade privada tem de haver uma *finalidade social*. Não se pode utilizar a propriedade privada de forma absoluta, sem que a mesma ofereça um *fim* socialmente relevante. Mas a Convenção Americana, no art. 21, 2, não versa propriamente sobre a *função social da propriedade*. Seu comando é diferente daquele da Constituição de 1988, que dispõe, no art. 5º, XXIII, que "a propriedade atenderá a sua função social". O que a Convenção Americana diz é que a lei pode "subordinar esse uso e gozo ao *interesse social*". Nesse sentido, o interesse social poderá *limitar* o uso e gozo da propriedade privada, em razão da primazia do interesse público sobre o interesse particular.

(3) Nenhuma pessoa pode ser privada de seus bens, sendo a propriedade particular insuscetível de privação por parte do Estado. Mas esta regra comporta três exceções, onde tal privação de bens é possível, quais sejam: *a)* mediante o pagamento de indenização justa; *b)* por motivo de utilidade pública ou interesse social; e *c)* nos casos e na forma estabelecidos pela lei. Convém assinalar, como faz FÁBIO KONDER COMPARATO, que quando o item 2 do art. 21 da Convenção "reconhece ao expropriado o direito de receber uma indenização justa, não está com isto obrigando o Poder expropriante a pagar o valor de mercado da coisa. A expropriação, nunca é demais repetir, não é uma compra e venda forçada. A indenização devida ao expropriado é fixada em função do dano por ele sofrido e também em consideração da culpa por ele demonstrada. Assim, a justa indenização, no caso de se expropriar a modesta casa de um operário, pode ser superior ao valor venal do bem, tendo em vista as eventuais dificuldades que o expropriado encontre para conseguir novo alojamento para si e sua família. Inversamente, a expropriação por interesse social de um latifúndio improdutivo constitui uma punição aplicada ao proprietário, e há de ser, por conseguinte, inferior ao valor de mercado do fundo agrícola. O latifundiário, no caso, descumpriu o dever fundamental de dar ao bem a destinação devida, conforme o interesse social".[794]

No caso *Cinco Pensionistas* vs. *Peru*, a Corte Interamericana reconheceu que o *direito à pensão*, já incorporado ao patrimônio das partes como direito adquirido, por terem elas colaborado com fundos de pensão sem o recebimento do montante devido, também se traduz num direito à propriedade privada nos termos do art. 21 da Convenção.[795]

(4) Não obstante o art. 21 em comento versar sobre o "direito à propriedade privada", dispõe ele sobre a proibição da *usura* na sua alínea derradeira (item nº 3). Trata-se de impropriedade técnica da Convenção Americana, que alocou a proibição da usura no dispositivo relativo à propriedade privada, parecendo desconhecer que tais assuntos são em tudo distintos.[796]

Abstraindo-se tal impropriedade, entende a Convenção ser obrigação do Estado reprimir a usura, como qualquer outra forma de exploração do homem pelo homem.

---

[794] COMPARATO, Fábio Konder. *A afirmação histórica dos direitos humanos*. 3. ed. São Paulo: Saraiva, 2003. p. 366-367.

[795] Corte IDH. *Caso Cinco Pensionistas* vs. *Peru*. Mérito, Reparações e Custas. Sentença 28.02.2003, Série C, nº 98, parágrafo 103.

[796] Cf. WEIS, Carlos. *Direitos humanos contemporâneos*. São Paulo: Malheiros, 1999. p. 101.

Por *usura* se entende a prática de cobrança de juros que ultrapassam um limite máximo definido em lei. A prática pode inclusive se revestir de aparente legalidade, como no caso das instituições bancárias. O abuso que reina no Brasil relativamente à prática dos bancos, notadamente em relação à cobrança de juros, é flagrante. Dentro dessa avalanche de oportunismos as maiores vítimas são certamente os clientes (consumidores) bancários, que ficam à margem de qualquer discussão ou negociação com as instituições financeiras, quando não são grandes investidores ou acionistas. Várias vezes já nos insurgimos contra algumas práticas (judiciárias) que se tomam no Brasil de puro protecionismo bancário, dentre elas a da autorização judicial da "prisão civil por dívida" em casos de alienação fiduciária em garantia (*v.* comentários ao art. 7º, 7, da Convenção).[797] Em várias ocasiões procuramos demonstrar a inconstitucionalidade desse meio suasório de satisfação do crédito bancário, até que finalmente o Supremo Tribunal Federal, acatando a nossa tese, veio julgar inconstitucional esse tipo de medida, revendo criticamente o seu posicionamento anterior.[798] Como destaca Fábio Konder Comparato, os agiotas do mundo contemporâneo não são mais isolados ou encobertos como outrora, mas sim "controladores e dirigentes de bancos e outras instituições financeiras, que exploram organizadamente os consumidores necessitados, os agricultores e os pequenos empresários urbanos, não raro com apoio e o incentivo das autoridades governamentais, em nome do liberalismo econômico".[799]

A lei deverá ser ainda mais severa quando os abusos relativamente aos juros são institucionalizados. O art. 192, § 3º, da Constituição de 1988, tinha a seguinte redação: "As taxas de juros reais, nelas incluídas comissões e quaisquer outras remunerações direta ou indiretamente referidas à concessão de crédito, não poderão ser superiores a doze por cento ao ano; a cobrança acima deste limite será conceituada como crime de usura, punido, em todas as suas modalidades, nos termos que a lei determinar". Mas tal dispositivo acabou sendo revogado pela Emenda Constitucional 40/2003, depois de longo debate doutrinário sobre a sua aplicabilidade, tendo o STF decidido na ADI nº 4-DF que a norma do referido parágrafo estaria a depender de lei complementar regulamentadora mencionada no *caput* do dispositivo.

(5) A parte final do art. 21, 3, da Convenção impõe aos Estados o dever de reprimir "qualquer outra forma de exploração do homem pelo homem". A exploração *do homem pelo homem* é o que se chama de exploração *capitalista*. Parece um contrassenso proibir esse tipo de exploração no mesmo dispositivo que consagra o direito à propriedade privada. Daí então ser delicada a exegese dessa disposição da Convenção. Segundo Carlos Weis, a chave para entender o dispositivo "está no conceito de exploração, que, evidentemente, não é o atribuído por Marx (ainda que a formulação do texto utilize a expressão consagrada pelo marxismo), pois levaria a previsão a uma irrecuperável contradição. A previsão da Convenção, então, deve ser

---

[797]   V. Mazzuoli, Valerio de Oliveira. *Prisão civil por dívida e o Pacto de San José da Costa Rica*: especial enfoque para os contratos de alienação fiduciária em garantia. Rio de Janeiro: Forense, 2002.

[798]   V. o Voto-vista do Min. Gilmar Mendes, no RE 466.343-1/SP, no qual se lê com todas as letras não mais subsistir entre nós essa espécie de prisão, notadamente depois da entrada em vigor da Convenção Americana no país.

[799]   Comparato, Fábio Konder. *A afirmação histórica dos direitos humanos*, cit., p. 366.

interpretada como uma ressalva moral, indicando que o acúmulo de bens, embora legítimo, não se pode dar por meio do tratamento de outras pessoas como se fossem objetos, a serviço do objetivo pessoal de outro indivíduo".[800]

Artigo 22
Direito de Circulação e de Residência

1. Toda pessoa que se ache legalmente no território de um Estado tem direito de circular nele e de nele residir em conformidade com as disposições legais. (1)

2. Toda pessoa tem o direito de sair livremente de qualquer país, inclusive do próprio. (2)

3. O exercício dos direitos acima mencionados não pode ser restringido senão em virtude de lei, na medida indispensável, numa sociedade democrática, para prevenir infrações penais ou para proteger a segurança nacional, a segurança ou a ordem públicas, a moral ou a saúde públicas, ou os direitos e liberdades das demais pessoas. (3)

4. O exercício dos direitos reconhecidos no inciso 1 pode também ser restringido pela lei, em zonas determinadas, por motivo de interesse público. (4)

5. Ninguém pode ser expulso do território do Estado do qual for nacional, (5) nem ser privado do direito de nele entrar. (6)

6. O estrangeiro que se ache legalmente no território de um Estado-Parte nesta Convenção só poderá dele ser expulso em cumprimento de decisão adotada de acordo com a lei. (7)

7. Toda pessoa tem o direito de buscar e receber asilo em território estrangeiro, em caso de perseguição por delitos políticos ou comuns conexos com delitos políticos e de acordo com a legislação de cada Estado e com os convênios internacionais. (8)

8. Em nenhum caso o estrangeiro pode ser expulso ou entregue a outro país, seja ou não de origem, onde seu direito à vida ou à liberdade pessoal esteja em risco de violação por causa da sua raça, nacionalidade, religião, condição social ou de suas opiniões políticas. (9)

9. É proibida a expulsão coletiva de estrangeiros. (10)

 ## LEGISLAÇÃO RELACIONADA

> **Legislação Internacional**

- Carta Africana dos Direitos Humanos e dos Povos: art. 12, 5
- Convenção da Organização de Unidade Africana: art. 2º, 1 e 2
- Convenção Europeia de Direitos Humanos, Protocolo nº 4: arts. 1-3
- Convenção Internacional sobre a Proteção dos Direitos de Todos os Trabalhadores Migrantes e dos Membros das suas Famílias: art. 22, 1

---

[800] WEIS, Carlos. *Direitos humanos contemporâneos*, cit., p. 101.

- Declaração Universal dos Direitos Humanos: art. 14
- Pacto Internacional dos Direitos Civis e Políticos: art. 12

➢ **Legislação Nacional**
- Constituição Federal: arts. 4º, X; 5º, XV

JURISPRUDÊNCIA RELACIONADA

➢ **Jurisprudência Internacional**

Tribunal	Caso
Corte IDH	Caso Velásquez Rodríguez vs. Honduras (29 de julho de 1988)
Corte IDH	Caso Nadege Dorzema e Outros vs. República Dominicana (24 de outubro de 2012)
Corte IDH	Caso Nech e Outros vs. Guatemala (25 de maio de 2010)
Corte IDH	Caso Vélez Loor vs. Panamá (23 de novembro de 2010)
Corte IDH	Caso Ricardo Canese vs. Paraguay (31 de agosto de 2004)
Corte EDH	Caso Hirsi Jamaa e Outros vs. Itália (23 de fevereiro de 2012)
Corte IDH	Opinião Consultiva nº 18 (17 de setembro de 2003)
Corte IDH	Opinião Consultiva nº 25 (30 de maio de 2018)

➢ **Jurisprudência Nacional**

Tribunal	Caso
STF	ACO 3.121
STF	HC 82.016

COMENTÁRIOS

Por *Valerio de Oliveira Mazzuoli*

(1) O art. 22 da Convenção Americana versa sobre o *direito de circulação e de residência*. O dispositivo garante, em primeiro lugar, a toda pessoa que se encontre legalmente no território de um Estado interamericano (seja ou não nacional desse Estado), o direito de nele livremente circular e de nele residir, em conformidade com o que disciplinam as leis do país em causa. Assim, por exemplo, os Estados podem limitar (por disposição legal) o ingresso ou circulação de pessoas em seu território em caso de guerra, calamidade, por questão de segurança nacional etc. O que podem fazer as leis internas é *limitar* o direito de circulação ou residência, atendendo às questões de organização do Estado (art. 22, 3, da Convenção), jamais o de *impedi-lo* por completo. As leis restritivas do direito de circulação ou residência devem ainda ser *razoáveis* e *proporcionais*, sob pena de violarem o art. 22, 1, da Convenção.

(2) Toda pessoa que se encontre em um Estado interamericano (parte na Convenção) tem o direito de dele sair livremente, inclusive se for esse Estado o seu próprio país. A Convenção primou em garantir que o Estado não viole a liberdade de ir e vir das pessoas, quer dentro do próprio Estado quer fora dele. Daí a autorização que tem qualquer cidadão que se encontre em um Estado-Parte (seja ou não *nacional* desse Estado) para dele se retirar quando quiser. É evidente, contudo, que a *saída* do território nacional está condicionada à apresentação dos documentos de viagem indispensáveis para tanto, como o passaporte e os documentos pessoais etc.

(3) Nos termos do art. 22, 3, da Convenção, o exercício do direito de circulação e residência não pode ser restringido, senão em virtude de lei, na medida indispensável, em uma sociedade democrática, para prevenir infrações penais ou para proteger a segurança nacional, a segurança ou a ordem públicas, a moral ou a saúde públicas, ou os direitos e liberdades das demais pessoas.

A *regra* fixada pela Convenção, perceba-se, é no sentido de *não se poder restringir* o direito de circulação ou residência, sendo *exceção* à regra a possibilidade de, em virtude de lei formal, restringir-se tal direito, *na medida indispensável* para "prevenir infrações penais ou para proteger a segurança nacional, a segurança ou a ordem públicas, a moral ou a saúde públicas, ou os direitos e liberdades das demais pessoas", no quadro de uma sociedade democrática.

(4) O exercício dos direitos reconhecidos no art. 22, 1, pode também ser restringido pela lei, em *zonas determinadas*, por motivo de *interesse público*. Tal significa que não se poderá restringir esse direito em locais *indeterminados* ou por comando legal *imotivado* ou *irrazoável*. A presença do "interesse público" é *conditio sine qua non* para a restrição do direito de circulação ou residência previsto no art. 22, 4, da Convenção.

A permissão para a restrição de direitos pela lei, em tais *zonas determinadas*, visa a salvaguarda dos interesses *do Estado*, que eventualmente (excepcionalmente) podem sobrepor-se aos interesses dos cidadãos, quando o motivo para tanto for o interesse de todos (o "interesse público").

(5) É vedado o envio compulsório de nacionais para o exterior, segundo a regra da Convenção Americana ("Ninguém pode ser expulso do território do Estado do qual for nacional"). O termo *expulsão* deve ser utilizado para *estrangeiros* e não para nacionais, pois é medida reconhecidamente inaplicável a estes últimos. A expulsão de nacionais (ou proibição de habitar o território nacional) é tecnicamente chamada de *banimento*.[801] No Brasil, esta medida foi felizmente abolida do nosso sistema jurídico pelo art. 5º, XLVII, *d*, da Constituição de 1988. Além do banimento, também não há entre nós o *desterro*, que consiste no confinamento do nacional dentro do próprio território do Estado, o que não significa prisão, mas sim que se tem a cidade onde se está por *ménage* (ou seja, por morada obrigatória). Foi o que ocorreu com o ex-presidente Jânio Quadros que, no ano de 1968, foi compelido pelo regime militar a ficar confinado (desterrado) por cento e vinte dias (no Hotel Santa Mônica, na cidade de Corumbá) no interior do que hoje é o Estado de Mato Grosso do Sul.[802]

---

[801] Cf. VALLADÃO, HAROLDO. *Direito internacional privado*: INTRODUÇÃO E PARTE GERAL. RIO DE JANEIRO: FREITAS BASTOS, 1968. P. 419.

[802] V. MAZZUOLI, Valerio de Oliveira. *Curso de direito internacional público*, cit., p. 659.

(6) Da mesma forma que toda pessoa tem o direito de sair livremente de seu próprio país (art. 22, 2, *in fine*), ninguém pode ser privado do direito de entrar no território do Estado do qual é nacional. Como se percebe, o vínculo que liga uma pessoa ao direito de ingressar num determinado Estado é o de *nacionalidade*. Assim, o que pretendeu a Convenção Americana dizer foi que, ao contrário do que pode ocorrer com os *estrangeiros*, que podem ser *impedidos* de ingressar em território de terceiro Estado, tal jamais poderá ocorrer com um *nacional* desse Estado. Assim, todo Estado de nacionalidade de uma pessoa é *obrigado* a aceitá-la em seu território, sob pena de responsabilização internacional por violação do art. 22, 5, *in fine*, da Convenção Americana. Destituir as pessoas do direito de ingressar no Estado do qual são nacionais significa retirar das mesmas o seu direito inabalável de proteção estatal (com todos os seus consectários) e de acesso ao espaço público.

(7) O estrangeiro que se encontre legalmente no território de um Estado-Parte na Convenção só poderá dele ser expulso em decorrência de decisão adotada em conformidade com a lei. No Brasil, a lei que versa sobre e expulsão de estrangeiros é a Lei 13.445/2017 [Lei de Migração] (arts. 54 a 62), regulamentada pelo Dec. 9.199/2017 (arts. 192 a 206).

O direito que o Estado tem de expulsar estrangeiros guarda estrita relação com o direito que também tem de fiscalizar ou impedir sua entrada em território nacional.[803] Por meio do instituto da expulsão, o Estado retira de seu território o estrangeiro que, de alguma maneira, ofendeu e violou as regras de conduta ou as leis locais, pela prática de atos atentatórios à segurança e à tranquilidade do país, ainda que neste tenha ingressado de forma regular.

No Brasil, nos termos do art. 54, § 1º, da Lei de Migração, poderá dar causa à expulsão a condenação com sentença transitada em julgado relativa à prática de: I – crime de genocídio, crime contra a humanidade, crime de guerra ou crime de agressão, nos termos definidos pelo Estatuto de Roma do Tribunal Penal Internacional, de 1998, promulgado pelo Decreto no 4.388, de 25 de setembro de 2002; ou II – crime comum doloso passível de pena privativa de liberdade, consideradas a gravidade e as possibilidades de ressocialização em território nacional.

O estrangeiro expulso pode ser encaminhado para qualquer país que o aceite, embora somente o seu Estado patrial tenha o *dever* de recebê-lo quando não tiver sido aceito para onde foi anteriormente enviado. Sendo *apátrida* o estrangeiro, o Estado deve encaminhá-lo para o país da nacionalidade perdida, podendo também encaminhá-lo para o país de onde anteriormente proveio. Caso o estrangeiro não se retire voluntariamente do país após a notificação da expulsão, poderá ele sofrer uma sanção e, expirado o prazo desta, ser encaminhado à fronteira. O que não pode o Estado fazer é enviá-lo para terceiro Estado onde esteja ele sendo procurado pela prática de algum crime, como forma de vingança do mesmo, o que se configuraria em flagrante arbitrariedade estatal.

A expulsão é medida que não tem efeitos imediatos (ao contrário da deportação), uma vez que sua decretação (ou revogação) depende, no que toca à conveniência e oportunidade, de ato formal (decreto) do Presidente da República, nos termos do art. 66 do Estatuto do Estrangeiro. O governo, portanto, não é obrigado a expulsar o

---

803   Cf. Valladão, Haroldo. *Direito internacional privado*, cit., p. 412.

estrangeiro, ainda que este tenha cometido os atos enquadrados na lei como passíveis de expulsão. O governo *poderá* fazê-lo, se assim entender necessário (conveniente ou oportuno), sendo certo que essa discricionariedade varia de governo a governo. Não se descarta a possibilidade de o expulsando utilizar-se do remédio heroico do *habeas corpus*, bem como do pedido administrativo da *reconsideração*, a fim de tentar reverter a situação desfavorável em que se encontra. Contudo, uma vez expulso cessam todos esses direitos, ficando o estrangeiro *impedido* de retornar ao Estado que o expulsou (por se tratar agora de *persona non grata*). Daí ter o Código Penal brasileiro (art. 338) tipificado como *crime* o reingresso do estrangeiro expulso ao território nacional, prevendo pena de reclusão de 1 (um) a 4 (quatro) anos, sem prejuízo de nova expulsão após o cumprimento da pena.

(8) Toda pessoa tem o direito de buscar e receber asilo em território estrangeiro, em caso de perseguição por delitos políticos ou comuns conexos com delitos políticos e de acordo com a legislação de cada Estado e com as convenções internacionais (art. 22, 7).

O instituto jurídico do *asilo* pertence ao Direito Internacional Público e se encontra, atualmente, regulamentado por convenções internacionais específicas.[804] Trata-se do recebimento de estrangeiro em território nacional, sem os requisitos de ingresso, para evitar punição ou perseguição baseada em crime de natureza *política* ou *ideológica* – ou crime comum conexo com delito político –, geralmente (mas não necessariamente) cometido em seu país de origem. Não se trata aqui do instituto do *refúgio*, que tem sua concessão baseada em motivos de perseguição por raça, religião, nacionalidade, associação a determinado grupo social ou opinião política. Assim, no primeiro caso têm-se os *asilados* e, no segundo, os *refugiados*. Destes últimos (que cuidam a Convenção Relativa ao Estatuto dos Refugiados de 1951 e o seu Protocolo de 1966; e no Brasil, a Lei 9.474/97) não versou a Convenção Americana no art. 22, 7, tendo se restringido a versar sobre o *asilo* (que se baseia em perseguição por motivo de *crimes* de natureza política ou ideológica). Todavia, no item 8 do mesmo art. 22, a Convenção já versa sobre um fato típico da situação de *refúgio*, quando impede a expulsão ou entrega de um estrangeiro para país "onde seu direito à vida ou à liberdade pessoal esteja em risco de violação por causa da sua raça, nacionalidade, religião, condição social ou de suas opiniões políticas" (*v.* o tópico nº 9, *infra*).

Vamos, agora, tratar apenas da concessão do *asilo*, de que versa o art. 22, 7, em comento.

Nos termos do art. 1º da Convenção sobre Asilo Territorial de 1954, todo Estado "tem direito, no exercício de sua soberania, de admitir dentro de seu território as pessoas que julgar conveniente, sem que, pelo exercício desse direito, nenhum outro Estado possa fazer qualquer reclamação". A concessão de asilo também vem expressa no art. 14, itens 1 e 2, da Declaração Universal dos Direitos Humanos, segundo o qual "toda pessoa sujeita a perseguição tem o direito de procurar e de beneficiar de asilo em outros países", à exceção de "ser invocado no caso de processo realmente existente por crime de direito comum ou por atividades contrárias aos fins e aos princípios das Nações Unidas". A Declaração Americana dos Direitos e Deveres do Homem (1948)

---

[804]　Sobre o instituto do asilo e suas modalidades, *v.* MAZZUOLI, Valerio de Oliveira. *Curso de direito internacional público*, cit., p. 670-676.

também deixou expresso, no seu art. 27, que: "Toda pessoa tem o direito de procurar e receber asilo em território estrangeiro, em caso de perseguição que não seja motivada por delitos de direito comum, e de acordo com a legislação de cada país e com as convenções internacionais".

Não obstante a Convenção Americana dizer que "toda pessoa tem o direito de buscar e receber asilo *em território estrangeiro*", cremos que tal disposição deve ser entendida no sentido de ser também possível a concessão do asilo no *próprio território* do Estado onde se encontra o indivíduo, quando ele ocorre nas embaixadas, consulados ou acampamentos militares do Estado asilante instalados em território de terceiro Estado. Trata-se daquilo que se chama, no Direito Internacional Público, de *asilo diplomático* (em contraposição ao chamado *asilo territorial*, que é o que faz referência expressa a Convenção Americana). Em suma, no caso do asilo diplomático o Estado o concede *fora* do seu território, isto é, no território do próprio Estado em que o indivíduo é perseguido. A concessão se dá em locais situados dentro do Estado em que o indivíduo é perseguido, mas que estão imunes à jurisdição desse Estado, como as embaixadas, as representações diplomáticas, os navios de guerra, os acampamentos militares etc. Quanto à concessão do asilo diplomático em repartições consulares, o entendimento corrente é no sentido da sua *não aceitação*. Não vemos motivos para tal, uma vez que as embaixadas (onde normalmente o asilo diplomático é concedido) situam-se sempre nas capitais dos países, podendo ser difícil àqueles que pretendem o benefício do asilo o deslocamento até essas localidades (principalmente levando-se em consideração aqueles países com grande extensão territorial, como é o caso do Brasil). Seria difícil a um cidadão perseguido, que se encontra a centenas de quilômetros da embaixada mais próxima, conseguir até ela chegar com sua integridade física preservada, para somente aí requerer o benefício do asilo. Para nós, não conseguindo o sujeito chegar até a embaixada do país de asilo, mas chegando até o consulado desse mesmo país, deve-se reputar possível a concessão da medida, devendo o cônsul respectivo comunicar de pronto o embaixador ali acreditado, a fim de que este possa prosseguir na tarefa de auxiliar o requerente na concessão do benefício.[805]

Três convenções internacionais já foram celebradas na América Latina sobre o asilo diplomático: a Convenção de Havana de 1928, a de Montevidéu de 1933 e a de Caracas de 28 de março de 1954 (assinada concomitantemente à Convenção sobre Asilo Territorial), sendo esta última a mais detalhada em relação às anteriores.

(9) No art. 22, 8, a Convenção Americana versa hipótese típica de ocorrer nas situações de *refúgio*. Como se viu, no inciso anterior (7 do art. 22) versou a Convenção sobre a concessão de *asilo*, instituto que não se confunde com o *refúgio*. Agora (no inciso 8 do mesmo artigo) cuida ela do princípio da não expulsão de estrangeiros "a outro país, seja ou não de origem, onde seu direito à vida ou à liberdade pessoal esteja em risco de violação por causa da sua raça, nacionalidade, religião, condição social ou de suas opiniões políticas". Como se percebe, está-se agora diante de situação típica de ocorrer com *refugiados*, não obstante a Convenção não se referir expressamente a eles em qualquer momento.

Assim, os Estados-Partes na Convenção Americana têm o dever jurídico de não expulsar estrangeiros de seu território quando o ato da expulsão possa prejudicar o

---

[805]   Cf. MAZZUOLI, Valerio de Oliveira. Idem, p. 673.

seu direito à vida ou liberdade pessoal, colocados em risco por motivos de raça, nacionalidade, religião, condição social ou de opiniões políticas.

No Brasil, o ato de expulsão de estrangeiros é de competência do Presidente da República. Este, ao pretender expulsar determinado estrangeiro (que ofendeu as leis locais, a moralidade ou a ordem pública), deve verificar se o país que irá recebê-lo (seja ou não o seu país de origem) colocará em risco o seu direito à vida ou liberdade, em virtude de sua raça, nacionalidade, religião, condição social ou de suas opiniões políticas. Caso entenda que tal poderá ocorrer, não deverá decretar a expulsão. Essa regra também vale para a *extradição*, que é o ato pelo qual um Estado entrega à justiça penal de outro, a pedido deste, indivíduo neste último processado ou condenado criminalmente e lá refugiado, para que possa aí ser julgado ou cumprir pena.[806]

Trata-se da consagração, pela Convenção Americana, do conhecido princípio internacional da *não devolução* (*non-refoulement*), que impede a retirada compulsória de estrangeiro do território nacional para país onde ele já sofreu ou possa sofrer qualquer tipo de perseguição capaz de ameaçar ou violar os seus direitos reconhecidos. Este princípio se faz presente em inúmeros tratados internacionais de direitos humanos contemporâneos, dentre eles a Convenção sobre o Estatuto dos Refugiados de 1951 (art. 33, que, é aliás, o *locus* típico do citado princípio), a Convenção contra a Tortura e outros Tratamentos ou Penas Cruéis, Desumanos ou Degradantes de 1984 (art. 3º) etc.

(10) Toda retirada compulsória de pessoas do território de um Estado deve ser levada a efeito *individualmente*, não sendo diferente com o instituto da expulsão. A vedação da expulsão coletiva de estrangeiros prima pelo impedimento de abusos por parte de governos arbitrários. O mesmo impedimento de retirada coletiva de pessoas de um determinado Estado também vale para a deportação. Esta prática, que infelizmente já se viu empregar no cenário internacional (lembre-se dos primeiros anos subsequentes a 1917, à égide da Rússia comunista), deve ser hoje completamente abandonada por ser frontalmente contrária aos princípios e regras do moderno Direito Internacional Público.

Artigo 23
Direitos Políticos

1. Todos os cidadãos devem gozar dos seguintes direitos e oportunidades: (1)

a) de participar da direção dos assuntos públicos, diretamente ou por meio de representantes livremente eleitos; (2)

b) de votar e ser eleitos em eleições periódicas autênticas, realizadas por sufrágio universal e igual e por voto secreto que garanta a livre expressão da vontade dos eleitores; e (3)

c) de ter acesso, em condições gerais de igualdade, às funções públicas de seu país. (4)

2. A lei pode regular o exercício dos direitos e oportunidades e a que se refere o inciso anterior, exclusivamente por motivos de idade, nacionalidade, residência, idioma, instrução, capacidade civil ou mental, ou condenação, por juiz competente, em processo penal. (5)

---

[806]   Sobre o instituto da extradição, *v.* MAZZUOLI, Valerio de Oliveira, Idem, p. 659-670.

LEGISLAÇÃO RELACIONADA

➤ **Legislação Internacional**
- Carta Africana dos Direitos Humanos e dos Povos: art. 13
- Convenção sobre os Direitos Políticos da Mulher: art. 1-3
- Pacto Internacional dos Direitos Civis e Políticos: art. 26

➤ **Legislação Nacional**
- Código Eleitoral: art. 2º
- Constituição Federal: art. 14, *caput*, I
- Lei nº 9.709/1998: art. 1º

 JURISPRUDÊNCIA RELACIONADA

➤ **Jurisprudência Internacional**

Tribunal	Caso
Corte IDH	Caso Carpio Nicolle e Outros vs. Guatemala (22 de novembro de 2004)
Corte IDH	Caso Yatama vs. Nicaragua (23 junho de 2005)
Corte IDH	Caso Castañeda Gutman vs. México (6 de agosto de 2008)
Corte IDH	Caso Manuel Cepeda Vargas vs. Colombia (26 de maio de 2010)
Corte IDH	Caso San Miguel Sosa e outras vs. Venezuela (8 de fevereiro de 2018)
Corte IDH	Caso López Mendoza vs. Venezuela (1º de setembro de 2011)
Corte IDH	Opinião Consultiva nº 5 (13 de novembro de 1985)
Corte IDH	Opinião Consultiva nº 18 (17 de setembro de 2003)

➤ **Jurisprudência Nacional**

Tribunal	Caso
STF	RE 843.455
STF	RE 637.485
STF	AR 2.236 ED

 COMENTÁRIOS

Por *Valerio de Oliveira Mazzuoli*

(1) O art. 23 da Convenção Americana garante a todos os cidadãos o direito de participação ampla na vida pública do Estado, quer diretamente ou por meio de representantes livremente eleitos, quer pelo exercício do voto em eleições periódicas e legítimas, quer ainda pelo acesso de todos, em condições de igualdade, às funções públicas de seu país.

Na redação da Convenção, os cidadãos "devem gozar" desses direitos e oportunidades, conotando a obrigação dos Estados-Partes à Convenção de *garantir* o gozo dessas prerrogativas. A locução "devem gozar" presente no *caput* do art. 23, portanto, representa obrigação negativa aos Estados de não impedirem o gozo dos direitos e oportunidades previstos no dispositivo, pois a participação cidadã na vida política e nas atividades públicas do Estado é medida consectária de um Estado Democrático de Direito.

(2) Todo cidadão tem o direito de participar dos assuntos públicos de seu Estado, seja diretamente (no Brasil, pelos institutos do *plebiscito*, do *referendo* ou da *iniciativa popular*) ou por meio de representantes livremente eleitos. Esta última locução ("... representantes *livremente* eleitos") significa que não pode o Estado autorizar que pessoas tomem o poder representativo a força, sem qualquer participação popular no seu processo de escolha. Em outras palavras, não há verdadeira representação popular quando inexistem eleições livres, capazes de levar ao governo aqueles que o povo desejou (por meio do *voto*) ver no comando dos assuntos do Estado.

Perceba-se, ademais, a redação do dispositivo que fala no direito de participação dos cidadãos na "condução dos *assuntos* públicos" do Estado, quer diretamente ou por meio de representantes livremente eleitos. A locução "condução dos assuntos públicos", como se nota, é ampla e conota não apenas a participação cidadã no processo de elaboração das leis, senão em *todo e qualquer* assunto de natureza pública estatal.

(3) Todos os cidadãos devem gozar do direito de votar e ser eleitos em eleições periódicas, autênticas, realizadas por sufrágio universal e igualitário e por voto secreto, que garantam a livre expressão da vontade dos eleitores. A referência feita pela Convenção às eleições *autênticas* tem por finalidade impedir aqueles processos eleitorais *forjados*, onde já se sabe o resultado da eleição mesmo antes de sua realização. Por sua vez, a referência ao sufrágio *igualitário* tem por finalidade sepultar a prática do voto censitário, corolário lógico de uma cidadania amorfa da qual apenas os livros de história pretendem lembrar-se. No voto censitário não há igualdade entre os eleitores e o direito ao voto é estabelecido de acordo com a renda anual de cada um. Tal foi o sistema adotado pela Constituição Imperial de 1824, tendo perdurado durante todo o Império no Brasil. Ali só podiam votar os donos de terras, os funcionários da Coroa e os profissionais liberais com certa renda.

(4) Todo cidadão tem o direito de acesso às "funções públicas" de seu país em plenas condições de igualdade. Significa que os Estados-Partes na Convenção Americana não podem discriminar as pessoas relativamente ao seu acesso às funções públicas, em plena igualdade de condições. Assim, devem os Estados-Partes primar por estabelecer *condições gerais* de igualdade entre as pessoas no que tange ao acesso às funções públicas de seu país (*v.* também os comentários ao art. 24).

A expressão *funções públicas* presente no art. 23, 1, *c*, da Convenção, está colocada em sentido amplo, dizendo respeito a qualquer *cargo*, *emprego* ou *função* que se possa exercer no serviço público de um país.

As regras sobre acesso ao serviço público no Brasil constam do art. 37, e seus incisos, da Constituição de 1988. Os princípios básicos sobre o assunto, porém, vêm estabelecidos nos incs. I e II do mesmo art. 37, segundo os quais: "Os cargos, empregos e funções públicas são acessíveis aos brasileiros que preencham os requisitos estabelecidos em lei, assim como aos estrangeiros, na forma da lei"; e "a investidura em cargo ou emprego público depende de aprovação prévia em concurso público de provas ou de provas e títulos, de acordo com a natureza e a complexidade do cargo ou emprego, na forma prevista em lei, ressalvadas as nomeações para cargo em comissão declarado em lei de livre nomeação e exoneração".

(5) A lei pode regular o exercício dos direitos e oportunidades referidos no art. 23, 1, da Convenção, exclusivamente por motivo de idade, nacionalidade, residência, idioma, instrução, capacidade civil ou mental, ou condenação, por juiz competente, em processo penal. Tais hipóteses são *numerus clausus* e não podem ser ampliadas (perceba-se que a Convenção se utiliza da expressão "exclusivamente" ao versar as hipóteses elencadas no dispositivo).

Artigo 24
Igualdade Perante a Lei

Todas as pessoas são iguais perante a lei. (1) Por conseguinte, têm direito, sem discriminação, a igual proteção da lei. (2)

 ## LEGISLAÇÃO RELACIONADA

> **Legislação Internacional**
- Carta Africana dos Direitos Humanos e dos Povos: arts. 2º e 3º
- Convenção Europeia de Direitos Humanos, Protocolo nº 12: art. 1º
- Declaração Americana dos Direitos e Deveres do Homem: arts. 2º e 3º
- Pacto Internacional dos Direitos Civis e Políticos: art. 26

> **Legislação Nacional**
- Constituição Federal: art. 5º, *caput*, I e II

 ## JURISPRUDÊNCIA RELACIONADA

> **Jurisprudência Internacional**

Tribunal	Caso
Corte IDH	Opinião Consultiva nº 4 (19 de janeiro de 1984)
Corte IDH	Opinião Consultiva nº 7 (29 de agosto de 1986)
Corte IDH	Caso Yatama vs. Nicaragua (23 de junho de 2005)
Corte IDH	Caso Las Niñas Yean y Bosico vs. República Dominicana (8 de setembro de 2008)
Corte IDH	Caso Apitz Barbera outros vs. Venezuela (5 de agosto de 2008)
Corte IDH	Caso Atala Riffo vs. Chile (24 de fevereiro de 2012)
Corte EDH	Caso Abdulaziz vs. Reino Unido (25 de abril de 1985)
Corte EDH	Caso Johnston e Outros vs. Irlanda (18 de dezembro de 1986)
Corte EDH	Caso Salgueiro da Silva Mouta vs. Portugal (21 de março de 2000)

➤ **Jurisprudência Nacional**

Tribunal	Caso
STF	RE 658.312
STF	RE 587.970
STF	HC 152.491

 COMENTÁRIOS

Por *Valerio de Oliveira Mazzuoli*

(1) O princípio da igualdade perante a lei (ou princípio da isonomia) é um dos pilares estruturantes dos direitos fundamentais e dos direitos humanos. Quando se diz que "todas as pessoas são iguais perante a lei" – afirmação também presente em quase todas as Constituições democráticas do mundo – se está querendo dizer ao menos duas coisas: *a)* primeiro, que as leis devem ser executadas sem fazer acepção às pessoas, ou seja, que devem ser aplicadas igualmente a todos; e *b)* segundo, que o próprio legislador não pode criar leis desiguais (estando vinculado à criação de um direito igual para todos), a menos que a implantação dessa desigualdade seja necessária à efetividade da igualdade material, tratando os iguais de forma igual e os desiguais de forma desigual (assim, *v.g.*, uma lei que criasse um mesmo *imposto* igual a todos, seria formalmente igual, mas materialmente injusta, uma vez que não levaria em consideração o princípio da capacidade contributiva, segundo o qual paga mais quem tem mais e paga menos quem tem menos).[807]

Como se percebe, o comando "todas as pessoas são iguais perante a lei" dirige-se *ao aplicador* da lei e *ao próprio legislador*. De fato, não só perante a norma em vigor igualam-se as pessoas, mas também perante o órgão responsável pelo processo legislativo que a elabora. A lei, destaca Bandeira de Mello, "não deve ser fonte de privilégios ou perseguições, mas instrumento regulador da vida social que necessita tratar equitativamente todos os cidadãos. Este é o conteúdo político-ideológico absorvido pelo princípio da isonomia e juridicizado pelos sistemas normativos vigentes".[808]

Historicamente, ensina Luiz Flávio Gomes, existem duas concepções sobre a igualdade: *a)* a *paritária*; e *b)* a *valorativa*. Pela primeira, a lei deve ser geral, abstrata e impessoal, não podendo versar distinções entre as pessoas. Tratava-se de igualdade puramente formal, baseada nos dogmas da Revolução Francesa. Pela segunda corrente (hoje preponderante) é possível que haja distinções no plano descritivo, desde que a lei *justifique* a diferença de tratamento. O importante, segundo o autor, é saber o *fundamento* e a *finalidade* da distinção legal estabelecida. Por exemplo: a licença maternidade é de 120 dias e a licença paternidade de apenas cinco dias úteis. Trata-

---

[807]   *V.*, por tudo, CANOTILHO, J. J. Gomes, *Direito constitucional*. 6. ed. Coimbra: Almedina, 1995. p. 562-567.

[808]   BANDEIRA DE MELLO, Celso Antônio. *Conteúdo jurídico do princípio da igualdade*. 3. ed. 16. tir. São Paulo: Malheiros, 2008. p. 10.

-se de distinção justificável e razoável. Assim, toda diferença de tratamento deve ser sempre devidamente justificada.[809]

É também assente na jurisprudência internacional que é discriminatória qualquer distinção que não tenha um legítimo propósito ou um intento justificável, que guardem razoabilidade entre os meios e os fins empregados. Não é demais lembrar que os princípios da igualdade e da não discriminação integram, atualmente, o domínio das normas de *jus cogens*, devendo como tais ser respeitados pelos Estados.

Daí concluir-se que as discriminações *injustificadas* e *não razoáveis* às pessoas são violadoras da Convenção Americana e merecem a repreenda da Justiça internacional.

(2) Sendo "iguais perante a lei", devem todas as pessoas ter direito, sem qualquer discriminação, à idêntica proteção da lei. Aqui, também, fica o Estado impedido de criar direito discriminatório em relação à proteção da lei de forma igual (e sem discriminação, a menos que razoavelmente justificável) a todas as pessoas. Em outras palavras, as leis do país devem proteger igualitariamente todas as pessoas, sem qualquer discriminação. Uns não podem ser mais protegidos que os outros se estiverem em situação de igualdade (portanto, na situação de desigualdade a discriminação pode existir, como no exemplo citado da *licença maternidade*, que é maior para as mulheres do que para os homens). As garantias concedidas pela lei a uma pessoa são extensíveis a todas as demais em situação igual. Ficam assim vinculados a tal princípio os poderes Legislativo e Executivo: o primeiro, por conta da edição de leis irrazoáveis quanto ao fator de discrímen; e o segundo, no que tange à edição de atos normativos ou medidas provisórias também discriminadoras.

Como explica Bandeira de Mello, "a lei não pode erigir em critério diferencial um traço tão específico que singularize *no presente* e *definitivamente*, de modo absoluto, um sujeito a ser colhido pelo regime peculiar", além do que "o traço diferencial adotado, necessariamente há de residir na pessoa, coisa ou situação a ser discriminada; ou seja: elemento algum que não exista *nelas mesmas* poderá servir de base para sujeitá-las a regimes diferentes".[810] Além do mais, ainda segundo Bandeira de Mello, deve haver correlação lógica entre o fator erigido em critério de discrímen e a discriminação legal decidida em função dele. Assim, a igualdade é agredida "quando o fator diferencial adotado para qualificar os atingidos pela regra não guarda relação de pertinência lógica com a inclusão ou exclusão no benefício deferido ou com a inserção ou arredamento do gravame imposto".[811]

Tome-se como exemplo a seguinte indagação: poderia a lei estabelecer que somente pessoas com compleição corporal atlética estivessem dispensadas de trabalhar nos finais de semana e não as com peso acima de tantos quilos? Neste caso, nítido está que o fator de discrímen utilizado não guarda correlação lógica alguma com os efeitos jurídicos atribuídos pela lei àquelas determinadas pessoas. De outra banda, é plenamente plausível uma lei que estabeleça certos padrões físicos como requisito de ingresso em concurso público para agente de segurança ou em atividades congêneres, assim como a lei que exige candidatas mulheres ao cargo de agente de penitenciária

---

[809]   GOMES, Luiz Flávio. *Direito penal*: introdução e princípios fundamentais (com Antonio García--Pablos de Molina e Alice Bianchini). São Paulo: RT, 2007. v. 1, p. 539-540.

[810]   BANDEIRA DE MELLO, Celso Antônio. *Conteúdo jurídico do princípio da igualdade*, cit., p. 23.

[811]   Idem, p. 38.

feminina, ou a que estabelece um padrão mínimo de altura para soldados que pretendam fazer parte das "guardas de honra" presidenciais etc.[812]

Aqui, mais uma vez, deve ser aplicada a *concepção valorativa* do princípio da igualdade: a proteção da lei deve se dar de modo a não discriminar qualquer pessoa, a menos que o fator de discrímen (razoável e plenamente justificável) guarde relação lógica com a discriminação legal implementada em função dele. Estando presente o pressuposto da razoabilidade justificada no discrímen não há que se falar em responsabilidade internacional do Estado por ato do Poder Legislativo (edição de lei potencialmente discriminadora, em violação ao princípio da igualdade perante a lei previsto na Convenção Americana).

Um dos pilares do regime geral dos direitos humanos, sustentado pelo princípio da igualdade, é o princípio do acesso à justiça e aos tribunais.

Artigo 25
Proteção Judicial

1. Toda pessoa tem direito a um recurso simples e rápido (1) ou a qualquer outro recurso efetivo (2), perante os juízes ou tribunais competentes (3), que a proteja contra atos que violem seus direitos fundamentais reconhecidos pela constituição, pela lei ou pela presente Convenção (4), mesmo quando tal violação seja cometida por pessoas que estejam atuando no exercício de suas funções oficiais. (5)

2. Os Estados-Partes comprometem-se:

a) a assegurar que a autoridade competente prevista pelo sistema legal do Estado decida sobre os direitos de toda pessoa que interpuser tal recurso; (6)

b) a desenvolver as possibilidades de recurso judicial; e (7)

c) a assegurar o cumprimento, pelas autoridades competentes, de toda decisão em que se tenha considerado procedente o recurso. (8)

 ## LEGISLAÇÃO RELACIONADA

➢ **Legislação Internacional**
- Carta Africana dos Direitos Humanos e dos Povos: art. 7º, 1.1, 1.2, 1.4
- Convenção Europeia dos direitos dos homens: art. 13
- Declaração Universal Dos Direitos Do Homem: arts. 8º e 9º
- Declaração Universal dos Direitos Humanos: art. 8º
- Pacto Internacional Sobre Direitos Civis E Políticos: art. 2º, 3

➢ **Legislação Nacional**
- Código de Processo Civil: arts. 3º, 16, 98, 139, IV
- Constituição Federal: arts. 5º XXXV e LIII; 37, § 6º; 109, § 5º

---

[812]   Idem, p. 12.

JURISPRUDÊNCIA RELACIONADA

➤ **Jurisprudência Internacional**

Tribunal	Caso
Corte IDH	Caso Velásquez Rodríguez vs. Honduras (26 de julho de 1987)
Corte IDH	Caso Gomes Lund e Outros (Guerrilha do Araguaia) vs. Brasil (24 de novembro de 2010)
Corte IDH	Caso Cantos vs. Argentina (7 de setembro de 2001)

➤ **Jurisprudência Nacional**

Tribunal	Caso
TRT	RE 466.343
STJ	RE no AgInt no AREsp 1352193
STJ	HC 476534

 COMENTÁRIOS

Por *Flávia Piovesan e Melina Girardi Fachin*

(1) O direito à proteção judicial tem origem pouco conhecida no contexto latino-americano.[813] Sua positivação ocorreu de modo pioneiro na Declaração Americana dos Direitos e Deveres do Homem, de abril de 1948, no art. XVIII.[814] O conteúdo deste foi refletido no art. 8º da Declaração Universal dos Direitos Humanos, de dezembro de 1948.[815] Posteriormente, o direito à proteção judicial foi incluído no art. 13 da Convenção Europeia de Direitos Humanos, de 1950,[816] e no art. 2.3 do Pacto Internacional dos Direitos Civis e Políticos, de 1966.[817]

---

[813] Corte IDH. Voto dissidente do juiz A. A. Cançado Trindade à Resolução da Corte (Solicitação de Revisão da Sentença de Mérito, Reparação e Custas). 13.09.1997. Série C, nº 45, parágrafo 19.

[814] "Direito à justiça. Toda pessoa pode recorrer aos tribunais para fazer respeitar os seus direitos. Deve poder contar, outrossim, com processo simples e breve, mediante o qual a justiça a proteja contra atos de autoridade que violem, em seu prejuízo, qualquer dos direitos fundamentais consagrados constitucionalmente." OEA. Declaração Americana dos Direitos e Deveres do Homem. Bogotá, abr. 1948.

[815] "Toda a pessoa tem direito a recurso efetivo para as jurisdições nacionais competentes contra os atos que violem os direitos fundamentais reconhecidos pela Constituição ou pela lei."

[816] "Direito a um recurso efectivo. Qualquer pessoa cujos direitos e liberdades reconhecidos na presente Convenção tiverem sido violados tem direito a recurso perante uma instância nacional, mesmo quando a violação tiver sido cometida por pessoas que actuem no exercício das suas funções oficiais."

[817] "Os Estados-Partes do presente Pacto comprometem-se a: a) Garantir que toda pessoa, cujos direitos e liberdades reconhecidos no presente Pacto tenham sido violados, possa de um recurso

O art. 25.1 da Convenção Americana sobre Direitos Humanos, de 1969, determina que os Estados-membros devem oferecer a todas as pessoas sob sua jurisdição um recurso judicial simples, rápido e efetivo contra atos violadores de seus direitos. Segundo a Corte Interamericana, este dispositivo deve ser interpretado à luz das regras do devido processo (previstas no art. 8º), tudo isso dentro da obrigação geral dos Estados de garantir o livre e pleno exercício dos direitos reconhecidos na Convenção, prevista no art. 1º do mesmo instrumento.[818] Neste sentido, vítimas de violações de direitos humanos (ou seus familiares) devem contar com amplas possibilidades de serem ouvidas e de atuarem nos respectivos processos, tanto para o esclarecimento dos fatos e eventual punição dos responsáveis, quanto para que se logre a adequada e justa reparação.[819]

Uma leitura sistemática da Convenção Americana, à luz da jurisprudência da Corte Interamericana, demonstra que o art. 25 consagra, em conjunto com o art. 8º, o direito de acesso à justiça e, especificamente, o dever do Estado de garantir acesso à administração da justiça para a tutela de direitos humanos.[820] Desse modo, o acesso à via judicial deve ocorrer em conformidade com as garantias do devido processo legal, plasmadas no art. 8º.[821] É em razão desta conexão umbilical que usualmente a Corte faz análises conjuntas sobre os arts. 8º e 25 da Convenção,[822] o que, por vezes, dificulta a determinação do conteúdo específico de cada um.

Não obstante a confusão, é certo que o art. 25 da Convenção estabelece o direito de acesso à justiça em apenas uma de suas facetas, isto é, este dispositivo se volta à obrigação de que os Estados adotem um sistema de recursos efetivos àqueles que alegam ter seus direitos humanos violados. Assim, em conformidade com este artigo, não basta que os Estados possuam um sistema de justiça estruturado à luz das garantias do devido processo (previstas no art. 8º da Convenção), pois o art. 25 impõe o dever específico de garantir remédios judiciais simples, rápidos e efetivos para a proteção dos direitos humanos.

Importante frisar que a palavra recurso judicial aqui empregada não deve ser lida apenas em seu sentido mais restrito de "instrumento de reexame de uma decisão", mas

---

efetivo, mesmo que a violência tenha sido perpetra por pessoas que agiam no exercício de funções oficiais; b) Garantir que toda pessoa que interpuser tal recurso terá seu direito determinado pela competente autoridade judicial, administrativa ou legislativa ou por qualquer outra autoridade competente prevista no ordenamento jurídico do Estado em questão; e a desenvolver as possibilidades de recurso judicial; c) Garantir o cumprimento, pelas autoridades competentes, de qualquer decisão que julgar procedente tal recurso."

[818] Corte IDH. *Caso Defensor de Direitos Humanos e Outros* vs. *Guatemala*. Sentença 28.08.2014. Série C, nº 283, parágrafo 199.

[819] Corte IDH. *Caso Ximenes Lopes* vs. *Brasil*. Sentença 04.07.2006. Série C, nº 149, parágrafo 193. A vinculação entre o art. 25 e o art. 1.1 foi traçada pela Corte desde o caso *Cesti Hurtado* vs. *Peru*, de 1999, ao passo que a relação entre os arts. 8º e 25 é determinada na *Opinião Consultiva nº 9*, de 1987.

[820] Corte IDH. *Caso Loayza Tamayo* vs. *Peru*. Sentença 27.11.1998. Série C, nº 42, parágrafo 169.

[821] Corte IDH. *Caso Velásquez Rodríguez* vs. *Honduras*. Sentença 27.06.1987. Série C, nº 1, parágrafo 91.

[822] Cite-se, por exemplo, Corte IDH. *Caso Herzog e Outros* vs. *Brasil*. Sentença 15.03.2018. Série C, nº 353.

também em seu conceito mais amplo de qualquer remédio adequado à defesa de um direito. Igualmente, o conceito de recurso utilizado no texto do art. 25 não deve ser confundido com aquele presente no art. 8.2.h), que estabelece o direito de apelação. No entanto, conforme já aduzido, na prática da Corte esta distinção apresenta zonas de contato bastante aproximadas que não permitem uma divisão clara fazendo os conteúdos dos dispositivos parecem se mesclar.[823]

O direito à proteção judicial consagrado no sistema interamericano não é personalíssimo, estendendo-se aos familiares da vítima. Neste sentido, na decisão da Corte no caso *Ximenes Lopes* vs. *Brasil* que, embora a mãe e a irmã da vítima não tenham sofrido maus tratos e afetação ao seu direito à vida, a elas foi reconhecido o direito a medidas legais efetivas que lhes garantissem o esclarecimento dos fatos, a punição dos responsáveis pelo ocorrido a Damião Ximenes Lopes e uma reparação adequada.

O acesso a um recurso efetivo constitui um instrumento de proteção contra violações de direitos humanos, visto que este direito dá efetividade a outros direitos e representa uma salvaguarda contra o exercício arbitrário do poder público[824]. É, em outras palavras, um meio para esclarecimento dos fatos. Desta forma, esta disposição sobre o direito a um recurso efetivo perante juízes ou tribunais nacionais competentes constitui um dos pilares básicos não só da Convenção Americana, mas também de um Estado de Direito em uma sociedade democrática.[825]

Tamanha é sua importância que a Corte definiu, em suas Opiniões Consultivas de nos 8 e 9,[826] que o art. 25.1 da Convenção configura-se como uma das garantias indispensáveis para a proteção dos direitos que não são passíveis de suspensão em estados de emergência (determinados no art. 27) e, consequentemente, sob nenhuma hipótese pode o art. 25.1 ser suspenso. Resta, portanto, a garantia da proteção judicial como pilar que sustenta a tríade do *rule of law*, direitos humanos e democracia na região.

A sentença do caso *La Cantuta vs. Peru* permite perceber a relevância do direito à proteção judicial para o *corpus juris* latino-americano. Nele, a Corte Interamericana afirmou que o acesso à justiça constitui uma norma imperativa inderrogável do Direito Internacional (*jus cogens)*, da qual deriva o dever de que os Estados adotem medidas necessárias para não deixar impunes os responsáveis por graves violações de direitos humanos.[827] Mais recentemente, a Corte vem reiterando que as vias judiciais devem oferecer uma revisão judicial suficiente, isto é, quando o recurso é admitido, deve examinar todas as alegações e argumentos submetidos à apreciação do tribunal.[828]

---

[823] Por exemplo, *v.* Corte IDH. *Caso Liakat Ali Alibux* vs. *Suriname*. Sentença 30.01.2014. Série C, nº 276.

[824] Corte IDH. *Caso do Tribunal Constitucional* vs. *Peru*. Sentença 31.01.2001. Série C, nº 71, parágrafo 89.

[825] Corte IDH. *Caso Castillo Páez* vs. *Peru*. Mérito. Sentença 03.11.1997. Série C, nº 34, parágrafo 82.

[826] Corte IDH. O *Habeas Corpus* sob a suspensão de garantias (Arts. 27.2, 25.1 e 7.6 da Convenção Americana). OC nº 8/87, de 30.01.1987. Série A, nº 8. Corte IDH. Garantias judiciais em estados de emergência (Arts. 27.2, 25 e 8º da Convenção Americana). *Opinião Consultiva nº 9/87*, de 06.10.1987. Série A, nº 9.

[827] Corte IDH. *Caso La Cantuta* vs. *Peru*. Sentença 29.11.2006. Série C, nº 162, parágrafo 160.

[828] Corte IDH. *Caso Barbani Duarte* vs. *Uruguai*. Sentença 13.10.2011. Série C, nº 234, parágrafo 204.

A proteção judicial é compreendida na sua integralidade pelo sistema, visto que deve abarcar as discussões de forma e de conteúdo. No caso *Castañeda Gutman* vs. *México*, em que à vítima foi proibida a inscrição como candidato independente durante as eleições presidenciais mexicanas, a Corte determinou que o art. 25, por consagrar o acesso à justiça, pode ser violado mesmo que a autoridade judicial determine ao fim que não houve violação ao direito humano alegado. Assim, no que se refere à análise deste artigo, basta que o Estado disponha de meios judiciais efetivos que permitam aos indivíduos desafiar atos de autoridades supostamente violadores de direitos humanos. Logo, o direito à proteção judicial pode ser violado independentemente de ter havido ou não uma afetação ao direito material.[829]

No que se refere à determinação de um recurso simples e rápido, a Corte sinalizou que "o art. 25 é uma disposição de caráter geral que recorre à instituição processual do amparo, entendido como o procedimento judicial simples e breve que tem por objeto a tutela de todos os direitos reconhecidos pelas constituições e leis dos Estados-Partes e pela Convenção".[830] No contexto latino-americano, muitos países, em especial da tradição hispânica, preveem em suas legislações nacionais o recurso de amparo como o remédio processual voltado à proteção dos direitos humanos, quer garantidos pela constituição ou por outros tratados internacionais.[831] Acerca do escopo dessa figura, a Corte já decidiu que não é inconvencional limitar o alcance deste a determinados direitos, desde que exista outra via idônea para combater outras violações a direitos humanos.[832] No Brasil, pela falta de espécie jurídica semelhante, é adequada a comparação com o mandado de segurança[833] dada a simplicidade e a brevidade do rito, em que pese haver pontos de similitude e distanciamento neste sentido.

Neste ponto, faz-se necessário aduzir à relação existente entre o art. 25 e o 7.6, o qual estabelece o direito ao *habeas corpus*.[834] De acordo com a *Opinião Consultiva nº 8*, o *habeas corpus* (conhecido também como recurso de exibição pessoal) é a ação que classicamente tutela a liberdade pessoal contra detenções arbitrárias. Nesse sentido, se os recursos de amparo e *habeas corpus* forem considerados conjuntamente, é possível afirmar que o recurso de amparo é um gênero, ao passo que o *habeas corpus* contempla um de seus aspectos específicos.[835] Deste modo, ao recurso de *habeas corpus* se aplicam as características aqui elencadas: deve ser um recurso simples, rápido, efetivo e julgado à luz das garantias judiciais previstas no art. 8º da Convenção. Não raro, portanto, quando esta via se mostra inefetiva para proteger o direito à liberdade

---

[829]   Corte IDH. *Caso Castañeda Gutman* vs. *México*. Sentença 06.08.2008. Série C, nº 184, parágrafo 101.

[830]   Corte IDH. *Caso do Tribunal Constitucional* vs. *Peru*. Sentença 31.01.2001. Série C, nº 71, parágrafo 91.

[831]   Cite-se, como exemplo, a Constituição dos Estados Unidos Mexicanos, em seus arts. 103 e 107.

[832]   Corte IDH. *Caso Castañeda Gutman* vs. *México*. Sentença 06.08.2008. Série C, nº 184, parágrafo 92.

[833]   BUZAID, Alfredo. "Juicio de amparo" e mandado de segurança (contrastes e confrontos). *Revista da Faculdade de Direito da Universidade de São Paulo,* v. 56, n. 1, p. 172-231, jan. 1961.

[834]   Para mais detalhes, ver comentário (6) do art. 7º da Convenção.

[835]   Corte IDH. O *Habeas Corpus* sob a suspensão de garantias (Arts. 27.2, 25.1 e 7.6 da Convenção Americana). *Opinião Consultiva nº 8/87*, de 30.01.1987. Série A, nº 8, parágrafo 34.

pessoal, a Corte identificava uma violação do art. 7.6 em conexão com o art. 25 da Convenção.[836] Não obstante esta intersecção, em julgados mais recentes a Corte passou a analisar as violações aos arts. 7.6 e 25 de modo independente, sob o argumento de que os direitos previstos possuem conteúdos jurídicos únicos.[837]

No Brasil, o *habeas corpus* por previsão constitucional (art. 5º, LXVIII – *conceder--se-á habeas corpus sempre que alguém sofrer ou se achar ameaçado de sofrer violência ou coação em sua liberdade de locomoção, por ilegalidade ou abuso de poder*) possui tanto prioridade no trâmite quanto apego à simplicidade das formas, razão pela qual não requer, inclusive, comprovação de capacidade postulatória para sua impetração. No que toca ao tema, caricata é a notícia do *habeas corpus* impetrado pelo próprio réu em papel higiênico que foi recebido em 2015 pelo Superior Tribunal de Justiça.

No que tange à simplicidade de um recurso, embora não exista um conceito firme sobre este elemento, é certo que a Corte, durante a análise do caso concreto, avalia as características dos remédios judiciais disponíveis a fim de determinar se o acesso estava facilitado aos indivíduos. Ainda que o acesso ao recurso e o rito deste devam ser descomplicados, não há qualquer proibição a que os Estados estabeleçam requisitos de admissibilidade. Estas formalidades são importantes porque conferem segurança jurídica aos procedimentos, auxiliando a correta administração da justiça.[838] Portanto, não é em todo e qualquer caso que os tribunais ou outros órgãos devem resolver o mérito da questão que se apresenta.

A respeito da rapidez, novamente a análise se dá à luz do caso concreto e prevalece aqui o conceito de "prazo razoável", albergado pelo art. 8.1, que leva em conta:[839] *a)* a complexidade do assunto; *b)* a conduta das autoridades estatais; *c)* a atividade processual dos interessados das partes e *d)* o impacto sobre a situação jurídica das partes interessadas.[840] Nesse sentido, a análise do tempo de tramitação do recurso judicial se vale dos mesmos critérios utilizados para o exame das garantias judiciais. Portanto, o recurso deve ser resolvido dentro de um prazo que permita amparar a violação que se alega.[841] A brevidade para a apreciação do recurso judicial constitui um elemento relevante para que este não reste inefetivo. Não há, todavia, um standart fixo e depende sempre da avaliação do caso submetido em apreciação.

Ainda, "o direito à tutela judicial efetiva exige aos juízes que conduzam o processo de modo a evitar dilações e entorpecimentos indevidos que conduzam à impunidade".[842] No caso *Instituto de Reeducação do Menor vs. Paraguai* o recurso de *habeas corpus* interposto com o objetivo de questionar as condições de reclusão dos adolescentes

---

[836] Ver, por exemplo: Corte IDH. *Caso do Furgão Branco (Paniagua Morales e outros) vs. Guatemala.* Sentença 08.03.1998. Série C, nº 37, parágrafo 164 e ss.

[837] Corte IDH. *Caso Anzualdo Castro vs. Peru.* Sentença 22.09.2009. Série C, nº 202, parágrafo 77.

[838] Corte IDH. *Caso dos Trabalhadores Cassados do Congresso (Aguado Alfaro e outros) vs. Peru.* Sentença 24.11.2006. Série C, nº 158, parágrafo 126.

[839] Corte IDH. *Caso Salvador Chiriboga vs. Equador.* Sentença 06.05.2008. Série C, nº 179, parágrafo 84 e ss.

[840] Para mais detalhes, ver comentário sobre o art. 8.1.

[841] Corte IDH. *Caso Instituto de Reeducação do Menor vs. Paraguai.* Sentença 02.09.2004. Série C, nº 112, parágrafo 245.

[842] Corte IDH. *Caso Bayarri vs. Argentina.* Sentença 30.10.2008. Série C, nº 187, parágrafo 116.

demorou cinco anos para ser julgado, prazo extremamente excessivo quando considerada a natureza desta ação e dos direitos que tutela. Compete aos Estados, desse modo, estabelecer procedimentos rápidos e evitar atrasos nas resoluções destes.

(2) Nos termos da jurisprudência da Corte Interamericana, não basta a previsão formal de recursos judiciais, visto que estes devem dar resultados ou respostas a violações de direitos humanos para que sejam considerados efetivos.[843] Desta forma, a análise sobre a efetividade de um recurso sempre leva em conta as circunstâncias do caso concreto, a fim de que se verifique que tipo de respostas os órgãos do Estado deram a indivíduos que alegaram terem seus direitos humanos violados.

Nesse sentido, a Corte afirma que não podem ser considerados efetivos recursos que, dadas as condições do país ou da situação particular, resultem aparentes.[844] No primeiro caso contencioso a conter esta afirmação, *Bámaca Velásquez vs. Guatemala*, a Corte avaliou que os três recursos de *habeas corpus* em favor da vítima não a protegeram contra atos seu desaparecimento forçado. Para além do fato de que o país enfrentava um conflito interno, foi levada em consideração uma manifestação do presidente da Corte Suprema de Justiça da Guatemala, em que disse que os mecanismos de exibição pessoal eram ineficientes no país.[845] A partir deste exemplo, é possível perceber que as considerações sobre a efetividade dos recursos judiciais jamais se limitam ao texto legal, buscando a materialidade e instrumentalidade do aparato jurídico e judicial ao dispor das vítimas. Isto porque, a inexistência de um recurso efetivo coloca a vítima em estado de indefesa[846] incompatível com o Estado Democrático de Direito.

Ademais, para que um remédio legal seja efetivo é preciso que seja "adequado" à situação que se apresenta, isto é, deve ser "idôneo" para combater a violação. Uma das situações mais recorrentes na Corte Interamericana é a da inexistência de um recurso que permita às vítimas impugnar a competência de autoridades públicas para atuar em determinados casos. Para exemplificar esta relação é possível mencionar que em juízo cível, atuando em uma ação em que exista presunção de morte por desaparecimento, destinada à partilha de bens do suposto morto, não é a autoridade adequada para conduzir a investigação do desaparecimento em si.[847] Deve existir, portanto, um recurso que permita apontar esta incompatibilidade. Assim, a efetividade guarda relação com sua capacidade potencial de, nos fatos e no direito, produzir o resultado que se requer para proteger o direito, mas também se relaciona com o devido processo, visto que a Corte tende a considerar violado o art. 25 quando não estão presentes uma ou mais garantias judiciais elencadas no art. 8º da Convenção.[848]

---

[843]   Corte IDH. *Caso Bámaca Velásquez vs. Guatemala*. Sentença 25.11.2000. Série C, nº 70, parágrafo 191.

[844]   Corte IDH. Garantias judiciais em estados de emergência (Arts. 27.2, 25 e 8º da Convenção Americana). *Opinião Consultiva nº 9/87*, de 06.10.1987, parágrafo 24.

[845]   Corte IDH. *Caso Bámaca Velásquez vs. Guatemala*. Sentença 25.11.2000, Série C, nº 70, parágrafo 191 e ss.

[846]   Corte IDH. *Caso do Tribunal Constitucional vs. Peru*. Sentença 31.01.2001, Série C, nº 71, parágrafo 89.

[847]   Corte IDH. *Caso Velásquez Rodríguez vs. Honduras*. Sentença 29.07.1988, parágrafo 64.

[848]   Medina Quiroga, Cecilia. *La Convención Americana*, cit., p. 373.

No que respeita a decisões tomadas pela jurisdição contencioso-administrativa, a Corte afirmou que a fim de avaliar a efetividade destas, devem ser observados alguns elementos: *a*) se as decisões ali tomadas contribuíram para findar com uma situação violadora de direitos; *b*) se foi capaz de assegurar a não repetição dos atos lesivos e *c*) se pôde garantir o livre e pleno exercício dos direitos protegidos pela Convenção.[849] Não há, assim, de plano a desconsideração da via administrativa, mas a exigência que ele se adéque aos *standards* convencionais de proteção judicial adequada.

No caso *Massacre de Mapiripán* vs. *Colômbia*, em que agentes de um grupo paramilitar, auxiliados pelo exército colombiano, invadiram uma aldeia e assassinaram alguns de seus moradores, a Corte Interamericana, valendo-se de diálogo com a decisão da Corte Europeia de Direitos Humanos para o caso *Yasa vs. Turquia*, tece alguns apontamentos sobre a efetividade de decisões administrativas para reparações a violações de direitos humanos. Neste caso colombiano, familiares de quatro vítimas ingressaram com pedidos administrativos de reparação e firmaram um acordo conciliatório com o Estado para o recebimento de indenização por danos morais e materiais. Acerca do alcance destes acordos em face das exigências de proteção internacional do indivíduo, a sentença dispôs que uma reparação integral não se limita ao pagamento de somas monetárias aos familiares das vítimas, devendo abarcar a identificação dos responsáveis e sua sanção.[850] É precisamente este um dos pontos sensíveis das decisões administrativas, pois elas geralmente se fundamentam na responsabilidade objetiva do Estado, não individualizando as condutas das autoridades públicas. Ainda que incompletos do ponto de vista da responsabilidade internacional, a Corte avaliou positivamente os acordos, tomando-os em consideração no momento de determinar as reparações do caso.

Em razão do exposto, a Corte Interamericana elencou alguns critérios sobre a extensão de revisão judicial de uma decisão administrativa supostamente violadora de direitos humanos, para que a proteção judicial seja efetiva. Deve-se considerar: *a*) a competência do órgão judicial em questão; *b*) o tipo de matéria sobre a qual se manifestou o órgão administrativo, levando em consideração se envolve conhecimentos técnicos ou especializados; *c*) o objeto da controvérsia apresentado perante o órgão judicial, o qual inclui alegações de fatos e de direito das partes; *d*) as garantias do devido processo perante o órgão judicial.[851] Afirma a Corte que não há revisão judicial efetiva se o órgão judicial está impedido de determinar o objeto da controvérsia, como ocorre em casos em que o tribunal se declara limitado fática ou juridicamente à decisão do órgão administrativo. Desse modo, o recurso judicial deve ser capaz de promover uma extensa revisão de decisões administrativas, isto é, deve examinar todas as alegações e argumentos submetidos a seu conhecimento.[852]

---

[849]   Corte IDH. *Caso Chocrón Chocrón* vs. *Venezuela*. Sentença 1.º.07.2011. Série C, nº 227, parágrafo 128.

[850]   Corte IDH. *Caso Massacre de Mapiripán* vs. *Colômbia*. Sentença 15.09.2015. Série C, nº 134, parágrafo 207 e ss.

[851]   Corte IDH. *Caso Barbani Duarte e Outros* vs. *Uruguai*. Sentença 13.10.2011. Série C, nº 234, parágrafo 203.

[852]   Corte IDH. *Caso Barbani Duarte e Outros* vs. *Uruguai*. Sentença 13.10.2011. Série C, nº 234, parágrafo 204 e ss.

Acerca da efetividade de recursos judiciais em matéria penal, especialmente em casos de graves violações de direitos humanos, a Corte estabeleceu que as vítimas ou seus familiares devem participar dos processos penais em todas as suas etapas, seja na investigação ou no julgamento dos responsáveis.[853] São, assim, as vítimas e eventualmente seus familiares, sujeitos ativos interessados na busca da reparação àquela situação de violação e por isso tem pleno *locus standi* nestas determinações.

Além disso, a fim de que uma investigação penal possa assegurar efetivamente o direito de acesso à justiça, deve ser conduzida com seriedade, e não como uma simples formalidade, condenada de antemão ao fracasso, bem como deve respeitar as garantias do devido processo legal estabelecidas no art. 8º. Assim, as autoridades públicas devem se orientar pela devida diligência, a fim de que a investigação seja efetiva. Ademais, a investigação penal deve ter um sentido e ser assumida pelo Estado com um dever jurídico seu, não como uma gestão de interesses particulares, que dependa das vítimas ou de seus familiares.[854] Este dever é acentuado em situações de uso da força letal por agentes do Estado, visto que lhe compete determinar se o uso da força foi arbitrário ou não. Dessa forma, o direito de acesso à justiça aqui contemplado implica ao Estado de fazer todo o necessário para que se atinja à verdade dos fatos e, consequentemente, investigar, julgar e sancionar os eventuais responsáveis.[855]

No caso *Favela Nova Brasília* vs. *Brasil*, cujos fatos se referem a duas incursões da Polícia Militar (uma em 1994 e outra em 1995) na localidade que dá nome ao caso, a Corte se debruça sobre a efetividade da investigação penal. Com relação à incursão de 1994, as poucas diligências adotadas se mostraram irrelevantes, e a investigação não avançou para determinar a responsabilidade pelas mortes, situação que "se traduziu numa denegação de justiça em detrimento das vítimas, pois não foi possível garantir-lhes, material e juridicamente, proteção judicial no presente caso. O Estado não proporcionou às vítimas um recurso efetivo, por meio das autoridades competentes, que tutelasse seus direitos contra os atos que violaram seus direitos humanos".[856]

Mesmo diante da alegação de que os policiais haviam cometido execuções extrajudiciais contra as vítimas, a investigação foi conduzida com base na concepção de que as vítimas faleceram em virtude de seus próprios atos, num contexto de confronto com a polícia.[857] Com relação à incursão de 1995, tampouco tiveram as vítimas acesso a um recurso que garantisse a proteção judicial e transcorridos mais de 20 de anos, não houve julgamento dos responsáveis pela morte de 26 pessoas.[858] Em julho de 2018, o Ministério Público Estadual do Rio de Janeiro reabriu as investigações.

Nesse sentido, é dever do Estado adotar todas as medidas – positivas e de não impedimento – a fim de garantir que os recursos que proporciona por meio de seu sistema judicial sejam verdadeiramente efetivos para determinação de uma violação

---

[853]　Corte IDH. *Caso "Meninos de Rua" (Villagrán Morales e outros)* vs. *Guatemala*. Sentença 19.11.1999. Série C, nº 63, parágrafo 225 e ss.

[854]　Corte IDH. *Caso Sétimo Garibaldi* vs. *Brasil*. Sentença 23.09.2009. Série C, nº 203, parágrafo 113.

[855]　Corte IDH. *Caso Bulacio* vs. *Argentina*. Sentença 18.09.2003. Série C, nº 100, parágrafo 114.

[856]　Corte IDH. *Caso Favela Nova Brasília* vs. *Brasil*. Sentença 16.02.2017. Série C, nº 332, parágrafo 236.

[857]　Idem, parágrafo 237.

[858]　Idem, parágrafo 240 e ss.

de direitos humanos e estabelecer a sua devida reparação.[859] Em situações em que há reparações, os recursos judiciais devem estabelecer de modo claro e preciso o alcance das reparações e maneiras para executá-las.[860]

Se o direito a um recurso efetivo é mirado em sua dimensão ampla e material, resta evidente que a ausência de previsão formal de um recurso efetivo contra as violações de direitos previstos na Convenção, na Constituição ou em outra lei interna configuram uma violação ao art. 25 da Convenção.[861]

Em suma, recursos efetivos são aqueles que dão respostas oportunas e exaustivas de acordo com a finalidade do recurso, ou seja, determinam responsabilidades e reparam as vítimas.

(3) A expressão "perante juízes ou tribunais competentes" é frequentemente analisada à luz do art. 8.1 da Convenção. Assim, a esta expressão utilizada no art. 25 também devem se aplicar as garantias de um juízo independente e imparcial. Logo, para uma melhor compreensão desta garantia, refere-se a leitura dos comentários sobre o art. 8º.

No que se refere à proteção judicial, a Corte Interamericana afirma que devem existir recursos judiciais que permitam impugnar a competência de autoridades que atuem em casos sobre os quais não têm competência. No caso *Radilla Pacheco vs. México*, referente ao desaparecimento forçado da vítima após sua detenção pelo exército mexicano, a Corte, após determinar que o foro militar não era competente para a investigação dos fatos, identificou que o México violou o art. 25 da Convenção ao não prever em sua legislação nenhum recurso que permitisse aos familiares da vítima impugnar a competência da jurisdição castrense no caso.[862]

A jurisdição militar deve ser, portanto, sempre destinada à sua restrição. Recentemente no Brasil, controvérsia a esse respeito surgiu com a ampliação na jurisdição especializada com a edição da Lei nº 13.491/2017, que alargou matéria de competência da Justiça Militar dos Estados e da Justiça Militar da União. O tema pende, inclusive, acerca da compreensão restrita da Corte Interamericana sobre a jurisdição castrense, já que o Estado Brasileiro, pelo art. 1º da Convenção Americana, estaria obrigado ao entendimento do sistema, esposado, *v.g.*, no caso *Durand e Ugarte vs. Peru*, que "[e]m um Estado democrático de Direito a jurisdição penal militar há de ter alcance restritivo e excepcional".[863]

(4) A disposição do art. 25.1, segundo o qual indivíduos devem ter acesso a recursos efetivos que protejam contra atos violadores de seus direitos humanos, previstos na Constituição, lei ou na Convenção Americana, tem clara conexão com o art. 29, *b*, do *Pacto de San José*, o qual determina que a Convenção não pode limitar o gozo

[859] Corte IDH. *Caso dos Povos Indígenas Kuna de Madungandí e Emberá de Bayano e seus membros vs. Panamá*. Sentença 14.10.2014. Série c, nº 284, parágrafo 165; Corte IDH. *Caso Favela Nova Brasília vs. Brasil*. Sentença 16.02.2017. Série C, nº 332, parágrafo 235.

[860] Corte IDH. *Caso Mejía Idrovo vs. Equador*. Sentença 05.07.2011. Série C, nº 228, parágrafo 96.

[861] Corte IDH. *Caso Yatama* vs. *Nicarágua*. Sentença 23.06.2005. Série C, nº 127, parágrafo 168.

[862] Corte IDH. *Caso Radilla Pacheco* vs. *México*. Sentença 23.11.2009. Série C, nº 209, parágrafo 291 e ss.

[863] Corte IDH. *Cado Durand Ugarte* vs. *Peru*. Sentença 16.08.2000. Série C, nº 68, parágrafo 117.

de direitos reconhecidos pelas leis dos Estados-Partes. O art. 29, portanto, consagra uma leitura do texto convencional a partir do princípio *pro persona*, primando pelos parâmetros mais protetivos aos direitos humanos. A regra interpretativa do princípio hermenêutico *pro homine* ou *pro persona* indica a prevalência da norma mais benéfica e mais protetiva à vítima – não aplicar o tratado e aplicá-lo quando da sua aplicação advenham circunstâncias mais restritivas de sua aplicação.[864] Isso endossa a visão dos parâmetros protetiva mínimos e da ideologia fundante da prevalência da norma mais benéfica adotada pelo sistema interamericano.

Ademais, para além da já mencionada vinculação do art. 25.1 com o art. 1.1 da Convenção, este trecho do dispositivo evidencia a conexão existente com o art. 2º do *Pacto de San José*, segundo o qual os Estados devem adotar disposições em seu direito interno que confiram efetividade aos direitos previstos na Convenção. Nesse sentido, conectado a esta obrigação, o art. 25.1 traz o dever específico de que existam vias judiciais efetivas que possibilitem a tutela de direitos humanos, estejam estes previstos no ordenamento interno ou na Convenção.

Como consequência dessa associação entre a proteção judicial e o dever de adotar disposições no direito interno, surgem duas obrigações específicas aos Estados: adotar medidas legislativas ou de outro caráter para tornar efetiva a proteção judicial e o dever de todas as autoridades de exercer um controle de convencionalidade.

É em razão destas conexões que desde o caso *Almonacid Arellano vs. Chile*,[865] a Corte Interamericana afirma que cabe ao Judiciário realizar o controle de convencionalidade das leis. No Brasil, com o julgamento do RE 466.343-1/SP (2008), pelo Supremo Tribunal Federal, o consenso é que há um regime jurídico misto que confere aos tratados internacionais de proteção dos direitos humanos um *status* hierárquico privilegiado na ordem jurídica. Esse julgamento fez com que emergisse, de vez por todas, no Brasil o tema do controle de convencionalidade das leis.[866]

Eduardo Ferrer Mac-Gregor Poisot (juiz da Corte Interamericana) defende que essa parte da redação do art. 25.1 inaugura uma nova dimensão da proteção judicial. Segundo o magistrado, este trecho "cumpre uma função de integração dos direitos fundamentais de fonte nacional e convencional para sua adequada proteção em um modelo de exercício do controle de convencionalidade"[867]. De um lado, essa função integradora, explica Mac-Gregor, se evidencia porque a Convenção se abre aos ordenamentos jurídicos internos e dá aos recursos judiciais ali previstos o mesmo grau de importância do recurso de amparo, desde que sejam idôneos para combater violações a direitos humanos e que se mostrem efetivos. Ainda sob essa perspectiva, o art. 25.1, em atenção ao mandamento do art. 29.b), mostra uma abertura dialógica

---

[864]   V. MAZZUOLI, Valerio de Oliveira; RIBEIRO, Dilton. The *pro homine* principle as an enshrined feature of international human rights law. *The Indonesian Journal of International & Comparative Law*, v. III, p. 77-99, 2016; também em *Estudos avançados de direito internacional*, cit., p. 264-280.

[865]   Corte IDH. *Caso Almonacid Aurellano e Outros vs. Chile*. Sentença 26.09.2006.

[866]   Para detalhes, *v.* MAZZUOLI, Valerio de Oliveira. *Curso de direito internacional público*, cit., p. 780-792.

[867]   Corte IDH. Voto concorrente do juiz Eduardo Ferrer Mac-Gregor Poisot à sentença da Corte Interamericana de Direitos Humanos no caso *Liakat Ali Alibux vs. Suriname*. 30.01.2014. Série C, nº 276, parágrafo 8.

da Convenção aos ordenamentos jurídicos nacionais, reconhecendo que estes podem trazer um novo rol de direitos humanos e que, consequentemente, devem existir recursos judiciais para sua proteção.[868] Em suma, o art. 25.1 salvaguarda meios de tutela não apenas dos direitos humanos reconhecidos na Convenção, mas também aqueles previstos na lei ou na Constituição.

De outro lado, a determinação do art. 25 obriga os Estados a considerar o direito à proteção judicial em sua relação com os arts. 1.1, 2 e 29.b) da Convenção, ou seja, implica a realização de um controle de convencionalidade que promova uma ampla proteção em sede interna dos direitos protegidos pela Convenção. No exercício deste controle de convencionalidade, é certo que as autoridades públicas devem considerar tanto o texto da Convenção como as interpretações da Corte sobre ela, por meio das decisões que emite. Afinal, a jurisprudência deste tribunal possui eficácia indireta, visto que opera como norma convencional interpretada (*res interpretata*) para países que não formam parte do litígio.[869] Não raro as decisões atualizam a interpretação sobre os dispositivos da Convenção, de forma que cabe aos Estados a elas se adequarem. Logo, ainda que a Corte não imponha um modelo específico de controle de convencionalidade, todos os poderes do Estado, no limite de suas atribuições, devem implementar remédios legais efetivos para a proteção do rol de direitos presente na Convenção Americana.[870]

É neste contexto – marcado pela tendência de Constituições latino-americanas em assegurar um tratamento especial e diferenciado aos direitos e garantias internacionalmente consagrados – que se insere o desafio de encorajar todos os textos constitucionais latino-americanos a incluírem cláusulas abertas a conferir aos tratados de direitos humanos status hierárquico constitucional. Faz-se fundamental transitar da pirâmide jurídica hermética fundada no State approach para a permeabilidade do trapézio jurídico fundado no *human rights approach*.

Diante do exposto, evidencia-se que o art. 25.1 busca promover a integração das ordens nacionais com a ordem interamericana por meio do direito de acesso à justiça. Essa integração normativa e sobretudo interpretativa se coaduna com a consolidação de um sistema interamericano integrado, no qual é estabelecido um intenso diálogo entre as mais diversas ordens e hierarquias, o que acaba por reforçar a proteção dos direitos humanos e a criação de um *ius constitutionale commune* na região.[871] Por

---

[868] Corte IDH. Voto concorrente do juiz Eduardo Ferrer Mac-Gregor Poisot à sentença da Corte Interamericana de Direitos Humanos no caso *Liakat Ali Alibux vs. Suriname*. 30.01.2014. Série C, nº 276, parágrafo 44.

[869] MAC-GREGOR, Eduardo Ferrer. Eficacia de la sentencia interamericana y la cosa juzgada internacional: vinculación directa hacia las partes (*res judicata*) e indirecta hacia los estados parte de la convención americana (*res interpretata*) (sobre el cumplimiento del caso Gelman vs. Uruguay). *Estudios constitucionales*, Santiago, v. 11, n. 2, p. 621, 2013.

[870] Corte IDH. *Caso Liakat Ali Alibux* vs. *Suriname*. Sentença 30.01.2014. Série C, nº 276, parágrafo 124.

[871] Corte IDH. Voto concorrente do juiz Eduardo Ferrer Mac-Gregor Poisot à sentença da Corte Interamericana de Direitos Humanos no caso *Liakat Ali Alibux* vs. *Suriname*. 30.01.2014. Série C, nº 276, parágrafo 94.

meio desta determinação no art. 25.1 o sistema interamericano se coloca como força catalizadora de promoção dos direitos humanos na América Latina.

O pressuposto básico para a existência do controle de convencionalidade é a hierarquia diferenciada dos instrumentos internacionais de direitos humanos em relação à legalidade ordinária. A isto se soma o argumento de que, quando um Estado ratifica um tratado, todos os órgãos do poder estatal a ele se vinculam, comprometendo-se a cumpri-lo de boa-fé.

Como enfatiza a Corte Interamericana: "Quando um Estado ratifica um tratado internacional como a Convenção Americana, seus juízes, como parte do aparato do Estado, também estão submetidos a ela, o que lhes obriga a zelar para que os efeitos dos dispositivos da Convenção não se vejam mitigados pela aplicação de leis contrárias a seu objeto, e que desde o início carecem de efeitos jurídicos. [...] o poder Judiciário deve exercer uma espécie de "controle da convencionalidade das leis" entre as normas jurídicas internas que aplicam nos casos concretos e a Convenção Americana sobre Direitos Humanos. Nesta tarefa, o Poder Judiciário deve ter em conta não somente o tratado, mas também a interpretação que do mesmo tem feito a Corte Interamericana, intérprete última da Convenção Americana".[872]

O controle de convencionalidade contribuirá para que se implemente no âmbito doméstico os padrões, princípios, normatividade e jurisprudência internacional em matéria de direitos humanos. Também essencial é assegurar que as sentenças internacionais condenatórias de Estados sejam obrigatórias e diretamente executáveis no âmbito doméstico.

Em suma, o direito à proteção judicial configurado nestes termos ganha uma dimensão material, para além da processual. Segundo Mac-Gregor, esse direito substantivo pode ser entendido como o "direito à garantia dos direitos fundamentais" e sua presença ou ausência levam à eficácia ou ineficácia de outros direitos.[873]

Um exemplo desta integração normativa no sistema brasileiro é o já mencionado julgamento, em 2008, do Recurso Extraordinário nº 466.343-1/SP, pelo Supremo Tribunal Federal. Nele, o STF, em atenção à proibição de prisão por dívidas, contida no art. 7.7 da Convenção Americana, determinou a incompatibilidade da permissão legal para a prisão do depositário infiel derivada do art. 5º, LXVII, da Constituição com os propósitos da Convenção. A perda de eficácia da normativa infraconstitucional foi acompanhada da edição da Súmula Vinculante nº 25, de 2009, segundo a qual "é ilícita a prisão civil de depositário infiel, qualquer que seja a modalidade de depósito". Realizou-se, assim, verdadeiro exercício de controle de convencionalidade para adequação de uma norma interna aos parâmetros protetivos interamericanos.

O caminho jurisprudencial majoritário adotado pelo Supremo Tribunal Federal no RE nº 466.343 merece destaque ao romper com a tese, que tanto prevaleceu no STF, da paridade hierárquica entre os tratados de direitos humanos e as leis ordinárias. Não havia, assim, qualquer distinção entre o regime jurídico dos acordos internacionais em matéria comum daqueles que versassem sobre direitos humanos – em flagrante descumprimento à literalidade do § 2.º do art. 5.º da Constituição Federal. Com essa

---

872   Corte IDH. *Caso Almonacid Arellano e Outros* vs. *Chile*. Sentença 26.09.2006. Série C, nº 154, parágrafo 124.

873   Idem, parágrafo 8.

renovada visão jurisprudencial, confere-se aos tratados de direitos humanos *status* privilegiado, adotando-se, para tais normas internacionais, regime jurídico misto diferenciado dos tratados comuns.[874]

Avançou-se, assim, em novel campo que ora se abre ao direito pátrio: o do controle da convencionalidade das leis que devem ser ajustadas à normatividade internacional dos direitos humanos da qual o Brasil é signatário. Ficou, aquém, pela diferença de um voto, o melhor entendimento de conferir plena constitucionalidade aos tratados internacionais de direitos humanos, alçando-os ao *locus* que quis o constituinte originário, qual seja, do patamar constitucional.

Independentemente do resultado do julgado, a premissa que o lastreia – de lugar especial e diferenciado das normas de direitos humanos no direito pátrio – corrobora com o sentido aproximativo dos diálogos entre o direito constitucional e o direito internacional dos direitos humanos em prol da proteção concreta da dignidade humana.

A decisão proferida no Recurso Extraordinário nº 466.343 constitui uma decisão paradigmática, tendo a força catalisadora de impactar a jurisprudência nacional, a fim de assegurar aos tratados de direitos humanos um regime privilegiado no sistema jurídico brasileiro, propiciando a incorporação de parâmetros protetivos internacionais no âmbito doméstico. Vale realçar que a jurisprudência do Supremo Tribunal Federal pertinente à hierarquia dos tratados de direitos humanos tem de ser relevado marcadamente oscilante. Ainda que não na extensão desejável, solidificou-se a postura híbrida no que tange à hierarquia dos tratados, com adoção de regime jurídico misto que diferencia os tratados de direitos humanos e os tratados tradicionais.

Exemplo negativo, em que foram desconsiderados os standards fixados pela Corte Interamericana, foi o julgamento da ADPF 153, relacionada à chamada "Guerrilha do Araguaia", também analisada pela Corte no caso *Gomes Lund e Outros vs. Brasil*. Para essa questão, remete-se o leitor à seção de temas relacionados.

(5) O direito a um recurso efetivo ante violações de direitos humanos é válido mesmo quando tais violações são cometidas por pessoas que estejam atuando no exercício de suas funções oficiais. Tal determinação reforça o caráter geral dos direitos humanos: a salvaguarda dos indivíduos perante o exercício arbitrário do poder público. O art. 25, assim, cria uma esfera de proteção mesmo para violações que decorrem do exercício regular de uma função, de forma a evitar que violações de direitos humanos se perpetuem sob o manto da legalidade. Em outras palavras, o Estado tem o dever de garantir um recurso efetivo quando violações forem cometidas pelos seus agentes, não podendo se furtar de aceitar ou prover remédios legais sob a alegação de que o agente cometeu o ato no estrito cumprimento de suas funções.

(6) Uma boa compreensão do conteúdo do art. 25.2 requer uma remissão aos trabalhos preparatórios da Convenção Americana. Originalmente, o texto do art. 25 estabelecia o direito a um "recurso efetivo, simples e rápido, perante juízes ou tribunais nacionais competentes, que ampare contra atos que violem seus direitos fundamentais

---

[874] Cf. MAZZUOLI, Valerio de Oliveira. *Curso de direito internacional público*, cit., p. 780-792; e MAZZUOLI, Valerio de Oliveira. *Direitos humanos, Constituição e os tratados internacionais…*, cit., p. 233-252.

reconhecidos pela Constituição ou pela lei"[875]. Foi contestada a ausência de menção à Convenção, ao que o governo do Chile sugeriu que fosse replicado o teor do art. 2(3) do Pacto Internacional dos Direitos Civis e Políticos.

O delegado colombiano objetou a criação de outro parágrafo, sugerindo apenas a inclusão de uma menção à Convenção no texto do projeto original. Para ele, essa inserção era desnecessária, visto que os deveres ali previstos refletiam compromissos contidos nos arts. 1º e 2º da Convenção.[876] O delegado chileno, então, explicou que a razão da sua propositura era "estabelecer claramente que os governos se comprometeriam a adotar as medidas oportunas para tornar efetivos os direitos". De acordo com a ex-juíza da Corte Interamericana, Cecília Medina Quiroga, a inclusão deste parágrafo foi um erro por duas razões: em primeiro lugar, a redação final é ambígua, visto que no primeiro parágrafo há menção a "recursos", ao passo que o art. 25.2.b) impõe o dever de que os Estados desenvolvam as possibilidades de recursos *judiciais*. Em segundo lugar, a magistrada defende que o primeiro parágrafo já contém obrigações gerais e o art. 25.2.a) apenas replica o propósito do art. 2º da Convenção.[877] Na prática da Corte Interamericana, a remissão a estas alíneas é incomum.

No que se refere ao art. 25.2.a), a determinação de que os Estados se comprometem "a assegurar que a autoridade competente prevista pelo sistema legal do Estado decida sobre os direitos de toda pessoa que interpuser tal recurso" reforça a obrigação dos Estados de garantir o exercício dos direitos reconhecidos na Convenção, plasmada no art. 1.1 da Convenção Americana.[878] As autoridades competentes devem motivar suas decisões, aduzindo a cada alegação trazida pelas supostas vítimas.[879]

No caso do *Povo Indígena Kichwa de Sarayaku vs. Equador*, referente a violações praticadas por uma empresa petroleira no território desta comunidade indígena, a Corte Interamericana identificou violado o art. 25.2.a) porque a autoridade competente para apreciação do recurso restou inerte.[880] Não houve, no entanto, detalhamento por parte da Corte sobre os alcances deste artigo.

(7) Conforme já sinalizado, o art. 25.2.b) espelha o conteúdo do art. 2º da Convenção Americana, reforçando o dever dos Estados de adequar seu ordenamento interno ao conteúdo da Convenção. Neste caso específico, pois, compete aos Estados desenvolver as possibilidades de recursos judiciais que amparem violações de direitos humanos. Desta forma, a condenação por violação ao art. 25.2.b) usualmente se dá em conexão com o art. 2º da Convenção Americana, como ocorreu no caso *Claude Reyes e Outros vs. Chile*. Neste caso, que se refere à negativa de acesso à informação

---

[875]   OEA. Conferencia especializada Interamericana sobre Derechos Humanos. *Actas y documentos*. San José, Costa Rica. 7-22 de nov. 1969. OEA/Ser.K/XVI/1.2. p. 22.

[876]   OEA. Conferencia especializada Interamericana sobre Derechos Humanos. *Actas y documentos*. San José, Costa Rica. 7-22 de nov. 1969. OEA/Ser.K/XVI/1.2. p. 262.

[877]   MEDINA QUIROGA, Cecilia. *La Convención Americana*, cit., p. 368.

[878]   RIBAS, Juana María Ibáñez. Artículo 25. Protección Judicial. In: STEINER, Christian; URIBE, Patricia (Ed.). *Convención Americana sobre Derechos Humanos*, cit., p. 624.

[879]   Corte IDH. *Caso Castañeda Gutman vs. México*. Sentença 06.08.2008. Série C, nº 184, parágrafo 93.

[880]   Corte IDH. *Caso do Povo Indígena Kichwa de Sarayaku vs. Equador*. Sentença 27.06.2012. Série C, nº 245, parágrafo 278.

sobre um projeto de industrialização florestal e à falta de recurso adequado e efetivo para contestar essa decisão, a Corte estimou que o Estado chileno deveria ter previsto um recurso judicial simples, rápido e efetivo diante da denegatória administrativa de acesso às informações solicitadas pelas vítimas. Em razão do exposto, identificou violado o art. 25.2.b) em conexão com o art. 2º da Convenção.[881]

(8) O art. 25.2.c) dispõe sobre o dever de execução das decisões internas. De acordo com a Corte, a execução de uma decisão é determinante na análise da efetividade do remédio legal. Do contrário, a proteção judicial se torna ilusória se as decisões judiciais referentes a violações de direitos humanos não são implementadas ou tardam a serem executadas.[882] Assim, a responsabilidade estatal não se esgota com a decisão definitiva emitida por uma autoridade competente. Para além deste dever, é necessário que o Estado garanta os meios para a execução desta decisão.[883]

A eficácia da proteção judicial contra violações de direitos humanos está diretamente atrelada à possibilidade de execução satisfatória das decisões em um prazo razoável. A demora na implementação destas decisões acarreta a negação da proteção judicial às vítimas.[884] A execução, portanto, deve ocorrer de maneira a efetivar os princípios da tutela judicial, do devido processo, da segurança jurídica, da independência judicial e do estado de direito.[885] Em suma, deve ser "completa, integral e sem demora".[886] Isto porque é por meio da execução que o bem da vida tutelado e o direito humano pretendido será efetivamente protegido.

Desse modo, no caso *Mejía Idrovo vs. Equador*, a Corte Interamericana afirma que, à luz do princípio da tutela judicial efetiva, os procedimentos de execução de decisões devem ser acessíveis para as partes, sem obstáculos ou demora indevida. Ainda, o Estado deve garantir que decisões de última instância tenham caráter vinculante e obrigatório a todas as autoridades públicas, não podendo estas se omitir a implementar o teor da resolução definitiva.[887] Outro fator determinante é que o ordenamento jurídico nacional garanta que a execução das decisões judiciais definitivas transcorra sem interferência de outros poderes do Estado.[888]

Na seara de investigações penais, o impedimento na execução de mandados de prisão, ou mesmo a demora na sua realização, contribui para a perpetuação da violência e intimidação de testemunhas ou peritos vinculados ao esclarecimento dos fatos, tal

---

[881] Corte IDH. *Caso Claude Reyes e Outros* vs. *Chile*. Sentença 19.09.2006. Série C, nº 151, parágrafo 137.

[882] Corte IDH. *Caso Acevedo Jaramillo e Outros* vs. *Peru*. Sentença 07.02.2006. Série C, nº 144, parágrafo 219

[883] Idem, parágrafo 216.

[884] Corte IDH. *Caso Acevedo Buendía e Outros ("Desempregados e Aposentados da Controladoría")* vs. *Peru*. Sentença 1.º.07.2009. Série C, nº 198, parágrafo 77.

[885] Corte IDH. *Caso Mejía Idrovo* vs. *Equador*. Sentença 05.07.2011. Série C, nº 228, parágrafo 105.

[886] Corte IDH. *Caso Furlan e familiares* vs. *Argentina*. Sentença 31.08.2012. Série C, nº 246, parágrafo 210.

[887] Corte IDH. *Caso Mejía Idrovo* vs. *Equador*. Sentença 05.07.2011. Série C, nº 228, parágrafo 106 e ss.

[888] Corte IDH. *Caso Furlan e familiares* vs. *Argentina*. Sentença 31.08.2012. Série C, nº 246, parágrafo 211.

como ocorreu no caso *Massacre de La Rochela vs. Colômbia*, em que, em decorrência da inação estatal, algumas testemunhas foram ameaçadas e saíram do país.[889]

Diante do exposto, nos termos do art. 25 da Convenção, surgem duas obrigações específicas ao Estado. A primeira é consagrar normativamente e assegurar a correta aplicação de recursos efetivos ante as autoridades competentes, que amparem aos indivíduos contra atos que violem seus direitos humanos.[890] A segunda consiste em garantir os meios de execução das respectivas decisões e sentenças definitivas pelas referidas autoridades competentes, de maneira a proteger efetivamente tais direitos reconhecidos.[891]

TEMAS RELACIONADOS

- **O dever de investigar, processar e punir diligentemente autores de violações de direitos humanos, direito à verdade e proibição da autoanistia**

O dever de investigar diligentemente, processar e eventualmente punir autores de violações de direitos humanos é, conforme vasta jurisprudência da Corte Interamericana, uma decorrência do direito de acesso à justiça, consubstanciado pelos arts. 8º e 25 da Convenção Americana. Especialmente em casos que envolvem desaparecimento forçado ou outras violações ao direito à vida e à integridade pessoal,[892] os Estados têm o dever de promover, de ofício, uma investigação séria, diligente, imparcial e em tempo razoável dos fatos ocorridos e de garantir a eventual responsabilização penal dos envolvidos,[893] assim como o pagamento das devidas indenizações.[894]

Este dever de investigar, conformado pelas garantias judiciais e pela necessidade de efetivação da proteção judicial às vítimas, é uma obrigação de meio que deve ser empreendida com seriedade, e não uma mera formalidade condenada de antemão ao insucesso.[895] Nesse sentido, toda investigação judicial deve ser "empreendida de boa-fé, de maneira diligente, exaustiva e imparcial, e deve estar orientada a explorar todas as linhas investigativas possíveis que permitam a identificação dos autores do delito, para posterior julgamento e sanção".[896]

---

[889]   Corte IDH. *Caso Massacre de La Rochela* vs. *Colômbia*. Sentença 11.05.2007. Série C, nº 163, parágrafo 175.

[890]   Corte IDH. *Caso Maldonado Ordoñez* vs. *Guatemala*. Sentença 03.05.2016. Série C, nº 311, parágrafo 110.

[891]   Corte IDH. *Caso Favela Nova Brasília* vs. *Brasil*. Sentença 16.02.2017. Série C, nº 332, parágrafo 234.

[892]   Corte IDH. *Caso Cruz Sánchez e Outros* vs. *Peru*. Sentença 17.04.2015. Série C, nº 292, parágrafos 346-352.

[893]   Corte IDH. *Caso Rochac Hernández e Outros* vs. *El Salvador*. Sentença 14.10.2014. Série C, nº 285, parágrafo 139.

[894]   Corte IDH. *Caso Durand y Ugarte* vs. *Peru*. Sentença 16.08.2000. Série C, nº 68, parágrafo 130.

[895]   Corte IDH. *Caso Velásquez Rodríguez* vs. *Honduras*. Sentença 29.07.1988. Série C, nº 04, parágrafo 176

[896]   Comissão IDH. Caso 11.481: *Monseñor Oscar Arnulfo Romero y Galdámez* vs. *El Salvador*, *Informe 37/00*. 13.04.2000, parágrafo 80.

Ademais, como já mencionado, a investigação penal é dever jurídico do Estado, não dependendo das vítimas ou de seus familiares.[897] Para a Corte Interamericana, essa obrigação se acentua em situações de uso da força letal por agentes do Estado, visto que lhe compete determinar se o uso da força foi arbitrário ou não. Assim, é direito das vítimas que o Estado dê início a investigações efetivas, voltadas ao esclarecimento da verdade dos fatos, buscando a captura, o processamento e a punição dos responsáveis.[898]

A falta de investigação, persecução, captura, processamento e punição dos responsáveis resulta na impunidade, situação que deve ser combatida pelo Estado de todas as formas legais disponíveis, pois propicia a repetição crônica das violações de direitos humanos e cria uma situação de total desamparo das vítimas e de seus familiares.[899] A Corte Interamericana ressalta, ademais, que as investigações não podem se basear em preconceitos ou concepções estereotipadas sobre as vítimas, porque, para além de perpetuarem o quadro de impunidade, geram discriminação.[900]

O dever de investigar, processar e eventualmente punir autores de violações de direitos humanos é reforçado quando se está diante de violações massivas (como torturas, execuções extrajudiciais e desaparecimentos forçados) frequentemente associadas ao passado ditatorial dos países latino americanos. Os governos autoritários do continente se caracterizaram pelo caráter flagrante, massivo e sistemático da repressão à qual foi submetida a população, inclusive em escala interestatal. Como fruto da Operação Condor, havia uma rede de cooperação entre as ditaduras do Cone Sul, de modo que os governos desses países uniram suas forças contra os "elementos subversivos", geralmente pertencentes a movimentos de esquerda e outros "inimigos em comum", independentemente da nacionalidade.[901]

Ademais, desde seu primeiro precedente e *leading case*, em 1989, *Velásquez Rodrigues vs. Honduras* – que versa sobre desaparecimentos forçados –, entoa a Corte Interamericana, em jurisprudência hoje consolidada, a necessidade de limitação da violência institucionalizada rechaçando, sobretudo, os atos de terrorismo e barbárie cometidos pelo próprio aparato estatal em nome da ordem e segurança.

Transcorrido o período ditatorial, impera a necessidade de uma transição em conformidade com os parâmetros protetivos elencados pelo sistema interamericano. Sem desconsiderar outros caminhos que também se somam, foi a partir da sistematização feita pela Corte Interamericana no caso *Velásquez Rodriguez* vs. *Honduras* que se delinearam noções mínimas implicadas dentro dos muitos outros sentidos que a transição justa pode carregar consigo. São elas: adoção de mecanismos e instrumentos legais que permitam, em primeiro lugar, a elucidação da violência e dos fatos ocorri-

---

[897]   Corte IDH. *Caso Sétimo Garibaldi* vs. *Brasil*. Sentença 23.09.2009. Série C, nº 203, parágrafo 113.

[898]   Corte IDH. *Caso González e outras ("Campo Algodoeiro") vs. México*. Sentença 16.11.2009. Série C, nº 205, parágrafo 291.

[899]   Corte IDH. *Caso Maritza Urrutia* vs. *Guatemala*. Sentença 27.11.2003. Série C, nº 103, parágrafo 126.

[900]   Corte IDH. *Caso González e outras ("Campo Algodoeiro") vs. México*. Sentença 16.11.2009. Série C, nº 205, parágrafo 196 e ss.

[901]   Corte IDH. *Caso Goiború e Outros* vs. *Paraguai*. Sentença 22.09.2006. Série C, nº 163, parágrafo 61.5 e ss.

dos no passado; em segundo plano, responsabilização dos agentes das violações; em terceira parte, a reparação material e simbólica às vítimas e, por fim, prevenção de violações futuras da mesma espécie.[902]

Avulta, assim, a justiça de transição como necessária para a superação de entulhos autoritários[903] e violações passadas na perspectiva de consolidar a paz e democracia, necessárias para a consolidação dos direitos humanos. Para tanto, esse caminho implica (i) apurar as responsabilidades dos perpetradores da barbárie, (ii) revelando, assim, a verdade sobre os acontecimentos pretéritos, abrindo-se, com isso, a possibilidade de (iii) conceder reparações às vítimas e (iv) reformar e consolidar as práticas institucionais e instituições. É o que ressalta a sentença da Corte Interamericana exarada no caso paradigma citado, *in verbis*: "O Estado tem o dever legal de prevenir razoavelmente as violações dos direitos humanos, de investigar seriamente com os meios à sua disposição as violações que foram cometidas no âmbito da sua jurisdição para identificar os responsáveis, para os impor as sanções pertinentes e assegurar à vítima uma reparação adequada".[904]

Nos esforços de implementação da justiça de transição, o direito à verdade se erige como um dos pilares fundamentais, segundo a Corte Interamericana. Afinal, nos períodos que seguem os conflitos, é necessário que responsabilidades individuais sejam determinadas e que ocorra o esclarecimento dos fatos. Desse modo, o reconhecimento e o exercício do direito à verdade em uma situação concreta constituem importante forma de reparação às vítimas e a seus familiares.[905]

O conteúdo desse direito amplo e autônomo, é conformado por algumas disposições da Convenção Americana. Tradicionalmente, o direito à verdade na jurisprudência da Corte Interamericana esteve incluído no direito de acesso à justiça. Nesse sentido, uma investigação efetiva, o processamento e a eventual punição dos autores de violações de direitos humanos, quando realizados nos termos dos arts. 8º e 25 da Convenção, promovem o direito à verdade.[906] Conforme o caso *Almonacid Arellano e Outros vs. Chile*, este direito se relaciona com as garantias e proteção judiciais porque o acesso à jurisdição e a prestação jurisdicional são os meios idôneos para atingimento da verdade dos fatos.[907]

Ainda, o direito à verdade "surge como consequência básica e indispensável para todo o Estado-Parte na Convenção Americana em conformidade com o art. 1.1 do mencionado instrumento".[908] Isso porque o desconhecimento acerca de fatos vio-

---

[902]   Corte IDH. *Caso Velásquez Rodríguez* vs. *Honduras*. Sentença 29.07.1988. Série C, nº 04.

[903]   Comissão Nacional da Verdade. Livro I, p. 445. Anexo à comunicação do Estado de 12 de agosto de 2015, anexo 3 do relatório da Corte IDH sobre este caso. Disponível em: [www.cnv.gov.br].

[904]   Corte IDH. *Caso Velásquez Rodríguez* vs. *Honduras*. Sentença 29.07.1988. Série C, nº 04, parágrafo 172.

[905]   Corte IDH. *Caso Massacre de Pueblo Bello* vs. *Colômbia*. Sentença 31.01.2006. Série C, nº 140, parágrafo 266. Sobre tais aspectos da justiça de transição, vs. ainda PIOVESAN, Flávia. Direitos humanos e diálogo entre jurisdições. *Revista Brasileira de Direito Constitucional*, n. 19, p. 75-77, jan.-jun. 2012.

[906]   Corte IDH. *Caso Barrios Altos* vs. *Peru*. Sentença 14.03.2001. Série C, nº 75, parágrafo 48.

[907]   Corte IDH. *Caso Almonacid Arellano e Outros* vs. *Chile*. Sentença 26.09.2006. Série C, nº 154, parágrafo 148.

[908]   Corte IDH. *Direito à verdade nas Américas*. Série L, doc. 2, 2014, p. 34.

ladores de direitos humanos, ou seja, o descumprimento do dever de conhecimento imposto pelo direito à verdade) revela a incapacidade do Estado em garantir os direitos violados, por não contar com um sistema de proteção idôneo capaz de identificar e sancionar os responsáveis pelas violações.

Outra faceta do direito à verdade pode, a depender do caso, decorrer também do direito de acesso à informação, plasmado no art. 13 da Convenção. Segundo a Convenção, o acesso à informação sob posse do poder público deve ser orientado pelo princípio da máxima divulgação, de maneira que a decretação de sigilo deve manter-se excepcional.[909] Nesse sentido, as autoridades estatais não podem se valer de mecanismos como o segredo de Estado ou segurança nacional para deixar de aportar dados requeridos pelas autoridades judiciais ou administrativas encarregadas da investigação ou dos processos pendentes.[910]

No caso *Gomes Lund* vs. *Brasil*, a Corte Interamericana se debruçou sobre o conteúdo do direito à verdade à luz do art. 13 da Convenção Americana. Assim, essa sentença reitera que a decisão de qualificar como sigilosa uma informação jamais pode depender exclusivamente de um órgão estatal a cujos membros seja atribuída a prática de violações de direitos humanos.[911] Tampouco pode o Estado se apoiar na falta de prova sobre a existência do documento requisitado. Pelo contrário, a negativa para prestar a informação deve estar fundamentada e comprovar que, de fato, a informação não existe.[912]

Ademais, de acordo com o caso *Herzog e Outros* vs. *Brasil*, para garantir o direito à verdade os Estados devem permitir que as autoridades responsáveis pela investigação realizem visitas *in loco* aos arquivos militares e de inteligência, especialmente quando o Estado alega que a informação foi destruída.[913] Cabe ressaltar que ambos os casos referenciados ocorreram durante a ditadura militar brasileira e, como revelou o relatório final da Comissão Nacional da Verdade, de 2014, ainda existem diversos entraves e obstáculos ao conhecimento das situações violadoras de direitos humanos e para que o direito à verdade saia à luz.[914]

Acerca do papel das comissões da verdade, a Corte Interamericana, embora reconheça sua importância para o estabelecimento da verdade histórica, afirma que estas não substituem o dever do Estado de perseguir a verdade por meio de processos judiciais.[915] A verdade histórica e a verdade legal são complementares e revelam

---

[909]   Corte IDH. *Caso Claude Reyes e Outros* vs. *Chile*. Mérito, Reparações e Custas. Sentença de 19 de setembro de 2006. Série C, n° 151, parágrafo 92.

[910]   Comissão IDH. *Direito à verdade nas Américas*. Série L, doc. 2, 2014. p. 53.

[911]   Corte IDH. *Caso Gomes Lund e Outros ("Guerrilha do Arraguaia")* vs. *Brasil*. Sentença 24.11.2010. Série C, n° 219, parágrafo 202.

[912]   Idem, parágrafo 211.

[913]   Corte IDH. *Caso Herzog e Outros* vs. *Brasil*. Sentença 15.03.2018. Série C, n° 353, parágrafo 337.

[914]   Comissão Nacional da Verdade, Livro I, p. 445 (Anexo à comunicação do Estado de 12.08.2015; anexo 3 do relatório da Corte IDH sobre este caso). Disponível em: [www.cnv.gov.br]. Na doutrina, v. MAZZUOLI, Valerio de Oliveira. Crimes da ditadura e aplicação do direito internacional dos direitos humanos pelos juízes e tribunais brasileiros. In: SOARES, Inês Virginia Prado; PIOVESAN, Flávia (Org.). *Direitos humanos atual*. Rio de Janeiro: Elsevier, 2014. p. 430-450.

[915]   Corte IDH. *Caso Zambrano Velez e Outros* vs. *Equador*. Sentença 04.07.2008. Série C, n° 166, parágrafo 128.

duas dimensões do direito à verdade, de acordo com o caso *Gelman* vs. *Uruguai*.[916] A primeira delas se refere ao direito das vítimas e de seus familiares. A segunda é mais ampla, pois toda a sociedade tem o direito de conhecer as razões e circunstâncias nas quais graves violações de direitos humanos foram cometidas, a fim de evitar que estes fatos voltem a ocorrer no futuro.

A dimensão coletiva impõe não apenas que o Estado investigue, persiga, capture, processe e, eventualmente, puna os responsáveis por violações de direitos humanos, mas também que os resultados dos procedimentos penais e investigativos sejam publicamente divulgados. Em uma sociedade democrática, trata-se de justa expectativa o desvelamento da verdade histórica possível, por meio dos procedimentos judiciais, determinando, inclusive, a responsabilização de todas as pessoas que de diversas formas participaram em tais violações e suas correspondentes responsabilidades.

Em razão do dever de garantir o direito à verdade, a Corte considera inadmissíveis as disposições de anistia, de prescrição e o estabelecimento de outras excludentes de responsabilidade que impossibilitem a investigação e eventual punição dos responsáveis por graves violações de direitos humanos (tais como tortura, desaparecimentos forçados, execuções extrajudiciais),[917] visto que a proibição a tais práticas configura-se como direito inderrogável.[918] Nesta toada segue a jurisprudência da Corte que pugna pela invalidação das leis de autoanistia – referenciadas pelo órgão julgador como ilícitos internacionais – e o rompimento com práticas autoritárias e ditatoriais corroborando com a consolidação do Estado de Direito na região e exorando a ampliação do acesso popular à participação e informação. Na visão da Corte, as leis de anistia, conforme largamente utilizadas pelas ditaduras que se espalharam no passado próximo dos países no continente, obstaculizam as investigações e impedem a identificação dos autores das violações, impossibilitando que as vítimas e seus familiares conheçam a verdade e recebam a reparação correspondente.

No Brasil, o debate sobre a Lei de Anistia, ainda pendente, desconsiderou os parâmetros convencionais estabelecidos sobre a matéria. Na ocasião do julgamento da ADPF 153, o Supremo Tribunal Federal considerou a anistia brasileira, consubstanciada na Lei nº 6.683/1979, compatível com os preceitos constitucionais. Partiu o STF de uma interpretação constitutiva da norma em questão, em conexão com a realidade da época em que a Lei de Anistia brasileira foi gerada por tratar-se de uma "lei-medida", ou seja, que buscava um resultado imediato e concreto na realidade histórica em que se inseriu e, por isso, apenas aos olhos daquele contexto poderia ser interpretada. Ainda, no entendimento do Relator Ministro Eros Grau, a reafirmação da anistia pelo constituinte e seu caráter conciliador impedem o Poder Judiciário de rever a Lei nº 6.683/1979.[919]

---

916   Corte IDH. *Caso Gelman vs. Uruguai*. Sentença 24.02.2011. Série C, nº 221, parágrafo 189 e ss.

917   Para a evolução da jurisprudência da Corte IDH sobre o conceito de "graves violações de direitos humanos" que impedem a aplicação da anistia, da prescrição e de outras excludentes, ver os casos: *Barrios Altos vs. Peru, Bulacio vs. Argentina, Albán Cornejo e Outros vs. Equador, Ibsen Cárdenas e Ibsen Peña vs. Bolívia e Vera Vera vs. Equador*.

918   Corte IDH. *Caso Barrios Altos vs. Peru*. Sentença 14.03.2001. Série C, nº 75, parágrafo 41 e ss.

919   STF, Arguição de Descumprimento de Preceito Fundamental 153/DF, Rel. Min. Eros Grau, Acórdão 29.04.2010.

Ainda em 2010 e poucos meses depois da decisão acima, a Corte Interamericana de Direitos Humanos, ao julgar demanda contra o Estado brasileiro, relacionada às violações de direitos humanos continuadas no tempo em face dos desaparecidos políticos decorrentes do episódio da história de resistência pátria denominado de "Guerrilha do Araguaia", proferiu decisão em sentido contrário àquela do STF, mas coerente com a linha jurisprudencial que vinha desenvolvendo.[920] O caso contra o Brasil reforça a relevância do direito à verdade para a reparação dos familiares das vítimas e é exemplo da importância do acesso popular a dados, já que a lei de acesso à informação foi, sobretudo, fomentada pelo julgamento do caso *Gomes Lund e Outros vs. Brasil (Guerrilha do Araguaia)*, em 24 de novembro de 2010, no qual a Lei de Anistia brasileira foi considerada inválida.

Sobre o tema ainda pende pronunciamento definitivo do STF com o julgamento definitivo da ADPF 153 que não se encerrou e com a interposição de nova ação, ADPF 320, sobre a temática à luz dos parâmetros convencionais.

Mais recentemente, a decisão do caso *Herzog e Outros* vs. *Brasil*, em 2018, reforça a incompatibilidade da Lei de Anistia com os critérios convencionais, afirmando que estas disposições "pretenderam legitimar-se sob a ilusória existência de um conflito armado, cujos supostos vencedores, magnanimamente, encerravam o alegado conflito [...] Não obstante, infere-se do contexto do presente caso a total ausência de atos bélicos, apresentando-se, no máximo, crimes de motivação política, que deviam ser julgados e punidos conforme o direito, mas que, na realidade, foram reprimidos por meios criminosos e serviram de pretexto para a perseguição de políticos, militantes, sindicalistas, jornalistas, artistas e qualquer pessoa que o regime ditatorial considerasse dissidente ou perigosa para seu poder".[921]

Considerando que os atos de tortura cometidos contra a vítima caracterizam crimes contra a humanidade, em violação a uma norma peremptória do Direito Internacional, o Estado brasileiro estava obrigado a investigar, julgar e punir os autores destas violações, vez que constituem uma ameaça à segurança e à paz internacionais.[922] Neste sentido, as disposições de anistia obstam a efetivação do direito à verdade no Brasil. A Corte Interamericana, ordenou, assim, que as investigações fossem reabertas e considerassem o padrão sistemático de violações existe à época dos fatos.

- **Os arts. 8º e 25 como ponto de contato entre a Convenção Americana e outros instrumentos interamericanos**

A Convenção Americana não é o único documento no continente a permitir que a Comissão e a Corte Interamericanas exerçam suas competências contenciosas. Os arts. 8º da Convenção Interamericana para Prevenir e Punir a Tortura (CIPPT), XIII da Convenção Interamericana sobre o Desaparecimento Forçado de Pessoas (CIDFP), e 12 da Convenção Interamericana para Prevenir, Punir e Erradicar a Violência con-

---

[920]   Corte IDH. *Caso Gomes Lund e Outros ("Guerrilha do Arraguaia") vs. Brasil.* Sentença 24.11.2010. Série C, nº 219. Na doutrina, *v.* Mazzuoli, Valerio de Oliveira. Crimes da ditadura militar e o "Caso Araguaia": aplicação do direito internacional dos direitos humanos pelos juízes e tribunais brasileiros. *Revista Anistia Política e Justiça de Transição,* v. 4, p. 156-181, 2011.

[921]   Corte IDH. *Caso Herzog e Outros* vs. *Brasil.* Sentença 15.03.2018. Série C, nº 353, parágrafo 209.

[922]   Idem, parágrafo 242.

tra a Mulher (Convenção Belém do Pará), conforme interpretados pela Corte IDH, conferem ao sistema interamericano a competência para apreciar atos supostamente violadores de suas disposições por meio do mesmo trâmite que se aplica ao procedimento contencioso regulado pela Convenção Americana.

Assim, é possível que casos levados ao conhecimento do sistema interamericano atraiam as competências de seus órgãos com base em mais de um documento. Quando isto ocorre, a Comissão e a Corte Interamericanas devem analisar as supostas violações à Convenção Americana ao lado do descumprimento de outros instrumentos pertinentes. A CIPPT, a CIDFP e a Convenção Belém do Pará são exemplos recorrentes desse modo de agir, pois, além de robustecer proibições específicas (contra a tortura, o desaparecimento forçado e a violência contra a mulher), estes documentos promovem, no âmbito das matérias que regulam, um importante complemento ao conteúdo dos arts. 8º e 25 da Convenção Americana, notadamente em relação aos deveres estatais de investigação, processamento e, eventualmente, punição dos responsáveis. São vulnerabilidades específicas que pela sua gravidade – prática de tortura e violência de gênero – exigem atuação reforçada dos órgãos do sistema.

Deste modo, em casos relativos a atos de tortura ou outros tratamentos ou penas cruéis desumanos ou degradantes e nos quais Estados demandados eram partes da CIPPT, a Corte Interamericana declarou que os deveres decorrentes dos arts. 8º e 25 da Convenção Americana são "especificados e complementados", nesta matéria, pelas disposições dos arts. 1º, 6º e 8º da CIPPT.[923] Assim, o conteúdo da devida diligência a ser seguida pelo Estado em investigações de atos desta natureza é preenchido pelas duas convenções e resulta em parâmetros específicos cuja observância é essencial para que se cumpram as obrigações de prevenir e de punir a tortura cuja proibição absoluta é norma inderrogável.

Por não os haver cumprido, mesmo depois de informado sobre tortura que havia sofrido a vítima pelas mãos de agentes estatais, o Estado foi condenado pela violação dos arts. 8º e 25 da Convenção Americana em conexão com os art. 1º, 6º e 8º da CIPPT no caso *Velez Loor* vs. *Panamá*.[924] No caso *Rodríguez Vera* vs. *Colômbia*, que tratou simultaneamente de atos de tortura e de desaparecimento forçado, a Corte esclareceu que: "A obrigação de investigar, julgar e, eventualmente, punir os responsáveis por fatos violadores de direitos humanos não deriva somente da Convenção Americana. Em determinadas circunstâncias e dependendo da natureza dos fatos, também se desprende de outros instrumentos interamericanos que estabelecem a obrigação a cargo dos Estados-Partes de investigar as condutas proibidas por tais tratados. Em relação com os fatos do presente caso, a obrigação de investigar se vê reforçada pela Convenção Interamericana sobre o Desaparecimento Forçado e a Convenção Interamericana contra a Tortura. Estas disposições especificam e complementam as obrigações que tem o Estado em relação ao respeito e garantia dos direitos consagrados na Conven-

---

[923]   Corte IDH. *Caso Omar Humberto Maldonado Vargas e Outros* vs. *Chile*. Sentença 02.09.2015. Série C, nº 300, parágrafo 75.

[924]   Corte IDH. *Caso Vélez Loor* vs. *Panamá*. Sentença 23.11.2010. Série C, nº 218, parágrafo 230-245

ção americana, assim como 'o *corpus juris* internacional em matéria de proteção da integridade pessoal".[925]

Essa confluência de obrigações em relação ao desaparecimento forçado tem como resultado a exigência de que a investigação de fatos desta natureza tenha "certas conotações específicas que surgem da própria natureza e complexidade do fenômeno investigado".[926]

Em matéria de violência contra a mulher, a relação se dá entre os arts. 8º e 25 da Convenção Americana e o art. 7.b da Convenção Belém do Pará, que obriga os Estados a "agir com o devido zelo para prevenir, investigar e punir" essa forma de violência. Segundo a Corte Interamericana, também essa disposição "especifica e complementa" as obrigações decorrentes da Convenção Americana e atribui dimensões específicas aos deveres do Estado.[927] Em casos de violência contra a mulher, "as obrigações genéricas estabelecidas nos arts. 8 e 25 [...] se complementam e reforçam, para aqueles Estados que são Parte, com as obrigações derivadas do tratado interamericano específico, a Convenção Belém do Pará".[928]

Emblemático neste sentido o caso *Campo Algodoeiro* vs. *México*, emblemático precedente no qual o México foi responsabilizado por não prevenir nem investigar diligentemente a morte de três mulheres, duas das quais menores de idade, a Corte expôs que "o dever de investigar efetivamente, seguindo os standards estabelecidos pelo Tribunal [...] tem alcances adicionais quando se trata de uma mulher que sofre uma morte, maus tratos ou afetação a sua liberdade pessoal no marco de um contexto geral de violência contra as mulheres".[929] Isto significa que as investigações devem seguir parâmetros específicos de devida diligência, principalmente em casos que envolvem violência sexual, não só para que as investigações sigam um curso efetivo, mas também para que não reproduzam estereótipos de gênero com efeito discriminatório.[930]

Igual análise foi feita no relatório de mérito da Comissão IDH no caso *Maria da Penha* vs. *Brasil* em que se considerou responsável o Estado por violar o art. 7 da Convenção de Belém do Pará em conexão com os arts. 8º e 25 da Convenção Americana "por seus próprios atos omissivos e tolerantes da violação infligida". Neste caso, ainda que os fatos tenham ocorrido em 1983, bem antes do reconhecimento da competência e ratificação das Convenções, a comissão compreendeu que "com respeito à alegada falta de garantias de respeito ao devido processo, considera que, por se tratar de violações contínuas, estas seriam cabíveis também sob a vigência superveniente da

---

[925]   Corte IDH. *Caso Rodríguez Vera e Outros (desaparecidos do Palácio de Justiça)* vs. *Colômbia*. Série C, nº 287, parágrafo 437.

[926]   Corte IDH. *Caso Rodríguez Vera e Outros (desaparecidos do Palácio de Justiça)* vs. *Colômbia*. Série C, nº 287, parágrafo 439.

[927]   Corte IDH. *Caso Penitenciária Miguel Castro Castro* vs. *Peru*. Sentença 25.11.2006. Série C, nº 160, parágrafo 346.

[928]   Corte IDH. *Caso Rosendo Cantú e outra* vs. *México*. Sentença 31.08.2010. Série C, nº 216, parágrafo 177.

[929]   Corte IDH. *Caso González e outras ("Campo Algodoeiro")* vs. *México*. Sentença 16.11.2009. Série C, nº 205, parágrafo 293.

[930]   Corte IDH. *Caso Fernández Ortega e outras* vs. *México*. Sentença 30.08.2010. Série C, nº 215, parágrafo 194.

Convenção Americana e da Convenção de Belém do Pará, porque a alegada tolerância do Estado a esse respeito poderia constituir uma denegação contínua de justiça".[931]

- **Os arts. 8º e 25 da Convenção Americana e a suspensão de garantias: Opiniões Consultivas nºs 8/87 e 9/87 da Corte Interamericana**
  Para este assunto, remete-se o leitor aos "temas relacionados" ao final dos comentários sobre o art. 8º da Convenção Americana.

- **A competência temporal da Corte Interamericana à luz dos arts. 8º e 25**
  Acerca do tema, ver a seção de mesmo título nos tópicos apresentados ao final dos comentários sobre o art. 8º da Convenção Americana.

CAPÍTULO III
DIREITOS ECONÔMICOS, SOCIAIS E CULTURAIS

Artigo 26
Desenvolvimento Progressivo (1)

Os Estados-Partes comprometem-se a adotar providências, tanto no âmbito interno como mediante cooperação internacional, especialmente econômica e técnica, a fim de conseguir progressivamente a plena efetividade dos direitos que decorrem das normas econômicas, sociais e sobre educação, ciência e cultura (2), constantes da Carta da Organização dos Estados Americanos, reformada pelo Protocolo de Buenos Aires, na medida dos recursos disponíveis, por via legislativa ou por outros meios apropriados. (3)

 LEGISLAÇÃO RELACIONADA

➤ **Legislação Internacional**
- Carta da Organização dos Estados Americanos: arts. 30, 31, 47, 49 e 50
- Carta Africana dos Direitos Humanos e dos Povos: art. 15
- Declaração Universal dos Direitos Humanos: art. 22
- Protocolo de San Salvador: arts. 13, 2 e 3
- Pacto Internacional dos Direitos Civis e Políticos: arts. 13; 23, 4; 27

➤ **Legislação Nacional**
- Constituição Federal: arts. 6-11; 193; 196; 201; 203; 205-214; 215, *caput* e § 1º
- Lei nº 5.452/43 (Consolidação das Leis do Trabalho – CLT)
- Lei nº 8.313/91 (Programa Nacional de Apoio à Cultura): art. 1º, I, II, III, IV, V, VI, VII, VIII, IX

---

[931]   Comissão IDH. *Caso Maria da Penha Maia Fernandes* vs. *Brasil*. Relatório 54/01, 04.04.2001, parágrafo 27.

JURISPRUDÊNCIA RELACIONADA

> **Jurisprudência Internacional**

Tribunal	Caso
Corte IDH	Caso Cinco Pensionistas vs. Peru (28 fevereiro de 2003)
Corte IDH	Caso Las niñas Yean y Bosico vs. República Dominicana (8 de setembro de 2005)
Corte IDH	Caso Comunidade Indígena Yakye Axa vs. Paraguai (17 junho de 2005)

> **Jurisprudência Nacional**

Tribunal	Caso
TST	AIRR 461.95.2015.5.11.007
TRT	RO 153320201551100007
STJ	REsp 1674059
STJ	REsp 1667087

 ## COMENTÁRIOS

Por *Valerio de Oliveira Mazzuoli*

(1) Não obstante conter um capítulo único (composto apenas pelo art. 26) intitulado *Direitos Econômicos, Sociais e Culturais*, é fácil perceber que em todo o texto da Convenção Americana não existe a previsão expressa de *sequer um* desses direitos econômicos, sociais e culturais, também nominados pela doutrina de "direitos de segunda geração".[932]

De fato, a Convenção Americana não é o *locus* próprio de proteção dessa categoria de direitos, senão apenas dos direitos civis e políticos. Por isso, então, ter a própria Convenção estabelecido (no art. 77, 1) que "qualquer Estado-Parte e a Comissão podem submeter à consideração dos Estados-Partes reunidos por ocasião da Assembleia-Geral, projetos de protocolos adicionais a esta Convenção, com a finalidade de incluir progressivamente, no regime de proteção da mesma, outros direitos e liberdades".

À falta de previsão de direitos econômicos, sociais e culturais na Convenção Americana, bem assim sobre aplicabilidade direta da maioria desses direitos no *Protocolo de San Salvador*, tem levado a jurisprudência da Corte Interamericana a um ativismo sem precedentes nessa matéria, que não mede esforços para atribuir justiciabilidade direta (imediata) a essa categoria de direitos, como se verá a seguir.

(2) O que há de concreto sobre a proteção dos direitos econômicos, sociais e culturais na Convenção Americana é tão somente a disposição genérica do art. 26,

---

[932] Para uma crítica a esse sistema "geracional" de direitos, *v*. MAZZUOLI, Valerio de Oliveira. *Curso de direito internacional público*, cit., p. 741-743.

que não versa especificamente sobre *quaisquer* desses direitos, senão apenas impõe aos Estados um compromisso de adotar providências, tanto no âmbito interno, como mediante cooperação internacional, especialmente econômica e técnica, para que se logre *progressivamente* a plena efetividade dos direitos que decorrem das normas econômicas, sociais e sobre educação, ciência e cultura, na medida dos recursos disponíveis, por via legislativa ou por outros meios apropriados.

Assim, a Convenção Americana só disciplina (em todo o seu texto) a categoria dos direitos *civis e políticos* (também chamados de "primeira geração") e não contém qualquer norma de proteção a direitos econômicos, sociais ou culturais. Ocorre que, para a salvaguarda dos direitos econômicos, sociais e culturais no sistema interamericano, concluiu-se em San Salvador (em 1988) o *Protocolo Adicional à Convenção Americana em Matéria de Direitos Econômicos, Sociais e Culturais*, mais conhecido como *Protocolo de San Salvador*, que entrou em vigor internacional em novembro de 1999, quando foi depositado o 11º instrumento de ratificação, nos termos do seu art. 21. O Brasil ratificou esse Protocolo em 1999, tendo sido o mesmo promulgado internamente pelo Dec. 3.321, de 30 de dezembro daquele ano.

No *Protocolo de San Salvador* também se reconhece o direito de petição para o sistema interamericano, mas somente no que tange aos direitos à *livre associação sindical* (art. 8º) e à *educação* (art. 13). Relativamente aos outros direitos que o *Protocolo* prevê, ainda não se tem assegurado o direito de ingresso (de petição) no sistema interamericano, o que impede sejam vindicados judicialmente perante a Corte Interamericana de Direitos Humanos. A disciplina jurídica do que se acaba de expor vem expressa no art. 19, 6, do citado *Protocolo*, que assim dispõe: "Caso os direitos estabelecidos na alínea *a*, do art. 8 [direito à livre associação sindical] e no art. 13 [direito à educação] forem violados por ação imputável diretamente a um Estado-Parte deste Protocolo, tal situação poderia dar lugar, mediante participação da Comissão Interamericana de Direitos Humanos e, quando cabível, da Corte Interamericana de Direitos Humanos, à aplicação do sistema de petições individuais regulado pelos arts. 44 a 51 e 61 a 69 da Convenção Americana sobre Direitos Humanos".

Como se percebe, apenas nos casos específicos citados pelo *Protocolo* (direito à livre associação sindical e direito à educação) fica possível o exercício do *direito de petição* ao sistema interamericano. Ou seja, esse direito de petição, que, em princípio, é facultado no sistema interamericano apenas para a salvaguarda dos direitos previstos no *Pacto de San José* (direitos civis e políticos tão somente) resta agora amplia para proteger *também* dois outros direitos (dessa vez de segunda geração): um de cunho *social* (direito à livre associação sindical) e outro de índole *cultural* (direito à educação). São essas as duas únicas exceções, no sistema interamericano, em que é possível peticionar à Corte Interamericana a fim de se proteger um direito de segunda geração.

Merece ainda destaque o que estabelece o item nº 7, do mesmo art. 19, do *Protocolo de San Salvador*, nestes termos: "Sem prejuízo do disposto no parágrafo anterior, a Comissão Interamericana de Direitos Humanos poderá formular as observações e recomendações que considerar pertinentes sobre a situação dos direitos econômicos, sociais e culturais estabelecidos neste Protocolo em todos ou em alguns dos Estado-Partes, as quais poderá incluir no Relatório Anual à Assembleia Geral ou num relatório especial, conforme considerar mais apropriado".

Não obstante o que se acabou de dizer, e apesar das regras claras do sistema interamericano de justiciabilidade de tão somente *dois* direitos previstos no *Protocolo de San Salvador*, certo é que a Corte Interamericana pretendeu atribuir aplicabilidade imediata ao art. 26 da Convenção Americana, o fazendo, inicialmente, no julgamento do caso *Lagos del Campo* vs. *Peru*, de 31 de agosto de 2017. O caso era relativo à dispensa de um trabalhador em razão de críticas por ele dirigidas à empresa em que laborava, ocasião na qual a Corte Interamericana, pela primeira vez, reconheceu (a nosso ver, sem poder fazê-lo) aplicabilidade direta ao art. 26 da Convenção Americana (por maioria de cinco votos a dois) ao entender violado, *in casu*, o direito à estabilidade no emprego. Tal decisão, ademais, foi de encontro às manifestações anteriores do mesmo tribunal (*v.g.*, no caso *Gonzales Lluy* vs. *Equador*, de 2015) que entendiam estarem os direitos econômicos, sociais e culturais já consagrados ("embutidos") em outras disposições da Convenção. A partir do julgamento do caso *Lagos del Campo*, ao revés, garantiu-se a justiciabilidade direta dos direitos econômicos, sociais e culturais com fundamento *único* no texto da Convenção Americana, independentemente das disposições do *Protocolo de San Salvador*.[933]

Por esses e outros motivos, a sentença do caso *Lagos del Campo* não passou incólume a várias críticas, especialmente as exaradas nos votos dissidentes dos juízes Sierra Porto e Vio Grossi, no sentido de ter a Corte Interamericana extrapolado a interpretação possível do art. 26 da Convenção ao reconhecer a justiciabilidade dos direitos econômicos, sociais e culturais no âmbito do *Pacto de San José*, notadamente porque tal dispositivo não contém um rol expresso de direitos subjetivos com aplicação direta, além do que o próprio *Protocolo de San Salvador* (concluído justamente para complementar a Convenção Americana nesse tema) autoriza a justiciabilidade de tão somente *dois* direitos – associação sindical (art. 8º) e direito à educação (art. 13) – entre os quais não se encontram outros direitos econômicos, sociais ou culturais.

De fato, para que serviria um *Protocolo* à Convenção Americana senão para integrar-lhe o texto? Ora, quando os Estados ratificam um protocolo facultativo a determinado tratado, o fazem no intuito de assegurar-se de que o ali contido é que deve *reger* o tema versado no respectivo instrumento. Assim, se o Protocolo Facultativo à Convenção autoriza expressamente a justiciabilidade de apenas dois direitos (associação sindical e direito à educação) entre os quais não se encontram outros direitos econômicos, sociais ou culturais, parece evidente que não poderá haver *surpresa* à defesa do Estado mediante decisão do tribunal que, fazendo tábula rasa do *Protocolo*, amplie sobremaneira o sentido de uma norma que não dispõe, de modo algum, de qualquer direito econômico, social ou cultural *in concreto*.

A Corte Interamericana, ao pretender atribuir aplicabilidade imediata aos direitos econômicos, sociais e culturais, com fraqueza argumentativa ampliou o alcance do art. 26 da Convenção Americana, pegando os Estados de surpresa em franca violação ao que dispõe o *Protocolo de San Salvador*, cuja entrada em vigor teve justamente por propósito complementar a Convenção Americana em matéria de direitos econômicos, sociais e culturais e de resolver a questão da justiciabilidade de alguns direitos dessa categoria, entre os quais, repita-se, não se encontram *todos* os direitos econômicos, sociais e culturais como deixou entrever a Corte Interamericana.

---

[933] Corte IDH. *Caso Lagos del Campo* vs. *Peru*. Exceções Preliminares, Mérito, Reparações e Custas. Sentença 31.08.2017, Série C, nº 340; e também Corte IDH. *Caso San Miguel Sosa e Outras* vs. *Venezuela*. Mérito, Reparações e Custas. Sentença 08.02.2018, Série C, nº 348.

Destaque-se que no julgamento do caso *Poblete Vilches e Outros* vs. *Chile*, de 8 de março de 2018, a Corte Interamericana entendeu que o direito à saúde está contemplado de modo autônomo no art. 26 da Convenção Americana.[934] Assim o fazendo, a Corte reforçou o entendimento de que os direitos econômicos, sociais e culturais são justiciáveis perante o sistema interamericano de direitos humanos, ainda que, a nosso ver, contrariamente o que preveem tanto a Convenção Americana quanto o seu *Protocolo* em matéria de direitos econômicos, sociais e culturais.

(3) Apenas duas palavras devem ser ditas quanto à frase "constantes da Carta da Organização dos Estados Americanos, reformada pelo Protocolo de Buenos Aires…", presente na parte final do art. 26 da Convenção Americana. Não obstante ter a Convenção feito apenas referência à reforma da Carta da OEA pelo *Protocolo de Buenos Aires* (ocorrida em 1967), deve-se atentar para o fato de a Carta da OEA já ter sofrido mais reformas de lá para cá, quais sejam: pelo *Protocolo de Cartagena das Índias*, em 1985, pelo *Protocolo de Washington*, em 1992, e pelo *Protocolo de Manágua*, em 1993.

CAPÍTULO IV
SUSPENSÃO DE GARANTIAS, INTERPRETAÇÃO E APLICAÇÃO

Artigo 27
Suspensão de Garantias (1)

1. Em caso de guerra, de perigo público, ou de outra emergência que ameace a independência ou segurança do Estado-Parte, este poderá adotar disposições que, na medida e pelo tempo estritamente limitados às exigências da situação, suspendam as obrigações contraídas em virtude desta Convenção (2), desde que tais disposições não sejam incompatíveis com as demais obrigações que lhe impõe o Direito Internacional e não encerrem discriminação alguma fundada em motivos de raça, cor, sexo, idioma, religião ou origem social (3).

2. A disposição precedente não autoriza a suspensão dos direitos determinados nos seguintes artigos: 3 (Direito ao Reconhecimento da Personalidade Jurídica), 4 (Direito à Vida), 5 (Direito à Integridade Pessoal), 6 (Proibição da Escravidão e Servidão), 9 (Princípio da Legalidade e da Retroatividade), 12 (Liberdade de Consciência e de Religião), 17 (Proteção da Família), 18 (Direito ao Nome), 19 (Direitos da Criança), 20 (Direito à Nacionalidade) e 23 (Direitos Políticos), nem das garantias judiciais[935] indispensáveis para a proteção de tais direitos (4).

---

[934]   Corte IDH. *Caso Poblete Vilches e Outros* vs. *Chile*, Mérito, Reparações e Custas. Sentença 08.03.2018, Série C, nº 349.

[935]   Na versão brasileira da Convenção Americana (publicada no *DOU* 09.11.1992, p. 15.564) não consta a expressão "judiciais" encontrada no texto original em espanhol. *V.* a versão em espanhol em: [www.oas.org/juridico/spanish/tratados/b-32.html>. Acesso em: 28 mar. 2019. Frise-se que a expressão "garantias *judiciais*" é considerada pela Corte Interamericana uma das mais importantes do art. 27, 2, da Convenção (*v.* nosso comentário nº 3).

> 3. Todo Estado-Parte que fizer uso do direito de suspensão deverá informar imediatamente os outros Estados-Partes na presente Convenção, por intermédio do Secretário-Geral da Organização dos Estados Americanos, das disposições cuja aplicação haja suspendido, dos motivos determinantes da suspensão e a data em que haja dado por terminada tal suspensão (5).

 ## LEGISLAÇÃO RELACIONADA

> ➤ **Legislação Internacional**
- Carta Africana dos Direitos Humanos e dos Povos: arts. 11 e 12, 2
- Convenção Europeia de Direitos Humanos: art. 15
- Pacto Internacional dos Direitos Civis e Políticos: art. 4º

> ➤ **Legislação Nacional**
- Código de Processo Civil: art. 3º
- Constituição Federal: arts. 60, § 1º, e 139, I, II, III, IV, V, VI e VII

 ## JURISPRUDÊNCIA RELACIONADA

> ➤ **Jurisprudência Internacional**

Tribunal	Caso
Corte IDH	Caso Zambrano Vélez e Outros vs. Ecuador (4 de julho de 2007)
Corte IDH	Caso Durand y Ugarte vs. Peru (16 de agosto de 2006)
Corte IDH	Opinião Consultiva nº 6 (9 de maio de 1986)
Corte IDH	Opinião Consultiva Oc nº 8 (30 janeiro de 1987)

 ## COMENTÁRIOS

Por *Valerio de Oliveira Mazzuoli*

(1) O art. 27 da Convenção Americana contempla o que se chama em Direito Internacional Público de "cláusula derrogatória" ou "cláusula geral de derrogações". Trata-se de cláusula bem conhecida nos tratados de direitos humanos, cuja finalidade é permitir a derrogação de certos direitos em situações de exceção. Dos sistemas regionais de proteção existentes, somente o sistema africano que não conta com cláusula dessa natureza, o que leva a inúmeros debates sobre os problemas de ordem prática que pode tal ausência ocasionar.[936]

---

[936] Sobre o tema no sistema africano de direitos humanos, *v.* Ouguergouz, Fatsah. L'absence de clause de dérogation dans certains traités relatifs aux droits de l'homme: les résponses du droit international général. *Revue Générale de Droit International Public*, v. 98, p. 289-336, 1994; e

(2) Em casos excepcionais, como o estado de guerra, de perigo público ou de outra emergência que ameace a independência ou a segurança dos Estados-Partes, é possível que estes adotem disposições que suspendam as obrigações estabelecidas pela Convenção Americana, na medida e pelo tempo estritamente limitados às exigências da situação. Frise-se que, segundo a Convenção, tais obrigações podem ser apenas *suspensas* nesses casos, jamais *interrompidas* (haja vista que a *interrupção* de uma obrigação conota definitividade, ao passo que a *suspensão* diz respeito a uma situação temporária). É evidente que os Estados só podem adotar disposições suspensivas de tais obrigações *em casos graves*, como o estado de guerra, quando em perigo público gravoso à sua segurança ou quando outra emergência dessa gravidade ocorrer. Não são meras sublevações ou insurgências que autorizam a suspensão das obrigações previstas na Convenção. Os casos excepcionais que a autorizam – repita-se – devem ser *graves* à independência ou à segurança do Estado.

(3) As disposições estatais que autorizam a suspensão das obrigações nos casos excepcionais acima citados ficam vedadas em duas hipóteses: *a*) quando forem incompatíveis com as demais obrigações que lhes impõe o Direito Internacional; e *b*) quando encerrarem discriminação fundada em motivos de raça, cor, sexo, idioma, religião ou origem social.

Em primeiro lugar, não pode um Estado suspender as obrigações previstas na Convenção, nos casos por ela permitidos, se estiver obrigado em relação a outra norma internacional da mesma natureza ou se agir em violação de norma imperativa de Direito Internacional geral (*jus cogens*). Também fica impossibilitada a suspensão das garantias quando as disposições que a autorizam encerrarem *discriminação* fundada em motivos de raça, cor, sexo, idioma, religião ou origem social.

Havendo suspensão de garantias nestes dois casos, a violação da Convenção se configura, cabendo desde já o direito de petição (dos indivíduos prejudicados) à Comissão Interamericana de Direitos Humanos ou diretamente (tratando-se de queixas interestatais) à Corte Interamericana.

(4) A permissão de suspensão das obrigações (art. 27, 1) não atinge todos os dispositivos da Convenção Americana. Mesmo em caso de guerra ou de perigo público, os Estados estão impedidos de suspender os direitos previstos nos seguintes artigos da Convenção: art. 3º (direito ao reconhecimento da personalidade jurídica), art. 4º (direito à vida), art. 5º (direito à integridade pessoal), art. 6º (proibição da escravidão e da servidão), art. 9º (princípio da legalidade e da retroatividade), art. 12 (liberdade de consciência e religião), art. 17 (proteção da família), art. 18 (direito ao nome), art. 19 (direitos da criança), art. 20 (direito à nacionalidade) e art. 23 (direitos políticos).

Além desses direitos expressamente previstos na Convenção, também fica proibido suspender-se as *garantias judiciais indispensáveis* para a proteção de tais direitos. Quais seriam tais "garantias judiciais indispensáveis" insuscetíveis de suspensão aludidas pelo art. 27, 2 da Convenção? Segundo interpretação da Corte Interamericana, por "garantias judiciais indispensáveis" devem-se entender aqueles provimentos

---

SERMET, Laurent. The absence of a derogation clause from the African Charter on Human and Peoples' Rights: a critical discussion. *African Human Rights Law Journal*, v. 7, n. 1, p. 142-161, Cape Town, 2007.

judiciais ordinariamente idôneos para garantir a plenitude do exercício dos direitos e liberdades a que se refere o dispositivo e cuja supressão ou limitação colocaria em perigo essa plenitude. A Corte também tem sublinhado que o caráter judicial de tais meios implica a intervenção de um órgão judicial independente e imparcial, apto a determinar a legalidade dos atos eventualmente praticados num estado de exceção.[937] Assim, não são suscetíveis de suspensão o remédio do *habeas corpus*, o mandado de segurança ou qualquer outro recurso efetivo, perante os juízes ou tribunais competentes (arts. 7, 6 c/c 25, 1), destinado a garantir o respeito aos direitos e liberdades cuja suspensão está autorizada pela Convenção.[938]

Como destacou a Corte Interamericana na *Opinião Consultiva nº 8*, de 30 de janeiro de 1987, solicitada pela Comissão Interamericana: "De outro lado, deve-se advertir que aqueles ordenamentos constitucionais e legais dos Estados-Partes que autorizam, explícita ou implicitamente, a suspensão dos procedimentos de *habeas corpus* ou amparo [mandado de segurança] em situações de emergência, devem ser considerados incompatíveis com as obrigações internacionais que a esses Estados impõe a Convenção".[939]

(5) Todo Estado-Parte na Convenção que fizer uso do direito de suspensão deverá comunicar imediatamente aos outros Estados-Partes (por intermédio do Secretário-Geral da OEA) as disposições da Convenção cuja aplicação haja suspendido, os motivos determinantes da suspensão e a data em que tenha dado por finda tal suspensão.

Artigo 28
Cláusula Federal

1. Quando se tratar de um Estado-Parte constituído como Estado federal (1), o governo nacional do aludido Estado-Parte cumprirá todas as disposições da presente Convenção, relacionadas com as matérias sobre as quais exerce competência legislativa e judicial. (2)

2. No tocante às disposições relativas às matérias que correspondem à competência das entidades componentes da federação, o governo nacional deve tomar imediatamente as medidas pertinentes, em conformidade com sua constituição e suas leis, a fim de que as autoridades competentes das referidas entidades possam adotar as disposições cabíveis para o cumprimento desta Convenção. (3)

---

[937]   Corte IDH. *Opinião Consultiva nº OC-9/87* de 06.10.1987, Série A, nº 9 – *Garantias judiciais em estados de emergência (Arts. 27.2, 25 e 8 da Convenção Americana sobre Direitos Humanos)*, parágrafo 20.

[938]   Cf. Corte IDH. *Opinião Consultiva nº OC-9/87* de 06.10.1987, Série A, nº 9 – *Garantias judiciais em estados de emergência (Arts. 27.2, 25 e 8 da Convenção Americana sobre Direitos Humanos)*, parágrafo 40.

[939]   Cf. Corte IDH. *Opinião Consultiva nº OC-8/87* de 30.01.1987, Série A, nº 8 – *O habeas corpus na suspensão de garantias (Arts. 27.2, 25.1 e 7.6 da Convenção Americana de Direitos Humanos)*, parágrafo 43.

> 3. Quando dois ou mais Estados-Partes decidirem constituir entre eles uma federação ou outro tipo de associação, diligenciarão no sentido de que o pacto comunitário respectivo contenha as disposições necessárias para que continuem sendo efetivas no novo Estado assim organizado as normas da presente Convenção. (4)

LEGISLAÇÃO RELACIONADA

➢ **Legislação Internacional**
- Convenção de Havana sobre Tratados (1928): art. 8º
- Pacto Internacional Sobre Direitos Civis e Político: art. 28

➢ **Legislação Nacional**
- Constituição Federal: arts. 28; 5º, § 3º; 109, § 5º; 178

JURISPRUDÊNCIA RELACIONADA

➢ **Jurisprudência Internacional**

Tribunal	Caso
Corte IDH	Caso Garrido y Baigorria. (27 de agosto de 1998)
Corte IDH	Constantine y otros", "Hilaire" y "Benjamín y otros" (1º de setembro de 2001)
Corte IDH	Villagáan Morales y Otros, (Caso de los "Niños de la Calle") (19 de novembro de 1999)

COMENTÁRIOS

Por *Valerio de Oliveira Mazzuoli*

(1) A cláusula do art. 28, 1, da Convenção Americana, tem aplicação àqueles Estados-Partes constituídos sob a forma de *Estado Federal*, tendo assim aplicação integral ao Brasil. Esse tipo de Estado (também chamado de *Federação* ou *União Federal*) caracteriza-se por constituir uma associação permanente de Estados que guardam apenas autonomia interna, abdicando de sua soberania externa em favor de um órgão central, chamado de *governo federal*, dotado principalmente de capacidade para reger as relações internacionais da Federação e assegurar sua defesa externa.[940] Na Federação, os Estados federados – que são divisões do Estado nacional e não se confundem com o Estado *Federal* – cedem parcela de suas competências em favor da autoridade de uma Constituição Federal, que será a única soberana sob o ponto de vista internacional. Neste caso, somente ao *superestado* (isto é, ao *Estado Federal*)

---

[940] Para um estudo mais detalhado dos Estados Federais no Direito Internacional Público, *v.* MAZZUOLI, Valerio de Oliveira. *Curso de direito internacional público,* cit., p. 408 e ss.

competem as matérias afetas às relações internacionais (*v.g.*, declarar guerras, celebrar a paz, celebrar tratados, nomear ou receber representantes diplomáticos etc.). Mas frise-se que os Estados federados, diferentemente do que ocorre na Confederação, têm autonomia apenas *relativa*, que pode ser dar em maior ou menor grau, dependendo da estrutura da Federação e do que dispõe a Constituição (onde devem estar claramente delimitados os seus direitos e obrigações). Assim, além de ser competente para os assuntos exteriores do Estado, a União Federal também é competente, no âmbito interno – repita-se, de acordo com o que estabelece o texto constitucional –, para tratar de assuntos de interesse *geral*.

Essa forma *federativa* de Estado repercute diretamente no modo que um Estado cumpre seus deveres consignados nos instrumentos internacionais de direitos humanos, notadamente no que toca à responsabilização do governo federal por atos perpetrados por Estados-membros. Por outro lado, o fato de as autoridades locais estarem subordinadas ao governo também local (e não ao governo *federal*) também é fator que dificulta ao Estado o cumprimento de suas obrigações internacionais relativas a direitos humanos.[941]

O que a disposição do art. 28, 1, da Convenção Americana (chamado por ela de *cláusula federal*, mas doutrinariamente conhecida por *cláusula territorial*) basicamente estabelece é que o Estado Federal tem a obrigação de aplicar diretamente o tratado em relação às matérias sobre as quais exerce competência legislativa e judicial, além do dever de adotar as medidas necessárias para que os seus Estados-membros também cumpram o tratado dentro da esfera de suas respectivas competências (art. 28, 2). No Brasil, *v.g.*, as matérias de natureza *penal* encontram-se na esfera de competência da legislação *federal*, não podendo ser disciplinadas pela legislação dos Estados-membros. Mas sabe-se que tal não é assim em outros Estados que também contam com estrutura federal, como é o caso dos Estados Unidos da América, o que pode acabar por acentuar a impunidade dos autores de violações de direitos humanos nesses países.[942] Daí a necessidade em se estabelecer o correto *standard* interpretativo do disposto no art. 28, 1, da Convenção Americana, como se verá em seguida.

(2) Nos termos do art. 28, 1, *in fine*, no caso de um Estado-Parte na Convenção ser constituído sob a forma de *Estado Federal*, o governo federal do referido Estado "cumprirá todas as disposições da presente Convenção, *relacionadas com as matérias sobre as quais exerce competência legislativa e judicial*". Tal difere grandemente de outros tratados internacionais de direitos humanos (a exemplo do Pacto Internacional dos Direitos Civis e Políticos, art. 50) que dispõem serem suas disposições aplicáveis "a todas as unidades constitutivas dos Estados federativos". A cláusula do art. 28, 1, da Convenção Americana, fruto de proposta dos Estados Unidos à Conferência de San José de 1969, deve ser interpretada junto a outros dispositivos da mesma Convenção,

---

[941] V. DULITZKY, Ariel E. Implementación del derecho internacional de los derechos humanos en los sistemas federales: el caso de la Convención Americana sobre Derechos Humanos y la República Argentina. In: ABRAMOVICH, Victor; BOVINO, Alberto; COURTIS, Christian (Org.). *La aplicación de los tratados sobre derechos humanos en el ámbito local*: la experiencia de una década. Buenos Aires: Centro de Estudios Legales y Sociales, 2006, p. 5-6.

[942] Cf. DULITZKY, Ariel E. Implementación del derecho internacional de los derechos humanos en los sistemas federales... cit., p. 7-8.

notadamente os seus arts. 1º e 2º, que estabelecem a obrigação de todos os Estados (sejam unitários, federativos etc.) em respeitar e garantir o pleno exercício dos direitos e liberdades nela reconhecidos, bem assim o de adotar as medidas necessárias à adequação do direito interno à normativa internacional de proteção.

Assim, a interpretação correta do art. 28, 1, da Convenção – inclusive seguindo-se o que dispõe o art. 29 da Convenção de Viena sobre o Direito dos Tratados de 1969, segundo o qual "a não ser que uma intenção diferente se evidencie do tratado, ou seja estabelecida de outra forma, um tratado obriga cada uma das partes em relação a todo o seu território" – deve ser no sentido de ser a mesma aplicada em *todo o território* do Estado.[943] O fato de poder um Estado fixar as condições de exercício de um determinado direito não impede (evidentemente) sua exigibilidade de acordo com as regras do Direito Internacional. Por consequência, "se por qualquer circunstância, incluída a estrutura federal do Estado, o direito não puder ser exercido por 'toda pessoa' sujeita à jurisdição de um Estado, tal constituiria uma violação da Convenção suscetível de ser denunciada ante os órgãos de proteção por ela previstos".[944] Assim, devem os Estados Federais tomar todas as medidas necessárias (de acordo com o art. 2º da Convenção), quer legislativas ou de outra natureza (judiciais, administrativas, políticas etc.), para garantir que a Convenção possa ser bem aplicada em toda a sua extensão territorial.

Daí o motivo de ter o Brasil (corretamente) dotado a jurisdição federal de uma melhor ferramenta para a repressão daqueles que violam direitos humanos, que é a *federalização* da persecução penal de tais delitos. Nesse sentido, estabelece o art. 109, § 5º da Constituição de 1988 [acrescido pela Emenda 45/2004], que "nas hipóteses de grave violação de direitos humanos, o Procurador-Geral da República, com a finalidade de assegurar o cumprimento de obrigações decorrentes de tratados internacionais de direitos humanos dos quais o Brasil seja parte, poderá suscitar, perante o Superior Tribunal de Justiça, em qualquer fase do inquérito ou processo, incidente de deslocamento de competência para a Justiça Federal". Com isto, havendo inércia das autoridades locais (estaduais), desloca-se a competência para a investigação e para a persecução penal de tais crimes para a Justiça Federal, para que esta possa dar efetividade à responsabilização dos responsáveis pela violação de direitos ocorrida.[945]

Em suma, é o governo nacional (ou seja, o *governo federal*) do Estado que tem o dever de cumprir as disposições de um tratado internacional por ele ratificado, com relação às matérias sobre as quais tem competência legislativa e judicial, e não os seus Estados federados, que são apenas partículas componentes da Federação, sem qualquer personalidade jurídica de Direito Internacional Público. Em outras palavras, é o *governo nacional* que responde, no plano internacional, pelos atos dos Estados federados, e não estes próprios (por não deterem personalidade jurídica internacional), sem embargo de, no plano interno, poder o governo federal exigir do

---

[943] Cf. RAMOS, André de Carvalho. *Responsabilidade internacional por violação de direitos humanos...*, cit., p. 196-197. V., também, RAMÍREZ, Sergio García. *Los derechos humanos y la jurisdicción interamericana*, cit., p. 106.

[944] DULITZKY, Ariel E. Implementación del derecho internacional de los derechos humanos en los sistemas federales..., cit., p. 31.

[945] Cf. RAMOS, André de Carvalho. *Responsabilidade internacional por violação de direitos humanos...* cit., p. 199.

Estado-membro da Federação a satisfação daquilo que arcou no plano internacional em decorrência do seu ato lesivo. Em outros termos, é a *República Federativa do Brasil* que tem personalidade jurídica internacional e representa o Estado no plano internacional, respondendo internacionalmente pelos atos dos seus Estados federados.[946] Portanto, não se aceita a alegação de obediência ao direito interno como pretexto para o descumprimento de uma norma internacional, não podendo o Estado, *v.g.*, alegar não poder "invadir" a esfera de atribuição de outro ente federado como excludente de responsabilidade internacional.[947]

Tal foi o que ocorreu no Brasil no caso *Maria da Penha Maia Fernandes*, em que a Comissão Interamericana entendeu ter havido violação da Convenção por parte do Estado brasileiro em face da omissão deste (de mais de 17 anos) em prestar justiça e punir o responsável pela violência doméstica praticada contra a Sra. Maria da Penha, que foi agredida pelo marido (o professor universitário Marco Antônio Herredia) durante seis anos, tendo sido vítima de tentativa de homicídio por duas vezes em 1983. Na primeira vez, em virtude de um tiro de arma de fogo disparada pelo marido, ficou paraplégica; na segunda, tentou o mesmo marido eletrocutá-la. A investigação começou em junho do mesmo ano, mas a denúncia só foi apresentada ao Ministério Público Estadual (do Estado do Ceará) em setembro de 1984. Oito anos depois, o Sr. Herredia foi condenado a oito anos de prisão, mas amparado por recursos jurídicos conseguiu protelar o cumprimento da pena. O caso chegou à Comissão Interamericana que, pela primeira, vez acatou uma denúncia de *violência doméstica*. Entendeu a Comissão que a delonga do Estado do Ceará na persecução penal contra o criminoso deveria ser atribuída *ao Estado* brasileiro, por ter permitido (com a sua inércia) a instalação de um ambiente propício à violência doméstica, uma vez que não houve evidência socialmente percebida da vontade e efetividade do Estado, como representante da sociedade, em punir esses atos.[948] O Brasil, diante desses fatos, acabou editando (em cumprimento às suas obrigações internacionais) a Lei de Violência Doméstica e Familiar contra Mulher (Lei 11.340), sancionada em 7 de agosto de 2006, conhecida como *Lei Maria da Penha*.[949]

Por fim, não se pode comungar com a opinião de alguns autores no sentido de ser a *cláusula federal* do art. 28 da Convenção Americana um meio de impossibilitar a aplicação prática da Convenção ou de torná-la mais dificultosa, dependendo da organização (forma de Estado) que tiver o Estado-membro.[950] Pelo contrário, a in-

---

[945] Cf. Mazzuoli, Valerio de Oliveira. *Curso de direito internacional público,* cit., p. 288.

[947] V. Ramos, André de Carvalho. Análise crítica dos casos brasileiros Damião Ximenes Lopes e Gilson Nogueira de Carvalho na Corte Interamericana de Direitos Humanos. In: Brant, Leonardo Nemer Caldeira (Coord.). *II Anuário Brasileiro de Direito Internacional.* Belo Horizonte: Cedin, 2007. v. 1, p. 30.

[948] V. *Relatório 54/01*, relativo ao Caso 12.051, de 16.04.2001, parágrafo 56. Cf. Ramos, André de Carvalho. *Responsabilidade internacional por violação de direitos humanos...*, cit., p. 198, nota 333.

[949] Sobre o tema, *v.* Mazzuoli, Valerio de Oliveira; Bianchini, Alice. Lei de violência doméstica e familiar contra a mulher (Lei Maria da Penha): constitucionalidade e convencionalidade. *Revista Forense*, Rio de Janeiro, v. 402, p. 3-21, mar.-abr. 2009.

[950] Assim, Gross Espiell, Héctor. *La Convención Americana y la Convención Europea de Derechos Humanos*: análisis comparative. Santiago de Chile: Editorial Jurídica de Chile, 1991. p. 202-204.

terpretação dessa disposição "à luz da Convenção Americana em sua integralidade e dos princípios sobre os quais se assenta conduz inexoravelmente a afastar toda possibilidade de encontrar na cláusula federal uma maneira de eximir-se da responsabilidade internacional".[951] A *forma* que tem o Estado ou a *divisão de competências* de que dispõe são irrelevantes para a configuração da responsabilidade internacional do Estado em caso de violação de direitos humanos. Até mesmo sua Constituição é considerada, ante o sistema internacional de proteção, nada mais que um simples *fato*, em nada capaz de impedir a responsabilização internacional do Estado faltoso. Enfim, quaisquer dessas providências ou modificações de ordem interna são, para o Direito Internacional dos Direitos Humanos, inteiramente inoperantes.[952]

(3) Diz a Convenção que no que tange às disposições relativas às matérias afetas à competência dos Estados federados, o governo nacional deve tomar imediatamente as *medidas pertinentes*, de acordo com sua Constituição e com suas leis, a fim de que as autoridades competentes dos referidos Estados federados possam adotar as disposições cabíveis (no plano de sua legislação estadual) para o efetivo cumprimento da Convenção.

O que a Convenção Americana pretendeu dizer é que ela se aplica em todo o território do Estado Federal, devendo o governo nacional, porém, garantir que a mesma seja ainda aplicada nos seus Estados-membros, dentro do quadro de suas respectivas competências, quando o tema de que se trata for afeto à competência desses Estados-membros. Daí a utilização, pela Convenção, da expressão "medidas pertinentes". Contudo, tem-se como certo que tal expressão não pode ser interpretada como desonerando o governo federal de responsabilidade internacional em caso de violação de direitos humanos por algum dos Estados federados. Por "medidas pertinentes", assim, deve-se entender toda medida capaz de garantir o efetivo cumprimento da Convenção Americana em prol dos direitos humanos violados. Caso o governo federal não tome tais medidas, não há dúvidas nascer para ele a responsabilidade internacional por inação, é dizer, por não ter tomado as medidas devidas para dar cumprimento efetivo às disposições da Convenção.[953]

Portanto, cotejando-se as regras dos §§ 1º e 2º do art. 28 da Convenção, tem-se que os Estados Federais devem aplicar o tratado diretamente em todo o seu território, no que tange às matérias de sua competência legislativa e judicial, devendo, porém, adotar as medidas necessárias (pertinentes) para que os Estados-membros possam também aplicá-lo dentro do quadro de suas respectivas competências. Mas isto não exclui, como já se falou, a responsabilidade internacional do Estado Federal mesmo quando a violação de direitos humanos tenha ocorrido dentro da esfera de competência de um Estado-membro. A nenhum Estado Federal é lícito invocar o fato de que a violação de direitos humanos em causa se deu por ato de um seu Estado-membro, e tampouco argumentar que a União não teria competência para se ingerir na esfera

---

[951]   DULITZKY, Ariel E. Implementación del derecho internacional de los derechos humanos en los sistemas federales..., cit., p. 39.

[952]   Cf. CANÇADO TRINDADE, Antônio Augusto. Desafios e conquistas do direito internacional dos direitos humanos no início do século XXI, cit., p. 209, nota 6.

[953]   Nesse sentido, *v.* RAMOS, André de Carvalho. *Responsabilidade internacional por violação de direitos humanos...*, cit., p. 196.

de competência de qualquer das unidades da federação. Em outras palavras, o Estado Federal é o "garantidor final" do cumprimento das obrigações internacionalmente assumidas, mesmo nos casos que resultem de competência direta dos Estados-membros.[954]

A obrigação constante no art. 28, 2, da Convenção, destina-se a fazer com que "as autoridades competentes das referidas entidades [ou seja, dos Estados federados] possam adotar as disposições cabíveis para o cumprimento desta Convenção". Dentro desta disposição, segundo Víctor Abramovich, se inclui a obrigação dos Estados nacionais de cooperar e coordenar eficazmente com os Estados federados na aplicação do Pacto; estabelecer mecanismos adequados entre os níveis federais e estatuais; adotar medidas para garantir que as autoridades dos Estados-membros cumpram o tratado; garantir que o Estado Federal conte com suficientes meios e recursos para assegurar o cumprimento do tratado nos Estados-membros; e preservar nos Estados Federais as faculdades necessárias para exigir dos Estados-membros o cumprimento do tratado.[955] Tais obrigações do Estado Federal para com os seus Estados-membros visam claramente evitar que o país incida em responsabilidade internacional por violação de direitos humanos.

(4) Quando dois ou mais Estados-Partes decidirem constituir entre eles uma Federação ou outro tipo de associação de Estados, deverão diligenciar no sentido de que o pacto comunitário respectivo contenha as disposições necessárias para que as normas da Convenção continuem sendo efetivas no novo Estado assim organizado.

Apesar dos bons propósitos dessa disposição convencional, o certo é que se afigura difícil saber, na prática, se Estados com propósitos associativos respeitarão a obrigação por ela imposta, notadamente quando se vê que, os Estados que pretendem alterar-se na *forma* dificilmente (para não dizer que nunca) levam em consideração compromissos internacionais anteriormente assumidos. Caberá à Corte Interamericana condená-los nesse caso e impor as reparações devidas.

Artigo 29
Normas de Interpretação (1)

Nenhuma disposição desta Convenção pode ser interpretada no sentido de:

a) permitir a qualquer dos Estados-Partes, grupo ou pessoa, suprimir o gozo e exercício dos direitos e liberdades reconhecidos na Convenção ou limitá-los em maior medida do que a nela prevista; (2)

b) limitar o gozo e exercício de qualquer direito ou liberdade que possam ser reconhecidos de acordo com as leis de qualquer dos Estados-Partes ou de acordo com outra convenção em que seja parte um dos referidos Estados; (3)

c) excluir outros direitos e garantias que são inerentes ao ser humano ou que decorrem da forma democrática representativa de governo; (4) e

---

[954]   Cf. ABRAMOVICH, Víctor. Una nueva institucionalidad pública: los tratados de derechos humanos en el orden constitucional argentino. In: _____; BOVINO, Alberto; COURTIS, Christian (Org.). *La aplicación de los tratados sobre derechos humanos en el ámbito local*: la experiencia de una década. Buenos Aires: Centro de Estudios Legales y Sociales, 2006. p. IX.

[955]   V. ABRAMOVICH, Víctor. Idem, p. X.

> d) excluir ou limitar o efeito que possam produzir a Declaração Americana dos Direitos e Deveres do Homem e outros atos internacionais da mesma natureza. (5)

LEGISLAÇÃO RELACIONADA

➢ **Legislação Internacional**
- Convenção de Viena sobre o Direito dos Tratados: arts. 31-33
- Convenção Interamericana para Prevenir, Punir e Erradicar a Violência contra a Mulher (Convenção de Belém do Pará): art. 4º
- Pacto Internacional dos Direitos Civis e Políticos: art. 5º
- Pacto Internacional dos Direitos Econômicos, Sociais e Culturais: art. 5º

➢ **Legislação Nacional**
- Constituição Federal: art. 5º, § 2º

JURISPRUDÊNCIA RELACIONADA

➢ **Jurisprudência Internacional**

Tribunal	Caso
Corte IDH	Caso Apitz Barbera e Outros ("Corte Primera de lo Administrativo") vs. Venezuela
Corte IDH	Opinião Consultiva nº 5 (13 de novembro de 1985)
Corte IDH	Opinião Consultiva nº 10 (14 de julho de 1989)

➢ **Jurisprudência Nacional**

Tribunal	Caso
STJ	REsp 1640084
STJ	HC 388247
STF	HC 0012793-86.2017.1.00.0000

COMENTÁRIOS

Por *Valerio de Oliveira Mazzuoli*

(1) Na interpretação da Convenção Americana a primeira regra a adotar-se é a de que as fontes do Direito não se excluem mutuamente, mas antes coexistem e se complementam. Segundo o espírito da Convenção a *primazia* é sempre da norma *mais favorável* ao ser humano, não havendo que se falar na exclusão de uma norma por outra, o que representaria a adoção de uma *monossolução* já ultrapassada na pós-modernidade. A solução contemporânea para a resolução das antinomias no Direito deve ser plural, onde as várias fontes heterogêneas (Constituição, leis, trata-

dos, declarações etc.) *convivem* entre si, sem que uma exclua a outra.[956] Trata-se de aplicar, no caso de conflito entre o tratado e o direito interno, a norma que, no caso, mas proteja os direitos da pessoa humana (princípio *pro homine* ou da *primazia da norma mais favorável*), posição doutrinária que tem em Cançado Trindade o seu maior expoente.[957]

O princípio internacional *pro homine* (ou *in dubio pro libertate*) garante ao ser humano a aplicação da norma que, no caso concreto, melhor o proteja, levando em conta a força expansiva dos direitos humanos, o respeito do conteúdo essencial desses direitos e a ponderação de bens e valores. Nessa ordem de ideias, necessário se faz interpretar as normas domésticas de proteção com aquelas previstas em tratados e declarações internacionais de direitos humanos, bem assim com a jurisprudência dos organismos supraestatais de proteção desses direitos, especialmente (no caso do Brasil e demais países do nosso continente) a da Corte Interamericana de Direitos Humanos.[958]

Na Alemanha, o internacionalista Erik Jayme propôs, no seu Curso da Academia de Direito Internacional da Haya de 1995, que as fontes devam "dialogar" entre si, ficando sua visionária proposta conhecida por "diálogo das fontes" (*dialogue des sources*).[959] Nesse sentido, em vez de simplesmente se excluir do sistema certa norma jurídica, deve-se buscar a convivência entre essas mesmas normas por meio de um *diálogo*. Nos termos do que propõe Jayme, a solução para os conflitos de leis que emergem no direito pós-moderno é encontrada na harmonização entre fontes heterogêneas que não se excluem mutuamente (normas de direitos humanos, os textos constitucionais, os tratados internacionais e os sistemas nacionais), mas, ao contrário, "falam" umas com as outras.[960] Essa *conversa* entre fontes diversas permite encontrar

---

[956] V. Mazzuoli, Valerio de Oliveira. *Tratados internacionais de direitos humanos e direito interno*, cit., p. 38-39.

[957] Cf., por tudo, Cançado Trindade, Antônio Augusto. *Tratado de direito internacional dos direitos humanos*. Porto Alegre: Fabris, 1997. v. 1, p. 401-402; e Mazzuoli, Valerio de Oliveira. *Direitos humanos, Constituição e os tratados internacionais...*, cit., p. 272-286.

[958] V. Rivera Santivañez, José Antonio. *Tribunal Constitucional y protección de los derechos humanos*. Sucre: Tribunal Constitucional, 2004. p. 14-15; e Mazzuoli, Valerio de Oliveira. *Direitos humanos na jurisprudência internacional...*, cit., p. 1-4.

[959] Foi Claudia Lima Marques quem trouxe para o Brasil (com aplicação prática entre nós) a tese visionária de Jayme. Cf., entre outros, Marques, Claudia Lima. Superação das antinomias pelo diálogo das fontes: o modelo de coexistência entre o Código de Defesa do Consumidor e o Código Civil de 2002. *Revista de Direito do Consumidor*, São Paulo, n. 51, p. 34-67, jul.-set. 2004. Na sua lição, a expressão "diálogo pressupõe o efeito útil de dois (*di*) e uma lógica ou fala (*logos*), enquanto o 'conflito' leva à exclusão de uma das leis e bem expressa a monossolução ou o 'monólogo' de uma só lei", sendo certo que esse "esforço para procurar novas soluções plurais está visando justamente evitar-se a 'antinomia' (conflitos 'pontuais' da convergência eventual e parcial do campo de aplicação de duas normas no caso concreto) pela correta definição dos campos de aplicação" (Idem, p. 57).

[960] Cf. Jayme, Erik. Identité culturelle et intégration: le droit international privé postmoderne. *Recueil des Cours*, v. 251, p. 9-267, 1995. Sobre o "diálogo das fontes" assim leciona Jayme: "Desde que evocamos a comunicação em direito internacional privado, o fenômeno mais importante é o fato que a solução dos conflitos de leis emerge como resultado de um diálogo entre as fontes mais heterogêneas. Os direitos do homem, as constituições, as convenções internacionais, os sistemas

a verdadeira *ratio* de ambas as normas em prol da proteção do ser humano (em geral) e dos menos favorecidos (em especial).[961]

(2) Atendendo ao princípio *pro homine* a Convenção Americana dispôs que nenhuma de suas disposições pode ser interpretada no sentido de "permitir a qualquer dos Estados-Partes, grupo ou pessoa, suprimir o gozo e exercício dos direitos e liberdades reconhecidos na Convenção ou limitá-los em maior medida do que a nela prevista" (art. 29, *a*). Em outras palavras, o gozo e o exercício dos direitos e liberdades reconhecidos pela Convenção não podem ser limitados por qualquer dos seus Estados-Partes, grupo de pessoas ou por qualquer indivíduo. Somente a própria Convenção pode limitar ou autorizar que se limitem os direitos e garantias nela previstos, não cabendo a qualquer Estado-Parte, grupo de pessoas ou qualquer outro indivíduo fazê-lo sem autorização expressa da Convenção.

Em outras palavras, é a Convenção Americana – e não os Estados-Partes, grupo ou indivíduos – que tem competência para estabelecer, em definitivo, o *standard* protetivo mínimo de um direito ou liberdade. Acima do mínimo protetivo estabelecido pela Convenção os Estados, grupo ou indivíduos têm total autonomia para legislar, editar regras ou modificar a proteção de um direito ou liberdade nela estabelecido; abaixo desse *standard* mínimo (ou seja, desse "mínimo protetivo") é impossível aos Estados, grupo ou indivíduos descerem ainda mais (protegerem *menos* do que a Convenção já protege).

Em suma, o que fez a Convenção no dispositivo em comento foi estabelecer uma cláusula de *autorresguardo* impeditiva da "não proteção" ou da "limitação da proteção" do gozo e exercício dos direitos e liberdades nela reconhecidos. As limitações aos direitos e liberdades consagrados pela Convenção são somente possíveis na exata medida nela prevista, sendo considerada violação da Convenção a limitação – por qualquer Estado-Parte, grupo ou indivíduo – para aquém dessa mesma medida. Daí, então, a regra proibitiva do art. 29, alínea *a*, de que nenhuma disposição da Convenção "pode ser interpretada no sentido de permitir a qualquer dos Estados-Partes, grupo ou indivíduo, suprimir o gozo e exercício dos direitos e liberdades reconhecidos na Convenção ou limitá-los em maior medida do que a nela prevista".

(3) Nenhuma disposição da Convenção pode também ser interpretada no sentido de permitir a qualquer dos Estados-Partes, grupo ou indivíduo, "limitar o gozo e exercício de qualquer direito ou liberdade que possam ser reconhecidos em virtude de leis de qualquer dos Estados-Partes ou em virtude de Convenções em que seja parte um dos referidos Estados" (art. 29, *b*). Em outros termos, a Convenção está aqui a permitir a aplicação do direito estatal ou o direito convencional de que o Estado seja parte, independentemente da aplicação da própria Convenção. Ou seja, a Convenção está a admitir que as fontes do Direito não se excluem mutuamente, mas antes se complementam, podendo haver no Direito interno estatal disposições

---

nacionais: todas essas fontes não se excluem mutuamente; elas "falam" uma com a outra. Os juízes devem coordenar essas fontes escutando o que elas dizem" (Idem, p. 259).

[961] Para detalhes sobre a aplicação do "diálogo das fontes" nas relações entre o Direito Internacional dos Direitos Humanos e o Direito interno, *v.* MAZZUOLI, Valerio de Oliveira. *Tratados internacionais de direitos humanos e direito interno*, cit., p. 129-177.

mais benéficas que as existentes na própria Convenção Americana e que devem ser aplicadas em detrimento dela, uma vez que o que pretende a Convenção não é a sua utilização em todos os casos, mas naqueles em que a sua aplicação se faça necessária, quando não existe no plano interno ou em outros tratados ratificados pelo Estado norma protetiva para determinado caso concreto. Mas quando tal norma *existe* no plano do direito interno estatal (por disposições legislativas internas ou em virtude de outros instrumentos internacionais de direitos humanos em que o Estado em causa seja parte), a Convenção Americana não vê problema na aplicação desse direito interno em detrimento dela, uma vez que a regra de interpretação que nela se contém é a da *não exclusão* de direitos, a qual, *a contrario sensu*, se transforma na regra da *inclusão* de direitos.

É evidente que a Convenção não poderia excluir a aplicação do direito nacional, uma vez que o sistema internacional de direitos humanos é sempre *coadjuvante* ou *complementar* das jurisdições nacionais. A esse respeito, assim leciona Carlos Ayala Corao: "Com efeito, um sistema internacional de direitos humanos atua, em princípio, de maneira subsidiária. É dizer, o sistema internacional de direitos humanos pressupõe que a obrigação de proteger as pessoas contra as violações a seus direitos humanos compete, em primeiro lugar, aos próprios Estados. Isto se explica, entre outras razões, pelo fato de que como habitantes ou cidadãos que somos dos Estados respectivos, estamos não só sujeitos à sua jurisdição, senão, também, sob a sua responsabilidade imediata. Por isto, seria impensável, em circunstâncias normais, que o sistema internacional de direitos humanos substitua, por exemplo, os tribunais nacionais em sua responsabilidade de proteger as violações aos direitos humanos dos habitantes de um Estado. Ademais, o acesso dos cidadãos aos tribunais locais deve ser muito mais imediato e eficiente. O ideal, em consequência, seria que, perante os casos de violação dos direitos humanos imputáveis a um Estado, as vítimas pudessem ter acesso e obter as reparações efetivas por parte dos tribunais nacionais".[962]

A primazia, para a Convenção Americana, é da norma que mais amplia o gozo de um direito ou de uma liberdade ou garantia, à qual se atribui o nome de princípio ou regra *pro homine*. No magistério de Luiz Flávio Gomes, o princípio internacional *pro homine* "encontra apoio em dois outros elementares princípios do Direito Internacional: princípio da boa-fé e da interpretação teleológica. Por força do primeiro os tratados de direitos humanos são assumidos pelos Estados para que eles sejam cumpridos (*pacta sunt servanda*). [...] De outro lado, devem se tornar efetivos *dentro da jurisdição interna*, tudo cabendo ser feito para que sejam respeitados e para que cumpram seu objeto e suas finalidades (nisso reside o princípio da interpretação teleológica). Todo Estado quando subscreve um tratado assume uma dupla obrigação: *internacional* (para o caso de violação) e *interna* (tudo deve fazer para que os direitos sejam observados, não podendo invocar nenhuma norma doméstica para se escusar do cumprimento das suas responsabilidades internacionais)".[963]

---

[962] AYALA CORAO, Carlos M. Recepción de la jurisprudencia internacional sobre derechos humanos por la jurisprudencia constitucional, cit., p. 27.

[963] GOMES, Luiz Flávio. *Estado constitucional de direito e a nova pirâmide jurídica*. São Paulo: Premier Máxima, 2008. p. 52-53.

O princípio da norma mais favorável (*pro homine*) é reconhecido pela melhor doutrina, inclusive pelos autores de Direito Internacional Privado. Como destaca Erik Jayme, o princípio da norma mais favorável (*la loi la plus favorable*) faz com que o tratado ceda à lei nacional, caso esta seja mais benéfica que aquele no caso concreto.[964] No que tange à Convenção Americana, esse princípio já é parte integrante do seu texto (art. 29, alínea *b*) e objeto próprio de sua interpretação.[965]

São várias as maneiras de se aplicar na prática o princípio ou regra *pro homine*, sendo algumas delas: *a*) a aplicação da norma *mais protetora*; *b*) a aplicação da norma *mais favorável*; e *c*) a interpretação do caso pelo juiz com um *sentido tutelar* de direitos.[966] O que há de comum em todos esses meios de aplicação do princípio ou regra *pro homine* é o fato de todos eles estarem autorizados *pela* Convenção Americana. Com isto se quer dizer que não é o direito interno que comanda a interpretação das normas internacionais, mas ao contrário: são as regras internacionais (*v.g.*, as previstas no art. 29 da Convenção) que ditam a interpretação do direito interno e sua aplicação (sempre quando *mais favorável*) ao caso concreto.[967] Tal é a regra que se encontra presente em inúmeros tratados de direitos humanos, tanto do plano global (a exemplo do Pacto Internacional dos Direitos Civis e Políticos e do Pacto Internacional dos Direitos Econômicos, Sociais e Culturais, em ambos no art. 5, § 2º), como de contextos regionais (como na Convenção Europeia de Direitos Humanos, art. 60).

(4) Além de a Convenção Americana não excluir os direitos *expressos* na legislação interna de qualquer dos Estados-Partes, ela também não exclui a aplicação de direitos *naturais* e *implícitos* no ordenamento jurídico desses mesmos Estados, ao dispor que nenhuma disposição sua "pode ser interpretada no sentido de excluir outros direitos e garantias que são inerentes ao ser humano ou que decorrem da forma democrática representativa de governo" (art. 29, *c*). A fórmula utilizada pela Convenção ("direitos e garantias *que são inerentes ao ser humano* ou que *decorrem da forma democrática* representativa de governo") conota aqueles direitos não expressos em norma editada pelo Estado, mas que provêm ou podem vir a provir do direito natural ("inerentes ao ser humano...") ou da forma democrática representativa de governo. Trata-se de fórmula *aberta*, adotada com a finalidade de garantir que direitos não positivados (naturais, implícitos etc.) continuem a ser protegidos, independentemente da proteção expressa na Convenção. Por outro lado, tais "garantias... que decorrem da forma democrática representativa de governo", não implicam – segundo a Corte Interamericana – apenas numa determinada organização política contra a qual é ilegítimo atentar, mas na necessidade de que ela esteja amparada pelas garantias judiciais que resultem

---

[964]   JAYME, Erik. *Identité culturelle et intégration: le droit international privé postmoderne*, cit., p. 83.

[965]   Cf. MAZZUOLI, Valerio de Oliveira. *Tratados internacionais de direitos humanos e direito interno*, cit., p. 119-120.

[966]   Cf. HENDERSON, Humberto. Los tratados internacionales de derechos humanos en el orden interno: la importancia del principio *pro homine*. *Revista Instituto Interamericano de Derechos Humanos*, San José, v. 39, p. 92-96, 2004.

[967]   Nesse exato sentido, *v.* RAMOS, André de CARVALHO. *Responsabilidade internacional por violação de direitos humanos...*, cit., p. 146-149.

indispensáveis para o controle de legalidade das medidas tomadas em situação de emergência, de maneira a que se preserve o Estado de Direito.[968]

Os referidos direitos implícitos, cuja aplicação a Convenção Americana não exclui de qualquer maneira, são considerados por certa parte da doutrina de difícil caracterização *a priori*.[969] Alguns exemplos, contudo, podem ser lembrados, como o *direito de resistência* e o *direito de oposição* a um governo injusto, absolutamente compatíveis com a forma democrática representativa de governo, que não admite qualquer tipo de tirania estatal.

(5) A última alínea (*d*) do art. 29, seguindo a técnica das alíneas precedentes, dispõe que nenhuma disposição da Convenção pode ser interpretada "no sentido de excluir ou limitar o efeito que possam produzir a Declaração Americana dos Direitos e Deveres do Homem e outros atos internacionais da mesma natureza".

A Declaração Americana dos Direitos e Deveres do Homem foi adotada em Bogotá (Colômbia) em 1948, e apesar de não ser tecnicamente um tratado, explicita os direitos previstos na Carta da OEA do mesmo ano. Trata-se do instrumento que formou a base normativa de proteção no sistema interamericano anterior à conclusão da Convenção Americana (em 1969), e que continua sendo o instrumento *jus cogens* de expressão regional nessa matéria, principalmente para os Estados não partes na Convenção Americana.[970]

Destaque-se a referência aos "outros atos internacionais da mesma natureza", onde indubitavelmente se inclui a Declaração Universal dos Direitos Humanos de 1948.

Artigo 30
Alcance das Restrições

As restrições permitidas, de acordo com esta Convenção, ao gozo e exercício dos direitos e liberdades nela reconhecidos, não podem ser aplicadas (1) senão de acordo com leis que forem promulgadas por motivo de interesse geral e com o propósito para o qual houverem sido estabelecidas (2).

 LEGISLAÇÃO RELACIONADA

➢ **Legislação Internacional**
- Convenção Interamericana para Prevenir, Punir e Erradicar a Violência contra a Mulher (Convenção de Belém do Pará): arts. 13 e 14

---

[968] *V.* Corte IDH. *Opinião Consultiva nº OC-9/87* de 06.10.1987, Série A, nº 9 – *Garantias judiciais em estados de emergência (Arts. 27.2, 25 e 8 da Convenção Americana sobre Direitos Humanos),* parágrafo 37.

[969] Cf. Silva, José Afonso da. *Curso de direito constitucional positivo.* 13. ed. São Paulo: Malheiros, 1997. p. 191; e Ferreira Filho, Manoel Gonçalves. *Direitos humanos fundamentais.* São Paulo: Saraiva, 1995. p. 88.

[970] Cf. Cançado Trindade, Antônio Augusto. *Tratado de direito internacional dos direitos humanos,* v. 3, cit., p. 33-34.

- Pacto Internacional dos Direitos Civis e Políticos: art. 5º
- Pacto Internacional dos Direitos Econômicos, Sociais e Culturais: art. 5º
- Protocolo Adicional à Convenção Americana sobre Direitos Humanos em matéria de Direitos Econômicos, Sociais e Culturais (Protocolo de San Salvador): art. 5º

➤ **Legislação Nacional**
- Constituição Federal: art. 5º, II, XI e XII

JURISPRUDÊNCIA RELACIONADA

➤ **Jurisprudência Internacional**

Tribunal	Caso
Corte IDH	Caso Salvador Chiriboga vs. Ecuador (6 de maio de 2008)
Corte IDH	Opinião Consultiva nº 6 (9 de maio de 1986)
Corte IDH	Opinião Consultiva nº 7 (29 de agosto de 1986)

COMENTÁRIOS

Por *Valerio de Oliveira Mazzuoli*

(1) Em alguns dos seus dispositivos a Convenção Americana *autoriza* a restrição de certos direitos nela previstos, não obstante a regra geral ser a da *não aplicação* dessas restrições de direitos, nos termos da fórmula proposta pela própria Convenção no seu art. 30: "As restrições permitidas, de acordo com esta Convenção, ao gozo e exercício dos direitos e liberdades nela reconhecidos, *não podem ser aplicadas...*". Disso se infere que a restrição dos direitos e liberdades reconhecidos na Convenção só poderá ter lugar *excepcionalmente* e, mesmo assim, atendidos certos requisitos.

Diz o art. 30 em comento que as restrições de direitos, quando permitidas, poderão dizer respeito "ao gozo e exercício dos direitos e liberdades *nela reconhecidos...*", o que significa que o direito ou liberdade que se vai restringir deve constar do rol de direitos *nela* (Convenção) previstos. Mas quais direitos nela reconhecidos autorizam sua restrição? Basicamente são eles: o *direito de reunião* (art. 15), o de *liberdade de associação* (art. 16, 2 e 3) e o de *circulação e de residência* (art. 22, 4). O primeiro diz que o "exercício de tal direito só pode estar sujeito às *restrições* previstas em lei e que se façam necessárias, numa sociedade democrática, no interesse da segurança nacional, da segurança ou ordem públicas, ou para proteger a saúde ou a moral públicas ou os direitos e liberdades das demais pessoas". O segundo se utiliza de redação idêntica e diz que o exercício da liberdade de associação "só pode estar sujeito às *restrições* previstas em lei..." (item 2) etc., dizendo ainda (no item 3) que o "disposto neste artigo não impede a imposição de *restrições legais*, e mesmo a privação do exercício do direito de associação, aos membros das forças armadas e da polícia". O último dispositivo (art. 22, 4) estabelece, por fim, que o "exercício dos direitos reconhecidos no inciso 1 [*direito de circulação e de residência*] pode também ser *restringido* pela lei, em zonas determinadas, por motivo de interesse público".

(2) Apenas excepcionalmente, como já se disse, é que os direitos e liberdades reconhecidos pela Convenção Americana podem ser restringidos. Para a restrição de tais direitos a Convenção exige a promulgação de *lei* e, mesmo assim, atendendo a motivo de interesse geral e com o propósito para o qual houver sido estabelecida. A exigência de *lei* para tal finalidade é repetida em todos os dispositivos da Convenção que autorizam a restrição de direitos.

A *lei* referida pela Convenção é aquela elaborada pelo Poder Legislativo (formado por representantes eleitos democraticamente) seguindo as regras constitucionais sobre o devido processo legislativo e editadas por motivo de interesse geral (ou seja, dirigidas ao *bem comum*). Trata-se de atos normativos elaborados por um Parlamento composto por representantes democraticamente eleitos e promulgados pelo Poder Executivo, requisitos sem os quais a *lei* referida pelo art. 30 não sobrevive como meio hábil para restringir o gozo e o exercício de qualquer direito ou liberdade previstos pela Convenção.[971]

A Corte Interamericana, na *Opinião Consultiva nº 6*, de 9 de maio de 1986, a ela submetida pela República Oriental do Uruguai, relativa à interpretação da expressão "leis" constante do art. 30 em comento, observou com acerto que a palavra *leis* não pode desvincular-se, num regime de proteção dos direitos humanos, "da natureza e da origem de tal regime", uma vez que "na proteção dos direitos humanos, está necessariamente compreendida a noção de restrição ao exercício do poder estatal".[972] Segundo entendeu a Corte, "a palavra *leis* no art. 30 da Convenção significa norma jurídica de caráter geral, voltada ao bem comum, emanada dos órgãos legislativos constitucionalmente previstos e democraticamente eleitos, e elaborada segundo o procedimento estabelecido pelas Constituições dos Estados-Partes para a formação das leis".[973]

Como se percebe, a Corte pretendeu deixar bem assentado que sem a vontade do Poder Legislativo não há restrição de direitos possível. Dessa forma, fica claro que decretos do Poder Executivo ou atos do Poder Judiciário (que poderiam ser considerados *leis em sentido material*) não estão aptos a restringir os direitos e liberdades reconhecidos pela Convenção, mas apenas atos do Congresso Nacional e atendidos os demais requisitos previstos pela própria Convenção, como o "interesse da segurança nacional" ou da "ordem pública", ou ainda a proteção da "saúde ou da moral públicas" etc.

Por derradeiro, deve-se fazer a observação de que a explicação do que vem a ser uma *lei* para a Convenção Americana não pode ser utilizada indistintamente para todos os casos em que a própria Convenção faz referência à expressão *lei(s)*. Por exemplo: no art. 64, 2, diz a Convenção que "a Corte, a pedido de um Estado-membro da Organização, poderá emitir pareceres sobre a compatibilidade entre qualquer de suas *leis internas* e os mencionados instrumentos internacionais". Assim, nada impede que

---

[971] Cf. NIETO NAVIA, Rafael. *Introducción al sistema interamericano de protección a los derechos humanos,* cit., p. 141-142.

[972] Corte IDH. *Opinião Consultiva nº OC-6/86* de 09.05.1986, Série A, nº 6 – *A Expressão "leis" no Art. 30 da Convenção Americana sobre Direitos Humanos*, parágrafo 21.

[973] Corte IDH. *Opinião Consultiva nº OC-6/86* de 09.05.1986, Série A, nº 6 – *A Expressão "leis" no Art. 30 da Convenção Americana sobre Direitos Humanos*, parágrafo 38.

a Corte opine sobre um "projeto de lei interna" ou uma "proposta de emenda constitucional" incompatíveis com a Convenção, não obstante a explicação daquilo que se considera como *lei*, para os efeitos do art. 30 seja diferente, entendendo-se como tal a espécie elaborada pelo Legislativo e com sanção do Executivo já *em vigor* no país. Qualquer interpretação restritiva ao art. 64, 2 (no sentido de que ele somente se refere a leis *vigentes*), excluiria qualquer possibilidade de consulta sobre *projetos* de leis ou de reforma constitucional que um Estado pretendesse submeter à Corte, no intento de *não legislar* contrariamente ao disposto na Convenção. Os Estados ver-se-iam obrigados a cumprir todo o trâmite legislativo para a formação das normas jurídicas internas para somente *depois* pedir a opinião da Corte sobre a compatibilidade de tais normas aos ditames da Convenção ou outros tratados concernentes a de direitos humanos nos Estados Americanos, o que não teria qualquer razão de ser. Impedir tal consulta seria – como destacou a própria Corte – praticamente *forçar* o Estado a cometer uma violação da Convenção.[974] Em suma, o que se quer aqui dizer é que as expressões empregadas pela Convenção devem ser analisadas caso a caso.[975]

Artigo 31[976]
Reconhecimento de Outros Direitos

Poderão ser incluídos no regime de proteção desta Convenção outros direitos e liberdades (1) que forem reconhecidos de acordo com os processos estabelecidos nos artigos 69 e 70. (2)

 ## LEGISLAÇÃO RELACIONADA

> ➤ **Legislação Internacional**
- Convenção Interamericana para Prevenir, Punir e Erradicar a Violência contra a Mulher (Convenção de Belém do Pará): art. 19
- Pacto Internacional dos Direitos Civis e Políticos: art. 51
- Pacto Internacional dos Direitos Econômicos, Sociais e Culturais: art. 29
- Protocolo Adicional à Convenção Americana sobre Direitos Humanos em matéria de Direitos Econômicos, Sociais e Culturais (Protocolo de San Salvador): art. 22

> ➤ **Legislação Nacional**
- Constituição Federal: arts. 59 e 60

---

[974] V. Corte IDH. *Opinião Consultiva nº OC-4/84* de 19.01.1984, Série A, nº 4 – *Proposta de Modificação à Constituição Política da Costa Rica*, parágrafos 18-26.

[975] Corte IDH. *Opinião Consultiva nº OC-12/91* de 06.12.1991, Série A, nº 12 –*Compatibilidade de um projeto de lei com o art. 8.º, 2,* h, *da Convenção Americana sobre Direitos Humanos*, parágrafos 17-18.

[976] Redação do artigo conforme publicação oficial (*DOU* 09.11.1992, p. 15.564), porém entendemos que a referência correta na parte final é "artigos 76 e 77", de acordo com a versão em espanhol da Convenção Americana sobre Direitos Humanos.

JURISPRUDÊNCIA RELACIONADA

> **Jurisprudência Internacional**

Tribunal	Caso
Corte IDH	Opinião Consultiva nº 1 (24 de setembro de 1982)
Corte IDH	Opinião Consultiva nº 10 (14 de julho de 1989)

COMENTÁRIOS

Por *Valerio de Oliveira Mazzuoli*

(1) O art. 31 da Convenção Americana é regra de *não exclusão* de direitos, uma vez que permite que se incluam ao seu regime de proteção "outros direitos e liberdades". É dizer, a Convenção admite que o seu rol de direitos e liberdades não é *numerus clausus*, podendo ser complementado (ampliado) de acordo com o procedimento por ela estabelecido.

Vários textos constitucionais contemporâneos também têm a chamada *cláusula aberta* (ou regra de *não exclusão*), a permitir o ingresso ao seu bloco de constitucionalidade de outros direitos e liberdades ali não reconhecidos. Tal é o teor do art. 5º, § 2º, da Constituição de 1988, segundo o qual: "Os direitos e garantias expressos nesta Constituição *não excluem* outros decorrentes do regime e dos princípios por ela adotados, ou dos tratados internacionais em que a República Federativa do Brasil seja parte". Essa tradição inspirou-se na Emenda IX à Constituição norte-americana de 1787, que assim estabeleceu: "A enumeração de certos direitos na Constituição não deverá ser interpretada como anulando ou restringindo outros direitos conservados pelo povo".[977]

(2) Esta regra de não exclusão do art. 31 da Convenção Americana autoriza o ingresso no seu regime de proteção de outros direitos e liberdades "que forem reconhecidos de acordo com os processos estabelecidos nos arts. 76 e 77".[978] O primeiro dispositivo citado (art. 76) prevê que qualquer Estado-Parte na Convenção, a Comissão Interamericana e a Corte Interamericana, por intermédio do Secretário-

---

[977] V. MAZZUOLI, Valerio de Oliveira. *Direitos humanos, Constituição e os tratados internacionais…*, cit., p. 233-234.

[978] Na versão brasileira da Convenção Americana, por um erro gráfico do *Diário Oficial da União*, o art. 31 em comento faz referência, na sua parte final, aos "processos estabelecidos nos *artigos 69 e 70*" (*DOU* 09.11.1992, p. 15.564). A referência aos arts. 69 e 70 é incorreta, sendo a redação exata a que se refere aos *arts. 76 e 77*, que versam sobre o procedimento de emendas e de protocolos à Convenção. Veja-se a versão em espanhol constante na página *web* da Organização dos Estados Americanos: [www.oas.org/juridico/spanish/tratados/b-32.html]. Acesso em: 28 mar. 2019. O referido art. 31, na versão original em espanhol, está assim redigido: "Podrán ser incluidos en el régimen de protección de esta Convención otros derechos y libertades que sean reconocidos de acuerdo con los procedimientos establecidos en los artículos 76 y 77".

-Geral da OEA, podem submeter à Assembleia Geral da OEA proposta de *emendas* a Convenção. Tais emendas terão por finalidade justamente ampliar o regime de proteção da Convenção. Complementando o art. 76, o art. 77 dispõe que, para além da possibilidade de se propor emendas ao texto da Convenção, é ainda possível que qualquer Estado-Parte e a Comissão (de acordo com a faculdade estabelecida no art. 31) submetam à consideração dos demais Estados-Partes, reunidos por ocasião da Assembleia Geral da OEA, *projetos de Protocolos adicionais* à Convenção, com a finalidade de incluir progressivamente, no regime de proteção da mesma, outros direitos e liberdades.

CAPÍTULO V

DEVERES DAS PESSOAS

Artigo 32
Correlação entre Deveres e Direitos (1)

1. Toda pessoa tem deveres para com a família, a comunidade e a humanidade. (2)
2. Os direitos de cada pessoa são limitados pelos direitos dos demais, pela segurança de todos e pelas justas exigências do bem comum, em uma sociedade democrática. (3)

 LEGISLAÇÃO RELACIONADA

> **Legislação Internacional**
- Declaração Americana dos Direitos e Deveres do Homem: art. VI, XXVIII e XXIX
- Pacto Internacional dos Direitos Civis e Políticos: arts. 10º e 23
- Pacto Internacional dos Direitos Econômicos, Sociais e Culturais: art. 10, 1

> **Legislação Nacional**
- Constituição Federal: arts. 5º *caput*, I; 226

 JURISPRUDÊNCIA RELACIONADA

> **Jurisprudência Internacional**

Tribunal	Caso
Corte IDH	Caso Lopez Álvares vs. Honduras (1º de fevereiro de 2006)
Corte IDH	Caso Kimel vs. Argentina (2 de maio de 2008)
Corte IDH	Caso Atala Riffo y Niñas vs. Chile (24 de fevereiro de 2012)

COMENTÁRIOS

Por *Valerio de Oliveira Mazzuoli*

(1) A Convenção Americana sobre Direitos Humanos – diferentemente do que ocorre no sistema da Convenção Europeia de Direitos Humanos (1950) – enuncia "deveres" individuais e os correlaciona com os "direitos" das demais pessoas. Trata-se de uma inovação da Convenção Americana, ainda que tímida se comparada com a enunciação de deveres no sistema regional africano. De fato, na Carta Africana dos Direitos Humanos e dos Povos (1981) a enunciação dos deveres individuais é desenvolvida e detalhada, ao passo que na Convenção Americana essa enunciação é apenas genérica (deveres para com a família, a comunidade e a humanidade) e não reflete as obrigações *in concreto* pertinentes.

Na citada Carta Africana, *v.g.*, encontram-se os seguintes deveres individuais: deveres dos indivíduos para com a família e a sociedade, para com o Estado e outras coletividades legalmente reconhecidas, e para com a comunidade internacional (art. 27); deveres individuais de respeito e consideração pelos seus semelhantes sem nenhuma discriminação (art. 28); deveres de preservação do desenvolvimento harmonioso da família e de respeito aos pais (de os alimentar e os assistir em caso de necessidade), de servir à comunidade nacional pondo as suas capacidades físicas e intelectuais a seu serviço, de não comprometer a segurança do Estado de que é nacional ou residente, de preservar e reforçar a solidariedade social e nacional, particularmente quando esta é ameaçada, de preservar e reforçar a independência nacional e a integridade territorial da pátria, contribuindo para a defesa do seu país em condições fixadas pela lei, de trabalhar (na medida das suas capacidades e possibilidades) e de desobrigar-se das contribuições fixadas pela lei para a salvaguarda dos interesses fundamentais da sociedade, de zelar pela preservação e reforço dos valores culturais africanos positivos, em espírito de tolerância e diálogo, e de contribuir para a promoção e realização da Unidade Africana (art. 29, itens 1 a 8).

Tal, contudo, não retira da Convenção Americana o mérito de ter avançado no tema anteriormente ao sistema regional africano, senão demonstra que no Continente Americano a correlação entre direitos e deveres já era tema de interesse comunitário desde então. No entanto, não há dúvidas de que, no momento atual, a enunciação de deveres individuais na Convenção Americana é ainda tímida se comparada com o previsto na Carta Africana dos Direitos Humanos e dos Povos, não obstante mais avançada que a Convenção Europeia de Direitos Humanos, que não dispõe de qualquer norma congênere.

(2) A primeira regra colocada pelo art. 32 da Convenção Americana – intitulado *Correlação entre deveres e direitos* – estabelece três deveres de cunho individual, quais sejam, os deveres de toda pessoa (*a*) para com *a família*, (*b*) para com *a comunidade* e (*c*) para com *a humanidade*. Essa tríade de deveres revela, a um só tempo, a preocupação da Convenção para com as obrigações pessoais (de todos os cidadãos que assentam o território de determinado Estado) e os direitos dos próprios Estados de defenderem seus atos e políticas quando não houver a contrapartida obrigacional por parte daqueles aos quais a sua jurisdição se destina.

Referência especial deve ser feita à redação proposital da Convenção quando diz terem todas as pessoas deveres para com *a humanidade*. Como se vê claramente, a Convenção não faz referência aos deveres pessoais para com o *Estado*, uma vez que as pessoas não têm deveres para com este tratando-se de proteção dos direitos humanos, ainda que os tenha em outros âmbitos (deveres penais, civis, tributários, administrativos etc.). A obrigação pessoal, aqui, tem como destinatário, além da família e a comunidade, todo o conjunto de pessoas que forma *a humanidade*, o que demonstra o desejo da Convenção em ver a ética humana extrapolando o âmbito familiar e comunitário para ascender ao patamar universal.

Em suma, é importante a referência aos *deveres* das pessoas para com a família, a comunidade e a humanidade, uma vez que para a existência de um sistema completo de proteção dos direitos humanos também as pessoas hão de cumprir seu papel, notadamente quando se trata de respeitar (e exigir que se respeite) o direito *do(s) outro(s)*, sem discriminação alguma baseada em características da(s) pessoa(s) não alcançáveis pelos seus próprios atos.

(3) É sabido que os direitos das pessoas não são ilimitados, quer na ordem jurídica interna quer na órbita internacional. Numa sociedade democrática, todo direito encontra limites, quer nos direitos das outras pessoas, quer no interesse da coletividade etc. A Convenção Americana também deixa expresso este ponto de vista, sempre no sentido de dar prevalência ao interesse *geral* em detrimento do *individual*.

O art. 31, 2, da Convenção coloca três possibilidades de limitação de direitos. Assim, tal poderá ocorrer sempre que um deles esbarrar: *a)* nos direitos das demais pessoas; *b)* na segurança de todos; ou *c)* nas justas exigências do bem comum. Tais são limitações ao exercício dos direitos também encontráveis nas ordens domésticas e, até mesmo, nos princípios internacionais de justiça.

Tais limitações, ainda segundo o art. 31, 2, da Convenção, operam "em uma sociedade democrática". Num raciocínio fino, o que pretendeu dizer a Convenção é que apenas em contextos democráticos se limitam direitos de alguns em detrimento dos direitos de outros ou das justas exigências do bem comum, pois em regimes não democráticos *todos* os direitos guardam limites insuperáveis pelas regras do direito internacional, se os Estados em causa não são partes das normas internacionais de regência (como a própria Convenção Americana, no entorno geográfico das Américas). Assim, só restaria mesmo aos regimes democráticos estabelecer (a título de exceção) a limitação de direitos das pessoas em detrimento de sua plena liberdade (regra) em todos os âmbitos da vida civil.

CAPÍTULO VI
ÓRGÃOS COMPETENTES

Artigo 33

São competentes para conhecer dos assuntos relacionados com o cumprimento dos compromissos assumidos pelos Estados-Partes nesta Convenção (1):

a) a Comissão Interamericana de Direitos Humanos, doravante denominada a Comissão; (2) e

b) a Corte Interamericana de Direitos Humanos, doravante denominada a Corte. (3)

 COMENTÁRIOS

Por *Valerio de Oliveira Mazzuoli*

(1) Os órgãos do sistema interamericano competentes para conhecer de assuntos relativos ao cumprimento da Convenção Americana, são: a *Comissão Interamericana de Direitos Humanos* e a *Corte Interamericana de Direitos Humanos*. Ambos são dotados de independência para a realização de seus misteres (o que lhes permite atuar livremente, sem a interferência indevida de qualquer Estado-Parte da OEA ou da Convenção Americana) e de poder de vigilância relativamente ao controle de sua sujeição ao regime de legalidade estabelecido pela Convenção.

A Convenção Americana, nesse aspecto, seguiu o que originalmente instituiu o sistema regional europeu, que lhe é anterior. De fato, a Convenção Europeia de Direitos Humanos, de 1950, previa também dois órgãos de monitoramento e proteção dos direitos humanos na Europa: a *Comissão Europeia de Direitos Humanos* e a *Corte Europeia de Direitos Humanos*. Ocorre que, a partir da entrada em vigor do Protocolo nº 11 à Convenção Europeia (em 1º.11.1998), aboliu-se do sistema europeu a Comissão Europeia e se criou uma *Corte única*, capaz de receber *diretamente* as queixas dos indivíduos (*jus standi*), o que ainda não é possível no sistema regional interamericano (*v.* comentário ao art. 61, § 1º).

Como se nota, a Convenção Americana espelhou-se no que originalmente instituído no sistema regional europeu, mas não acompanhou a evolução deste no que tange à criação de uma Corte única (com a consequente extinção da antiga Comissão Europeia). Assim, no sistema regional interamericano continua-se com *dois órgãos* de monitoramento do cumprimento das obrigações do Estado para com a Convenção

Americana (Comissão e Corte Interamericana) e com a impossibilidade de os indivíduos acessarem diretamente o órgão judiciário de proteção.

Em suma, no sistema interamericano de direitos humanos garante-se apenas o *locus standi* para os indivíduos, isto é, a possibilidade de acessarem *o sistema* interamericano pela via da Comissão Interamericana, não o *jus standi* (o estar diretamente *em juízo*) reconhecido no sistema europeu de proteção. Por isso a existência de *dois* órgãos competentes para conhecer dos assuntos relativos à Convenção Americana: a Comissão Interamericana de Direitos Humanos e a Corte Interamericana de Direitos Humanos.

(2) O primeiro órgão da Convenção Americana com competência para conhecer de assuntos relacionados ao cumprimento dos compromissos assumidos pelos Estados-partes é a Comissão Interamericana de Direitos Humanos. Sua origem é uma *resolução* e não um tratado internacional. Trata-se da Resolução VIII adotada na V Reunião de Consulta dos Ministros das Relações Exteriores, ocorrida em Santiago (Chile) em 1959. No entanto, a Comissão começou a funcionar no ano posterior, seguindo o estabelecido pelo seu primeiro Estatuto (aprovado pelo Conselho da OEA em 25 de maio de 1960 e emendado em junho do mesmo ano), segundo o qual sua função seria promover os direitos estabelecidos tanto na Carta da OEA, quanto na Declaração Americana dos Direitos e Deveres do Homem.

Em 1965, com a edição do Protocolo do Rio de Janeiro, as funções da Comissão foram ampliadas, quando então passou a poder receber queixas e comunicações individuais. Finalmente, em 1967, com o Protocolo de Buenos Aires, aprovado durante a Terceira Conferência Interamericana Extraordinária, a Comissão Interamericana tornou-se órgão permanente da Organização dos Estados Americanos (OEA). Sua sede fica em Washington, D.C., nos Estados Unidos da América.

A Comissão é formada por sete membros da nacionalidade de algum dos Estados-membros da OEA, eleitos pela Assembleia Geral da Organização a título pessoal (*v.* art. 34). Suas reuniões acontecem várias vezes por ano, a depender da demanda anual que lhe é designada pela OEA. Daí não ser a Comissão, tal como a Corte Interamericana, um órgão de natureza *permanente*. Assim, para dar conta de suas atividades, a Comissão conta com uma *Secretaria* (esta, sim, de funcionamento permanente) responsável pelo apoio operacional e logístico de suas atividades (*v.* art. 40).

De acordo com a Carta da OEA, a Comissão Interamericana de Direitos Humanos é, além de órgão da Organização dos Estados Americanos, também órgão da Convenção Americana sobre Direitos Humanos, tendo assim funções ambivalentes ou bifrontes. A Corte Interamericana de Direitos Humanos, por sua vez, é tão somente órgão da Convenção Americana. Embora todos os Estados-Partes da Convenção Americana sejam obrigatoriamente membros da OEA, a recíproca não é verdadeira, uma vez que nem todos os membros da OEA são partes na Convenção Americana.[1]

Tanto atuando como órgão da OEA, quanto como órgão da Convenção, a Comissão tem funções idênticas, sendo a única diferença que, atuando como órgão da Convenção Americana, a Comissão pode deflagrar na Corte Interamericana uma ação de responsabilidade internacional do Estado por violação de direitos humanos,

---

[1]   Cf. ARRIGHI, Jean Michel. *OEA*: Organização dos Estados Americanos. Tradução de Sérgio Bath. São Paulo: Manole, 2004. p. 52.

o que não poderá ocorrer quando atua apenas como órgão da OEA (nos casos de violações de direitos humanos perpetradas por Estados que são membros da OEA, mas que ainda não se tornaram partes na Convenção, ou caso já se tornaram, ainda não reconheceram a competência contenciosa da Corte).

Nestes comentários ao Pacto de San José, vamos considerar a Comissão Interamericana apenas como órgão da Convenção Americana e não como órgão da OEA.

Frise-se não existir nenhum órgão internacional superior à Comissão, com poder de realizar um controle externo sobre ela ou para o qual se possa apelar de suas decisões. O controle da legalidade dos seus atos é por ela própria realizado. Contudo, a esta regra cabem duas exceções: *a*) a Comissão deve se sujeitar a um mecanismo *político* de controle que funciona à base de sua obrigação de apresentar um *informe anual* à Assembleia Geral da OEA sobre suas atividades; e *b*) sujeita-se também ao mecanismo *jurídico* de controle exercido pela Corte Interamericana naquilo que diz respeito ao trâmite de um assunto que esteja sob o conhecimento da Corte, de acordo com a competência que lhe confere a Convenção Americana ou outros instrumentos interamericanos de direitos humanos.[2]

(3) A Corte Interamericana de Direitos Humanos é o órgão jurisdicional do sistema interamericano, que resolve sobre os casos de violações de direitos humanos perpetradas pelos Estados-Partes da OEA que tenham ratificado a Convenção Americana e aceitado a competência contenciosa da Corte.[3] Trata-se de um tribunal com caráter *supranacional*, capaz de condenar os Estados-Partes na Convenção Americana por violação de direitos humanos.[4]

A criação da Corte Interamericana teve como primeira iniciativa uma proposta do Brasil à Nona Conferência Internacional Americana, ocorrida em Bogotá em 1948, ocasião em que se adotou a *Resolução XXXI* intitulada "Corte Interamericana para Proteger os Direitos do Homem", na qual se considerou que a proteção dos direitos humanos no Continente Americano não poderia prescindir da criação de um órgão *judicial* para tanto. Em seguida, solicitou-se ao *Comitê Jurídico Interamericano* que elaborasse uma proposta de Estatuto para a criação da futura Corte, mas o *Comitê* entendeu em seu Informe Anual[5] ser impertinente a elaboração de tal normativa por ato seu (invocando razões de "falta de direito positivo substantivo sobre a matéria"), e que o ideal seria que uma Convenção que contivesse normas dessa natureza precedesse ao Estatuto, o que finalmente ocorreu em 22 de novembro de 1969, quando foi adotada a Convenção Americana sobre Direitos Humanos, que acabou por criar a Corte Interamericana no Capítulo VIII de sua Parte II (arts. 52 a 69).[6] Em maio de

---

2   Cf. Corte IDH. *Opinião Consultiva n° OC-19/05* de 28.11.2005. Série A, n° 19 – *Controle de legalidade no exercício das atribuições da Comissão Interamericana de Direitos Humanos (arts. 41 e 44 a 51 da Convenção Americana sobre Direitos Humanos)*, parágrafo 31.

3   Sobre a Corte Interamericana, *v.* BUERGENTHAL, Thomas. The Inter-American Court of Human Rights. *American Journal of International Law*, n. 76, p. 1-27, Apr. 1982; e RAMÍREZ, Sergio García. *Los derechos humanos y la jurisdicción interamericana*, cit., p. 57-64.

4   Cf. GORDILLO, Agustín. *Une introduction au droit*, cit., p. 119-120.

5   *V. Recomendaciones e Informes* (1949), p. 197.

6   Cf., por tudo, RODRÍGUEZ RESCIA, Víctor Manuel. La Corte Interamericana de Derechos Humanos. *Instituto Interamericano de Derechos Humanos*. San José: IIDH, 2005. p. 3.

1979, os Estados-Partes na Convenção, no sétimo período extraordinário de sessões da Assembleia Geral da OEA, elegeram os sete primeiros juízes da Corte,[7] que foi oficialmente instalada em San José, Costa Rica, no dia 3 de setembro desse mesmo ano (numa cerimônia realizada no Teatro Nacional de San José). Finalmente, no nono período ordinário de sessões da Assembleia Geral da OEA, realizada em La Paz, Bolívia (outubro de 1979), o Estatuto da Corte[8] foi aprovado pela Resolução nº 448.[9]

É importante notar que a Corte não pertence à OEA, mas tão somente à Convenção Americana, tendo a natureza de órgão judiciário internacional autônomo. Trata-se da segunda corte de direitos humanos instituída em contextos regionais (a primeira foi a Corte Europeia de Direitos Humanos, sediada em Estrasburgo, competente para aplicar a Convenção de 1950) com competência para condenar Estados por violação de compromissos convencionais assumidos no livre e pleno exercício de sua soberania. Seu nascimento se deu em 1978, quando da entrada em vigor da Convenção Americana, mas o seu funcionamento somente ocorreu, de forma efetiva, em 1982, quando emitiu sua primeira *opinião consultiva* e, cinco anos mais tarde, sua primeira *sentença*.

A Corte detém uma *competência consultiva* (relativa à interpretação das disposições da Convenção, bem como das disposições de outros tratados concernentes à proteção dos direitos humanos nos Estados Americanos, demonstrando a opinião *em abstrato* da Corte sobre o tema) e uma *competência contenciosa*, de caráter jurisdicional, própria para o julgamento de casos concretos, quando se alega que algum dos Estados-Partes na Convenção violou algum de seus preceitos, incorrendo em responsabilidade internacional.[10]

Merecem ser compreendidas ambas as competências (consultiva e contenciosa) da Corte Interamericana, bem assim suas características intrínsecas. Vejamos:

a) Competência consultiva. No exercício de sua competência consultiva a Corte *interpreta* o direito internacional sem analisar a ocorrência de fatos específicos (concretos). A Corte limita-se, neste caso, a emitir uma *opinião* – chamada de *opinião consultiva* – sem efeitos vinculantes (*a priori*) para os Estados-Partes. Mas esta afirmação não põe em dúvida terem as opiniões consultivas da Corte caráter *jurídico*, uma vez que tais *opiniões* é que dão a real *interpretação* da Convenção Americana. Pode-se, então, afirmar que as opiniões da Corte sobre determinada matéria, objeto de alguma disposição da Convenção, têm finalidade *educativa* (e, consequentemente, *preventiva*), no sentido de serem a expressão do tribunal sobre *como* devem portar-se

---

[7]   Foram eles os senhores Rodolfo E. Pisa Escalante (Presidente, Costa Rica), Máximo Cisneros Sánchez (Vice-Presidente, Peru), Huntley Eugene Munroe (Jamaica), César Ordóñez (Colômbia), Carlos Roberto Reina (Honduras), Thomas Buergenthal (Estados Unidos) e Pedro Nikken (Venezuela).

[8]   *V.* o texto completo do Estatuto no Anexo. O atual *Regulamento* da Corte foi por ela adotado em seu LXXXV Período Ordinário de Sessões, que ocorreu de 16 a 28 de novembro de 2009 (*v.* comentário nº 2 ao art. 60).

[9]   *V.* Rodríguez Rescia, Víctor Manuel. La Corte Interamericana de Derechos Humanos, cit., p. 3; e Ramírez, Sergio García. *Los derechos humanos y la jurisdicción interamericana*, cit., p. 63-64.

[10]   Cf. Fix-Zamudio, Héctor. *Protección jurídica de los derechos humanos*. México: Comisión Nacional de Derechos Humanos, 1991. p. 177.

os Estados relativamente a um determinado tema versado na Convenção.[11] Em outras palavras, a atividade da Corte relativamente à sua competência consultiva está em *aferir a convencionalidade* de determinada norma (ou ato administrativo) do plano interno, mostrando ao Estado (que solicitou a consulta) se tal espécie está ou não a violar a Convenção Americana. Essa aferição de convencionalidade não é ainda propriamente um *controle* da convencionalidade da norma, que somente ocorrerá quando eventual *ação* for proposta na Corte (exercício de sua competência *contenciosa*).[12] É possível que, num futuro próximo, ao menos em relação à realidade brasileira, as opiniões consultivas da Corte Interamericana passem a ser *fontes* de direito no plano do ordenamento interno, a depender da medida em que a jurisprudência dos tribunais locais comece a aceitar tais posicionamentos da Corte e passe a acatá-los em maior grau.[13] O que não pode a Corte Interamericana fazer – assim como qualquer outro tribunal internacional detentor de competência consultiva – é emitir *ex officio* opiniões consultivas, dependendo sempre da provocação de uma parte legitimada. Ocorre que, uma vez provocada, a Corte passa a ser detentora de competência decisória discricionária, podendo dizer se aceita ou não manifestar-se consultivamente (detém ela a chamada *compétence de la compétence*, em francês; ou *Kompetenz-Kompetenz*, em alemão). Uma vez aceita a consulta, a Corte nela continuará mesmo que o Estado solicitante *retire* o seu pedido de consulta inicial. Como destaca Cançado Trindade, o Estado, ao formular uma consulta à Corte, põe em movimento um procedimento consultivo que existe em benefício de todos os Estados-Partes na Convenção, e que não pode estar condicionado ao consentimento *individual* do solicitante. Ao iniciar o conhecimento de uma questão jurídica sobre a qual se solicita a Opinião Consultiva, a Corte é *dona de sua jurisdição* e soberana no procedimento, tendo ela o dever de salvaguardar sua própria função judicial.[14]

    b) Competência contenciosa. A competência contenciosa da Corte é limitada aos Estados-Partes da Convenção que reconheçam expressamente a sua jurisdição (*v.* comentários ao art. 62). Isto significa que um Estado-Parte na Convenção Americana não pode ser demandado perante a Corte se ele ainda não tiver aceito a sua competência contenciosa. Ocorre que, ao ratificarem a Convenção Americana, os Estados-Partes já têm o direito automático de provocar a Corte relativamente à sua competência *consultiva* (art. 64), o mesmo não valendo em relação à competência *contenciosa* do mesmo tribunal, a qual é facultativa (nos termos do citado art. 62 da Convenção) e poderá ser aceita posteriormente. Assim, se um Estado não aceitou ainda a competência contenciosa da Corte, não poderá ser julgado por ela por atos perpetrados antes desse

---

[11]   Para um estudo detalhado dos efeitos internos das opiniões consultivas da Corte Interamericana, *v.* PALACIOS, Augusto Guevara. *Los dictámenes consultivos de la Corte Interamericana de Derechos Humanos*: interpretación constitucional y convencional. Barcelona: Bosch, 2012.

[12]   *V.* os comentários ao art. 64 (item nº 4). Ainda sobre a diferença entre a *aferição* e o *controle* de convencionalidade, *v.* MAZZUOLI, Valerio de Oliveira. *Controle jurisdicional da convencionalidade das leis*, cit., p. 51-54.

[13]   Cf., a propósito, o entendimento de GORDILLO, Agustín, *Une introduction au droit*, cit., p. 130-131.

[14]   *V.* Corte IDH. *Opinião Consultiva nº OC-15/97* de 14.11.1997. Série A, nº 15 – *Informes da Comissão Interamericana de Direitos Humanos (Art. 51 da Convenção Americana sobre Direitos Humanos)*, voto concorrente do Juiz CANÇADO TRINDADE, parágrafo 40.

reconhecimento. Esse foi o meio que a Convenção encontrou para fazer com que os Estados ratificassem a Convenção sem o receio de serem prontamente demandados. Tratou-se de uma estratégia bem planejada de política internacional que acabou dando certo, tendo o Brasil aderido à competência contenciosa da Corte em 1998, por meio do Dec. Leg. 89, de 3 de dezembro desse ano, segundo o qual (art. 1º):

> "É aprovada a solicitação de reconhecimento da competência obrigatória da Corte Interamericana de Direitos Humanos em todos os casos relativos à interpretação ou aplicação da Convenção Americana de Direitos Humanos para fatos ocorridos a partir do reconhecimento, de acordo com o previsto no parágrafo primeiro do art. 62 daquele instrumento internacional".

Perceba-se, aqui, a *cláusula temporal* de aceite do Brasil à competência contenciosa da Corte Interamericana: somente casos ocorridos *a partir do reconhecimento* dessa competência contenciosa pelo Brasil é que (em princípio) se pode deflagrar contra o nosso país uma ação naquela Corte. Em outros termos, fatos ocorridos *antes* de 3 de dezembro de 1998 não poderão ser objeto de ação judicial internacional contra o Brasil no sistema interamericano.[15]

Discute-se se as sentenças da Corte Interamericana, frutos de sua competência contenciosa, devem ter o efeito de conduzir a jurisprudência dos tribunais internos. Para nós, não há dúvidas de que as decisões da Corte emitidas para terceiros Estados valem para o Brasil a título de *res interpretata*.[16] Assim também na Argentina, em que nos casos *Simón* (2005) e *Mazzeo* (2007) fez-se referência (*v.g.*, foi esse o entendimento do juiz Boggiano) à necessidade de se seguir a jurisprudência da Corte Interamericana firmada no caso *Barrios Altos* de 2001. Na Bolívia, por sua vez, o Tribunal Constitucional tem considerado que a jurisprudência estabelecida pela Corte Interamericana (em razão da regra prevista no art. 62, 1, da Convenção – *v.* comentários *infra*) "é de caráter vinculante para os tribunais judiciais do Estado boliviano [inclusive as *opiniões consultivas* da Corte]; portanto, ao interpretar os direitos fundamentais, ao resolver as diferentes ações tutelares submetidas a seu conhecimento, o Tribunal Constitucional vem aplicando a jurisprudência do órgão regional referido".[17] Parece que a solução a se adotar doravante não é simplesmente incorporar de forma acrítica tais decisões internacionais, mas adotá-las com o sempre saudável espírito ampliativo dos direitos e garantias já consagrados no plano do direito interno (até mesmo em homenagem ao princípio *pro homine*).

É importante frisar que a Corte (tal como a Comissão) não é uma instituição permanente, pois seu funcionamento ocorre nos assim chamados "períodos de sessões", que podem ser *ordinários* ou *extraordinários*. Ela se reúne em média cerca de quatro vezes ao ano. Nos termos do art. 22, itens 2 e 3, do Estatuto da Corte, os "períodos ordinários de sessões serão determinados regulamentarmente pela Corte",

---

[15]   *V.* críticas ao aceite temporal nos comentários ao art. 62 (itens 2 e 4).

[16]   Cf. Mazzuoli, Valerio de Oliveira. *Direitos humanos na jurisprudência internacional...*, cit., p. 1-4.

[17]   Rivera Santiváñez, José Antonio. *Tribunal Constitucional y protección de los derechos humanos*, cit., p. 23.

e os "períodos extraordinários de sessões serão convocados pelo Presidente ou por solicitação da maioria dos juízes".

Por fim, frise-se que a Corte não emite opiniões *políticas* sobre os casos que perante ela são deflagrados, nem promove *cursos* de capacitação em direitos humanos ou congêneres. Para tal mister criou-se, em convênio com o governo da Costa Rica, o *Instituto Interamericano de Direitos Humanos* (IIDH), cuja finalidade é a de pesquisar, capacitar pessoas, promover cursos e divulgar os direitos humanos em todo o Continente Americano.[18] Seus estudos e cursos acadêmicos são publicados em revistas jurídicas e em periódicos próprios, de que é exemplo sua *Revista IIDH* de periodicidade semestral.

CAPÍTULO VII
COMISSÃO INTERAMERICANA DE DIREITOS HUMANOS

Seção 1
Organização

Artigo 34
A Comissão Interamericana de Direitos Humanos compor-se-á de sete membros (1), que deverão ser pessoas de alta autoridade moral e de reconhecido saber em matéria de direitos humanos (2).

 COMENTÁRIOS

Por *Valerio de Oliveira Mazzuoli*

(1) A Comissão Interamericana é composta por sete membros, chamados *comissários*. A Convenção não exige que os membros eleitos sejam *juristas* ou que atuem propriamente na área jurídica, não obstante normalmente os seus membros serem advogados ou professores de direito.

Tais membros são eleitos a título pessoal, pela Assembleia Geral da OEA, a partir de uma lista de candidatos propostos pelos governos dos Estados-membros. Cada um desses governos pode propor até três candidatos, nacionais do Estado que os propuser ou de qualquer outro Estado-membro da OEA. Mas quando for proposta uma lista de três candidatos, pelo menos um deles deverá ser nacional de Estado diferente do proponente (art. 36).

Os membros da Comissão não são delegados governamentais e não representam qualquer Estado em particular. O que a Comissão representa são os Estados-membros da OEA (art. 35). Não obstante as semelhanças existentes entre a Comissão Interamericana e o Comitê de Direitos Humanos do Pacto Internacional dos Direitos

---

18   Cf. RODRÍGUEZ RESCIA, Víctor Manuel. *La Corte Interamericana de Derechos Humanos*, cit., p. 4.

Civis e Políticos de 1966 (notadamente com a competência a ele atribuída pelo seu Primeiro Protocolo Facultativo, relativa à possibilidade de recebimento de *queixas individuais*), a diferença é que, no Comitê de Direitos Humanos do Pacto fazem parte *Estados*, enquanto na Comissão fazem parte sete *pessoas* (de alta autoridade moral e de reconhecido saber em matéria de direitos humanos).[19]

Os comissários atuam, basicamente, em três frentes principais, quais sejam: *a*) sistema de casos (avaliando, *v.g.*, medidas cautelares quando há urgência, relevância e danos irreparáveis, conforme o art. 25 do Regulamento da Comissão – *v.* comentários ao art. 39); b) relatorias temáticas (*v.g.*, sobre direitos das mulheres, das pessoas LGB-TI, das pessoas idosas, das pessoas com deficiência etc.); e *c*) relatorias de países. Em média, são realizadas de 4 a 6 sessões de trabalho por ano, necessariamente uma em Washington, D.C. e outras itinerantes. Também há atuações *in loco* (*v.g.*, na Nicarágua, em maio de 2018; em Honduras, em agosto de 2018) com posterior publicação de Informes sobre a situação dos direitos humanos no país, com recomendações ao governo.

(2) Os membros da Comissão Interamericana devem ser pessoas de "alta autoridade moral" e de "reconhecido saber em matéria de direitos humanos". Esses critérios devem ser bem avaliados quando da eleição dos membros da Comissão, para que não pairem dúvidas sobre a sua idoneidade para assumir tão relevante função internacional.

A autoridade moral de uma pessoa é revelada pela sua vida pregressa e pelas atitudes tomadas no seu dia a dia, em seu trabalho, em seu meio familiar e nas suas relações com as demais pessoas. Não basta apenas ter *moral*, senão uma *autoridade* moral relevadora da capacidade de exercer altas funções internacionais. Ainda que, intimamente, seja difícil identificar tais características, certo é que, na prática, há elementos para saber se determinada pessoa tem ou não autoridade moral para o exercício das funções internacionais relativas ao art. 34 da Convenção Americana.

Por outro lado, é importante a referência ao "reconhecido saber em matéria de direitos humanos" que faz o art. 34 da Convenção. Nesse caso, contrariamente ao que estabelece a Constituição brasileira de 1988 relativamente à nomeação de ministros para Supremo Tribunal Federal (para o que se exige, além de reputação ilibada, que o indicado detenha *notável* saber jurídico), a Convenção Americana exige que o saber em matéria de direitos humanos seja *reconhecido* (ou seja, *notório*) para um ocupante ao cargo de membro da Comissão. Porém, não é obrigatório que os membros da Comissão tenham formação propriamente *jurídica*, como deve ser no caso dos membros da Corte Interamericana (*v.* art. 52, 1, *infra*), pelo fato de serem as funções da Comissão de cunho *quase judicial*. Assim, podem seus membros ser, *v.g.*, sociólogos, cientistas políticos, educadores etc.

Os membros da Comissão são eleitos por quatro anos e só poderão ser reeleitos uma vez. É vedado fazer parte da Comissão mais de um nacional de um mesmo país.

Artigo 35

A Comissão representa todos os Membros da Organização dos Estados Americanos.

---

[19]   Cf. Lindgren Alves, José Augusto. *A arquitetura internacional dos direitos humanos*. São Paulo: FTD, 1997. p. 280.

COMENTÁRIOS

Por *Valerio de Oliveira Mazzuoli*

A Comissão Interamericana detém a representatividade de todos os Estados--membros da OEA, e não somente dos Estados-Partes à Convenção Americana. De fato, a Comissão foi instituída no sistema jurídico interamericano à égide da Carta da OEA, tendo suas funções sido apenas posteriormente incorporadas ao texto da Convenção Americana (*v.* comentários ao art. 33).[20] Portanto, os Estados que não ratificaram a Convenção não ficam desonerados de suas obrigações assumidas nos termos da Carta da OEA e da Declaração Americana dos Direitos e Deveres do Homem de 1948, podendo ser normalmente acionados pela Comissão Interamericana em casos de violações a direitos humanos. A Comissão, em tais casos, fará recomendações aos governos dos respectivos Estados e poderá propor soluções amigáveis; não poderá, contudo, deflagrar na Corte Interamericana ações internacionais de responsabilidade por violação de direitos humanos, pois somente Estados que sejam *partes* na Convenção e já tenham aceito a competência contenciosa do tribunal podem ser perante a Corte demandados.

A Comissão Interamericana opera para *todos* os Estados-Parte da OEA, porque, repita-se, além de órgão da Convenção Americana ela é também (originariamente) órgão da Organização dos Estados Americanos, daí advindo o seu poder de representação *erga omnes*. Há, assim, um desdobramento funcional das funções da Comissão, que serve, a um só tempo, à OEA (para Estados não partes à Convenção Americana) e à própria Convenção Americana (para Estados já integrados no sistema interamericano de proteção, que já aceitaram a competência contenciosa da Corte Interamericana).

Nos termos do art. 20 do Estatuto da Comissão Interamericana,[21] relativamente aos Estados-membros da OEA que não são partes na Convenção Americana, a Comissão terá as seguintes atribuições (além das assinaladas no art. 18 do mesmo Estatuto):

a) dispensar especial atenção à tarefa da observância dos direitos humanos mencionados nos artigos I, II, III, IV, XVIII, XXV e XXVI da Declaração Americana dos Direitos e Deveres do Homem;

b) examinar as comunicações que lhe forem dirigidas e qualquer informação disponível; dirigir-se ao Governo de qualquer dos Estados-membros não partes da Convenção a fim de obter as informações que considerar pertinentes; e formular-lhes recomendações, quando julgar apropriado, a fim de tornar mais efetiva a observância dos direitos humanos fundamentais; e

c) verificar, como medida prévia ao exercício da atribuição da alínea *b*, se os processos e recursos internos de cada Estado-membro não parte da Convenção foram devidamente aplicados e esgotados.

É importante, como se percebe, a alínea *b* do art. 20 do Estatuto da Comissão, que assegura um mecanismo de envio de petições individuais aplicável àqueles Estados--membros da OEA que ainda não se tornaram partes na Convenção Americana.

---

[20]   Cf. Cançado Trindade, Antônio Augusto. *Tratado de direito internacional dos direitos humanos*, v. 3, cit., p. 47.

[21]   *V.* o texto integral do *Estatuto da Comissão Interamericana* no Anexo.

Em caso de não cumprimento do estabelecido pela Comissão, esta poderá acionar, em última instância, a Assembleia Geral da OEA.[22] Este acionamento visa provocar a Assembleia Geral da Organização para que tome medidas sancionatórias contra o Estado. Apesar de não constar expressamente, dentre as atribuições da Assembleia Geral (constantes do art. 54 da Carta da OEA), a de impor aos Estados violadores dos direitos humanos *sanções* internacionais, o certo é que, enquanto órgão político, a ela incumbe zelar pelo cumprimento dos preceitos da Carta da OEA, que, *in casu*, seria a violação dos direitos humanos.[23] Esse sistema subsidiário da OEA somente estará extinto a partir de quando todos os Estados americanos houverem *ratificado* a Convenção Americana e *aceito* a jurisdição contenciosa da Corte Interamericana.

Esse desdobramento funcional existente relativamente às atribuições da Comissão faz com que ela atue tanto como *órgão da OEA* quanto como *órgão da Convenção Americana* (neste último caso, na hipótese de os Estados-Partes na Convenção já terem aceito a competência contenciosa da Corte Interamericana). Trata-se do aspecto ambivalente ou bifronte da Comissão ao qual já nos referimos. Certo, porém, que as funções da Comissão enquanto órgão da Convenção Americana são muito mais *fortes* e *eficazes* se comparadas às ligadas estritamente à OEA, pois existe a possibilidade de ser deflagrada, na Corte Interamericana, a competente ação internacional de responsabilidade do Estado por violação de direitos humanos, o que inexiste quando a Comissão atua apenas como órgão da Organização dos Estados Americanos. Daí a importância de os Estados do continente *ratificarem* a Convenção Americana e *aceitarem* a competência contenciosa da Corte Interamericana de Direitos Humanos.

Em suma, o sistema da Convenção Americana é superior ao sistema da OEA no que tange à efetiva proteção dos direitos humanos. Primeiro, porque abrange número bem maior de direitos do que os mencionados tanto na Carta da OEA como na Declaração Americana; segundo, porque as sentenças da Corte Interamericana são vinculativas aos Estados-Partes da Convenção, o que não ocorre com as recomendações emanadas do sistema quase judicial previsto pela Carta da OEA.[24]

> **Artigo 36**
>
> 1. Os membros da Comissão serão eleitos a título pessoal, pela Assembleia Geral da Organização, de uma lista de candidatos propostos pelos governos dos Estados-Membros. (1)
>
> 2. Cada um dos referidos governos pode propor até três candidatos, nacionais do Estado que os propuser ou de qualquer outro Estado-Membro da Organização dos Estados Americanos. (2) Quando for proposta uma lista de três candidatos, pelo menos um deles deverá ser nacional de Estado diferente do proponente. (3)

---

[22] Cf. BUERGENTHAL, Thomas et al. *Manual de derecho internacional público*. México: Fondo de Cultura Económica, 1994. p. 108.

[23] Cf. RAMOS, André de Carvalho. *Direitos humanos em juízo...*, cit., p. 68-69.

[24] Cf. RAMOS, André de Carvalho. *Direitos humanos em juízo...*, cit., p. 71.

COMENTÁRIOS

Por *Valerio de Oliveira Mazzuoli*

(1) A eleição dos membros da Comissão é realizada levando em consideração a condição de cada candidato para exercer tal cargo. Portanto, são eles eleitos *a título pessoal*, o que significa que os mesmos não são eleitos como "representantes" ou "mandatários" do seu respectivo Estado, mas como decorrência de sua notória competência em matéria de direitos humanos.

A eleição "a título pessoal" dos comissários atribui a cada qual grande responsabilidade, notadamente em razão de a sua indicação, pelo Estado de origem, ser política. Assim, indicado o comissário pelo Estado e tendo sido eleito pela Assembleia Geral da OEA, sua missão há de voltar-se única e exclusivamente para os interesses da Comissão Interamericana, sem qualquer vínculo político-ideológico para com as atitudes do Estado que politicamente o indicou. Para usar uma figura de linguagem, a ideologia que os comissários têm de seguir perante a Comissão é a ideologia dos direitos humanos *lato sensu*, à exceção de qualquer outra.

Por outro lado, já se disse (*v.* comentários ao art. 34) que a Convenção Americana não exige que os membros eleitos sejam *juristas* ou que atuem propriamente na área *jurídica*. Segundo o espírito da Convenção, o importante é que sejam eleitos comissários verdadeiramente *engajados* na proteção dos direitos humanos, com produção notoriamente reconhecida nessa área.

A eleição dos membros da Comissão é realizada perante a Assembleia Geral da OEA, a partir de uma lista de candidatos propostos pelos governos dos Estados-membros.

(2) A Convenção limita ao número de 3 (três) os candidatos propostos por cada um dos referidos governos. Os candidatos apresentados por um governo podem ser de sua nacionalidade (do Estado que os propuser) ou da nacionalidade de qualquer outro Estado-membro da OEA. Isto significa que não há problema algum em eleger determinado membro, nacional de Estado-Parte da OEA, que não é parte na Convenção Americana. Professores estadunidenses (*v.g.*, a professora Dinah Shelton) já ocuparam o cargo de comissários na Comissão Interamericana sem o seu país de origem (Estados Unidos) ser parte no *Pacto de San José*. Tal é autorizado, como se vê, pela Convenção Americana.

(3) Quando um Estado propuser uma lista de 3 (três) candidatos, pelo menos um deles deverá ser nacional de Estado diferente do proponente. Assim, quando um governo propõe o número máximo (três) de candidatos para concorrer ao cargo de membro da Comissão, dois deles poderão ser nacionais seus e um (obrigatoriamente) da nacionalidade de qualquer outro Estado-membro da OEA.

Artigo 37

1. Os membros da Comissão serão eleitos por quatro anos e só poderão ser reeleitos uma vez, porém o mandato de três dos membros designados na primeira eleição expirará ao cabo de dois anos. Logo depois da referida eleição, serão determinados por sorteio, na Assembleia Geral, os nomes desses três membros. (1)

2. Não pode fazer parte da Comissão mais de um nacional de um mesmo Estado. (2)

COMENTÁRIOS

Por *Valerio de Oliveira Mazzuoli*

(1) O mandato de um membro da Comissão é de quatro anos, podendo haver reeleição para mais um único período subsequente de mesma duração. O art. 37, 1, em regra intertemporal não mais aplicada, termina por dizer que "o mandato de três dos membros designados na primeira eleição expirará ao cabo de dois anos", e que "[l] ogo depois da referida eleição, serão determinados por sorteio, na Assembleia Geral, os nomes desses três membros".

(2) Não poderão ser eleitos mais de um membro da Comissão de cada nacionalidade. Assim, cada um dos seus sete membros (*v.* art. 34) deverá ser de nacionalidade diferente da do outro. A finalidade do dispositivo é clara: impedir regionalismos no seio da Comissão ou qualquer suposição – ainda que distante – que induza qualquer tipo de parcialidade. Daí por que todos os membros da Comissão hão de ter nacionalidades diferentes, sem repetição.

> **Artigo 38**
> As vagas que ocorrerem na Comissão, que não se devam à expiração normal do mandato (1), serão preenchidas pelo Conselho Permanente da Organização, de acordo com o que dispuser o Estatuto da Comissão (2).

 COMENTÁRIOS

Por *Valerio de Oliveira Mazzuoli*

(1) Os cargos da Comissão Interamericana poderão, eventualmente, tornar-se vagos em hipóteses que não se devam à expiração normal do mandato, *v.g.*, nos casos de retirada voluntária de um de seus membros, de morte dos mesmos etc. Quando a vaga ocorrer por motivo diverso da expiração normal do mandato, seu preenchimento se dará de acordo com o que determina o art. 38 da Convenção Americana.

(2) Os cargos que vagarem na Comissão Interamericana, que não se devam à expiração normal do mandato, devem ser preenchidos pelo Conselho Permanente da OEA. O Conselho compõe-se de um representante de cada Estado-membro da OEA (reunindo-se periodicamente em Washington, D.C.) e desempenha funções importantes no âmbito da Organização, tal a de preencher as vagas da Comissão Interamericana na hipótese do art. 38 da Convenção Americana.

A disciplina do preenchimento das vagas na Comissão, nos casos alheios à expiração normal do mandato, vem prevista no art. 11 do seu Estatuto, que assim dispõe:

"1. Ao verificar-se uma vaga que não se deva à expiração normal de mandato, o Presidente da Comissão notificará imediatamente ao Secretário-Geral da Organização, que, por sua vez, levará a ocorrência ao conhecimento dos Estados-membros da Organização.

2. Para preencher as vagas, cada Governo poderá apresentar um candidato, dentro do prazo de 30 dias, a contar da data de recebimento da comunicação do Secretário-Geral na qual informe da ocorrência de vaga.

3. O Secretário-Geral preparará uma lista, em ordem alfabética, dos candidatos e a encaminhará ao Conselho Permanente da Organização, o qual preencherá a vaga.

4. Quando o mandato expirar dentro dos seis meses seguintes à data em que ocorrer uma vaga, esta não será preenchida".

Assim, o procedimento consiste em o Presidente da Comissão Interamericana informar o Secretário-Geral da OEA sobre a vaga em questão, e este levar a ocorrência para o conhecimento dos Estados-membros da Organização, caso em que cada qual deverá apresentar um (somente *um*) candidato ao cargo, dentro de 30 dias a partir do recebimento da notificação. Recebidos os nomes dos indicados pelos Estados, o Secretário-Geral prepara uma lista, em ordem alfabética, com os nomes dos candidatos e a encaminha ao Conselho Permanente da OEA para deliberação final (escolha do indicado). Somente no caso de o mandato expirar dentro dos seis meses seguintes à data em que ocorrer a vaga é que esta não será preenchida. Nessa hipótese, deve-se aguardar o período faltante para o término do mandato do comissário e, somente ao final, declarar aberta a vaga respectiva.

Artigo 39

A Comissão elaborará seu estatuto e submetê-lo-á à aprovação da Assembleia Geral (1) e expedirá seu próprio regulamento (2).

 COMENTÁRIOS

Por *Valerio de Oliveira Mazzuoli*

(1) A Comissão Interamericana de Direitos Humanos tem o seu próprio *Estatuto*, por ela elaborado e aprovado pela Assembleia Geral da OEA. O seu *Regulamento* é também por ela expedido, mas nesse caso sem a intervenção da Assembleia Geral da OEA. Ambas as normas regulam todos os trâmites e procedimentos internos do respectivo órgão e são de observância obrigatória em todas as suas manifestações e atos.

O *Estatuto* da Comissão define a sua composição, estrutura, sua sede, regras para as reuniões e de funcionamento da Secretaria. Foi aprovado pela resolução AG/RES. 447 (IX-O/79), adotada pela Assembleia Geral da OEA, em seu Nono Período Ordinário de Sessões, realizado em La Paz, Bolívia, em outubro de 1979. Tal normativa contém 26 artigos e 7 capítulos. A íntegra do Estatuto da Comissão Interamericana de Direitos Humanos consta do Anexo.

(2) A Comissão Interamericana dispõe também de um *Regulamento*. O seu regulamento atual foi por ela aprovado em seu 137º período ordinário de sessões, realizado de 28 de outubro a 13 de novembro de 2009, e modificado em 2 de setembro de 2011 em seu 147º período de sessões, celebrado de 8 a 22 de março de 2013 para a sua entrada em vigor em 1º de agosto de 2013.

O texto completo do atual Regulamento da Comissão Interamericana consta do Anexo.

Assim como o *Estatuto* da Comissão, também o seu *Regulamento* é de observância obrigatória pelo órgão interamericano, sem o que as suas atividades não podem se desenvolver a contento. São importantes, no que tange ao funcionamento da Comissão, o papel das relatorias e grupos de trabalho (atividades, *quorum* para as deliberações e votos etc.) e o procedimento de recebimento das petições individuais e sua tramitação (inclusive *motu proprio*). Especial atenção deve ser destinada à *admissibilidade* das comunicações individuais (petições) e aos trâmites a serem seguidos para tanto (art. 36 e ss.) e à possiblidade de solução amistosa (art. 40) ou, inclusive, de desistência (art. 41). Ponto culminante do procedimento perante a Comissão é, sabe-se já, o relativo à *submissão do caso à Corte*, previsto pelos arts. 45 e seguintes da norma regulamentar, cabível quando o Estado demandado já manifestou o seu aceite para com a competência contenciosa da Corte Interamericana de Direitos Humanos.

Artigo 40

Os serviços de secretaria da Comissão devem ser desempenhados pela unidade funcional especializada que faz parte da Secretaria-Geral da Organização e deve dispor dos recursos necessários para cumprir as tarefas que lhe forem confiadas pela Comissão.

 COMENTÁRIOS

Por *Valerio de Oliveira Mazzuoli*

A Comissão Interamericana tem sua *Secretaria Executiva* para os fins do que determina o art. 40 da Convenção. Há uma unidade funcional especializada que faz parte da Secretaria-Geral da OEA e está encarregada dos serviços da Secretaria da Comissão. Tal unidade funcional deve dispor dos recursos necessários para cumprir as tarefas a ela atribuídas pela Comissão.

A Secretaria Executiva compõe-se de um Secretário Executivo e pelo menos um Secretário Executivo Adjunto e do pessoal profissional, técnico e administrativo necessário para o desempenho de suas atividades (art. 11 do Regulamento da Comissão).

Ao Secretário Executivo cabe (*a*) dirigir, planejar e coordenar o trabalho da Secretaria Executiva, (*b*) preparar, em consulta com o Presidente, o projeto de orçamento-programa da Comissão, que se regerá pelas normas orçamentárias vigentes para a OEA, do qual dará conta à Comissão, (*c*) preparar, em consulta com o Presidente, o projeto de programa de trabalho para cada período de sessões, (*d*) assessorar o Presidente e os membros da Comissão no desempenho de suas funções, (*e*) apresentar um relatório escrito à Comissão, ao iniciar-se cada período de sessões, sobre os trabalhos realizados pela Secretaria desde o período de sessões anterior, bem como sobre os assuntos de caráter geral que possam ser do interesse da Comissão, (*f*) executar as decisões de que seja encarregado pela Comissão ou pelo Presidente (art. 12, 1, do Regulamento da Comissão).

No caso de impedimento ou ausência do Secretário Executivo, este deve ser substituído pelo Secretário Executivo Adjunto, e na ausência ou impedimento de ambos o Secretário Executivo ou o Secretário Executivo Adjunto, conforme o caso, designará temporariamente um dos especialistas da Secretaria para a sua substituição (art. 12, 2, do Regulamento da Comissão).

O Secretário Executivo, o Secretário Executivo Adjunto e o pessoal da Secretaria Executiva devem guardar a mais absoluta reserva sobre todos os assuntos que a Comissão Interamericana entender confidenciais. Daí por que, no momento de assumir suas funções, o Secretário Executivo deve se comprometer a não representar vítimas ou seus familiares nem Estados em medidas cautelares, petições e casos individuais perante a Comissão, pelo prazo de dois anos, contados a partir da cessação de suas funções como Secretário Executivo (art. 12, 3, do Regulamento da Comissão).

Seção 2
Funções

Artigo 41

A Comissão tem a função principal de promover a observância e a defesa dos direitos humanos (1) e, no exercício de seu mandato, tem as seguintes funções e atribuições:

a) estimular a consciência dos direitos humanos nos povos da América (2);

b) formular recomendações aos governos dos Estados-Membros, quando o considerar conveniente, no sentido de que adotem medidas progressivas em prol dos direitos humanos no âmbito de suas leis internas e seus preceitos constitucionais, bem como disposições apropriadas para promover o devido respeito a esses direitos (3);

c) preparar os estudos ou relatórios que considerar convenientes para o desempenho de suas funções (4);

d) solicitar aos governos dos Estados-Membros que lhe proporcionem informações sobre as medidas que adotarem em matéria de direitos humanos (5);

e) atender às consultas que, por meio da Secretaria-Geral da Organização dos Estados Americanos, lhe formularem os Estados-Membros sobre questões relacionadas com os direitos humanos e, dentro de suas possibilidades, prestar-lhes o assessoramento que lhe solicitarem (6);

f) atuar com respeito às petições e outras comunicações, no exercício de sua autoridade, de conformidade com o disposto nos artigos 44 a 51 desta Convenção (7); e

g) apresentar um relatório anual à Assembleia Geral da Organização dos Estados Americanos (8).

 COMENTÁRIOS

Por *Valerio de Oliveira Mazzuoli*

(1) A principal função da Comissão Interamericana de Direitos Humanos consiste em promover a observância e a defesa dos direitos humanos, nela se incluindo o monitoramento e a fiscalização da proteção dos direitos humanos em todos os Estados-Partes da OEA.

De fato, desde a sua implantação – primeiramente como órgão da OEA e, depois, como órgão da Convenção Americana – tem a Comissão Interamericana a missão de fazer com que os direitos humanos sejam garantidos e observados no Continente Americano, para tanto conciliando Estados em conflito, assessorando governos interessados, mediando soluções possíveis ou adotando medidas preventivas e de urgência quando as soluções desejáveis não estejam à vista. Esse conjunto de misteres tem por finalidade estabelecer também parâmetros protetivos regionais em matéria de direitos humanos, visando tanto à formação de um *corpus juris interamericano* e de uma plataforma mínima protetiva no Continente Americano.

A missão que tem a Comissão definida pelo art. 41, *caput*, da Convenção Americana, desdobra-se, como se lê no dispositivo, na promoção da *observância* e *defesa* dos direitos humanos, na qual se incluem, como já se disse, o *monitoramento* e a *fiscalização* do cumprimento desses deveres por parte dos Estados. Nessa sua atuação, a Comissão Interamericana tem contribuído para suprir déficits nacionais e balancear os níveis internos de proteção quando os Estados notoriamente estão aquém do mínimo protetivo desejável, notadamente em termos de políticas públicas e de marcos legislativos.

É evidente, contudo, que para a realização desses misteres deve a Comissão contar com a boa vontade dos Estados-membros da OEA e partes na Convenção Americana, sem a qual os seus esforços acabam se esvaindo. Para tanto, deve a Comissão adotar políticas e conscientização dos governos desses Estados, implementando programas de capacitação e de fortalecimento da consciência dos direitos humanos no Continente Americano, o que nem sempre é fácil se se levar em conta que muitos Estados interamericanos não dão a devida atenção à proteção dos direitos humanos a título de política interna e externa.

Desde a entrada em vigor da Convenção Americana (em 18 de julho de 1978) a Comissão Interamericana tem tido papel fundamental na investigação de violações de direitos humanos e nas visitas *in loco* que tem empreendido junto aos Estados-Partes da Convenção, muitos deles até então governados por regimes autoritários e, outros, recém-saídos de ditaduras (como foi o caso do Brasil a partir de 1988). A Comissão, desde então, tem denunciado violações de direitos humanos nos países do Continente, por meio de relatórios e visitas *in loco*, especialmente as cometidas por regimes ditatoriais. Hodiernamente, passados os anos mais pesados dos regimes ditatoriais latino-americanos, a Comissão Interamericana tem intensificado o seu trabalho em outras frentes, mas sempre voltada à proteção dos direitos dos mais vulneráveis (como mulheres, crianças, idosos, pessoas com deficiência, povos indígenas e comunidades tradicionais, refugiados, comunidade LGBTI, e tantas outras). Tem, ainda, atuado no sentido de convencer os governos dos Estados-Partes à Convenção a tornar a proteção dos direitos humanos matéria de política pública oficial do Estado, no âmbito de todos os seus poderes (Legislativo, Executivo e Judiciário). Ênfase merece ser dada à atuação da Comissão no sentido de encorajar os Estados a criar órgãos específicos de proteção dos direitos humanos, como Secretarias e Ministérios de Direitos Humanos.

Certo é que a função de promover a observância e a defesa dos direitos humanos constitui o núcleo essencial dos misteres da Comissão Interamericana. Nela congregam-se várias funções auxiliares, que vão desde a conciliação e assessoramento até a função de prevenir violações futuras a direitos humanos no Continente Americano. Além do mais, a Comissão também desempenha função crítica, consistente nas indicações que faz aos Estados de que categorias de direitos têm sido violadas e como repará-las. Essas funções-espécie – que compõem o gênero "promoção e observância da defesa dos direitos humanos" – têm relevante impacto nas ordens estatais, a começar pela alteração de legislação defasada em matéria de proteção dos direitos humanos até a implementação de novas políticas públicas para a melhoria das condições de proteção internas.

(2) Uma das principais atribuições da Comissão consiste em "estimular a consciência dos direitos humanos nos povos da América". Trata-se de missão árdua e que requer uma série de medidas, tomadas no seio da Comissão e dentro da própria OEA, destinadas a implantar gradativamente a cultura dos direitos humanos no Continente Americano. Para tanto, é papel da Comissão organizar cursos, seminários, simpósios e conferências destinados a estimular, nos Estados e em seus cidadãos, a consciência de que a proteção dos direitos humanos é a meta fundamental da sociedade internacional.

É importante a referência que faz a alínea em comento aos *povos da América*, o que sugere que é papel da Comissão lidar com *todas as pessoas* que habitam qualquer território do Continente Americano, sejam eles ou não organizados sob a forma de *Estado*. Conquanto atualmente difícil de encontrar, existem ainda no mundo (e também na América) territórios não autônomos ou sem governo próprio, administrados por países-membros da Organização das Nações Unidas. Na América, são eles: *Anguilla* (Reino Unido); *Bermuda* (Reino Unido); *Ilhas Virgens Britânicas* (Reino Unido); *Ilhas Cayman* (Reino Unido); *Ilhas Falkland* (Reino Unido, reclamada pela Argentina, e por ela chamadas de *Ilhas Malvinas*); *Montserrat* (Reino Unido); *Ilhas Turks e Caicos* (Reino Unido); e *Ilhas Virgens Americanas* (Estados Unidos).[25]

Esses povos acima citados (habitantes de pequeninas ilhas) são também destinatários dos trabalhos da Comissão Interamericana relativos ao estímulo da consciência dos direitos humanos.

(3) Outra importante atribuição da Comissão consiste em *formular recomendações* aos governos dos Estados-membros, quando considerar conveniente, no sentido de que tais Estados adotem medidas progressivas em favor dos direitos humanos no âmbito de suas leis internas e suas normas constitucionais, bem como disposições apropriadas para promover o devido respeito a esses direitos. Tais recomendações não têm natureza cogente, uma vez que não obrigam os Estados-Partes a tomarem as medidas que nelas se contêm. Mas nem por isso se pode simplesmente ignorá-las, como fazem a maioria dos países americanos.

As recomendações da Comissão Interamericana compõem-se de relatórios aprofundados levados a cabo no seio da organização, destinados a fazer enxergar o Estado das lacunas de proteção internas existentes, como meio de remediar uma situação futura ainda mais grave que poderá vir a existir.

(4) Dentre as atribuições da Comissão está a de "preparar estudos ou relatórios que considerar convenientes para o desempenho de suas funções". Para tanto, pode ela, inclusive, designar relatores temáticos. Esses estudos e relatórios podem ser de variada índole, indo desde um simples relatório até a elaboração de um projeto de tratado. Os

---

[25]   *V.*, sobre os territórios não autônomos ou sem governo próprio, MAZZUOLI, Valerio de Oliveira. *Curso de direito internacional público*, cit., p. 415 e ss.

temas também são dos mais distintos, podendo dizer respeito a temas *específicos* (como a proteção dos povos indígenas, dos direitos das mulheres, das crianças e adolescentes, da comunidade LGBTI etc.) ou mais *genéricos* (como as deficiências na administração da Justiça de diversos países, a questão da liberdade de expressão etc.).[26]

Os estudos e relatórios apresentados pela Comissão Interamericana nos últimos anos têm densidade teórica e prática ímpares. Trata-se de escritos sérios levados a cabo por especialistas em matéria de direitos humanos, que auxiliam no desempenho das funções da própria Comissão. Tais estudos e relatórios também são capazes de demonstrar o *estado da arte* da proteção de determinado direito de pessoas ou grupo de pessoas no Continente Americano.

(5) É função da Comissão solicitar aos governos dos Estados-membros que lhe proporcionem informações sobre as medidas que adotarem em matéria de direitos humanos. Tal função tem por objetivo a *fiscalização* dos Estados relativamente ao cumprimento dos direitos humanos. Na prática, tem se mostrado muito difícil cotejar as informações estatais apresentadas com a efetiva *realidade* da situação dos direitos humanos no Estado em causa, sobretudo pela falta de fidelidade apresentada nos relatórios submetidos à Comissão e também pela má vontade de muitos Estados em apresentarem à Comissão o efetivo panorama em que se encontram as medidas (quando elas existem) que por eles vêm sendo adotadas em matéria de direitos humanos.

Se bem implementada, a medida explicitada no art. 41, *d*, da Convenção ajudaria a Comissão a entender, de forma global, a situação pela qual passam os direitos humanos no Estado em causa, possibilitando o monitoramento do país-membro também por outras instâncias internacionais.

(6) Compete à Comissão atender às consultas que, por meio da Secretaria-Geral da OEA, lhe formularem os Estados-membros sobre questões relacionadas com os direitos humanos e, dentro de suas possibilidades, prestar-lhes o assessoramento que lhes solicitarem. Perceba-se a dupla atribuição da Comissão nesse âmbito: o *atendimento às consultas* dos Estados (formuladas por meio da Secretaria-Geral da OEA) e o *assessoramento* a esses mesmos Estados, na medida de suas possibilidades. Neste último caso, parece ter a Convenção reconhecido as dificuldades de trabalho da Comissão ao incumbi-la desse assessoramento apenas "dentro de suas possibilidades". Esta disposição demonstra nitidamente não ser a Comissão um órgão de consultoria (*v.g.*, jurídica) dos Estados-membros da OEA, mas sim uma instituição que tem por missão principal zelar pela proteção dos direitos humanos no Continente Americano.

(7) Dentre todas as atribuições da Comissão Interamericana a mais importante é, seguramente, a de atuar com respeito às *petições* e *comunicações*, no exercício de sua autoridade, de acordo com o disposto nos arts. 44 a 51 da Convenção. Tais petições ou comunicações podem ser apresentadas por indivíduos ou grupos de indivíduos, ou ainda entidade não governamental, sempre que digam respeito a violações de direitos humanos constantes na Convenção Americana por algum dos seus Estados-Partes (art. 44); podem ser ainda apresentadas independentemente de uma manifestação formal da vítima, pois não são raros os casos em que a vítima da violação de direitos

---

[26]   Cf. Cançado Trindade, Antônio Augusto. *Tratado de direito internacional dos direitos humanos*, v. 3, cit., p. 44-45.

humanos sequer tem a possibilidade de vindicar sua proteção (*v.g.*, nos casos das prisões arbitrárias, de incomunicabilidade etc.), por estar completamente cerceada de qualquer direito.

A Comissão Interamericana, no tocante ao exame das petições ou comunicações, tem agido – como nota Cançado Trindade – com maior flexibilidade relativamente aos seus requisitos de admissibilidade (dentre eles, o do prévio esgotamento dos recursos internos), evitando, mediante uma série de técnicas processuais, a pronta rejeição de certas comunicações, para tal aplicando presunções mais a favor dos reclamantes no que tange às condições de admissibilidade de suas petições ou comunicações (*v.* comentários ao art. 46, 1, *a*).[27]

Frise-se que a Comissão não é propriamente "parte" no processo perante a Corte, senão no sentido *processual*; as verdadeiras *partes materiais* no processo são as vítimas (ou seus representantes) e o Estado.[28] Não obstante a Convenção estabelecer que "somente os Estados-Partes e a Comissão têm direito de submeter um caso à decisão da Corte" (art. 61, 1), ela também faz referência – ao versar sobre reparações – à "parte lesada" no final do art. 63, 1, reconhecendo que o *locus standi in judicio* das vítimas lhes atribui a condição de verdadeiras "partes" no processo perante a Corte.[29] Esse posicionamento encontra ainda fundamento no novo *Regulamento* da Corte Interamericana (de 24.11.2009), que permite que, depois de admitida a demanda, as supostas vítimas ou seus representantes participem do processo (*locus standi*) em todas as etapas, apresentando suas petições, argumentos e provas de forma autônoma (*v.* art. 25, 1). Nesse sentido, era interessante o que previa o anterior *Regulamento* da Corte (de 2000), ao estabelecer, no art. 2º, 23, que "a expressão 'partes no caso' significa a *vítima* ou a *suposta vítima*, o Estado e, *só para fins processuais*, a Comissão", o que reforçava a interpretação da Convenção que se fez acima. Curioso não ter o seu novo *Regulamento* (de 2009) trazido disposição semelhante no rol das "definições" do art. 2º, o que não significa ter sido modificada aquela orientação (que já estava pacificada desde o *Regulamento* anterior). Enfim, como destaca Cançado Trindade, tal *locus standi* é consequência lógica, no plano processual, de um sistema de proteção que consagra direitos individuais no plano internacional, porquanto não é razoável e juridicamente possível conceber direitos sem a capacidade processual de vindicá-los.[30]

---

[27]   CANÇADO TRINDADE, Antônio Augusto. *Tratado de direito internacional dos direitos humanos*, v. 3, cit., p. 39-40. Como destaca esse mesmo internacionalista: "Em sua vasta prática de exame e petições ou comunicações individuais, a Comissão tem adotado *resoluções* de conteúdo variável de caso a caso: em tais resoluções a Comissão tem declarado que os atos relatados no caso constituíam *prima facie* uma violação de direitos humanos, ou recomendando uma ampla investigação do que parecia constituir uma violação de direitos humanos, ou decidido suspender a consideração do caso até que os resultados de uma investigação em curso se tornassem conhecidos, ou declarado enfim não ter ocorrido a violação de direitos humanos alegada na petição" (Idem, p. 42).

[28]   Cf. RAMOS, André de Carvalho. Análise crítica dos casos brasileiros Damião Ximenes Lopes e Gilson Nogueira de Carvalho na Corte Interamericana de Direitos Humanos. *II Anuário Brasileiro de Direito Internacional*, v. 1, cit., p. 14.

[29]   A respeito do assunto, *v.* os nossos comentários ao art. 63, 1 (item nº 3).

[30]   *V.* CANÇADO TRINDADE, Antônio Augusto. *Tratado de direito internacional dos direitos humanos*, v. 3, cit., p. 99-103.

(8) É também função da Comissão Interamericana apresentar um *relatório anual* à Assembleia Geral da OEA. Como destaca Cançado Trindade, tais relatórios "passaram a incluir uma seção contendo informações fornecidas por governos de Estados-membros da OEA sobre o progresso alcançado na realização dos objetivos consagrados nos instrumentos básicos do sistema interamericano de proteção. A Comissão não deixou de instar os Estados-membros da OEA a incorporar nos textos de suas Constituições certas categorias de direitos (ou a incorporar os direitos internacionalmente consagrados em seu direito interno) e a harmonizar suas legislações respectivas com os preceitos contidos nos tratados de direitos humanos".[31]

No seu relatório anual deve também a Comissão denunciar à OEA aqueles Estados não partes na Convenção (ou partes na Convenção, mas ainda não aceitantes da jurisdição contenciosa da Corte Interamericana) que se negarem a cumprir o seu *segundo informe* e a tomar as medidas ali estabelecidas para remediar a situação apresentada (*v.* comentários ao art. 51, 1).

Artigo 42

Os Estados-Partes devem remeter à Comissão cópia dos relatórios e estudos que, em seus respectivos campos, submetem anualmente às Comissões Executivas do Conselho Interamericano Econômico e Social e do Conselho Interamericano de Educação, Ciência e Cultura, a fim de que aquela vele por que se promovam os direitos decorrentes das normas econômicas, sociais e sobre educação, ciência e cultura, constantes da Carta da Organização dos Estados Americanos, reformada pelo Protocolo de Buenos Aires.

 COMENTÁRIOS

Por *Valerio de Oliveira Mazzuoli*

Os relatórios e estudos que os Estados-Partes na Convenção submetem anualmente às Comissões Executivas do Conselho Interamericano Econômico e Social e do Conselho Interamericano de Educação, Ciência e Cultura, devem também ser submetidos à Comissão Interamericana, a fim de que esta zele para que se promovam os direitos decorrentes das normas econômicas, sociais e sobre educação, ciência e cultura, constantes da Carta da OEA.

Tais normas sobre "educação, ciência e cultura" compõem o universo daqueles direitos que se costumam chamar de *segunda geração*, que não constam da Convenção Americana (além da previsão genérica do art. 26), mas devem ser protegidos no âmbito da OEA e por instrumentos internacionais específicos, como o *Protocolo de San Salvador* (*v.* comentários ao art. 26).

---

[31]   CANÇADO TRINDADE, Antônio Augusto. *Tratado de direito internacional dos direitos humanos*, v. 3, cit., p. 38-39.

Artigo 43

Os Estados-Partes obrigam-se a proporcionar à Comissão as informações que esta lhes solicitar sobre a maneira pela qual o seu direito interno assegura a aplicação efetiva de quaisquer disposições desta Convenção.

 COMENTÁRIOS

Por *Valerio de Oliveira Mazzuoli*

Uma das principais obrigações dos Estados-Partes na Convenção Americana é a de proporcionar à Comissão Interamericana as informações que esta lhes solicitar sobre o modo pelo qual seu direito interno está assegurando a efetiva aplicação das disposições da Convenção. Tal é o que dispõe o art. 43 em comento. Ocorre que o Brasil, ao aderir à Convenção Americana, teceu uma "declaração interpretativa" a esse dispositivo (e também ao art. 48, alínea *d*) sob a alegação de que nele – segundo a interpretação do governo brasileiro – não se inclui "o direito automático de visitas e inspeções *in loco* da Comissão Interamericana de Direitos Humanos, as quais dependerão da anuência expressa do Estado".

À luz da teoria geral do Direito dos Tratados, regulada pela Convenção de Viena sobre o Direito dos Tratados de 1969, tais *declarações interpretativas* constituem apenas uma afirmação teórica de princípios, sublinhando o significado especial que o Estado deduz de certos dispositivos do acordo, em nada modificando *de jure* o conteúdo substancial do texto do tratado.[32] Em outras palavras, tais declarações interpretativas *não são reservas* ao tratado e, portanto, nada valem no plano jurídico. Uma declaração interpretativa somente será considerada como reserva propriamente dita caso venha excluir ou modificar alguns dos termos do acordo firmado, quando então perdem o seu caráter interpretativo para ganhar caráter reservativo.

No caso da declaração interpretativa feita pelo Brasil ao art. 43 da Convenção Americana, não se tem dúvida que a mesma não configura qualquer *reserva* ao texto convencional. Assim sendo, é também obrigação do Estado brasileiro proporcionar à Comissão as informações que esta lhe solicitar sobre a maneira pela qual o direito interno brasileiro assegura a aplicação efetiva de quaisquer disposições da Convenção Americana.

Dentro da obrigação genérica prevista no art. 43 da Convenção incluem-se tanto o direito positivo nacional quanto a jurisprudência dos tribunais pátrios, uma vez que esta última resolve os conflitos de interesses postos em análise à luz do "direito interno" do Estado. Portanto, também é mister que o Estado informe a Comissão Interamericana qual o estado da arte de sua jurisprudência interna no que tange à aplicação da Convenção Americana, especialmente como tem sido aplicada a Convenção na prática e como tem sido exercido o controle de convencionalidade pelo Poder Judiciário nacional.

---

[32] Cf. REZEK, José Francisco. *Direito dos tratados*. Rio de Janeiro: Forense, 1984. p. 338-341; e ACCIOLY, Hildebrando. *Tratado de direito internacional público*. 2. ed. Rio de Janeiro: MRE, 1956. v. 1, p. 591.

As informações repassadas pelo Estado à Comissão, se em conformidade com o núcleo de garantias previstos na Convenção Americana, auxilia o próprio Estado em não se ver demandado pela Comissão perante a Corte Interamericana, possibilitando, ademais, em caso de desconformidade parcial com os direitos previstos pela Convenção, que se logre, no seio da Comissão, uma solução amigável entre o Estado e as vítimas.

Seção 3
Competência

Artigo 44

Qualquer pessoa ou grupo de pessoas, ou entidade não governamental legalmente reconhecida em um ou mais Estados-Membros da Organização, pode apresentar à Comissão petições (1) que contenham denúncias ou queixas de violação desta Convenção por um Estado-Parte. (2)

 COMENTÁRIOS

Por *Valerio de Oliveira Mazzuoli*

(1) Uma das principais competências da Comissão Interamericana é a de examinar as comunicações de indivíduos ou grupos de indivíduos, ou ainda entidade não governamental, atinentes a violações de direitos humanos constantes na Convenção Americana, por Estado que dela seja parte.[33] Assim, os indivíduos, apesar de (pelo menos por enquanto) não terem acesso direto à Corte Interamericana, também podem dar início ao procedimento de processamento internacional do Estado com a apresentação de *petição* à Comissão.

Desta forma, é a Comissão o canal por meio do qual a Convenção permite a um indivíduo, grupo de indivíduos ou ainda entidade não governamental, que acionem o sistema interamericano de proteção dos direitos humanos para a salvaguarda de um ou mais direitos seus.

Não é necessário que o indivíduo (peticionário) seja *nacional* do Estado-Parte que violou seus direitos humanos.[34] Aliás, se fosse necessária a *nacionalidade* do demandante como requisito para por em marcha o sistema internacional de proteção dos direitos humanos, não haveria proteção suficiente às pessoas num mundo

---

[33] V. Piovesan, Flávia. *Direitos humanos e o direito constitucional internacional,* cit., p. 232-233. Para uma visão geral dos casos contra o Brasil na Comissão Interamericana até 2005, *v.* Gomes, Luiz Flávio; Mazzuoli, Valerio de Oliveira. O Brasil e o sistema interamericano de proteção dos direitos humanos. In: Schmidt, Andrei Zenkner (Coord.). *Novos rumos do direito penal contemporâneo*: livro em homenagem ao Prof. Dr. Cezar Roberto Bitencourt. Rio de Janeiro: Lumen Juris, 2006. p. 427-437.

[34] Cf. Cançado Trindade, Antônio Augusto. Desafios e conquistas do direito internacional dos direitos humanos no início do século XXI, cit., p. 277.

globalizado. Assim, para poder dar início ao procedimento internacional de salvaguarda dos direitos humanos basta que o peticionário se encontre no território do Estado em causa e tenha ali sofrido uma violação de direitos não reparada pela jurisdição interna.

É também importante a referência que faz a Convenção à possibilidade de "entidade não governamental" acionar o sistema interamericano na defesa dos direitos de terceiro. Em outras palavras, está a Convenção a permitir que as chamadas *ONGs* apresentem à Comissão Interamericana denúncias ou queixas de violação da Convenção por um Estado-Parte. A condição, porém, para que uma *ONG* possa peticionar à Comissão é a de ser ela "legalmente reconhecida em um [qualquer um...] ou mais Estados-membros da Organização". Perceba-se que a Convenção não exige que a referida organização seja *sediada* no Estado-Parte que está a acusar de violação de direitos humanos – da mesma forma que não se exige que os indivíduos que peticionam à Comissão sejam *nacionais* do Estado que violou seus direitos, como se falou acima –, bastando seja ela "legalmente reconhecida" em qualquer Estado-membro da OEA.

Todas as petições apresentadas à Comissão devem seguir os requisitos do art. 28 do *Regulamento* da Comissão, que assim dispõe:

"Artigo 28. *Requisitos para a consideração de petições*

As petições dirigidas à Comissão deverão conter as seguintes informações:

1) o nome da pessoa ou das pessoas denunciantes ou, no caso de o peticionário ser uma entidade não governamental, seu representante ou seus representantes legais e o Estado-membro em que seja juridicamente reconhecida;

2) se o peticionário deseja que sua identidade seja mantida em sigilo perante o Estado e os motivos para isso;

3) o endereço de correio eletrônico para recebimento de correspondência da Comissão e, quando for o caso, número de telefone, fax e endereço;

4) um relato do fato ou da situação denunciada, com especificação de lugar e data das violações alegadas;

5) se possível, o nome da vítima e de qualquer autoridade pública que tenha tomado conhecimento do fato ou situação denunciada;

6) a indicação do Estado que o peticionário considera responsável, por ação ou omissão, pela violação de algum dos direitos humanos consagrados na Convenção Americana sobre Direitos Humanos e outros instrumentos aplicáveis, embora sem referência específica ao(s) artigo(s) supostamente violado(s);

7) o cumprimento do prazo previsto no artigo 32 deste Regulamento;

8) as providências tomadas para o esgotamento dos recursos da jurisdição interna ou a impossibilidade de fazê-lo acontecer de acordo com o artigo 31 deste Regulamento; e

9) a informação de que a denúncia foi submetida a outro procedimento internacional de conciliação de acordo com o artigo 33 deste Regulamento".

Se cumpridos todos esses requisitos, qualquer pessoa, grupo de pessoas ou organização não governamental, no seu próprio nome ou no de terceiros, poderá submeter uma petição de queixa à Comissão Interamericana, enviando-a diretamente (pela via postal) ao endereço da Comissão Interamericana em Washington, D.C., nos Estados Unidos da América.

Comissão Interamericana de Direitos Humanos
1889 F Street, N. W.
Washington, D.C. 20006
USA

Poderá a petição, igualmente, ser enviada por *fax* ao seguinte número: +1(202) 458-3992 ou 6215

Na página da *web* em português da Comissão Interamericana (<http://www.oas.org/pt/cidh/>) é também possível enviar petições *on-line*, clicando no link "Formulário de Queixa" e seguindo as instruções encontradas na própria página. Não será necessário enviar a petição impressa caso tenha sido enviada em formato eletrônico.

(2) A disposição do art. 44 da Convenção Americana é uma exceção à chamada *cláusula facultativa* (que permite que o Estado-Parte se manifeste se aceita ou não esse mecanismo), uma vez que a Convenção permite que qualquer pessoa ou grupo de pessoas recorram à Comissão Interamericana independentemente de declaração expressa do Estado reconhecendo essa sistemática. Em outras palavras, ao ratificar a Convenção os Estados *já aceitam* o fato de poder qualquer pessoa ou grupo de pessoas, ou entidade não governamental legalmente reconhecida em um ou mais Estados-membros da OEA, peticionar à Comissão denunciando-os de violação dos direitos previstos na Convenção.

Esse *aceite imediato* do Estado relativamente à competência da Comissão para receber denúncias ou queixas de violação de direitos humanos já não ocorre no caso do art. 45, 1, da Convenção, quando a apresentação de petições à Comissão é feita *por um Estado-Parte contra outro Estado-Parte*. Assim, frise-se, somente no caso de *indivíduos* (ou *grupo de indivíduos* ou *entidade não governamental*) peticionarem à Comissão é que esta poderá receber automaticamente a petição ou comunicação, sem que o Estado contra o qual se está peticionando tenha que aceitar essa sistemática. Tal, como já dito, não ocorre no caso do art. 45, 1, que exige anuência expressa do Estado (quando a queixa de violação de direitos humanos provém de *outro Estado*).

As denúncias ou queixas sobre violações de direitos humanos recebidas pela Comissão serão por ela analisadas nos termos da Convenção Americana e das normas regulamentares da Comissão. As denúncias ou queixas devem ser sobre violação da Convenção Americana "por um Estado-Parte", na dicção do art. 44, *in fine*. Tal significa que se o Estado não for parte da Convenção Americana não poderá a Comissão pronunciar-se sobre eventual violação do Pacto de San José por esse Estado. Porém, sendo o Estado referido um membro da Organização dos Estados Americanos, poderá a Comissão – agora como órgão da OEA e não como órgão da Convenção Americana – pronunciar-se sobre as obrigações do Estado para com a Declaração Americana dos Direitos e Deveres do Homem, de 1948. Tudo o que não poderá a Comissão fazer é manifestar-se sobre um Estado que não seja membro da OEA.

Artigo 45

1. Todo Estado-Parte pode, no momento do depósito do seu instrumento de ratificação desta Convenção ou de adesão a ela, ou em qualquer momento posterior, declarar que reconhece a competência da Comissão para receber e examinar as comunicações em que um Estado-Parte alegue haver outro Estado-Parte incorrido em violações dos direitos humanos estabelecidos nesta Convenção. (1)

2. As comunicações feitas em virtude deste artigo só podem ser admitidas e examinadas se forem apresentadas por um Estado-Parte que haja feito uma declaração pela qual reconheça a referida competência da Comissão. A Comissão não admitirá nenhuma comunicação contra um Estado-Parte que não haja feito tal declaração. (2)

3. As declarações sobre reconhecimento de competência podem ser feitas para que esta vigore por tempo indefinido, por período determinado ou para casos específicos. (3)

4. As declarações serão depositadas na Secretaria-Geral da Organização dos Estados Americanos, a qual encaminhará cópia das mesmas aos Estados-Membros da referida Organização. (4)

 COMENTÁRIOS

Por *Valerio de Oliveira Mazzuoli*

(1) No caso de um Estado-Parte pretender denunciar à Comissão Interamericana outro Estado-Parte, o art. 45, 1, da Convenção exige que o Estado em causa *reconheça* a competência da Comissão para tanto. Tal reconhecimento pode se dar no momento do *depósito* do seu instrumento de ratificação à Convenção, ou de *adesão* a ela, ou em qualquer momento *posterior* à ratificação ou adesão. Tal exigência não ocorre no caso do art. 44 da Convenção, quando se trata de denúncia ou queixa feita por *pessoa* ou *grupo de pessoas*, ou *entidade não governamental* legalmente reconhecida em um ou mais Estados-membros da OEA.

Assim, repita-se, a *faculdade* que tem um Estado de aceitar (reconhecer) a competência da Comissão para receber e examinar as queixas contra si, existe apenas no caso de a comunicação ter sido feita por um Estado *em relação a outro Estado*, e não no caso de a queixa ter provindo de pessoa física ou entidade não governamental.

(2) As *comunicações* feitas em virtude do art. 45 da Convenção só podem ser admitidas e examinadas se forem apresentadas por um Estado-Parte que haja feito uma *declaração* na qual reconheça a citada competência da Comissão. Não pode a Comissão admitir uma comunicação (contra um determinado Estado) proveniente de Estado-Parte que também não haja feito a referida declaração de reconhecimento. Em suma, é *conditio sine qua non* para o aceite pela Comissão da queixa interestatal que o Estado em causa tenha aceito (no momento da ratificação da Convenção ou em momento posterior) essa sistemática.

(3) As declarações de reconhecimento da competência da Comissão para o exame das comunicações em que um Estado-Parte alegue haver o outro incorrido, podem ser feitas de três maneiras:

(*a*) para vigorar por tempo indefinido;

(*b*) para vigorar por tempo determinado; ou

(*c*) para vigorar para casos específicos.

Os modos escolhidos pelos Estados para o reconhecimento da competência da Comissão para a análise de casos (vigor por tempo indefinido, vigor por tempo determinado ou vigor para casos específicos) variam caso a caso e segundo os seus próprios interesses. Certo, no entanto, é que, no mínimo, uma declaração de reconhecimento poderá ser feita para casos determinados, não obstante seja ideal realizá-la por prazo indeterminado. Os Estados, no entanto, relutam em reconhecer a competência da Comissão para a análise de casos por tempo indeterminado, por razões já conhecidas.

(4) As declarações estatais de reconhecimento da competência da Comissão serão depositadas na Secretaria-Geral da OEA, a qual encaminhará cópia das mesmas aos seus demais Estados-membros. A ciência que dá a Secretaria-Geral da OEA aos demais Estados-membros é importante para dar publicidade ao aceite estatal de reconhecimento da competência da Comissão, bem assim para encorajar outros Estados a fazê-lo no mesmo sentido.

Artigo 46

1. Para que uma petição ou comunicação apresentada de acordo com os artigos 44 ou 45 seja admitida pela Comissão, será necessário:

a) que hajam sido interpostos e esgotados os recursos da jurisdição interna, de acordo com os princípios de direito internacional geralmente reconhecidos (1);

b) que seja apresentada dentro do prazo de seis meses, a partir da data em que o presumido prejudicado em seus direitos tenha sido notificado da decisão definitiva (2);

c) que a matéria da petição ou comunicação não esteja pendente de outro processo de solução internacional (3); e

d) que, no caso do artigo 44, a petição contenha o nome, a nacionalidade, a profissão, o domicílio e a assinatura da pessoa ou pessoas ou do representante legal da entidade que submeter a petição (4).

2. As disposições das alíneas *a* e *b* do inciso 1 deste artigo não se aplicarão (5) quando:

a) não existir, na legislação interna do Estado de que se tratar, o devido processo legal para a proteção do direito ou direitos que se alegue tenham sido violados;

b) não se houver permitido ao presumido prejudicado em seus direitos o acesso aos recursos da jurisdição interna, ou houver sido ele impedido de esgotá-los; e

c) houver demora injustificada na decisão sobre os mencionados recursos. (6)

COMENTÁRIOS

Por *Valerio de Oliveira Mazzuoli*

(1) Para que uma petição ou comunicação contendo uma denúncia ou queixa de violação da Convenção (apresentada de acordo com os arts. 44 ou 45) seja *admitida* pela Comissão, é necessário que a mesma preencha os requisitos previstos no art. 46, 1, em comento.

O primeiro deles é que tenham sido interpostos e esgotados os recursos da jurisdição interna, de acordo com os princípios de Direito Internacional geralmente reconhecidos. O princípio do prévio esgotamento dos recursos internos (conhecido como *local remedies rule*) tem sua origem no direito à proteção diplomática, tendo nascido com a finalidade de exigir de estrangeiros prejudicados em seus direitos (por ato de terceiro Estado) que esgotassem os recursos da jurisdição interna antes de requerer (via proteção diplomática) ao seu Estado de origem que vindique no Direito Internacional a responsabilização do Estado ofensor.

Nos termos do art. 46, 1, *a*, da Convenção Americana, o prévio esgotamento dos recursos internos deve operar "de acordo com os princípios de Direito Internacional geralmente reconhecidos". A referência a tais *princípios* significa a exigência da Convenção de não só existirem *formalmente* tais recursos, senão também de que eles sejam *efetivos* e *adequados à salvaguarda dos direitos da pessoa em causa*.[35] A Corte Interamericana já se pronunciou sobre o que entende por "recursos adequados". Para a Corte, dizer que tais recursos sejam *adequados* significa: "[...] que a função desses recursos, dentro do sistema do direito interno, seja idônea para proteger a situação jurídica infringida. Em todos os ordenamentos internos existem múltiplos recursos, porém nem todos são aplicáveis em todas as circunstâncias. Se, em um caso específico, o recurso não é adequado, é óbvio que não há que se esgotá-los. Assim, ele indica o princípio de que a norma está encaminhada a produzir um efeito e não pode interpretar-se no sentido de que não produza nenhum ou seu resultado seja manifestamente absurdo ou irrazoável".[36] Em outras palavras, a obrigação de se esgotarem os recursos internos (primeiro requisito de admissibilidade de uma petição ou comunicação perante a Comissão Interamericana) subsiste apenas quando tais recursos existem (formalmente) e são *efetivos* e *adequados* à resolução do caso concreto. No caso de existirem, mas não serem *efetivos* ou *adequados*, fica a parte desonerada de esgotá-los, devendo a Comissão receber de pronto a petição ou a comunicação da vítima.

Mesmo antes da entrada em vigor da Convenção Americana a prática da Comissão já demonstrava que o pressuposto do prévio esgotamento dos recursos internos não é imutável ou absoluto, uma vez que, segundo a Comissão, o que se deve realmente

---

[35] V. Corte IDH. *Caso Godínez Cruz* vs. *Honduras*. Mérito. Sentença 20.01.1989. Série C, nº 5, parágrafo 66.

[36] Corte IDH. *Caso Fairén Garbi e Solís Corrales* vs. *Honduras*. Mérito. Sentença 15.03.1989. Série C, nº 6, parágrafo 88.

levar em conta é o fato de os "recursos internos" visarem à reparação efetiva do dano e não o seu simples esgotamento "mecânico".[37]

É bastante comum, na prática interamericana, os Estados alegarem o não esgotamento dos recursos internos pelos peticionários como forma de exceção processual. Falta bom senso, contudo, a muitos deles, quando pretendem exigir um esgotamento prévio dos recursos internos em processos que há anos vêm tramitando a passos de tartaruga (*v.g.*, um processo em que há mais de dez anos ainda não foi proferida sequer a sentença de primeiro grau, cível ou criminal). No caso *Damião Ximenes*, passados quase sete anos da propositura da ação penal pelo Ministério Público cearense e da ação civil de reparação de danos proposta pela família da vítima, não havia sequer uma sentença proferida pela Justiça do Ceará.[38]

Frise-se, ainda, que segundo a jurisprudência da Corte Interamericana o Estado que alega o não esgotamento como exceção processual à postulação da vítima tem a seu cargo a obrigação de demonstrar *quais* os recursos internos que deveriam ter sido esgotados.[39] Por outro lado, se o Estado comprova o não esgotamento de determinados recursos internos que deveriam ter sido esgotados, caberá à parte contrária (vítima, seus familiares ou entidade não governamental que atua em sua defesa) demonstrar que tais recursos foram esgotados e que o caso cai dentro das exceções previstas no art. 46, 2 (*v. infra*).[40]

Um problema jurídico que se coloca diz respeito ao caso de o Estado ter tido a oportunidade de alegar, na fase das exceções preliminares (art. 42 do *Regulamento* da Corte), a falta de esgotamento prévio dos recursos internos e não o ter feito. Neste caso, o que se deve entender é que, se o Estado não alegou, no momento próprio (fase das exceções preliminares), a falta de prévio esgotamento dos recursos internos é porque *renunciou* a esta regra. Em outras palavras, a exceção do não esgotamento dos recursos internos, para ser oportuna, deve ser feita logo na primeira etapa do procedimento, à falta da qual se presume a renúncia tácita do Estado em se valer dessa cláusula.[41] Assim, a falta de pronunciamento do Estado sobre a exceção de prévio esgotamento no momento oportuno faz operar a *preclusão* de tal faculdade processual.[42] Ademais, ainda segundo interpretação da Corte, quando uma parte em um litígio adota determinada atitude que redunda em benefício próprio ou em prejuízo da parte contrária,

---

[37] *V.*, por tudo, Cançado Trindade, Antônio Augusto. *Tratado de direito internacional dos direitos humanos*, v. 3, cit., p. 41-42.

[38] Cf. Ramos, André de Carvalho. Análise crítica dos casos brasileiros Damião Ximenes Lopes e Gilson Nogueira de Carvalho na Corte Interamericana de Direitos Humanos, cit., p. 15-16.

[39] Corte IDH. *Caso Godínez Cruz* vs. *Honduras*. Exceções Preliminares. Sentença 26.06.1987. Série C, nº 3, parágrafo 90.

[40] Corte IDH. *Caso Godínez Cruz* vs. *Honduras*, Mérito. Sentença 20.01.1989. Série C, nº 5, parágrafo 63. *V.*, também, o *Caso Fairén Garbi e Solís Corrales* vs. *Honduras*. Mérito. Sentença 15.03.1989. Série C, nº 6, parágrafo 84.

[41] *V.* Corte IDH. *Caso da Comunidade Moiwana* vs. *Suriname*. Exceções Preliminares, Mérito, Reparações e Custas. Sentença 15.06.2005. Série C, nº 124, parágrafo 49.

[42] Cf. Ramos, André de Carvalho. *Processo internacional de direitos humanos*: análise dos sistemas de apuração de violações dos direitos humanos e a implementação das decisões no Brasil. Rio de Janeiro: Renovar, 2002. p. 231.

essa mesma parte não pode, em decorrência do princípio do *estoppel*, assumir outra conduta que seja contraditória com a primeira (*non concedit venire contra factum proprium*).[43]

Em caso de rechaço pela Comissão Interamericana de uma objeção de não esgotamento feita pelo Estado, deve ser seguida a lição de Cançado Trindade, para quem: "A questão preliminar (processual) de admissibilidade é uma e indivisível: assim como se consideram definitivas e inapeláveis as decisões da Comissão de inadmissibilidade de petições ou comunicações, o rechaço pela Comissão de uma objeção de não esgotamento de recursos internos deveria assim mesmo considerar-se definitiva e não suscetível de expor-se de novo pelo Governo demandado no procedimento subsequente perante a Corte".[44] Em outras palavras, a exceção preliminar de prévio esgotamento dos recursos internos, sob exame da Comissão, é de *admissibilidade* e não de *competência*, devendo então ser decidida de pronto (imediatamente) pela Comissão, sem possibilidade de nova análise subsequente.[45] Como destaca ainda Cançado Trindade: "No exame das questões de admissibilidade, são *partes*, diante a Comissão, os indivíduos demandantes e os Governos demandados; a reabertura destas questões ante a Corte, já sem a presença de uma das partes (os peticionários demandantes), atenta contra o princípio da igualdade processual (*equality of arms/ égalité des armes*)".[46]

(2) O segundo requisito necessário à apresentação de uma petição ou comunicação à Comissão é o de ser apresentada dentro do prazo de seis meses, a partir da data em que o presumido prejudicado em seus direitos tenha sido notificado da decisão definitiva. Relativamente ao decurso desse prazo (que é contado a partir da data da decisão interna definitiva) como requisito para a admissão de uma petição ou comunicação pela Comissão, cabe destacar que tal exceção depende da exceção anterior, ou seja, do prévio esgotamento dos recursos internos. Assim sendo, é o governo do Estado que deve demonstrar, perante a Comissão, que o prazo de seis meses contados da data da decisão interna definitiva já se esgotou.

(3) A Convenção também exige que a matéria da petição ou comunicação não esteja pendente de outro processo de solução internacional, para que uma petição ou comunicação seja aceita pela Comissão. Em outras palavras, proíbe-se que haja litispendência ou coisa julgada internacionais. Mas é bom fique nítido que o impedimento de litispendência internacional aqui previsto não diz somente respeito a ações deflagradas em *dois tribunais internacionais* simultaneamente (o que seria mesmo

---

43   V. Corte IDH. *Caso da Comunidade Moiwana* vs. *Suriname*. Exceções Preliminares, Mérito, Reparações e Custas. Sentença 15.06.2005. Série C, nº 124, parágrafo 58. Sobre o princípio do *estoppel* no Direito Internacional Público, *v*. MAZZUOLI, Valerio de Oliveira. *Curso de direito internacional público*, cit., p. 125-126 e p. 438, nota nº 208.

44   V. Corte IDH. *Caso Gangaram Panday* vs. *Suriname*. Mérito, Reparações e Custas. Sentença 21.01.1994. Série C, nº 16 (voto do Juiz Cançado Trindade), parágrafo 6º.

45   Cf. Corte IDH. *Caso Loaysa Tamayo* vs. *Peru*. Exceções Preliminares. Sentença 31.01.1996. Série C, nº 25 (voto do Juiz Cançado Trindade), parágrafo 2º.

46   Corte IDH. *Caso Loaysa Tamayo* vs. *Peru*. Exceções Preliminares. Sentença 31.01.1996. Série C, nº 25 (voto do Juiz Cançado Trindade), parágrafo 15.

impossível no atual sistema internacional de proteção de direitos humanos, por faltar um *tribunal de direitos humanos* das Nações Unidas[47]), também se aplicando no caso de um indivíduo submetido à jurisdição de um Estado Americano apresentar uma petição contra seu Estado perante o *Comitê de Direitos Humanos* das Nações Unidas (pertencente à sistemática do Protocolo Facultativo ao Pacto Internacional dos Direitos Civis e Políticos de 1966, ainda não ratificado pelo Brasil) e, concomitantemente, à Comissão Interamericana de Direitos Humanos.[48]

Neste caso, apesar de não haver dois procedimentos *judiciais* em curso, a litispendência também se apresenta, uma vez que o exame da petição, na letra do art. 46, 1, *c*, está pendente "de outro processo de *solução internacional*", que não obrigatoriamente deve ser um processo *judicial*.

No caso do Brasil, esta exceção de litispendência ainda não tem aplicação prática, pelo fato de o Estado brasileiro não ter ratificado o Protocolo Facultativo ao Pacto Internacional dos Direitos Civis e Políticos,[49] não havendo a possibilidade técnica de (por enquanto) existir pendência "de outro processo de solução internacional" a impedir o recebimento de uma petição ou comunicação feita por vítima brasileira à Comissão Interamericana. Na Europa – a título exemplificativo – é possível a existência da litispendência entre uma decisão da Corte Europeia dos Direitos Humanos e outra do Comitê de Direitos Humanos do Pacto Internacional dos Direitos Civis e Políticos, no caso dos Estados que são partes na Convenção Europeia dos Direitos Humanos e no referido Pacto.[50]

(4) O quarto e último requisito para a admissão de uma petição ou comunicação perante a Comissão Interamericana é conter a petição – no caso do art. 44 da Convenção, ou seja, quando a petição é deflagrada por um *particular* contra um Estado – o nome, a nacionalidade, a profissão, o domicílio e a assinatura da pessoa ou pessoas ou do representante legal da entidade que submeter a petição. Estes são os elementos caracterizadores da pessoa, sem os quais a Comissão não poderá aferir a veracidade dos fatos alegados como violadores da Convenção Americana.

(5) A Convenção Americana autoriza a não aplicação de dois dos requisitos de admissibilidade de uma petição perante a Comissão (as alíneas *a* e *b* do art. 46, 1) quando presentes uma das três hipóteses colocadas pelo art. 46, 2. As alíneas *a* e *b* do art. 46, 1, da Convenção dizem respeito, respectivamente, ao *prévio esgotamento*

---

[47]   O conhecido Tribunal Penal Internacional é também, sob o aspecto da universalidade, um tribunal de direitos humanos. Ele, contudo, não tem competência para julgar *Estados*, apenas incidindo sobre os *indivíduos* acusados de cometer crimes internacionais sujeitos à sua competência. Daí a nossa afirmação de "faltar um *tribunal de direitos humanos* das Nações Unidas". A corte internacional competente para o julgamento de litígios envolvendo *Estados* é a Corte Internacional de Justiça (Haia); mas, neste caso, não existe a possibilidade de se indenizar as eventuais vítimas (particulares) dos atos estatais, mesmo quando exista a "proteção diplomática" do seu Estado de origem, justamente por não se tratar de um tribunal internacional de direitos humanos.

[48]   Cf. RAMOS, André de Carvalho. *Direitos humanos em juízo...*, cit., p. 77.

[49]   Tal instrumento, contudo, foi aprovado no Congresso Nacional, pelo Decreto Legislativo nº 311, de 16.06.2009 (com a reserva expressa no art. 2º).

[50]   Sobre o assunto, *v.* RAMOS, André de Carvalho. *Processo internacional de direitos humanos...*, cit., p. 275-280.

dos recursos internos e ao *decurso do prazo de seis meses* contados da data da decisão definitiva. Não fosse assim, as vítimas de violação de direitos humanos ficariam desguarnecidas na proteção de seus direitos, uma vez que estariam impossibilitadas de vindicar perante a Comissão Interamericana.

(6) Dispõe o art. 46, 2, da Convenção, que as alíneas *a* e *b* do § 1º do mesmo artigo não se aplicarão quando:

(*a*) não existir, na legislação interna do Estado de que se tratar, o devido processo legal para a proteção do direito ou direitos que se alegue tenham sido violados;

(*b*) não se houver permitido ao presumido prejudicado em seus direitos o acesso aos recursos da jurisdição interna, ou houver sido ele impedido de esgotá-los; ou

(*c*) houver demora injustificada na decisão sobre os mencionados recursos.

A flexibilização dos requisitos de admissibilidade previstos nas alíneas *a* e *b* do art. 46, 1, demonstra que os mesmos não são imutáveis e absolutos no sistema interamericano.

No que tange ao requisito do prévio esgotamento dos recursos internos, é bom fique nítido que o mesmo, na prática do sistema interamericano, já vinha sendo interpretado restritivamente, mitigando-se o seu alcance quando, comprovadamente, a vítima da violação dos direitos humanos não tiver os meios e as condições necessárias para esgotar os recursos judiciários internos antes de deflagrar o procedimento perante a Comissão Interamericana (como a falta de assistência jurídica gratuita àquele que não tem as mínimas condições de arcar com um processo judicial etc.).[51] A Comissão, nos termos dessa disposição convencional, já vinha facilitando para os reclamantes a admissibilidade de suas petições ou comunicações quando ao menos um desses fatores se faziam presentes.[52] Ora, não se tem dúvidas que é obrigação dos Estados proporcionar às pessoas todos os recursos internos indispensáveis à garantia da tutela jurisdicional relativamente às demandas de violação de direitos humanos por elas apresentadas. Caso contrário, pode o Estado ser responsabilizado internacionalmente, justamente por não ter provido o indivíduo de meios jurídicos hábeis para reparar o dano que lhe foi causado em decorrência da violação de direitos humanos. Como já assinalou a Corte, nas exceções preliminares do *Caso Godínez Cruz* vs. *Honduras*, é um dever jurídico dos Estados proporcionar esses recursos às vítimas de violações de direitos humanos. Nesta ocasião, decidiu a Corte que os Estados devem proporcionar às vítimas tais recursos internos efetivos (art. 25), os quais devem ser levados a efeito em conformidade com as regras do devido processo legal (art. 8º, 1), dentro da obrigação geral a cargo dos mesmos Estados de garantir o livre e pleno exercício dos direitos reconhecidos pela Convenção a toda pessoa que se encontra sob sua jurisdição (art. 1º).[53] Em outras palavras, dizer que os recursos internos devam ser esgotados de acordo "com os princípios de Direito Internacional geralmente reconhecidos" (art.

---

[51] Cf. Corte IDH. *Opinião Consultiva nº OC-11/90* de 10.08.1990. Série A, nº 11 – *Exceções ao Esgotamento dos Recursos Internos (arts. 46.1, 46.2.a e 46.2.b da Convenção Americana sobre Direitos Humanos)*, parágrafo 31.

[52] Cf. CANÇADO TRINDADE, Antônio Augusto. *Tratado de direito internacional dos direitos humanos*, v. 3, cit., p. 39-40.

[53] Corte IDH. *Caso Godínez Cruz* vs. *Honduras*. Exceções Preliminares. Sentença 26.06.1987. Série C, nº 3, parágrafo 93.

46, 1, *a*) significa que esses recursos não somente devem existir formalmente, senão também serem adequados e efetivos, como resultado das exceções contempladas no art. 46, 2, da Convenção.[54]

Artigo 47

A Comissão declarará inadmissível toda petição ou comunicação (1) apresentada de acordo com os artigos 44 ou 45 quando:

a) não preencher algum dos requisitos estabelecidos no artigo 46 (2);

b) não expuser fatos que caracterizem violação dos direitos garantidos por esta Convenção (3);

c) pela exposição do próprio peticionário ou do Estado, for manifestamente infundada a petição ou comunicação ou for evidente sua total improcedência (4); ou

d) for substancialmente reprodução de petição ou comunicação anterior, já examinada pela Comissão ou por outro organismo internacional (5).

 COMENTÁRIOS

Por *Valerio de Oliveira Mazzuoli*

(1) A declaração da inadmissibilidade de uma petição ou comunicação deve ser exarada em *ato expresso* da Comissão, em todos os casos previstos pelo art. 47 da Convenção Americana (*v.* também o art. 34 do *Regulamento* da Comissão, intitulado "Outras causas de inadmissibilidade"). No sistema previsto pela Convenção para as queixas individuais, declarada inadmissível a petição ou comunicação, a Comissão perde *ipso juris* a sua competência para resolver do assunto ali veiculado. A impossibilidade processual de que a Comissão se pronuncie, declarada a inadmissibilidade da petição ou comunicação, nos termos do exercício da atribuição que lhe assegura o art. 41, *f*, da Convenção ("atuar com respeito às petições e outras comunicações, no exercício de sua autoridade, de conformidade com o disposto nos artigos 44 a 51 desta Convenção"), fazendo recomendações pertinentes e impondo obrigações ao Estado demandado, não a impede de exercer as várias outras atribuições que o mesmo art. 41 lhe assegura.

Em todo caso – como já ditou a Corte Interamericana na Opinião Consultiva 13, de 16 de julho de 1993 –, o exercício destas últimas atribuições, por exemplo, as contempladas nas alíneas *b*, *c* e *g* do art. 41, deverá realizar-se mediante ações e procedimentos separados do regime a que está submetido o conhecimento das petições ou denúncias individuais, não se podendo de nenhuma maneira utilizar-se desse expediente para se referir de forma encoberta ao mérito de um ou vários casos individuais declarados inadmissíveis. Em outras palavras, declarada inadmissível uma

---

54   *V.* Corte IDH. *Caso da Comunidade Mayagna (Sumo) Awas Tingni* vs. *Nicarágua*. Exceções Preliminares. Sentença 1º.02.2000. Série C, nº 66, parágrafo 53.

queixa individual, não caberá qualquer pronunciamento da Comissão sobre o *mérito* daquilo que se contém na petição ou na comunicação.[55]

Não há qualquer recurso cabível à vítima no caso de declaração de inadmissibilidade da petição ou comunicação pela Comissão. Em ocorrendo tal declaração, o caso é simplesmente arquivado.

(2) A Comissão Interamericana declarará inadmissível as petições ou comunicações que não preencherem algum dos requisitos estabelecidos no art. 46 da Convenção, quais sejam: (*a*) a interposição e esgotamento dos recursos da jurisdição interna, de acordo com os princípios de Direito Internacional geralmente reconhecidos; (*b*) a apresentação da petição ou comunicação dentro do prazo de seis meses, a partir da data em que o presumido prejudicado em seus direitos tenha sido notificado da decisão definitiva; (*c*) a inexistência de litispendência internacional; e (*d*) no caso do art. 44 (apresentação da petição por qualquer pessoa, grupo de pessoas ou organização não governamental), a exigência de conter a petição o nome, a nacionalidade, a profissão, o domicílio e a assinatura da pessoa ou pessoas ou do representante legal da entidade que submeter a petição.

Esta regra do art. 47, *a*, da Convenção, não prejudica o disposto no art. 46, 2, que excepciona as regras do prévio esgotamento dos recursos internos e da apresentação da petição nos seis meses seguintes à decisão final nas três hipóteses ali estabelecidas (alíneas *a, b* e *c*).

(3) A exposição dos fatos que caracterizaram a violação dos direitos garantidos pela Convenção é pressuposto de admissibilidade de uma petição ou comunicação pela Comissão Interamericana. É evidente que não se pode aceitar, perante a Comissão, petições sem qualquer exposição dos fatos que supostamente causaram a violação de um direito previsto na Convenção. O que se está a proibir aqui são as conhecidas *aventuras jurídicas*, que pretendem apenas movimentar a máquina judiciária tendo total ciência da falta de suporte fático da ação ou da possibilidade jurídica do pedido formulado.

(4) Será também declarada inadmissível a petição ou comunicação quando, pela exposição do próprio peticionário ou do Estado, for manifestamente infundada a petição ou comunicação ou for evidente sua total improcedência. Em outras palavras, deve a petição ou comunicação apresentada conter alegações verossímeis e fundamentadas. Do contrário corre-se o risco de tirar a transparência e a segurança jurídica necessárias à sobrevivência do sistema.

(5) Por fim, a Comissão declarará inadmissível toda petição ou comunicação que for substancialmente reprodução de petição ou comunicação anterior, já examinada pela Comissão ou por outro organismo internacional. É evidente que no caso de *reprodução* de petição já anteriormente examinada, não tem sentido declarar a sua admissibilidade. A petição anteriormente apresentada pode já ter sido objeto das considerações da Comissão e enviada à Corte, ou pode ter sido rechaçada pela Comissão por inépcia ou por não conter o mínimo suporte probatório dos fatos que levaram à sua propositura.

---

[55]   V. Corte IDH. *Opinião Consultiva nº OC-13/93* de 16.07.1993. Série A, nº 13 – *Certas Atribuições da Comissão Interamericana de Direitos Humanos (arts. 41, 42, 44, 46, 47, 50 e 51 da Convenção Americana Sobre Direitos Humanos)*, parágrafos 42-44.

Seção 4
Processo

Artigo 48

1. A Comissão, ao receber uma petição ou comunicação na qual se alegue a violação de qualquer dos direitos consagrados nesta Convenção, procederá da seguinte maneira:

a) se reconhecer a admissibilidade da petição ou comunicação (1), solicitará informações ao Governo do Estado ao qual pertença a autoridade apontada como responsável pela violação alegada e transcreverá as partes pertinentes da petição ou comunicação. As referidas informações devem ser enviadas dentro de um prazo razoável, fixado pela Comissão ao considerar as circunstâncias de cada caso (2);

b) recebidas as informações, ou transcorrido o prazo fixado sem que sejam elas recebidas, verificará se existem ou subsistem os motivos da petição ou comunicação. No caso de não existirem ou não subsistirem, mandará arquivar o expediente (3);

c) poderá também declarar a inadmissibilidade ou a improcedência da petição ou comunicação, com base em informação ou prova superveniente (4);

d) se o expediente não houver sido arquivado, e com o fim de comprovar os fatos, a Comissão procederá, com conhecimento das partes, a um exame do assunto exposto na petição ou comunicação. Se for necessário e conveniente, a Comissão procederá a uma investigação para cuja eficaz realização solicitará, e os Estados interessados lhe proporcionarão, todas as facilidades necessárias (5);

e) poderá pedir aos Estados interessados qualquer informação pertinente e receberá, se isso lhe for solicitado, as exposições verbais ou escritas que apresentarem os interessados (6); e

f) pôr-se-á à disposição das partes interessadas, a fim de chegar a uma solução amistosa do assunto, fundada no respeito aos direitos reconhecidos nesta Convenção (7).

2. Entretanto, em casos graves e urgentes, pode ser realizada uma investigação, mediante prévio consentimento do Estado em cujo território se alegue haver sido cometida a violação, tão somente com a apresentação de uma petição ou comunicação que reúna todos os requisitos formais de admissibilidade (8).

 COMENTÁRIOS

Por *Valerio de Oliveira Mazzuoli*

(1) O art. 48 da Convenção é o dispositivo que regula o processamento das petições ou comunicações nas quais se alegam violações de direitos humanos perante a Comissão.

No primeiro contato que toma a Comissão Interamericana com uma petição ou comunicação individual deve ela decidir sobre a sua *admissibilidade*. Em outras palavras, ao receber uma comunicação ou petição (contendo a exposição de fatos potencialmente violadores de direitos humanos) a Comissão Interamericana poderá declará-la *admissível* ou *inadmissível*. Declarando admissível a comunicação ou petição, deverá a Comissão agir em conformidade com o disposto no art. 48, 1, *a*, da Convenção.

É importante frisar que as declarações da Comissão sobre a admissibilidade de uma comunicação ou petição devem ser pronunciadas *limine litis*, sem quaisquer delongas, devendo ainda – segundo Cançado Trindade – ser muito bem fundamentadas, uma vez que não poderão ser suscetíveis de reabertura ou revisão. Segundo sua lição, "permitir que as decisões de admissibilidade da Comissão sejam posteriormente reabertas e questionadas perante a Corte pelos Estados demandados gera um desequilíbrio entre as partes, em favor destes últimos; assim sendo, também as decisões de inadmissibilidade da Comissão deveriam poder ser reabertas pelas supostas vítimas e submetidas à Corte. Ou se reabrem todas as decisões – de admissibilidade ou não – da Comissão ante a Corte, ou se as mantêm todas privativas da Comissão".[56]

(2) Tendo reconhecido a admissibilidade da petição ou comunicação, a Comissão deverá solicitar *informações* ao governo do Estado ao qual pertença a autoridade apontada como responsável pela violação alegada, transcrevendo as partes pertinentes da petição ou comunicação. As referidas informações devem ser enviadas dentro de um *prazo razoável*, fixado pela Comissão levando em consideração as circunstâncias de cada caso.

Perceba-se, aqui, a existência de um *contraditório* típico estabelecido pela Convenção, em que a parte denunciada (que potencialmente violou direitos humanos) tem a possibilidade de *responder* à Comissão dando os seus pontos de vista sobre a questão em debate. Nasce desse procedimento a *equidade processual* das partes perante a Comissão, a qual será repetida quando do (eventual) processo judicial perante a Corte.

(3) Tendo o Estado respondido, ou transcorrido o prazo fixado sem que as informações solicitadas sejam recebidas, verificará a Comissão se ainda existem ou subsistem os motivos da petição ou comunicação. Caso os motivos que deflagraram a petição não mais subsistam, a Comissão mandará arquivar o expediente. Em outras palavras, se o Estado, no primeiro caso, ao responder às informações solicitadas, demonstrar que não subsistem os motivos alegados pela suposta vítima na petição ou comunicação, a Comissão – convencendo-se da informação ou da prova realizada pelo Estado – mandará arquivar o expediente, entendendo que não houve violação possível capaz de iniciar um procedimento perante ela.

(4) É possível que a Comissão declare a *inadmissibilidade* ou a *improcedência* da petição ou comunicação, com base em informações ou provas supervenientes. Nesse caso, o requerente não terá nenhum *recurso* disponível para fazer com que a Comissão volte atrás em sua decisão. É certo, contudo, que a Comissão tende a não declarar a inadmissibilidade ou a improcedência da petição ou comunicação sem que haja uma demonstração cabal superveniente de que tais documentos (petição ou comunicação) não têm qualquer aptidão de surtir efeitos perante ela.

---

[56]   Cf. CANÇADO TRINDADE, Antônio Augusto. *Tratado de direito internacional dos direitos humanos*, v. 3, cit., p. 93.

Tais *informações* ou *provas* podem ser levadas pelo Estado à Comissão posteriormente às suas manifestações, mas desde que não ultrapasse o momento em que a Comissão eventualmente já propôs na Corte Interamericana uma ação de responsabilidade internacional contra o Estado, caso em que caberá à Corte, e não mais à Comissão, o exame da nova prova que será acostada aos autos.

(5) Se o expediente não houver sido arquivado, e com o fim de comprovar os fatos, a Comissão procederá, com o conhecimento das partes, a um exame do assunto exposto na petição ou comunicação. Diz ainda a alínea *d* do art. 48 que poderá a Comissão, se assim entender necessário ou conveniente, proceder a uma *investigação*, ficando os Estados *obrigados* a proporcionar-lhe todas as facilidades necessárias para a sua eficaz realização. No ato de adesão do Brasil à Convenção Americana o nosso governo teceu uma "declaração interpretativa" a esta alínea em comento, dizendo entender que tal disposição (que permite a investigação por parte da Comissão, para cuja eficaz realização os Estados deverão proporcionar-lhe "todas as facilidades necessárias") não inclui "o direito automático de visitas e inspeções *in loco* da Comissão Interamericana de Direitos Humanos, as quais dependerão da anuência expressa do Estado". Tal declaração interpretativa não configura, tecnicamente, uma *reserva* e, portanto, não tem qualquer valor no plano jurídico (*v.* explicação nos comentários ao art. 43).

As inspeções *in loco* da Comissão Interamericana têm importantes efeitos preventivos, dentre eles o de alertar o governo de determinado Estado da necessidade de derrogação ou modificação de leis e demais normas que afetam negativamente a eficácia dos direitos humanos em seu país, bem como de estabelecimento ou aperfeiçoamento de recursos internos (garantias processuais etc.) voltados para a melhor salvaguarda desses mesmos direitos.[57]

Foi, *v.g.*, graças às investigações *in loco* da Comissão que se denunciaram, por meio de relatórios, várias violações a direitos humanos perpetradas por regimes ditatoriais latino-americanos, desde a década de 1970.

(6) A Comissão poderá também pedir aos Estados interessados qualquer informação que repute como pertinente para o deslinde da questão. A Comissão poderá solicitar exposições verbais ou escritas para tanto, devendo os interessados prontamente atendê-la. A referência inicial que faz a alínea *e* do dispositivo em comento está voltada "aos *Estados* interessados"; mas nada obsta que tais informações sejam também solicitadas à vítima ou seus familiares.

O pronto atendimento dos Estados às indagações e formulações da Comissão é obrigação que decorre de seu próprio aceite quando da assunção do compromisso internacional (ou seja, quando da ratificação da Convenção), o que está a impedir eventual alegação de violação de sua soberania, ordem pública etc.

(7) Passada a fase da *admissibilidade* da petição ou comunicação, a Comissão passa a entrar na fase *conciliatória* do procedimento, momento em que tentará compor os interesses das partes (vítima *x* Estado) a fim de chegar a uma solução amigável. Daí estabelecer a alínea *f* do art. 48, 1, que a Comissão "pôr-se-á à disposição das partes interessadas, a fim de chegar a uma solução amistosa do assunto, fundada no respeito aos direitos reconhecidos nesta Convenção".

---

[57] Cf. Lindgren Alves, José Augusto. *Os direitos humanos como tema global*, cit., p. 83.

Na prática, nem sempre é possível uma solução amistosa, sendo certo que muitos Estados ainda se negam a proteger os interesses daqueles que tiveram seus direitos humanos violados, recusando-se a propor à vítima uma solução amigável.

(8) Em casos graves e urgentes poderá a Comissão determinar seja realizada uma *investigação* no território do Estado onde se alegou houver sido cometida determinada violação, mas desde que com o consentimento desse mesmo Estado. Para tanto, basta que a vítima apresente à Comissão uma petição ou comunicação que reúna todos os requisitos formais de admissibilidade. Deferido o pedido pela Comissão e tendo havido o consentimento estatal, procede-se, então, à investigação *in loco*. Por meio dela, a Comissão irá verificar a veracidade dos fatos alegados e a situação fática no Estado onde a suposta violação de direitos humanos ocorreu.

A diferença desse procedimento para o estabelecido no art. 48, 1, *d, in fine*, segundo o qual a Comissão poderá realizar, se achar necessário e conveniente, uma "investigação para cuja eficaz realização solicitará, e os Estados interessados lhe proporcionarão, todas as facilidades necessárias", reside no fato de não se tratar aqui (ou seja, no caso do art. 48, 2) de um ato espontâneo *da Comissão* (como ocorre no art. 48, 1, *d, in fine*), mas de uma *solicitação* da parte interessada, mediante a apresentação de petição que reúna os requisitos formais de admissibilidade.

Artigo 49

Se se houver chegado a uma solução amistosa de acordo com as disposições do inciso 1, f, do artigo 48, a Comissão redigirá um relatório que será encaminhado ao peticionário e aos Estados-Partes nesta Convenção e, posteriormente, transmitido, para sua publicação, ao Secretário-Geral da Organização dos Estados Americanos. (1) O referido relatório conterá uma breve exposição dos fatos e da solução alcançada. (2) Se qualquer das partes no caso o solicitar, ser-lhe-á proporcionada a mais ampla informação possível. (3)

 COMENTÁRIOS

Por *Valerio de Oliveira Mazzuoli*

(1) Segundo o art. 49, caso se tenha chegado a uma solução amistosa (conciliação) de acordo com as disposições do § 1º, alínea *f*, do art. 48, a Comissão redigirá um relatório que será encaminhado ao peticionário e aos Estados-Partes e posteriormente transmitido, para sua publicação, ao Secretário-Geral da OEA.

Infelizmente, são raras as vezes em que se logra chegar a uma solução amistosa no seio da Comissão, sendo necessário então que se proceda de acordo com os arts. 50 e 51 da Convenção, caso em que poderá o Estado ser demandado perante a Corte ou ser repreendido pela Comissão – caso não seja submetido à Corte, por ainda não ter o Estado aceito a sua competência contenciosa – no seu *segundo informe*.

(2) O referido relatório deve conter uma breve exposição dos fatos e da solução alcançada. Evidentemente que mais importante do que a exposição dos fatos é deixar nítido no relatório qual a solução a que se chegou. Para tanto, poderá também a Comissão expor no relatório os *métodos* que empregaram as partes para chegar à dita solução amistosa.

(3) Se qualquer das partes no caso o solicitar, a ela deverá ser proporcionada a mais ampla informação possível. Essa *ampla informação* referida pela Convenção demonstra ser sempre bem-vinda a consulta pelos Estados, principalmente no caso em tela, quando se logrou chegar a uma solução amistosa.

> ### Artigo 50
>
> 1. Se não se chegar a uma solução, e dentro do prazo que for fixado pelo Estatuto da Comissão, esta redigirá um relatório no qual exporá os fatos e suas conclusões (1). Se o relatório não representar, no todo ou em parte, o acordo unânime dos membros da Comissão, qualquer deles poderá agregar ao referido relatório seu voto em separado. Também se agregarão ao relatório as exposições verbais ou escritas que houverem sido feitas pelos interessados em virtude do inciso 1, e, do artigo 48. (2)
>
> 2. O relatório será encaminhado aos Estados interessados, aos quais não será facultado publicá-lo. (3)
>
> 3. Ao encaminhar o relatório, a Comissão pode formular as proposições e recomendações que julgar adequadas. (4)

 COMENTÁRIOS

Por *Valerio de Oliveira Mazzuoli*

(1) Se não se chegar a uma solução, e dentro do prazo que for fixado pelo Estatuto da Comissão, esta redigirá um relatório no qual exporá os fatos e suas conclusões. Tal relatório – chamado de *primeiro informe* ou *informe preliminar* – é fundamentado pelos membros da Comissão, podendo expressar o acordo unânime entre eles ou também parcial.

Neste primeiro informe é que a Comissão irá verificar se houve ou não violação da Convenção Americana por parte do Estado. Se a Comissão decidir *não ter havido* violação de direitos humanos, *nenhum recurso* da parte caberá contra essa decisão, mesmo que não tenha sido unânime a sua opinião.[58] Mas, se entender que *houve violação* de direitos humanos, a Comissão abre ao Estado o prazo de 3 (três) meses para que cumpra as recomendações contidas no relatório. Caso nada tenha sido feito nesse período a Comissão, obrigatoriamente, deverá optar em submeter o caso à decisão da Corte ou editar um *segundo informe* nos termos do art. 51, 1.[59]

É importante frisar que tal faculdade que tem a Comissão de decidir ter havido ou não violação de direitos humanos, demonstra um grande poder atribuído pela Convenção à Comissão Interamericana. Como todos os casos de violação de direitos humanos deflagrados por *pessoas* (ou *grupo de pessoas*, ou *entidade não governamental* legalmente reconhecida em um ou mais Estados-membros da OEA) têm que passar obrigatoriamente pela Comissão, antes de ir à Corte, tal faz com que, na prática, a

---

[58] Cf. RAMOS, André de Carvalho. *Direitos humanos em juízo...*, cit., p. 80.

[59] Cf. Idem, p. 84-85.

Comissão acabe sendo a *intérprete final* da Convenção, o que pode ser criticável, à primeira vista, pelo fato de se entender que este papel caberia *à Corte* e não a ela. Contudo, não é de se desprezar o argumento da doutrina de que "exigir que o Estado seja processado através de *uma ação com fundamentação adversa* (a Comissão aciona o Estado, ressalvando seu entendimento de inexistência de violação de direitos humanos) é *amesquinhar* a Comissão, transformando-a em um *mero eixo de transmissão* de representações de violações de direitos humanos à Corte, o que contraria, por seu turno, o relevante papel conferido à Comissão pela Convenção Americana de Direitos Humanos".[60]

Por fim, cabe dizer que os informes *primeiro* e *segundo* não podem ser redigidos em documento único, por fazerem parte de momentos processuais distintos perante a Comissão. Os mesmos devem ser separados um do outro, não se podendo publicar o primeiro e facultar-se a publicação do segundo.[61]

(2) Se a opinião da Comissão, apresentada no relatório, não for *unânime* entre os seus membros, no todo ou em parte, qualquer deles poderá agregar ao este relatório seu voto em separado.

Também se agregarão ao relatório as exposições verbais ou escritas que houverem sido feitas pelos interessados em virtude do art. 48, 1, *e*, que assim dispõe:

"A Comissão, ao receber uma petição ou comunicação na qual se alegue a violação de qualquer dos direitos consagrados nesta Convenção, procederá da seguinte maneira:

[...]

e) poderá pedir aos Estados interessados qualquer informação pertinente e receberá, se isso for solicitado, as exposições verbais ou escritas que apresentarem os interessados".

(3) O relatório da Comissão, no caso de não se ter chegado a uma solução amistosa, será encaminhado aos Estados interessados, os quais não poderão publicá-lo. A Convenção exige sigilo do Estado relativamente ao relatório da Comissão, no caso de não se ter chegado a uma solução amistosa. Tal se dá em virtude dos problemas que poderão ocorrer com a difusão de tais informações ao nível da opinião pública nacional, uma vez que ainda não se sabe se haverá ou não o envio do caso à Corte Interamericana, estando o procedimento ainda em trâmite perante a Comissão, devendo ser mantido em confidencialidade.

Tampouco pode a Comissão Interamericana publicar esse *primeiro informe*, o qual deve ser transmitido apenas aos "Estados *interessados*", segundo a terminologia utilizada pela Convenção.

---

[60]   RAMOS, André de Carvalho. *Processo internacional de direitos humanos...*, cit., p. 236. Como conclui este mesmo autor: "Logo, a saída que consideramos mais razoável é a alteração da Convenção Americana de Direitos Humanos, *para permitir o acesso dos indivíduos à Corte Interamericana de Direitos Humanos*, como recurso ao entendimento da Comissão favorável ao Estado" (Idem, ibidem).

[61]   V. Corte IDH. *Opinião Consultiva nº OC-13/93* de 16.07.1993. Série A, nº 13 – *Certas Atribuições da Comissão Interamericana de Direitos Humanos (arts. 41, 42, 44, 46, 47, 50 e 51 da Convenção Americana Sobre Direitos Humanos)*, parágrafo 3º da *decisão*.

(**4**) Ao encaminhar o relatório, a Comissão pode formular as proposições e recomendações que julgar adequadas, a fim de que o Estado em causa solucione o assunto. São de variada índole tais proposições e recomendações que faz a Comissão ao Estado, variando caso a caso e de acordo com a gravidade da situação. O prazo estabelecido pela Convenção (art. 51, 1) para que o Estado cumpra as recomendações formuladas pela Comissão no relatório é de 3 (três) meses. Se o Estado não cumpre tais recomendações, e estando o peticionário de acordo, o caso poderá ser submetido à apreciação da Corte pela Comissão.[62]

Artigo 51

1. Se no prazo de três meses, a partir da remessa aos Estados interessados do relatório da Comissão, o assunto não houver sido solucionado ou submetido à decisão da Corte pela Comissão ou pelo Estado interessado, aceitando sua competência (1), a Comissão poderá emitir, pelo voto da maioria absoluta dos seus membros, sua opinião e conclusões sobre a questão submetida à sua consideração. (2)

2. A Comissão fará as recomendações pertinentes e fixará um prazo dentro do qual o Estado deve tomar as medidas que lhe competirem para remediar a situação examinada. (3)

3. Transcorrido o prazo fixado, a Comissão decidirá, pelo voto da maioria absoluta dos seus membros, se o Estado tomou ou não as medidas adequadas e se publica ou não seu relatório. (4)

 COMENTÁRIOS

Por *Valerio de Oliveira Mazzuoli*

(**1**) Se no prazo de três meses, a partir da remessa aos Estados interessados do relatório da Comissão (*primeiro informe*), o assunto não houver sido solucionado ou submetido à decisão da Corte pela Comissão ou pelo Estado interessado, aceitando sua competência, a Comissão – agora na fase do *segundo informe* – poderá emitir, pelo voto da maioria absoluta dos seus membros, sua própria opinião e conclusões sobre a questão submetida à sua consideração.

Esta fase do *segundo informe*, como se percebe, somente ocorrerá se "o assunto não houver sido solucionado *ou [não houver sido] submetido à decisão da Corte* [em geral, pelo fato de o Estado em causa não ser *parte* na Convenção Americana ou, caso o seja, por não ter ainda *reconhecido* a competência contenciosa da Corte] pela Comissão ou pelo Estado interessado" (art. 51, 1).[63] Assim, caso o Estado em questão se recuse a acatar as conclusões estabelecidas pela Comissão no seu *primeiro informe*

---

[62]   Cf. Arrigui, Jean Michel. *OEA*: Organização dos Estados Americanos, cit., p. 108.

[63]   Cf. Corte IDH. *Opinião Consultiva nº OC-13/93* de 16.07.1993. Série A, nº 13 – *Certas Atribuições da Comissão Interamericana de Direitos Humanos (arts. 41, 42, 44, 46, 47, 50 e 51 da Convenção Americana Sobre Direitos Humanos)*, parágrafos 51-52.

(ou *primeiro relatório*), esta poderá acioná-lo perante a Corte Interamericana, caso o Estado seja parte na Convenção Americana e tenha reconhecido a jurisdição obrigatória da Corte. Este acionamento do Estado ante a Corte se dá por meio de *ação de responsabilidade internacional* proposta pela Comissão.

Se o Estado considerar injustas as recomendações estabelecidas pela Comissão, por não ter ele dado causa a qualquer violação de direitos humanos, a Convenção lhe abre a possibilidade de submeter a questão à análise da Corte (perceba-se a redação do art. 51, 1: "... o assunto não houver sido solucionado ou submetido à decisão da Corte pela Comissão *ou pelo Estado interessado*..."). Note-se que a expressão "não houver sido" também se liga à frase derradeira "submetido à decisão da Corte", com o que se conclui que somente no caso de não ter sido o caso submetido à decisão da Corte (pela Comissão ou pelo Estado interessado) é que a Comissão *continua* no seu procedimento interno de processamento (não judicial) do Estado e edita o seu *segundo informe* (art. 51, 2).

Com a reforma do então *Regulamento da Comissão*, no ano de 2000, pretendeu-se ampliar o envio de casos à Corte, principalmente em decorrência do art. 44, 1, daquele *Regulamento*, que exigia a decisão fundamentada da *maioria absoluta* dos membros da Comissão para que um caso *não fosse* submetido à Corte, nestes termos: "Se o Estado de que se trate houver aceito a jurisdição da Corte Interamericana em conformidade com o artigo 62 da Convenção Americana, e se a Comissão considerar que este não deu cumprimento às recomendações contidas no relatório aprovado de acordo com o artigo 50 do citado instrumento, a Comissão submeterá o caso à Corte, salvo por decisão fundamentada da maioria absoluta dos seus membros". O novo *Regulamento* da Comissão (que entrou em vigor em 31 de dezembro de 2009, com modificações posteriores de 2011 e 2013) repetiu a mesma disposição no art. 45, 1. Esta disposição está também de acordo com o art. 25, 1, do novo *Regulamento da Corte* (de 2009), que autoriza que, depois de admitida a demanda, as supostas vítimas ou seus representantes, participem do processo (*locus standi*) em todas as etapas, apresentando suas petições, argumentos e provas de forma autônoma.

O prazo de *três meses* previsto pelo art. 51, 1, é contado da data da notificação ao Estado do *primeiro informe* previsto pelo art. 50.

(2) Não tendo o Estado cumprido as determinações da Comissão expostas no seu *primeiro informe* e não tendo sido o caso submetido à decisão da Corte, só resta à Comissão emitir sua opinião e conclusões (pelo voto da maioria absoluta dos seus membros) sobre a questão submetida à sua consideração. Tendo entendido que houve violação de direitos humanos por parte do Estado, a Comissão irá repreendê-lo, exigindo sejam tomadas medidas efetivas para remediar a situação apresentada. Como neste caso a demanda *não foi* submetida à decisão da Corte, só resta esta medida política (de repreensão do Estado por meio de *recomendações* pertinentes) a ser tomada pela Comissão (art. 51, 2, comentado *infra*).

(3) Nesta fase do segundo informe – que ocorre no caso de o assunto *não ter sido* submetido à decisão da Corte – "a Comissão fará as recomendações pertinentes e fixará um prazo dentro do qual o Estado deve tomar as medidas que lhe competir para remediar a situação examinada".

A expressão "*recomendações pertinentes*", utilizada pela Convenção, não induz à interpretação de que o *segundo informe* da Comissão não tem qualquer força vinculante, ou que seja apenas uma reprovação de caráter *moral*. Apenas o *primeiro informe* da Comissão pode ser considerado como destituído de caráter vinculante, por não ser definitivo. Nos termos da Convenção, se após o prazo de 3 (três) meses estabelecidos pela Comissão para que o Estado cumpra suas recomendações nenhuma providência for tomada por esse Estado, a Comissão pode acioná-lo perante a Corte *ou* editar o segundo informe, que pode ou não ser publicado. Caso decida demandá-lo na Corte, "será a sentença dessa última que será vinculante, podendo até contrariar o entendimento da Comissão".[64] Caso a Comissão não submeta o caso à Corte (normalmente por não ter ainda o Estado em causa reconhecido a jurisdição obrigatória do tribunal), procede-se à edição do *segundo informe*, que deve ser cumprido pelo princípio (jurídico) da boa-fé, uma vez que o Estado em causa, ao ratificar a Convenção, já aceitou (imediatamente) o fato de poder qualquer pessoa ou grupo de pessoas, ou entidade não governamental legalmente reconhecida em um ou mais Estados-membros da OEA, peticionar à Comissão denunciando-o de violação dos direitos previstos na Convenção.[65] Assim, deve ser afastada a interpretação segundo a qual as "recomendações" da Comissão, exaradas no seu *segundo informe*, não têm qualquer força jurídica.

A Comissão, infelizmente, não tem meios jurídicos de exigir do Estado faltoso o cumprimento de suas recomendações, restando apenas recorrer à Assembleia Geral da OEA, a fim de que esta tome as medidas que entender necessárias. A Comissão deve notificar a OEA a respeito do caso no *relatório anual* que tem de apresentar à Assembleia Geral da Organização, nos termos do art. 41, *g*, da Convenção.[66]

Relativamente à fase do *segundo informe* cabe ainda uma questão derradeira a tratar. A República do Chile, em 11 de novembro de 1996, submeteu à Corte Interamericana um pedido de opinião consultiva que respondesse à seguinte indagação: "Pode a Comissão Interamericana de Direitos Humanos, tendo adotado relativamente a um Estado os dois informes a que se referem os artigos 50 e 51 da Convenção e relativamente ao último deles notificado o Estado tratar-se de um informe definitivo, modificar substancialmente esse informe e emitir um terceiro parecer?"

A Corte, por seis votos contra um, respondeu no sentido de não estar a Comissão Interamericana, no exercício das atribuições que lhe confere o art. 51 da Convenção, autorizada a modificar as opiniões, conclusões e recomendações transmitidas a um Estado-membro, salvo em circunstâncias excepcionais, como: (*a*) em caso de cumprimento parcial ou total das recomendações e conclusões contidas no informe; (*b*) em caso da existência no informe de erros materiais sobre os fatos do caso; e (*c*) no caso do descobrimento de fatos que não eram conhecidos no momento da emissão do informe e que tiveram uma influência decisiva no seu conteúdo. Ficou também decidido que a solicitação de modificação do informe somente poderá promover-se pelas partes interessadas, é dizer, pelos peticionários e pelo Estado, antes da publicação do próprio informe e dentro de um prazo razoável contado a partir de sua notificação. Em tal hipótese, outorgar-se-á às partes interessadas a oportunidade de debater sobre os fatos ou erros materiais que motivaram sua petição, de acordo com o princípio de

---

[64] Cf. Ramos, André de Carvalho. *Direitos humanos em juízo…*, cit., p. 84-85.

[65] *V*. Idem, p. 85.

[66] Cf. Idem, ibidem.

equidade processual. Salvos esses casos excepcionais, sob nenhuma circunstância a Comissão está facultada pela Convenção a emitir um terceiro informe modificativo do anterior.[67]

(4) Transcorrido o prazo fixado, a Comissão decidirá, pelo voto da maioria absoluta dos seus membros, se o Estado tomou ou não as medidas adequadas e se publica ou não seu relatório.

CAPÍTULO VIII
CORTE INTERAMERICANA DE DIREITOS HUMANOS

Seção 1
Organização

Artigo 52

1. A Corte compor-se-á de sete juízes, nacionais dos Estados-Membros da Organização (1), eleitos a título pessoal dentre juristas da mais alta autoridade moral, de reconhecida competência em matéria de direitos humanos, que reúnam as condições requeridas para o exercício das mais elevadas funções judiciais, de acordo com a lei do Estado do qual sejam nacionais, ou do Estado que os propuser como candidatos. (2)

2. Não deve haver dois juízes da mesma nacionalidade. (3)

 COMENTÁRIOS

Por *Valerio de Oliveira Mazzuoli*

(1) A Corte Interamericana de Direitos Humanos – que tem sede em San José, na Costa Rica – é composta por sete juízes (sempre de nacionalidades diferentes) provenientes dos Estados-membros da OEA. Seus juízes devem, obrigatoriamente, ser *nacionais* de um dos Estados-membros da OEA, mesmo que esse Estado não seja parte na Convenção Americana. Dessa forma, pode haver juiz na Corte Interamericana, nacional de país-membro da OEA que não é parte na Convenção Americana. Assim, *v.g.*, o juiz Thomas Buergenthal (que ali permaneceu de 1979 a 1991) é de nacionalidade estadunidense (ou seja, de país que não é parte, ainda hoje, na Convenção Americana).

(2) Os membros da Corte são eleitos, a título pessoal, dentre juristas da mais alta autoridade moral, de reconhecida competência em matéria de direitos humanos e que reúnam as condições requeridas para o exercício das mais elevadas funções judiciais, de acordo com a lei do Estado do qual sejam nacionais, ou do Estado que os propuser como candidatos. Essas *condições* requeridas pelo direito interno, necessárias

---

[67] V. Corte IDH. *Opinião Consultiva nº OC-15/97* de 14.11.1997. Série A, nº 15 – *Informes da Comissão Interamericana de Direitos Humanos (Art. 51 da Convenção Americana sobre Direitos Humanos)*, parágrafos 54, 58 e 59.

ao exercício das mais altas funções judiciais, variam de país para país. No Brasil, por exemplo, a Constituição (art. 101) exige idade mínima de 35 e máxima de 65 anos, além de notável saber jurídico e reputação ilibada, para que alguém seja nomeado Ministro do Supremo Tribunal Federal.

É importante a referência que faz a Convenção Americana sobre serem "juristas" os membros da Corte. Trata-se, então, de condição necessária ao ingresso no cargo ter o candidato a juiz formação propriamente *jurídica*, ao contrário do que ocorre com a eleição de um membro da Comissão Interamericana, cujo art. 34 (*v.* comentários *supra*) exige apenas serem seus membros "pessoas de *alta autoridade moral* e de *reconhecido saber* em matéria de direitos humanos" [grifo nosso]. Em outras palavras, não necessitam os membros da Comissão ser "juristas" (podendo, *v.g.*, ser sociólogos, cientistas políticos, educadores etc.), pelo fato de não ser ela órgão *judiciário* (trata-se de órgão *quase judicial*); mas a exigência de ser bacharel em Direito (e, sobretudo, "juristas", ou seja, que efetivamente exerçam atividade jurídica *científica*) se faz presente quanto aos membros da Corte Interamericana.

(3) A Convenção impede, por razões óbvias, que participem da composição da Corte dois juízes da mesma nacionalidade.

Artigo 53

1. Os juízes da Corte serão eleitos, em votação secreta e pelo voto da maioria absoluta dos Estados-Partes na Convenção, na Assembleia Geral da Organização, de uma lista de candidatos propostos pelos mesmos Estados. (1)

2. Cada um dos Estados-Partes pode propor até três candidatos, nacionais do Estado que os propuser ou de qualquer outro Estado-Membro da Organização dos Estados Americanos. Quando se propuser uma lista de três candidatos, pelo menos um deles deverá ser nacional de Estado diferente do proponente. (2)

 COMENTÁRIOS

Por *Valerio de Oliveira Mazzuoli*

(1) A eleição dos juízes da Corte far-se-á por votação secreta pelo voto da *maioria absoluta* dos Estados-Partes na Convenção Americana. A votação tem lugar na Assembleia Geral da OEA, sendo realizada a partir de uma lista de candidatos propostos por esses mesmos Estados (partes na OEA).

(2) Cada Estado-Parte da OEA tem direito de propor *até três candidatos* a juízes, nacionais seus ou de qualquer outro Estado-membro da OEA. O número de três candidatos é o máximo que se pode propor, nada impedindo que sejam propostos dois ou apenas um candidato por Estado.

Quando um Estado propõe o número máximo de juízes permitido pela Convenção (três candidatos), pelo menos um deles "deverá ser nacional do Estado *diferente* do proponente". Isto quer dizer que se o Brasil propõe uma lista de três candidatos para juiz da Corte, ao menos um deles deverá ser de outro país que não o próprio Brasil.

Artigo 54

1. Os juízes da Corte serão eleitos por um período de seis anos e só poderão ser reeleitos uma vez. O mandato de três dos juízes designados na primeira eleição expirará ao cabo de três anos. Imediatamente depois da referida eleição, determinar-se-ão por sorteio, na Assembleia Geral, os nomes desses três juízes (1).

2. O juiz eleito para substituir outro cujo mandato não haja expirado, completará o período deste (2).

3. Os juízes permanecerão em suas funções até o término dos seus mandatos. Entretanto, continuarão funcionando nos casos de que já houverem tomado conhecimento e que se encontrem em fase de sentença e, para tais efeitos, não serão substituídos pelos novos juízes eleitos (3).

 COMENTÁRIOS

Por *Valerio de Oliveira Mazzuoli*

(1) Os juízes da Corte têm mandato de seis anos, podendo ser reeleitos apenas uma vez.[68] Portanto, o tempo máximo que pode um juiz tomar assento na Corte Interamericana é de doze anos. Passado o período de tempo estabelecido pelo art. 54, 1, da Convenção, havendo ou não reeleição, abre-se a vaga do magistrado para nova escolha.

Ainda segundo o mesmo dispositivo, "[o] mandato de três dos juízes designados na primeira eleição expirará ao cabo de 3 (três) anos", e "[i]mediatamente depois da referida eleição, determinar-se-ão por sorteio, na Assembleia Geral, os nomes desses três juízes". Assim, após a primeira eleição de escolha de magistrados da Corte Interamericana três juízes foram sorteados, pela Assembleia Geral da OEA, para cumprirem três anos de mandato, findo o qual nova escolha foi realizada. Tal regra, portanto, já sentiu os efeitos da preclusão consumativa e não tem mais, atualmente, qualquer aplicabilidade.

(2) Quando um juiz dá por terminada a sua função na Corte, ou quando, por qualquer motivo, tal função termina (*v.g.*, em caso de morte do magistrado etc.) sem que haja sido expirado o período de mandato respectivo, novo juiz deve ser eleito para substituir o outro, completando o período deste (mandato tampão). Após esse mandato tampão, nova eleição deve ser realizada para o fim de escolher o magistrado que tomará posse na respectiva vaga.

(3) Conforme o art. 54, 3, da Convenção, os juízes da Corte devem permanecer em suas funções até o término dos seus mandatos, mas podem continuar atuando – mesmo quando findo o mandato respectivo – nos casos de que já tenham tomado conhecimento e que se encontrem em fase de sentença. Neste último caso, os juízes com mandato expirado *permanecem* na Corte até que o caso que iniciaram seja encerrado. Essa regra deve também ser aplicada à decisão sobre interpretação de sentença a que se

---

[68] Sobre o mandato dos juízes da Corte, *v.* o art. 5º do *Estatuto* da Corte Interamericana (transcrito no Anexo).

referem os arts. 67 da Convenção e 68 do Regulamento da Corte, pois de acordo com as regras gerais do direito processual, um caso contencioso não pode considerar-se concluído sem que a sentença se cumpra em sua integralidade.[69]

Artigo 55

1. O juiz que for nacional de algum dos Estados-Partes no caso submetido à Corte conservará o seu direito de conhecer o mesmo. (1)

2. Se um dos juízes chamados a conhecer do caso for de nacionalidade de um dos Estados-Partes, outro Estado-Parte no caso poderá designar uma pessoa de sua escolha para integrar a Corte na qualidade de juiz *ad hoc*. (2)

3. Se, dentre os juízes chamados a conhecer do caso, nenhum for da nacionalidade dos Estados-Partes, cada um destes poderá designar um juiz *ad hoc*. (3)

4. O juiz *ad hoc* deve reunir os requisitos indicados no artigo 52. (4)

5. Se vários Estados-Partes na Convenção tiverem o mesmo interesse no caso, serão considerados como uma só parte, para os fins das disposições anteriores. Em caso de dúvida, a Corte decidirá. (5)

 COMENTÁRIOS

Por *Valerio de Oliveira Mazzuoli*

(1) Não impede a participação de um juiz em dado julgamento perante a Corte o fato de ser ele nacional de algum dos Estados-Partes no caso (demandante ou demandado). A Convenção entendeu que os juízes que ali estão são *imparciais* e, como tal, podem conhecer de ações em que o seu Estado de nacionalidade (seja demandante ou demandado) faça parte perante o tribunal.

Deve-se esclarecer, porém, que o art. 55, 1, da Convenção, diz respeito apenas ao caso de a demanda ser entre *dois Estados*, ou seja, *interestatal*. Em outros termos, o art. 55, 1, não diz respeito à participação de um juiz nacional de um Estado demandado em casos originados de petições individuais (mas somente à participação de um juiz nacional de um Estado demandado em casos interestatais). Assim, no caso de a demanda ter sido originada de uma petição individual (junto à Comissão Interamericana, com posterior envio do caso à Corte pela Comissão), havendo um juiz nacional do Estado demandado ficará este magistrado impossibilitado de participar do conhecimento do caso. Essa é a interpretação do art. 55, 1, da Convenção esposada pela Corte Interamericana na *Opinião Consultiva* 20/09 (*v.* comentário nº 2, *infra*).

(2) Caso coincida de um dos juízes da Corte ser nacional de um dos Estados-Partes na demanda, faculta-se ao outro Estado-Parte no caso designar uma pessoa de sua escolha para integrar a Corte, na qualidade de juiz *ad hoc*. Essa faculdade conferida

---

[69]   Cf. Corte IDH. *Caso Godínez Cruz vs. Honduras.* Interpretação da Sentença de Reparações e Custas. Sentença 17.08.1990. Série C, nº 10, parágrafo 12.

pela Convenção aos Estados visa dar clara igualdade de tratamento (*equality of arms/ égalité des armes*) às partes na demanda.

Frise-se, contudo, que a hipótese prevista no art. 55, 2, da Convenção Americana, somente terá lugar quando o litígio perante a Corte for entre *dois Estados*, como se pode perceber nitidamente pela redação do dispositivo. Em outras palavras, não existe a possibilidade de designar um juiz *ad hoc* quando a demanda originar-se de uma petição individual, caso em que se deve excluir o juiz nacional do julgamento. Aliás, essa dúvida – relativa à possibilidade de haver juiz *ad hoc* em casos individuais, bem assim de poder o juiz nacional participar desse julgamento – foi levantada pela República Argentina junto à Corte Interamericana, tendo sido objeto da referida *Opinião Consultiva* 20, de 29 de setembro de 2009, em que se concluiu o seguinte:

"1. Que conforme o artigo 55.3 da Convenção Americana de Direitos Humanos, a possibilidade dos Estados-Partes no caso submetido à Corte Interamericana, de nomear um juiz *ad hoc* para que integre este Tribunal quando no mesmo não tiver um juiz de sua nacionalidade, se restringe àqueles casos contenciosos originados por comunicações interestatais (artigo 45 do dito instrumento), e que não é possível derivar um direito similar em favor dos Estados-Partes em casos originados por petições individuais (artigo 44 do dito tratado). 2. Que o juiz nacional do Estado demandado não deve participar do conhecimento de casos contenciosos originados por petições individuais".[70]

Assim, será apenas possível a um Estado nomear juiz *ad hoc* perante a Corte caso a demanda origine-se de queixa estatal, pois somente nessa hipótese é viável atribuir "igualdade de armas" ao outro Estado, que não dispõe de juiz de sua nacionalidade perante o tribunal.

(3) Caso nenhum dos juízes chamados a conhecer do caso seja da nacionalidade dos Estados-Partes, cada um destes poderá designar uma pessoa de sua escolha para atuar como juiz *ad hoc*. Aqui, também, o propósito da Convenção Americana foi atribuir igualdade de tratamento aos Estados-Partes no litígio, facultando que ambos escolham um juiz *ad hoc* para atuar no caso. Assim, o sistema de julgamento perante a Corte fica paritário, e os Estados, por consequência, não se veem surpreendidos por juiz único de nacionalidade de apenas um deles (princípio da "igualdade de armas").

(4) Para que seja nomeado juiz *ad hoc*, este deve reunir as condições previstas no art. 52 da Convenção, ou seja, ser nacional de um dos Estados-membros da OEA e reconhecido como jurista da mais alta autoridade moral, de notória competência em matéria de direitos humanos, que tenha as condições necessárias para exercer as mais elevadas funções judiciais de seu país ou do país que o propuser como candidato. Tais condições (internas) variam de país para país. No Brasil, como já se falou (*v.* comentários ao art. 52), a Constituição de 1988 (art. 101) exige idade mínima de 35 e máxima de 65 anos (além de notável saber jurídico e reputação ilibada) para que alguém seja nomeado Ministro do Supremo Tribunal Federal, requisito que também deve ser observado quando da nomeação de um juiz (ainda que *ad hoc*) perante a Corte.

---

[70] V. Corte IDH. *Opinião Consultiva n° OC-20/09* de 29.09.2009. Série A, n° 20 – *Artigo 55 da Convenção Americana sobre Direitos Humanos*, parágrafos 21-86.

(5) Se vários Estados-Partes na Convenção tiverem o mesmo interesse no caso, serão considerados como uma só parte, para os fins das disposições anteriores, decidindo a Corte em caso de dúvida.

Artigo 56

O *quorum* para as deliberações da Corte é constituído por cinco juízes.

 COMENTÁRIOS

Por *Valerio de Oliveira Mazzuoli*

Dos sete juízes da Corte, devem votar no mesmo sentido um mínimo de *cinco* juízes para que se julgue procedente ou improcedente determinada ação proposta. Tal disposição também consta do art. 23 do Estatuto da Corte, que complementa a Convenção aduzindo que as decisões do tribunal "serão tomadas pela maioria dos juízes presentes", e que "[e]m caso de empate, o Presidente terá o voto de qualidade" (*voto de Minerva*). Portanto, sem o mínimo de cinco dos sete juízes do tribunal, não há *quorum* possível para as respectivas deliberações.

Artigo 57

A Comissão comparecerá em todos os casos perante a Corte.

 COMENTÁRIOS

Por *Valerio de Oliveira Mazzuoli*

É dever da Comissão Interamericana comparecer em todos os casos perante a Corte. O seu comparecimento se dará tanto no caso de ela própria ter deflagrado a ação na Corte (atendendo ao interesse da vítima ou de seus familiares), quanto na hipótese de a ação de responsabilidade ter sido proposta por um Estado-Parte na Convenção contra outro Estado-Parte.

Perceba-se que a Convenção Americana atribuiu à Comissão um claro papel de órgão auxiliar da Justiça ou de parte *sui generis* processual, à guisa de um Ministério Público do sistema interamericano.[71] Mas, para além de lhe outorgar a missão de comparecer em todos os casos perante a Corte, a Convenção atribuiu à Comissão outras importantes tarefas a serem realizadas *antes* que a Corte tome conhecimento de um dado caso. Dentre elas está a de proceder à investigação de um caso e propor uma solução amistosa ao mesmo. Assim, será a Comissão que ouvirá em primeira mão o Estado contra o qual uma queixa está sendo proposta, e também a que irá colher as informações necessárias (do Estado, da vítima ou de seus familiares) ao deslinde do caso concreto (tanto perante ela própria, a partir do seu *segundo informe*,

---

71   Cf. Ramírez, Sergio García. *Los derechos humanos y la jurisdicción interamericana*, cit., 89.

quanto perante a Corte, quando para este tribunal houver sido submetido o caso). Tais atribuições da Comissão – estabelecidas nos arts. 44 a 51 da Convenção – são verdadeiramente muito mais importantes que o seu mero comparecimento perante a Corte quando um dado caso já houver sido proposto.

A crítica que se faz ao sistema do Pacto quanto ao papel da Comissão diz respeito à ambiguidade de suas funções. Tal ambiguidade ocorre porque enquanto na fase anterior ao procedimento judicial são partes ante a Comissão *os indivíduos* demandantes e *os Estados* demandados, na segunda etapa do procedimento (já em juízo) comparecem à Corte *a Comissão* e *os Estados* demandados, demonstrando nitidamente – segundo Cançado Trindade – o seu papel ambíguo "de ao mesmo tempo defender os interesses das supostas vítimas e defender igualmente os 'interesses públicos' como uma espécie de *Ministério Público* do sistema interamericano de proteção".[72]

Artigo 58

1. A Corte terá sua sede no lugar que for determinado, na Assembleia Geral da Organização, pelos Estados-Partes na Convenção, mas poderá realizar reuniões no território de qualquer Estado-Membro da Organização dos Estados Americanos em que o considerar conveniente pela maioria dos seus membros e mediante prévia aquiescência do Estado respectivo (1). Os Estados-Partes na Convenção podem, na Assembleia Geral, por dois terços dos seus votos, mudar a sede da Corte (2).

2. A Corte designará seu Secretário (3).

3. O Secretário residirá na sede da Corte e deverá assistir às reuniões que ela realizar fora da mesma (4).

 COMENTÁRIOS

Por *Valerio de Oliveira Mazzuoli*

(1) A Corte Interamericana tem sede na cidade de San José, capital da Costa Rica. A localização da sede da Corte na capital costarriquenha se deu por recomendação da Assembleia Geral da OEA, em 1º de julho de 1978, relativamente ao oferecimento formal do governo da Costa Rica para que a sede do Tribunal ali se estabelecesse. Tal decisão foi posteriormente ratificada pelos Estados-Partes na Convenção Americana durante o Sexto Período Extraordinário de Sessões da Assembleia Geral da OEA, ocorrido em setembro de 1979.

O *acordo de sede* (tratado internacional para o estabelecimento da *sede* de um tribunal ou organização internacional) entre o governo da Costa Rica e a Corte foi firmado em 10 de setembro de 1981, aprovado pela Lei 6.889, de 9 de setembro de 1983, que inclui o regime de privilégios e imunidades da Corte, dos juízes, do pessoal e das pessoas que comparecerem perante ela.

---

[72]   CANÇADO TRINDADE, Antônio Augusto. *O direito internacional em um mundo em transformação.* Rio de Janeiro: Renovar, 2002. p. 683, nota nº 17.

A Corte não está impedida de realizar reuniões no território de qualquer dos Estados-Partes na Convenção, caso assim decida a maioria dos seus membros e o Estado respectivo aceite previamente a realização da reunião em seu território.

(2) A Corte poderá mudar sua sede, caso assim seja decidido na Assembleia Geral da OEA por dois terços dos votos dos Estados-Partes na Convenção. Não se cogita, atualmente, de qualquer proposta de mudança da sede da Corte Interamericana.

(3) A Corte conta com um Secretário por ela designado. As funções deste são subordinadas à direção do Secretário-Geral da OEA, em tudo o que não for incompatível com a independência do tribunal.

(4) É dever do Secretário da Corte nela residir. Também é sua obrigação assistir (prestar assistência ou auxílio) às reuniões que se realizem fora dela.

Artigo 59

A Secretaria da Corte será por esta estabelecida e funcionará sob a direção do Secretário da Corte, de acordo com as normas administrativas da Secretaria-Geral da Organização em tudo o que não for incompatível com a independência da Corte. Seus funcionários serão nomeados pelo Secretário-Geral da Organização, em consulta com o Secretário da Corte.

 ## COMENTÁRIOS

Por *Valerio de Oliveira Mazzuoli*

A *Secretaria* da Corte Interamericana funciona sob a direção do Secretário-Geral da OEA, em tudo aquilo que não for incompatível com a independência da Corte. É dizer, a Secretaria deve obediência ao Secretário-Geral da OEA em tudo aquilo que não afetar direta ou indiretamente as decisões do tribunal e o trâmite de algum caso perante ele.

Os funcionários da Secretaria são nomeados pelo Secretário-Geral da OEA em consulta com o Secretário da Corte.

Artigo 60

A Corte elaborará seu estatuto e submetê-lo-á à aprovação da Assembleia Geral (1) e expedirá seu regimento (2).

 ## COMENTÁRIOS

Por *Valerio de Oliveira Mazzuoli*

(1) O *Estatuto* da Corte Interamericana é por ela própria elaborado, mas *ad referendum* da Assembleia Geral da OEA. O seu *Regimento* (entenda-se: *Regulamento*) também é por ela expedido, neste caso, sem a intervenção da Assembleia Geral da OEA.

O atual Estatuto da Corte Interamericana foi aprovado pela resolução AG/RES. 448 (IX-O/79), adotada pela Assembleia Geral da OEA, em seu Nono Período Ordinário de Sessões, realizado em La Paz, Bolívia, em outubro de 1979.

O texto completo do Estatuto da Corte Interamericana consta do Anexo.

(2) O *Regimento* da Corte Interamericana é por ela própria expedido sem a anuência da Assembleia-Geral da OEA. Perceba-se uma pequena confusão terminológica existente: o art. 39 da Convenção Americana, de redação idêntica à do art. 60 em comento, diz, na sua parte final, que a Comissão Interamericana "expedirá seu próprio *Regulamento*"; e a parte final do art. 60 diz que a Corte Interamericana "expedirá seu próprio *Regimento*". Na versão em espanhol da Convenção, o final de ambos dispositivos faz referência à expedição de "su proprio *Reglamento*". Portanto, o citado *Regimento* da Corte é o seu *Regulamento* com nome alterado na tradução para o português. Nesta obra faremos sempre referência à expressão *Regulamento*.

O Regulamento originário da Corte foi por ela aprovado no curso de seu Terceiro Período de Sessões, de 30 de julho a 9 de agosto de 1980, ocasião em que também foi celebrado o *acordo de sede* com o Estado da Costa Rica, em que se previram as imunidades e os privilégios da Corte, de seus juízes, funcionários e demais pessoas que ante ela compareçam.

O atual Regulamento da Corte foi aprovado no LXXXV Período Ordinário de Sessões, celebrado do dia 16 a 28 de novembro de 2009, substituindo-se o Regulamento de 2000 (concluído, naquela ocasião, sob a Presidência do Juiz brasileiro Antônio Augusto Cançado Trindade).

O texto completo do novo Regulamento da Corte Interamericana consta do Anexo.

Seção 2
Competência e Funções

Artigo 61

1. Somente os Estados-Partes e a Comissão têm direito de submeter caso à decisão da Corte. (1)

2. Para que a Corte possa conhecer de qualquer caso, é necessário que sejam esgotados os processos previstos nos artigos 48 a 50. (2)

 COMENTÁRIOS

Por *Valerio de Oliveira Mazzuoli*

(1) Somente os Estados-partes na Convenção Americana e a Comissão Interamericana têm direito de submeter um caso (*jus standi*) à decisão da Corte. Em outras palavras, tanto os particulares quanto as instituições privadas estão impedidos de ingressar diretamente na Corte (art. 61), diferentemente do que ocorre na Corte Europeia de Direitos Humanos. Nesta última, com a entrada em vigor do Protocolo nº 11 à Convenção Europeia dos Direitos Humanos, os indivíduos passaram a ter capacidade postulatória plena perante o Tribunal, o que ainda não é possível (mas já existem estudos de reforma da Convenção Americana nesse sentido) na sistemática regional interamericana.

No regime da Convenção Americana será *a Comissão* – que, neste caso, atua como instância preliminar à jurisdição da Corte – que submeterá o caso ao conhecimento da Corte, podendo também fazê-lo *outro Estado* pactuante, mas desde que o país acusado tenha anteriormente aceito a jurisdição do tribunal para atuar em tal contexto – ou seja, o da lide interestatal nos casos relativos a direitos humanos –, impondo ou não a condição de reciprocidade.[73] Frise-se bem este último caso: um Estado-Parte na Convenção pode peticionar diretamente à Corte *contra outro Estado-Parte na Convenção*, à guisa de uma *ação popular* internacional, pois a garantia dos direitos humanos é uma obrigação objetiva que interessa a todos os seus Estados-Partes.[74] Contudo, tal jamais ocorreu (por motivos óbvios) até o presente momento no sistema interamericano de direitos humanos.

As vítimas ou seus representantes só podem peticionar *à Comissão*, que poderá (se assim entender cabível) deflagrar na Corte uma ação judicial contra o Estado potencialmente culpado. Frise-se que a Comissão (nos casos deflagrados para a salvaguarda dos interesses de particulares) não pode atuar como *parte* na demanda, uma vez que já atuou no caso quanto à admissibilidade deste.

Não obstante os indivíduos (vítimas das violações de direitos humanos ou seus representantes) não poderem ainda demandar diretamente à Corte, a projeção que se faz para o futuro, relativamente à capacidade processual internacional das pessoas, é que a ideia de *locus standi in judicio* (ou seja, do direito de estar em juízo em todas as etapas do procedimento perante a Corte, tal como reconhecido pelo art. 25, 1, do atual *Regulamento* da Corte Interamericana) evolua para a possibilidade do reconhecimento dos indivíduos peticionarem *diretamente* ao tribunal interamericano (tal qual já ocorre na sistemática da Corte Europeia de Direitos Humanos) em casos concretos de violações de direitos humanos, consagrando-se assim o *jus standi* (*v.* comentário ao art. 41, *f*).[75]

Frise-se que as demandas apresentadas pelos Estados ou pela Comissão perante a Corte Interamericana não se confundem com a *justiça penal*. Em outras palavras, os Estados não comparecem perante a Corte como sujeitos de uma ação penal, uma vez não ter o sistema interamericano de proteção dos direitos humanos

---

[73]   Cf. Rezek, José Francisco. *Direito internacional público...*, cit., p. 215.

[74]   Cf. Ramos, André de Carvalho. *Direitos humanos em juízo...*, cit., p. 88-89.

[75]   Esta projeção do sistema interamericano para o porvir é do Prof. Antônio Augusto Cançado Trindade, para quem esta tese da possibilidade (no futuro) do ingresso direto dos indivíduos na Corte Interamericana é fiel às origens do próprio *direito das gentes*, além de contribuir decisivamente "ao resgate do ser humano como sujeito do Direito Internacional dos Direitos Humanos, dotado de personalidade jurídica internacional (como sujeito do Direito Internacional dos Direitos Humanos) e de plena capacidade jurídica processual para fazer valer os seus direitos no plano internacional, no âmbito do sistema interamericano de proteção" (*Tratado de direito internacional dos direitos humanos*, v. 3, cit., p. 106). *V.* os comentários desse internacionalista sobre a proposta de futuro *Protocolo* à Convenção Americana, a permitir a demanda direta dos indivíduos perante a Corte, bem como suas sugestões de emendas à Convenção Americana, em especial ao art. 62, no propósito "de tornar a jurisdição da Corte *automaticamente* obrigatória para todos os Estados-Partes na Convenção Americana, não admitindo tipo algum de restrições" (op. cit., p. 106-107).

o objetivo de impor penas às pessoas culpadas por violações de direitos humanos, mas sim amparar as vítimas e estabelecer uma reparação aos danos a elas causados pelo Estado ou seus agentes.[76] Apenas o Tribunal Penal Internacional (criado pelo Estatuto de Roma de 1988, com sede em Haia) tem essa competência (em matéria criminal) atualmente.[77]

(**2**) Esgotados os processos previstos nos arts. 48 a 50 da Convenção (para onde remetemos o leitor), a Corte já se encontra apta a *conhecer* de um caso proposto perante ela por um Estado-Parte na Convenção ou pela Comissão Interamericana. O procedimento de processamento de um Estado perante a Corte vem disciplinado no seu *Regulamento*.[78]

O art. 61, 2, em comento é claro o suficiente ao dispor que "[p]ara que a Corte possa conhecer de qualquer caso, é necessário que sejam esgotados os processos previstos nos artigos 48 a 50". Contudo, poder-se-ia indagar se não seria facultado ao Estado *renunciar* a este requisito a fim de *autorizar* desde já a intervenção da Corte a conhecer de determinado caso. Parece-nos que a resposta à indagação deve ser negativa, uma vez que à Corte não foram atribuídas determinadas funções que somente à Comissão competem, a exemplo da propositura de soluções amistosas entre demandante e demandado. Por outro lado, a Comissão também pode declarar inadmissível um caso perante ela (art. 47 e 48, 1, *c*) ou, ainda, mandar arquivar o expediente se não subsistirem os motivos da petição ou comunicação (art. 48, 1, *b*). Todo ato de renúncia à fase processual do caso perante a Comissão viola a Convenção, uma vez que retira, especialmente das vítimas das violações alegadas (que não têm autorização para ingressar diretamente à Corte), a possibilidade de se chegar a uma solução amistosa com o auxílio da Comissão.[79]

Uma vez deflagrada na Corte uma ação pelo Estado-Parte ou pela Comissão, e obedecidos os requisitos de forma presentes no *Regulamento* da Corte, esta proferirá uma *sentença*, que deverá ser fundamentada nos termos do art. 66, 1, da Convenção.

Artigo 62

1. Todo Estado-Parte pode, no momento do depósito do seu instrumento de ratificação desta Convenção ou de adesão a ela, ou em qualquer momento posterior, declarar que reconhece como obrigatória, de pleno direito e sem convenção especial, a competência da Corte em todos os casos relativos à interpretação ou aplicação desta Convenção (1).

---

[76] Corte IDH. *Caso Fairén Garbi e Solís Corrales vs. Honduras*. Mérito. Sentença 15.03.1989. Série C, nº 6, parágrafo 136.

[77] Para um estudo da competência *ratione materiae* do Tribunal Penal Internacional, *v*. MAZZUOLI, Valerio de Oliveira. *Tribunal Penal Internacional e o direito brasileiro*. 2. ed. rev. e ampl. São Paulo: Ed. RT, 2009. p. 54-68.

[78] Veja-se a transcrição completa do *Regulamento* da Corte no Anexo.

[79] *V*., nesse exato sentido, Corte IDH. *Assunto de Viviana Gallardo e outras*. Decisão 13.11.1981. Série A, nº 101, parágrafo 24.

> 2. A declaração pode ser feita incondicionalmente, ou sob condição de recipro-
> cidade, por prazo determinado ou para casos específicos. Deverá ser apresen-
> tada ao Secretário-Geral da Organização, que encaminhará cópias da mesma
> aos outros Estados-Membros da Organização e ao Secretário da Corte. (2)
>
> 3. A Corte tem competência para conhecer de qualquer caso relativo à
> interpretação e aplicação das disposições desta Convenção que lhe seja
> submetido (3), desde que os Estados-Partes no caso tenham reconhecido ou
> reconheçam a referida competência, seja por declaração especial, como
> preveem os incisos anteriores, seja por convenção especial (4).

 COMENTÁRIOS

Por *Valerio de Oliveira Mazzuoli*

(1) O art. 62, 1, da Convenção versa sobre a chamada *cláusula facultativa da jurisdição obrigatória*, que permite que o Estado-Parte manifeste se aceita ou não a competência contenciosa da Corte Interamericana em todos os casos relativos às soluções de controvérsias que se apresentem sobre a *interpretação* ou *aplicação* da Convenção. Esta cláusula optativa também se encontra no art. 36, 2, alíneas *a* a *d*, do Estatuto da Corte Internacional de Justiça, segundo o qual: "Os Estados-Partes do presente Estatuto poderão, em qualquer momento, declarar que reconhecem como obrigatória, *ipso facto* e sem acordo especial, em relação a qualquer outro Estado que aceite a mesma obrigação, a jurisdição da Corte em todas as controvérsias de ordem jurídica que tenham por objeto: *a*) a interpretação de um tratado; *b*) qualquer ponto de direito internacional; *c*) a existência de qualquer fato que, se verificado, constituiria violação de um compromisso internacional; *d*) a natureza ou extensão da reparação devida pela ruptura de um compromisso internacional".[80]

Apelida-se esta cláusula facultativa de "cláusula Raul Fernandes", por ter sido proposta no âmbito da Corte Internacional de Justiça por este internacionalista brasileiro.

Nos termos art. 62, 1, da Convenção Americana, "[t]odo Estado-Parte pode, no momento do depósito do seu instrumento de ratificação desta Convenção ou de adesão a ela, ou em qualquer momento posterior, declarar que reconhece como obrigatória, de pleno direito e sem convenção especial, a competência da Corte em todos os casos relativos à interpretação ou aplicação desta Convenção". Perceba-se a utilização, pelo dispositivo citado, do verbo *pode* para significar que o reconhecimento inicial da competência jurisdicional da Corte é *facultativo*. Contudo, uma vez aceita essa competência – que é *contenciosa* – o Estado não poderá mais dela se desengajar, a menos que denuncie a Convenção como um todo (sendo certo que mesmo a denúncia da Convenção não desonera o Estado da responsabilização que lhe cabe relativamente às violações de direitos humanos cometidas anteriormente, à égide de quando era *parte* no instrumento internacional). Em outras palavras, aceita a competência jurisdicional da Corte os Estados se comprometem a cumprir tudo aquilo que por ela vier a ser decidido, tanto em relação à *interpretação* quanto relativamente à *aplicação* da Convenção.

---

[80] V. Mazzuoli, Valerio de Oliveira. *Curso de direito internacional público*, cit., p. 1005.

Em suma, tal *cláusula facultativa* autoriza os Estados a livremente aceitá-la ou rechaçá-la. Se a aceitarem, comprometem-se a respeitar, para além dos direitos previstos na Convenção, todas as decisões da Corte caso venham a ser condenados, bem como todas as decisões relativas à interpretação da Convenção. O que não pode ocorrer são *reservas* ao disposto no art. 62, 1, da Convenção, feitas no sentido de impedir que um Estado adira futuramente à competência contenciosa da Corte Interamericana. Eventuais reservas a esse dispositivo são flagrantemente contrárias ao objeto e ao escopo da Convenção Americana.[81] Assim, a jurisdição obrigatória da Corte – vista por Cançado Trindade como uma das *cláusulas pétreas* da proteção internacional dos direitos humanos – não comporta outras limitações que as expressamente previstas no art. 62 da Convenção.[82]

Trinidad e Tobago foi o único Estado que, no momento de sua aceitação à Convenção Americana, estabeleceu condições desta natureza para a aceitação da competência da Corte. A maioria dos Estados, contudo, tem reconhecido essa competência incondicionalmente.[83] Como reiteradamente tem declarado a própria Corte, a sua competência "não pode estar condicionada a fatos distintos de suas próprias atuações", uma vez que "os instrumentos de aceitação da cláusula facultativa da jurisdição obrigatória (artigo 62.1 da Convenção) pressupõem a admissão, pelos Estados que a representam, do direito da Corte resolver qualquer controvérsia relativa à sua jurisdição".[84]

Como já assinalado pela mesma Corte nos casos *Tribunal Constitucional* e *Ivcher Bronstein*, os Estados-Partes na Convenção "devem garantir o cumprimento das disposições convencionais e seus efeitos próprios (*effet utile*) no plano de seus respectivos direitos internos. Este princípio se aplica não somente em relação às normas substantivas dos tratados de direitos humanos (é dizer, as que contêm disposições sobre os direitos protegidos), mas também em relação às normas processuais, tal como a referente à cláusula de aceitação da competência contenciosa do Tribunal. Tal cláusula, essencial à eficácia do mecanismo de proteção internacional, deve ser interpretada e aplicada de modo que a garantia que estabelece seja verdadeiramente prática e eficaz, tendo presentes o caráter especial dos tratados de direitos humanos [...] e sua implementação coletiva".[85] Daí a lição precisa de Cançado Trindade, segun-

---

[81] V. Corte IDH. *Caso Hilaire vs. Trinidad e Tobago*. Exceções Preliminares. Sentença 1º.09.2001. Série C, nº 80, parágrafo 98.

[82] Cf. CANÇADO TRINDADE, Antônio Augusto. Las cláusulas pétreas de la protección internacional del ser humano: el acceso directo de los individuos a la justicia a nivel internacional y la intangibilidad de la jurisdicción obligatoria de los tribunales internacionales de derechos humanos. *El sistema interamericano de protección de los derechos humanos en el umbral del siglo XXI*. 2. ed. San José: Corte IDH, 2003. t. I, p. 39-68.

[83] Corte IDH. *Caso Hilaire Vs. Trinidad e Tobago*. Exceções Preliminares. Sentença 1º.09.2001. Série C, nº 80, parágrafo 68.

[84] V. Corte IDH. *Caso Baena Ricardo e Outros vs. Panamá*. Competência. Sentença 28.11.2003. Série C, nº 104, parágrafo 68. Cf. ainda os seguintes casos anteriores: *Caso Ivcher Bronstein* vs. *Peru*. Competência. Sentença 24.09.1999. Série C, nº 54, parágrafo 34; e *Caso do Tribunal Constitucional* vs. *Peru*. Competência. Sentença 24.09.1999. Série C, nº 55, parágrafo 33.

[85] V. Corte IDH. *Caso Ivcher Bronstein vs. Peru*. Competência. Sentença 24.09.1999. Série C, nº 54, parágrafo 37; e *Caso do Tribunal Constitucional* vs. *Peru*. Competência. Sentença 24.09.1999. Série C, nº 55, parágrafo 36.

do a qual a "cláusula relativa à jurisdição obrigatória dos tribunais internacionais de direitos humanos constitui [...] uma *cláusula pétrea* da proteção internacional do ser humano, que não admite quaisquer restrições outras que as previstas nos tratados de direitos humanos".[86]

O que se discute atualmente, pela doutrina mais abalizada, é se essa *cláusula facultativa* ainda serve aos mesmos propósitos para os quais foi instituída, à égide da então Corte Permanente de Justiça Internacional (CPJI) nos anos 20, no atual cenário das relações internacionais, em que o *voluntarismo* estatal deve ser tanto menos exaltado quanto mais se participa de um sistema internacional de proteção dos direitos humanos capaz de flexibilizar a soberania dos Estados em prol da salvaguarda dos direitos da pessoa humana, sistema este que é diametralmente diverso daquele em voga no contencioso internacional tradicional, calcado à luz da igualdade jurídica (e soberana) entre os Estados.[87] Quando se trata de direitos humanos não se coloca em jogo a *igualdade* entre os Estados, baseada no princípio da reciprocidade, mas sim as garantias de *ordem pública* relativas à realização das metas comuns da humanidade sobre a salvaguarda dos direitos de nós mesmos, os habitantes do Planeta Terra.

O Brasil declarou o seu reconhecimento à competência contenciosa da Corte Interamericana seis anos depois de ter ratificado a Convenção, em 1998, por meio do Decreto Legislativo nº 89 desse mesmo ano. Tal declaração de aceite foi depositada junto à Secretaria-Geral da OEA em 10 de dezembro de 1998. Neste Decreto Legislativo. 89 o Brasil deixou consignado que o aceite do Estado à jurisdição contenciosa da Corte só poderá valer *a partir* da data de sua promulgação. Esta chamada "cláusula temporal" será objeto de críticas nos comentários 2 e 4 *infra*.

Em 8 de novembro de 2002, por meio do Decreto 4.463, o então Presidente Fernando Henrique Cardoso promulgou a declaração de reconhecimento da competência obrigatória da Corte Interamericana, mas sob *reserva de reciprocidade*, em consonância com o art. 62, 2, da Convenção (*v.* comentários *infra*).

(2) A declaração de aceite à competência da Corte Interamericana pode ser feita incondicionalmente, ou sob condição de reciprocidade, por prazo determinado ou para casos específicos, como bem pretender o Estado em questão. São, portanto,

---

[86] *V.* o Voto apartado do Juiz Cançado Trindade no *Caso Hilaire* vs. *Trinidad e Tobago* (Exceções Preliminares) da Corte IDH. parágrafo 19. E, mais à frente, o mesmo magistrado conclui: "Em meu entendimento, não se pode sustentar nesta matéria, que o que não está proibido está permitido. Esta postura equivaleria à atitude tradicional – e superada – do *laisser-faire, laisser-passer*, própria de um ordenamento jurídico internacional fragmentado pelo subjetivismo estatal voluntarista, que na história do Direito tem favorecido indubitavelmente os mais poderosos. *Ubi societas, ibi jus...* Neste início do século XXI, em um ordenamento jurídico internacional em que se busca afirmar valores comuns superiores, em meio a considerações de *ordre public* internacional, como no domínio do Direito Internacional dos Direitos Humanos, é precisamente a lógica inversa a que deve se impor: *o que não está permitido, está proibido*" (parágrafo 24).

[87] Para uma crítica ao sistema da cláusula facultativa de jurisdição obrigatória, *v.* CANÇADO TRINDADE, Antônio Augusto. Las cláusulas pétreas de la protección internacional del ser humano: el acceso directo de los individuos a la justicia a nivel internacional y la intangibilidad de la jurisdicción obligatoria de los tribunales internacionales de derechos humanos, cit., p. 44-49.

quatro as hipóteses dentre as quais um Estado pode aceitar a jurisdição contenciosa da Corte, a saber: (a) incondicionalmente; (b) sob condição de reciprocidade; (c) por prazo determinado; e (d) para casos específicos. Tais hipóteses são *numerus clausus* e não permitem a um Estado apresentar quaisquer outras condições ou restrições.[88]

Destaque-se que a declaração *incondicional* não demanda aceite de qualquer outro Estado; aquela realizada *sob condição de reciprocidade* requer o aval de um Estado contraparte. Não se exige este aval quando for realizada por prazo previamente determinado ou para vigorar para casos específicos.

A declaração de aceite da competência contenciosa da Corte deverá ser apresentada pelo Estado ao Secretário-Geral da OEA, que notificará (encaminhando cópias da mesma) os outros Estados-membros da Organização e o Secretário da Corte.

O governo brasileiro, pelo Decreto presidencial 4.463/2002, acima referido, reconheceu "como obrigatória, de pleno direito e por prazo indeterminado, a competência da Corte Interamericana de Direitos Humanos em todos os casos relativos à interpretação ou aplicação da Convenção Americana de Direitos Humanos (Pacto de São José), de 22 de novembro de 1969, de acordo com art. 62 da citada Convenção, sob reserva de reciprocidade e para fatos posteriores a 10 de dezembro de 1998" (art. 1º). Perceba-se que o Brasil se utilizou da faculdade autorizada pelo art. 62, 2, para reconhecer a competência da Corte em todos os casos relativos à interpretação ou aplicação da Convenção *sob reserva de reciprocidade*. Portanto, foi *condicional* o reconhecimento do Brasil.

Outro detalhe que merece atenção diz respeito à parte final do art. 1º do Decreto 4.463/02, que reconhece como termo *a quo* do aceite à competência da Corte a data de 10 de dezembro de 1998 (quase quatro anos antes, portanto, à expedição do Decreto 4.463). Tal demonstra que a possibilidade de se deflagrar o procedimento internacional de responsabilização do Estado brasileiro existe para casos ocorridos a partir da expedição do Decreto Legislativo 89/98 e não do Decreto 4.463/2002. Mas frise-se que é possível iniciar, na Corte, processo de responsabilização contra o Brasil por fatos ocorridos *antes* de 10 de dezembro de 1998, no caso de as violações de direitos humanos *persistirem* após essa data, conforme vários precedentes da própria Corte neste sentido (v. item nº 4, *infra*).

(3) A Corte Interamericana tem competência para conhecer de qualquer caso, relativo à interpretação e aplicação das disposições da Convenção, que lhe seja submetido. Como se nota, um litígio perante a Corte pode se desdobrar num caso relativo à *interpretação* da Convenção ou à sua *aplicação*.

Para além disso, tendo o Estado aceito a sua jurisdição obrigatória, a Corte (como todo órgão com funções jurisdicionais) passa a ter ainda o poder jurídico de determinar o alcance de sua própria competência (*compétence de la compétence/Kompetenz-Kompetenz*), uma vez que os instrumentos de reconhecimento da cláusula facultativa da jurisdição obrigatória pressupõem a admissão, pelos Estados que a apresentam, do poder da Corte para resolver qualquer controvérsia relativa à sua jurisdição.[89]

---

[88]   V. Corte IDH. *Caso das Irmãs Serrano Cruz* vs. *El Salvador*. Exceções Preliminares. Sentença 23.11.2004. Série C, nº 118 (Voto dissidente do Juiz Cançado Trindade), parágrafo 12.

[89]   V. Corte IDH. *Caso Baena Ricardo e Outros* vs. *Panamá*, Competência. Sentença 28.11.2003, parágrafo 68. Cf. ainda precisa lição a esse respeito em Cançado Trindade, Antônio Augusto. Las

A submissão de um caso à Corte faz-se por meio de *petição inicial* proposta na Secretaria da Corte. Nos termos do art. 28 do novo *Regulamento* da Corte (de 2009), a demanda, sua contestação, o escrito de petições, argumentos e provas e as demais petições a ela dirigidas poderão ser apresentadas pessoalmente, via *courier*, fac-símile, telex, correio postal ou eletrônico (*e-mail*). No caso de envio por meios eletrônicos, os documentos originais, assim como a prova que os acompanha, deverão ser remetidos a mais tardar, em um prazo máximo de 21 (vinte e um) dias, contado a partir do dia em que expirou o prazo para o envio do escrito.

Para uma análise do *procedimento* da demanda perante a Corte, vejam-se especialmente os arts. 34 a 69 do *Regulamento* da Corte estampado nos comentários ao art. 60 da Convenção.[90]

(4) A partir do momento em que um Estado reconhece a competência da Corte relativamente à interpretação ou aplicação da Convenção, seja por declaração ou por convenção especial, poderá ele ser demandado perante ela em todos os casos de violação de direitos humanos ocorridos sob sua jurisdição.

O reconhecimento estatal da competência contenciosa da Corte opera irretroativamente, tendo efeitos *ex nunc* (ou *pro futuro*). Nos casos daqueles atos estatais, violadores de direitos humanos, que tiveram início *antes* desse reconhecimento e se prolongaram *depois* dele, a Corte Interamericana será competente para examinar as ações ou omissões que tenham ocorrido *a partir* do referido reconhecimento, bem como seus respectivos efeitos.[91] Assim, um *ato* estatal violador de direitos humanos (*v.g.*, um assassinato ou o desaparecimento de pessoas etc.) ocorrido *antes* do reconhecimento da competência contenciosa da Corte não poderá ser julgado por ela, mas a *omissão* estatal que se prolongou *para além da data desse reconhecimento* poderá perfeitamente ser objeto de uma demanda perante a Corte (*v.g.*, no caso de os corpos das vítimas, no exemplo dado do desaparecimento de pessoas, continuarem desaparecidos etc.).[92]

Os Estados podem reconhecer a competência da Corte por declaração ou convenção especial. A partir desse reconhecimento (ou desse *aceite*) da cláusula facultativa de jurisdição obrigatória (ou seja, da competência contenciosa da Corte), os Estados já podem ver-se demandados e responsabilizados por esse tribunal em qualquer caso de violação de direitos humanos previstos na Convenção e ocorridos sob sua jurisdição. Mas, como fica a questão se o Estado – por manifestação formal depositada na Secretaria-Geral da OEA – posteriormente *retira* o seu aceite à cláusula facultativa de jurisdição obrigatória? Ele se desonera das obrigações assumidas para com a Convenção Americana com efeitos *ex nunc*, ficando obrigado para com tais

---

cláusulas pétreas de la protección internacional del ser humano: el acceso directo de los individuos a la justicia a nivel internacional y la intangibilidad de la jurisdicción obligatoria de los tribunales internacionales de derechos humanos, cit., p. 40-41.

[90]   *V.* item nº 2 dos comentários ao art. 60.

[91]   *V.* Corte IDH. *Caso da Comunidade Moiwana* vs. *Suriname.* Exceções Preliminares, Mérito, Reparações e Custas. Sentença 15.06.2005. Série C, nº 124, parágrafo 39.

[92]   Cf. Ramos, André de Carvalho. *Responsabilidade internacional por violação de direitos humanos...*, cit., p. 309-310.

obrigações somente no lapso de tempo entre a aceitação da competência da Corte e sua retirada?

A Convenção Americana não previu a hipótese de o Estado, que anteriormente aceitou a competência contenciosa da Corte, retirar-se dela posteriormente por meio de notificação escrita à Secretaria-Geral da OEA. Contudo, temos como certo que um Estado não pode, por ato unilateral seu, desengajar-se do reconhecimento da competência contenciosa da Corte, desonerando-se das obrigações que anteriormente assumira, uma vez que tal ato configuraria um *retrocesso* à proteção desses mesmos direitos no território desse Estado (estando o princípio da *vedação do retrocesso* a impedir que isto ocorra).[93] Por isso, deve-se distinguir as "reservas à Convenção" do "reconhecimento de competência" da Corte. Este último, sendo um ato unilateral do Estado, não está sujeito a qualquer tipo de reserva.[94]

Além da possibilidade de retirada do Estado do reconhecimento à competência contenciosa da Corte não ter sido prevista pela Convenção, a mesma é incompatível com o espírito e a finalidade do tratado, não tendo assim qualquer fundamento jurídico. Quando um Estado aceita a competência contenciosa da Corte ele também atribui a ela a competência para decidir sobre tudo o que afete o exercício de sua atividade contenciosa, não podendo dela se retirar posteriormente, o que caracteriza *fraude* ao sistema interamericano de proteção dos direitos humanos.[95]

Artigo 63

1. Quando decidir que houve violação de um direito ou liberdade protegidos nesta Convenção (1), a Corte determinará que se assegure ao prejudicado o gozo do seu direito ou liberdade violados (2). Determinará também, se isso for procedente, que sejam reparadas as consequências da medida ou situação que haja configurado a violação desses direitos, bem como o pagamento de indenização justa à parte lesada (3).

2. Em casos de extrema gravidade e urgência, e quando se fizer necessário evitar danos irreparáveis às pessoas, a Corte, nos assuntos de que estiver conhecendo, poderá tomar as medidas provisórias que considerar pertinentes. Se se tratar de assuntos que ainda não estiverem submetidos ao seu conhecimento, poderá atuar a pedido da Comissão. (4)

---

[93] Sobre o princípio da vedação do retrocesso, *v.* SARLET, Ingo Wolfgang. *A eficácia dos direitos fundamentais*, cit., p. 437-461.

[94] *V.* Corte IDH. *Caso Alfonso Martín del Campo Dodd* vs. *Estados Unidos Mexicanos*. Exceções Preliminares. Sentença 03.09.1999. Série C, nº 113, parágrafo 68.

[95] *V.* Corte IDH. *Caso do Tribunal Constitucional* vs. *Peru*. Mérito, Reparações e Custas. Sentença 31.01.2001. Série C, nº 71, parágrafos 20-21. Cf. também, nesse exato sentido, CANÇADO TRINDADE, Antônio Augusto, Desafios e conquistas do direito internacional dos direitos humanos no início do século XXI, cit., p. 278.

COMENTÁRIOS

Por *Valerio de Oliveira Mazzuoli*

(1) A decisão da Corte Interamericana sobre a existência de uma violação de determinado direito ou liberdade protegidos pela Convenção Americana é definitiva e não se encontra limitada por quaisquer leis ou atos normativos de direito interno. Daí a redação imperativa do art. 63, 1, da Convenção, no sentido de que a Corte *determinará* que se assegure ao prejudicado o gozo do seu direito ou liberdade violados e que sejam reparadas as consequências do fato lesivo ao direito da vítima, além do pagamento de justa indenização à parte lesada. Uma vez aceita pelo Estado a competência contenciosa da Corte, todas essas *determinações* passam a ser de cumprimento obrigatório, sem a possibilidade de recurso dessa decisão final.

Para que a decisão da Corte reconheça que *"houve violação* de um direito ou liberdade" (art. 63, 1) protegidos pela Convenção (em outras palavras, para que a Corte julgue *procedente* a demanda), a questão probatória é de crucial importância.[96] O procedimento probatório perante a Corte Interamericana vem disciplinado nos arts. 57 a 60 do seu novo *Regulamento* (2009).

(2) Quando a Corte decidir ter havido, por parte do Estado, violação de um direito ou liberdade protegido pela Convenção, determinará imediatamente "que se assegure ao prejudicado o gozo do seu direito ou liberdade violados".

Como se percebe, a Corte não tem competência em matéria criminal, não podendo imputar responsabilidade penal aos autores imediatos (*v.g.*, os agentes do Estado etc.) das violações de direitos humanos. A sua condenação recai *sobre o Estado* e não sobre os particulares. Se o ato desses agentes também se configurar em crime da alçada do Tribunal Penal Internacional, por esta corte poderão ser eventualmente julgados.

O art. 63, 1, da Convenção – como tem reiteradamente declarado a Corte Interamericana – "codifica uma norma de direito consuetudinário e constitui um dos princípios fundamentais deste".[97] Trata-se de um dos pilares basilares do contemporâneo Direito Internacional Público sobre a responsabilidade internacional dos Estados, como também reconhecido por vários outros tribunais.[98] Assim, havendo violação de direitos humanos por parte de um Estado, nasce para ele a consequente obrigação de garantir à parte lesada o gozo de seu direito ou liberdade violados, bem assim a obrigação de reparar o dano, fazendo cessar as consequências dessa violação,

---

[96]   Sobre a questão das provas perante a Corte Interamericana (ônus da prova, valoração da prova, padrões probatórios etc.), *v.* o estudo de Bovino, Alberto, A atividade probatória perante a Corte Interamericana de Direitos Humanos, in *SUR – Revista Internacional de Direitos Humanos*, São Paulo, ano 2, n. 3, p. 61-83, 2005.

[97]   Corte IDH. *Caso Aloboetoe e Outros* vs. *Suriname*. Reparações e Custas. Sentença 10.09.1993. Série C, nº 15, parágrafo 43.

[98]   Cf. CPJI. *Caso da Usina de Chorzów*. competência (1927). Série A, nº 9, p. 21; e também *Interpretação dos tratados de paz concluídos com a Bulgária, a Hungria e a Romênia*, parecer consultivo, *CIJ Recueil*, p. 228, 1950.

e de pagar à vítima ou seus familiares uma justa indenização.[99] O dispositivo segue a máxima bem conhecida de que toda violação a um direito comporta o dever de repará-lo adequadamente.[100]

A referência à garantia do "gozo do seu direito" feita no dispositivo, não se prende exclusivamente à capacidade de ser titular de direitos, mas também à de poder livremente *exercê-los*, realizando aquilo que a personalidade jurídica reconhecida às pessoas lhes confere (*v.* art. 3º).

É bom fique nítido que o art. 63, 1, da Convenção distingue duas situações bem definidas, sendo uma quanto ao *futuro* e outra quanto ao *passado*, quais sejam:

(*a*) a obrigação do Estado responsável por uma violação de direitos humanos assegurar à vítima o gozo do seu direito ou liberdade violados (obrigação relativa ao *futuro*) desde a prolação da determinação da Corte; e

(*b*) a reparação pelo Estado das consequências da medida ou situação que haja configurado a violação desses direitos, bem como o pagamento de uma justa indenização à parte lesada (obrigação relativa ao *passado*).[101]

(3) Dessa obrigação relativa ao passado versa a segunda parte do § 1º do art. 63. Segundo esta regra, quando a Corte decidir ter havido violação de um direito ou liberdade protegidos pela Convenção, poderá primeiramente determinar que sejam *reparadas as consequências* da medida ou situação que haja configurado a violação desses direitos.[102] Mas quando a natureza dos prejuízos causados à vítima for irreversível, prejudicando que se garanta in integrum ao lesado o gozo de seu direito ou liberdade violados, a Convenção ainda autoriza a Corte determinar que se proceda à parte lesada (vítima ou seus familiares) o pagamento de uma justa *indenização*.[103] Daí a manifestação da Corte Interamericana, no caso *Tribunal Constitucional*, de que a "reparação do dano ocasionado pela infração de uma obrigação internacional requer a plena restituição (*restitutio in integrum*), consistente no restabelecimento da situação anterior, e a reparação das consequências que a infração produziu, assim como o pagamento de uma indenização como compensação pelos danos ocasionados".[104]

Assim, nos casos constatados de violação de direitos humanos, a Corte determinará sejam *reparadas* as consequências da medida ou situação que haja configurado a violação de direitos e determinará uma *indenização* justa (de caráter compensatório) à parte lesada. Frise-se que o dever de *indenizar* é uma das modalidades de se *reparar*

---

[99]   *V.* Corte IDH. *Caso Hilaire, Constantine e Benjamin e Outros* vs. *Trinidad e Tobago*. Mérito, Reparações e Custas. Sentença 21.06.2002. Série C, nº 93, parágrafo 202.

[100]   Cf. Corte IDH. *Caso do Tribunal Constitucional* vs. *Peru*. Mérito, Reparações e Custas. Sentença 31.01.2001. Série C, nº 71, parágrafo 118.

[101]   Corte IDH. *Caso Aloboetoe e Outros* vs. *Suriname*. Reparações e Custas. Sentença 10.09.1993, Série C, nº 15. parágrafo 46.

[102]   Sobre o assunto, *v.* RODRÍGUEZ RESCIA, Víctor Manuel. Las reparaciones en el sistema interamericano de protección de los derechos humanos. *Revista Instituto Interamericano de Derechos Humanos*, San José, v. 23, p. 129-150, 1996.

[103]   *V.* Corte IDH. *Caso Castillo Paez* vs. *Peru*. Mérito. Sentença 03.11.1997. Série C, nº 34, parágrafo 92.

[104]   Corte IDH. *Caso do Tribunal Constitucional* vs. *Peru*. Mérito, Reparações e Custas. Sentença 31.01.2001. Série C, nº 71, parágrafo 119.

à vítima todo o mal causado pela violação do seu direito, mas não é a única, podendo haver uma gama de outras maneiras de se proceder a tal reparação. Daí se entender que o sistema interamericano de direitos humanos é um sistema eminentemente *reparador*.[105] Como leciona Cançado Trindade, o art. 63, 1, *in fine*, da Convenção "desvenda um amplo horizonte em matéria de reparações de violações de direitos por ela protegidos, ao referir-se a indenizações além de outras formas de reparações. A Corte Interamericana, por conseguinte, em sua *jurisprudence constante*, tem ordenado tipos distintos de reparações, enfatizando as obrigações dos Estados demandados de tomar medidas positivas (obrigações de fazer) também a esse respeito. Em diversos casos recentes, a Corte tem assinalado a importância das medidas não pecuniárias de reparações, e tem dispensado atenção à *reabilitação* das vítimas sobreviventes e seus parentes".[106]

Vários exemplos de reparações fixadas pela Corte podem ser citados, entre eles: a obrigação de restituição na íntegra (*v.g.*, a soltura de um preso no *Caso Loaysa Tamayo*), a condenação por danos materiais (inclusive com lucros cessantes) e morais; a obrigação de construir posto médico e escolar (*Caso Aloboetoe*); a obrigação de editar determinada norma interna ou de modificar dispositivo de lei existente (*Caso Suárez Rosero*, entre outros); a obrigação de investigar e punir os responsáveis pelas violações (*Caso Velásquez Rodríguez*, entre outros); a obrigação de tornar nulo um processo judicial (*Caso Cesti Hurtado*) etc.[107] Outros três exemplos são também importantes e capazes de desvendar a amplitude de possibilidades a serem manejadas pela Corte em matéria de reparações. São eles: o *Caso Barrios Altos* vs. *Peru*, o *Caso Cantoral Benavides vs. Peru* e o *Caso Trujillo Oroza vs. Bolívia*. No primeiro caso (relativo ao assassinato de 15 pessoas e o ferimento de mais 4, no Peru, no governo Fujimori), a Corte estabeleceu, entre outras medidas, que deveria o Estado levantar um *monumento* de recordação em homenagem às vítimas.[108] No segundo, entendeu a Corte que a via mais idônea a reparar os danos ao projeto de vida de Luis Alberto Cantoral Benavides era a de Estado proporcioná-lo uma bolsa de estudos superiores ou universitários, com a finalidade de cobrir os custos de sua carreira profissional – assim como seus gastos de manutenção durante o período de estudos – em um centro de reconhecida

---

[105] Cf. RODRÍGUEZ RESCIA, Víctor Manuel. La Corte Interamericana de Derechos Humanos, cit., p. 8.

[106] CANÇADO TRINDADE, Antônio Augusto. *Tratado de direito internacional dos direitos humanos*, v. 3, cit., p. 75-76. Ainda segundo esse internacionalista: "Um aspecto de sua rica jurisprudência a esse respeito, que merece destaque, reside na construção jurisprudencial da Corte sobre o 'projeto de vida'. No julgamento sobre reparações no caso *Loayza Tamayo versus Peru* (1998), a Corte pela primeira vez pronunciou-se sobre o conceito de 'projeto de vida', vinculado à satisfação como modalidade de reparação, entre outras medidas de reparação ordenadas. A Corte ponderou que uma reclamação de dano ao projeto de vida não se referia à relação da pessoa em questão com seu patrimônio, mas sim à sua 'autorrealização plena' como ser humano. A Corte concluiu que as circunstâncias da detenção da vítima no caso concreto tinham causado um dano a seu projeto de vida" (Idem, p. 76). Sobre a reparação do *projeto de vida*, cf. também RAMOS, André de Carvalho. *Responsabilidade internacional por violação de direitos humanos...*, cit., p. 257-259.

[107] Os exemplos são de RAMOS, André de Carvalho. *Direitos humanos em juízo...*, cit., p. 94-95.

[108] Corte IDH. *Caso Barrios Altos* vs. *Peru*. Reparações e Custas. Sentença 30.11.2001. Série C, nº 87, parágrafo 44, *f*.

qualidade acadêmica escolhido de comum acordo entre a vítima e o Estado.[109] Por fim, no terceiro caso, a mãe da vítima requereu à Corte que se levantasse um monumento em memória de seu filho "porque isto permitirá que as gerações futuras conheçam esta parte da história da Bolívia e porque os familiares das pessoas detidas/desaparecidas têm o direito de perpetuar de alguma maneira a memória dessa juventude que morreu por não estar de acordo com o ordenamento político". Assim, a Corte exigiu da Bolívia que desse oficialmente o nome de José Carlos Trujillo Oroza a um centro educacional da cidade de Santa Cruz, mediante cerimônia pública e com a presença dos seus familiares.[110]

Deve-se distinguir, portanto, o dever de *reparação* do dever de *indenização* previstos no art. 63, 1, *in fine*, da Convenção, pois enquanto a *reparação* geralmente induz a uma obrigação de fazer ou não fazer, a *indenização* se volta ao pagamento de quantia certa relativa à obrigação de ressarcimento dos danos, sejam eles de conteúdo material ou moral.

No Brasil, quando a obrigação imposta na sentença for de *fazer* ou *não fazer*, tem-se como certo que o seu cumprimento pode ser exigido judicialmente, *v.g.*, por ação do Ministério Público, com base no art. 5º, XXXV, da Constituição Federal de 1988, segundo o qual "a lei não excluirá da apreciação do Poder Judiciário lesão ou ameaça a direito", devendo-se valer da regra insculpida no art. 461 do Código de Processo Civil, que autoriza o Juiz a conceder *tutela específica* da obrigação ou, se procedente o pedido, determinar providências que assegurem o resultado prático equivalente ao do adimplemento.

O tema das reparações na Corte Interamericana tem conseguido notável desenvolvimento, como bem demonstrado por Sergio García Ramírez (que também compõe o quadro de juízes da Corte) em primoroso trabalho jurídico. Segundo Ramírez, o longo caminho percorrido nesta matéria teve início com as decisões tomadas nos primeiros "casos hondurenhos", nas quais se estabeleceram "indenizações compensatórias", como se indicava na própria denominação das respectivas sentenças. Contudo, com o passar do tempo, essa perspectiva foi sendo gradativamente modificada, numa interpretação sempre evolutiva do art. 63 da Convenção, indo hoje muito mais além: a Corte, atualmente, tem obrigado desde reformas constitucionais (como no caso *A Última Tentação de Cristo* vs. *Chile*) e derrogação de leis (conflitantes com a Convenção) ou reformas legislativas das mais diversas (*v.g.*, editar normas compatíveis com o conteúdo dos tratados de direitos humanos em vigor no país), até a implementação de programas de formação em direito humanos e desenvolvimento social em comunidades que tiveram seus membros afetados por violações desses mesmos direitos.[111]

Como se percebe, a depender do caso concreto a Corte tem perante si um leque de possibilidades amplíssimo com o qual pode trabalhar em sede de reparações, não

---

[109] Corte IDH. *Caso Cantoral Benavides* vs. *Peru*. Reparações e Custas. Sentença 03.12.2001. Série C, nº 88, parágrafo 80.

[110] Corte IDH. *Caso Trujillo Oroza* vs. *Bolívia*. Reparações e Custas. Sentença 27.02.2002. Série C, nº 92, parágrafo 122.

[111] *V.*, por tudo, RAMÍREZ, Sergio García. La jurisprudencia de la Corte Interamericana de Derechos Humanos en materia de reparaciones. *La Corte Interamericana de Derechos Humanos*: un cuarto de siglo (1979-2004). San José: Corte IDH, 2005. p. 1-86.

se cingindo às meras indenizações pecuniárias, que são apenas uma modalidade (espécie) do gênero *reparações*.

A referência à "parte lesada" na parte final do art. 63, 1, conota as verdadeiras *vítimas* das violações de direitos humanos, que não se confundem com a Comissão Interamericana, que apenas deflagrou na Corte a ação de reparação. Tal demonstra que a Comissão não é propriamente *parte* no processo perante a Corte (pois *partes* são as vítimas ou seus representantes e o Estado), mas sim a "guardiã" da Convenção Americana, tal qual o Supremo Tribunal Federal (no Brasil) é o "guardião" da Constituição. Com efeito, como leciona Cançado Trindade, "reconhecer o *locus standi in judicio* das vítimas (ou seus representantes) ante a Corte (em casos já submetidos a esta pela Comissão) contribui à jurisdicionalização do mecanismo de proteção (na qual deve recair toda a ênfase), pondo fim à ambiguidade da função da Comissão, a qual não é rigorosamente 'parte' no processo, mas antes guardiã da aplicação correta da Convenção Americana".[112] Frise-se que o reconhecimento desse *locus standi in judicio* das supostas vítimas em todas as fases do procedimento contencioso perante a Corte Interamericana – de há muito defendido por Cançado Trindade – foi expressamente reconhecido tanto pelo art. 23, 1, do *Regulamento* da Corte de 2000, como pelo novo *Regulamento* de 2009 (art. 25, 1).[113] Mesmo aqueles autores que entendem que as "partes" no processo perante a Corte são a Comissão e os Estados, sempre admitiram que o art. 23, 1, do *Regulamento* de 2000 (no qual, pela primeira vez, a matéria foi versada), consagrou um "avanço interpretativo em favor da abertura do sistema para as vítimas de violações de direitos humanos".[114]

Havendo falecido a vítima, resultando impossível garantir-lhe o gozo de seu direito ou reparar-lhe integralmente as consequências da medida que o violou, será o caso de a Corte estabelecer uma justa indenização em dinheiro aos seus familiares.[115]

---

[112] CANÇADO TRINDADE, Antônio Augusto. *Tratado de direito internacional dos direitos humanos*, v. 3, cit., p. 99.

[113] A redação deste último dispositivo é a seguinte: "Artigo 25. *Participação das supostas vítimas ou seus representantes*. 1. Depois de notificado o escrito de submissão do caso, conforme o artigo 39 deste Regulamento, as supostas vítimas ou seus representantes poderão apresentar de forma autônoma o seu escrito de petições, argumentos e provas e continuarão atuando dessa forma durante todo o processo. 2. Se existir pluralidade de supostas vítimas ou representantes, deverá ser designado um interveniente comum, que será o único autorizado para a apresentação de petições, argumentos e provas no curso do processo, incluindo nas audiências públicas. Se não houver acordo na designação de um interveniente comum em um caso, a Corte ou sua Presidência poderá, se o considerar pertinente, outorgar um prazo às partes para a designação de um máximo de três representantes que atuem como intervenientes comuns. Nessa última circunstância, os prazos para a contestação do Estado demandado, assim como os prazos de participação nas audiências públicas do Estado demandado, das supostas vítimas ou de seus representantes e, dependendo do caso, do Estado demandante, serão determinados pela Presidência. 3. No caso de eventual discordância entre as supostas vítimas no que tange ao inciso anterior, a Corte decidirá sobre o pertinente".

[114] Cf. RODRÍGUEZ RESCIA, Víctor Manuel. La Corte Interamericana de Derechos Humanos, cit., p. 4.

[115] Corte IDH. *Caso Gangaram Panday* vs. *Suriname*. Mérito, Reparações e Custas. Sentença 21.01.1994. Série C, nº 16, parágrafo 69.

(4) Em casos de *extrema* gravidade e urgência, e quando for necessário para evitar danos *irreparáveis* às pessoas, poderá a Corte ordenar *medidas provisórias* de proteção nos assuntos de que estiver conhecendo (art. 63, 2).[116] Tais danos "irreparáveis" têm maior potencialidade de ocorrer relativamente à vida e à integridade física das pessoas, sem prejuízo de também ter lugar quando se tratar da iminência de lesão a outros direitos importantes. Se se tratar de assuntos ainda não submetidos ao seu conhecimento, a Corte poderá autorizar as medidas provisórias a pedido da Comissão Interamericana; ao revés, se o assunto já for de conhecimento da Corte, esta poderá adotar tais medidas provisórias *sponte sua*.[117]

As medidas provisórias devem ser autorizadas pela Corte quando presentes pelo menos dois importantes requisitos: *a*) a existência de uma situação grave e urgente que está a acontecer no momento; e *b*) a potencialidade de um dano irreparável a uma pessoa vir a ocorrer em face dessa situação.[118]

A Corte Interamericana tem sustentado que as medidas provisórias previstas no art. 63, 2, da Convenção podem proteger os membros de uma coletividade ou pessoas ligadas a essa coletividade, bastando que tais pessoas, ainda que inominadas, sejam ao menos *identificáveis* e *determináveis*. Tal entendimento reflete as obrigações *erga omnes* que os Estados-Partes na Convenção têm de proteger todas as pessoas sujeitas à sua jurisdição.[119] Isto significa, a juízo da Corte, que tal obrigação se impõe não só em relação ao poder do Estado, senão também em relação às condutas de terceiros (particulares), inclusive grupos armados irregulares de qualquer natureza (*v.g.*, as Forças Armadas Revolucionárias da Colômbia – FARC).[120]

Como bem ponderou Cançado Trindade no seu Voto Concorrente no caso da *Comunidade de Paz de San José de Apartado*, o "desenvolvimento jurídico das obrigações *erga omnes partes* de proteção assume uma importância cada vez maior, sobretudo perante a diversificação das fontes (inclusive as não identificadas) de violações dos direitos humanos – tão evidente em uma situação de conflito armado interno como no presente caso. Tal situação, por sua vez, requer o reconhecimento dos efeitos da Convenção Americana *vis-à-vis* terceiros (o *Drittwirkung*), ademais de revelar as aproximações e convergências entre a normativa da Convenção Americana e a do Direito Internacional Humanitário, assim como o potencial de ação das Medidas Provisórias de Proteção neste contexto, em que se revestem de um caráter, mais que cautelar, verdadeiramente tutelar, ao salvaguardar direitos humanos".[121]

---

[116] Sobre o tema, *v.* RAMÍREZ, Sergio García, *Los derechos humanos y la jurisdicción interamericana*, cit., p. 129-132.

[117] Frise-se que a designação "medidas provisórias" somente se aplica às que dita a Corte Interamericana; as que emite a Comissão recebem o nome de "medidas cautelares" (art. 25 do *Regulamento da Comissão Interamericana*).

[118] Cf. RAMÍREZ, Sergio García. *Los derechos humanos y la jurisdicción interamericana*, cit., p. 130.

[119] *V.* DINSTEIN, Yoram. The *erga omnes* applicability of human rights, *Archiv des Völkerrechts*, v. 30, p. 16-37, 1992.

[120] Corte IDH. *Caso das Comunidades do Jiguamiandó e do Curbaradó (relativo à Colômbia)*. Medida Provisória de Proteção. Resolução de 06.03.2003, parágrafos 9-11.

[121] Corte IDH. *Caso da Comunidade de Paz de San José de Apartadó (relativo à Colômbia)*. Medida Provisória de Proteção. Resolução da Corte de 18.06.2002 (Voto Concorrente do Juiz Cançado Trindade), parágrafo 19.

Nos últimos anos, ainda segundo Cançado Trindade, a Corte tem ordenado tais medidas em número crescente de casos, tanto pendentes ante ela como ainda não submetidos a ela mas pendentes ante a Comissão, a pedido desta última. Segundo ele, tais medidas "têm sido adotadas naturalmente sem prejuízo das decisões subsequentes da Corte quanto ao mérito dos casos. [...] Na prática, a Corte tem ordenado tais medidas – que já salvaram várias vidas – com base em uma presunção razoável (*prima facie*), mais do que uma demonstração cabal ou substancial, da veracidade dos fatos alegados. Em todos os casos, ao ordená-las, a Corte verifica previamente se os Estados em questão já reconheceram – sob o artigo 62(2) da Convenção Americana – como obrigatória sua competência em matéria contenciosa. As medidas provisórias de proteção revelam, assim, a importante *dimensão preventiva* da proteção internacional dos direitos humanos".[122]

Em última análise, as *medidas provisórias* – solicitadas pela Comissão ou adotadas *sponte sua* pela Corte – têm servido, no sistema interamericano, como meio bastante eficaz para salvaguardar uma situação de perigo de lesão irreparável ao direito das pessoas, implementando no contexto regional interamericano uma espécie de *defesa preordenada* das vítimas e de todos aqueles potenciais destinatários de certos atos do Estado que, se levados às últimas consequências, podem aniquilar a garantia de direitos básicos das pessoas, protegidos pela Convenção Americana.

Artigo 64

1. Os Estados-Membros da Organização poderão consultar a Corte sobre a interpretação desta Convenção (1) ou de outros tratados concernentes à proteção dos direitos humanos nos Estados americanos. (2) Também poderão consultá-la, no que lhes compete, os órgãos enumerados no capítulo X da Carta da Organização dos Estados Americanos, reformada pelo Protocolo de Buenos Aires.(3)

2. A Corte, a pedido de um Estado-Membro da Organização, poderá emitir pareceres sobre a compatibilidade entre qualquer de suas leis internas e os mencionados instrumentos internacionais.(4)

 COMENTÁRIOS

Por *Valerio de Oliveira Mazzuoli*

(**1**) Todos os Estados-membros da OEA têm o direito de provocar a *competência consultiva* da Corte Interamericana relativamente à interpretação da Convenção Americana ou de outros tratados concernentes à proteção dos direitos humanos nos Estados Americanos. Essa competência, atribuída à Corte pela Convenção, transforma o tribunal num órgão, para além de contencioso, também *interpretativo*

---

[122] CANÇADO TRINDADE, Antônio Augusto. *Tratado de direito internacional dos direitos humanos*, v. 3, cit., p. 55. Para uma análise da jurisprudência da Corte Interamericana relativamente às Medidas Provisórias, *v.* CANÇADO TRINDADE, Antônio Augusto. Idem, p. 80-83.

das disposições da Convenção, capaz de dizer qual o conteúdo do direito aplicável *in abstracto*.

Os Estados têm a responsabilidade de recepcionar tais pareceres consultivos (chamados no sistema interamericano de *opiniões consultivas*[123]) para aplicação no âmbito de seu direito interno, evitando sejam responsabilizados no plano internacional por violação da Convenção. Alguns tribunais de Estados interamericanos já têm o hábito de se fundamentar com base nas opiniões consultivas da Corte (*v.g.*, como ocorre na Suprema Corte da Costa Rica), o que está bem longe de ocorrer no Brasil, infelizmente. Outros países (como a Argentina) têm também seguido as manifestações da Corte como paradigma aos julgamentos de seus juízes e tribunais. Já dissemos (nos comentários ao art. 33) que a Suprema Corte argentina, nos casos *Simón* (2005) e *Mazzeo* (2007), trilhou no sentido de ser obrigatória a adoção dos entendimentos da Corte Interamericana no plano do direito interno daquele país.

(2) Além da possibilidade de emitir pareceres consultivos sobre a interpretação da Convenção Americana, tem ainda a Corte o poder de se manifestar sobre "outros tratados concernentes à proteção dos direitos humanos nos Estados Americanos". Tal demonstra a competência amplíssima da Corte Interamericana em matéria consultiva. Essa amplitude, frise-se, contrasta com a de todos os demais tribunais internacionais, sendo inclusive maior que àquela atribuída pela Carta das Nações Unidas à própria Corte Internacional de Justiça. Em outras palavras, a competência que o art. 64 da Convenção atribui à Corte Interamericana é *única* em todo o Direito Internacional contemporâneo. De fato, o art. 96 da Carta da ONU restringe à Assembleia-Geral e ao Conselho de Segurança, e, eventualmente, a outros organismos especializados da ONU, a possibilidade de solicitar uma opinião consultiva à Corte Internacional de Justiça, não abrindo a possibilidade dos seus Estados-membros o fazerem. No sistema interamericano, por sua vez, todos os Estados-membros da OEA poderão consultar a Corte Interamericana sobre a Convenção Americana ou *outros tratados* relativos a direitos humanos no Continente Americano, sendo esta a mais ampla função consultiva que já se delegou a um tribunal na atualidade.[124]

O atual *Regulamento da Corte* disciplina a competência do tribunal relativamente à interpretação desses "outros tratados", assim estabelecendo:

"Artigo 71. *Interpretação de outros tratados*

1. Se a solicitação referir-se à interpretação de outros tratados concernentes à proteção dos direitos humanos nos Estados americanos, tal como previsto no artigo 64.1 da Convenção, deverá identificar o tratado e suas respectivas partes, formular as perguntas específicas em relação às quais é solicitado o parecer da Corte e incluir as considerações que dão origem à consulta.

2. Se a solicitação emanar de um dos órgãos da OEA, deverá indicar a razão pela qual a consulta se refere à sua esfera de competência".

---

[123]   V. o comentário nº 3 ao art. 33.

[124]   Cf. Corte IDH. *Opinião Consultiva nº OC-1/82* de 24.09.1982. Série A, nº 1 – *"Outros Tratados" Objeto da Função Consultiva da Corte (art. 64, Convenção Americana sobre Direitos Humanos)*, parágrafos 14-16.

Contudo, a questão do que vêm a ser "*outros tratados* concernentes à proteção dos direitos humanos nos Estados Americanos" não é nova e ainda suscita algumas dúvidas de interpretação.

A Corte Interamericana, na sua *Opinião Consultiva* 1, de 24 de setembro de 1982, solicitada pelo governo do Peru (que teve justamente por finalidade requerer a interpretação da expressão "outros tratados" presente no art. 64, 1, da Convenção), manifestou-se no sentido de poder sua competência consultiva ser exercida sobre toda disposição concernente à proteção dos direitos humanos de qualquer tratado internacional aplicável nos Estados americanos, seja bilateral ou multilateral, independentemente de seu objeto principal ou de quem seja ou possa ser parte no mesmo. Segundo a opinião da Corte, também não se exige que esses "outros tratados" sejam tratados *entre* Estados americanos ou que sejam tratados *regionais*, bastando que tais instrumentos digam respeito, de alguma forma, à proteção dos direitos humanos nos Estados americanos.[125] Ou seja, os tratados em causa não necessitam ser concluídos *por Estados americanos* obrigatoriamente, bastando que sejam *concernentes* (para se utilizar da expressão da Convenção) à proteção dos direitos humanos nesses mesmos Estados. Contudo, a possibilidade que tem a Corte de se manifestar sobre tais tratados não é ilimitada. Fora desse contexto – ou seja, fora do âmbito de outros tratados *concernentes à proteção dos direitos humanos nos Estados Americanos*, ainda que tendo como partes Estados alheios à OEA ou que não sejam pertencentes ao sistema regional interamericano –, a Corte não tem competência para se manifestar consultivamente. Trata-se de limitação *ratione materiae* à competência consultiva da Corte, estabelecida pelo art. 64, 1, da Convenção.[126]

O tratado internacional em causa (o *outro tratado*...) pode não ser um tratado de direitos humanos propriamente dito, bastando seja de alguma maneira *concernente* à proteção desses mesmos direitos. Um tratado pode *concernir* à proteção dos direitos humanos mesmo que o seu objeto principal verse sobre matéria estranha à proteção internacional dos direitos humanos. A Corte Interamericana já afirmou (num caso envolvendo a interpretação da Convenção de Viena sobre Relações Consulares de 1963, atendendo a uma solicitação do México) que ainda que um tratado seja destinado a "estabelecer um equilíbrio entre Estados", isto não obriga a descartar, de plano, que tal tratado possa *concernir* à proteção dos direitos fundamentais da pessoa no Continente Americano.[127]

---

[125]   Corte IDH. *Opinião Consultiva n° OC-1/82* de 24.09.1982. Série A, n° 1 – "*Outros Tratados" Objeto da Função Consultiva da Corte (art. 64, Convenção Americana sobre Direitos Humanos)*, parágrafo 52.

[126]   *V.* Corte IDH. *Opinião Consultiva n° OC-1/82* de 24.09.1982. Série A, n° 1 – "*Outros Tratados" Objeto da Função Consultiva da Corte (art. 64 Convenção Americana sobre Direitos Humanos)*, parágrafos 18-19.

[127]   Corte IDH. *Opinião Consultiva n° OC-16/99* de 11.10.1999. Série A, n° 16 – *O Direito à Informação sobre a Assistência Consular no Âmbito das Garantias do Devido Processo Legal*, parágrafo 76. Nessa ocasião a Corte decidiu que "o artigo 36 da Convenção de Viena sobre Relações Consulares concerne à proteção dos direitos do nacional do Estado que envia e está integrada à normativa internacional dos direitos humanos". Sobre o assunto, *v.* Cançado Trindade, Antônio Augusto. The humanization of Consular Law: the impact of Advisory Opinion n° 16 (1999) of the Inter-

Segundo a interpretação da Corte, na anteriormente citada Opinião Consultiva 1/82, a distinção implícita no art. 64 da Convenção está mais ligada a uma questão de caráter geográfico-político. Nesse caso, o importante é estabelecer *qual Estado é* responsável pelas obrigações cuja natureza ou alcance se pretende interpretar *e não a fonte* dessas obrigações. Assim, se a finalidade principal da consulta disser respeito ao cumprimento ou ao alcance de obrigações contraídas por um Estado-membro do sistema interamericano, será a Corte competente para emiti-la, ainda quando seja inevitável interpretar o tratado em seu conjunto. Em contrapartida, a Corte não será competente para responder à consulta formulada se o propósito principal da mesma referir-se ao alcance ou ao cumprimento dos compromissos internacionais assumidos por Estados *alheios* ao sistema interamericano.[128]

Uma última questão que se poderia colocar, relativamente à interpretação da expressão "outros tratados", constante do art. 64, 1, da Convenção, diz respeito à possibilidade de nela se incluírem outros atos internacionais destituídos da natureza própria de *tratados*, mas que atingem os Estados americanos com obrigações ainda que de índole moral, como as várias *declarações* de direitos existentes. O governo da Colômbia, nesse sentido, consultou a Corte sobre a possibilidade de se interpretar a *Declaração Americana dos Direitos e Deveres do Homem*, adotada em Bogotá em 1948, dentro do quadro do art. 64 da Convenção, tendo em vista que tal *Declaração* – assim como a *Declaração Universal dos Direitos Humanos* – não é tecnicamente um *tratado* para os fins da Convenção de Viena sobre o Direito dos Tratados de 1969.[129] A Corte, em sua resposta, entendeu não existir qualquer problema em "dar opiniões consultivas sobre interpretação da Declaração Americana dos Direitos e Deveres do Homem, no âmbito e dentro dos limites de sua competência em relação à Carta e à Convenção ou outros tratados concernentes à proteção dos direitos humanos nos Estados Americanos".[130]

(3) Diz o art. 64, 1, *in fine*, da Convenção, que também poderão deflagrar a competência consultiva da Corte Interamericana, no que lhes compete, "os órgãos enumerados no Capítulo X da Carta da OEA, reformada pelo Protocolo de Buenos Aires".

Ocorre que a Carta da OEA (que entrou em vigor internacional em 13 de dezembro de 1951) já foi também reformada (para além do Protocolo de Buenos Aires) pelo Protocolo de Cartagena das Índias, em 1985, pelo Protocolo de Washington, em 1992, e pelo Protocolo de Manágua, em 1993. Assim, com a realocação dos dispositivos da Carta da OEA, em virtude das subsequentes alterações ao texto original, o capítulo

---

-American Court of Human Rights on international case-law and practice, in *Chinese Journal of International Law*, v. 6, n. 1, p. 1-16, 2007.

[128] V. Corte IDH. *Opinião Consultiva nº OC-1/82 de 24.09.1982. Série A, nº 1 – "Outros Tratados" Objeto da Função Consultiva da Corte (art. 64 Convenção Americana sobre Direitos Humanos)*, parágrafo 38.

[129] Sobre o tema, *v.* MAZZUOLI, Valerio de Oliveira. *Curso de direito internacional público*, cit., p. 802-804.

[130] Corte IDH. *Opinião Consultiva nº OC-10/89 de 14.07.1989. Série A, nº 10 – Interpretação da Declaração Americana dos Direitos do Homem no Âmbito do Artigo 64 da Convenção Americana sobre Direitos Humanos*, parágrafo 47.

agora relativo aos órgãos da OEA é o Capítulo VIII da Carta e não mais o Capítulo X a que faz referência a Convenção Americana.

Nos termos do Capítulo VIII da Carta da OEA em vigor (art. 53), "a Organização dos Estados Americanos realiza os seus fins por intermédio dos seguintes órgãos: *a*) Assembleia Geral; *b*) Reunião de Consulta dos Ministros das Relações Exteriores; *c*) Conselhos; *d*) Comissão Jurídica Interamericana; *e*) Comissão Interamericana de Direitos Humanos; *f*) Secretaria-Geral; *g*) Conferências Especializadas; e *h*) Organismos Especializados".

Até o presente momento, o único órgão que tem se utilizado da faculdade de solicitar pareceres consultivos à Corte Interamericana é a Comissão Interamericana sobre Direitos Humanos.

Frise-se que esta enumeração de órgãos com direito de solicitar opiniões consultivas à Corte é *numerus clausus* e corresponde à limitação *ratione personae* às atribuições consultivas da Corte.

(4) A pedido de um Estado-membro da OEA, poderá a Corte emitir pareceres sobre a compatibilidade entre qualquer de suas leis internas e a Convenção Americana ou outros tratados de direitos humanos nos Estados Americanos. Tal bem demonstra a grande extensão da competência consultiva da Corte Interamericana.

Nesses pareceres de *compatibilidade* pode a Corte entender que, eventualmente, o Estado em causa não tem tomado todas as medidas necessárias de adequação do seu direito interno às obrigações que lhe impõem a Convenção Americana ou outros tratados de direitos humanos por ele ratificados. Essa obrigação de compatibilização (ou de *adequação* legislativa) é aquela expressa no art. 2º da Convenção (*v.* comentários a essa disposição), segundo o qual "[s]e o exercício dos direitos e liberdades mencionados no artigo 1º ainda não estiver garantido por disposições legislativas ou de outra natureza, os Estados-Partes comprometem-se a adotar, de acordo com as suas normas constitucionais e com as disposições desta Convenção, as medidas legislativas ou de outra natureza que forem necessárias para tornar efetivos tais direitos e liberdades".

Frise-se, porém, que a Corte Interamericana, no exercício de sua competência consultiva não *controla* propriamente a convencionalidade das leis (uma vez que tais *pareceres consultivos* não têm força vinculante perante os Estados-Partes). O que ela faz, neste caso, é *aferir* a convencionalidade de determinada norma ou ato administrativo interno, tendo como paradigma a Convenção Americana ou outro tratado de direitos humanos, conforme dispõe o art. 64, 1. Assim, a essa verificação da compatibilidade das leis internas com os tratados internacionais de direitos humanos, no âmbito da competência consultiva da Corte, deve-se nominar de *aferição de convencionalidade*, reservando-se à expressão *controle de convencionalidade* apenas o exercício de compatibilidade das leis domésticas com a Convenção (ou outro tratado de direitos humanos) realizado no âmbito *contencioso* do mesmo Tribunal.

A incompatibilidade (proposital ou não) das normas de direito interno com as de direito internacional aceitas e reconhecidas pelo Estado, faz nascer em seu desfavor o instituto da responsabilidade internacional. Daí a importância (em termos preventivos) da disposição do art. 64, 2, da Convenção, que permite que qualquer Estado-membro da OEA solicite à Corte, em caso de dúvidas relativas às suas obrigações convencionais, uma opinião consultiva acerca da compatibilidade de qualquer de suas leis com as referidas normas internacionais de que o Estado é parte.

Artigo 65

A Corte submeterá à consideração da Assembleia Geral da Organização, em cada período ordinário de sessões, um relatório sobre suas atividades no ano anterior. (1) De maneira especial, e com as recomendações pertinentes, indicará os casos em que um Estado não tenha dado cumprimento a suas sentenças. (2)

 COMENTÁRIOS

Por *Valerio de Oliveira Mazzuoli*

(1) É dever da Corte Interamericana submeter à consideração da Assembleia Geral da OEA, em cada período ordinário de sessões, um *relatório* sobre as suas atividades no ano precedente. Tal relatório tem a finalidade de dar ciência à OEA das atividades da Corte, não obstante a Corte Interamericana ser órgão exclusivo da Convenção Americana e não da própria OEA.

A obrigação que tem a Corte em submeter à OEA referido relatório visa ainda dar publicidade internacional aos atos e manifestações do tribunal, os quais não podem ficar à margem do conhecimento da sociedade internacional. Daí ter estabelecido o art. 65, *in fine*, que também deverá a Corte – de "maneira especial" e com as "recomendações pertinentes" – indicar à OEA os casos em que um Estado não tenha dado cumprimento a suas sentenças, como se comentará em seguida.

(2) A atuação da Corte não se esgota com a prolação da sentença em caso de condenação (não de absolvição) do Estado por violação de direitos humanos previstos na Convenção. Se condenado o Estado, a Corte reserva-se o direito de *supervisionar* o cumprimento de sua decisão, deixando tal faculdade geralmente expressa na própria sentença de reparação. Para tanto, a Corte expede *resoluções de supervisão* do cumprimento de suas sentenças, podendo-se verificar em muitas de tais resoluções que vários Estados têm criado dificuldades de ordem interna para dar cumprimento ao estabelecido pela Corte, notadamente em face das reparações impostas e da indenização arbitrada.[131] De qualquer forma, esta etapa "consiste em determinar se o Estado tido como responsável cumpriu com suas obrigações na forma e no tempo previstos", sendo certo que "os atos que a Corte realiza dentro de sua obrigação de supervisão dependerão da natureza do estabelecido nas sentenças de reparações".[132] A Corte pode supervisionar também o cumprimento de *outros tratados* interamericanos de direitos humanos por Estados que os ratificaram; mas, neste último caso, sua competência é mais limitada, pois só pode determinar reparações quando o próprio tratado em causa a autoriza. A supervisão das sentenças requer detido estudo e densa reflexão da Corte, uma vez que alcança as vítimas das violações de direitos humanos em sua

---

[131] Sobre o assunto, *v.* LEDESMA, Héctor Faúndez. *El sistema interamericano de protección de los derechos humanos*: aspectos institucionales y procesales. 2. ed. San José: IIDH, 1999. p. 566-568.

[132] RODRÍGUEZ RESCIA, Víctor Manuel. La Corte Interamericana de Derechos Humanos, cit., p. 11.

condição mais tensa, que é a de ver respeitada pelo Estado a sentença internacional condenatória obtida em seu favor.

Uma vez detectada pela Corte a inércia do Estado em adotar as medidas previstas na sentença, nasce o dever do tribunal (nos termos do art. 65, *in fine*, da Convenção) de informar o ocorrido à Assembleia Geral da OEA, a fim de que a Organização tome as providências que reputar necessárias contra o Estado faltoso. Assim, no relatório que a Corte deve submeter à consideração da Assembleia Geral da OEA em cada período ordinário de sessões, tem de constar – de "maneira especial, e com as recomendações pertinentes", como destaca a Convenção – os casos em que um Estado não tenha dado cumprimento a suas sentenças. Tal expediente tem por finalidade enfatizar a supervisão (mais política que jurídica, é certo) do cumprimento das decisões da Corte no âmbito da Assembleia Geral da OEA. No referido relatório a Corte indicará os casos por ela julgados e as medidas (reparações, indenizações etc.) que prescreveu aos Estados em questão e que foram descumpridas, ocasião em que fará as pertinentes *recomendações* à Organização.

Ocorre que, infelizmente, esse mecanismo político de coerção dos Estados para o cumprimento das decisões da Corte, até o presente momento, tem se mostrado falho e insuficiente. De fato, como demonstra André de Carvalho Ramos, no caso do inadimplemento parcial por parte de Honduras das obrigações impostas pela Corte nos casos *Velásquez Rodríguez* e *Godínez Cruz*, a Corte informou a Assembleia Geral da OEA o ocorrido, tecendo as recomendações pertinentes. Ocorre que a Assembleia Geral da OEA, na resolução de aprovação do informe do ano de 1990, sequer de passagem mencionou o inadimplemento de Honduras relativamente às reparações impostas pela Corte, o que "levou a doutrina a duvidar que a Assembleia Geral, por sua natureza intergovernamental, seja um órgão eficaz para sancionar os Estados faltosos".[133]

Para nós, a Assembleia Geral da OEA tem o dever funcional de dar respaldo à proteção dos direitos humanos, devendo inspecionar e punir os Estados faltosos assim que informada pela Corte Interamericana do descumprimento de uma sentença de reparação ou ressarcimento. A discricionariedade da OEA relativamente às sanções que deve impor aos Estados que se mostrarem inertes ou intransigentes quanto ao cumprimento de uma decisão da Corte, tem limites calcados na própria lógica da proteção internacional dos direitos humanos. Se o Estado não cumpre uma sentença da Corte, é evidente que a Assembleia Geral da OEA tem o dever de não só *aprovar* o relatório circunstanciado submetido pelo tribunal, como também o de *adotar as medidas necessárias* para dar cumprimento às recomendações pertinentes ali estabelecidas.[134]

É bom fique nítido que, continuando assim inerte, a Assembleia Geral da OEA passará, num futuro não muito distante, a ser vista não mais como protetora da paz e da

---

[133]   RAMOS, André de Carvalho. *Direitos humanos em juízo...*, cit., p. 97.

[134]   *V.* BICUDO, Hélio. Cumplimiento de las sentencias de la Corte Interamericana de Derechos Humanos y de las recomendaciones de la Comisión Interamericana de Derechos Humanos. *El sistema interamericano de protección de los derechos humanos en el umbral del siglo XXI*. 2. ed. San José: Corte IDH, 2003. t. I, p. 229-234. *V.*, ainda, RAMOS, André de Carvalho. *Direitos humanos em juízo...*, cit., p. 98-99.

segurança continentais (tal como dispõe o art. 2º, *a*, de seu convênio constitutivo), mas como órgão impeditivo da eficácia dos direitos humanos no Continente Americano.

O governo brasileiro deu bom exemplo (pelo menos no que tange à indenização) no cumprimento imediato de sua primeira condenação pela Corte Interamericana, por violação de direitos humanos à família da vítima no caso *Damião Ximenes*, quando mandou pagar *sponte sua* o montante em dinheiro arbitrado pela Corte (*v.* comentários ao art. 68, 2).

Seção 3
Processo

Artigo 66

1. A sentença da Corte (1) deve ser fundamentada. (2)

2. Se a sentença não expressar no todo ou em parte a opinião unânime dos juízes, qualquer deles terá direito a que se agregue à sentença o seu voto dissidente ou individual. (3)

 COMENTÁRIOS

Por *Valerio de Oliveira Mazzuoli*

(1) A Corte não relata casos e não faz qualquer tipo de recomendação no exercício de sua competência contenciosa, mas *profere sentenças. Estas,* segundo o Pacto de San José (art. 67), são *definitivas* e *inapeláveis.* Ou seja, as sentenças da Corte são *obrigatórias* para os Estados que reconheceram a sua competência em matéria contenciosa.[135] Em outros termos, a publicação da sentença pela Corte faz operar, *ipso jure,* a obrigação do Estado em levar a cabo o que ali se estabeleceu, uma vez que inexiste a possibilidade de *recurso* contra tal sentença.

É na sua sentença que a Corte controla a convencionalidade da norma interna (ou decisão judiciária ou ato administrativo) que viola um ou mais direitos previstos na Convenção Americana. Esse controle de convencionalidade decorre do seu papel de "guardiã" da Convenção Americana e de intérprete última do seu texto (tal como o STF é o "guardião da Constituição" no plano do direito constitucional brasileiro).

Quando a Corte declara a ocorrência de violação de direito resguardado pela Convenção, exige a imediata reparação do dano, e impõe, se for o caso, o pagamento de justa indenização à parte lesada. Nos termos do art. 68, §§ 1º e 2º, da Convenção Americana, os Estados-membros comprometem-se a cumprir a decisão da Corte em todo caso em que forem partes, podendo a parte da sentença que determinar indenização compensatória ser executada no país respectivo pelo processo interno vigente para a execução de sentenças contra o Estado. Frise-se que não será necessária a ho-

---

135 *V.* CANÇADO TRINDADE, Antônio Augusto. *Tratado de direito internacional dos direitos humanos,* v. 3, cit., p. 52.

mologação, pelo Superior Tribunal de Justiça, da sentença da Corte que determinar tal indenização (*v.* comentários ao art. 68, 1).

A deliberação e aprovação da sentença pela Corte far-se-á em caráter privado, permanecendo em segredo até sua comunicação às partes pela Secretaria. As sentenças são assinadas por todos os juízes que participaram da votação e pelo Secretário da Corte. Mas nada obsta que a sentença seja assinada *pela maioria* dos juízes e pelo Secretário. Os votos fundamentados, dissidentes ou concordantes, são assinados pelos juízes que os sustentem e pelo Secretário. As sentenças serão concluídas com uma ordem de comunicação e execução assinada pela Presidência e pelo Secretário e selada por este. Os originais das sentenças ficarão depositados nos arquivos da Corte. O Secretário entregará cópias certificadas aos Estados-Partes, à Comissão, às vítimas ou supostas vítimas ou a seus representantes, ao Estado demandado e, se for o caso, ao Estado demandante, ao Conselho Permanente por intermédio da sua Presidência, ao Secretário Geral da OEA, e a qualquer outra pessoa interessada que o solicitar (art. 67 do Regulamento da Corte).

(2) É evidente que as sentenças da Corte Interamericana devem ser completamente *fundamentadas*. Nela os magistrados desse Tribunal – tal qual ocorre com as sentenças de cortes ou tribunais internos – deverão expor os motivos de fato e de direito que levaram à decisão tomada. No sistema interamericano, a sentença da Corte é também lida em audiência pública, para a qual são convocadas previamente as partes.[136]

A Corte deve comprovar na sentença que houve violação efetiva dos dispositivos alegados da Convenção Americana. Suas sentenças devem ser as mais claras possíveis, a fim de que não pairem dúvidas quanto à sua interpretação. Em caso de omissão, ambiguidade ou obscuridade da sentença, é facultado a qualquer das partes (nos termos do art. 67) requerer uma *interpretação* da sentença a fim de que a mesma se aclare, à semelhança do que ocorre com a propositura dos *embargos de declaração* existentes no direito processual brasileiro.

Destaque-se que a Corte não fica impedida de examinar, na sentença, possíveis *outras violações* da Convenção Americana, ainda que não originalmente alegadas na demanda apresentada pela Comissão. De fato, no caso *Cinco Pensionistas* vs. *Peru*, de 28.02.2003, entendeu a Corte que a demonstração de direitos *novos*, realizada pelas próprias vítimas e independentemente da vontade da Comissão, não viola a igualdade de armas em relação aos Estados, em razão do conhecido princípio *jura novit curia*, pelo qual o tribunal pode conhecer, *sponte sua*, quaisquer violações adicionais à Convenção Americana, mesmo que não alegadas pela Comissão *ab initio*.[137]

(3) Se a sentença não expressar, no todo ou em parte, a opinião unânime dos juízes, qualquer deles terá direito a que se agregue à sentença o seu voto *dissidente* ou *individual*. A Convenção Americana, percebe-se, faculta ao magistrado expressar-se com independência daquilo que foi acordado na sentença coletiva. É muito comum, aliás, na prática do sistema interamericano, que algum dos juízes anexe à sentença o seu voto em apartado, o qual poderá ser *dissidente* (discordante) ou *individual* (concordante).

---

[136] Cf. LEWANDOWSKI, Enrique Ricardo. *Proteção dos direitos humanos na ordem interna e internacional*. Rio de Janeiro: Forense, 1984. p. 137.

[137] *V.* Corte IDH. *Caso Cinco Pensionistas* vs. *Peru*. Fundo, Reparações e Custas. Sentença 28.02.2003. Série C, nº 98 (Voto Concorrente do Juiz Cançado Trindade), parágrafos 13-15.

Artigo 67

A sentença da Corte será definitiva (1) e inapelável (2). Em caso de divergência sobre o sentido ou alcance da sentença, a Corte interpretá-la-á, a pedido de qualquer das partes, desde que o pedido seja apresentado dentro de noventa dias a partir da data da notificação da sentença. (3)

 COMENTÁRIOS

Por *Valerio de Oliveira Mazzuoli*

(1) A sentença da Corte Interamericana é *definitiva*. Isso quer dizer que as decisões finais da Corte são *irretratáveis*. Em outras palavras, uma vez proferida uma determinada sentença o tribunal não mais pode voltar atrás na sua decisão, reformando-a ou modificando-a de qualquer maneira. Trata-se da consagração do princípio da irretratabilidade das sentenças no sistema interamericano de direitos humanos. Consectário desse princípio é o impedimento de pedido de retratação ao tribunal.

A definitividade da sentença da Corte também se expressa sob outro ângulo, no sentido de servir, *per se*, como uma forma de reparação às vítimas ou seus familiares. De fato, a própria Corte tem entendido que a sua "sentença condenatória constitui *per se* uma forma de reparação".[138] Com o passar dos anos essa premissa tem sido constantemente reiterada no sistema interamericano. A sentença da Corte tem servido, mais e mais, pelo só fato de sua prolação, como uma forma em tudo significativa de reparação às vítimas ou seus familiares.

Em suma, além de *definitiva* no sentido de não admitir qualquer *retratação* por parte do tribunal, a sentença da Corte também o é no sentido da *confirmação absoluta* do direito das vítimas (ou de seus familiares) contra o Estado infrator, não podendo qualquer outro órgão (interno ou internacional) *revogar* a decisão proferida.

(2) A sentença da Corte é, para além de definitiva, também *inapelável*. Tal significa que não cabe qualquer tipo de recurso para a própria Corte ou outra instância internacional contra a sua sentença. A Corte Interamericana é, assim, a instância final de julgamento de uma violação de direitos humanos ocorrida em Estado-Parte da Convenção Americana.

A vedação da apelação das sentenças proferidas pela Corte tem por finalidade impedir que Estados acostumados a expedientes protelatórios burlem o sistema interamericano de direitos humanos e, uma vez mais, distanciem a efetividade da decisão da Corte da parte lesada (vítima ou seus familiares), a quem tal sentença beneficia.

(3) A Corte Interamericana tem competência para interpretar suas sentenças. Assim, havendo divergência sobre o *sentido* ou o *alcance* da sentença, as partes no processo podem requerer à Corte que a interprete, a fim de que o conteúdo da decisão se torne o mais claro possível. A autorização que dá a Convenção à Corte para interpretar sua sentença a pedido das partes, como já falamos (*v.* comentários ao art. 66,

---

[138] Corte IDH. *Caso "Panel Blanca" (Paniagua Morales y otros)* vs. *Guatemala*. Reparações e Custas. Sentença 25.05.2001. Série C, nº 76, parágrafo 105.

2), se assemelha à figura dos *embargos de declaração* prevista no sistema processual brasileiro. O prazo para o pedido de interpretação da sentença é de 90 (noventa) dias a partir da data de sua notificação.

Ao realizar o exame do pedido de interpretação a Corte deve contar, se isto for possível, com a mesma composição que tinha ao prolatar a sentença respectiva. É o que disciplina o art. 68, 3, do Regulamento da Corte, nestes termos: "Para fins de exame do pedido de interpretação, a Corte reunir-se-á, se for possível, com a mesma composição com a qual emitiu a sentença de que se trate. Não obstante, em caso de falecimento, renúncia, impedimento, escusa ou inabilitação, proceder-se-á à substituição do Juiz que corresponder, nos termos do artigo 17 deste Regulamento".

Os Estados não devem se utilizar do mecanismo de interpretação das sentenças como um meio de *impugnação às avessas*, e sim como forma de aclarar o seu sentido ou o seu alcance, quando sobre tais temas nascer alguma divergência. Não se pode também pedir – como já decidiu a própria Corte – a modificação ou a anulação da sentença respectiva por meio da demanda de interpretação.[139]

> **Artigo 68**
> 1. Os Estados-Partes na Convenção comprometem-se a cumprir a decisão da Corte em todo caso em que forem partes. (1)
> 2. A parte da sentença que determinar indenização compensatória poderá ser executada no país respectivo pelo processo interno vigente para a execução de sentenças contra o Estado. (2)

 COMENTÁRIOS

Por *Valerio de Oliveira Mazzuoli*

(1) É obrigação dos Estados-Partes na Convenção cumprir *sponte sua* a decisão da Corte em todo caso em que forem partes. A inexistência de regras internas sobre o procedimento de efetivação das decisões da Corte não é pretexto hábil a desengajar qualquer Estado do seu dever de cumprir aquilo que foi decidido pelo tribunal. Frise-se que se o Estado deixa de observar o comando do art. 68, 1, da Convenção Americana (que ordena aos Estados que *cumpram* as decisões da Corte), incorre ele em *nova violação* da Convenção, fazendo operar no sistema interamericano a possibilidade de novo procedimento contencioso contra esse mesmo Estado.[140]

O Estado, no plano internacional, é responsável pelas obrigações que assumira por meio de tratados e convenções internacionais, dentre elas a de prontamente cumprir as decisões dos tribunais internacionais, cuja competência contenciosa ele mesmo aceitou (no exercício pleno de sua soberania), por meio de manifestação expressa e

---

[139] V. Corte IDH. *Caso Massacre da Rochela* vs. *Colômbia*. Mérito, Reparações e Custas. Sentença 28.01.2008. Série C, nº 175, parágrafo 9.

[140] Cf. CANÇADO TRINDADE, Antônio Augusto. *O direito internacional em um mundo em transformação*, cit., p. 612-613.

inequívoca (o Brasil, *v.g.*, aceitou a competência contenciosa da Corte Interamericana pelo Decreto Legislativo 89/98).

Frise-se que, no caso específico das sentenças proferidas pela Corte Interamericana, não há que se falar na aplicação da regra contida no art. 105, inc. I, alínea *i*, da Constituição de 1988, que dispõe competir ao Superior Tribunal de Justiça a homologação de sentenças estrangeiras como condição de eficácia das mesmas no Brasil. Sentenças proferidas por *tribunais internacionais* não se enquadram na roupagem das *sentenças estrangeiras* às quais se refere o texto constitucional. A mesma observação vale para o art. 483 do Código de Processo Civil, que também exige a homologação da sentença *estrangeira* para que se lhe atribua eficácia interna. Por sentença estrangeira deve-se entender aquela proferida por um tribunal afeto à soberania de determinado Estado, e não a emanada de um tribunal internacional que tem jurisdição *sobre* os seus próprios Estados-Partes. Em suma, a decisão da Corte Interamericana (decisão, portanto, de um organismo *internacional*) não encontra qualquer identidade com as decisões judiciárias *internas* dos Estados, estas sim a demandarem homologação pelo Poder Judiciário brasileiro para fins de importação de eficácia em território nacional.[141] Isto tudo somado leva à conclusão de que o Superior Tribunal de Justiça não tem competência constitucional, tampouco legal, para homologar sentenças proferidas por tribunais internacionais, como é o caso da Corte Interamericana.[142]

Em suma, as sentenças da Corte Interamericana, pelo teor do art. 68, 1, da Convenção Americana, têm eficácia *imediata* na ordem jurídica interna, devendo ser cumpridas de plano (*sponte sua*) pelas autoridades do Estado condenado.

(2) A Convenção parece abrir exceção ao cumprimento imediato da decisão da Corte nos casos de condenação a indenização compensatória, uma vez que prevê que a mesma "*poderá ser executada no país respectivo pelo processo interno vigente para a execução de sentenças contra o Estado*". Mas, mesmo nesse caso, temos como certo que o Estado não deve aguardar que a vítima deflagre na Justiça ação judicial (execução de título executivo) para o recebimento da indenização, devendo pagar *sponte sua* o montante a ela devido. Não tem qualquer sentido permitir ao Estado já condenado pela Corte Interamericana que postergue o sofrimento da vítima ou de seus familiares, fazendo-lhes penar na Justiça (gastando com advogados etc.) depois de terem a favor de si uma sentença internacional julgada procedente. Perceba-se que a execução interna da parte da sentença que determina indenização compensatória não é obrigatória ("*poderá ser executada...*", diz a Convenção), podendo assim não passar por procedimento judicial interno de execução de sentença contra o Estado e ser, desde logo, satisfeita por ato espontâneo do governo.

Caso o Estado não cumpra *sponte sua* a sentença da Corte, cabe à vítima ou ao Ministério Público Federal (com fundamento no art. 109, III, da Constituição de 1988, segundo o qual "aos juízes federais compete processar e julgar [...] as causas fundadas em tratado ou contrato da União com Estado estrangeiro ou organismo

---

[141]   *V.*, nesse exato sentido, RAMOS, André de CARVALHO, *Direitos humanos em juízo...*, cit., p. 497-498. Sobre o instituto da homologação de sentenças estrangeiras, *v.* BARBOSA MOREIRA, José Carlos, *Comentários ao Código de Processo Civil.* 7. ed., Rio de Janeiro: Forense, 1998. v. 5, p. 71-72.

[142]   Para detalhes, *v.* MAZZUOLI, Valerio de Oliveira. *Curso de direito internacional público*, cit., p. 837-839.

internacional") deflagrar ação judicial a fim de garantir o efetivo cumprimento da sentença, uma vez que as mesmas também valem como *título executivo* no Brasil, tendo aplicação imediata, devendo tão somente obedecer aos procedimentos internos relativos à execução de sentença desfavorável ao Estado.[143]

Registre-se, ainda, a opinião de André de Carvalho Ramos, para quem, no caso de descumprimento pelo Estado da decisão internacional, deve-se excluir do procedimento de execução das sentenças da Corte a conhecida *ordem dos precatórios*, prevista no art. 100 da Constituição de 1988, por atrasar em demasia a reparação pecuniária devida à vítima.[144] Assim, segundo ele, deve-se equiparar a sentença condenatória da Corte com a *obrigação alimentar* e, com isso, criar uma ordem própria para seu pagamento, seguramente mais célere e mais afinada ao espírito da Convenção.[145] O problema que se visualiza, neste caso, é que o art. 100, § 1º, da Constituição, quando define o que são "débitos de natureza alimentícia", não faz qualquer referência, ainda que remota, à possibilidade de equiparação de uma sentença internacional condenatória com a obrigação alimentar, referindo-se apenas às "indenizações por *morte* ou *invalidez*, fundadas na responsabilidade civil, em virtude de sentença transitada em julgado", o que pode não ser o caso perante Corte Interamericana (tome-se, como exemplo, uma condenação da Corte em caso de prisão civil por dívida de depositário infiel, não admitida pelo art. 7º, 7, da Convenção, que não é caso nem de *morte*, nem a *invalidez*, entre tantos outros).

O certo é que ainda não há norma no Direito brasileiro que obrigue ao pagamento preferencial de indenização ordenada pela Corte Interamericana. Algumas proposições legislativas, contudo, já foram propostas nesse sentido. Inicialmente, um Projeto de Lei da Câmara dos Deputados (nº 4.667/2004) pretendeu obrigar a União a pagar às vítimas as indenizações devidas, determinando que "caberá ao ente federado responsável pela violação dos direitos humanos o cumprimento da obrigação de reparação às vítimas dela" (art. 2º), e que "para evitar o descumprimento da obrigação de caráter pecuniário, caberá à União proceder à reparação devida, permanecendo a obrigação originária do ente violador" (art. 2º, parágrafo único).

---

[143]   Cf. PIOVESAN, Flávia. *Direitos humanos e o direito constitucional internacional*, cit., p. 241.

[144]   Assim dispõe o art. 100 da Constituição: "Os pagamentos devidos pelas Fazendas Públicas Federal, Estaduais, Distrital e Municipais, em virtude de sentença judiciária, far-se-ão exclusivamente na ordem cronológica de apresentação dos precatórios e à conta dos créditos respectivos, proibida a designação de casos ou de pessoas nas dotações orçamentárias e nos créditos adicionais abertos para este fim". § 1º "Os débitos de natureza alimentícia compreendem aqueles decorrentes de salários, vencimentos, proventos, pensões e suas complementações, benefícios previdenciários e indenizações por morte ou por invalidez, fundadas em responsabilidade civil, em virtude de sentença judicial transitada em julgado, e serão pagos com preferência sobre todos os demais débitos, exceto sobre aqueles referidos no § 2º deste artigo". § 2º "Os débitos de natureza alimentícia cujos titulares tenham 60 (sessenta) anos de idade ou mais na data de expedição do precatório, ou sejam portadores de doença grave, definidos na forma da lei, serão pagos com preferência sobre todos os demais débitos, até o valor equivalente ao triplo do fixado em lei para os fins do disposto no § 3º deste artigo, admitido o fracionamento para essa finalidade, sendo que o restante será pago na ordem cronológica de apresentação do precatório." (Redação dada pela Emenda Constitucional nº 62, de 2009.)

[145]   Cf. RAMOS, André de Carvalho. *Direitos humanos em juízo...*, cit., p. 499.

Por fim, o art. 3º do Projeto previa que a União "ajuizará ação regressiva contra as pessoas físicas ou jurídicas, de direito público ou privado, responsáveis direta ou indiretamente pelos atos que ensejaram a decisão de caráter pecuniário".[146] Tal Projeto, contudo, foi arquivado em 18 de março de 2019. Outro Projeto de Lei sobre o mesmo tema, dessa vez do Senado Federal, está em tramitação (PLS nº 220/2016) e reconhece que "as decisões vinculantes de organismos internacionais de proteção aos direitos humanos e as decisões e sentenças proferidas por tribunais internacionais de direitos humanos, que versem sobre responsabilidade internacional fundada em tratado a que a República Federativa do Brasil esteja vinculada, produzem efeitos imediatos no ordenamento jurídico brasileiro" (art. 1º), determinando que "as decisões e sentenças de que trata o *caput* produzirão eficácia contra todos, devendo ser cumprida (*sic*) pela administração pública direta e indireta de qualquer dos Poderes da União, dos Estados, do Distrito Federal e dos Municípios, bem como pelo Ministério Público" (art. 1º, § 1º). O Projeto do Senado também dispensa homologação interna das decisões e sentenças referidas (art. 1º, § 3º) e determina, *inter alia*, que quando se exigir a abertura de nova investigação ou reabertura de investigações criminais já arquivadas, imediato cumprimento deverá ser dado pelo Ministério Público, sem necessidade de qualquer exigência adicional (art. 1º, § 3º). Outros dispositivos determinam o modo de execução interna das sentenças de caráter indenizatório, prevendo, *v.g.*, em caso de execução por quantia certa, o prazo de noventa dias para pagamento pela Fazenda Pública, contados da entrega da requisição, por ordem judicial, à autoridade citada para a causa, na agência mais próxima do Banco do Brasil ou da Caixa Econômica Federal, independentemente de precatório (art. 3º, *caput*).

No Brasil, a responsabilidade para o pagamento da verba indenizatória às vítimas é da União, que se obriga (no plano interno) pelos atos da República (condenada internacionalmente). Contudo, o prejuízo sofrido pela Fazenda Pública Federal decorrente da obrigação de indenizar poderá ser recomposto por meio de ação de regresso contra o responsável imediato pela violação de direitos humanos que deu causa à condenação internacional do Estado. O Projeto de Lei do Senado previu expressamente tal direito de regresso no art. 6º, possibilitando à União recobrar os referidos dispêndios "contra seus agentes, pessoas jurídicas de natureza pública ou privada que, por dolo ou culpa, causarem a violação de direitos humanos, ou não impedirem sua produção quando tinham dever jurídico de fazê-lo", bem assim "contra qualquer pessoa jurídica de direito público ou privado, Estados, Distrito Federal ou Municípios, cujos agentes, nessa qualidade e independentemente de dolo ou culpa, causarem a violação de direitos humanos, ou não impedirem sua produção quando tinham o dever jurídico de fazê-lo" (incs. I e II).

Na primeira condenação do Brasil perante a Corte Interamericana – que ocorreu no caso *Ximenes Lopes*,[147] fruto da demanda 12.237 encaminhada pela

---

[146] Redação aprovada pela Câmara dos Deputados em 12.08.2010.

[147] O caso dizia respeito à morte do Sr. Damião Ximenes Lopes (que sofria de deficiência mental) em um centro de saúde que funcionava à base do *Sistema Único de Saúde*, chamado Casa de Repouso Guararapes, localizado no Município de Sobral, Estado do Ceará. Durante sua internação para tratamento psiquiátrico, a vítima sofreu uma série de torturas e maus-tratos por parte dos fun-

Comissão Interamericana à Corte em 1º de outubro de 2004 – o governo brasileiro agiu corretamente e deu cumprimento imediato à sentença proferida pela Corte.[148] Assim foi que, por meio do Decreto 6.185, de 13 de agosto de 2007, o Presidente da República autorizou a Secretaria Especial dos Direitos Humanos da Presidência da República a "promover as gestões necessárias ao cumprimento da sentença da Corte Interamericana de Direitos Humanos, expedida em 4 de julho de 2006, referente ao caso *Damião Ximenes,* em especial a indenização pelas violações dos direitos humanos aos familiares ou a quem de direito couber, na forma do Anexo a este Decreto" (art. 1º).

O grande problema que existe relativamente ao cumprimento integral das obrigações impostas ao Estado pela Corte Interamericana não está na parte indenizatória da sentença (a qual deve ser cumprida pelo Estado *sponte sua,* como fez o Brasil no caso acima citado), mas na dificuldade de se executar internamente os deveres de *investigar* e *punir* os responsáveis pelas violações de direitos humanos em causa. Apesar de não se ler expressamente que os Estados têm tais deveres (de investigação e punição dos culpados), a interpretação mais correta do art. 68, 2, em comento, é no sentido de se encontrarem implícitas tais obrigações na Convenção Americana. Assim, poderia se abstrair desse dispositivo três obrigações dos Estados condenados pela Corte, quando assim declaradas na sentença: (*a*) o dever de indenizar a vítima ou sua família; (*b*) o dever de investigar todo o ocorrido, para que fatos como o que levaram o Brasil à condenação da Corte não mais venham a ocorrer; e (*c*) o dever de punir os responsáveis pela violação de direitos humanos ocorrida.

Artigo 69

A sentença da Corte deve ser notificada às partes no caso (1) e transmitida aos Estados-Partes na Convenção. (2)

---

cionários da citada Casa de Repouso. A falta de investigação e punição dos responsáveis, e ainda de garantias judiciais efetivas, acabaram por caracterizar a violação da Convenção Americana em quatro principais artigos: o 4º (direito à vida), o 5º (direito à integridade física), o 8º (garantias judiciais) e o 25 (direito à proteção judicial). Na sentença de 4 de julho de 2006 – que foi também a primeira do sistema interamericano a julgar a violação de direitos humanos de pessoa portadora de deficiência mental –, a Corte Interamericana determinou, entre outras coisas, a obrigação do Brasil de investigar os responsáveis pela morte da vítima e de realizar programas de capacitação para os profissionais de atendimento psiquiátrico, e o pagamento de indenização (no prazo de um ano) por danos materiais e imateriais à família da vítima, no valor total de US$ 146 mil. Para um comentário do caso, *v.* RAMOS, André de Carvalho. Análise crítica dos casos brasileiros Damião Ximenes Lopes e Gilson Nogueira de Carvalho na Corte Interamericana de Direitos Humanos, cit., p. 15-21.

[148]   Cf. MAZZUOLI, Valerio de Oliveira. Condenação internacional do Brasil e cumprimento da sentença *sponte sua. Caderno Jurídico,* n. 6, p. 9, ago. 2007.

 **COMENTÁRIOS**

Por *Valerio de Oliveira Mazzuoli*

(1) Uma vez proferida, a sentença da Corte deve ser primeiramente *notificada* às partes no caso. O Estado, se condenado, recebida a notificação, deve imediatamente cumprir o que ali fora decidido, sob pena de nova responsabilização internacional. Infelizmente, o sistema interamericano ainda não dispõe de meios eficazes para a execução das sentenças da Corte, pois ausentes nos ordenamentos jurídicos de muitos Estados normas pertinentes à matéria, não obstante o art. 68 da Convenção expressamente prever o compromisso dos Estados-Partes em "cumprir a decisão da Corte em todo caso em que forem partes", e o art. 65, *in fine*, determinar que a Corte deverá informar a Assembleia Geral da Organização "os casos em que um Estado não tenha dado cumprimento a suas sentenças".[149] O certo é que constitui dever dos Estados cumprir as decisões do tribunal *sponte sua*, sem se utilizar de expedientes protelatórios impeditivos da efetivação da sentença no plano do seu direito interno.

(2) Além de se notificar as partes (vítima e Estado processado) da decisão final da Corte, a mesma deve ainda ser *transmitida* a todos os demais Estados-Partes na Convenção. Esse último expediente tem finalidade claramente educativa, principalmente no caso da ação contra o Estado ser julgada procedente, uma vez que a notificação de uma sentença da Corte aos demais Estados-Partes na Convenção mostra a estes Estados que uma nova condenação ali ocorrera por conta de uma violação estatal de direitos humanos, que eventualmente pode encontrar similitude em atos seus (desses outros Estados-Partes) da mesma natureza.

CAPÍTULO IX
DISPOSIÇÕES COMUNS

Artigo 70

1. Os juízes da Corte e os membros da Comissão gozam, desde o momento de sua eleição e enquanto durar o seu mandato, das imunidades reconhecidas aos agentes diplomáticos pelo Direito Internacional. (1) Durante o exercício dos seus cargos gozam, além disso, dos privilégios diplomáticos necessários para o desempenho de suas funções. (2)

2. Não se poderá exigir responsabilidade em tempo algum dos juízes da Corte, nem dos membros da Comissão, por votos e opiniões emitidos no exercício de suas funções. (3)

---

149   Cf. ARRIGUI, Jean Michel. *OEA*: Organização dos Estados Americanos, cit., p. 108.

COMENTÁRIOS

Por *Valerio de Oliveira Mazzuoli*

(1) Tanto os juízes da Corte quanto os membros da Comissão Interamericana gozam, desde a sua eleição para o respectivo cargo e enquanto durarem seus mandatos, de todas as imunidades reconhecidas aos agentes diplomáticos pelo Direito Internacional Público. Tais *imunidades diplomáticas* encontram-se garantidas pela Convenção de Viena sobre Relações Diplomáticas de 1961.[150]

No que tange à missão diplomática, seguindo-se a lição de Rezek, tanto os diplomatas de carreira (que vai do embaixador ao terceiro-secretário) quanto o pessoal do quadro administrativo e técnico (consultores, tradutores, contabilistas etc.) – estes últimos, desde que provenham do Estado de origem, e não recrutados *in loco* – têm imunidade quase absoluta, sendo poucas as exceções a esta regra, a exemplo das questões relativas à propriedade privada imobiliária, à herança e às atividades comerciais privadas (art. 31, 1, *a*, *b* e *c*, da Convenção de 1961). Assim, o pessoal da missão goza de ampla imunidade de jurisdição *penal* e *civil*, e ainda *tributária*, sem se perquirir até que ponto os seus atos foram ou não praticados no exercício de suas funções. Aqui também se inclui, por óbvio, o Chefe do Estado (Monarca, Rei ou Presidente da República). Tais pessoas são também fisicamente *invioláveis*, e não podem em caso algum ser obrigadas a depor como testemunhas.[151]

(2) Estando os juízes da Corte e os membros da Comissão amparados pelas *imunidades* previstas na Convenção de Viena sobre Relações Diplomáticas de 1961, é consequência lógica que também gozem dos *privilégios* concedidos ao pessoal da missão diplomática para o bom exercício de suas funções. O principal deles é a inviolabilidade pessoal e domiciliar. A inviolabilidade atribui ao agente a chamada *intangibilidade*, garantindo-lhe segurança absoluta para o desempenho de seus misteres e colocando-lhe acima de qualquer ofensa ou perseguição. Além do pessoal da missão, a inviolabilidade alcança os chefes de Estado, seus familiares, os chefes de governo, os ministros de relações exteriores e o pessoal que os acompanha. Ela tem início quando o agente entra no território do país para onde foi enviado, se sua missão for anunciada e, em qualquer caso, quando provar essa sua qualidade oficial por meio de seus documentos pessoais (como o seu passaporte etc.). Não obstante sua inviolabilidade pessoal, o agente poderá ser retirado do país onde serve, a pedido seu ou por expulsão, caso pratique atos ofensivos à dignidade ou à tranquilidade local. Assim, nos termos do art. 29, 1, da citada Convenção de Viena de 1961, a pessoa do agente diplomático (e, portanto, no caso que ora nos ocupa, um juiz da Corte ou um membro da Comissão) não poderá ser objeto de nenhuma forma de detenção ou prisão, devendo o Estado acreditado tratá-lo com o devido respeito e adotar todas as medidas adequadas para impedir qualquer ofensa à sua pessoa, liberdade ou dignidade.

---

[150]　Para um estudo detalhado do assunto, *v*. MAZZUOLI, Valerio de Oliveira. *Curso de direito internacional público*, cit., p. 462 e ss.

[151]　*V*., por tudo, REZEK, José Francisco. *Direito internacional público...*, cit., p. 161. Sobre o tema, *v*. ainda a obra de SOARES, Guido Fernando Silva. *Das imunidades de jurisdição e de execução*. Rio de Janeiro: Forense, 1984.

Outro privilégio que têm os agentes diplomáticos (previsto no art. 34 da Convenção de Viena de 1961) é a *isenção fiscal*, que libera o agente do pagamento de todos os impostos e taxas, pessoais ou reais, nacionais, regionais ou municipais, com as exceções seguintes: (*a*) os impostos indiretos que estejam normalmente incluídos no preço das mercadorias ou dos serviços; (*b*) os impostos e taxas sobre bens imóveis privados, situados no território do Estado acreditado, a não ser que o agente diplomático os possua em nome do Estado acreditante e para os fins da Missão; (*c*) os direitos de sucessão percebidos pelo Estado acreditado (salvo o disposto no § 4º do art. 39); (*d*) os impostos e taxas sobre rendimentos privados que tenham a sua origem no Estado acreditado e os impostos sobre o capital, referente a investimentos em empresas comerciais no Estado acreditado; (*e*) os impostos e taxas cobrados por serviços específicos prestados; e (*f*) os direitos de registro, de hipoteca, custas judiciais e imposto de selo relativos a bens imóveis (salvo o disposto no art. 23).

(3) Os juízes da Corte e os membros da Comissão estão isentos de responsabilidade por *votos* e *opiniões* emitidos no exercício de suas funções. Trata-se de privilégio concedido ao cargo, a fim de que os juízes da Corte e os membros da Comissão possam exercer os seus misteres com imparcialidade e sem o temor de eventual responsabilização por opiniões ou votos emitidos.

> **Artigo 71**
>
> Os cargos de juiz da Corte ou de membro da Comissão são incompatíveis com outras atividades que possam afetar sua independência ou imparcialidade conforme o que for determinado nos respectivos estatutos.

 ## COMENTÁRIOS

Por Valerio de Oliveira Mazzuoli

Os cargos de juiz da Corte ou de membro da Comissão são incompatíveis com outras atividades que possam afetar sua independência ou imparcialidade, nos termos do que determinarem os Estatutos da Corte e da Comissão.

As incompatibilidades dos juízes da Corte estão previstas no art. 18 do Estatuto da Corte. Ali se previu que o exercício do cargo de Juiz da Corte é incompatível com o exercício dos seguintes cargos e atividades: (*a*) de membros ou altos funcionários do Poder Executivo, com exceção dos cargos que não impliquem subordinação hierárquica ordinária, bem como agentes diplomáticos que não sejam Chefes de Missão junto à OEA ou junto a qualquer dos seus Estados-membros; (*b*) de funcionários de organismos internacionais; ou (*c*) de quaisquer outros cargos ou atividades que impeçam os juízes de cumprir suas obrigações ou que afetem sua independência ou imparcialidade, ou a dignidade ou o prestígio do seu cargo. Tais incompatibilidades unicamente causarão a cessação do cargo e das responsabilidades correspondentes, sem invalidar os atos e as resoluções em que o juiz em questão houver interferido.

As incompatibilidades dos membros da Comissão, por sua vez, estão previstas no art. 4º do *Regulamento da Comissão*, segundo o qual a condição de membro da Comissão é incompatível com o exercício de atividades que possam afetar sua independência e sua imparcialidade, ou a dignidade ou o prestígio do seu cargo. No momento de assumir suas funções, os membros da Comissão devem comprometer-se a não representar a vítima ou seus familiares nem Estados em medidas cautelares, petições e casos individuais perante a Corte, por um prazo de dois anos, contados a partir da expiração de seu mandato como membros da Comissão.

Artigo 72

Os juízes da Corte e os membros da Comissão perceberão honorários e despesas de viagem na forma e nas condições que determinarem os seus estatutos, levando em conta a importância e independência de suas funções. (1) Tais honorários e despesas de viagem serão fixados no orçamento-programa da Organização dos Estados Americanos, no qual devem ser incluídas, além disso, as despesas da Corte e de sua Secretaria. (2) Para tais efeitos, a Corte elaborará o seu próprio projeto de orçamento e submetê-lo-á à aprovação da Assembleia Geral, por intermédio da Secretaria-Geral. Esta última não poderá nele introduzir modificações. (3)

 COMENTÁRIOS

Por *Valerio de Oliveira Mazzuoli*

(1) Os juízes da Corte e os membros da Comissão têm o direito de receber "honorários" e "despesas de viagem", pelo fato de suas funções – como *juízes* da Corte e como *membros* da Comissão – serem da mais alta importância. A forma e as condições de percepção dos honorários e despesas de viagem são estipuladas nos Estatutos, tanto da Comissão (art. 13) como da Corte (art. 17).

É de rigor a percepção de tais honorários e despesas de viagens pelos juízes da Corte e membros da Comissão, uma vez que as atividades exercidas nas respectivas missões são de interesse não só do órgão para o qual atuam, mas de todo o sistema interamericano de proteção dos direitos humanos. Daí não se poder exigir que tais despesas corram às expensas dos agentes que atuam em nome do sistema interamericano de proteção.

(2) A fixação dos honorários e despesas de viagem dos juízes da Corte e dos membros da Comissão é feita no orçamento-programa da OEA. Nesse mesmo orçamento-programa são também incluídas as despesas da própria Corte e de sua Secretaria.

(3) É dever da Corte elaborar o seu próprio projeto de orçamento e submetê-lo-á à aprovação da Assembleia Geral da OEA, por intermédio da Secretaria-Geral da Organização. A esta última fica vedado introduzir no projeto quaisquer modificações. Tal é assim para que se respeite a autonomia político-financeira da Corte, bem assim para que não haja intromissão da Secretaria da OEA em assuntos financeiros do tribunal.

> ### Artigo 73
>
> Somente por solicitação da Comissão ou da Corte, conforme o caso, cabe à Assembleia Geral da Organização resolver sobre as sanções aplicáveis aos membros da Comissão ou aos juízes da Corte que incorrerem nos casos previstos nos respectivos estatutos. (1) Para expedir uma resolução, será necessária maioria de dois terços dos votos dos Estados-Membros da Organização, no caso dos membros da Comissão; e, além disso, de dois terços dos votos dos Estados-Partes na Convenção, se se tratar dos juízes da Corte. (2)

 COMENTÁRIOS

Por *Valerio de Oliveira Mazzuoli*

(1) A Assembleia Geral da OEA poderá resolver, por solicitação da Comissão ou da Corte, sobre as sanções aplicáveis aos membros da Comissão ou aos juízes da Corte que incorrerem nas condutas reprováveis previstas, respectivamente, no Estatuto da Comissão Interamericana e no Estatuto da Corte Interamericana. Frise-se que, segundo a disposição da Convenção em comento, a Assembleia Geral da OEA resolverá sobre tais sanções *somente* por solicitação da Comissão ou da Corte, o que significa que ela está impedida de assim atuar se não houver tal solicitação expressa tanto da Comissão quanto da Corte.

Relativamente aos membros da Comissão, são exemplos de falta para com os deveres estabelecidos no Estatuto da Comissão (art. 9º): não guardar reserva sobre os assuntos que a Comissão considerar confidenciais; não manter, nas atividades de sua vida pública e privada, comportamento coerente com a elevada autoridade moral de seu cargo e a importância da missão confiada à Comissão etc. Se algum membro violar gravemente algum dos deveres a que se refere o citado art. 9º, a Comissão, com o voto favorável de cinco dos seus membros, submeterá o caso à Assembleia Geral da OEA, a qual decidirá se procede afastá-lo do seu cargo.

Os juízes da Corte, por sua vez, deverão manter, no exercício de suas funções e fora delas, uma conduta compatível com a investidura dos que participam da função jurisdicional internacional da Corte, respondendo perante a Corte por essa conduta, bem como por qualquer falta de cumprimento, negligência ou omissão no exercício de suas funções. A competência disciplinar com respeito aos juízes caberá à Assembleia Geral da OEA, somente por solicitação justificada da Corte, constituída para esse efeito pelos demais juízes (art. 20 do Estatuto da Corte).

(2) Para expedir uma resolução, a Assembleia Geral da OEA necessita da maioria de dois terços dos votos dos Estados-membros da Organização, no caso dos membros da Comissão; e de dois terços dos votos dos Estados-Partes na Convenção Americana, quando se tratar dos juízes da Corte.

PARTE III
DISPOSIÇÕES GERAIS E TRANSITÓRIAS

CAPÍTULO X
Assinatura, Ratificação, Reserva, Emenda, Protocolo e Denúncia

Artigo 74

1. Esta Convenção fica aberta à assinatura e à ratificação ou adesão de todos os Estados-Membros da Organização dos Estados Americanos. (1)

2. A ratificação desta Convenção ou a adesão a ela efetuar-se-á mediante depósito de um instrumento de ratificação ou de adesão na Secretaria-Geral da Organização dos Estados Americanos. (2) Esta Convenção entrará em vigor logo que onze Estados houverem depositado os seus respectivos instrumentos de ratificação ou de adesão. Com referência a qualquer outro Estado que a ratificar ou que a ela aderir ulteriormente, a Convenção entrará em vigor na data do depósito do seu instrumento de ratificação ou de adesão. (3)

3. O Secretário-Geral informará todos os Estados-Membros da Organização sobre a entrada em vigor da Convenção. (4)

 COMENTÁRIOS

Por *Valerio de Oliveira Mazzuoli*

(1) Somente podem assinar, ratificar ou aderir à Convenção Americana os Estados que sejam *membros* da Organização dos Estados Americanos (OEA). Estados que não são partes no convênio constitutivo da OEA (Carta de Bogotá, de 1948) não podem, ainda que localizados no Continente Americano, assinar, ratificar ou aderir à Convenção. Portanto, é *conditio sine qua non* para ser parte na Convenção Americana que o Estado seja anteriormente parte da OEA.

A condição de pertencer à OEA para ser parte da Convenção Americana advém da ligação intrínseca que esse instrumento internacional mantém com a Organização dos Estados Americanos, desde a previsão da Comissão Interamericana de Direitos Humanos pela Carta da OEA até a estipulação de que "uma convenção interamericana sobre direitos humanos estabelecerá a estrutura, a competência e as normas de funcionamento da referida Comissão, bem como as dos outros órgãos encarregados de tal matéria" (art. 106 da Carta da OEA).

Atualmente, a maioria dos Estados-Partes da OEA é parte na Convenção Americana, restando poucos Estados em que a ratificação se faz pendente. Certo é que países como os Estados Unidos e o Canadá (e a maioria dos países do Caribe, à exceção de Barbados) relutam em ser partes do sistema interamericano de direitos humanos, o que não retira dos demais Estados-membros da Organização a boa vontade em fortalecer a proteção dos direitos humanos no Continente por meio do engajamento nos instrumentos interamericanos de proteção.

No quadro abaixo é possível verificar a lista de Estados-membros da OEA que mantêm relações (especialmente de assinatura, ratificação ou adesão) com o texto da Convenção Americana nos dias atuais.[1]

PAÍSES SIG-NATÁRIOS	ASSINATURA	RATIFICA-ÇÃO/ ADESÃO	DEPÓSITO	ACEITAÇÃO DA COMPE-TÊNCIA DA CORTE	ACEITAÇÃO DA COMPETÊNCIA DA COMISSÃO, ARTIGO 45
Antígua e Barbuda	/ /	/ /	/ /	/ /	-
Argentina	02/02/84	08/14/84	09/05/84 RA	09/05/84	09/08/84
Bahamas	/ /	/ /	/ /	/ /	/ /
Barbados	06/20/78	11/05/81	11/27/82 RA	0/04/00	/ /
Belize	/ /	/ /	/ /	/ /	/ /
Bolívia	/ /	06/20/79	07/19/79 AD	07/27/93	/ /
Brasil	/ /	07/09/92	09/25/92 AD	12/10/98	/ /
Canadá	/ /	/ /	/ /	/ /	/ /
Chile	11/22/69	08/10/90	08/21/90 RA	08/21/90	08/21/90
Colômbia	11/22/69	05/28/73	07/31/73 RA	06/21/85	06/21/85
Costa Rica	11/22/69	03/02/70	04/08/70 RA	07/02/80	07/02/80
Dominica	/ /	06/03/93	06/11/93 RA	/ /	/ /
El Salvador	11/22/69	06/20/78	06/23/78 RA	06/06/95	/ /
Equador	11/22/69	12/08/77	12/28/77 RA	07/24/84	08/13/84
Estados Unidos	06/01/77	/ /	/ /	/ /	/ /
Grenada	07/14/78	07/14/78	07/18/78 RA	/ /	/ /
Guatemala	11/22/69	04/27/78	05/25/78 RA	03/09/87	/ /
Guiana	/ /	/ /	/ /	/ /	/ /
Haiti	/ /	09/14/77	09/27/77 AD	03/20/98	/ /
Honduras	11/22/69	09/05/77	09/08/77 RA	09/09/81	/ /
Jamaica	09/16/77	07/19/78	08/07/78 RA	/ /	08/07/78
México	-	03/02/81	03/24/81 AD	12/16/98	/ /
Nicarágua	11/22/69	09/25/79	09/25/79 RA	02/12/91	02/06/06
Panamá	11/22/69	05/08/78	06/22/78 RA	05/09/90	/ /
Paraguai	11/22/69	08/18/89	08/24/89 RA	03/26/93	/ /

---

[1]   OEA. Disponível em: <https://www.cidh.oas.org/basicos/portugues/d.Convencao_Americana_Ratif..htm>. Acesso em: 20 jan. 2019.

PAÍSES SIG-NATÁRIOS	ASSINATURA	RATIFICA-ÇÃO/ADESÃO	DEPÓSITO	ACEITAÇÃO DA COMPE-TÊNCIA DA CORTE	ACEITAÇÃO DA COMPETÊNCIA DA COMISSÃO, ARTIGO 45
Peru	07/27/77	07/12/78	07/28/78 RA	01/21/81	01/21/81
República Dominicana	09/07/77	01/21/78	04/19/78 RA	03/25/99	/ /
Saint Kitts e Nevis	/ /	/ /	/ /	/ /	/ /
Santa Lúcia	/ /	/ /	/ /	/ /	/ /
São Vicente e Granadinas	/ /	/ /	/ /	/ /	/ /
Suriname	/ /	11/12/87	11/12/87 AD	11/12/87	/ /
Trinidad e Tobago	/ /	04/03/91	05/28/91 AD	05/28/91	/ /
Uruguai	11/22/69	03/26/85	04/19/85 RA	04/19/85	04/19/85
Venezuela	11/22/69	06/23/77	08/09/77 RA	04/24/81	08/09/77

Os membros da OEA que ainda não são parte à Convenção Americana são constantemente incentivados a fazê-lo. Há, contudo, muita resistência de países como os Estados Unidos e o Canadá e a maioria dos países do Caribe (à exceção de Barbados) em ser parte desse instrumento internacional. Tal é seguramente prejudicial ao sistema interamericano de direitos humanos, pois o torna incompleto e, muitas vezes, incapaz de dar respostas satisfatórias a várias violações de direitos humanos perpetradas nesses países. Em tais casos, as denúncias e queixas de violações de direitos humanos chegam à Comissão Interamericana de Direitos Humanos (que atua, aqui, como órgão exclusivo da OEA) e não podem seguir à Corte Interamericana, por falta de adesão ao sistema protetivo da Convenção Americana.

(2) Para os Estados-membros da OEA, a ratificação da Convenção Americana (ou sua adesão) se efetua mediante o depósito do respectivo instrumento de ratificação ou de adesão na Secretaria-Geral da OEA, que tem sede em Washington, D.C. Nos termos do art. 112, alínea *f*, da Carta da OEA, é função da Secretaria-Geral da Organização "servir de depositária dos tratados e acordos interamericanos, bem como dos instrumentos de ratificação dos mesmos". Aqui se segue o mesmo paralelo do depósito de instrumentos de ratificação dos tratados concluídos sob os auspícios das Nações Unidas, que deve ocorrer junto ao Secretariado da ONU, em Nova York. Este *depósito* dos instrumentos de ratificação do tratado (seja na ONU ou na OEA) tem por finalidade dar publicidade internacional ao ato de ingresso do Estado no respectivo instrumento convencional.

Nada impede que a ratificação ou adesão da Convenção seja feita com *reservas* ao texto do tratado, desde que tais reservas sejam compatíveis com o seu *objeto e finalidade*, seguindo-se as regras da Convenção de Viena sobre o Direito dos Tratados (1969) para a sua realização (*v.* comentários ao art. 75), caso em que a Convenção entrará em vigor para o Estado (com as reservas apostas) a partir do momento do depósito da carta de ratificação ou de adesão.

(3) A Convenção Americana entrou em vigor internacional quando o mínimo de onze Estados-Partes procedeu ao depósito dos instrumentos de ratificação ou de adesão na Secretaria-Geral da OEA, em Washington, D.C., o que se deu em 18 de julho de 1978. Para os Estados que vierem a se tornar partes na Convenção, a entrada em vigor da mesma nesse Estado se dará "na data do depósito do seu instrumento de ratificação ou adesão". Isto significa que a Convenção Americana entra em vigor para os Estados *na data* de sua ratificação ou adesão, e não na data de sua promulgação (e consequente publicação) interna por decreto do Presidente da República, que é ato ulterior (de direito interno) sem qualquer efeito no plano internacional.

Trata-se de assunto complexo de resolver, especialmente em sede doutrinária. O que se tem entendido é que o tratado já *obriga* o Estado ao seu cumprimento a partir da ratificação (especialmente quando esse tratado é de direitos humanos, como é o caso da Convenção Americana), independentemente de promulgação interna, que é mera práxis seguida pelo Brasil desde o primeiro tratado internacional celebrado pelo Império. A *publicação* dos tratados também é tema controvertido. Não obstante o texto constitucional brasileiro dizer competir ao Presidente da República promulgar e fazer publicar *leis* (art. 84, IV), sem qualquer referência aos tratados, deve-se ter como necessária a publicação dos tratados *comuns*. O mesmo não se diga em relação aos tratados *de direitos humanos*, cuja protelação na publicação pode servir de pretexto para o *não cumprimento* e a *não atribuição de direitos* que o tratado prevê aos cidadãos, devendo-se, por isso, considerar que eles têm aplicação imediata a partir de suas respectivas ratificações (exatamente como dispõe o art. 74, 2, *in fine*, da Convenção Americana), sendo sua publicação um compromisso mais político que jurídico neste caso (evidentemente que uma boa parcela de bom senso do Poder Executivo faria bem aos tratados internacionais de direitos humanos, se promulgados e publicados tão logo fossem ratificados).[2]

O governo brasileiro, após ter depositado o instrumento de ratificação respectivo na Secretaria-Geral da OEA, promulgou em tempo relativamente curto a Convenção Americana, o tendo feito pelo Decreto 678, de 6 de novembro de 1992, com publicação ulterior no *Diário Oficial da União*, dando bom exemplo em não protelar tais expedientes internos para um futuro indeterminado.

(4) A entrada em vigor da Convenção Americana (que se deu em 18 de julho de 1978) foi comunicada a todos os Estados-membros da OEA pelo Secretário-Geral da Organização. Seu texto foi registrado na Série sobre Tratados da OEA (nº 36) e, posteriormente, na Organização das Nações Unidas, em 27 de agosto de 1979 (registro nº 17.955).

Artigo 75

Esta Convenção só pode ser objeto de reservas (1) em conformidade com as disposições da Convenção de Viena sobre o Direito dos Tratados, assinada em 23 de maio de 1969. (2)

---

[2]   V. MAZZUOLI, Valerio de Oliveira. *Curso de direito internacional público*, cit., p. 792 e ss.

 COMENTÁRIOS

Por *Valerio de Oliveira Mazzuoli*

(1) A Convenção Americana autoriza que os Estados façam *reservas* ao seu texto, seguindo o que outros tratados de direitos humanos também preveem.[3] Alguns instrumentos internacionais importantes, porém, como o Estatuto de Roma do Tribunal Penal Internacional (1998), não autorizam a aposição de reservas, por entenderem que qualquer reserva ao texto convencional prejudicaria o cumprimento do tratado como um todo. Daí a disposição do art. 120 do Estatuto do TPI, a determinar que "[n]ão são admitidas reservas a este Estatuto". Se há silêncio no texto do tratado quanto à possibilidade de reservas, certo é que as mesmas são admitidas, seguindo, porém, os limites (sobre o objeto e a finalidade do tratado) impostos pela Convenção de Viena sobre o Direito dos Tratados de 1969 (*v.* comentário nº 2, *infra*).

Reserva é termo técnico do Direito Internacional Público, regulada pela referida Convenção de Viena sobre o Direito dos Tratados. O art. 2º, § 1º, *d*, da Convenção de Viena define *reserva* como "uma declaração unilateral, qualquer que seja a sua redação ou denominação, feita por um Estado ao assinar, ratificar, aceitar ou aprovar um tratado, ou a ele aderir, com o objetivo de excluir ou modificar os efeitos jurídicos de certas disposições do tratado em sua aplicação a esse Estado".[4]

Como se percebe pela definição da Convenção de Viena, qualquer denominação que o Estado dê carece de importância, quando é perceptível o seu intuito de excluir ou modificar os efeitos jurídicos de certas disposições do tratado por ele firmado. Pouco importa também a *forma* do ato reservativo estatal, devendo-se apenas levar em conta o seu *conteúdo*. É necessário não perder de vista que as reservas são *atos unilaterais* estatais, devendo como tais ser compreendidas, principalmente no que tange à necessidade de ser manifesta a intenção do Estado em se eximir da obrigação ou modificá-la internamente. Em outras palavras, a reserva aparece na Convenção de Viena como uma *condição*: a do Estado em causa aderir ao tratado, mas sem sofrer os efeitos jurídicos de alguns de seus dispositivos. É dizer, o intento do Estado contratante quando faz reservas ao tratado constitui-se em uma proposta de modificação das relações deste Estado com os outros Estados-Partes, no que toca ao conteúdo objeto da reserva, de maneira que, nas relações entre o Estado reservante e os demais, as disposições objeto das reservas são como se não existissem.

A Convenção Americana não especifica – como fazem alguns tratados internacionais – quais reservas são e quais não são permitidas ao seu texto, autorizando tais reservas de forma genérica, sem que seja necessária a autorização de qualquer outro Estado-Parte. A própria Convenção de Viena sobre o Direito dos Tratados dispõe (art. 20, § 1º) que "uma reserva expressamente autorizada por um tratado

---

[3]   Assim, *v.g.*, entre outras, a Convenção Internacional sobre a Eliminação de Todas as Formas de Discriminação Racial, de 1965 (art. 20, §§ 1º a 3º).

[4]   Para um estudo das reservas aos tratados multilaterais, à luz da Convenção de Viena sobre o Direito dos Tratados de 1969, *v.* MAZZUOLI, Valerio de Oliveira. *Curso de direito internacional público*, cit., p. 188 e ss.

[como é o caso da Convenção Americana] não requer qualquer aceitação posterior pelos outros Estados contratantes, a não ser que o tratado assim disponha" [o que não é o caso da Convenção Americana, como já se disse]. Assim, não há falar-se na aplicação do art. 20, § 4º, da Convenção de Viena de 1969, segundo o qual a entrada em vigor de uma ratificação com reservas depende de sua aceitação por outro Estado.[5]

O Brasil não fez nenhuma reserva ao texto da Convenção Americana quando se sua assinatura e ratificação, não obstante ter realizado duas declarações interpretativas (*v. infra*).

(2) O direito que os Estados têm de formular reservas não é ilimitado. Ou seja, há *limites* à possibilidade de aposição de reservas, em conformidade com os critérios codificados na Convenção de Viena sobre o Direito dos Tratados de 1969.[6]

Primeiramente, é importante destacar a referência que faz a Convenção Americana à Convenção de Viena sobre o Direito dos Tratados de 1969, que é o grande *Codex* global de regulamentação dos atos (tratados) internacionais. O Brasil, não obstante ter assinado a referida Convenção de Viena em 1969, teve que aguardar exatos quarenta anos até que a mesma entrasse em vigor no país: a Convenção só foi ratificada pelo governo brasileiro em 25 de setembro de 2009 (com reservas aos arts. 25 e 66), e promulgada em 14 de dezembro daquele ano pelo Decreto nº 7.030. Somente a partir de então é que passou a Convenção de Viena de 1969 a integrar formalmente o acervo normativo nacional, para o fim de obrigar o Brasil ao cumprimento das regras internacionais sobre direito dos tratados (à exceção dos citados dispositivos reservados).

De volta ao comentário do art. 75 da Convenção Americana, deve-se, então, entender que a referência feita pelo Pacto de San José à Convenção de Viena sobre o Direito dos Tratados tem a ver com os *limites* à possibilidade de reservas. Segundo a Convenção Americana, o seu texto "*só pode* ser objeto de reservas *em conformidade* com as disposições da Convenção de Viena sobre o Direito dos Tratados, assinada em 23 de maio de 1969" [grifo nosso]. Essa regra imperativa condiciona a aposição de reservas ao cumprimento do estabelecido pela *norma-mater* dos tratados internacionais, a Convenção de Viena sobre o Direito dos Tratados.

Portanto, é mister verificar o que estabelece a Convenção de Viena de 1969 sobre os limites às reservas. O conteúdo pretendido encontra-se no seu art. 19, segundo o qual os limites às reservas podem ser de três ordens: (*a*) quando o próprio tratado expressamente vedar a aposição de reservas ao seu texto, tal como faz o art. 120 do Estatuto de Roma do Tribunal Penal Internacional; (*b*) quando o tratado dispuser que somente *determinadas* reservas podem ser formuladas, entre as quais não figure a reserva em questão; ou (*c*) quando nos casos não previstos nas alíneas *a* e *b*, a reserva seja incompatível com o objeto e a finalidade do tratado. No caso da primeira possibilidade não surgem dúvidas, uma vez que o próprio texto con-

---

[5]   Cf. Corte IDH. *Opinião Consultiva nº OC-2/82* de 24.09.1982. Série A, nº 2 – *O Efeito das Reservas sobre a Entrada em Vigência da Convenção Americana sobre Direitos Humanos (arts. 74 e 75),* parágrafos 34-37.

[6]   Frise-se que o art. 75 da Convenção Americana é o único de seus dispositivos a fazer referência à *Convenção de Viena sobre o Direito dos Tratados.*

vencional veda a possibilidade de aposição de reservas, como faz o citado art. 120 do Estatuto do TPI, nestes termos: "Não são admitidas reservas a este Estatuto". No segundo caso, o tratado admite a possibilidade de reservas, mas somente em determinados casos, prevendo ficar sem efeito quaisquer outras formuladas fora das hipóteses por ele previstas. E na terceira hipótese, as reservas formuladas são nulas por serem incompatíveis com o *objeto* e a *finalidade* do tratado. Trata-se da hipótese aplicável ao art. 75 da Convenção Americana, ora em comento, uma vez que a Convenção *permite* reservas ao seu texto, mas sem determinar *quais delas* podem ser formuladas, dizendo apenas que as mesmas devem estar "em conformidade com as disposições da Convenção de Viena sobre o Direito dos Tratados, assinada em 23 de maio de 1969".

Esta última hipótese prevista pelo art. 19 da Convenção de Viena trata do limite mais importante relativo às reservas, merecendo assim análise mais detida. Ali se veda expressamente a formulação de reservas incompatíveis com o *objeto* e a *finalidade* do tratado assinado, consagrando-se então a obrigação de ser sempre observada a *compatibilidade* da reserva com o objeto e a meta do tratado internacional, como aliás já decidiu a Corte Internacional de Justiça, em célebre parecer de 1951, relativo à admissibilidade de reservas à Convenção para a Prevenção e a Repressão do Crime de Genocídio de 1948.[7] Neste caso, a Corte Internacional de Justiça aceitou a possibilidade de reservas nos tratados amplamente abertos, mas limitou sua aposição à condição de não violarem o objeto e a finalidade do instrumento. Essa doutrina da *compatibilidade* tem, aliás, especial relevo quando se cuida de tratados relativos a direitos humanos, os quais passam a ter um regime diferenciado de reservas, contando com o monitoramento de órgãos jurisdicionais permanentes no controle da prática reservativa.[8]

Um dos grandes limites existentes às reservas dos tratados de direitos humanos são as normas de *jus cogens* internacional, que são normas aceitas e reconhecidas pela sociedade internacional como um todo, como normas das quais nenhuma derrogação é possível, e que só podem ser modificadas por norma ulterior de Direito Internacional geral da mesma natureza, nos termos do art. 53 da Convenção de Viena sobre o Direito dos Tratados de 1969.[9]

A Corte Interamericana de Direitos Humanos, na *Opinião Consultiva 3*, de 8 de setembro de 1983, também se manifestou no sentido de que ao interpretar certa reserva deve-se levar em conta a sua compatibilidade com o objeto e a finalidade do tratado. E, nesta perspectiva, aduziu a Corte que toda reserva destinada a permitir ao Estado a suspensão de um dos direitos fundamentais consagrados em tratados de direitos humanos, cuja derrogação está em toda hipótese proibida, deve ser considerada como incompatível com o objeto e a finalidade do tratado e, em consequência, não autorizada por este. Outra seria a situação, disse ainda a Corte, se a reserva tivesse por finalidade simplesmente restringir alguns aspectos de um direito, sem derrogá-

---

[7] *V. CIJ Recueil (1951)*, p. 15.

[8] Cf. ALLAND, Denis (Coord.). *Droit international public*. Paris: PUF, 2000. p. 229.

[9] Para um estudo do *jus cogens* no direito internacional, *v.* MAZZUOLI, Valerio de Oliveira. *Curso de direito internacional público*, cit., p. 111-116 e 232-238, respectivamente.

-lo ou privá-lo de seu propósito básico.[10] O Comitê de Direitos Humanos das Nações Unidas também já assinalou "que as reservas a tratados sobre direitos humanos têm de ser específicas e transparentes para que desta maneira os tribunais, indivíduos sob a jurisdição do Estado que faz a reserva e os outros Estados-Partes possam saber quais obrigações de direitos humanos foram ou não assumidas".[11]

A crítica que se faz a este sistema, entretanto, não obstante o seu bom propósito, é a de que não é fácil (nem simples) dizer em quais casos uma reserva está de acordo com os objetivos e a finalidade do tratado, fato este que levou a Assembleia Geral da ONU, baseada na manifestação da Corte Internacional de Justiça, a recomendar aos órgãos das Nações Unidas, aos seus organismos especializados e aos Estados, para que no curso dos preparativos de uma convenção multilateral já se fixe a possibilidade de admissão ou não das reservas e quais os dispositivos que podem ou não ser reservados. Desde então têm sido poucos os tratados que nada dizem sobre as reservas, figurando entre estes justamente aquela que deveria servir de exemplo aos demais acordos internacionais: a Convenção de Viena sobre o Direito dos Tratados.[12]

É importante frisar que o Brasil ratificou a Convenção Americana *sem qualquer reserva* ao seu texto, tendo aceitado as disposições da Convenção em sua integralidade, é dizer, com todas as disposições sobre direitos e liberdades e normas procedimentais que nela se contêm. Segundo entendemos, aí se faz presente o fenômeno da preclusão consumativa, a impedir que reservas sejam realizadas subsequentemente à ratificação e entrada em vigor do tratado no plano do direito interno.

Muitos Estados (*v.g.*, o Brasil) têm feito, entretanto, *declarações interpretativas* ao texto da Convenção Americana, em vez de próprias e verdadeiras *reservas*. Tais "declarações", contudo, não são tecnicamente reservas e não dispõem de qualquer efeito reservativo, servindo senão de meio político de demonstrar certo inconformismo do governo para com alguma(s) norma(s) do tratado eventualmente contestada à luz dos interesses particulares do Estado.[13] Portanto, no caso desses Estados que realizaram declarações interpretativas à Convenção, *v.g.*, o Brasil, não há qualquer possibilidade de alegação de descumprimento das normas convencionais à luz de tais "declarações". Não tendo havido reservas à Convenção, o seu cumprimento *in totum* é de rigor, sem o que poderá o Estado ser internacionalmente responsabilizado.

---

[10]   V. Corte IDH. *Opinião Consultiva nº OC-3/83* de 08.09.1983. Série A, nº 3 – *Restrições à Pena de Morte (arts 4.2 e 4.4 Convenção Americana sobre Direitos Humanos)*, parágrafo 61. Para outros casos decididos pela Corte sobre reservas aos tratados de direitos humanos, *v.* DAUDT, Gabriel Pithan. *Reservas aos tratados internacionais de direitos humanos*: o conflito entre a eficácia e a promoção dos direitos humanos. Porto Alegre: Fabris, 2006. p.193-199.

[11]   Corte IDH. *Caso Hilaire vs. Trinidad e Tobago*. Exceções Preliminares. Sentença 1º.09.2001. Série C, nº 80, parágrafo 54.

[12]   *V.*, por tudo, REZEK, José Francisco. *Direito dos tratados*, cit., p. 342-343; McNAIR, Arnold Duncan. *The law of treaties*. Oxford: Clarendon Press, 1961. p. 158-177; e BROWNLIE, Ian. *Princípios de direito internacional público*. Trad. Maria Manuela Farrajota et al. Lisboa: Fundação Calouste Gulbenkian, 1997. p. 633.

[13]   Sobre as *declarações interpretativas* (que não são reservas...) que o Brasil fez aos arts. 43 e 48, *d*, da Convenção, *v.* os nossos comentários a tais disposições.

A título de verificação, merecem ser transcritas as reservas e/ou declarações interpretativas realizadas pelos Estados-Partes à Convenção Americana.[14]

---

1. Argentina

(Reserva e declarações interpretativas formuladas no ato da ratificação da Convenção)

O instrumento de ratificação foi recebido na Secretaria-Geral da OEA em 5 de setembro de 1984, com uma reserva e declarações interpretativas. Procedeu-se à tramitação da notificação da reserva, em conformidade com a Convenção de Viena sobre o Direito dos Tratados, assinada em 23 de maio de 1969.

Figuram abaixo os textos da reserva e declarações interpretativas acima mencionadas.

I. Reserva

O artigo 21 fica sujeito à seguinte reserva: "O Governo argentino estabelece que não serão submetidas a revisão por tribunal internacional questões inerentes à política econômica do Governo. Tampouco considerará passível de revisão o que os tribunais nacionais considerem causas de "utilidade pública" e "interesse social", nem o que entendam por "indenização justa".

II. Declarações interpretativas

O artigo 5, parágrafo 3, deve ser interpretado no sentido de que a pena não pode transcender diretamente a pessoa do delinquente, ou seja, não caberão sanções penais extensíveis.

O artigo 7, parágrafo 7, deve ser interpretado no sentido de que a proibição da "detenção por dívidas" não implica vedar ao Estado a possibilidade de subordinar a imposição de penas à condição de que certas dívidas não sejam liquidadas, quando a pena não seja imposta pelo não pagamento em si da dívida, mas por um fato anterior independente e penalmente ilícito.

O artigo 10 deve ser interpretado no sentido de que o "erro judiciário" seja estabelecido por um tribunal nacional.

III. Reconhecimento de competência

No instrumento de ratificação datado de 14 de agosto de 1984, depositado na Secretaria-Geral da OEA em 5 de setembro de 1984, o Governo da República Argentina reconhece a competência da Comissão Interamericana de Direitos Humanos e da Corte Interamericana de Direitos Humanos por tempo indeterminado e sob a condição de estrita reciprocidade no que se refere aos casos relativos à interpretação ou aplicação da citada Convenção, com reserva parcial e levando em conta as declarações interpretativas consignadas no instrumento de ratificação.

---

[14] OEA. Disponível em: <https://www.cidh.oas.org/basicos/portugues/d.Convencao_Americana_Ratif..htm>. Acesso em: 20 jan. 2019.

Fica também consignado que as obrigações contraídas em virtude da Convenção só terão efeito com relação a fatos ocorridos anteriormente à ratificação do mencionado instrumento.

2. Barbados

(Reservas formuladas no ato da ratificação da Convenção)

O instrumento de ratificação, com reservas, foi recebido na Secretaria-Geral da OEA em 5 de novembro de 1981. Essas reservas foram notificadas de acordo com as disposições da Convenção de Viena sobre o Direito dos Tratados, assinada em 23 de maio de 1969. O prazo de 12 meses a partir da notificação encerrou-se, sem objeções, em 26 de novembro de 1982.

Segue-se o texto das reservas com relação aos artigos 4.4, 4.5 e 8.2, e.

Quanto ao parágrafo 4 do artigo 4, o Código Penal de Barbados estabelece a pena de morte por enforcamento para os crimes de homicídio e traição. O Governo examina cuidadosamente neste momento a questão da pena de morte, que só é imposta em raras ocasiões, mas deseja formular reserva sobre esse ponto, uma vez que, em certas circunstâncias, a traição poderia ser considerada crime político e ser enquadrada nos termos do parágrafo 4 do artigo 4.

Relativamente ao parágrafo 5 do artigo 4, embora a menoridade ou maioridade do delinquente possam constituir fatores que o Conselho Privado, a Corte de Apelações de mais alta hierarquia, poderia levar em conta ao considerar se se deve cumprir a sentença de morte, as pessoas acima de 16 anos ou as maiores de 70 anos podem ser executadas em conformidade com as leis de Barbados.

Quanto à alínea e do parágrafo 2 do artigo 8, a legislação de Barbados não estabelece como garantia mínima no procedimento penal nenhum direito irrenunciável à assistência de um defensor designado pelo Estado. Nos casos de determinados delitos, tais como homicídio e estupro, são prestados serviços de assistência jurídica.

3. Bolívia

Reconhecimento de competência

Em 27 de julho de 1993, a Bolívia encaminhou à Secretaria-Geral da OEA o instrumento de reconhecimento da competência da Corte Interamericana de Direitos Humanos, de acordo com o artigo 62 da Convenção Americana sobre Direitos Humanos, com a seguinte declaração:

I. O Governo Constitucional da República, em conformidade com o artigo 59, parágrafo 12, da Constituição Política do Estado, mediante a lei 1430 de 11 de fevereiro, dispôs a aprovação e ratificação da Convenção Americana sobre Direitos Humanos, "Pacto de San José de Costa Rica", assinada em San José, Costa Rica, em 22 de novembro de 1969, e o reconhecimento da competência da Corte Interamericana de Direitos Humanos, em conformidade com os artigos 45 e 62 da Convenção.

II. No uso da faculdade que lhe confere o parágrafo 2 do artigo 96 da Constituição Política do Estado, expede-se este instrumento de ratificação da Convenção Americana sobre Direitos Humanos, "Pacto de San José de Costa Rica", e reconhecem-se como obrigatórias de pleno direito, incondicionalmente e por prazo indeterminado, a jurisdição e a competência da Corte Interamericana de Direitos Humanos, em conformidade com o artigo 62 da Convenção".

O Governo da Bolívia, mediante a nota OEA/MI/262/93, de 22 de julho de 1993, apresentou a seguinte declaração interpretativa no ato do depósito do instrumento de reconhecimento da competência da Corte Interamericana de Direitos Humanos:

"Os preceitos de incondicionalidade e prazo indeterminado serão aplicados em estrita observância da Constituição Política do Estado boliviano, especialmente dos princípios de reciprocidade, irretroatividade e autonomia judicial".

4. Brasil

(Declaração formulada no ato da adesão à Convenção)

O Governo do Brasil entende que os artigos 43 e 48, d, não incluem o direito automático de visitas e investigações in loco da Comissão Interamericana de Direitos Humanos, que dependerão da anuência expressa do Estado.

Reconhecimento da competência da Corte

O Governo da República Federativa do Brasil declara que reconhece, por tempo indeterminado, como obrigatória e de pleno direito a competência da Corte Interamericana de Direitos Humanos, em todos os casos relacionados com a interpretação ou aplicação da Convenção Americana sobre Direitos Humanos, em conformidade com o artigo 62, sob reserva de reciprocidade e para fatos posteriores a esta declaração.

(Data: 10 de dezembro de 1998)

5. Chile

(Declaração formulada no ato da assinatura da Convenção)

A Delegação do Chile apõe sua assinatura a esta Convenção, sujeita a posterior aprovação parlamentar e ratificação, em conformidade com as normas constitucionais vigentes. A aprovação parlamentar foi formalizada posteriormente e o instrumento de ratificação depositado na Secretaria-Geral da OEA.

(Declarações formuladas no ato da ratificação da Convenção)

a) O Governo do Chile declara que reconhece a competência da Comissão Interamericana de Direitos Humanos, por tempo indeterminado e sob reserva de reciprocidade, para receber e examinar as comunicações em que um Estado-Parte alegue haver outro Estado-Parte incorrido em violações dos direitos humanos estabelecidos na Convenção Americana sobre Direitos Humanos, nos termos constantes do artigo 45 da citada Convenção.

b) O Governo do Chile declara que reconhece como obrigatória de pleno direito a competência da Corte Interamericana de Direitos Humanos com respeito aos casos relativos à interpretação e aplicação da Convenção, em conformidade com o disposto no artigo 62.

Ao formular essas declarações, o Governo do Chile deixa consignado que os reconhecimentos de competência por ele conferidos referem-se a fatos posteriores à data do depósito do instrumento de ratificação ou, em todo caso, a fatos cujo princípio de execução seja posterior a 11 de março de

1990. O Governo do Chile, ao conferir competência à Comissão e à Corte Interamericana de Direitos Humanos, também declara que esses órgãos, ao aplicarem o disposto no artigo 21, parágrafo 2, da Convenção, não poderão pronunciar-se acerca das razões de utilidade pública ou de ordem social que tenham sido consideradas ao se privar uma pessoa de seus bens.

6. Colômbia

Reconhecimento de competência

Em 21 de junho de 1985, apresentou instrumento de aceitação mediante o qual reconhece a competência da Comissão Interamericana de Direitos Humanos por tempo indeterminado, sob condição de estrita reciprocidade e para fatos posteriores a essa aceitação, nos casos relativos à interpretação ou aplicação da Convenção, reservando-se o direito de fazer cessar a competência no momento em que considere oportuno. O referido instrumento reconhece a competência da Corte Interamericana de Direitos Humanos por tempo indeterminado, sob condição de reciprocidade e para fatos posteriores a essa aceitação, nos casos relativos à interpretação ou aplicação da Convenção, reservando-se o direito de fazer cessar a competência no momento em que considere oportuno.

7. Costa Rica

Reconhecimento de competência

Em 2 de julho de 1980, depositou na Secretaria-Geral da OEA o instrumento de reconhecimento da competência da Comissão Interamericana de Direitos Humanos e da Corte Interamericana de Direitos Humanos, nos termos dos artigos 45 e 62 da Convenção.

(Declaração e reserva formuladas no ato da ratificação da Convenção)

1) Que a República da Costa Rica declarou reconhecer, sem condições e pelo período de vigência da Convenção Americana sobre Direitos Humanos, a competência da Comissão para receber e examinar as comunicações em que um Estado-Parte alegue haver outro Estado-Parte incorrido em violação dos direitos humanos estabelecidos na citada Convenção.

2) Que a República da Costa Rica declarou reconhecer, sem condições e por todo o período de vigência da Convenção Americana sobre Direitos Humanos, a competência obrigatória, de pleno direito e sem convenção especial, da Corte Interamericana de Direitos Humanos, em todos os casos relativos à interpretação ou aplicação do referido Tratado multilateral.

8. Dominica

(Reservas formuladas no ato da ratificação da Convenção)

Em 3 de junho de 1993, ratificou a Convenção Americana sobre Direitos Humanos, com as seguintes reservas:

1. Artigo 5. Não deve ser interpretado como proibição do castigo corporal aplicado de acordo com a Lei de Castigo Corporal da Dominica ou a Lei de Castigo de Menores Delinquentes.

2. Artigo 4.4. Expressam-se reservas acerca das palavras "ou crimes comuns conexos".

3. Artigo 8.21, e. Este artigo não será aplicado no caso da Dominica.

4. Artigo 21.2. Este artigo deve ser interpretado à luz das disposições da Constituição da Dominica e não se deve considerar que amplia ou limita os direitos declarados na Constituição.

5. Artigo 27.1. Também deve ser interpretado à luz das disposições da Constituição da Dominica e não se deve considerar que amplia ou limita os direitos declarados na Constituição.

6. Artigo 62. Dominica não reconhece a jurisdição da Corte.

9. Equador

(Declaração formulada no ato da assinatura da Convenção)

A Delegação do Equador tem a honra de assinar a Convenção Americana sobre Direitos Humanos. Não julga necessário especificar reserva alguma, com exceção tão somente da faculdade geral constante da mesma Convenção, que deixa aos governos a liberdade de ratificá-la.

Reconhecimento de competência

Em 24 de julho de 1984, reconheceu a vigência dos artigos 45 e 62 da Convenção Americana sobre Direitos Humanos, mediante o Decreto nº 2768, de 24 de julho de 1984, publicado no Registro Oficial nº 795, de 27 do mesmo mês e ano.

Além disso, o Ministro das Relações Exteriores do Equador formulou declaração, datada de 30 de julho de 1984, em conformidade com o disposto no parágrafo 4 do artigo 45 e no parágrafo 2 do artigo 62 da citada Convenção, cujo texto é o seguinte:

De acordo com o que determina o artigo 45, parágrafo 1, da Convenção Americana sobre Direitos Humanos, "Pacto de San José de Costa Rica" (ratificada pelo Equador em 21 de outubro de 1977 e em vigor a partir de 27 de outubro de 1977), o Governo do Equador reconhece a competência da Comissão Interamericana de Direitos Humanos para receber e examinar as comunicações em que um Estado-Parte alegue haver outro Estado-Parte incorrido em violações dos direitos humanos estabelecidos na citada Convenção, nos termos do parágrafo 2 do mencionado artigo.

Esse reconhecimento de competência se estende por tempo indeterminado e sob condição de reciprocidade.

De acordo com o disposto no artigo 62, parágrafo 1, da Convenção, o Governo do Equador declara que reconhece como obrigatória de pleno direito e sem convenção especial a competência da Corte Interamericana de Direitos Humanos em todos os casos relativos à interpretação ou aplicação da citada Convenção.

Esse reconhecimento de competência se estende por prazo indeterminado e sob condição de reciprocidade. O Estado equatoriano reserva-se a faculdade de retirar o reconhecimento dessas competências no momento em que julgue conveniente.

10. El Salvador

(Declaração e reserva formuladas no ato da ratificação da Convenção)

Ratifica-se esta Convenção, interpretando-se suas disposições no sentido de que a Corte Interamericana de Direitos Humanos só será competente para conhecer de qualquer caso que lhe possa ser submetido, tanto pela Comissão Interamericana de Direitos Humanos como por qualquer Estado-Parte, se o Estado de El Salvador, como Parte no caso, houver reconhecido ou reconheça a referida competência, por qualquer dos meios ou nas modalidades mencionadas na própria Convenção.

Ratifica-se a Convenção Americana sobre Direitos Humanos, denominada "Pacto de San José de Costa Rica", assinada em San José, Costa Rica, em 22 de novembro de 1969, constituída por um preâmbulo e oitenta e dois artigos, aprovada pelo Poder Executivo, na área das relações exteriores, mediante o Acordo número 405, datado de 14 de junho do corrente ano, sem prejuízo das disposições da Convenção que possam conflitar com preceitos expressos da Constituição Política da República.

O instrumento de ratificação foi recebido na Secretaria-Geral da OEA em 23 de junho de 1978, com uma reserva e uma declaração. Procedeu-se à tramitação da notificação da reserva, em conformidade com a Convenção de Viena sobre o Direito dos Tratados, assinada em 23 de maio de 1969.

Reconhecimento de competência, de 6 de junho de 1995

I. O Governo de El Salvador reconhece como obrigatória de pleno direito e sem convenção especial a competência da Corte Interamericana de Direitos Humanos, em conformidade com o disposto no artigo 62 da Convenção Americana sobre Direitos Humanos ou "Pacto de San José de Costa Rica".

II. O Governo de El Salvador, ao reconhecer essa competência, deixa consignado que a aceitação é por prazo indeterminado, sob condição de reciprocidade e com a reserva de que os casos em que se reconhece a competência compreendem única e exclusivamente fatos ou atos jurídicos posteriores ou fatos ou atos jurídicos cujo princípio de execução sejam posteriores à data do depósito desta declaração de aceitação, reservando-se o direito de fazer cessar a competência no momento em que considere oportuno.

III. O Governo de El Salvador reconhece a competência da Corte, na medida em que esse reconhecimento é compatível com as disposições da Constituição da República de El Salvador.

11. Grenada

Mediante instrumento datado de 14 de julho de 1978, o Primeiro-Ministro e o Ministro das Relações Exteriores ratificaram em nome do Estado a Convenção Americana sobre Direitos Humanos.

12. Guatemala

(Reserva formulada no ato da ratificação da Convenção)

O Governo da República da Guatemala ratifica a Convenção Americana sobre Direitos Humanos, assinada em San José, Costa Rica, em 22 de novembro de 1969, formulando reserva quanto ao artigo 4, parágrafo 4, já que a Constituição da República, em seu artigo 54, exclui da aplicação da pena de morte os delitos políticos, mas não os delitos comuns a eles conexos.

O instrumento de ratificação foi recebido na Secretaria-Geral da OEA em 25 de maio de 1978, com uma reserva. Procedeu-se à tramitação da notificação da reserva, em conformidade com a Convenção de Viena sobre o Direito dos Tratados, assinada em 23 de maio de 1969.

Retirada da reserva da Guatemala

O Governo da Guatemala, mediante o Acordo Governamental nº 281-86, datado de 20 de maio de 1986, retirou a reserva acima mencionada, que introduzira em seu instrumento de ratificação datado de 27 de abril de 1978, por carecer de sustentação constitucional à luz da nova ordem jurídica vigente. A retirada da reserva entrará em vigor a partir de 12 de agosto de 1986, em conformidade com o artigo 22 da Convenção de Viena sobre o Direito dos Tratados, de 1969, em aplicação do artigo 75 da própria Convenção Americana sobre Direitos Humanos.

Reconhecimento de competência

Em 9 de março de 1987 foi recebido na Secretaria-Geral da OEA o Acordo Governamental nº 123-87, de 20 de fevereiro de 1987, da República da Guatemala, em que a competência da Corte Interamericana de Direitos Humanos é reconhecida nos seguintes termos:

("(Artigo 1) Declarar que reconhece como obrigatória de pleno direito e sem convenção especial a competência da Corte Interamericana de Direitos Humanos, em todos os casos relativos à interpretação ou aplicação da Convenção Americana sobre Direitos Humanos.

(Artigo 2) A aceitação da competência da Corte Interamericana de Direitos Humanos estende-se por prazo indeterminado, em caráter geral, sob condição de reciprocidade e com a reserva de que os casos em que se reconhece a competência limitam-se exclusivamente aos ocorridos posteriormente à apresentação desta declaração ao Secretário-Geral da Organização dos Estados Americanos").

13. Haiti

Mediante instrumento datado de 14 de setembro de 1977, o Presidente desse Estado, de acordo com o artigo 93 da Constituição Nacional, ratificou a Convenção Americana sobre Direitos Humanos, comprometendo-se a proteger sua inviolabilidade.

Reconhecimento de competência

Vista a Constituição da República do Haiti, de 1987;

Vista a lei de 18 de agosto de 1979, mediante a qual a República do Haiti ratifica a Convenção Americana sobre Direitos Humanos,

Declaramos, pela presente, reconhecer como obrigatória, de pleno direito e sem convenção especial, a competência da Corte Interamericana de Direitos Humanos em todos os casos relativos à interpretação ou aplicação da Convenção. Esta declaração é emitida para apresentação à Secretaria-Geral da Organização dos Estados Americanos, que dela transmitirá cópias aos demais Estados-membros da Organização e ao Secretário da Corte, em conformidade com o artigo 62 da Convenção.

Esta declaração é acompanhada da lei de 18 de agosto de 1979, mediante a qual a República do Haiti ratifica a Convenção Americana sobre Direitos Humanos promulgada no Diário Oficial da República.

Emitida no Palácio Nacional, em Port-au-Prince, em 3 de março de 1998, ano 195 da independência.

14. Honduras

Reconhecimento de competência

Em 9 de setembro de 1981 apresentou à Secretaria-Geral da OEA o instrumento de reconhecimento da competência da Corte Interamericana de Direitos Humanos, de acordo com o artigo 62 da Convenção.

15. Jamaica

Reconhecimento de competência

No instrumento de ratificação, datado de 19 de julho de 1978, o Governo da Jamaica, nos termos do artigo 45, parágrafo 1, da Convenção, declara reconhecer a competência da Comissão Interamericana de Direitos Humanos para receber e examinar as comunicações em que um Estado-Parte alegue haver outro Estado-Parte incorrido em violações dos direitos humanos estabelecidos na Convenção.

16. México

(Declarações interpretativas e reservas formuladas no ato da ratificação da Convenção)

O instrumento de adesão foi recebido na Secretaria-Geral da OEA em 24 de março de 1981, com duas declarações interpretativas e uma reserva. Essa reserva foi notificada de acordo com o disposto na Convenção de Viena sobre o Direito dos Tratados, assinada em 23 de maio de 1969. O prazo de 12 meses a partir da notificação encerrou-se em 2 de abril de 1982, sem objeções. O texto das declarações e da reserva é o seguinte:

Declarações interpretativas

Com relação ao parágrafo 1 do artigo 4, considera-se que a expressão "em geral" nele usada não constitui obrigação de adotar ou manter em vigor legislação que proteja a vida "a partir do momento da concepção", uma vez que essa matéria é de domínio exclusivo dos Estados.

Por outro lado, o Governo do México é de parecer que a limitação estabelecida na Constituição Política dos Estados Unidos Mexicanos, no sentido de que todo ato público de culto religioso deva ser celebrado no interior dos templos, acha-se compreendida no parágrafo 3 do artigo 12. Essa declaração interpretativa foi retirada em 9 de abril de 2002.

Reserva

O Governo do México formula reserva expressa ao parágrafo 2 do artigo 23, já que a Constituição Política dos Estados Unidos Mexicanos, em seu artigo 130, dispõe que os ministros dos cultos não terão direito a voto ativo ou passivo, nem direito a associação com fins políticos.

Declaração de reconhecimento da competência contenciosa da Corte Interamericana de Direitos Humanos

1. Os Estados Unidos Mexicanos reconhecem como obrigatória de pleno direito a competência contenciosa da Corte Interamericana de Direitos Humanos nos casos relativos à interpretação ou aplicação da Convenção Americana sobre Direitos Humanos, em conformidade com o artigo 62.1, com exceção dos casos decorrentes da aplicação do artigo 33 da Constituição Política do país.

2. A aceitação da competência contenciosa da Corte Interamericana de Direitos Humanos só será aplicável aos fatos ou aos atos jurídicos posteriores à data do depósito desta declaração, motivo por que não terá efeito retroativo.

3. A aceitação da competência contenciosa da Corte Interamericana de Direitos Humanos é de caráter geral e continuará em vigor até um ano após a data em que os Estados Unidos Mexicanos notifiquem tê-la denunciado.

17. Nicarágua
Reconhecimento de competência

Em 12 de fevereiro de 1991, o Governo da Nicarágua depositou na Secretaria-Geral da OEA um instrumento, datado de 15 de janeiro de 1991, mediante o qual declara:

I. O Governo da Nicarágua reconhece como obrigatória de pleno direito e sem convenção especial a competência da Corte Interamericana de Direitos Humanos em todos os casos relativos à interpretação ou aplicação da Convenção Americana sobre Direitos Humanos, "Pacto de San José de Costa Rica", em conformidade com o disposto no artigo 62, parágrafo 1, desse instrumento.

II. O Governo da Nicarágua, ao consignar o que consta do item I desta declaração, deixa consignado que a aceitação da competência da Corte Interamericana de Direitos Humanos é expressa por tempo indeterminado, em caráter geral, sob condição de reciprocidade e com a reserva de que os casos em que se reconhece a competência abrangem somente fatos posteriores ou fatos cujo princípio de execução seja posterior à data do depósito desta declaração perante o Secretário-Geral da Organização dos Estados Americanos.

Em 6 de fevereiro de 2006, o Governo da República da Nicarágua encaminhou nota à Secretaria-Geral, mediante a qual comunica que acrescentou um terceiro parágrafo à Declaração nº 49, datada de 15 de janeiro de 1991, relativa à Convenção Americana sobre Direitos Humanos, em que declara que reconhece a competência da Comissão Interamericana de Direitos Humanos para receber e examinar as comunicações em que um Estado-Parte alegue haver outro Estado-Parte incorrido em violações dos direitos humanos estabelecidos na Convenção, nos termos do artigo 45.

18. Panamá
Reconhecimento de competência

Em 9 de maio de 1990, depositou na Secretaria-Geral da OEA um instrumento datado de 20 de fevereiro de 1990, mediante o qual declara que o Governo da República do Panamá reconhece como obrigatória de pleno direito a competência da Corte Interamericana de Direitos Humanos em todos os casos relativos à interpretação ou aplicação da Convenção Americana sobre Direitos Humanos.

19. Paraguai

Reconhecimento de competência

Em 11 de março de 1993, apresentou à Secretaria-Geral da OEA o instrumento de reconhecimento da Corte Interamericana de Direitos Humanos, "por tempo indeterminado, e deve interpretar-se em conformidade com os princípios que norteiam o Direito Internacional, no sentido de que esse reconhecimento se refere expressamente aos fatos ocorridos posteriormente a este ato e somente nos casos em que houver reciprocidade".

20. Peru

Reconhecimento da competência

Em 21 de janeiro de 1981, foi apresentado na Secretaria-Geral da OEA um instrumento proveniente do Ministério das Relações Exteriores da República do Peru, datado de 20 de outubro de 1980, nos seguintes termos: "... De acordo com o disposto no parágrafo 1 do artigo 45 da Convenção sobre Direitos Humanos, Pacto de San José da Costa Rica (ratificada pelo Peru em 9 de setembro de 1980), o Governo do Peru reconhece a competência da Comissão Interamericana de Direitos Humanos para receber e examinar as comunicações em que um Estado-Parte alegue haver outro Estado-Parte incorrido em violação dos direitos humanos estabelecidos na citada Convenção, nos termos no parágrafo 2 do referido artigo. Esse reconhecimento de competência é feito por tempo indeterminado e sob condição de reciprocidade. De acordo com o disposto no parágrafo 1 do artigo 62 da Convenção mencionada, o Governo do Peru declara que reconhece como obrigatória de pleno direito e sem convenção especial a competência da Corte Interamericana de Direitos Humanos em todos os casos relativos à interpretação ou aplicação da Convenção. Esse reconhecimento de competência é feito por prazo indeterminado e sob condição de reciprocidade...".

Retirada da competência contenciosa da Corte Interamericana de Direitos Humanos

O Governo do Peru, com data de 8 de julho de 1999, declara:

De acordo com a Convenção Americana sobre Direitos Humanos, a República do Peru retira a declaração de reconhecimento da cláusula facultativa de submissão à competência contenciosa da Corte Interamericana de Direitos Humanos, oportunamente formulada pelo Governo peruano.

Essa retirada do reconhecimento da competência contenciosa da Corte Interamericana produzirá efeito imediato e se aplicará a todos os casos em que o Peru não tenha contestado a demanda iniciada perante a Corte.

Retirada da competência contenciosa da Corte

O Governo do Peru, com data de 29 de janeiro de 2001, declara:

O reconhecimento da competência contenciosa da Corte Interamericana de Direitos Humanos, efetuada pelo Peru em 20 de outubro de 1980, encontra-se em plena vigência e compromete em todos os seus efeitos jurídicos o Estado peruano, devendo entender-se a vigência ininterrupta dessa Declaração a partir de seu depósito na Secretaria-Geral da Organização dos Estados Americanos (OEA), em 21 de janeiro de 1981.

O Governo da República do Peru procede à retirada da declaração depositada em 9 de julho de 1999, em virtude da qual se pretendeu a retirada da declaração de reconhecimento da cláusula facultativa de submissão à competência contenciosa da Corte Interamericana de Direitos Humanos.

21. República Dominicana

(Declaração formulada no ato da assinatura da Convenção)

A República Dominicana, ao assinar a Convenção Americana sobre Direitos Humanos, aspira a que o Princípio sobre a Proscrição da Pena de Morte chegue a ser puro, simples e de aplicação geral para os Estados da região americana. Mantém, ademais, as observações e comentários formulados a respeito do citado projeto de convenção, que fez circular entre as delegações junto ao Conselho da Organização dos Estados Americanos em 20 de junho de 1969 (19 de fevereiro de 1999).

Reconhecimento de competência

O Governo da República Dominicana, por meio do presente instrumento, declara que reconhece como obrigatória de pleno direito e sem convenção especial a competência da Corte Interamericana de Direitos Humanos em todos os casos relativos à interpretação ou aplicação da Convenção Americana sobre Direitos Humanos, de 22 de novembro de 1969.

22. Suriname

Adesão

Reconhecimento de competência

Em 12 de novembro de 1987, depositou na Secretaria-Geral da OEA o instrumento de reconhecimento da competência da Corte Interamericana de Direitos Humanos, de acordo com o artigo 62 da Convenção.

23. Trinidad e Tobago

(Reservas formuladas no ato da adesão à Convenção)

1. Em relação ao parágrafo 5 do artigo 4 da Convenção, o Governo da República de Trinidad e Tobago formula reserva pelo fato de não existir, nas leis do país, proibição de aplicação da pena de morte a uma pessoa maior de 70 (setenta) anos de idade.

2. Em relação ao artigo 62 da Convenção, o Governo da República de Trinidad e Tobago reconhece a jurisdição obrigatória da Corte Interamericana de Direitos Humanos, estabelecida nesse artigo, somente na medida em que esse reconhecimento seja compatível com as disposições pertinentes da Constituição da República de Trinidad e Tobago e desde que uma sentença da Corte não contradiga, estabeleça ou anule direitos ou deveres vigentes de cidadãos particulares.

Em 26 de maio de 1998, a República de Trinidad e Tobago comunicou ao Secretário-Geral da OEA sua decisão de denunciar a Convenção Americana. A denúncia entrou em vigor um ano após a data da notificação, em conformidade com o artigo 78.1 da Convenção Americana.

24. Uruguai
(Reserva formulada no ato da assinatura da Convenção)

O artigo 80, parágrafo 2, da Constituição da República Oriental do Uruguai estabelece a suspensão da cidadania em virtude da "condição de legalmente processado em causa criminal que possa redundar em pena de reclusão em penitenciária". Essa limitação ao exercício dos direitos consagrados no artigo 23 da Convenção não é contemplada entre as circunstâncias que a esse respeito dispõe o parágrafo 2 do referido artigo 23, motivo por que a Delegação do Uruguai formula a reserva pertinente.

(Reserva formulada no ato da ratificação da Convenção)

Com a reserva formulada ao assiná-la. A reserva foi notificada de acordo com as disposições da Convenção de Viena sobre o Direito dos Tratados, assinada em 23 de maio de 1969.

Reconhecimento de competência

No instrumento de ratificação datado de 26 de março de 1965, depositado em 19 de abril de 1985 na Secretaria-Geral da OEA, o Governo da República Oriental do Uruguai declara reconhecer a competência da Comissão Interamericana de Direitos Humanos por tempo indeterminado a e da Corte Interamericana de Direitos Humanos em todos os casos relativos à interpretação ou aplicação da Convenção, sob condição de reciprocidade, de acordo com o disposto nos artigos 45, parágrafo 3, e 62, parágrafo 2.

25. Venezuela
(Reserva e declaração formuladas no ato da ratificação da Convenção)

O artigo 60, parágrafo 5, da Constituição da República da Venezuela dispõe: "Ninguém poderá ser condenado em ação penal sem haver sido pessoalmente notificado das acusações e ouvido na forma prescrita na lei. Os réus de delito contra a coisa pública poderão ser julgados *in absentia*, com as garantias e na forma que determine a lei". O artigo 8, parágrafo 1, da Convenção, não dispõe essa possibilidade, motivo por que a Venezuela formula a correspondente reserva, e DECLARA, de acordo com o disposto no parágrafo 11 do artigo 45 da Convenção, que o Governo da República da Venezuela reconhece a competência da Comissão Interamericana de Direitos Humanos para receber e examinar as comunicações em que um Estado-Parte alegue haver outro Estado-Parte incorrido em violações dos direitos humanos estabelecidos na Convenção, nos termos previstos no parágrafo 2 do citado artigo. Expressa-se esse reconhecimento de competência por tempo indeterminado.

O instrumento de ratificação foi recebido na Secretaria-Geral da OEA em 9 de agosto de 1977, com uma reserva e uma declaração. Procedeu-se à tramitação da notificação da reserva de acordo com o disposto na Convenção de Viena sobre o Direito dos Tratados, assinada em 23 de maio de 1969.

> *Reconhecimento de competência*
> Em 9 de agosto de 1977, reconheceu a competência da Comissão Interamericana de Direitos Humanos e, em 24 de junho de 1981, reconheceu a competência da Corte Interamericana de Direitos Humanos, de acordo com os artigos 45 e 62 da Convenção, respectivamente.

Frise-se, uma vez mais, que as declarações interpretativas levadas a efeito por vários Estados-Partes na Convenção Americana *não são reservas* e, como tal, não poderão jamais ser assim interpretadas. Apenas as reservas propriamente ditas, realizadas pelos governos nos termos do que dispõe a Convenção de Viena sobre o Direito dos Tratados, é que poderão efetivamente limitar a aplicação da Convenção Americana em um dado Estado, ainda assim sob a possiblidade de serem invalidadas por violação do objeto e da finalidade do tratado.

Artigo 76

1. Qualquer Estado-Parte, diretamente, e a Comissão ou a Corte, por intermédio do Secretário-Geral, podem submeter à Assembleia Geral, para o que julgarem conveniente, proposta de emenda a esta Convenção. (1)

2. As emendas entrarão em vigor para os Estados que ratificarem as mesmas na data em que houver sido depositado o respectivo instrumento de ratificação que corresponda ao número de dois terços dos Estados-Partes nesta Convenção. Quanto aos outros Estados-Partes, entrarão em vigor na data em que depositarem eles os seus respectivos instrumentos de ratificação. (2)

 COMENTÁRIOS

Por *Valerio de Oliveira Mazzuoli*

(1) A Convenção Americana admite a possibilidade de haver futuras *emendas* ao seu texto. As emendas aos tratados multilaterais são reguladas pela Convenção de Viena sobre o Direito dos Tratados de 1969, no seu art. 40.[15] No caso brasileiro, as emendas formuladas aos tratados multilaterais em que o país é parte têm, necessariamente, de

---

[15] *"Artigo 40. Emenda de tratados multilaterais.* 1. A não ser que o tratado disponha diversamente, a emenda de tratados multilaterais reger-se-á pelos parágrafos seguintes. 2. Qualquer proposta para emendar um tratado multilateral entre todas as partes deverá ser notificada a todos os Estados contratantes, cada um dos quais terá o direito de participar: *a)* na decisão quanto à ação a ser tomada sobre essa proposta; *b)* na negociação e conclusão de qualquer acordo para a emenda do tratado. 3. Todo Estado que possa ser parte no tratado poderá igualmente ser parte no tratado emendado. 4. O acordo de emenda não vincula os Estados que já são partes no tratado e que não se tornaram partes no acordo de emenda; em relação e esses Estados, aplicar-se-á o artigo 30, parágrafo 4 (*b*). 5. Qualquer Estado que se torne parte no tratado após a entrada em vigor do acordo de emenda será considerado, a menos que manifeste intenção diferente: *a)* parte no tratado emendado; e *b*) parte no tratado não emendado em relação às partes no tratado não vinculadas pelo acordo de emenda."

passar pelo *referendum* do Poder Legislativo, da mesma forma que a ratificação e a adesão. Se para a ratificação ou adesão o Estado necessitou da aprovação congressual, esta também será necessária para a aceitação do acordo de emenda. A aprovação parlamentar deste acordo de emenda é que *autoriza* o Presidente da República a depositar (normalmente no próprio organismo internacional ou no Estado depositário do tratado) a aceitação brasileira à modificação ocorrida no acordo.

Atualmente, sob a influência da Constituição de 1988, é bastante comum já constar dos Decretos Legislativos que aprovam os tratados assinados pelo Poder Executivo disposição segundo a qual "ficam sujeitos à aprovação do Congresso Nacional *quaisquer atos que possam resultar em revisão da referida Convenção*, bem como quaisquer ajustes complementares que, nos termos do art. 49, I, da Constituição Federal, acarretem encargos ou compromissos gravosos ao patrimônio nacional". Uma vez aprovado pelo Parlamento, deve o Presidente da República promulgar o acordo de emenda por meio de *decreto* (tal como quando ratifica ou adere a um tratado), fazendo-o publicar no *Diário Oficial da União*.

Segundo a Convenção Americana, qualquer Estado-Parte, diretamente, e a Comissão ou a Corte, por intermédio do Secretário-Geral da OEA, podem submeter à Assembleia Geral da Organização, para o que julgarem conveniente, proposta de emenda à Convenção.

(2) As emendas à Convenção entrarão em vigor para os Estados que as ratificarem, na data em que houver sido depositado o respectivo instrumento de ratificação, por dois terços dos Estados-Partes na Convenção. Quanto aos outros Estados-Partes, tais emendas entrarão em vigor na data em que os mesmos depositarem os seus respectivos instrumentos de ratificação.

> **Artigo 77**
>
> 1. De acordo com a faculdade estabelecida no artigo 31, qualquer Estado-Parte e a Comissão podem submeter à consideração dos Estados-Partes reunidos por ocasião da Assembleia Geral, projetos de protocolos adicionais a esta Convenção, com a finalidade de incluir progressivamente no regime de proteção da mesma outros direitos e liberdades. (1)
>
> 2. Cada protocolo deve estabelecer as modalidades de sua entrada em vigor e será aplicado somente entre os Estados-Partes no mesmo. (2)

 COMENTÁRIOS

Por *Valerio de Oliveira Mazzuoli*

(1) Qualquer Estado-Parte na Convenção Americana, e também a Comissão Interamericana, podem submeter à reunião de Estados na Assembleia Geral da OEA, projetos de Protocolos Adicionais à Convenção, com a finalidade de incluir no regime de proteção da mesma, de forma progressiva, outros direitos e liberdades.

Até o presente momento existem apenas dois Protocolos à Convenção Americana, que são o Protocolo Adicional à Convenção Americana em Matéria de Direitos Econômicos, Sociais e Culturais, de 1988, mais conhecido como *Protocolo de San Salvador*, que entrou em vigor internacional em novembro de 1999, quando foi depositado o 11º instrumento de ratificação, nos termos do seu art. 21; e o Protocolo à Convenção Americana sobre Direitos Humanos Referente à Abolição da Pena de Morte, de 1990, que entrou em vigor internacional em 28 de agosto de 1991. O Brasil teceu considerações a este segundo Protocolo quando se sua assinatura, tendo sido a declaração do representante brasileiro a seguinte: "Ao ratificar o Protocolo sobre a Abolição da Pena de Morte, adotado em Assunção, em 8 de Junho de 1990, declaro, devido a imperativos constitucionais, que consigno a reserva, nos termos estabelecidos no Artigo 2 do Protocolo em questão, no qual se assegura aos Estados-Partes o direito de aplicar a pena de morte em tempo de guerra, de acordo com o direito internacional, por delitos sumamente graves de caráter militar".

(2) Cada Protocolo adicional à Convenção Americana é um tratado internacional autônomo. Na teoria geral do Direito dos Tratados os atos internacionais devem obedecer ao processo de formação previsto na Convenção de Viena sobre o Direito dos Tratados de 1969, que regula os requisitos para sua celebração e entrada em vigor. Assim, quando a Convenção Americana diz que "[c]ada Protocolo deve estabelecer as modalidades de sua entrada em vigor e será aplicado somente entre os Estados-Partes no mesmo", não está inovando em nada, senão expressando o que a Convenção de Viena de 1969 já estabelece. Dizer que um tratado "será aplicado somente entre os Estados-Partes no mesmo" significa que se um Estado é apenas parte na Convenção Americana e não no seu Protocolo, a ele não se aplica este último. Tal explicação seria desnecessária no texto da Convenção, se não fossem ainda algumas dúvidas que surgem no seio dos Estados relativamente à aplicação de tratados principais acrescidos de protocolos adicionais.

Artigo 78

1. Os Estados-Partes poderão denunciar esta Convenção (1) depois de expirado um prazo de cinco anos, a partir da data de entrada em vigor da mesma e mediante aviso prévio de um ano, notificando o Secretário-Geral da Organização, o qual deve informar as outras Partes. (2)

2. Tal denúncia não terá o efeito de desligar o Estado-Parte interessado das obrigações contidas nesta Convenção, no que diz respeito a qualquer ato que, podendo constituir violação dessas obrigações, houver sido cometido por ele anteriormente à data na qual a denúncia produzir efeito. (3)

 COMENTÁRIOS

Por *Valerio de Oliveira Mazzuoli*

(1) A Convenção Americana autoriza que os seus Estados-Partes a denunciem. A *denúncia* dos tratados internacionais (assim como a questão das *emendas*, entre outros temas) é matéria afeta ao Direito dos Tratados e, por isso, vem também regulada pela Convenção de Viena sobre o Direito dos Tratados de 1969.[16]

---

[16]   Para um estudo completo da denúncia de tratados, *v.* MAZZUOLI, Valerio de Oliveira. *Curso de direito internacional público*, cit., p. 260 e ss.

Por *denúncia* se entende todo ato unilateral pelo qual um partícipe em dado tratado exprime firmemente sua vontade de deixar de ser parte no acordo anteriormente firmado. Sua materialização não difere em muito do procedimento adotado para a ratificação de tratados, consubstanciando-se, no caso dos tratados multilaterais, em instrumento entregue à outra parte, ou ao depositário para este fim designado, que comunicará as outras partes da intenção do Estado denunciante em se afastar do compromisso em causa.

No Brasil, segundo entendemos, para que o Presidente da República possa denunciar determinado tratado, deve solicitar autorização do Congresso Nacional, sem a qual a denúncia não poderá surtir efeitos.[17] Essa possibilidade de denúncia dos tratados não vale, contudo, para as convenções internacionais de direitos humanos das quais o Brasil é parte, uma vez que estas têm *índole* e *nível* constitucionais, não podendo ser subtraídas sequer por meio de Emenda à Constituição (quiçá então por Decreto do Presidente da República, como normalmente se operacionaliza a denúncia no Brasil, ainda que com autorização do Congresso). Por ingressarem no ordenamento brasileiro com *status* de norma constitucional, os tratados internacionais de direitos humanos petrificam-se como *cláusulas pétreas* no nosso direito interno, passando a ser insuscetíveis de denúncia por ato do governo (*v.* art. 5º, §§ 2º e 3º, da CF).[18]

O art. 78, 1, em comento, inicia a sua redação dizendo poderem os Estados-Partes denunciar "esta Convenção". Ao assim fazer, pretendeu a Convenção abolir a possibilidade de sua denúncia *parcial*, por meio da qual certos Estados podem pretender desonerar-se das obrigações contidas em apenas *alguns dispositivos* do tratado. Dessa forma, a denúncia da Convenção só é permitida relativamente à integralidade do seu texto e não a dispositivos isolados seus. Caso contrário, estar-se-ia violando o espírito da própria unidade da Convenção, além de violar as normas da Convenção de Viena sobre o Direito dos Tratados (notadamente seu art. 56) em matéria de denúncia.[19]

(2) É facultado aos Estados-Partes da Convenção Americana denunciá-la, depois de expirado o prazo de cinco anos, a partir da data de entrada em vigor da mesma (18 de julho de 1978) e mediante aviso prévio de um ano, notificando o Secretário-Geral da OEA, o qual deverá informar os outros Estados-Partes da denúncia apresentada. Mas, como vimos, no caso do direito brasileiro os tratados de direitos humanos (como é o caso da Convenção Americana) são *cláusulas pétreas* do texto constitucional, não podendo ser subtraídos sequer por Emenda à Constituição.

Ocorre que a Convenção Americana (como expresso no art. 78, 1, em comento) *autoriza* a sua denúncia e, assim sendo, poderia se indagar se não seria possível o Brasil, tecnicamente, denunciá-la junto ao Secretário-Geral da OEA. Cremos que o Estado brasileiro até *poderia* denunciá-la, mas tal ato não surtiria nenhum efeito no plano do nosso direito interno, apenas desobrigando o Estado *no plano internacional*. Internamente,

---

[17]   Cf., nesse exato sentido, PONTES DE MIRANDA, Francisco Cavalcanti. *Comentários à Constituição de 1967 com a Emenda 1 de 1969*. 3. ed. Rio de Janeiro: Forense, 1987. t. III, p. 109 e ss.

[18]   Segundo a nossa concepção doutrinária (*v.* comentários ao art. 2º, 2), os tratados internacionais de direitos humanos têm índole e nível de normas constitucionais no Brasil, independentemente de aprovação pelo *quorum* qualificado previsto no § 3º do art. 5º da Constituição.

[19]   *V.* Corte IDH. *Caso do Tribunal Constitucional vs. Peru*. Competência. Sentença 24.09.1999. Série C, nº 55, parágrafo 50.

a Convenção Americana continuaria a valer na sua inteireza, posto que os direitos e liberdades nela consagrados são *cláusulas pétreas* no nosso direito interno, não podendo ser subtraídos sequer por meio de Emenda à Constituição. Sob esse ponto de vista, a denúncia da Convenção Americana pelo Estado brasileiro seria *tecnicamente possível* (sem a possibilidade de se responsabilizar o Presidente da República neste caso), mas totalmente *ineficaz* sob o aspecto prático, uma vez que os seus *efeitos jurídicos* continuariam a operar dentro do nosso ordenamento interno, pelo fato de serem os direitos e liberdades nela previstos núcleos intangíveis do texto constitucional.[20]

Em outras palavras, nada impede que o governo brasileiro (desde que com a autorização do Congresso Nacional) denuncie a Convenção Americana, nos termos do seu art. 78, 1, mas internamente isto nada mudaria, uma vez que a Convenção já se encontra dentro do "bloco de constitucionalidade" do direito brasileiro, importando tal denúncia apenas em livrar o Estado brasileiro de responder pelo cumprimento do tratado no plano internacional. Mas, caso a Convenção venha a ser aprovada nos termos do § 3º do art. 5º da Constituição,[21] o Brasil não poderá mais desengajar-se dela, quer no plano internacional, quer no plano interno (o que não ocorre quando o tratado detém apenas *status* de norma constitucional, nos termos do § 2º do art. 5º da Carta), podendo o Presidente da República ser responsabilizado caso a denuncie (devendo tal denúncia ser declarada *ineficaz*).[22]

(3) Nos Estados que não igualam os tratados de direitos humanos às normas constitucionais (como é o caso do Brasil, que os iguala) a denúncia da Convenção Americana é *possível*. Contudo, nos termos do art. 78, 2, da Convenção, caso venha a ser ela operacionalizada, não terá o efeito de desligar o Estado denunciante das obrigações contidas na Convenção, no que diz respeito a qualquer ato que, podendo constituir violação dessas obrigações, houver sido cometido pelo Estado *anteriormente* à data na qual a denúncia produziu efeito.

Portanto, a denúncia de um Estado à Convenção Americana não o desonera relativamente a quaisquer atos praticados anteriormente à denúncia, pois se assim não fosse seria fácil aos Estados burlarem o sistema protetivo da Convenção, para o fim de não se verem responsabilizados por atos violadores a direitos humanos antes praticados. Assim, o Estado que denunciar a Convenção poderá perfeitamente ser responsabilizado pela Corte Interamericana por atos de violação de direitos humanos praticados anteriormente à denúncia, valendo a regra do art. 62, § 3º, da Convenção (*verbis*: "A Corte tem competência para conhecer de qualquer caso, relativo à interpretação e aplicação das disposições desta Convenção, que lhe seja submetido...") na sua plenitude em relação a esse determinado Estado.

---

[20]   Sobre a possibilidade técnica de denúncia dos tratados de direitos humanos e sua ineficácia no plano do direito interno, *v.* MAZZUOLI, Valerio de Oliveira. *Curso de direito internacional público*, cit., p. 786-790.

[21]   Art. 5º, § 3º "Os tratados e convenções internacionais sobre direitos humanos que forem aprovados, em cada Casa do Congresso Nacional, em dois turnos, por três quintos dos votos dos respectivos membros, serão equivalentes às emendas constitucionais".

[22]   Para um entendimento mais aprofundado dessa problemática, *v.* MAZZUOLI, Valerio de Oliveira. O novo § 3º do art. 5º da Constituição e sua eficácia. *Revista Forense*, Rio de Janeiro, ano 101, v. 378, especialmente p. 105-107, mar.-abr. 2005.

CAPÍTULO XI
Disposições Transitórias

Seção 1
Comissão Interamericana
de Direitos Humanos

Artigo 79

Ao entrar em vigor esta Convenção, o Secretário-Geral pedirá por escrito a cada Estado-Membro da Organização que apresente, dentro de um prazo de noventa dias, seus candidatos a membro da Comissão Interamericana de Direitos Humanos. O Secretário-Geral preparará uma lista por ordem alfabética dos candidatos apresentados e a encaminhará aos Estados-Membros da Organização pelo menos trinta dias antes da Assembleia Geral seguinte.

 COMENTÁRIOS

Por *Valerio de Oliveira Mazzuoli*

A norma do art. 79 da Convenção Americana é transitória, tendo servido para escolher o primeiro grupo de comissários da Comissão Interamericana. A norma determina que os Estados repassem ao Secretário-Geral da OEA a lista com os seus candidatos a membros da Comissão, para o fim de serem eleitos pela Assembleia Geral da Organização.

Atualmente, a regra em comento – que determina peça o Secretário-Geral por escrito a cada Estado-membro da OEA que apresente, dentro de um prazo de 90 dias, seus candidatos a membro da Comissão, pelo que preparará uma lista por ordem alfabética dos candidatos apresentados e a encaminhará aos Estados-membros da OEA pelo menos 30 dias antes da Assembleia Geral seguinte – já sofreu todos os efeitos da preclusão consumativa, dada a sua completa expiração.

Artigo 80

A eleição dos membros da Comissão far-se-á dentre os candidatos que figurem na lista a que se refere o artigo 79, por votação secreta da Assembleia Geral, e serão declarados eleitos os candidatos que obtiverem maior número de votos e a maioria absoluta dos votos dos representantes dos Estados-Membros. (1) Se, para eleger todos os membros da Comissão, for necessário realizar várias votações, serão eliminados sucessivamente, na forma que for determinada pela Assembleia Geral, os candidatos que receberem menor número de votos. (2)

COMENTÁRIOS

Por *Valerio de Oliveira Mazzuoli*

(1) A eleição dos membros da Comissão para o primeiro ingresso seguiu a regra da votação secreta na Assembleia Geral da OEA, tendo como base a lista de candidatos preparada pelo Secretário-Geral da Organização (art. 79). Os candidatos eleitos foram os que obtiveram maior número de votos e a maioria absoluta dos votos dos representantes dos Estados-membros.

(2) A segunda parte do art. 80 da Convenção determina que se fosse necessário, para eleger todos os membros da Comissão, realizar várias votações, seriam eliminados, sucessivamente, na forma determinada pela Assembleia Geral da OEA, os candidatos com menor número de votos. A regra, assim como as demais de índole transitória, já sofreu os efeitos da preclusão consumativa, dada a sua completa expiração.

> *Seção 2*
> *Corte Interamericana de*
> *Direitos Humanos*
>
> **Artigo 81**
> Ao entrar em vigor esta Convenção, o Secretário-Geral solicitará por escrito a cada Estado-Parte que apresente, dentro de um prazo de noventa dias, seus candidatos a juiz da Corte Interamericana de Direitos Humanos. O Secretário-Geral preparará uma lista por ordem alfabética dos candidatos apresentados e a encaminhará aos Estados-Partes pelo menos trinta dias antes da Assembleia Geral seguinte.

 COMENTÁRIOS

Por *Valerio de Oliveira Mazzuoli*

A regra do art. 81 da Convenção é de índole transitória, necessária, à época, para formar o primeiro corpo de juízes da Corte Interamericana de Direitos Humanos. De fato, após a entrada em vigor internacional da Convenção Americana, uma das primeiras metas a implementar-se era a de escolher os *juízes* que comporiam a Corte, e assim foi feito seguindo o determinado pelo 81 da Convenção.

Atualmente, a regra em comento – que determina solicite o Secretário-Geral por escrito a cada Estado-Parte que apresente, dentro de um prazo de 90 dias, seus candidatos a juiz da Corte Interamericana, pelo que preparará uma lista por ordem alfabética dos candidatos apresentados e a encaminhará aos Estados-Partes pelo menos 30 dias antes da Assembleia Geral seguinte – já sofreu todos os efeitos da preclusão consumativa, dada a sua completa expiração.

> **Artigo 82**
> A eleição dos juízes da Corte far-se-á dentre os candidatos que figurem na lista a que se refere o artigo 81, por votação secreta dos Estados-Partes, na Assembleia Geral, e serão declarados eleitos os can-

didatos que obtiverem maior número de votos e a maioria absoluta dos votos dos representantes dos Estados-Partes. Se para eleger todos os juízes da Corte, for necessário realizar várias votações, serão eliminados sucessivamente, na forma que for determinada pelos Estados-Partes, os candidatos que receberem menor número de votos.

COMENTÁRIOS

Por *Valerio de Oliveira Mazzuoli*

A eleição dos juízes da Corte Interamericana para os fins do art. 81 da Convenção Americana – formação do primeiro corpo de magistrados após a entrada em vigor da Convenção – fez-se por votação secreta dos Estados-Partes na Assembleia Geral da OEA, dentre os candidatos que figuravam lista previamente preparada pelo Secretário-Geral da Organização. A regra para a eleição ordenava fossem eleitos os que obtivessem o maior número de votos e a maioria absoluta dos votos dos representantes dos Estados-Partes. Assim como as demais disposições transitórias sobre eleição do primeiro corpo de comissários e de juízes, a regra do art. 82 da Convenção já sofreu os efeitos da preclusão consumativa.

DECLARAÇÕES E RESERVAS
Declaração do Chile

A Delegação do Chile apõe sua assinatura a esta Convenção, sujeita à sua posterior aprovação parlamentar e ratificação, em conformidade com as normas constitucionais vigentes.

Declaração do Equador

A Delegação do Equador tem a honra de assinar a Convenção Americana sobre Direitos Humanos. Não crê necessário especificar reserva alguma, deixando a salvo tão somente a faculdade geral constante da mesma Convenção, que deixa aos governos a liberdade de ratificá-la.

Reserva do Uruguai

O artigo 80, parágrafo 2, da Constituição da República Oriental do Uruguai, estabelece que se suspende a cidadania "pela condição de legalmente processado em causa criminal de que possa resultar **pena de penitenciária**". Essa limitação ao exercício dos direitos reconhecidos no artigo 23 da Convenção não está prevista entre as circunstâncias que a tal respeito prevê o parágrafo 2 do referido artigo 23, motivo por que a Delegação do Uruguai forma a reserva pertinente.

Em fé do que, os plenipotenciários abaixo-assinados, cujos plenos poderes foram encontrados em boa e devida forma, assinam esta Convenção, que se denominará "Pacto de São José da Costa Rica", na cidade de São José, Costa Rica, em vinte e dois de novembro de mil novecentos e sessenta e nove.

DECLARAÇÃO INTERPRETATIVA DO BRASIL

Ao depositar a Carta de Adesão à Convenção Americana sobre Direitos Humanos (Pacto de São José da Costa Rica), em 25 de setembro de 1992, o Governo brasileiro fez a seguinte declaração interpretativa sobre os artigos 43 e 48, alínea "d":

"O Governo do Brasil entende que os artigos 43 e 48, alínea "d", não incluem o direito automático de visitas e inspeções in loco da Comissão Interamericana de Direitos Humanos, as quais dependerão da anuência expressa do Estado."

ANEXO

ESTATUTO DA COMISSÃO INTERAMERICANA DE DIREITOS HUMANOS

I. Natureza e propósitos
Artigo 1

1. A Comissão Interamericana de Direitos Humanos é um órgão da Organização dos Estados Americanos criado para promover a observância e a defesa dos direitos humanos e para servir como órgão consultivo da Organização nesta matéria.

2. Para os fins deste Estatuto, entende-se por direitos humanos:

a) os direitos definidos na Convenção Americana sobre Direitos Humanos com relação aos Estados-Partes da mesma;

b) os direitos consagrados na Declaração Americana de Direitos e Deveres do Homem, com relação aos demais Estados-membros.

II. Composição e estrutura
Artigo 2

1. A Comissão compõe-se de sete membros, que devem ser pessoas de alta autoridade moral e de reconhecido saber em matéria de direitos humanos.

2. A Comissão representa todos os Estados-membros da Organização.

Artigo 3

1. Os membros da Comissão serão eleitos a título pessoal, pela Assembleia Geral da Organização, de uma lista de candidatos propostos pelos Governos dos Estados-membros.

2. Cada Governo pode propor até três candidatos, nacionais do Estado que os proponha ou de qualquer outro Estado-membro da Organização. Quando for proposta uma lista tríplice de candidatos, pelo menos um deles deverá ser nacional de Estado diferente do proponente.

Artigo 4

1. Seis meses antes da realização do período ordinário de sessões da Assembleia Geral da OEA, antes da expiração do mandato para o qual houverem sido eleitos os-membros da Comissão, o Secretário-Geral da OEA pedirá, por escrito, a cada Estado-membro da Organização que apresente, dentro do prazo de 90 dias, seus candidatos.

2. O Secretário-Geral preparará uma lista em ordem alfabética dos candidatos que forem apresentados e a encaminhará aos Estados-membros da Organização pelo menos 30 dias antes da Assembleia Geral seguinte.

Artigo 5

A eleição dos membros da Comissão será feita dentre os candidatos que figurem na lista a que se refere o artigo 3, parágrafo 2, pela Assembleia Geral, em votação secreta, e serão declarados eleitos os candidatos que obtiverem maior número de votos e a maioria absoluta dos votos dos Estados-membros. Se, para eleger todos os membros da Comissão for necessário efetuar vários escrutínios, serão eliminados sucessivamente, na forma que a Assembleia Geral determinar, os candidatos que receberam menor número de votos.

Artigo 6

Os membros da Comissão serão eleitos por quatro anos e só poderão ser reeleitos uma vez. Os mandatos serão contados a partir de 1 de janeiro do ano seguinte ao da eleição.

Artigo 7

Não pode fazer parte da Comissão mais de um nacional de um mesmo Estado.

Artigo 8

1. A condição de membro da Comissão Interamericana de Direitos Humanos é incompatível com o exercício de atividades que possam afetar sua independência e sua imparcialidade, ou a dignidade ou o prestígio do cargo na Comissão.

2. A Comissão considerará qualquer caso em que seja suscitada incompatibilidade nos termos estabelecidos no primeiro parágrafo deste artigo e de acordo com o procedimento previsto no seu Regulamento. Se, com o voto afirmativo de pelo menos cinco de seus membros, a Comissão determinar que existe incompatibilidade, o caso será submetido, com seus antecedentes, à Assembleia Geral, que decidirá a respeito.

3. A declaração de incompatibilidade pela Assembleia Geral será adotada pela maioria de dois terços dos Estados-membros da Organização e resultará na imediata separação do cargo de membro da Comissão sem invalidar, porém, as atuações de que este membro houver participado.

Artigo 9

São deveres dos membros da Comissão:

1. Assistir, salvo impedimento justificado, às reuniões ordinárias e extraordinárias da Comissão, que se realizarem em sua sede permanente ou na sede à qual houver acordado trasladar-se provisoriamente.

2. Fazer parte, salvo impedimento justificado, das comissões especiais que a Comissão decidir constituir para a realização de observações *in loco* ou para cumprir quaisquer outros deveres de que forem incumbidos.

3. Guardar absoluta reserva sobre os assuntos que a Comissão considerar confidenciais.

4. Manter, nas atividades de sua vida pública e privada, comportamento acorde com a elevada autoridade moral de seu cargo e a importância da missão confiada à Comissão Interamericana de Direitos Humanos.

Artigo 10

1. Se algum membro violar gravemente algum dos deveres a que se refere o artigo nove, a Comissão, com o voto favorável de cinco dos seus membros, submeterá o caso à Assembleia Geral da Organização, a qual decidirá se procede afastá-lo do seu cargo.

2. A Comissão, antes de tomar sua decisão, ouvirá o membro de que se trata.

Artigo 11

1. Ao verificar-se uma vaga que não se deva à expiração normal de mandato, o Presidente da Comissão notificará imediatamente ao Secretário-Geral da Organização, que, por sua vez, levará a ocorrência ao conhecimento dos Estados-membros da Organização.

2. Para preencher as vagas, cada Governo poderá apresentar um candidato, dentro do prazo de 30 dias, a contar da data de recebimento da comunicação do Secretário-Geral na qual informe da ocorrência de vaga.

3. O Secretário-Geral preparará uma lista, em ordem alfabética, dos candidatos e a encaminhará ao Conselho Permanente da Organização, o qual preencherá a vaga.

4. Quando o mandato expirar dentro dos seis meses seguintes à data em que ocorrer uma vaga, esta não será preenchida.

Artigo 12

1. Nos Estados-membros da Organização que são Partes da Convenção Americana sobre Direitos Humanos, os membros da Comissão gozam, a partir do momento de sua eleição e enquanto durar seu mandato, das imunidades reconhecidas pelo direito internacional aos agentes diplomáticos. Gozam também, no exercício de seus cargos, dos privilégios diplomáticos necessários ao desempenho de suas funções.

2. Nos Estados-membros da Organização que não são Partes da Convenção Americana sobre Direitos Humanos, os membros da Comissão gozarão dos privilégios e imunidades pertinentes aos seus cargos, necessários para desempenhar suas funções com independência.

3. O regime de imunidades e privilégios dos membros da Comissão poderá ser regulamentado ou complementado mediante convênios multilaterais ou bilaterais entre a Organização e os Estados-membros.

Artigo 13

Os membros da Comissão receberão pagamento de despesas de viagens, diárias e honorários, conforme o caso, para participação nas sessões da Comissão ou em outras funções que a Comissão lhes atribua, individual ou coletivamente, de acordo com seu Regulamento. Esses pagamentos de despesas de viagem, diárias e honorários serão incluídos no orçamento da Organização e seu montante e condições serão determinados pela Assembleia Geral.

Artigo 14

1. A Comissão terá um Presidente, um Primeiro Vice-Presidente e um Segundo Vice-Presidente, que serão eleitos por maioria absoluta dos seus membros por um ano e poderão ser reeleitos somente uma vez em cada período de quatro anos.

2. O Presidente e os Vice-Presidentes constituirão a Diretoria da Comissão, cujas funções serão determinadas pelo Regulamento.

Artigo 15

O Presidente da Comissão poderá trasladar-se à sede da Comissão e nela permanecer o tempo necessário para o cumprimento de suas funções.

III. Sede e reuniões
Artigo 16

1. A Comissão terá sua sede em Washington, D.C.

2. A Comissão poderá trasladar-se e reunir-se em qualquer Estado americano, quando o decidir por maioria absoluta de votos e com a anuência ou a convite do Governo respectivo.

3. A Comissão reunir-se-á em sessões ordinárias e extraordinárias, de conformidade com seu Regulamento.

Artigo 17

1. A maioria absoluta dos membros da Comissão constitui *quorum*.

2. Com relação aos Estados que são Partes da Convenção, as decisões serão tomadas por maioria absoluta de votos dos membros da Comissão nos casos que estabelecerem a Convenção Americana sobre Direitos Humanos e este Estatuto. Nos demais casos exigir-se-á a maioria absoluta dos membros presentes.

3. Com relação aos Estados que não são Partes da Convenção, as decisões serão tomadas por maioria absoluta de votos dos membros da Comissão, salvo quando se tratar de assuntos de procedimento, caso em que as decisões serão tomadas por maioria simples.

IV. Funções e atribuições
Artigo 18

A Comissão tem as seguintes atribuições com relação aos Estados-membros da Organização:

a) estimular a consciência dos direitos humanos nos povos da América;

b) formular recomendações aos Governos dos Estados no sentido de que adotem medidas progressivas em prol dos direitos humanos, no âmbito de sua legislação, de seus preceitos constitucionais e de seus compromissos internacionais, bem como disposições apropriadas para promover o respeito a esses direitos;

c) preparar os estudos ou relatórios que considerar convenientes para o desempenho de suas funções;

d) solicitar aos Governos dos Estados que lhe proporcionem informações sobre as medidas que adotarem em matéria de direitos humanos;

e) atender às consultas que, por meio da Secretaria-Geral da Organização, lhe formularem os Estados-membros sobre questões relacionadas com os direitos humanos e, dentro de suas possibilidades, prestar assessoramento que eles lhe solicitarem;

f) apresentar um relatório anual à Assembleia Geral da Organização no qual se levará na devida conta o regime jurídico aplicável aos Estados-Partes da Convenção Americana sobre Direitos Humanos e aos Estados que não o são;

g) fazer observações *in loco* em um Estado, com a anuência ou a convite do Governo respectivo; e

h) apresentar ao Secretário-Geral o orçamento-programa da Comissão, para que o submeta à Assembleia Geral.

Artigo 19

Com relação aos Estados-Partes da Convenção Americana sobre Direitos Humanos, a Comissão exercerá suas funções de conformidade com as atribuições previstas na Convenção e neste Estatuto e, além das atribuições estipuladas no artigo 1 8, terá as seguintes:

a) atuar com respeito às petições e outras comunicações de conformidade com os artigos 44 a 51 da Convenção;

b) comparecer perante a Corte Interamericana de Direitos Humanos nos casos previstos na Convenção;

c) solicitar à Corte Interamericana de Direitos Humanos que tome as medidas provisórias que considerar pertinente sobre assuntos graves e urgentes que ainda não tenham sido submetidos a seu conhecimento, quando se tornar necessário a fim de evitar danos irreparáveis às pessoas;

d) consultar a Corte a respeito da interpretação da Convenção Americana sobre Direitos Humanos ou de outros tratados concernentes à proteção dos direitos humanos dos Estados americanos;

e) submeter à Assembleia Geral projetos de protocolos adicionais à Convenção Americana sobre Direitos Humanos, com a finalidade de incluir progressivamente no regime de proteção da referida Convenção outros direitos e liberdades; e

f) submeter à Assembleia Geral para o que considerar conveniente, por intermédio do Secretário-Geral, propostas de emenda à Convenção Americana sobre Direitos Humanos.

Artigo 20

Com relação aos Estados-membros da Organização que não são Partes da Convenção Americana sobre Direitos Humanos, a Comissão terá, além das atribuições assinaladas no artigo 18, as seguintes:

a) dispensar especial atenção à tarefa da observância dos direitos humanos mencionados nos artigos 1, II, III, IV, XVIII, XXV e XXVI da Declaração Americana dos Direitos e Deveres do Homem;

b) examinar as comunicações que lhe forem dirigidas e qualquer informação disponível; dirigir-se ao Governo de qualquer dos Estados-membros não Partes da Convenção a fim de obter as informações que considerar pertinentes; e formular-lhes recomendações, quando julgar apropriado, a fim de tornar mais efetiva a observância dos direitos humanos fundamentais; e

c) verificar, como medida prévia ao exercício da atribuição da alínea b, anterior, se os processos e recursos internos de cada Estado-membro não Parte da Convenção foram devidamente aplicados e esgotados.

V. Secretaria
Artigo 21

1. Os serviços de secretaria da Comissão serão desempenhados por uma unidade administrativa especializada a cargo de um Secretário Executivo. A referida unidade disporá dos recursos e do pessoal necessários para cumprir as tarefas que lhe forem confiadas pela Comissão.

2. O Secretário Executivo, que deverá ser pessoa de alta autoridade moral e reconhecido saber em matéria de direitos humanos, será responsável pela atividade da Secretaria e assistirá à Comissão no exercício de suas funções, de conformidade com o Regulamento.

3. O Secretário Executivo será designado pelo Secretário-Geral da Organização em consulta com a Comissão. Além disso, para que o Secretário-Geral possa dar por terminados os serviços do Secretário Executivo, deverá consultar a Comissão a respeito e comunicar-lhe os motivos que fundamentam sua decisão.

VI. Estatuto e regulamento
Artigo 22

1. Este Estatuto poderá ser modificado pela Assembleia Geral.

2. A Comissão formulará e adotará seu próprio Regulamento, de acordo com as disposições deste Estatuto.

Artigo 23

1. O Regulamento da Comissão regerá, de acordo com os artigos 44 a 51 da Convenção Americana sobre Direitos Humanos, o procedimento a ser observado nos casos de petições ou comunicações nas quais se alegue a violação de qualquer dos direitos que consagra a mencionada Convenção e nas quais se faça imputação a algum Estado-Parte na mesma.

2. Se não se chegar à solução amistosa referida nos artigos 44 a 51 da Convenção, a Comissão redigirá, dentro do prazo de 180 dias, o relatório requerido pelo artigo 50 da Convenção.

Artigo 24

1. O Regulamento estabelecerá o procedimento a ser observado nos casos de comunicações que contenham denúncias ou queixas de violações de direitos humanos imputáveis a Estados que não são Partes da Convenção Americana sobre Direitos Humanos.

2. Para tal fim, o Regulamento conterá as normas pertinentes estabelecidas no Estatuto da Comissão aprovado pelo Conselho da Organização nas sessões de 25 de maio e 8 de junho de 1 960, com as modificações e emendas introduzidas pela Resolução XXII da Segunda Conferência Interamericana Extraordinária e pelo Conselho da Organização na sessão de 24 de abril de 1968, levando em consideração a resolução CP/RES. 253 (343/78) "Transição entre a atual Comissão Interamericana de Direitos Humanos e a Comissão prevista na Convenção Americana sobre Direitos humanos", aprovada pelo Conselho Permanente da Organização em 20 de setembro de 1978.

VII. Disposições transitórias
Artigo 25

Enquanto a Comissão não adotar seu novo Regulamento, será aplicado com relação a todos os Estados-membros da Organização o Regulamento atual (OEA/Ser.L/VII.17 doc. 26, de 2 de maio de 1967).

Artigo 26

1. Este Estatuto entrará em vigor 30 dias depois de sua aprovação pela Assembleia Geral.

2. O Secretário-Geral determinará a publicação imediata do Estatuto e lhe dará a mais ampla divulgação possível.

REGULAMENTO DA COMISSÃO INTERAMERICANA DE DIREITOS HUMANOS

Aprovado pela Comissão em seu 137º período ordinário de sessões, realizado de 28 de outubro a 13 de novembro de 2009; e modificado em 02 de setembro de 2011 e em seu 147º período de sessões, celebrado de 08 a 22 de março de 2013 para sua entrada em vigor em 01 de agosto de 2013.

TÍTULO I
ORGANIZAÇÃO DA COMISSÃO

CAPÍTULO I
NATUREZA E COMPOSIÇÃO

Artigo 1
Natureza e composição

1. A Comissão Interamericana de Direitos Humanos é um órgão autônomo da Organização dos Estados Americanos que tem como função principal promover a observância e a defesa dos direitos humanos e servir como órgão consultivo da Organização em tal matéria.

2. A Comissão representa todos os Estados membros que compõem a Organização.

3. A Comissão compõe-se de sete membros, eleitos a título pessoal pela Assembléia Geral da Organização, que deverão ser pessoas de alta autoridade moral e de reconhecido saber em matéria de direitos humanos.

CAPÍTULO II
MEMBROS DA COMISSÃO

Artigo 2
Duração do mandato

1. Os membros da Comissão serão eleitos por quatro anos e só poderão ser reeleitos uma vez.

2. No caso de não haverem sido eleitos os novos membros da Comissão para substituir os membros cujos mandatos expiram, estes últimos continuarão no exercício de suas funções até que se efetue a eleição dos novos membros.

Artigo 3
Precedência

Os membros da Comissão, segundo sua antigüidade no mandato, seguir-se-ão em ordem de precedência ao Presidente e aos Vice-Presidentes. Quando houver dois ou mais membros com igual antigüidade, a precedência será determinada de acordo com a idade.

Artigo 4
Incompatibilidade

1. A condição de membro da Comissão Interamericana de Direitos Humanos é incompatível com o exercício de atividades que possam afetar sua independência e sua imparcialidade, ou a dignidade ou o prestígio do seu cargo na Comissão. No momento de assumir suas funções os membros se comprometerão a não representar a vítima ou seus familiares nem Estados em medidas cautelares, petições e casos individuais perante a CIDH, por um prazo de dois anos, contados a partir da expiração de seu mandato como membros da Comissão.

2. A Comissão, com o voto afirmativo de pelo menos cinco de seus membros, determinará se existe uma situação de incompatibilidade.

3. A Comissão, antes de tomar uma decisão, ouvirá o membro ao qual se atribui a incompatibilidade.

4. A decisão sobre incompatibilidade, com todos os seus antecedentes, será enviada por intermédio do Secretário-Geral à Assembléia Geral da Organização para os efeitos previstos no artigo 8, parágrafo 3 do Estatuto da Comissão.

Artigo 5
Renúncia

A renúncia de um membro da Comissão deverá ser apresentada por instrumento escrito ao Presidente da Comissão, que a notificará imediatamente ao Secretário-Geral da Organização dos Estados Americanos para os fins pertinentes.

CAPÍTULO III
DIRETORIA DA COMISSÃO

Artigo 6
Composição e funções

A Diretoria da Comissão compor-se-á de um Presidente, um Primeiro Vice-Presidente e um Segundo Vice-Presidente, que terão as funções estabelecidas neste Regulamento.

Artigo 7
Eleição

1. Na eleição para cada um dos cargos a que se refere o artigo anterior participarão exclusivamente os membros que estiverem presentes.

2. A eleição será secreta. Entretanto, mediante acordo unânime dos membros presentes, a Comissão poderá estabelecer outro procedimento.

3. Para a eleição para qualquer dos cargos a que se refere o artigo 6, requerer-se-á o voto favorável da maioria absoluta dos membros da Comissão.

4. Se, para eleição para algum desses cargos for necessário realizar mais de uma votação, serão eliminados sucessivamente os nomes que receberem menor número de votos.

5. A eleição será realizada no primeiro dia do primeiro período de sessões da Comissão no ano civil.

Artigo 8
Duração do mandato dos integrantes da Diretoria

1. Os integrantes da Diretoria cumprirão mandato de um ano. O mandato dos integrantes da Diretoria estende-se a partir de sua eleição até a realização, no ano seguinte, da eleição da nova Diretoria, na oportunidade indicada no parágrafo 5 do artigo 7. Os integrantes da Diretoria poderão ser reeleitos para seus respectivos cargos apenas uma vez em cada quatro anos.

2. No caso de expiração do mandato do Presidente ou de um dos Vice-Presidentes como membro da Comissão, aplicar-se-á o disposto nos parágrafos 2 e 3 do artigo 9.

Artigo 9
Renúncia, vacância e substituição

1. Se um membro da Diretoria renunciar ao seu cargo ou deixar de ser membro da Comissão, esta preencherá o respectivo cargo em sua sessão imediatamente posterior, pelo período restante do correspondente mandato.

2. Enquanto a Comissão não eleger novo Presidente de conformidade com o parágrafo 1 deste artigo, o Primeiro Vice-Presidente exercerá as funções de Presidente.

3. Além disso, o Primeiro Vice-Presidente substituirá o Presidente, se este se achar temporariamente impedido de desempenhar suas funções. A substituição caberá ao Segundo VicePresidente nos casos de vacância do cargo, ausência ou impedimento do Primeiro Vice--Presidente, e ao membro mais antigo de acordo com a ordem de precedência indicada no artigo 3, no caso de vacância, ausência ou impedimento do Segundo Vice-Presidente.

Artigo 10
Atribuições do Presidente

1. São atribuições do Presidente:

a. representar a Comissão perante os outros órgãos da Organização e outras instituições;

b. convocar sessões da Comissão, de conformidade com o Estatuto e o presente Regulamento;

c. presidir as sessões da Comissão e submeter à sua consideração as matérias que figurem na ordem do dia do programa de trabalho aprovado para o período de sessões respectivo; decidir as questões de ordem levantadas nas discussões da Comissão; e submeter assuntos a votação, de acordo com as disposições pertinentes deste Regulamento;

d. dar a palavra aos membros, na ordem em que a tenham pedido;

e. promover os trabalhos da Comissão e velar pelo cumprimento do seu orçamento-programa;

f. apresentar relatório escrito à Comissão, ao iniciar esta seus períodos de sessões, sobre as atividades desenvolvidas nos períodos de recesso em cumprimento às funções que lhe são conferidas pelo Estatuto e pelo presente Regulamento;

g. velar pelo cumprimento das decisões da Comissão;

h. assistir às reuniões da Assembléia Geral da Organização e participar nas atividades que se relacionem com a promoção e a proteção dos direitos humanos;

i. trasladar-se à sede da Comissão e nela permanecer durante o tempo que considerar necessário para o cumprimento de suas funções;

j. designar comissões especiais, comissões *ad hoc* e subcomissões, constituídas por vários membros, para cumprir qualquer mandato relacionado com sua competência; e

k. exercer quaisquer outras atribuições que lhe sejam conferidas neste Regulamento;

2. O Presidente poderá delegar a um dos Vice-Presidentes ou a outro membro da Comissão as atribuições especificadas nos incisos *a, h* e *k* deste artigo.

Artigo 11
Secretaria Executiva[1]

1. A Secretaria Executiva da Comissão estará composta por um(a) Secretário(a) Executivo(a) e pelo menos um(a) Secretário(a) Executivo(a) Adjunto(a); e pelo pessoal profissional, técnico e administrativo necessário para o desempenho de suas atividades.

2. O/a Secretário(a) Executivo(a) será uma pessoa com independência e alta autoridade moral, com experiência e trajetória reconhecida na área de direitos humanos.

---

[1] Artigo 11 modificado pela Comissão em 2 de setembro de 2011.

3. O/a Secretário(a) Executivo(a) será nomeado(a) pelo Secretário-Geral da Organização. A Comissão realizará o seguinte procedimento interno a fim de selecionar o/a candidato(a) mais qualificado(a) e encaminhar seu nome ao Secretário-Geral, propondo sua nomeação para um período de quatro anos que poderá ser renovado uma vez.

a. A Comissão realizará um concurso público para preenchimento da vaga e publicará os critérios e as qualificações para o cargo, bem como a descrição das tarefas a serem desempenhadas.

b. A Comissão examinará as inscrições recebidas e selecionará de três a cinco finalistas, os quais serão entrevistados para o cargo.

c. Os currículos dos/das finalistas serão publicados, inclusive no endereço eletrônico da Comissão, um mês antes da seleção final, para que sejam recebidos comentários sobre os/as candidatos(as).

d. A Comissão determinará o/a candidato(a) mais qualificado(a), levando em conta os comentários, por maioria absoluta dos seus membros.

4. Antes de assumir o cargo e durante o mandato, o/a Secretário(a) Executivo(a) e o/a Secretário(a) Executivo(a) Adjunto(a) revelarão à Comissão todo interesse que possa estar em conflito com o exercício de suas funções.

Artigo 12
Atribuições do Secretário Executivo

1. São atribuições do Secretário Executivo:

a. dirigir, planejar e coordenar o trabalho da Secretaria Executiva;

b. preparar, em consulta com o Presidente, o projeto de orçamento-programa da Comissão, que se regerá pelas normas orçamentárias vigentes para a OEA, do qual dará conta à Comissão;

c. preparar, em consulta com o Presidente, o projeto de programa de trabalho para cada período de sessões;

d. assessorar o Presidente e os membros da Comissão no desempenho de suas funções;

e. apresentar um relatório escrito à Comissão, ao iniciar-se cada período de sessões, sobre os trabalhos realizados pela Secretaria desde o período de sessões anterior, bem como sobre os assuntos de caráter geral que possam ser do interesse da Comissão; e

f. executar as decisões de que seja encarregado pela Comissão ou pelo Presidente.

2. No caso de impedimento ou ausência do Secretário Executivo, este será substituído pelo Secretário Executivo Adjunto. Na ausência ou impedimento de ambos, o Secretário Executivo ou o Secretário Executivo Adjunto, conforme o caso, designará temporariamente um dos especialistas da Secretaria para substituí-lo.

3. O Secretário Executivo, o Secretário Executivo Adjunto e o pessoal da Secretaria Executiva deverão guardar a mais absoluta reserva sobre todos os assuntos que a Comissão considerar confidenciais. No momento de assumir suas funções, o Secretário Executivo comprometer-se-á a não representar vítimas ou seus familiares nem Estados em medidas cautelares, petições e casos individuais perante a CIDH, pelo prazo de dois anos, contados a partir da cessação de suas funções como Secretário Executivo.

Artigo 13
Funções da Secretaria Executiva

A Secretaria Executiva preparará os projetos de relatórios, resoluções, estudos e outros trabalhos de que seja encarregada pela Comissão ou o Presidente. Ademais, receberá e fará tramitar a correspondência e as petições e comunicações dirigidas à Comissão. A Secretaria Executiva também poderá solicitar às partes interessadas a informação que considere pertinente, de acordo com o disposto no presente Regulamento.

CAPÍTULO V
FUNCIONAMENTO DA COMISSÃO

Artigo 14
Períodos de sessões

1. A Comissão realizará pelo menos dois períodos ordinários de sessões por ano, no lapso que haja determinado previamente, bem como tantas sessões extraordinárias quantas considerem necessárias. Antes do término do período de sessões, a Comissão determinará a data e o lugar do período de sessões seguinte.

2. As sessões da Comissão serão realizadas em sua sede. Entretanto, a Comissão, pelo voto da maioria absoluta dos seus membros, poderá decidir reunir-se em outro lugar, com a anuência ou a convite do respectivo Estado.

3. Cada período compor-se-á das sessões que sejam necessárias para o desenvolvimento de suas atividades. As sessões serão privadas, a menos que a Comissão determine o contrário.

4. O membro que, por doença ou por qualquer motivo grave, se vir impedido de assistir, no todo ou em parte, a qualquer período de sessões ou reunião da Comissão, ou de desempenhar qualquer outra função, deverá notificá-lo, com a brevidade possível, ao Secretário Executivo, que informará o Presidente e fará constar essa notificação em ata.

Artigo 15
Relatorias e grupos de trabalho

1. A Comissão poderá atribuir tarefas ou mandatos específicos a um dos seus membros, ou grupo de membros, para a preparação dos seus períodos de sessões ou para a execução de programas, estudos ou projetos especiais.

2. A Comissão poderá designar um dos seus membros como responsável pelas relatorias de país e, neste caso, assegurará que cada Estado membro da OEA conte com um relator ou relatora. Na primeira sessão do ano ou quando seja necessário, a CIDH considerará o funcionamento e trabalho das relatorias de país e decidirá sobre sua designação. Ademais, os relatores ou relatoras de país exercerão suas responsabilidades de acompanhamento que a Comissão lhes incumba e, ao menos uma vez ao ano, informarão ao plenário sobre as atividades realizadas.

3. A Comissão poderá criar relatorias com mandatos relacionados ao cumprimento das suas funções de promoção e proteção dos direitos humanos em relação às áreas temáticas de especial interesse para este fim. Os fundamentos da decisão serão consignados em uma resolução adotada por maioria absoluta de votos dos membros da Comissão, na qual constará:

a. a definição do mandato conferido, incluindo suas funções e alcances; e

b. a descrição das atividades a serem desenvolvidas e os métodos de financiamento projetados para tal fim.

Os mandatos serão avaliados periodicamente e serão sujeitos a revisão, renovação ou término pelo menos a cada três anos.

4. As relatorias indicadas no inciso anterior poderão funcionar tanto como relatorias temáticas, sob a responsabilidade de um membro da Comissão, ou como relatorias especiais, incumbidas a outras pessoas escolhidas pela Comissão. As relatoras ou relatores temáticos serão designados pela Comissão em sua primeira sessão do ano ou em qualquer outro momento que seja necessário. As pessoas a cargo das relatorias especiais serão designadas pela Comissão conforme os seguintes parâmetros:

a. chamado a concurso aberto para a ocupação de cargo, com publicidade dos critérios a serem utilizados na seleção dos postulantes, dos seus antecedentes de idoneidade para o cargo, e da resolução da CIDH aplicável ao processo de seleção;

b. eleição por voto favorável da maioria absoluta dos membros da CIDH e publicidade dos fundamentos da decisão.

Antes do processo de designação e durante o exercício do seu cargo, os relatores e relatoras especiais devem revelar à Comissão qualquer interesse que possa conflitar com o mandato da relatoria. Os relatores e relatoras especiais exercerão seu cargo por um período de três anos renováveis por um período adicional, salvo que o mandato da relatoria conclua antes de cumprir este período. A Comissão, por decisão da maioria absoluta dos seus membros, poderá decidir substituir um relator ou relatora especial por motivo razoável.

5. As pessoas a cargo das relatorias especiais exercerão suas funções em coordenação com a Secretaria Executiva, a qual poderá delegar-lhes a preparação de informes sobre petições e casos.

6. As pessoas a cargo das relatorias temáticas e especiais exercerão suas atividades em coordenação com aquelas a cargo das relatorias de país. Os relatores e relatoras apresentarão seus planos de trabalho ao plenário da Comissão para aprovação. Entregarão um relatório escrito à Comissão sobre os trabalhos realizados, ao menos uma vez ao ano.

7. O exercício das atividades e funções previstas nos mandatos das relatorias ajustar-se--ão às normas do presente Regulamento e às diretivas, códigos de conduta e manuais que a Comissão possa adotar.

8. Os relatores e relatoras deverão informar ao plenário da Comissão questões que, ao chegar a seu conhecimento, possam ser consideradas como matéria de controvérsia, grave preocupação ou especial interesse da Comissão.

Artigo 16
Quorum *para sessões*

Para constituir quorum será necessária a presença da maioria absoluta dos membros da Comissão.

Artigo 17
Discussão e votação

1. As sessões ajustar-se-ão a este Regulamento e subsidiariamente às disposições pertinentes do Regulamento do Conselho Permanente da OEA.

2. Os membros da Comissão não poderão participar na discussão, investigação, deliberação ou decisão de assunto submetido à consideração da Comissão, nos seguintes casos:

a. se forem cidadãos do Estado objeto da consideração geral ou específica da Comissão, ou se estiverem acreditados ou cumprindo missão especial como diplomatas perante esse Estado; ou

b. se houverem participado previamente, a qualquer título, de alguma decisão sobre os mesmos fatos em que se fundamenta o assunto ou se houveram atuado como conselheiros ou representantes de uma das partes interessadas na decisão.

3. O membro que considerar seu dever abster-se de participar do exame ou decisão do assunto comunicá-lo-á à Comissão, que decidirá quanto à procedência do impedimento.

4. Qualquer membro poderá suscitar, fundamentado nas cláusulas previstas no inciso 2 deste artigo, o impedimento de outro membro.

5. Enquanto a Comissão não estiver reunida em sessão ordinária ou extraordinária, seus membros poderão deliberar e decidir a respeito de questões de sua competência pelo meio que considerarem adequado.

Artigo 18
Quorum *especial para decidir*

1. A Comissão, pelo voto da maioria absoluta dos seus membros, decidirá a respeito dos seguintes assuntos:

a. eleição dos membros da Diretoria da Comissão;

b. interpretação do presente Regulamento;

c. aprovação de relatório sobre a situação dos direitos humanos em determinado Estado; e

d. quando essa maioria estiver prevista na Convenção Americana, no Estatuto ou no presente Regulamento.

2. Em relação a outros assuntos, será suficiente o voto da maioria dos membros presentes.

Artigo 19
Voto fundamentado

1. Os membros, estejam ou não de acordo com as decisões da maioria, terão direito a apresentar seu voto fundamentado por escrito, o qual deverá ser incluído em seguida à decisão de que se tratar.

2. Se a decisão versar sobre a aprovação de relatório ou projeto, o voto fundamentado será incluído em seguida ao relatório ou projeto.

3. Quando a decisão não constar de documento separado, o voto fundamentado será transcrito na ata da sessão, em seguida à decisão de que se tratar.

4. O voto fundamentado deverá ser apresentado por escrito, à Secretaria, dentro dos 30 dias posteriores ao período de sessões no qual se tenha adotado a respectiva decisão. Em casos urgentes, a maioria absoluta dos membros pode estipular um prazo menor. Vencido esse prazo sem que se tenha apresentado o voto fundamentado por escrito à Secretaria, se considerará que o respectivo membro desistiu do mesmo, sem prejuízo de consignar sua dissidência.

Artigo 20
Atas das sessões

1. De cada sessão lavrar-se-á uma ata sucinta, da qual constarão o dia e a hora em que se houver realizado a sessão, os nomes dos membros presentes, os assuntos considerados, as decisões adotadas e qualquer declaração especialmente feita por qualquer membro para que conste em ata. Tais atas são documentos de trabalho internos e de caráter privado.

2. A Secretaria Executiva distribuirá cópias das atas sucintas de cada sessão aos membros da Comissão, os quais poderão apresentar àquela suas observações antes das sessões em que devam ser aprovadas. Se não tiver havido objeção até o início da sessão seguinte, serão consideradas aprovadas.

Artigo 21
Remuneração por serviços extraordinários

Com a aprovação da maioria absoluta dos seus membros, a Comissão poderá incumbir qualquer deles de elaborar estudo especial ou outros trabalhos específicos para serem executados individualmente, fora dos períodos de sessões. Esses trabalhos serão remunerados de acordo com as disponibilidades do orçamento. O montante dos honorários será fixado com base no número de dias requeridos para a preparação e redação do trabalho.

TÍTULO II
PROCEDIMENTO

CAPÍTULO I
DISPOSIÇÕES GERAIS

Artigo 22
Idiomas oficiais

1. Os idiomas oficiais da Comissão serão o espanhol, o francês, o inglês e o português. Os idiomas de trabalho serão os que a Comissão determinar, conforme os idiomas falados por seus membros.

2. Qualquer membro da Comissão poderá dispensar a interpretação de discussões e a preparação de documentos em seu idioma.

Artigo 23
Apresentação de petições

Qualquer pessoa ou grupo de pessoas, ou entidade não-governamental legalmente reconhecida em um ou mais Estados membros da Organização pode apresentar à Comissão petições em seu próprio nome ou no de terceiras pessoas, sobre supostas violações dos direitos humanos reconhecidos, conforme o caso, na Declaração Americana dos Direitos e Deveres do Homem, na Convenção Americana sobre Direitos Humanos "Pacto de San José da Costa Rica", no Protocolo Adicional à Convenção Americana sobre Direitos Humanos em Matéria de Direitos Econômicos, Sociais e Culturais "Protocolo de San Salvador", no Protocolo à Convenção Americana sobre Direitos Humanos Referente à Abolição da Pena de Morte, na Convenção Interamericana para Prevenir e Punir a Tortura, na Convenção Interamericana sobre o Desaparecimento Forçado de Pessoas, e na Convenção Interamericana para Prevenir, Punir e Erradicar a Violência contra a Mulher, em conformidade com as respectivas disposições e com as do Estatuto da Comissão e do presente Regulamento. O peticionário poderá designar, na própria petição ou em outro instrumento por escrito, um advogado ou outra pessoa para representá-lo perante a Comissão.

Artigo 24
Tramitação motu proprio

A Comissão poderá, *motu proprio,* iniciar a tramitação de uma petição que reúna, a seu juízo, os requisitos para tal fim.

Artigo 25
Medidas cautelares[2]

1. Com fundamento nos artigos 106 da Carta da Organização dos Estados Americanos, 41.b da Convenção Americana sobre Direitos Humanos, 18.b do Estatuto da Comissão e XIII da Convenção Interamericana sobre o Desaparecimento Forçado de Pessoas, a Comissão poderá, por iniciativa própria ou a pedido de parte, solicitar que um Estado adote medidas cautelares. Essas medidas, tenham elas ou não conexão com uma petição ou caso, deverão estar relacionadas a situações de gravidade e urgência que apresentem risco de dano irreparável às pessoas ou ao objeto de uma petição ou caso pendente nos órgãos do Sistema Interamericano.

2. Nas tomadas de decisão a que se refere o parágrafo 1, a Comissão considerará que:

a. "gravidade da situação" significa o sério impacto que uma ação ou omissão pode ter sobre um direito protegido ou sobre o efeito eventual de uma decisão pendente em um caso ou petição nos órgãos do Sistema Interamericano;

b. a "urgência da situação" é determinada pelas informações que indicam que o risco ou a ameaça são iminentes e podem materializar-se, requerendo dessa maneira ação preventiva ou tutelar; e

c. "dano irreparável" significa os efeitos sobre direitos que, por sua natureza, não são suscetíveis de reparação, restauração ou indenização adequada.

3. As medidas cautelares poderão proteger pessoas ou grupos de pessoas, sempre que o beneficiário ou os beneficiários puderem ser identificados ou forem identificáveis por sua localização geográfica ou seu pertencimento ou vínculo a um grupo, povo, comunidade ou organização.

4. Os pedidos de medidas cautelares dirigidos à Comissão deverão conter, entre outros elementos:

a. os dados das pessoas propostas como beneficiárias ou informações que permitam identificá-las;

b. uma descrição detalhada e cronológica dos fatos que sustentam a solicitação e quaisquer outras informações disponíveis; e

---

2   Artigo 25 modificado pela Comissão Interamericana em seu 147º período ordinário de sessões, celebrado de 08 a 22 de março de 2013.

    c. a descrição das medidas de proteção solicitadas.

    5. Antes de decidir sobre a solicitação de medidas cautelares, a Comissão exigirá do Estado envolvido informações relevantes, salvo nos casos em que a iminência do dano potencial não admita demora. Nestas circunstâncias, a Comissão revisará a decisão adotada o quanto antes possível ou, o mais tardar, no período de sessões seguinte, levando em consideração as informações fornecidas pelas partes.

    6. Ao considerar o pedido, a Comissão levará em conta seu contexto e os seguintes elementos:

    a. se a situação foi denunciada às autoridades pertinentes ou se há motivos para isso não poder ser feito;

    b. a identificação individual dos beneficiários propostos das medidas cautelares ou a determinação do grupo a que pertencem ou estão vinculados; e

    c. a expressa conformidade dos potenciais beneficiários, quando a solicitação for apresentada por terceiros, salvo em situações em que se justifique a ausência de consentimento.

    7. As decisões de concessão, ampliação, modificação e suspensão de medidas cautelares serão emitidas através de resoluções fundamentadas que incluirão, entre outros, os seguintes elementos:

    a. a descrição da situação e dos beneficiários;

    b. a informações aportadas pelo Estado, se disponíveis;

    c. as considerações da Comissão sobre os requisitos de gravidade, urgência e irreparabilidade;

    d. se aplicável, o prazo de vigência das medidas cautelares; e

    e. os votos dos membros da Comissão.

    8. A concessão dessas medidas e sua adoção pelo Estado não constituirão prejulgamento de qualquer violação dos direitos protegidos na Convenção Americana sobre Direitos Humanos ou em outros instrumentos aplicáveis.

    9. A Comissão avaliará periodicamente, de ofício ou a pedido de parte, as medidas cautelares vigentes, a fim de mantê-las, modificá-las ou suspendê-las. Em qualquer momento, o Estado poderá apresentar uma petição devidamente fundamentada para a Comissão deixar sem efeito as medidas cautelares vigentes. A Comissão solicitará as observações dos beneficiários antes de decidir sobre a petição do Estado. A apresentação de tal pedido não suspenderá a vigência das medidas cautelares outorgadas.

    10. A Comissão poderá tomar as medidas de acompanhamento apropriadas, como requerer às partes interessadas informações relevantes sobre qualquer assunto relacionado com a concessão, observância e vigência das medidas cautelares. Essas medidas poderão incluir, quando pertinente, cronogramas de implementação, audiências, reuniões de trabalho e visitas de acompanhamento e revisão.

    11. Além dos casos contemplados no parágrafo 9, a Comissão poderá suspender ou revisar uma medida cautelar quando os beneficiários ou seus representantes, injustificadamente, se abstiverem de responder de forma satisfatória à Comissão sobre os requisitos propostos pelo Estado para sua implementação.

    12. A Comissão poderá apresentar um pedido de medidas provisórias à Corte Interamericana de acordo com as condições estabelecidas no artigo 76 deste Regulamento. Se no assunto já tiverem sido outorgadas medidas cautelares, estas manterão sua vigência até a Corte notificar as partes sua resolução sobre o pedido.

    13. Diante da decisão de indeferimento de um pedido de medidas provisórias pela Corte Interamericana, a Comissão só considerará um novo pedido de medidas cautelares se surgirem fatos novos que o justifiquem. Em todo caso, a Comissão poderá considerar o uso de outros mecanismos de monitoramento da situação.

CAPÍTULO II
Petições Referentes à Convenção Americana sobre Direitos Humanos e Outros Instrumentos Aplicáveis

Artigo 26
Revisão inicial

1. A Secretaria Executiva da Comissão será responsável pelo estudo e pela tramitação inicial das petições que forem apresentadas à Comissão e que preencham os requisitos estabelecidos no Estatuto e no artigo 28 deste Regulamento.

2. Se uma petição não reunir os requisitos exigidos neste Regulamento, a Secretaria Executiva da Comissão poderá solicitar ao peticionário ou a seu representante que a complete.

3. A Secretaria Executiva, no caso de dúvida sobre o cumprimento dos citados requisitos, formulará consulta à Comissão.

Artigo 27
Condição para considerar a petição

A Comissão somente tomará em consideração as petições sobre presumidas violações de direitos humanos definidas na Convenção Americana sobre Direitos Humanos e outros instrumentos aplicáveis, com relação aos Estados membros da OEA, quando preencherem os requisitos estabelecidos nos mencionados instrumentos, no Estatuto e neste Regulamento.

Artigo 28
Requisitos para a consideração de petições[3]

As petições dirigidas à Comissão deverão conter as seguintes informações:

1. o nome da pessoa ou das pessoas denunciantes ou, no caso de o peticionário ser uma entidade não governamental, seu representante ou seus representantes legais e o Estado membro em que seja juridicamente reconhecida;

2. se o peticionário deseja que sua identidade seja mantida em sigilo frente ao Estado e os motivos para isso;

3. o endereço de correio eletrônico para recebimento de correspondência da Comissão e, quando for o caso, número de telefone, fax e endereço;

4. um relato do fato ou da situação denunciada, com especificação de lugar e data das violações alegadas;

5. se possível, o nome da vítima e de qualquer autoridade pública que tenha tomado conhecimento do fato ou da situação denunciada;

6. a indicação do Estado que o peticionário considera responsável, por ação ou omissão, pela violação de algum dos direitos humanos consagrados na Convenção Americana sobre Direitos Humanos e outros instrumentos aplicáveis, embora sem referência específica ao(s) artigo(s) supostamente violado(s);

7. o cumprimento do prazo previsto no artigo 32 deste Regulamento;

8. as providências tomadas para o esgotamento dos recursos da jurisdição interna ou a impossibilidade de fazê-lo acontecer de acordo com o artigo 31 deste Regulamento; e

9. a informação de que a denúncia foi submetida a outro procedimento internacional de conciliação de acordo com o artigo 33 deste Regulamento.

---

[3]   Artigo 28 modificado pela Comissão Interamericana em seu 147º período ordinário de sessões, celebrado de 08 a 22 de março de 2013.

Artigo 29
Tramitação inicial[4]

1. A Comissão, atuando inicialmente por intermédio de sua Secretaria Executiva, receberá e processará em sua tramitação inicial as petições que lhe forem apresentadas. Cada petição será registrada e nela se fará constar a data de recebimento, solicitando-se o recibo do peticionário.

2. A petição será estudada por sua ordem de entrada; no entanto, a Comissão poderá antecipar a avaliação de uma petição com base em pressupostos como os seguintes:

a. Quando o decorrer do tempo privar a petição de sua utilidade, em particular nas seguintes circunstâncias:

i. A suposta vítima é um idoso ou uma criança;

ii. A suposta vítima padece de doença terminal;

iii. Alega-se que a suposta vítima pode ser objeto de aplicação da pena de morte; ou

iv. O objeto da petição tem conexão com uma medida cautelar ou provisório vigente;

b. Quando as supostas vítimas forem pessoas privadas de liberdade;

c. Quando o Estado manifestar formalmente sua intenção de entrar em um processo de solução amistosa do caso; ou

d. Quando ocorrer uma das seguintes circunstâncias:

i. A decisão pode ter o efeito de remediar situações estruturais graves que tenham impacto no gozo dos direitos humanos; ou

ii. A decisão pode promover mudanças legislativas ou de prática estatal e evitar o recebimento de múltiplas petições sobre o mesmo assunto.

3. Se a petição não reunir os requisitos exigidos neste Regulamento, a Comissão poderá solicitar ao peticionário ou a seu representante que os complete em conformidade com o artigo 26.2 deste Regulamento.

4. Se a petição expuser fatos distintos, referir-se a mais de uma pessoa ou a supostas violações sem conexão no tempo e no espaço, a Comissão poderá dividi-la e tramitá-la em autos separados, desde que cumpra todos os requisitos a que se refere o artigo 28 deste Regulamento.

5. Se duas ou mais petições versarem sobre fatos semelhantes, envolverem as mesmas pessoas ou revelarem o mesmo padrão de conduta, a Comissão poderá reuni-las e dar-lhes trâmite num só expediente.

6. Nos casos previstos nos parágrafos 4 e 5, a Comissão notificará por escrito os peticionários.

7. Em casos de gravidade ou urgência, a Secretaria Executiva notificará de imediato a Comissão.

Artigo 30
Procedimento de admissibilidade[5]

1. A Comissão, por meio de sua Secretaria Executiva, dará trâmite às petições que reunirem os requisitos previstos no artigo 28 deste Regulamento.

2. Para tanto, encaminhará as partes pertinentes da petição ao Estado em questão. O pedido de informação ao Estado não implicará prejulgamento quanto à decisão de admissibilidade que a Comissão venha a adotar.

3. O Estado apresentará sua resposta no prazo de três meses, contado a partir da data de envio. A Secretaria Executiva avaliará pedidos de prorrogação deste prazo, desde que de-

---

4 Artigo 29 modificado pela Comissão Interamericana em seu 147º período ordinário de sessões, celebrado de 08 a 22 de março de 2013.

5 Artigo 30 modificado pela Comissão Interamericana em seu 147º período ordinário de sessões, celebrado de 08 a 22 de março de 2013.

vidamente fundamentados. Contudo, não concederá prorrogações superiores a quatro meses, contadas a partir do envio da primeira comunicação ao Estado.

4. Em caso de gravidade e urgência, ou quando se considere que a vida ou a integridade pessoal de uma pessoa corre perigo real e iminente, a Comissão solicitará ao Estado que lhe seja dada resposta com a máxima presteza, utilizando para tanto os meios que considerar mais expeditos.

5. Antes de se pronunciar sobre a admissibilidade da petição, a Comissão poderá convidar as partes a apresentar observações adicionais, por escrito ou em audiência, conforme o disposto no Capítulo VI deste Regulamento.

6. As considerações e os questionamentos à admissibilidade da petição deverão ser apresentados a partir do momento do envio das partes pertinentes da petição ao Estado e antes de a Comissão adotar sua decisão sobre admissibilidade.

7. Nos casos previstos no parágrafo 4, a Comissão poderá solicitar que o Estado apresente sua resposta e observações sobre a admissibilidade e o mérito do assunto. A resposta e as observações do Estado deverão ser enviadas num prazo razoável, fixado pela Comissão ao considerar as circunstâncias de cada caso.

Artigo 31
Esgotamento dos recursos internos

1. Com a finalidade de decidir quanto à admissibilidade do assunto, a Comissão verificará se foram interpostos e esgotados os recursos da jurisdição interna, de acordo com os princípios de direito internacional geralmente reconhecidos.

2. As disposições do parágrafo anterior não se aplicarão quando:

a. não exista na legislação interna do Estado de que se trate o devido processo legal para a proteção do direito ou dos direitos que se alegue tenham sido violados;

b. não se tenha permitido ao suposto lesado em seus direitos o acesso aos recursos da jurisdição interna, ou haja sido impedido de esgotá-los; ou

c. haja atraso injustificado na decisão sobre os mencionados recursos.

3. Quando o peticionário alegar a impossibilidade de comprovar o requisito indicado neste artigo, caberá ao Estado em questão demonstrar que os recursos internos não foram previamente esgotados, a menos que isso se deduza claramente do expediente.

Artigo 32
Prazo para a apresentação de petições

1. A Comissão considerará as petições apresentadas dentro dos seis meses contados a partir da data em que a presumida vítima haja sido notificada da decisão que esgota os recursos internos.

2. Nos casos em que sejam aplicáveis as exceções ao requisito de esgotamento prévio dos recursos internos, a petição deverá ser apresentada dentro de um prazo razoável, a critério da Comissão. Para tanto, a Comissão considerará a data em que haja ocorrido a presumida violação dos direitos e as circunstâncias de cada caso.

Artigo 33
Duplicação de processos

1. A Comissão não considerará uma petição nos casos em que a respectiva matéria:

a. se encontre pendente de outro processo de solução perante organização internacional governamental de que seja parte o Estado aludido;

b. constitua substancialmente a reprodução de uma petição pendente ou já examinada e resolvida pela Comissão ou por outro organismo internacional governamental de que faça parte o Estado aludido.

2. Contudo, a Comissão não se absterá de conhecer das petições a que se refere o parágrafo 1, quando:

a. o procedimento seguido perante o outro organismo se limitar ao exame geral dos direitos humanos no Estado aludido e não existir uma decisão sobre os fatos específicos que forem objeto da petição ou não conduzir à sua efetiva solução;

b. o peticionário perante a Comissão, ou algum familiar, for a presumida vítima da violação e o peticionário perante o outro organismo for uma terceira pessoa ou uma entidade não governamental, sem mandato dos primeiros.

Artigo 34
Outras causas de inadmissibilidade

A Comissão declarará inadmissível qualquer petição ou caso quando:

a. não expuserem fatos que caracterizem uma violação dos direitos a que se refere artigo 27 do presente Regulamento;

b. forem manifestamente infundados ou improcedentes, segundo se verifique da exposição do próprio peticionário ou do Estado; ou

c. a inadmissibilidade ou a improcedência resultem de uma informação ou prova superveniente apresentada à Comissão.

Artigo 35
Grupo de trabalho sobre admissibilidade

A Comissão constituirá um grupo de trabalho composto por três ou mais de seus membros a fim de estudar, entre as sessões, a admissibilidade das petições e formular recomendações ao plenário da Comissão.

Artigo 36
Decisão sobre admissibilidade[6]

1. Uma vez consideradas as posições das partes, a Comissão pronunciar-se-á sobre a admissibilidade do assunto. Os relatórios de admissibilidade e inadmissibilidade serão públicos e a Comissão os incluirá no seu Relatório Anual à Assembleia Geral da OEA.

2. No ato da adoção do relatório de admissibilidade, a petição será registrada como caso e dar-se-á início ao procedimento relativo ao mérito. A adoção do relatório de admissibilidade não constituirá prejulgamento sobre o mérito da questão.

3. Em circunstâncias excepcionais e depois de haver solicitado informação às partes conforme dispõe o artigo 30 deste Regulamento, a Comissão poderá abrir o caso, mas diferir a consideração da admissibilidade até o debate e a decisão sobre o mérito. A decisão será adotada em uma resolução fundamentada que incluirá uma análise das circunstâncias excepcionais. Entre as circunstâncias excepcionais que a Comissão levará em conta estão as seguintes:

a. quando a consideração da aplicabilidade de uma possível exceção ao requisito do esgotamento de recursos internos está inextricavelmente unida ao mérito do assunto;

b. em casos de gravidade e urgência ou quando se considera que a vida de uma pessoa ou sua integridade pessoal estão em perigo iminente; ou

c. quando o decorrer do tempo pode impedir que a decisão da Comissão tenha efeito útil.

4. Quando a Comissão proceder em conformidade com o artigo 30.7 deste Regulamento, abrirá um caso e informará às partes por escrito que diferiu a consideração da admissibilidade até o debate e a decisão sobre o mérito.

---

[6] Artigo 36 modificado pela Comissão Interamericana em seu 147º período ordinário de sessões, celebrado de 08 a 22 de março de 2013.

Artigo 37
Procedimento sobre o mérito[7]

1. Com a abertura do caso, a Comissão fixará o prazo de quatro meses para os peticionários apresentarem suas observações adicionais quanto ao mérito. As partes pertinentes dessas observações serão transmitidas ao Estado em questão, para que este apresente suas observações no prazo de quatro meses.

2. A Secretaria Executiva avaliará pedidos de prorrogação dos prazos mencionados no parágrafo anterior que estiverem devidamente fundamentados. No entanto, não concederá prorrogações superiores a seis meses, contados a partir da data do envio do primeiro pedido de observações a cada parte.

3. Em caso de gravidade e urgência ou quando se considerar que a vida de uma pessoa ou sua integridade pessoal corre perigo real e iminente, e uma vez aberto o caso, a Comissão solicitará às partes que enviem suas observações adicionais sobre o mérito num prazo razoável, fixado pela Comissão ao considerar as circunstâncias de cada caso.

4. Antes de se pronunciar sobre o mérito do caso, a Comissão fixará um prazo para que as partes se manifestem sobre seu interesse em iniciar o procedimento de solução amistosa previsto no artigo 40 deste Regulamento. Nas hipóteses previstas no artigo 30.7, e no parágrafo anterior, a Comissão solicitará que as partes se manifestem da maneira mais expedita possível. A Comissão também poderá convidar as partes a apresentar observações adicionais por escrito.

5. A Comissão, caso considere necessário para se avançar no conhecimento do caso, poderá convocar as partes para uma audiência, nos termos estabelecidos no Capítulo VI deste Regulamento.

Artigo 38
Presunção

Presumir-se-ão verdadeiros os fatos relatados na petição, cujas partes pertinentes hajam sido transmitidas ao Estado de que se trate, se este, no prazo máximo fixado pela Comissão de conformidade com o artigo 37 do presente Regulamento, não proporcionar a informação respectiva, desde que, de outros elementos de convicção, não resulte conclusão diversa.

Artigo 39
Investigação in loco

1. Se considerar necessário e conveniente, a Comissão poderá realizar uma investigação *in loco,* para cuja eficaz realização solicitará as facilidades pertinentes, as quais serão proporcionadas pelo Estado em questão. Em casos graves e urgentes, a Comissão poderá realizar uma investigação *in loco* mediante consentimento prévio do Estado em cujo território se alegue haver sido cometida a violação, tão somente com a apresentação de uma petição ou comunicação que reúna todos os requisitos formais de admissibilidade.

2. A Comissão poderá delegar a um ou mais de seus membros o recebimento de prova testemunhal conforme as regras estabelecidas no artigo 65, incisos 5, 6, 7 e 8.

Artigo 40
Solução amistosa

1. Em qualquer etapa do exame de uma petição ou caso, a Comissão, por iniciativa própria ou a pedido das partes, pôr-se-á à disposição destas a fim de chegar a uma solução amistosa sobre o assunto, fundamentada no respeito aos direitos humanos estabelecidos na Convenção Americana sobre Direitos Humanos, na Declaração Americana e em outros instrumentos aplicáveis.

---

[7]   Artigo 37 modificado pela Comissão Interamericana em seu 147º período ordinário de sessões, celebrado de 08 a 22 de março de 2013.

2. O início e a continuação do procedimento de solução amistosa basear-se-ão no consentimento das partes.

3. A Comissão, quando assim considerar necessário, poderá atribuir a um ou mais dos seus membros a tarefa de facilitar a negociação entre as partes.

4. A Comissão poderá dar por concluída sua intervenção no procedimento de solução amistosa se advertir que o assunto não é suscetível de solução por esta via ou se alguma das partes decidir retirar-se do mesmo, não concordar com sua aplicação ou não mostrar-se disposta a chegar a uma solução amistosa fundamentada no respeito aos direitos humanos.

5. Se for alcançada uma solução amistosa, a Comissão aprovará um relatório que incluirá uma breve exposição dos fatos e da solução alcançada e será transmitido às partes e publicado. Antes de aprovar esse relatório, a Comissão verificará se a vítima da presumida violação ou, se pertinente, seus beneficiários, expressaram seu consentimento no acordo de solução amistosa. Em todos os casos, a solução amistosa deverá ter por base o respeito aos direitos humanos reconhecidos na Convenção Americana sobre Direitos Humanos, na Declaração Americana e em outros instrumentos aplicáveis.

6. Se não for alcançada uma solução amistosa, a Comissão dará prosseguimento à tramitação da petição ou caso.

Artigo 41
Desistência

O peticionário poderá desistir de sua petição ou caso a qualquer momento, devendo para tanto manifestá-lo por instrumento escrito à Comissão. A manifestação do peticionário será analisada pela Comissão, que poderá arquivar a petição ou caso, se assim considerar procedente, ou prosseguir na sua tramitação no interesse de proteger determinado direito.

Artigo 42
Arquivamento de petições e casos[8]

1. Em qualquer momento do processo, a Comissão decidirá sobre o arquivamento do expediente quando verificar que não existem ou não subsistem os motivos da petição ou do caso. Além disso, a Comissão poderá decidir sobre o arquivamento do expediente quando:

a. não conseguir as informações necessárias para uma decisão sobre a petição ou o caso, apesar dos esforços envidados para obter essas informações; ou

b. a injustificada inatividade processual do peticionário constituir indício sério de desinteresse na tramitação da petição.

2. Antes de considerar o arquivamento de uma petição ou caso, será solicitado aos peticionários que apresentem as informações necessárias e será notificada a possibilidade da decisão de arquivamento. Expirado o prazo estabelecido para a apresentação dessas informações, a Comissão procederá à adoção da decisão correspondente.

3. A decisão de arquivamento será definitiva, salvo nos seguintes casos:

a. erro material;
b. fatos supervenientes;
c. informações novas cujo conhecimento teria afetado a decisão da Comissão; ou
d. fraude.

Artigo 43
Decisão quanto ao mérito

1. A Comissão deliberará quanto ao mérito do caso, para cujos fins preparará um relatório em que examinará as alegações, as provas apresentadas pelas partes e a informação obtida em

---

8   Artigo 42 modificado pela Comissão Interamericana em seu 147º período ordinário de sessões, celebrado de 08 a 22 de março de 2013.

audiências e mediante investigações *in loco*. Além disso, a Comissão poderá levar em conta outra informação de conhecimento público.

2. As deliberações da Comissão serão privadas, e todos os aspectos do debate serão confidenciais.

3. Toda questão que deva ser submetida a votação será formulada em termos precisos, em um dos idiomas de trabalho da Comissão. A pedido de qualquer um de seus membros, o texto será traduzido pela Secretaria Executiva a um dos idiomas oficiais da Comissão e distribuído antes da votação.

4. As atas referentes às deliberações da Comissão limitar-se-ão a mencionar o objeto do debate e a decisão aprovada, bem como os votos fundamentos e as declarações que sejam feitas para constar em ata. Se o relatório não representar, em todo ou em parte, a opinião unânime dos membros da Comissão, qualquer deles poderá acrescentar sua opinião em separado, seguindo o procedimento estabelecido no artigo 19 parágrafo 4 deste Regulamento.

Artigo 44
Relatório quanto ao mérito[9]

Após deliberar e votar quanto ao mérito do caso, a Comissão observará o seguinte procedimento:

1. Estabelecida a existência de violação em determinado caso, a Comissão o manifestará no seu relatório quanto a mérito. O relatório será transmitido às partes, publicado e incluído no Relatório Anual da Comissão à Assembleia Geral da Organização.

2. Estabelecida a existência de uma ou mais violações, a Comissão preparará um relatório preliminar com as proposições e recomendações que considerar pertinentes e o transmitirá ao Estado de que se trate. Neste caso, fixará um prazo para que o Estado informe a respeito das medidas adotadas em cumprimento a essas recomendações. O Estado não estará facultado a publicar o relatório enquanto a Comissão não tiver adotado uma decisão a respeito.

3. A Comissão notificará ao Estado a adoção do relatório e sua transmissão. No caso dos Estados partes da Convenção Americana que tiverem aceitado a jurisdição contenciosa da Corte Interamericana, a Comissão, ao notificar o peticionário, dar-lhe-á oportunidade de apresentar, no prazo de um mês, sua posição a respeito do envio do caso à Corte. O peticionário, se tiver interesse em que o caso seja levado à Corte, deverá fornecer os seguintes elementos:

a. a posição da vítima ou de seus familiares, se forem diferentes do peticionário;

b. as bases em que se fundamenta a consideração de que o caso deve ser submetido à Corte; e

c. as pretensões em matéria de reparação e custas.

Artigo 45
Submissão do caso à Corte

1. Se o Estado de que se trate houver aceito a jurisdição da Corte Interamericana em conformidade com o artigo 62 da Convenção Americana, e se a Comissão considerar que este não deu cumprimento às recomendações contidas no relatório aprovado de acordo com o artigo 50 do citado instrumento, a Comissão submeterá o caso à Corte, salvo por decisão fundamentada da maioria absoluta dos seus membros.

2. A Comissão considerará fundamentalmente a obtenção de justiça no caso em particular, baseada, entre outros, nos seguintes elementos:

a. a posição do peticionário;

b. a natureza e a gravidade da violação;

---

[9]   Artigo 44 modificado pela Comissão Interamericana em seu 147º período ordinário de sessões, celebrado de 08 a 22 de março de 2013.

c. a necessidade de desenvolver ou esclarecer a jurisprudência do sistema; e

d. o efeito eventual da decisão nos ordenamentos jurídicos dos Estados membros.

Artigo 46
Suspensão do prazo para a submissão do caso à Corte[10]

1. A Comissão poderá considerar, a pedido do Estado interessado, a suspensão do prazo previsto no artigo 51.1 da Convenção Americana para a submissão do caso à Corte quando estiverem reunidas as seguintes condições:

a. o Estado tiver demonstrado sua vontade e capacidade de implementar as recomendações constantes do relatório sobre o mérito, mediante a adoção de ações concretas e idôneas para seu cumprimento. Para tanto, a Comissão poderá levar em conta a existência de leis internas que estabeleçam um mecanismo de cumprimento de suas recomendações; e

b. em seu pedido, o Estado aceitar de forma expressa e irrevogável a suspensão do prazo previsto no artigo 51.1 da Convenção Americana para a submissão do caso à Corte e, em consequência, renunciar expressamente a interpor exceções preliminares quanto ao cumprimento desse prazo na eventualidade de o assunto ser encaminhado à Corte.

2. Para o estabelecimento dos prazos de suspensão, a Comissão poderá levar em conta os seguintes fatores:

a. a complexidade do assunto e das medidas necessárias ao cumprimento das recomendações da Comissão, em particular quando implicarem o envolvimento de diferentes poderes públicos ou a coordenação entre governos centrais e regionais, entre outros fatores;

b. as medidas adotadas pelo Estado para o cumprimento das recomendações antes da solicitação da prorrogação do prazo; e

c. a posição do peticionário.

Artigo 47
Publicação do relatório

1. Se, no prazo de três meses da transmissão do relatório preliminar ao Estado de que se trate, o assunto não houver sido solucionado ou, no caso dos Estados que tenham aceito a jurisdição da Corte Interamericana, a Comissão ou o próprio Estado não hajam submetido o assunto à sua decisão, a Comissão poderá emitir, por maioria absoluta de votos, um relatório definitivo que contenha o seu parecer e suas conclusões finais e recomendações.

2. O relatório definitivo será transmitido às partes, que apresentarão, no prazo fixado pela Comissão, informação sobre o cumprimento das recomendações.

3. A Comissão avaliará o cumprimento de suas recomendações com base na informação disponível e decidirá, por maioria absoluta de votos de seus membros, a respeito da publicação do relatório definitivo. Ademais, a Comissão disporá a respeito de sua inclusão no Relatório Anual à Assembléia Geral da Organização ou em qualquer outro meio que considerar apropriado.

Artigo 48
Acompanhamento

1. Publicado um relatório sobre solução amistosa ou quanto ao mérito, que contenha suas recomendações, a Comissão poderá adotar as medidas de acompanhamento que considerar oportunas, tais como a solicitação de informação às partes e a realização de audiências, a fim de verificar o cumprimento de acordos de solução amistosa e de recomendações.

2. A Comissão informará, na forma que considerar oportuna, sobre os avanços no cumprimento de tais acordos e recomendações.

---

[10]   Artigo 46 modificado pela Comissão Interamericana em seu 147º período ordinário de sessões, celebrado de 08 a 22 de março de 2013.

Artigo 49
Certificação de relatórios

Os originais dos relatórios assinados pelos membros que participaram de sua adoção serão depositados nos arquivos da Comissão. Os relatórios transmitidos às partes serão certificados pela Secretaria Executiva.

Artigo 50
Comunicações entre Estados

1. A comunicação apresentada por um Estado parte na Convenção Interamericana sobre Direitos Humanos que haja aceito a competência da Comissão para receber e examinar comunicações contra outros Estados partes será transmitida ao Estado parte de que se trate, tenha este aceito ou não a competência da Comissão. Se não a aceitou, a comunicação será enviada para que esse Estado possa exercer a opção que lhe cabe nos termos do artigo 45, parágrafo 3, da Convenção, para reconhecer essa competência no caso específico a que se refira a comunicação.

2. Aceita, pelo Estado de que se trate, a competência para conhecer da comunicação do outro Estado parte, a respectiva tramitação será regida pelas disposições do presente Capítulo II, na medida em que sejam aplicáveis.

CAPÍTULO III
PETIÇÕES REFERENTES A ESTADOS QUE NÃO SEJAM PARTES NA CONVENÇÃO AMERICANA SOBRE DIREITOS HUMANOS

Artigo 51
Recebimento da petição

A Comissão receberá e examinará a petição que contenha denúncia sobre presumidas violações dos direitos humanos consagrados na Declaração Americana dos Direitos e Deveres do Homem com relação aos Estados membros da Organização que não sejam partes na Convenção Americana sobre Direitos Humanos.

Artigo 52
Procedimento aplicável

O procedimento aplicável às petições referentes a Estados membros da Organização que não sejam partes na Convenção Americana sobre Direitos Humanos será o estabelecido nas disposições gerais constantes do Capítulo I do Título II, nos artigos 28 a 44 e 47 a 49 do presente Regulamento.

CAPÍTULO IV
OBSERVAÇÕES *IN LOCO*

Artigo 53
Designação de Comissão Especial

As observações *in loco* serão efetuadas, em cada caso, por uma Comissão Especial designada para esse fim. A determinação do número de membros da Comissão Especial e a designação do seu Presidente competirão à Comissão. Em casos de extrema urgência, tais decisões poderão ser adotadas pelo Presidente, *ad referendum* da Comissão.

Artigo 54
Impedimento

O membro da Comissão que for nacional ou que residir no território do Estado em que se deva realizar uma observação *in loco* estará impedido de nela participar.

Artigo 55
Plano de atividades

A Comissão Especial organizará seu próprio trabalho, podendo, para tal fim, designar membros seus e, ouvido o Secretário Executivo, funcionários da Secretaria Executiva ou o pessoal necessário para qualquer atividade relacionada com sua missão.

Artigo 56
Facilidades e garantias necessárias

O Estado que convidar a Comissão Interamericana de Direitos Humanos para uma observação *in loco* ou que para tanto der sua anuência, concederá à Comissão Especial todas as facilidades necessárias para levar a efeito sua missão e, em especial, comprometer-se-á a não adotar represálias de qualquer natureza contra as pessoas ou entidades que hajam cooperado com a Comissão, prestando-lhe informações ou testemunhos.

Artigo 57
Outras normas aplicáveis

Sem prejuízo do disposto no artigo anterior, as observações *in loco* que a Comissão determinar serão realizadas de conformidade com as seguintes normas:

a. a Comissão Especial ou qualquer de seus membros poderá entrevistar livremente e em privado pessoas, grupos, entidades ou instituições;
b. o Estado deverá outorgar as garantias necessárias àqueles que prestarem informações, testemunhos ou provas de qualquer natureza;
c. os membros da Comissão Especial poderão viajar livremente por todo o território do país, para o que o Estado concederá todas as facilidades que forem cabíveis, inclusive a documentação necessária;
d. o Estado deverá assegurar a disponibilidade de meios de transporte local;
e. os membros da Comissão Especial terão acesso aos cárceres e a todos os outros locais de detenção e interrogação e poderão entrevistar, em privado, pessoas reclusas ou detidas;
f. o Estado proporcionará à Comissão Especial qualquer documento relacionado com a observância dos direitos humanos que esta considerar necessário para a preparação de seu relatório;
g. a Comissão Especial poderá utilizar qualquer meio apropriado para filmar, fotografar, colher, documentar, gravar ou reproduzir a informação que considerar oportuna;
h. o Estado adotará as medidas de segurança adequadas para proteger a Comissão Especial;
i. o Estado assegurará a disponibilidade de alojamento apropriado para os membros da Comissão Especial;
j. as mesmas garantias e facilidades indicadas aqui para os membros da Comissão Especial serão estendidas ao pessoal da Secretaria Executiva; e
k. as despesas em que incorrerem a Comissão Especial, cada um dos seus membros e o pessoal da Secretaria Executiva serão custeadas pela Organização, de conformidade com as disposições pertinentes.

CAPÍTULO V
RELATÓRIO ANUAL E OUTROS RELATÓRIOS DA COMISSÃO

Artigo 58
Preparação de relatórios

A Comissão apresentará um relatório anual à Assembléia Geral da Organização. Ademais, a Comissão preparará os estudos e relatórios que considerar convenientes para o desempenho de suas funções e os publicará conforme considerar oportuno. Aprovada a sua publicação, a Comissão os transmitirá por meio da Secretaria-Geral aos Estados membros da Organização e aos seus órgãos pertinentes.

Artigo 59
Relatório Anual[11]

1. O Relatório Anual da Comissão à Assembleia Geral da Organização terá dois volumes.
2. O primeiro volume incluirá o seguinte:

a. Uma introdução com os avanços alcançados no cumprimento dos objetivos destacados na Declaração Americana, na Convenção Americana e nos demais instrumentos interamericanos em matéria de direitos humanos, bem como sua situação de ratificação; um relato da origem, das bases jurídicas, da estrutura e dos fins da Comissão; e os mandatos conferidos à Comissão pelos instrumentos interamericanos em matéria de direitos humanos, pela Assembleia Geral da Organização e por outros órgãos competentes.

b. No Capítulo I:

i. uma lista dos períodos de sessões realizados no período abrangido pelo relatório e de outras atividades executadas pela Comissão para o cumprimento de seus fins, objetivos e mandatos; e

ii. um resumo das atividades executadas pela Comissão com a Corte, outros órgãos da OEA e organismos regionais ou universais da mesma natureza, bem como os resultados alcançados.

c. No Capítulo II, um relato do sistema de petições e casos, que particularize:

i. as informações sobre as petições em estudo inicial;

ii. as petições declaradas admissíveis e inadmissíveis e os respectivos relatórios;

iii. os relatórios de mérito emitidos;

iv. as soluções amistosas homologadas;

v. os relatórios de arquivamento adotados;

vi. as medidas cautelares outorgadas; e

vii. a situação do cumprimento das recomendações em casos individuais.

d. No Capítulo III, um relato das atividades das Relatorias, das Relatorias Especiais e das Unidades Temáticas, com uma referência a cada um dos relatórios produzidos por elas, bem como a outras atividades de promoção.

e. No Capítulo IV:

i. na seção A, o panorama anual da situação dos direitos humanos no hemisfério, derivado do trabalho de monitoramento da Comissão, destacando-se as principais tendências, problemas, desafios, avanços e melhores práticas com relação tanto aos direitos civis e políticos como aos direitos econômicos, sociais e culturais; e

ii. na seção B, os relatórios especiais que a Comissão considerar necessários sobre a situação dos direitos humanos nos Estados membros em conformidade com os critérios, a metodologia e os procedimentos a que fazem referência os parágrafos seguintes.

f. No Capítulo V, relatórios de acompanhamento, em que se destacarão os avanços alcançados e as dificuldades para a efetiva observância dos direitos humanos.

g. No Capítulo VI, uma resenha das atividades de desenvolvimento institucional, inclusive informações sobre os recursos financeiros e a execução orçamentária da Comissão.

---

[11] Artigo 59 modificado pela Comissão Interamericana em seu 147º período ordinário de sessões, celebrado de 08 a 22 de março de 2013.

3. No segundo volume de seu Relatório Anual, a Comissão incorporará os relatórios de país, temáticos ou regionais produzidos ou publicados no ano, inclusive os das Relatorias, das Relatorias Especiais e das Unidades Temáticas.

4. A Comissão aplicará as regras estabelecidas nos parágrafos 5 a 9 deste artigo na preparação dos Capítulos IV e V de seu Relatório Anual no exercício de seu mandato de promover e proteger os direitos humanos e, em particular, de seu dever de informar os Estados membros da OEA sobre a situação dos direitos humanos que podem requerer resposta dos órgãos políticos e atenção prioritária da Comissão.

5. A Comissão utilizará informações confiáveis e convincentes obtidas das seguintes fontes:

a. atos oficiais do Estado, em todos os níveis e em qualquer de seus poderes, como emendas constitucionais, legislação, decretos, decisões judiciais, pronunciamentos políticos, comunicações oficiais à Comissão e a outros órgãos de direitos humanos, bem como qualquer outro pronunciamento ou ação atribuível ao Estado;

b. informações disponíveis nos casos, nas petições e nas medidas cautelares e provisórias no Sistema Interamericano, bem como informações sobre o cumprimento das recomendações da Comissão e das sentenças da Corte Interamericana pelo Estado;

c. informações obtidas em visitas *in loco* da Comissão Interamericana, de seus Relatores e seus funcionários;

d. informações obtidas nas audiências públicas da Comissão Interamericana em suas sessões;

e. conclusões de outros órgãos internacionais de direitos humanos, como os órgãos de tratados, Relatores, grupos de trabalho, Conselho de Direitos Humanos e outros órgãos e agências especializadas da Organização das Nações Unidas;

f. relatórios de direitos humanos de governos e de órgãos regionais;

g. relatórios de organizações da sociedade civil e informações apresentadas por estas e por particulares; e

h. informação pública amplamente disseminada nos meios de comunicação.

6. Os critérios para a inclusão de um Estado membro no Capítulo IV.B do Relatório Anual são os seguintes:

a. Violação grave dos elementos fundamentais e das instituições da democracia representativa previstos na Carta Democrática Interamericana, essenciais para a realização dos direitos humanos, como:

i. o acesso discriminatório ou o exercício abusivo de poder que solape ou contrarie o Estado de Direito, como a violação sistemática da independência do Poder Judiciário ou a insubordinação das instituições do Estado à autoridade civil legalmente constituída;

ii. uma alteração da ordem constitucional que afete gravemente a ordem democrática; ou

iii. quando um governo democraticamente constituído seja derrocado pela força ou o governo atual tenha chegado ao poder por meios distintos às eleições livres, justas e baseadas no sufrágio universal e secreto, em conformidade com as normas internacionalmente aceitas e os princípios recolhidos na Carta Democrática Interamericana.

b. A suspensão ilegítima, total ou parcial, do livre exercício dos direitos garantidos na Declaração Americana ou na Convenção Americana, em razão da imposição de medidas excepcionais, como a declaração de estado de emergência e estado de sítio, a suspensão de garantias constitucionais ou medidas excepcionais de segurança.

c. A perpetração, pelo Estado, de violações massivas, graves e sistemáticas dos direitos humanos garantidos na Declaração Americana, na Convenção Americana ou nos demais instrumentos de direitos humanos aplicáveis.

d. A presença de outras situações estruturais que afetem gravemente o exercício dos direitos fundamentais consagrados na Declaração Americana, na Convenção Americana ou nos demais instrumentos de direitos humanos aplicáveis. Entre outros fatores a serem levados em conta, estão os seguintes:

i. graves crises institucionais que infrinjam o gozo de direitos humanos;

ii. descumprimento sistemático pelo Estado de sua obrigação de combater a impunidade, atribuível a uma falta de vontade manifesta;

iii. omissões graves na adoção das disposições necessárias para tornar efetivos os direitos fundamentais ou para cumprir as decisões da Comissão e da Corte Interamericana; e

iv. violações sistemáticas de direitos humanos atribuíveis ao Estado no âmbito de um conflito armado interno.

7. A decisão sobre os países específicos a serem incluídos no Capítulo IV.B será adotada pela Comissão anualmente em conformidade com o quórum especial previsto no artigo 18 deste Regulamento. A inclusão de um Estado neste capítulo em determinado ano não cria a presunção de sua inclusão no mesmo capítulo no ano seguinte. Quando a Comissão receber do Estado envolvido informações que levem à conclusão de que as condições que motivaram sua inclusão foram superadas, ele deixará de ser incluído, a não ser que novas razões assim o exijam.

8. Quando um Estado incluído no Capítulo IV.B do Relatório Anual tiver sido objeto de uma visita *in loco*, ele não será incorporado neste capítulo do Relatório Anual correspondente ao ano da visita. O monitoramento da situação dos direitos humanos desse ano nesse Estado será feito no relatório de país relacionado com a visita *in loco*. Uma vez publicado o relatório de país, a Comissão acompanhará o cumprimento das respectivas recomendações nos termos do Capítulo V de seu Relatório Anual. Posteriormente, a Comissão decidirá, em conformidade com este Regulamento, se o monitoramento da situação dos direitos humanos no respectivo país deverá ser incluído em algum dos capítulos mencionados do Relatório Anual.

9. No Capítulo V de seu Relatório Anual, a Comissão acompanhará as medidas adotadas para o cumprimento das recomendações formuladas nos relatórios de país ou temáticos, ou em relatórios publicados previamente no Capítulo IV.B.

10. Antes da publicação nos Capítulos IV.B e V do Relatório Anual, a Comissão encaminhará uma cópia preliminar ao Estado em questão. Este poderá enviar à Comissão uma resposta no prazo máximo de um mês a partir do envio do relatório; essa resposta estará disponível em um link no site da Comissão, a menos que o Estado solicite o contrário.

11. A Comissão incluirá em seu Relatório Anual quaisquer outras informações, observações ou recomendações que considerar pertinente submeter à Assembleia Geral.

Artigo 60
Relatório sobre direitos humanos num Estado

A elaboração de um relatório geral ou especial sobre a situação dos direitos humanos em determinado Estado ajustar-se-á às seguintes normas:

a. uma vez aprovado pela Comissão, o projeto de relatório será encaminhado ao Governo do Estado membro de que se trate, para que este formule as observações que julgar pertinentes;

b. a Comissão indicará ao referido Estado o prazo em que devem ser apresentadas as observações;

c. recebidas as observações do Estado, a Comissão as estudará e, à luz delas, poderá manter ou modificar seu relatório e decidir acerca das modalidades de sua publicação;

d. se, ao expirar o prazo fixado, o Estado não houver apresentado nenhuma observação, a Comissão publicará o relatório do modo que julgar apropriado;

e. aprovada a sua publicação, a Comissão, por intermédio da Secretaria-Geral, o transmitirá ao Estados membros e à Assembléia Geral da Organização.

CAPÍTULO VI
AUDIÊNCIAS PERANTE A COMISSÃO

Artigo 61
Iniciativa

A Comissão poderá realizar audiências por sua própria iniciativa ou por solicitação da parte interessada. A decisão de convocar a audiência será tomada pelo Presidente da Comissão, mediante proposta do Secretário Executivo.

Artigo 62
Objeto

As audiências poderão ter por objeto receber informações das partes sobre alguma petição, um caso em tramitação perante a Comissão, o acompanhamento de recomendações, medidas cautelares ou informação de caráter geral ou particular relacionada com os direitos humanos em um ou mais Estados membros da Organização.

Artigo 63
Garantias

O Estado de que se trate outorgará as garantias pertinentes a todas as pessoas que concorram a uma audiência ou que, durante a mesma, prestem à Comissão informações, depoimentos ou provas de qualquer natureza. Esse Estado não poderá processar as testemunhas e os peritos, nem exercer represálias pessoais ou contra seus familiares em razão de declarações formuladas ou pareceres emitidos perante a Comissão.

Artigo 64
Audiências sobre petições ou casos

1. As audiências sobre petições ou casos terão por objeto receber exposições verbais ou escritas das partes sobre fatos novos e informação adicional à que haja sido fornecida ao longo do processo. A informação poderá referir-se a alguma das seguintes questões: admissibilidade; início ou continuação do procedimento de solução amistosa; comprovação dos fatos; mérito do assunto; acompanhamento de recomendações ou qualquer outra questão relativa ao trâmite da petição ou caso.

2. Os pedidos de audiência deverão ser apresentados por escrito, com antecedência não inferior a 50 dias do início do correspondente período de sessões da Comissão. Os pedidos de audiência indicarão seu objeto e a identidade dos participantes.

3. A Comissão, se aceder ao pedido de audiência ou decidir realizá-la por iniciativa própria, deverá convocar ambas as partes. Se uma parte devidamente notificada não comparecer, a Comissão dará prosseguimento à audiência. A Comissão adotará as medidas necessárias para preservar a identidade dos peritos e testemunhas, se considerar que estes requerem tal proteção.

4. A Secretaria Executiva informará às partes a data, o lugar e a hora da audiência, com antecedência mínima de um mês de sua realização. Contudo, em circunstâncias excepcionais, esse prazo poderá ser menor.

Artigo 65
Apresentação e produção de provas

1. Na audiência, as partes poderão apresentar qualquer documento, depoimento, relatório pericial ou elemento de prova. A pedido de parte ou *ex officio,* a Comissão poderá receber o depoimento de testemunhas ou peritos.

2. Em relação às provas documentais apresentadas na audiência, a Comissão concederá às partes um prazo razoável para que formulem suas observações.

3. A parte que propuser testemunhas ou peritos para uma audiência deverá manifestar tal proposta no seu pedido. Para tanto, identificará a testemunha ou perito e o objeto do testemunho ou da peritagem.

4. Ao decidir quanto ao pedido de audiência, a Comissão também determinará o recebimento da prova testemunhal ou da perícia proposta.

5. A Comissão notificará ambas as partes a respeito do oferecimento de testemunhas ou peritos.

6. Em circunstâncias extraordinárias, a seu critério, a Comissão, a fim de salvaguardar a prova, poderá receber depoimentos nas audiências sem sujeição ao disposto no parágrafo anterior. Nessas circunstâncias, adotará as medidas necessárias para garantir o equilíbrio processual das partes no assunto submetido à sua consideração.

7. A Comissão ouvirá um depoente por vez, devendo os restantes permanecer fora do recinto. As testemunhas não poderão ler seus depoimentos perante a Comissão.

8. Antes da sua participação, as testemunhas e peritos deverão identificar-se e prestar juramento ou processa solene de dizer a verdade. A pedido expresso do interessado, a Comissão poderá manter em sigilo a identidade do depoente ou perito, quando necessário para sua proteção pessoal ou de terceiros.

Artigo 66
Audiências de caráter geral

1. Os interessados em apresentar à Comissão depoimentos ou informações sobre a situação dos direitos humanos em um ou mais Estados, ou sobre assuntos de interesse geral, deverão solicitar audiência à Secretaria Executiva, por escrito, com antecedência não inferior a 50 dias do início do respectivo período de sessões da Comissão.

2. O solicitante deverá indicar o objeto do comparecimento, apresentar uma síntese das matérias que serão expostas e informar o tempo aproximado que considera necessário para tal fim, bem como a identidade dos participantes.

3. Quando a Comissão aceder a pedidos de audiência sobre a situação dos direitos humanos em um país, convocará o Estado interessado, a menos que decida realizar uma audiência privada conforme o artigo 68.

4. Se considerar adequado, a Comissão poderá convocar outros interessados a participar das audiências sobre a situação de direitos humanos em um ou mais Estados, ou sobre assuntos de interesse geral.

5. A Secretaria Executiva informará a data, lugar e horário da audiência, com antecedência não inferior a um mês da sua realização. Não obstante, em circunstâncias excepcionais, tal prazo poderá ser menor.

Artigo 67
Participação dos membros da Comissão

O Presidente da Comissão poderá constituir grupos de trabalho em atendimento ao programa de audiências.

Artigo 68
Publicidade das audiências

As audiências serão públicas. Quando circunstâncias excepcionais o justifiquem, a Comissão, por iniciativa própria ou a pedido da parte interessada, poderá realizar audiências privadas e decidirá quem poderá assisti-las. Esta decisão caberá exclusivamente à Comissão, que deverá informar às partes a esse respeito, anteriormente ao início da audiência, de forma oral ou escrita. Mesmo nesses casos, serão lavradas atas, nos termos previstos no artigo 70 deste Regulamento.

Artigo 69
Custas

A parte que propuser a produção de provas numa audiência custeará todos os gastos resultantes dessa produção.

Artigo 70
Documentos e atas das audiências

1. Em cada audiência, preparar-se-á uma ata resumida, de que constarão o dia e hora de sua realização, os nomes dos participantes, as decisões adotadas e os compromissos assumidos pelas partes. Os documentos apresentados pelas partes na audiência serão juntados à ata com seus anexos.

2. As atas das audiências são documentos internos de trabalho da Comissão. Se uma parte assim o solicitar, a Comissão lhe fornecerá um cópia, a não ser que, a seu juízo, o respectivo conteúdo possa implicar risco para as pessoas.

3. A Comissão gravará os depoimentos e os colocará à disposição das partes que os solicitarem.

TÍTULO III
RELAÇÕES COM A CORTE INTERAMERICANA DE DIREITOS HUMANOS

CAPÍTULO I
DELEGADOS, ASSESSORES, TESTEMUNHAS E PERITOS

Artigo 71
Delegados e assessores

1. A Comissão outorgará a um ou mais de seus membros e a seu Secretário Executivo sua representação para que participem, na qualidade de delegados, da consideração de qualquer assunto perante a Corte Interamericana de Direitos Humanos. Essa representação terá vigência enquanto o delegado ostentar a condição de Comissário ou de Secretário Executivo, sem prejuízo de que, em circunstâncias excepcionais, a Comissão possa decidir prorrogar sua duração.

2. Ao nomear seu delegado ou delegados, a Comissão lhes ministrará as instruções que considerar necessárias para orientar sua atuação perante a Corte.

3. Quando for designado mais de um delegado, a Comissão atribuirá a um deles a responsabilidade de resolver as situações não previstas nas instruções ou as dúvidas suscitadas por algum delegado.

4. Os delegados poderão ser assistidos por qualquer pessoa designada pela Comissão como assessores. No desempenho de suas funções, os assessores atuarão de conformidade com as instruções dos delegados.

Artigo 72
Perito[12]

1. A Comissão poderá solicitar à Corte o comparecimento de peritos.

2. O comparecimento dos referidos peritos ajustar-se-á ao disposto no Regulamento da Corte.

CAPÍTULO II
PROCEDIMENTO PERANTE A CORTE

Artigo 73
Notificação ao Estado e ao peticionário

Quando a Comissão decidir referir um caso à Corte, o Secretário Executivo notificará esse decisão imediatamente ao Estado, ao peticionário e à presumida vítima. A Comissão transmitirá ao peticionário, juntamente com essa comunicação, todos os elementos necessários para a preparação e apresentação do caso.

---

[12] Artigo 72 modificado pela Comissão Interamericana em seu 147º período ordinário de sessões, celebrado de 08 a 22 de março de 2013.

Artigo 74
Envio do caso à Corte

1. Quando a Comissão, de conformidade com o artigo 61 da Convenção Americana sobre Direitos Humanos e o artigo 45 do presente Regulamento, decida submeter um caso à jurisdição contenciosa da Corte Interamericana, enviará ao Tribunal, através de sua Secretaria, cópia do relatório previsto no artigo 50 da Convenção Americana acompanhada de cópia dos autos tramitados perante a Comissão, com exceção dos documentos de trabalho interno, assim como quaisquer outros documentos que considere úteis para a análise do caso.

2. A Comissão também submeterá uma nota de envio do caso à Corte, a qual poderá conter:

   a. os dados disponíveis das vítimas ou seus representantes devidamente credenciados, indicando se o peticionário solicitou que sua identidade seja mantida em sigilo;
   b. sua avaliação sobre o grau de cumprimento das recomendações formuladas no relatório de mérito;
   c. o motivo pelo qual decidiu submeter o caso à Corte;
   d. os nomes dos seus delegados; e
   e. qualquer outra informação que considere útil para a análise do caso.

3. Uma vez enviado o caso à jurisdição contenciosa da Corte, a Comissão publicará o relatório aprovado conforme o artigo 50 da Convenção Americana e a nota de envio do caso à Corte.

Artigo 75
Remessa de outros elementos

A Comissão remeterá à Corte, a pedido desta, qualquer outra petição, prova, documento ou informação referente ao caso, com exceção dos documentos relativos à tentativa infrutífera de conseguir uma solução amistosa. A remessa dos documentos estará sujeita, em cada caso, à decisão da Comissão, a qual deverá excluir o nome e a identidade do peticionário, se este não autorizar a revelação desses dados.

Artigo 76
Medidas provisórias[13]

1. A Comissão poderá solicitar medidas provisórias à Corte em situações de extrema gravidade e urgência, quando isso for necessário para evitar dano pessoal irreparável. Ao tomar essa decisão, a Comissão considerará a posição dos beneficiários ou de seus representantes.

2. A Comissão considerará os seguintes critérios para apresentar a solicitação de medidas provisórias:

   a. quando o Estado envolvido não tiver implementado as medidas cautelares outorgadas pela Comissão;
   b. quando as medidas cautelares não tiverem sido eficazes;
   c. quando existir uma medida cautelar associada a um caso submetido à jurisdição da Corte;
   d. quando a Comissão julgar pertinente ao melhor efeito das medidas solicitadas, para o que fundamentará seus motivos.

---

[13] Artigo 76 modificado pela Comissão Interamericana em seu 147º período ordinário de sessões, celebrado de 08 a 22 de março de 2013.

TÍTULO IV
DISPOSIÇÕES FINAIS

Artigo 77
Cômputo de prazos pelo calendário civil

Dá-se por entendido que todos os prazos indicados neste Regulamento -em número de dias- serão computados pelo calendário civil.

Artigo 78
Interpretação

Qualquer dúvida que surgir, no que diz respeito à interpretação deste Regulamento, deverá ser resolvida pela maioria absoluta dos membros da Comissão.

Artigo 79
Modificação do Regulamento[14]

Este Regulamento poderá ser modificado, mediante prévia consulta pública, pela maioria absoluta dos membros da Comissão.

Artigo 80
Disposição transitória

O presente Regulamento, cujos textos em espanhol e inglês são igualmente autênticos, entrará em vigor em 31 de dezembro de 2009.

---

[14]   Artigo 79 modificado pela Comissão Interamericana em seu 147º período ordinário de sessões, celebrado de 08 a 22 de março de 2013.

Estatuto da Corte Interamericana de Direitos Humanos

CAPÍTULO I
Disposições Gerais

Artigo 1
Natureza e regime jurídico

A Corte Interamericana de Direitos humanos é uma instituição judiciária autônoma cujo objetivo é a aplicação e a interpretação da Convenção Americana sobre Direitos Humanos. A Corte exerce suas funções em conformidade com as disposições da citada Convenção e deste Estatuto.

Artigo 2
Competência e funções

A Corte exerce função jurisdicional e consultiva.
1. Sua função jurisdicional se rege pelas disposições dos artigos 61, 62 e 63 da Convenção.
2. Sua função consultiva se rege pelas disposições do artigo 64 da Convenção.

Artigo 3
Sede

1. A Corte terá sua sede em San José, Costa Rica; poderá, entretanto, realizar reuniões em qualquer Estado-membro da Organização dos Estados Americanos (OEA), quando a maioria dos seus membros considerar conveniente, e mediante aquiescência prévia do Estado respectivo.
2. A sede da corte pode ser mudada pelo voto de dois terços dos Estados-Partes da Convenção na Assembleia Geral da OEA.

CAPÍTULO II
Composição da Corte

Artigo 4
Composição

1. A Corte é composta de sete juízes, nacionais dos Estados-membros da OEA, eleitos a título pessoal dentre juristas da mais alta autoridade moral, de reconhecida competência em matéria de direitos humanos, que reúnam as condições requeridas para o exercício das mais elevadas funções judiciais, de acordo com a lei do Estado do qual sejam nacionais, ou do Estado que os propuser como candidatos.
2. Não deve haver mais de um juiz da mesma nacionalidade.

Artigo 5
Mandato dos juízes

1. Os juízes da Corte serão eleitos para um mandato de seis anos e só poderão ser reeleitos uma vez. O juiz eleito para substituir outro cujo mandato não haja expirado, completará o mandato deste.

2. Os mandatos dos juízes serão contados a partir de 1º de janeiro do ano seguinte ao de sua eleição e estender-se-ão até 31 de dezembro do ano de sua conclusão.

3. Os juízes permanecerão em exercício até a conclusão de seu mandato. Não obstante, continuarão conhecendo dos casos a que se tiverem dedicado e que se encontrarem em fase de sentença, para cujo efeito não serão substituídos pelos novos juízes eleitos.

Artigo 6
Data de eleição dos juízes

1. A eleição dos juízes far-se-á, se possível, no decorrer do período de sessões da Assembleia Geral da OEA, imediatamente anterior à expiração do mandato dos juízes cessantes.

2. As vagas da Corte decorrentes de morte, incapacidade permanente, renúncia ou remoção dos juízes serão preenchidas, se possível, no próximo período de sessões da Assembleia Geral da OEA. Entretanto, a eleição não será necessária quando a vaga ocorrer nos últimos seis meses do mandato do juiz que lhe der origem.

3. Se for necessário, para preservar o *quorum* da Corte, os Estados-Partes da Convenção, em sessão do Conselho Permanente da OEA, por solicitação do Presidente da Corte, nomearão um ou mais juízes interinos, que servirão até que sejam substituídos pelos juízes eleitos.

Artigo 7
Candidatos

1. Os juízes são eleitos pelos Estados-Partes da Convenção, na Assembleia Geral da OEA, de uma lista de candidatos propostos pelos mesmos Estados.

2. Cada Estado-Parte pode propor até três candidatos, nacionais do Estado que os propõe ou de qualquer outro Estado-membro da OEA.

3. Quando for proposta uma lista tríplice, pelo menos um dos candidatos deve ser nacional de um Estado diferente do proponente.

Artigo 8
Eleição: Procedimento prévio

1. Seis meses antes da realização do período ordinário de sessões da Assembleia Geral da OEA, antes da expiração do mandato para o qual houverem sido eleitos os juízes da Corte, o Secretário-Geral da OEA solicitará, por escrito, a cada Estado-Parte da Convenção, que apresente seus candidatos dentro do prazo de noventa dias.

2. O Secretário-Geral da OEA preparará uma lista em ordem alfabética dos candidatos apresentados e a levará ao conhecimento dos Estados-Partes, se for possível, pelo menos trinta dias antes do próximo período de sessões da Assembleia Geral da OEA.

3. Quando se tratar de vagas da Corte, bem como nos casos de morte ou de incapacidade permanente de um candidato, os prazos anteriores serão reduzidos de maneira razoável a juízo do Secretário-Geral da OEA.

Artigo 9
Votação

1. A eleição dos juízes é feita por votação secreta e pela maioria absoluta dos Estados-Partes da Convenção, dentre os candidatos a que se refere o artigo 7 deste Estatuto.

2. Entre os candidatos que obtiverem a citada maioria absoluta, serão considerados eleitos os que receberem o maior número de votos. Se forem necessárias várias votações, serão eliminados sucessivamente os candidatos que receberem menor número de votos, segundo o determinem os Estados-Partes.

Artigo 10
Juízes ad hoc

1. O juiz que for nacional de um dos Estados-Partes num caso submetido à Corte, conservará seu direito de conhecer do caso.

2. Se um dos juízes chamados a conhecer de um caso for da nacionalidade de um dos Estados-Partes no caso, outro Estado-Parte no mesmo caso poderá designar uma pessoa para fazer parte da Corte na qualidade de juiz *ad hoc*.

3. Se dentre os juízes chamados a conhecer do caso, nenhum for da nacionalidade dos Estados-Partes no mesmo, cada um destes poderá designar um juiz *ad hoc*. Se vários Estados tiverem o mesmo interesse no caso, serão considerados como uma única parte para os fins das disposições precedentes.

Em caso de dúvida, a Corte decidirá.

4. Se o Estado com direito a designar um juiz *ad hoc* não o fizer dentro dos trinta dias seguintes ao convite escrito do Presidente da Corte, considerar-se-á que tal Estado renuncia ao exercício desse direito.

5. As disposições dos artigos 4, 11, 15, 16, 18, 19 e 20 deste Estatuto serão aplicáveis aos juízes *ad hoc*.

Artigo 11
Juramento

1. Ao tomar posse de seus cargos, os juízes prestarão o seguinte juramento ou declaração solene: "Juro" – ou – "declaro solenemente que exercerei minhas funções de juiz com honradez, independência e imparcialidade, e que guardarei segredo de todas as deliberações".

2. O juramento será feito perante o Presidente da Corte, se possível na presença de outros juízes.

CAPÍTULO III
ESTRUTURA DA CORTE

Artigo 12
Presidência

1. A Corte elege, dentre seus membros, o Presidente e Vice-Presidente, por dois anos, os quais poderão ser reeleitos.

2. O Presidente dirige o trabalho da Corte, a representa, ordena a tramitação dos assuntos que forem submetidos à Corte e preside suas sessões.

3. O Vice-Presidente substitui o Presidente em suas ausências temporárias e ocupa seu lugar em caso de vaga. Nesse último caso, a Corte elegerá um Vice-Presidente para substituir o anterior pelo resto do seu mandato.

4. No caso de ausência do Presidente e do Vice-Presidente, suas funções serão desempenhadas por outros juízes, na ordem de precedência estabelecida no artigo 13 deste Estatuto.

Artigo 13
Precedência

1. Os juízes titulares terão precedência, depois do Presidente e do Vice-Presidente, de acordo com sua antiguidade no cargo.

2. Quando houver dois ou mais juízes com a mesma antiguidade, a precedência será determinada pela maior idade.

3. Os juízes *ad hoc* e interinos terão precedência depois dos titulares, por ordem de idade. Entretanto, se um juiz *ad hoc* ou interino houver servido previamente como juiz titular, terá precedência sobre os outros juízes *ad hoc* ou interinos.

Artigo 14
Secretaria

1. A Secretaria da Corte funcionará sob a imediata autoridade do Secretário, de acordo com as normas administrativas da Secretaria-Geral da OEA no que não for incompatível com a independência da Corte.

2. O Secretário será nomeado pela Corte. Será funcionário de confiança da Corte, com dedicação exclusiva, terá seu escritório na sede e deverá assistir às reuniões que a Corte realizar fora dela.

3. Haverá um Secretário Adjunto que auxiliará o Secretário em seus trabalhos e o substituirá em suas ausências temporárias.

4. O pessoal da Secretaria será nomeado pelo Secretário-Geral da OEA em consulta com o Secretário da Corte.

CAPÍTULO IV
Direitos, Deveres e Responsabilidades

Artigo 15
Imunidades e privilégios

1. Os juízes gozam, desde o momento de sua eleição e enquanto durarem os seus mandatos, das imunidades reconhecidas aos agentes diplomáticos pelo direito internacional. No exercício de suas funções gozam também dos privilégios diplomáticos necessários ao desempenho de seus cargos.

2. Não se poderá exigir aos juízes responsabilidades em tempo algum por votos e opiniões emitidos ou por atos desempenhados no exercício de suas funções.

3. A Corte em si e seu pessoal gozam das imunidades e privilégios previstos no Acordo sobre Privilégios e Imunidades da Organização dos Estados Americanos, de 15 de maio de 1949, com as equivalências respectivas, tendo em conta a importância e independência da Corte.

4. As disposições dos parágrafos 1, 2 e 3 deste artigo serão aplicadas aos Estados-Partes da Convenção. Serão também aplicadas aos outros Estados-membros da OEA que as aceitarem expressamente, em geral ou para cada caso.

5. O regime de imunidades e privilégios dos juízes da Corte e do seu pessoal poderá ser regulamentado ou complementado mediante convênios multilaterais ou bilaterais entre a Corte, a OEA e seus Estados-membros.

Artigo 16
Disponibilidade

1. Os juízes estarão à disposição da Corte e deverão trasladar-se à sede desta ou ao lugar em que realizar suas sessões, quantas vezes e pelo tempo que for necessário, conforme o Regulamento.

2. O Presidente deverá prestar permanentemente seus serviços.

Artigo 17
Honorários

1. Os honorários do Presidente e dos juízes da Corte serão fixados de acordo com as obrigações e incompatibilidades que lhes impõem os artigos 16 e 18, respectivamente, e levando em conta a importância e independência de suas funções.

2. Os juízes *ad hoc* perceberão os honorários que forem estabelecidos regulamentarmente, de acordo com as disponibilidades orçamentárias da Corte.

3. Os juízes perceberão, além disso, diárias e despesas de viagem, quando for cabível.

Artigo 18
Incompatibilidades

1. O exercício do cargo de Juiz da Corte Interamericana de Direitos Humanos é incompatível com o exercício dos seguintes cargos e atividades:

a) membros ou altos funcionários do Poder Executivo, com exceção dos cargos que não impliquem subordinação hierárquica ordinária, bem como agentes diplomáticos que não sejam Chefes de Missão junto à OEA ou junto a qualquer dos seus Estados-membros;

b) funcionários de organismos internacionais;

c) quaisquer outros cargos ou atividades que impeçam os juízes de cumprir suas obrigações ou que afetem sua independência ou imparcialidade, ou a dignidade ou o prestígio do seu cargo.

2. A Corte decidirá os casos de dúvida sobre incompatibilidade. Se a incompatibilidade não for eliminada serão aplicáveis as disposições do artigo 73 da Convenção e 20.2 deste Estatuto.

3. As incompatibilidades unicamente causarão a cessação do cargo e das responsabilidades correspondentes, mas não invalidarão os atos e as resoluções em que o juiz em questão houver interferido.

Artigo 19
Impedimentos, escusas e inabilitação

1. Os juízes estarão impedidos de participar em assuntos nos quais eles ou seus parentes tiverem interesse direto ou em que houverem intervindo anteriormente como agentes, conselheiros ou advogados, ou como membros de um tribunal nacional ou internacional ou de uma comissão investigadora, ou em qualquer outra qualidade, a juízo da Corte.

2. Se algum dos juízes estiver impedido de conhecer, ou por qualquer outro motivo justificado, considerar que não deve participar em determinado assunto, apresentará sua escusa ao Presidente. Se este não a acolher, a Corte decidirá.

3. Se o Presidente considerar que qualquer dos juízes tem motivo de impedimento ou por algum outro motivo justificado não deva participar em determinado assunto, assim o fará saber. Se o juiz em questão estiver em desacordo, a Corte decidirá.

4. Quando um ou mais juízes estiverem inabilitados, em conformidade com este artigo, o Presidente poderá solicitar aos Estados-Partes da Convenção que em sessão do Conselho Permanente da OEA designem juízes interinos para substituí-los.

Artigo 20
Responsabilidades e competência disciplinar

1. Os juízes e o pessoal da Corte deverão manter, no exercício de suas funções e fora delas, uma conduta acorde com a investidura dos que participam da função jurisdicional internacional da Corte. Responderão perante a Corte por essa conduta, bem como por qualquer falta de cumprimento, negligência ou omissão no exercício de suas funções.

2. A competência disciplinar com respeito aos juízes caberá à Assembleia Geral da OEA, somente por solicitação justificada da Corte, constituída para esse efeito pelos demais juízes.

3. A competência disciplinar com respeito ao Secretário cabe à Corte, e com respeito ao resto do pessoal, ao Secretário, com a aprovação do Presidente.

4. O regime disciplinar será regulamentado pela Corte, sem prejuízo das normas administrativas da Secretaria-Geral da OEA, na medida em que forem aplicáveis à Corte em conformidade com o artigo 59 da Convenção.

Artigo 21
Renúncia e incapacidade

1. A renúncia de um juiz deverá ser apresentada por escrito ao Presidente da Corte. A renúncia não se tornará efetiva senão após sua aceitação pela Corte.

2. A incapacidade de um juiz de exercer suas funções será determinada pela Corte.

3. O Presidente da Corte notificará a aceitação da renúncia ou a declaração de incapacidade ao Secretário-Geral da OEA, para os devidos efeitos.

CAPÍTULO V
FUNCIONAMENTO DA CORTE

Artigo 22
Sessões

1. A Corte realizará sessões ordinárias e extraordinárias.

2. Os períodos ordinários de sessões serão determinados regulamentarmente pela Corte.

3. Os períodos extraordinários de sessões serão convocados pelo Presidente ou por solicitação da maioria dos juízes.

Artigo 23
Quorum

1. O *quorum* para as deliberações da Corte é constituído por cinco juízes.

2. As decisões da Corte serão tomadas pela maioria dos juízes presentes.

3. Em caso de empate, o Presidente terá o voto de qualidade.

Artigo 24
Audiências, deliberações e decisões

1. As audiências serão públicas, a menos que a Corte, em casos excepcionais, decida de outra forma.

2. A Corte deliberará em privado. Suas deliberações permanecerão secretas, a menos que a Corte decida de outra forma.

3. As decisões, juízos e opiniões da Corte serão comunicados em sessões públicas e serão notificados por escrito às partes. Além disso, serão publicados, juntamente com os votos e opiniões separados dos juízes e com quaisquer outros dados ou antecedentes que a Corte considerar conveniente.

Artigo 25
Regulamentos e normas de procedimento

1. A Corte elaborará suas normas de procedimento.

2. As normas de procedimento poderão delegar ao Presidente ou a comissões da própria Corte determinadas partes da tramitação processual, com exceção das sentenças definitivas e dos pareceres consultivos. Os despachos ou resoluções que não forem de simples tramitação, exarados pelo Presidente ou por comissões da Corte, poderão sempre ser apelados ao plenário da Corte.

3. A Corte elaborará também seu Regulamento.

Artigo 26
Orçamento e regime financeiro

1. A Corte elaborará seu próprio projeto de orçamento e submetê-lo-á à aprovação da Assembleia Geral da OEA, por intermédio da Secretaria-Geral. Esta última não lhe poderá introduzir modificações.

2. A Corte administrará seu orçamento.

CAPÍTULO VI
RELAÇÕES COM ESTADOS E ORGANISMOS

Artigo 27
Relações com o país sede, Estados e Organismos

1. As relações da Corte com o país sede serão regulamentadas mediante um convênio de sede. A sede da Corte terá caráter internacional.

2. As relações da Corte com os Estados, com a OEA e seus organismos, e com outros organismos internacionais de caráter governamental relacionados com a promoção e defesa dos direitos humanos serão regulamentadas mediante convênios especiais.

Artigo 28
Relações com a Comissão Interamericana de Direitos Humanos

A Comissão Interamericana de Direitos Humanos comparecerá e será tida como parte perante a Corte, em todos os casos relativos à função jurisdicional desta, em conformidade com o artigo 2, parágrafo 1 deste Estatuto.

Artigo 29
Convênios de cooperação

1. A Corte poderá celebrar convênios de cooperação com instituições que não tenham fins lucrativos, tais como faculdades de direito, associações e corporações de advogados, tribunais, academias e instituições educacionais ou de pesquisa em disciplinas conexas, a fim de obter sua colaboração e de fortalecer e promover os princípios jurídicos e institucionais da Convenção em geral, e da Corte em especial.

2. A Corte incluirá em seu relatório anual à Assembleia Geral da OEA uma relação dos referidos convênios, bem como de seus resultados.

Artigo 30
Relatório à Assembleia Geral da OEA

A Corte submeterá à Assembleia Geral da OEA, em cada período ordinário de sessões, um relatório sobre suas atividades no ano anterior. Indicará os casos em que um Estado não houver dado cumprimento a suas sentenças. Poderá submeter à Assembleia Geral da OEA proposições ou recomendações para o melhoramento do sistema interamericano de direitos humanos, no que diz respeito ao trabalho da Corte.

CAPÍTULO VII
DISPOSIÇÕES FINAIS

Artigo 31
Reforma do Estatuto

Este Estatuto poderá ser modificado pela Assembleia Geral da OEA por iniciativa de qualquer Estado-membro ou da própria Corte.

Artigo 32
Vigência

Este Estatuto entrará em vigor em 1º de janeiro de 1980.

REGULAMENTO DA CORTE INTERAMERICANA DE DIREITOS HUMANOS

Aprovado[15] pela Corte no seu LXXXV Período Ordinário de Sessões celebrado de 16 a 28 de novembro de 2009.[16]

DISPOSIÇÕES PRELIMINARES

Artigo 1
Objetivo

1. O presente Regulamento tem como objetivo regular a organização e o procedimento da Corte Interamericana de Direitos Humanos.

2. A Corte poderá adotar outros regulamentos que sejam necessários para o cumprimento de suas funções.

3. Na falta de disposição deste Regulamento ou em caso de dúvida sobre sua interpretação, a Corte decidirá.

Artigo 2
Definições

Para os efeitos deste Regulamento:

1. o termo "**Agente**" significa a pessoa designada por um Estado para representá-lo perante a Corte Interamericana de Direitos Humanos;

2. a expressão "**Agente assistente**" significa a pessoa designada por um Estado para assistir o Agente no exercício de suas funções e substituí-lo em suas ausências temporárias;

3. a expressão "*amicus curiae*" significa a pessoa ou instituição alheia ao litígio e ao processo que apresenta à Corte fundamentos acerca dos fatos contidos no escrito de submissão do caso ou formula considerações jurídicas sobre a matéria do processo, por meio de um documento ou de uma alegação em audiência;

---

[15] O Juiz Leonardo A. Franco esteve presente em todas as sessões da Corte nas quais se deliberou sobre o presente Regulamento. Na última sessão, na qual este foi adotado, o Juiz Leonardo A. Franco não pôde estar presente por razões de força maior.

[16] O primeiro Regulamento da Corte foi aprovado pelo Tribunal em seu III Período Ordinário de Sessões, celebrado de 30 de junho a 09 de agosto de 1980; o segundo Regulamento foi aprovado em seu XXIII Período Ordinário de Sessões, celebrado de 09 a 18 de janeiro de 1991; o terceiro Regulamento foi aprovado em seu XXXIV Período Ordinário de Sessões, celebrado de 09 a 20 de setembro de 1996; o quarto Regulamento foi aprovado em seu XLIX Período Ordinário de Sessões, celebrado de 16 a 25 de novembro de 2000, o qual foi reformado em seu LXI Período Ordinário de Sessões, celebrado de 20 de novembro a 04 de dezembro de 2003, e em seu LXXXII Período Ordinário de Sessões, celebrado de 19 a 31 de janeiro de 2009.

4. a expressão "**Assembleia Geral**" significa a Assembleia Geral da Organização dos Estados Americanos;

5. o termo "**Comissão**" significa a Comissão Interamericana de Direitos Humanos;

6. a expressão "**Comissão Permanente**" significa a Comissão Permanente da Corte Interamericana de Direitos Humanos;

7. a expressão "**Conselho Permanente**" significa o Conselho Permanente da Organização dos Estados Americanos;

8. o termo "**Convenção**" significa a Convenção Americana sobre Direitos Humanos (Pacto de São José da Costa Rica);

9. o termo "**Corte**" significa a Corte Interamericana de Direitos Humanos;

10. o termo "**declarantes**" significa as supostas vítimas, as testemunhas e os peritos que declaram no procedimento ante a Corte;

11. a expressão "**Defensor Interamericano**" significa a pessoa que a Corte designe para assumir a representação legal de uma suposta vítima que não tenha designado um defensor por si mesma;

12. o termo "**Delegados**" significa as pessoas designadas pela Comissão para representá--la perante a Corte;

13. o termo "**dia**" será entendido como dia corrido;

14. a expressão "**Estados-partes**" significa aqueles Estados que ratificaram ou aderiram à Convenção;

15. a expressão "**Estados-membros**" significa aqueles Estados que são membros da Organização dos Estados Americanos;

16. o termo "**Estatuto**" significa o Estatuto da Corte aprovado pela Assembleia Geral da Organização dos Estados Americanos em 31 de outubro de 1979 (AG/RES 448 [IX-0/79]), com suas emendas;

17. o termo "**Juiz**" significa os Juízes que integram a Corte em cada caso;

18. a expressão "**Juiz titular**" significa qualquer Juiz eleito de acordo com os artigos 53 e 54 da Convenção;

19. a expressão "**Juiz interino**" significa qualquer Juiz nomeado de acordo com os artigos 6.3 e 19.4 do Estatuto;

20. a expressão "**Juiz *ad hoc***" significa qualquer Juiz nomeado de acordo com o artigo 55 da Convenção;

21. o termo "**mês**" entender-se-á como mês calendário;

22. a abreviatura "**OEA**" significa a Organização dos Estados Americanos;

23. o termo "**perito**" significa a pessoa que, por possuir determinados conhecimentos ou experiência científica, artística, técnica ou prática, informa ao julgador sobre pontos do litígio na medida em que se relacionam com seu notório conhecimento ou experiência;

24. o termo "**Presidência**" significa o ou a Presidente da Corte;

25. a expressão "**suposta vítima**" significa a pessoa da qual se alega terem sido violados os direitos protegidos na Convenção ou em outro tratado do sistema interamericano;

26. o termo "**representantes**" significa o ou os representantes legais devidamente cre-denciados da ou das supostas vítimas;

27. o termo "**Secretaria**" significa a Secretaria da Corte;

28. o termo "**Secretário**" significa o Secretário ou a Secretária da Corte;

29. a expressão "**Secretário Adjunto**" significa o Secretário Adjunto ou a Secretária Adjunta da Corte;

30. a expressão "**Secretário-Geral**" significa o Secretário ou a Secretária-Geral da OEA;

31. o termo "**Tribunal**" significa a Corte Interamericana de Direitos Humanos;

32. o termo "**Vice-presidência**" significa o ou a Vice-Presidente da Corte;

33. o termo "**vítima**" significa a pessoa cujos direitos foram violados de acordo com a sentença proferida pela Corte.

TÍTULO I
DA ORGANIZAÇÃO E DO FUNCIONAMENTO DA CORTE

CAPÍTULO I
DA PRESIDÊNCIA E DA VICE-PRESIDÊNCIA

Artigo 3
Eleição da Presidência e da Vice-presidência

1. A Presidência e a Vice-presidência são eleitas pela Corte por um período de dois anos no exercício de suas funções, podendo ser reeleitas. Seu mandato começa no primeiro dia do ano correspondente. A eleição será realizada no último período ordinário de sessões celebrado pela Corte no ano anterior.

2. As eleições as quais se refere o presente artigo serão realizadas por votação secreta dos Juízes titulares presentes e serão proclamados eleitos os candidatos que obtenham quatro ou mais votos. Se nenhum Juiz obtiver essa votação, proceder-se-á a uma nova votação para decidir, por maioria de votos, entre os dois Juízes que tiverem recebido mais votos. Em caso de empate, este será decidido em favor do Juiz que tiver precedência, de acordo com o artigo 13 do Estatuto.

Artigo 4
Atribuições da Presidência

1. São atribuições da Presidência:

a. representar a Corte;
b. presidir as sessões da Corte e submeter à sua consideração as matérias que constem na ordem do dia;
c. dirigir e promover os trabalhos da Corte;
d. decidir as questões de ordem que sejam suscitadas nas sessões da Corte. Se um dos Juízes assim o solicitar, a questão de ordem será submetida à decisão da maioria;
e. apresentar um relatório semestral à Corte sobre as funções que cumpriu no exercício da presidência durante o período a que o mesmo se refere;
f. as demais atribuições que lhe competem de acordo com o Estatuto ou com o presente Regulamento, assim como as que forem incumbidas pela Corte.

2. A Presidência pode delegar, para casos específicos, a representação a que se refere o inciso 1.a. deste artigo, à Vice-presidência ou a qualquer um dos Juízes ou, se necessário, ao Secretário ou ao Secretário Adjunto.

Artigo 5
Atribuições da Vice-presidência

1. A Vice-presidência supre as ausências temporárias da Presidência e a substitui em caso de ausência definitiva. Nesse último caso, a Corte elegerá a Vice-Presidência para o resto do período. O mesmo procedimento será aplicado a qualquer outro caso de ausência absoluta da Vice-presidência.

2. No caso de ausência da Presidência e da Vice-presidência, suas funções serão desempenhadas pelos outros Juízes, na ordem de precedência estabelecida no artigo 13 do Estatuto.

Artigo 6
Comissões

1. A Comissão Permanente será integrada pela Presidência, pela Vice-Presidência e pelos outros Juízes que a Presidência considere conveniente designar, de acordo com as necessidades da Corte. A Comissão Permanente assistirá a Presidência no exercício de suas funções.

2. A Corte poderá designar outras Comissões para assuntos específicos. Em casos de urgência, poderá fazê-lo a Presidência se a Corte não estiver reunida.

3. As Comissões serão regidas pelas disposições do presente Regulamento, quando aplicáveis.

CAPÍTULO II
Da Secretaria

Artigo 7
Eleição do Secretário

1. A Corte elegerá seu Secretário. O Secretário deverá possuir os conhecimentos jurídicos requeridos para o cargo, conhecer os idiomas de trabalho da Corte e ter a experiência necessária para o exercício de suas funções.

2. O Secretário será eleito por um período de cinco anos e poderá ser reeleito. Poderá ser removido em qualquer momento mediante decisão da Corte. Para eleger e remover o Secretário é necessária uma maioria de não menos de quatro Juízes, em votação secreta, observado o quórum da Corte.

Artigo 8
Secretário Adjunto

1. O Secretário Adjunto será designado conforme previsto no Estatuto, mediante proposta do Secretário da Corte. Assistirá o Secretário no exercício de suas funções e suprirá suas ausências temporárias.

2. Em caso de que o Secretário e o Secretário Adjunto estejam impossibilitados de exercer suas funções, a Presidência poderá designar um Secretário interino.

3. Em caso de ausência temporária do Secretário e do Secretário Adjunto da sede da Corte, o Secretário poderá designar um advogado da Secretaria como encarregado desta.

Artigo 9
Juramento

1. O Secretário e o Secretário Adjunto prestarão juramento ou declaração solene, ante a Presidência, sobre o fiel cumprimento de suas funções e sobre o sigilo que se obrigam a manter a respeito dos fatos de que tomem conhecimento no exercício de suas funções.

2. Os membros da Secretaria, mesmo que chamados a desempenhar funções interinas ou transitórias, deverão, ao tomar posse do cargo, prestar juramento ou declaração solene ante a Presidência em relação ao fiel cumprimento de suas funções e sobre o sigilo que se obrigam a manter a respeito dos fatos de que tomem conhecimento no exercício de suas funções. Se a Presidência não estiver presente na sede da Corte, o Secretário ou o Secretário Adjunto tomará o juramento.

3. De todo juramento será lavrada uma ata, a qual o juramentado e quem houver tomado o juramento assinarão.

Artigo 10
Atribuições do Secretário

São atribuições do Secretário:

a. notificar as sentenças, opiniões consultivas, resoluções e demais decisões da Corte;
b. lavrar as atas das sessões da Corte;
c. assistir às reuniões que a Corte realize dentro ou fora da sua sede;
d. dar trâmite à correspondência da Corte;
e. certificar a autenticidade de documentos;
f. dirigir a administração da Corte, de acordo com as instruções da Presidência;

g. preparar os projetos de programas de trabalho, regulamentos e orçamentos da Corte;
h. planejar, dirigir e coordenar o trabalho do pessoal da Corte;
i. executar as tarefas das quais seja incumbido pela Corte ou pela Presidência;
j. as demais atribuições estabelecidas no Estatuto ou neste Regulamento.

CAPÍTULO III
DO FUNCIONAMENTO DA CORTE

Artigo 11
Sessões ordinárias

A Corte realizará os períodos ordinários de sessões que sejam necessários para o pleno exercício de suas funções, nas datas que a Corte fixar em sua sessão ordinária imediatamente anterior. A Presidência, em consulta com os demais Juízes da Corte, poderá alterar as datas desses períodos quando assim requeiram circunstâncias excepcionais.

Artigo 12
Sessões extraordinárias

As sessões extraordinárias serão convocadas pela Presidência, por iniciativa própria ou a pedido da maioria dos Juízes.

Artigo 13
Sessões fora da sede

A Corte poderá reunir-se em qualquer Estado-membro que considerar conveniente para a maioria de seus membros e com prévia aquiescência do Estado respectivo.

Artigo 14
Quórum

O quórum para as deliberações da Corte é de cinco Juízes.

Artigo 15
Audiências, deliberações e decisões

1. A Corte celebrará audiências quando estimar pertinente. Estas serão públicas, salvo quando o Tribunal considerar oportuno que sejam privadas.

2. A Corte deliberará em privado e suas deliberações permanecerão secretas. Delas somente participarão os Juízes, embora também possam estar presentes o Secretário e o Secretário Adjunto, ou quem os substituir, bem como o pessoal de Secretaria necessário. Ninguém mais poderá ser admitido, a não ser mediante decisão especial da Corte e após prévio juramento ou declaração solene.

3. Toda questão que deva ser submetida a votação será formulada em termos precisos em um dos idiomas de trabalho. O respectivo texto será traduzido pela Secretaria aos outros idiomas de trabalho e distribuído antes da votação, à petição de qualquer um dos Juízes.

4. O transcurso das audiências e deliberações da Corte constará em gravações de áudio.

Artigo 16
Decisões e votações

1. A Presidência submeterá os assuntos a votação, item por item. O voto de cada Juiz será afirmativo ou negativo, não sendo admitido abstenções.

2. Os votos serão emitidos na ordem inversa ao sistema da precedência estabelecido no artigo 13 do Estatuto.

3. As decisões da Corte serão adotadas pela maioria dos Juízes presentes no momento da votação.

4. Em caso de empate, o voto da Presidência decidirá.

Artigo 17
Continuidade das funções dos Juízes

1. Os Juízes cujo mandato houver expirado continuarão a conhecer dos casos de que hajam tomado conhecimento e que se encontrem em fase de sentença. Contudo, em caso de falecimento, renúncia, impedimento, escusa ou inabilitação, proceder-se-á à substituição do Juiz de que se trate pelo Juiz que tenha sido eleito para substituí-lo, se for o caso, ou pelo Juiz que tenha precedência entre os novos Juízes eleitos na oportunidade do término do mandato daquele que deve ser substituído.

2. Tudo que seja relacionado às reparações e às custas, assim como à supervisão do cumprimento das sentenças da Corte, compete aos Juízes que a integrarem nessa fase do processo, a menos que já se tenha realizado uma audiência pública, em cujo caso conhecerão da matéria os Juízes que estiveram presentes nessa audiência.

3. Tudo que seja relacionado às medidas provisórias compete à Corte em funções, integrada pelos Juízes titulares.

Artigo 18
Juízes interinos

Os Juízes interinos terão os mesmos direitos e atribuições dos Juízes titulares.

Artigo 19
Juízes nacionais

1. Nos casos a que se refere o artigo 44 da Convenção, os Juízes não poderão participar do seu conhecimento e deliberação quando sejam nacionais do Estado demandado.

2. Nos casos a que se refere o artigo 45 da Convenção, os Juízes nacionais poderão participar do seu conhecimento e deliberação. Se quem exercer a Presidência for nacional de uma das partes no caso, cederá o exercício da mesma.

Artigo 20
Juízes ad hoc *em casos interestatais*

1. Quando se apresente um caso previsto no artigo 45 da Convenção, a Presidência, por meio da Secretaria, informará aos Estados mencionados no referido artigo sobre a possibilidade de designarem um Juiz *ad hoc* dentro dos 30 dias seguintes à notificação da demanda.

2. Quando parecer que dois ou mais Estados têm um interesse comum, a Presidência informá-los-á sobre a possibilidade de designar em conjunto um Juiz *ad hoc*, na forma prevista no artigo 10 do Estatuto. Se dentro dos 30 dias seguintes à última notificação da demanda, esses Estados não houverem comunicado seu acordo à Corte, cada um deles poderá apresentar o seu candidato dentro dos 15 dias seguintes. Decorrido esse prazo e tendo sido apresentados vários candidatos, a Presidência procederá à escolha, mediante sorteio, de um Juiz *ad hoc* comum, a qual comunicará aos interessados.

3. Se os Estados interessados não fazem uso de seu direito, nos prazos assinalados nos incisos precedentes, considerar-se-á que renunciaram ao seu exercício.

4. O Secretário comunicará à Comissão Interamericana, aos representantes da suposta vítima e, segundo o caso, ao Estado demandante ou ao Estado demandado a designação de Juízes *ad hoc*.

5. O Juiz *ad hoc* prestará juramento na primeira sessão dedicada ao exame do caso para o qual houver sido designado.

6. Os Juízes *ad hoc* perceberão emolumentos nas mesmas condições previstas para os Juízes titulares.

Artigo 21
Impedimentos, escusas e inabilitação

1. Os impedimentos, as escusas e a inabilitação dos Juízes reger-se-ão pelo disposto no artigo 19 do Estatuto e no artigo 19 deste Regulamento.

2. Os impedimentos e escusas deverão ser alegados antes da realização da primeira audiência referente ao caso. Contudo, se a causa de impedimento ou escusa ocorrer ou for conhecida apenas posteriormente, a mesma poderá ser invocada perante a Corte na primeira oportunidade, para que esta decida de imediato.

3. Quando, por qualquer causa, um Juiz não se fizer presente em alguma das audiências ou em outros atos do processo, a Corte poderá decidir por sua inabilitação para continuar a conhecer do caso, levando em consideração todas as circunstâncias que, a seu juízo, sejam relevantes.

TÍTULO II
DO PROCESSO

CAPÍTULO I
REGRAS GERAIS

Artigo 22
Idiomas oficiais

1. Os idiomas oficiais da Corte são os da OEA, ou seja, o espanhol, o inglês, o português e o francês.

2. Os idiomas de trabalho serão os que a Corte adote anualmente. Contudo, para um caso determinado, também se poderá adotar como idioma de trabalho o do Estado demandado ou, dependendo do caso, o do Estado demandante, sempre que seja oficial.

3. Ao início do exame de cada caso, determinar-se-ão os idiomas de trabalho.

4. A Corte poderá autorizar qualquer pessoa que compareça perante a mesma a se expressar em seu próprio idioma, se não tiver suficiente conhecimento dos idiomas de trabalho, mas em tal caso adotará as medidas necessárias para assegurar a presença de um intérprete que traduza a declaração para os idiomas de trabalho. Esse intérprete deverá prestar juramento ou declaração solene sobre o fiel cumprimento dos deveres do cargo e sobre o sigilo a respeito dos fatos de que tome conhecimento no exercício de suas funções.

5. Quando o considere indispensável, a Corte disporá qual é o texto autêntico de uma resolução.

Artigo 23
Representação dos Estados

1. Os Estados que sejam partes em um caso estarão representados por Agentes, os quais, por sua vez, poderão ser assistidos por quaisquer pessoas de sua eleição.

2. Poderão ser credenciados Agentes assistentes, os quais assistirão aos Agentes no exercício de suas funções e os suprirão em ausências temporárias dos mesmos.

3. Quando um Estado substituir o ou os Agentes terá que comunicar à Corte e a substituição terá efeito a partir desse momento.

Artigo 24
Representação da Comissão

A Comissão será representada pelos Delegados que designar para tal fim. Esses Delegados poderão fazer-se assistir por quaisquer pessoas de sua escolha.

Artigo 25
Participação das supostas vítimas ou seus representantes

1. Depois de notificado o escrito de submissão do caso, conforme o artigo 39 deste Regulamento, as supostas vítimas ou seus representantes poderão apresentar de forma autônoma

o seu escrito de petições, argumentos e provas e continuarão atuando dessa forma durante todo o processo.

2. Se existir pluralidade de supostas vítimas ou representantes, deverá ser designado um interveniente comum, que será o único autorizado para a apresentação de petições, argumentos e provas no curso do processo, incluindo nas audiências públicas. Se não houver acordo na designação de um interveniente comum em um caso, a Corte ou sua Presidência poderá, se o considerar pertinente, outorgar um prazo às partes para a designação de um máximo de três representantes que atuem como intervenientes comuns. Nessa última circunstância, os prazos para a contestação do Estado demandado, assim como os prazos de participação nas audiências públicas do Estado demandado, das supostas vítimas ou de seus representantes e, dependendo do caso, do Estado demandante, serão determinados pela Presidência.

3. No caso de eventual discordância entre as supostas vítimas no que tange ao inciso anterior, a Corte decidirá sobre o pertinente.

Artigo 26
Cooperação dos Estados

1. Os Estados-Partes em um caso têm o dever de cooperar para que sejam devidamente realizadas todas aquelas notificações, comunicações ou citações enviadas a pessoas sobre as quais exerçam jurisdição, bem como o dever de facilitar a execução de ordens de comparecimento de pessoas residentes em seu território ou que se encontrem no mesmo.

2. A mesma regra é aplicável a toda diligência que a Corte resolva efetuar ou ordenar no território do Estado-Parte no caso.

3. Quando a execução de quaisquer diligências a que se referem os incisos precedentes requerer a cooperação de qualquer outro Estado, a Presidência dirigir-se-á ao respectivo Estado para solicitar as facilidades necessárias.

Artigo 27
Medidas provisórias

1. Em qualquer fase do processo, sempre que se tratar de casos de extrema gravidade e urgência e quando for necessário para evitar danos irreparáveis às pessoas, a Corte, *ex officio*, poderá ordenar as medidas provisórias que considerar pertinentes, nos termos do artigo 63.2 da Convenção.

2. Tratando-se de assuntos ainda não submetidos à sua consideração, a Corte poderá atuar por solicitação da Comissão.

3. Nos casos contenciosos que se encontrem em conhecimento da Corte, as vítimas ou as supostas vítimas, ou seus representantes, poderão apresentar diretamente àquela uma petição de medidas provisórias, as quais deverão ter relação com o objeto do caso.

4. A solicitação pode ser apresentada à Presidência, a qualquer um dos Juízes ou à Secretaria, por qualquer meio de comunicação. De qualquer forma, quem houver recebido a solicitação deverá levá-la de imediato ao conhecimento da Presidência.

5. A Corte ou, se esta não estiver reunida, a Presidência poderá requerer ao Estado, à Comissão ou aos representantes dos beneficiários, quando considerar possível e indispensável, a apresentação de informação sobre um pedido de medidas provisórias antes de resolver sobre a medida solicitada.

6. Se a Corte não estiver reunida, a Presidência, em consulta com a Comissão Permanente e, se for possível, com os demais Juízes, requererá do Estado interessado que tome as providências urgentes necessárias a fim de assegurar a eficácia das medidas provisórias que a Corte venha a adotar depois, em seu próximo período de sessões.

7. A supervisão das medidas urgentes ou provisórias ordenadas realizar-se-á mediante a apresentação de relatórios estatais e das observações correspondentes aos referidos relatórios por parte dos beneficiários de tais medidas ou seus representantes. A Comissão deverá

apresentar observações ao relatório do Estado e às observações dos beneficiários das medidas ou de seus representantes.

8. Nas circunstâncias que estimar pertinentes, a Corte poderá requerer a outras fontes de informação dados relevantes sobre o assunto, que permitam apreciar a gravidade e a urgência da situação e a eficácia das medidas. Para os mesmos efeitos, poderá também requerer as perícias e relatórios que considerar oportunos.

9. A Corte ou, se esta não estiver reunida, a Presidência poderá convocar a Comissão, os beneficiários das medidas ou seus representantes e o Estado a uma audiência pública ou privada sobre as medidas provisórias.

10. A Corte incluirá em seu relatório anual à Assembleia Geral uma relação das medidas provisórias que tenha ordenado durante o período do relatório e, quando tais medidas não tenham sido devidamente executadas, formulará as recomendações que considere pertinentes.

Artigo 28
Apresentação de escritos

1. Todos os escritos dirigidos à Corte poderão ser apresentados pessoalmente, via *courier*, fac-símile ou correio postal ou eletrônico. Para garantir a autenticidade dos documentos, estes deverão ser assinados. No caso de apresentação dos escritos por meios eletrônicos que não contenham a assinatura de quem os subscreve ou de escritos cujos anexos não foram acompanhados, os originais ou a totalidade dos anexos deverão ser recebidos no Tribunal no prazo máximo improrrogável de 21 dias, contado a partir do dia em que expirou o prazo para o envio do escrito.

2. Todos os escritos e seus anexos que se apresentem à Corte por meio não eletrônico deverão ser acompanhados de duas cópias, em papel ou digitalizadas, idênticas ao original, e recebidos no prazo de 21 dias, conforme disposto no inciso anterior.

3. Os anexos e suas cópias deverão ser apresentados devidamente individualizados e identificados.

4. A Presidência pode, em consulta com a Comissão Permanente, rejeitar qualquer petição que considere manifestamente improcedente, ordenando sua devolução, sem qualquer trâmite, ao interessado.

Artigo 29
Procedimento por não comparecimento ou falta de atuação

1. Quando a Comissão, as vítimas ou supostas vítimas, ou seus representantes, o Estado demandado ou, se for o caso, o Estado demandante não comparecerem ou se abstiverem de atuar, a Corte, *ex officio,* dará impulso ao processo até sua finalização.

2. Quando as vítimas ou supostas vítimas, ou seus representantes, o Estado demandado ou, se for o caso, o Estado demandante se apresentarem tardiamente, ingressarão no processo na fase em que o mesmo se encontrar.

Artigo 30
Acúmulo de casos e de autos

1. Em qualquer fase do processo, a Corte pode determinar o acúmulo de casos conexos quando lhe forem comuns as partes, o objeto e a base normativa.

2. A Corte também poderá ordenar que as diligências escritas ou orais de diferentes casos, incluindo a apresentação de testemunhas, sejam efetuadas em conjunto.

3. Mediante prévia consulta aos Agentes, aos Delegados e às supostas vítimas ou seus representantes, a Presidência poderá decidir pela instrução conjunta de dois ou mais casos.

4. A Corte poderá, quando estime conveniente, ordenar o acúmulo de medidas provisórias quando entre elas haja coincidência de objetos ou de sujeitos. Nesse caso, as normas deste artigo serão aplicadas no que forem pertinentes.

5. A Corte poderá acumular a supervisão do cumprimento de duas ou mais sentenças ditadas a respeito de um mesmo Estado, se considerar que as ordens proferidas em cada sentença guardam estreita relação entre si. Em tais circunstâncias, as vítimas desses casos ou seus representantes deverão designar um interveniente comum, conforme exposto no artigo 25 deste Regulamento.

Artigo 31
Resoluções

1. As sentenças e resoluções que ponham fim ao processo são de competência exclusiva da Corte.

2. As demais resoluções serão ditadas pela Corte, se estiver reunida, ou se não estiver, pela Presidência, salvo disposição em contrário. Toda decisão da Presidência, que não seja de simples trâmite, é recorrível perante a Corte.

3. Contra as sentenças e resoluções da Corte não procede nenhum meio de impugnação.

Artigo 32
Publicação das sentenças e outras decisões

1. A Corte efetuará a publicação de:

a. suas sentenças, resoluções, pareceres e outras decisões, incluindo os votos concordantes ou dissidentes, quando cumprirem os requisitos mencionados no artigo 65.2 do presente Regulamento;

b. as peças do processo, com exclusão daquelas que sejam consideradas irrelevantes ou inconvenientes para esse fim;

c. o transcurso das audiências, salvo as de caráter privado, através dos meios que considere adequado;

d. todo documento que se considere conveniente.

2. As sentenças serão publicadas nos idiomas de trabalho utilizados no caso; os demais documentos serão publicados em seu idioma original.

3. Os documentos depositados na Secretaria, relativos a casos já sentenciados, estarão à disposição do público, salvo se o Tribunal houver decidido de outra maneira.

Artigo 33
Transmissão de escritos

A Corte poderá transmitir por meios eletrônicos, com as garantias adequadas de segurança, os escritos, anexos, resoluções, sentenças, pareceres consultivos e demais comunicações que lhe tenham sido apresentadas.

CAPÍTULO II
PROCEDIMENTO ESCRITO

Artigo 34
Início do processo

Conforme o artigo 61.1 da Convenção, a apresentação de uma causa será feita perante a Secretaria, mediante a submissão do caso em algum dos idiomas de trabalho do Tribunal. Se o caso for apresentado em apenas um desses idiomas, não se suspenderá o trâmite regulamentar, porém deverá ser apresentada dentro dos 21 dias subsequentes a tradução ao idioma do Estado demandado, desde que seja um dos idiomas oficiais de trabalho da Corte.

Artigo 35
Submissão do caso pela Comissão

1. O caso será submetido à Corte mediante apresentação do relatório ao qual se refere o artigo 50 da Convenção, que contenha todos os fatos supostamente violatórios, inclusive

a identificação das supostas vítimas. Para que o caso possa ser examinado, a Corte deverá receber a seguinte informação:

a. os nomes dos Delegados;

b. os nomes, endereço, telefone, correio eletrônico e fac-símile dos representantes das supostas vítimas devidamente credenciados, se for o caso;

c. os motivos que levaram a Comissão a apresentar o caso ante a Corte e suas observações à resposta do Estado demandado às recomendações do relatório ao qual se refere o artigo 50 da Convenção;

d. cópia da totalidade do expediente ante a Comissão, incluindo toda comunicação posterior ao relatório ao que se refere o artigo 50 da Convenção;

e. as provas que recebeu, incluindo o áudio ou a transcrição, com indicação dos fatos e argumentos sobre os quais versam. Serão indicadas as provas que se receberam em um procedimento contraditório;

f. quando se afetar de maneira relevante a ordem pública interamericana dos direitos humanos, a eventual designação dos peritos, indicando o objeto de suas declarações e acompanhando seu currículo;

g. as pretensões, incluídas as que concernem a reparações.

2. Quando se justificar que não foi possível identificar alguma ou algumas supostas vítimas dos fatos do caso, por se tratar de casos de violações massivas ou coletivas, o Tribunal decidirá em sua oportunidade se as considera vítimas.

3. A Comissão deverá indicar quais dos fatos contidos no relatório ao qual se refere o artigo 50 da Convenção submete à consideração da Corte.

Artigo 36
Submissão de um caso por um Estado

1. Um Estado-Parte poderá submeter um caso à Corte conforme o artigo 61 da Convenção, através de um escrito motivado que deverá conter a seguinte informação:

a. os nomes dos Agentes e Agentes assistentes e o endereço no qual se considerarão oficialmente recebidas as comunicações pertinentes;

b. os nomes, endereço, telefone, correio eletrônico e fac-símile dos representantes das supostas vítimas devidamente credenciados, se for o caso;

c. os motivos que levaram o Estado a apresentar o caso ante a Corte;

d. cópia da totalidade do expediente ante a Comissão, incluindo o relatório ao qual se refere o artigo 50 da Convenção e toda comunicação posterior a esse relatório;

e. as provas que oferece, com indicação dos fatos e argumentos sobre os quais versam;

f. a individualização dos declarantes e o objeto de suas declarações. No caso dos peritos, deverão ademais remeter seu currículo e seus dados de contato;

2. Nas submissões de casos interestatais à Corte se aplicam os incisos 2 e 3 do artigo anterior.

Artigo 37
Defensor Interamericano

Em casos de supostas vítimas sem representação legal devidamente credenciada, o Tribunal poderá designar um Defensor Interamericano de ofício que as represente durante a tramitação do caso.

Artigo 38
Exame preliminar da submissão do caso

Se no exame preliminar da submissão do caso, a Presidência verificar que algum requisito fundamental não foi cumprido, solicitará que seja sanado no prazo de 20 dias.

Artigo 39
Notificação do caso

1. O Secretário notificará a apresentação do caso a:

a. a Presidência e os Juízes;
b. o Estado demandado;
c. a Comissão, se não for ela que apresenta o caso;
d. a suposta vítima, seus representantes ou o Defensor Interamericano, se for o caso.

2. O Secretário informará sobre a apresentação do caso aos outros Estados-Partes, ao Conselho Permanente por intermédio da sua Presidência e ao Secretário-Geral.

3. Junto com a notificação, o Secretário solicitará que, no prazo de 30 dias, o Estado demandado designe o ou os respectivos Agentes. Ao credenciar os Agentes, o Estado interessado deverá informar o endereço no qual se considerarão oficialmente recebidas as comunicações pertinentes.

4. Enquanto os Delegados não tenham sido nomeados, a Comissão será tida como suficientemente representada por sua Presidência, para todos os efeitos do caso.

5. Junto com a notificação, o Secretário solicitará aos representantes das supostas vítimas que no prazo de 30 dias confirmem o endereço no qual se considerarão oficialmente recebidas as comunicações pertinentes.

Artigo 40
Escrito de petições, argumentos e provas

1. Notificada a apresentação do caso à suposta vítima ou aos seus representantes, estes disporão de um prazo improrrogável de dois meses, contado a partir do recebimento desse escrito e de seus anexos, para apresentar autonomamente à Corte seu escrito de petições, argumentos e provas.

2. O escrito de petições, argumentos e provas deverá conter:

a. a descrição dos fatos dentro do marco fático estabelecido na apresentação do caso pela Comissão;
b. as provas oferecidas devidamente ordenadas, com indicação dos fatos e argumentos sobre os quais versam;
c. a individualização dos declarantes e o objeto de sua declaração. No caso dos peritos, deverão ademais remeter seu currículo e seus dados de contato;
d. as pretensões, incluídas as que concernem a reparações e custas.

Artigo 41
Contestação do Estado

1. O demandado exporá por escrito sua posição sobre o caso submetido à Corte e, quando corresponda, ao escrito de petições, argumentos e provas, dentro do prazo improrrogável de dois meses contado a partir do recebimento desse último escrito e de seus anexos, sem prejuízo do prazo que possa estabelecer a Presidência na hipótese assinalada no artigo 25.2 deste Regulamento. Na contestação, o Estado indicará:

a. se aceita os fatos e as pretensões ou se os contradiz;
b. as provas oferecidas devidamente ordenadas, com indicação dos fatos e argumentos sobre os quais versam;
c. a propositura e identificação dos declarantes e o objeto de sua declaração. No caso dos peritos, deverá ademais remeter seu currículo e seus dados de contato;
d. os fundamentos de direito, as observações às reparações e às custas solicitadas, bem como as conclusões pertinentes.

2. Essa contestação será comunicada pelo Secretário às pessoas mencionadas no artigo 39.1 a), c) e d) deste Regulamento, e ao Estado demandante nos casos a que se refere o artigo 45 da Convenção.

3. A Corte poderá considerar aceitos aqueles fatos que não tenham sido expressamente negados e as pretensões que não tenham sido expressamente controvertidas.

Artigo 42
Exceções preliminares

1. As exceções preliminares só poderão ser opostas no escrito indicado no artigo anterior.

2. Ao opor exceções preliminares, deverão ser expostos os fatos referentes às mesmas, os fundamentos de direito, as conclusões e os documentos que as embasem, bem como o oferecimento de provas.

3. A apresentação de exceções preliminares não suspenderá o procedimento em relação ao mérito, nem aos prazos e aos termos respectivos.

4. A Comissão, as supostas vítimas ou seus representantes e, se for o caso, o Estado demandante poderão apresentar suas observações às exceções preliminares no prazo de 30 dias, contado a partir do recebimento das mesmas.

5. Quando considerar indispensável, a Corte poderá convocar uma audiência especial para as exceções preliminares, depois da qual decidirá sobre as mesmas.

6. A Corte poderá resolver numa única sentença as exceções preliminares, o mérito e as reparações e as custas do caso.

Artigo 43
Outros atos do procedimento escrito

Posteriormente à recepção do escrito de submissão do caso, ao escrito de petições, argumentos e provas e ao escrito de contestação, e antes da abertura do procedimento oral, a Comissão, as supostas vítimas ou seus representantes, o Estado demandado e, se for o caso, o Estado demandante poderão solicitar à Presidência a realização de outros atos do procedimento escrito. Se a Presidência estimar pertinente, fixará os prazos para a apresentação dos respectivos documentos.

Artigo 44
Apresentação de amicus curiae

1. O escrito de quem deseje atuar como *amicus curiae* poderá ser apresentado ao Tribunal, junto com seus anexos, através de qualquer dos meios estabelecidos no artigo 28.1 do presente Regulamento, no idioma de trabalho do caso, e com o nome do autor ou autores e assinatura de todos eles.

2. Em caso de apresentação do escrito de *amicus curiae* por meios eletrônicos que não contenham a assinatura de quem o subscreve, ou no caso de escritos cujos anexos não os acompanhem, os originais e a documentação respectiva deverão ser recebidas no Tribunal num prazo de 7 dias contado a partir dessa apresentação. Se o escrito for apresentado fora desse prazo ou sem a documentação indicada, será arquivado sem mais tramitação.

3. Nos casos contenciosos, um escrito em caráter de *amicus curiae* poderá ser apresentado em qualquer momento do processo, porém no mais tardar até os 15 dias posteriores à celebração da audiência pública. Nos casos em que não se realize audiência pública, deverá ser remetido dentro dos 15 dias posteriores à resolução correspondente na qual se outorga prazo para o envio de alegações finais. Após consulta à Presidência, o escrito de *amicus curiae*, junto com seus anexos, será posto imediatamente em conhecimento das partes para sua informação.

4. Nos procedimentos de supervisão de cumprimento de sentenças e de medidas provisórias, poderão apresentar-se escritos de *amicus curiae*.

CAPÍTULO III
Procedimento Oral

Artigo 45
Abertura

A Presidência determinará a data de abertura do procedimento oral e indicará as audiências necessárias.

Artigo 46
Lista definitiva de declarantes

1. A Corte solicitará à Comissão, às supostas vítimas ou aos seus representantes, ao Estado demandado e, se for o caso, ao Estado demandante sua lista definitiva de declarantes, na qual deverão confirmar ou desistir da propositura das declarações das supostas vítimas, das testemunhas e dos peritos que oportunamente realizaram conforme os artigos 35.1.f, 36.1.f, 40.2.c e 41.1.c deste Regulamento. Ademais, as partes deverão indicar quais declarantes oferecidos consideram que devem ser convocados à audiência, nos casos em que esta houver, e quais podem prestar sua declaração ante um agente dotado de fé pública (*affidávit*).

2. O Tribunal transmitirá a lista definitiva de declarantes à contraparte e concederá um prazo para apresentar, se o estima conveniente, as observações, objeções ou recusas.

Artigo 47
Impugnação de testemunhas

1. A testemunha poderá ser impugnada pela contraparte dentro dos 10 dias seguintes ao recebimento da lista definitiva na qual se confirma o oferecimento de tal declaração.

2. O valor das declarações e das impugnações das partes sobre estas será objeto de apreciação da Corte ou da Presidência, conforme for o caso.

Artigo 48
Recusa de peritos

1. Os peritos poderão ser recusados quando incorram em alguma das seguintes causas:

a. ser parente por consanguinidade, afinidade ou adoção, dentro do quarto grau, de uma das supostas vítimas;

b. ser ou houver sido representante de alguma suposta vítima no procedimento a nível interno ou ante o sistema interamericano de promoção e proteção dos direitos humanos pelos fatos do caso em conhecimento da Corte;

c. tiver ou houver tido vínculos estreitos ou relação de subordinação funcional com a parte que o propõe e que, ao juízo da Corte, puder afetar sua imparcialidade;

d. ser ou houver sido funcionário da Comissão com conhecimento do caso em litígio em que se solicita sua perícia;

e. ser ou houver sido Agente do Estado demandado no caso em litígio em que se solicita sua perícia;

f. houver intervindo com anterioridade, a qualquer título, e em qualquer instância, nacional ou internacional, em relação com a mesma causa.

2. A recusa deverá ser proposta dentro do dez dias subsequentes à recepção da lista definitiva na qual se confirma o oferecimento do referido ditame.

3. A Presidência transladará ao perito em questão a recusa formulada contra ele e lhe outorgará um prazo determinado para que apresente suas observações. Tudo isso será submetido às considerações dos intervenientes no caso. Posteriormente, a Corte ou quem a presida resolverá o que for pertinente.

Artigo 49
Substituição de declarantes oferecidos

Excepcionalmente, ante pedido fundado e depois de escutado o parecer da contraparte, a Corte poderá aceitar a substituição de um declarante, desde que se individualize o substituto e se respeite o objeto da declaração, testemunho ou perícia originalmente oferecida.

Artigo 50
Oferecimento, citação e comparecimento de declarantes

1. A Corte ou a Presidência emitirá uma resolução na qual, segundo o caso, decidirá sobre as observações, objeções ou recusas que tenham sido apresentadas; definirá o objeto de declaração de cada um dos declarantes; requererá a remessa das declarações prestadas ante agente dotado de fé pública (*affidávit*) que considere pertinentes; e convocará à audiência, se o estimar necessário, aqueles que devam participar desta.

2. Quem propôs a declaração notificará o declarante da resolução mencionada no inciso anterior.

3. As declarações versarão unicamente sobre o objeto que a Corte definiu na resolução à qual se refere o inciso 1 do presente artigo. Excepcionalmente, ante solicitação fundada e depois de escutado o parecer da contraparte, a Corte poderá modificar o objeto da declaração ou aceitar uma declaração que tenha excedido o objeto fixado.

4. Quem ofereceu um declarante encarregar-se-á, conforme o caso, do seu comparecimento ante o Tribunal ou da remessa a este da sua declaração prestada ante agente dotado de fé pública (*affidávit*).

5. As supostas vítimas ou seus representantes, o Estado demandado e, se for o caso, o Estado demandante poderão formular perguntas por escrito aos declarantes oferecidos pela contraparte e, se for o caso, pela Comissão, que tenham sido convocados a prestar declaração ante agente dotado de fé pública (*affidávit*). A Presidência estará facultada a resolver sobre a pertinência das perguntas formuladas e para dispensar de respondê-las a pessoa a quem se dirijam, a menos que a Corte resolva de outra forma. Não serão admitidas as perguntas que induzam as respostas e que não se refiram ao objeto determinado oportunamente.

6. Uma vez recebida a declaração prestada ante agente dotado de fé pública (*affidávit*), esta será transmitida à contraparte e, se for o caso, à Comissão para que apresentem suas observações dentro do prazo que fixe a Corte ou a Presidência.

Artigo 51
Audiência

1. Inicialmente, a Comissão exporá os fundamentos do relatório a que se refere o artigo 50 da Convenção e da apresentação do caso à Corte, bem como qualquer assunto que considere relevante para sua resolução.

2. Uma vez que a Comissão haja concluído a exposição indicada no inciso anterior, a Presidência chamará os declarantes convocados conforme o artigo 50.1 do presente Regulamento, para fins de que sejam interrogados, de acordo com o artigo seguinte. Iniciará o interrogatório do declarante a parte que o tenha proposto.

3. Depois de verificada sua identidade e antes de declarar, a testemunha prestará juramento ou fará uma declaração na qual afirmará que dirá a verdade, toda a verdade e nada mais que a verdade.

4. Depois de verificada sua identidade e antes de desempenhar seu ofício, o perito prestará juramento ou fará uma declaração na qual afirmará que exercerá suas funções com toda honra e com toda consciência.

5. No caso das supostas vítimas, unicamente se verificará sua identidade e estas não prestarão juramento.

6. As supostas vítimas e as testemunhas que ainda não tenham declarado não poderão estar presentes enquanto se realiza a declaração de outra suposta vítima, testemunha ou perito em audiência ante a Corte.

7. Uma vez que a Corte tenha escutado os declarantes e os Juízes tenham formulado a estes as perguntas que considerarem pertinentes, a Presidência concederá a palavra às supostas vítimas ou aos seus representantes e ao Estado demandado para que exponham suas alegações. A Presidência outorgará posteriormente às supostas vítimas ou a seus representantes e ao Estado, respectivamente, a possibilidade de uma réplica e uma dúplica.

8. Concluídas as alegações, a Comissão apresentará suas observações finais.

9. Por último, a Presidência dará a palavra aos Juízes, em ordem inversa ao sistema de precedência estabelecido no artigo 13 do Estatuto, a fim de que, se o desejarem, formulem perguntas à Comissão, às supostas vítimas ou a seus representantes e ao Estado.

10. Nos casos não apresentados pela Comissão, a Presidência dirigirá as audiências, determinará a ordem em que tomarão a palavra as pessoas que nelas possam intervir e disporá as medidas que sejam pertinentes para sua melhor realização.

11. A Corte poderá receber declarações testemunhais, periciais ou de supostas vítimas fazendo uso de meios eletrônicos audiovisuais.

Artigo 52
Perguntas durante os debates

1. Os Juízes poderão formular as perguntas que estimem pertinentes a toda pessoa que compareça ante a Corte.

2. As supostas vítimas, as testemunhas, os peritos e toda outra pessoa que a Corte decida ouvir poderão ser interrogados, sob a moderação da Presidência, pelas supostas vítimas ou seus representantes, o Estado demandado e, se for o caso, o Estado demandante.

3. A Comissão poderá interrogar os peritos que a mesma propuser, conforme o artigo 35.1.f do presente Regulamento; bem como os das supostas vítimas, do Estado demandado e, se for o caso, do Estado demandante, se a Corte o autorizar em solicitação fundada da Comissão, quando se afete de maneira relevante a ordem pública interamericana dos direitos humanos e sua declaração versar sobre alguma matéria contida em uma perícia oferecida pela Comissão.

4. A Presidência estará facultada a resolver sobre a pertinência das perguntas formuladas e a dispensar de respondê-las a pessoa a quem se dirijam, a menos que a Corte resolva de outra forma. Não serão admitidas as perguntas que induzam as respostas.

Artigo 53
Proteção de supostas vítimas, testemunhas, peritos, representantes e assessores legais

Os Estados não poderão processar as supostas vítimas, as testemunhas, os peritos, os representantes ou assessores legais, nem exercer represálias contra os mesmos ou seus familiares, em virtude de suas declarações, laudos rendidos ou sua defesa legal ante Corte.

Artigo 54
Não comparecimento ou falso testemunho

A Corte levará ao conhecimento do Estado que exerce jurisdição sobre a testemunha os casos em que as pessoas convocadas a comparecer ou declarar não comparecerem ou se recusem a depor sem motivo legítimo ou que, segundo o parecer da própria Corte, tenham violado o juramento ou declaração solene, para os fins previstos na legislação nacional correspondente.

Artigo 55
Atas das audiências

1. De cada audiência, a Secretaria deixará constância:

a. do nome dos Juízes presentes;

b. do nome dos intervenientes na audiência;

c. dos nomes e dados pessoais dos declarantes que tenham comparecido;

2. A Secretaria gravará as audiências e anexará uma cópia da gravação aos autos do processo.

3. Os Agentes, os Delegados, as vítimas ou as supostas vítimas, ou seus representantes, receberão no menor prazo possível uma cópia da gravação da audiência pública.

CAPÍTULO IV
Do Procedimento Final Escrito

Artigo 56
Alegações finais escritas

1. As supostas vítimas ou seus representantes, o Estado demandado e, se for o caso, o Estado demandante terão a oportunidade de apresentar alegações finais escritas no prazo que determine a Presidência.

2. A Comissão poderá, se entender conveniente, apresentar observações finais escritas no prazo determinado no inciso anterior.

CAPÍTULO V
Da Prova

Artigo 57
Admissão

1. As provas produzidas ante a Comissão serão incorporadas ao expediente, desde que tenham sido recebidas em procedimentos contraditórios, salvo que a Corte considere indispensável repeti-las.

2. Excepcionalmente e depois de escutar o parecer de todos os intervenientes no processo, a Corte poderá admitir uma prova se aquele que a apresenta justificar adequadamente que, por força maior ou impedimento grave, não apresentou ou ofereceu essa prova nos momentos processuais estabelecidos nos artigos 35.1, 36.1, 40.2 e 41.1 deste Regulamento. A Corte poderá, ademais, admitir uma prova que se refira a um fato ocorrido posteriormente aos citados momentos processuais.

Artigo 58
Diligências probatórias de ofício

A Corte poderá, em qualquer fase da causa:

a. Procurar *ex officio* toda prova que considere útil e necessária. Particularmente, poderá ouvir, na qualidade de suposta vítima, de testemunha, de perito ou por outro título, a qualquer pessoa cuja declaração, testemunho ou parecer considere pertinente.

b. Requerer à Comissão, às vítimas ou supostas vítimas ou a seus representantes, ao Estado demandado e, se for o caso, ao Estado demandante o fornecimento de alguma prova que estejam em condições de oferecer ou de qualquer explicação ou declaração que, em seu entender, possa ser útil.

c. Solicitar a qualquer entidade, escritório, órgão ou autoridade de sua escolha que obtenha informação, que expresse uma opinião ou elabore um relatório ou parecer sobre um determinado aspecto. Enquanto a Corte não autorizar, os respectivos documentos não serão publicados.

d. Encarregar um ou vários de seus membros da realização de qualquer medida de instrução, incluindo audiências, seja na sede da Corte ou fora desta.

e. De ser impossível proceder nos termos do inciso anterior, os Juízes poderão comissionar à Secretaria a realização das diligências de instrução que se requeiram.

Artigo 59
Prova incompleta ou ilegível

Todo instrumento probatório apresentado ante a Corte deverá ser remetido de forma completa e plenamente inteligível. Caso contrário, dar-se-á a parte que a apresentou um prazo para que corrija os defeitos ou remita as aclarações pertinentes. Se a parte não o fizer, essa prova será tida por não apresentada.

Artigo 60
Gastos da prova

Quem oferecer uma prova arcará com os gastos que a mesma ocasione.

CAPÍTULO VI
Desistência, Reconhecimento e Solução Amistosa

Artigo 61
Desistência do caso

Quando quem fez a apresentação do caso notificar a Corte de sua desistência, esta decidirá, ouvida a opinião de todos os intervenientes no processo, sobre sua procedência e seus efeitos jurídicos.

Artigo 62
Reconhecimento

Se o demandado comunicar à Corte sua aceitação dos fatos ou seu acatamento total ou parcial das pretensões que constam na submissão do caso ou no escrito das supostas vítimas ou seus representantes, a Corte, ouvido o parecer dos demais intervenientes no processo, resolverá, no momento processual oportuno, sobre sua procedência e seus efeitos jurídicos.

Artigo 63
Solução amistosa

Quando a Comissão, as vítimas ou supostas vítimas ou seus representantes, o Estado demandado e, se for o caso, o Estado demandante em um caso perante a Corte comunicarem a esta a existência de uma solução amistosa, de um acordo ou de outro fato idôneo para dar solução ao litígio, a Corte resolverá, no momento processual oportuno, sobre sua procedência e seus efeitos jurídicos.

Artigo 64
Prosseguimento do exame do caso

A Corte, levando em conta as responsabilidades que lhe cabem em matéria de proteção dos direitos humanos, poderá decidir pelo prosseguimento do exame do caso, mesmo em presença das situações indicadas nos artigos precedentes.

CAPÍTULO VII
Das Sentenças

Artigo 65
Conteúdo das sentenças

1. A sentença conterá:

a. o nome de quem presidir a Corte e dos demais Juízes que a proferiram, do Secretário e do Secretário Adjunto;

b. a identificação dos intervenientes no processo e seus representantes;

c. uma relação dos atos do procedimento;
d. a determinação dos fatos;
e. as conclusões da Comissão, das vítimas ou seus representantes, do Estado demandado e, se for o caso, do Estado demandante;
f. os fundamentos de direito;
g. a decisão sobre o caso;
h. o pronunciamento sobre as reparações e as custas, se procede;
i. o resultado da votação;
j. a indicação sobre qual é a versão autêntica da sentença.

2. Todo Juiz que houver participado no exame de um caso tem direito a acrescer à sentença seu voto concordante ou dissidente, que deverá ser fundamentado. Esses votos deverão ser apresentados dentro do prazo fixado pela Presidência, para que possam ser conhecidos pelos Juízes antes da notificação da sentença. Os mencionados votos só poderão referir-se à matéria tratada nas sentenças.

Artigo 66
Sentença de reparações e custas

1. Quando na sentença sobre o mérito do caso não se houver decidido especificamente sobre reparações e custas, a Corte determinará a oportunidade para sua posterior decisão e indicará o procedimento.

2. Se a Corte for informada de que as vítimas ou seus representantes, o Estado demandado e, se for o caso, o Estado demandante, chegaram a um acordo em relação ao cumprimento da sentença sobre o mérito, verificará que o acordo seja conforme a Convenção e disporá o que couber a respeito.

Artigo 67
Pronunciamento e comunicação da sentença

1. Chegado o momento da sentença, a Corte deliberará em privado e aprovará a sentença, a qual será notificada pela Secretaria à Comissão, às vítimas ou supostas vítimas ou a seus representantes, ao Estado demandado e, se for o caso, ao Estado demandante.

2. Enquanto não se houver notificado a sentença, os textos, os fundamentos e os votos permanecerão em segredo.

3. As sentenças serão assinadas por todos os Juízes que participaram da votação e pelo Secretário. No entanto, será válida a sentença assinada pela maioria dos Juízes e pelo Secretário.

4. Os votos concordantes ou dissidentes serão assinados pelos Juízes que os sustentem e pelo Secretário.

5. As sentenças serão concluídas com uma ordem de comunicação e execução assinada pela Presidência e pelo Secretário e selada por este.

6. Os originais das sentenças ficarão depositados nos arquivos da Corte. O Secretário entregará cópias certificadas aos Estados-Partes, à Comissão, às vítimas ou supostas vítimas ou a seus representantes, ao Estado demandado e, se for o caso, ao Estado demandante, ao Conselho Permanente por intermédio da sua Presidência, ao Secretário-Geral da OEA, e a qualquer outra pessoa interessada que o solicitar.

Artigo 68
Pedido de interpretação

1. O pedido de interpretação a que se refere o artigo 67 da Convenção poderá ser formulado em relação às sentenças de exceções preliminares, mérito ou reparações e custas e se apresentará na Secretaria da Corte, cabendo nela indicar com precisão as questões relativas ao sentido ou ao alcance da sentença cuja interpretação é solicitada.

2. O Secretário comunicará o pedido de interpretação aos demais intervenientes no caso e os convidará a apresentar por escrito as alegações que considerem pertinentes, dentro do prazo fixado pela Presidência.

3. Para fins de exame do pedido de interpretação, a Corte reunir-se-á, se for possível, com a mesma composição com a qual emitiu a sentença de que se trate. Não obstante, em caso de falecimento, renúncia, impedimento, escusa ou inabilitação, proceder-se-á à substituição do Juiz que corresponder, nos termos do artigo 17 deste Regulamento.

4. O pedido de interpretação não exercerá efeito suspensivo sobre a execução da sentença.

5. A Corte determinará o procedimento a ser seguido e decidirá mediante sentença.

Artigo 69
Supervisão de cumprimento de sentenças e outras decisões do Tribunal

1. A supervisão das sentenças e das demais decisões da Corte realizar-se-á mediante a apresentação de relatórios estatais e das correspondentes observações a esses relatórios por parte das vítimas ou de seus representantes. A Comissão deverá apresentar observações ao relatório do Estado e às observações das vítimas ou de seus representantes.

2. A Corte poderá requerer a outras fontes de informação dados relevantes sobre o caso que permitam apreciar o cumprimento. Para os mesmos efeitos poderá também requerer as perícias e relatórios que considere oportunos.

3. Quando considere pertinente, o Tribunal poderá convocar o Estado e os representantes das vítimas a uma audiência para supervisar o cumprimento de suas decisões e nesta escutará o parecer da Comissão.

4. Uma vez que o Tribunal conte com a informação pertinente, determinará o estado do cumprimento do decidido e emitirá as resoluções que estime pertinentes.

5. Essas disposições também se aplicam para casos não submetidos pela Comissão.

TÍTULO III
DOS PARECERES CONSULTIVOS

Artigo 70
Interpretação da Convenção

1. As solicitações de parecer consultivo previstas no artigo 64.1 da Convenção deverão formular com precisão as perguntas específicas em relação às quais pretende-se obter o parecer da Corte.

2. As solicitações de parecer consultivo apresentadas por um Estado-membro ou pela Comissão deverão indicar, adicionalmente, as disposições cuja interpretação é solicitada, as considerações que dão origem à consulta e o nome e endereço do Agente ou dos Delegados.

3. Se o pedido de parecer consultivo é de outro órgão da OEA diferente da Comissão, deverá precisar, além do indicado no inciso anterior, de que maneira a consulta se refere à sua esfera de competência.

Artigo 71
Interpretação de outros tratados

1. Se a solicitação referir-se à interpretação de outros tratados concernentes à proteção dos direitos humanos nos Estados americanos, tal como previsto no artigo 64.1 da Convenção, deverá identificar o tratado e suas respectivas partes, formular as perguntas específicas em relação às quais é solicitado o parecer da Corte e incluir as considerações que dão origem à consulta.

2. Se a solicitação emanar de um dos órgãos da OEA, deverá indicar a razão pela qual a consulta se refere à sua esfera de competência.

Artigo 72
Interpretação de leis internas

1. A solicitação de parecer consultivo formulada conforme o artigo 64.2 da Convenção deverá indicar:

   a. as disposições de direito interno, bem como as da Convenção ou de outros tratados concernentes à proteção dos direitos humanos que são objeto da consulta;

   b. as perguntas específicas sobre as quais se pretende obter o parecer da Corte;

   c. o nome e endereço do Agente do solicitante.

2. O pedido será acompanhado de cópia das disposições internas a que se refere a consulta.

Artigo 73
Procedimento

1. Uma vez recebido um pedido de parecer consultivo, o Secretário enviará cópia deste a todos os Estados-membros, à Comissão, ao Conselho Permanente por intermédio da sua Presidência, ao Secretário-Geral e aos órgãos da OEA a cuja esfera de competência se refira o tema da consulta, se for pertinente.

2. A Presidência fixará um prazo para que os interessados enviem suas observações por escrito.

3. A Presidência poderá convidar ou autorizar qualquer pessoa interessada para que apresente sua opinião por escrito sobre os itens submetidos a consulta. Se o pedido se referir ao disposto no artigo 64.2 da Convenção, poderá fazê-lo mediante consulta prévia com o Agente.

4. Uma vez concluído o procedimento escrito, a Corte decidirá quanto à conveniência ou não de realizar o procedimento oral e fixará a audiência, a menos que delegue essa última tarefa à Presidência. No caso do previsto no artigo 64.2 da Convenção, será realizada uma consulta prévia ao Agente.

Artigo 74
Aplicação analógica

A Corte aplicará ao trâmite dos pareceres consultivos as disposições do Título II deste Regulamento, na medida em que as julgar compatíveis.

Artigo 75
Emissão e conteúdo dos pareceres consultivos

1. A emissão dos pareceres consultivos será regida pelo disposto no artigo 67 deste Regulamento.

2. O parecer consultivo conterá:

   a. o nome de quem presidir a Corte e dos demais Juízes que o tiverem emitido, do Secretário e do Secretário Adjunto;

   b. os assuntos submetidos à Corte;

   c. uma relação dos atos do procedimento;

   d. os fundamentos de direito;

   e. o parecer da Corte;

   f. a indicação de qual é a versão autêntica do parecer.

3. Todo Juiz que houver participado da emissão de um parecer consultivo tem direito a acrescer-lhe seu voto concordante ou dissidente, o qual deverá ser fundamentado. Esses votos deverão ser apresentados no prazo fixado pela Presidência para que possam ser conhecidos pelos Juízes antes da comunicação do parecer consultivo. Para efeito de sua publicação, aplicar-se-á o disposto no artigo 32.1.a deste Regulamento.

4. Os pareceres consultivos poderão ser lidos em público.

TÍTULO IV
RETIFICAÇÃO DE ERROS

Artigo 76
Retificação de erros em sentenças e outras decisões

A Corte poderá, por iniciativa própria ou a pedido de uma parte, apresentado dentro do mês seguinte à notificação da sentença ou resolução de que se trate, retificar erros notórios, de edição ou de cálculo. Se for efetuada alguma retificação, a Corte a notificará à Comissão, às vítimas ou a seus representantes, ao Estado demandado e, se for o caso, ao Estado demandante.

TÍTULO V
DISPOSIÇÕES FINAIS E TRANSITÓRIAS

Artigo 77
Reformas ao Regulamento

O presente Regulamento poderá ser emendado pela decisão da maioria absoluta dos Juízes titulares da Corte e revoga, a partir da sua entrada em vigor, as normas regulamentares anteriores.

Artigo 78
Entrada em vigor

O presente Regulamento entrará em vigor em 1º de janeiro de 2010.

Artigo 79
Aplicação

1. Os casos contenciosos que já houverem sido submetidos à consideração da Corte antes de 1º de janeiro de 2010 continuarão a tramitar, até que neles se profira sentença, conforme o Regulamento anterior.

2. Quando a Comissão houver adotado o relatório a que se refere o artigo 50 da Convenção anteriormente à entrada em vigor do presente Regulamento, a apresentação do caso à Corte reger-se-á pelos artigos 33 e 34 do Regulamento anteriormente vigente.[17] No que se refere ao

---

[17] **Artigo 33. Início do Processo.**

Em conformidade com o artigo 61.1 da Convenção, a apresentação de uma causa será feita perante a Secretaria da Corte, mediante a interposição da demanda nos idiomas de trabalho. Formulada a demanda em apenas um desses idiomas, não se suspenderá o trâmite regulamentar, porém a tradução para os demais idiomas deverá ser apresentada dentro dos trinta dias subsequentes.

Artigo 34. Escrito da demanda.

O escrito da demanda indicará:

1. os pedidos (incluídos os referentes a reparações e custas); as partes no caso; a exposição dos fatos; as resoluções de abertura do procedimento e de admissibilidade da denúncia pela Comissão; as provas oferecidas, com a indicação dos fatos sobre os quais as mesmas versarão; a individualização das testemunhas e peritos e o objeto de suas declarações; os fundamentos do direito e as conclusões pertinentes. Além disso, a Comissão deverá indicar, se possível, o nome e o endereço das supostas vítimas ou de seus representantes devidamente credenciados.

2. os nomes dos Agentes ou dos Delegados.

recebimento de declarações, aplicar-se-ão as disposições do presente Regulamento, contando para esse fim com o auxílio do Fundo de Assistência Legal a Vítimas.

Dado na sede da Corte Interamericana de Direitos Humanos em São José da Costa Rica no dia 24 de novembro de 2009.

---

3. No caso de que esta informação não seja assinalada na demanda, a Comissão será a representante processual das supostas vítimas como garantidora do interesse público sob a Convenção Americana, de modo a evitar a falta de defesa das mesmas.

Junto com a demanda, caso seja apresentada pela Comissão, acompanhará o relatório a que se refere o artigo 50 da Convenção.

Pré-impressão, impressão e acabamento

GRÁFICA
SANTUÁRIO

grafica@editorasantuario.com.br
www.graficasantuario.com.br

Aparecida-SP